U0139010

移民政策與移民情勢

柯雨瑞 主編

張維容、王寬弘、林盈君、陳明傳、江世雄、許義寶、孟維德、柯雨瑞
曾麗文、黃翠紋、楊翹楚、楊基成、高佩珊、曾智欣、蔡政杰、吳冠杰 著

五南圖書出版公司 印行

　　個人於民國 101 年至 104 年擔任考試院考選部部長任內，為國舉才，努力提高國家選拔文官及社會專業人才之目標。自民國 100 年起，我國警察人員初任考試採中央警察大學、臺灣警察專科學校畢業生（警察特考內軌）與一般大學、專科、高中畢業生（一般警察特考外軌）分別取才之雙軌制。其中內政部移民署業務性質具特殊性，爰建請考選部申辦移民特考並施以專業訓練，羅致符合業務需求之專業人才。同時中央警察大學獲得教育部等相關行政部門同意，國境警察學系「移民事務組」學生，畢業後參加移民特考，及格後成為專業國境移民官，故自民國 101 年起，考試院開辦公務人員特種考試移民行政人員特考，並規劃設計第二試體能測驗，成為移民署進用移民人才的主要管道。

　　中央警察大學國境警察學系是國內少數大學培養國境管理、國土安全、國境執法及反制恐怖主義相關政策規劃與研究之系所。本書書名《移民政策與移民情勢》共計十四章，其中第一章〈國際移民之理論、成因、類型與影響〉、第二章〈我國外籍移工管理之政策分析〉、第三章〈婚姻移民與移民輔導〉、第四章〈技術移民之政策分析〉、第五章〈投資移民之政策分析〉、第六章〈人道援助移民與難民庇護之政策分析〉、第七章〈停留、居留、永久居留、歸化與定居制度之政策分析〉、第八章〈移民收容與驅逐出國的人權保障〉、第九章〈移出政策規劃與僑民輔導之政策分析〉、第十章〈移民業務管理問題與對策〉、第十一章〈移民輔導之政策規劃、

重要措施、問題與對策〉、第十二章〈非法移民管理之政策規劃、法制、問題、實務與對策〉、第十三章〈我國人口販運防制之政策規劃、法制、實務問題與對策〉及第十四章〈移民情勢與外來人口人性尊嚴及人權保障〉等，以上均由中央警察大學國境警察學系、外事警察學系之老師及移民署實務工作者等學者及專家共同合著，文章內容包括強化國境管理、維護國家安全、外來人口管理、防制人口販運、移民照顧輔導、保障移民人權等面向。個人承蒙本書主編柯雨瑞教授熱情邀請作序，柯雨瑞教授對此移民政策、移民法制、移民情勢等，素有專研，另我的學生吳冠杰（政治大學教育學系博士班候選人、臺灣警察專科學校講師），畢業於中央警察大學國境警察學系研究所，抱著感謝母校栽培之心，也參與撰寫本書第十四章〈移民情勢與外來人口人性尊嚴及人權保障〉。

在全球化（globalization）的過程，人口移動是自然的現象，尤其全球人口增長放緩及各國人口快速高齡化，人口結構將發生重大變化。國家移民政策的制定及戰略方向，與臺灣整體發展、人口政策及人才競爭息息相關，如何吸引世界各國優秀人才，創造友善環境，要以提升國家競爭力思考之。本書針對國境安全管理、外來人口管理、新住民照顧輔導、移民政策暨移民人權、人口販運防制、移出政策、僑民輔導、外來人口人性尊嚴等主題，匯聚眾人智慧所共同完成，相信本書可為移民或國境實務機關及工作者，提供作為制定移民政策及保障移民人權之重要參考。

考試院考選部前部長
東吳大學副校長暨東吳大學法學院客座教授
董保城　謹識
2021.07.21

　　全球自 2020 年迄今籠罩在嚴重特殊傳染性肺炎（COVID-19）
陰霾下，除防疫工作成為全民運動外，各國在對內及對外政策上亦
因應疫情發展而有不同措施，而國境管理及移民政策在這波疫情中
更顯重要。在此背景下，中央警察大學國境系、外事系教授群等專
家學者共同出版的《移民政策與移民情勢》專書，即是當前最受矚
目的專著之一，內容詳實介紹移民政策的理論基礎、規劃重點、實
務問題及對策等面向，更細緻區分婚姻移民、技術移民、投資移民、
僑民及難民等身分類別，不僅呼應當前全球攬才之政策目標，更是
展現臺灣作為民主法治國家的人道關懷。

　　除此之外，美國國務院近日公布 2021 年人口販運報告，臺灣
已連續十二年被評為第一列國家，顯見我國政府與民間在疫情期
間，仍保持緊密的夥伴關係，積極推動防制人口販運工作。另近年
全球受到疫情影響，國際間跨境移動模式及規範隨之改變，為持續
防杜人口販運犯罪，內政部跨部會規劃訂定「2021-2022 反剝削行
動計畫」，提出 25 項防制人口販運方案及 76 項具體策略，朝強化
被害人權益保護、打擊跨國犯罪集團力道等目標邁進。而在「移民
政策與情勢分析」書中，亦精闢說明當前非法移民管理、人口販運
防制工作之實務與對策，並針對移民情勢與外來人口人性尊嚴及人
權保障作全面性的盤點說明，展現臺灣人權立國決心，更能幫助讀

者在時事中了解移民政策之制定與移民情勢之發展。

　　本書最大的特色係由學術研究及實務經驗之學者專家共同撰寫，讓讀者深刻學習到移民政策發展脈絡的同時，亦能配合當今社會時事而有融會貫通的理解，各篇文章更可謂是集結理論、法制、實務等面向之大成，絕對是國境警察特考、移民特考、戶政高考及移民相關科系研究所考試必讀之葵花寶典，其中詳盡的法制規範及政策制定要領，不僅有助於考生清楚了解各項移民政策之重點，亦可供政府機關作為政策改革參考用書，堅強的作者陣容及豐富的政策分析，絕對是今年非常值得推薦的一本好書。

崇右影藝科技大學講座教授兼副校長
表演藝術學院院長影視設計學院院長

高拮翰 2021.07.22

　　個人在中央警察大學服務期間，曾任國境警察學系教授兼系主任，期間為加強研究移民相關問題，特別成立了全國首創的移民研究中心，其後也擔任過移民署署長、國安會諮詢委員、行政院顧問等工作，並在輔仁、文化等大學講授與移民相關之課程。因此對於移民政策與移民情勢之理論與實務，均有相當程度的涉獵。

　　就個人之經驗，我國目前正面臨優秀專業人才流失的危機。近年來，許多傳統之勞力密集產業以外籍移工為主要生產人力，企業經營模式無法有效地向上提升至先進、高端產業，再者，企業的出走同時更帶走了更多的高專及技術專門人才；復次，由於國際人才競爭激烈、國內薪資過低及國內產業技術人力短缺等問題，造成「高出低進」的移民現象持續惡化。如何有效地改善臺灣整體之就業條件，提高整體工作之薪資，以利有效地吸引國外之高專及技術專門人才來臺，實為當務之急。

　　如何有效地引入高級專業人才進入臺灣、根留臺灣，此為國家層次之重要戰略議題。所以，建構更友善之移民環境，以延攬國家經濟發展所需之外國高級專業人才及海外國人之技術人力回臺，並防止本國高專人才持續地流失，促進國家整體競爭力，實為現階段非常重要之移民政策。

　　由許義寶教授、陳明傳教授、王寬弘警監教官、孟維德教授、

黃翠紋教授、柯雨瑞教授、高佩珊教授、江世雄教授、張維容教授、林盈君教授、楊翹楚教授、楊基成教授、曾智欣分隊長、曾麗文博士、蔡政杰講師、吳冠杰講師等學者、專家共同合著之《移民政策與移民情勢》一書之主要目的，乃欲從 2021 年移民政策與移民情勢之新思維，進而探討新世紀移民相關議題之新態式，期望我國成為世界上之強國與富國，有效地提升我國之綜合國力。

本書全文共分為十四章，第一章為〈國際移民之理論、成因、類型與影響〉；第二章為〈我國外籍移工管理之政策分析〉；第三章為〈婚姻移民與移民輔導〉；第四章為〈技術移民之政策分析〉；第五章為〈投資移民之政策分析〉；第六章為〈人道援助移民與難民庇護之政策分析〉；第七章為〈停留、居留、永久居留、歸化與定居制度之政策分析〉；第八章為〈移民收容與驅逐出國的人權保障〉；第九章為〈移出政策規劃與僑民輔導之政策分析〉；第十章為〈移民業務管理問題與對策〉；第十一章為〈移民輔導之政策規劃、重要措施、問題與對策〉；第十二章為〈非法移民管理之政策規劃、法制、問題、實務與對策〉；第十三章為〈我國人口販運防制之政策規劃、法制、實務問題與對策〉及第十四章之〈移民情勢與外來人口人性尊嚴及人權保障〉。

本書作者，均為具備移民相關之多年實務經驗或學術研究領域上之專才。本書主編柯雨瑞教授更是我多年的好友，感謝其邀請本人為本書作推薦序。個人拜讀之後，深覺本書所討論之內容廣泛又精湛，蘊涵多元、深入、豐富之新論點，因此獲益頗多。本書為國內移民政策與移民情勢之學術性專門著作，可作為相關研究之重要

參考素材，對於移民實務工作之推展，亦有相當的價值與貢獻，相
信本書也將會是未來國家考試及升學重要的參考書籍，非常值得向
社會大眾推薦之。

內政部移民署前署長

謝立功

2021.07.04

　　警大教授群出版的《移民政策與移民情勢》專著，考生得救了。

　　我國僅有「移民政策」名稱，而沒有「移民政策」的版本。長期以來均附在「中華民國人口政策綱領」內。行政院 100 年 12 月 7 日核定修正之中華民國人口政策綱領，主管機關為內政部。內政部為推動人口政策綱領所揭櫫政策目標，於 102 年 7 月 12 日訂頒人口政策白皮書。行政院再於 103 年 12 月 27 日核定修正中華民國人口政策綱領，並指定主管機關為國家發展委員會。國家發展委員會不再訂頒人口政策白皮書，由各部會本於權責自行訂定方案推動。依行政院人口政策會報設置要點，設置的行政院人口政策會報，107 年 4 月 20 日停止適用。中華民國人口政策綱領名存實亡。

　　考選部舉辦的國家考試中，警察特考國境警察類科要考「移民情勢與政策分析」，移民特考二等要考「移民情勢與移民政策分析研究」，三等、四等及高考三等戶政要考「移民政策」，雖然有命題大綱，但沒有可資依循的範圍。如今警察大學由柯雨瑞、陳明傳、許義寶、孟維德等 16 位教授聯合出版的《移民政策與移民情勢》專著，全書共十四章，甚為豐富，可給要參加國家考試之學員如獲至寶。

　　本書更值得推薦的是立法院 110 年 6 月 18 日三讀修正通過的「外國專業人才延攬及僱用法」，陳明傳教授已納入第四章技術移

民之政策分析中。

　　本書如能再納入，聯合國紐約宣言、聯合國全球難民契約、聯合國全球移民契約，美國在台協會（AIT）於 2020 年 6 月 12 日公布，與臺灣各機關 2019 年共同推出了「人才循環大聯盟計畫」（TCA）白皮書，將使本書更完整呈現當前之移民政策。

內政部移民署前署長

何榮村

2021.06.19

　　本校國境警察學系柯雨瑞教授擔任主編，2021年出版的《移民政策與移民情勢》一書，結合移民理論與實務，內容豐富。本書屬國境管理與國土安全領域的專書，各章主筆的作者，均為本校國境警察學系及外事警察學系的專、兼任教師，學有專精，研究深入，殊值肯定與敬佩。

　　本書內容計十四章，含括了國際移民理論、外籍移工政策、婚姻移民、技術移民、投資移民政策、人道援助及難民庇護、移民照顧輔導、移民人權保障、移出政策、僑民輔導、各項移民政策推動、後疫情時代美國移民管理機制及人口販運防制等諸多面向，內容多元而完整。而且，本專書與國家移民業務之核心價值相契合，包括強化國境管理、維護國家安全、尊重多元文化及保障移民人權等四大目標。因此，本書不僅充實本校國境管理學術研究之成果，同時可以提供政府相關部門擬訂移民政策、精進移民業務，以及執行境管工作之重要參考。此外，亦有助於學校教學與學生學習、準備國家考試之參考。

　　移民政策與移民事務，項目瑣碎且繁多，需有完善的法令、配套的方案與落實的執行，方能克盡其功。具體言之，唯有建構互相尊重的友善環境、認同中外的多元文化、重視人性尊嚴、人權義務的保障，以及消弭種族間的歧視，才能使國家的移民政策與移民情

勢得到良善的發展，並進一步地落實地實踐，從而提升國家整體的競爭力，創建宜居、和樂、多元、相互尊重的社會。凡此乃為吾輩刻不容緩的要務，爰樂於為本書作序。

中央警察大學警政學院院長

朱金池 序於誠園

2021.07.10

　　國境系雖是警大各系中成立較晚的系所，歷經三十餘年，在系上老師共同努力下，後來居上，累積了豐碩的研究成果。此期間，國際上，適逢全球化風起雲湧，全球化與全球治理概念豐富了國境系的研究素材。在國內，政府組改過程中成立的移民署，則為國境系開創了一片嶄新的政策研究園地。

　　移民署的前身是警政署入出境管理局，除傳統國境執法與國際執法合作外，移民政策及其執行，是移民署另一重要工作面向。在當今人口高度流動的國際社會裡，移民政策對國家發展的重要性不言可喻，國境系出版《移民政策與移民情勢》這本專書，格外具有意義。

　　縱觀本書，首章即宏觀地為國際移民問題的探討提出理論基礎，這些理論分別被歸類在社會學、經濟學及政治學之下，奠定了本書的學術性。以次各章主題涵蓋移民政策各個領域，舉凡：移民業務、外籍移工、婚姻移民、技術移民、投資移民、新住民輔導（移入）、人才外流（移出）、僑民輔導、居停留、歸化、非法移民、難民庇護、收容、驅逐出境、人口販運等議題，盡括其中。切入討論這些議題的角度則有歷史制度、人權法治、政策分析、各國比較等，包羅萬象，完整編錄移民議題。

　　讀者可從這本書了解到我國移民政策諸面向上的發展趨勢，譬

如：

一、外籍移工管理的介紹，使吾人體認政策的多元開放趨勢，且在
　　保障移工權益的同時必須兼顧國人就業，未來也可能面臨找不
　　到外籍移工的問題。

二、婚姻移民專章告訴我們，自 2004 年以來，新住民來臺人數趨
　　緩，大陸配偶與外籍配偶人數一路下降，而政策對於新住民歸
　　化則越加友善。

三、移出政策規劃這一章，提醒我國人才外流問題嚴重，政府須重
　　視移出政策。

四、移民業務管理討論政策擺盪在政府與市場之間的抉擇。

五、人口販運亦自成一章，其犯罪型態隨著時代演進而不停改變，
　　從國內移工勞力剝削或假結婚、真賣淫等性剝削問題，轉移
　　至遠洋漁船之外籍漁工權益問題；4P（Prevention, Protection,
　　Prosecution, Partnership）則是全球治理下人口販運的防治對
　　策。

六、人權保障方面，有專章討論收容與驅逐出境者禁止遭受酷刑的
　　人權意涵；大法官解釋加入外國人及大陸地區人民之人身自由
　　保障，並賦予即時司法救濟，更提及跨境家庭團聚權，顯示我
　　國之人權保障範圍不斷擴展。

七、美國的非法移民管理經驗，亦可作為我國移民政策規劃與執行
　　的參考。

　　作為一位警察政策學者，結合政策分析於相關執法政策領域一
直是我努力的方向，因此欣喜見到這本書裡以政策分析途徑討論移

民政策若干議題，期盼刑事司法領域學者對政策分析途徑有更正確的認識和更廣泛的應用。此外，在本書中包括人道移民與難民庇護議題在內的許多章節，引用國際關係與國際法理論的論述，實際擴大了警察學術範疇，值得推廣。

　　這是一本兼顧理論與實務的集體創作書籍，集體創作難免出現各章部分內容偶有重覆或撰寫思維各異等情形，然在移民政策仍有待開墾的現在，這本移民專書的問世誠屬不易，十分必要。柯雨瑞老師長期任教於國境系，負責編撰本書，國境系與柯老師邀我作序，基於文前理由，我很樂意，並感榮幸，期待更多研究者投入警察學術研究領域。

中央警察大學警政管理學院前院長
銘傳大學犯罪防治系教授
章光明
2021.07.04

　　我國移民政策主要源自內政部 2013 年 9 月出版「人口政策白皮書」所列舉之六項移民對策目標，分別為：一、掌握移入人口發展動態；二、深化移民輔導；三、吸引所需專業人才及投資移民；四、建構多元文化社會；五、完備國境管理；六、深化防制非法移民；長期以來，我國政府均以此六大對策目標作為增修相關移民法令、規劃各種移民行政措施之基礎，本書亦依循此六大移民對策之架構，從理論、政策、管理、輔導、人權等不同面向，分章探討移工與漁工、婚姻移民、技術與投資移民、非法移民、難民、人口販運等各類議題，內容符合國內外趨勢發展，且相當多元豐富，讓讀者能瞭解我國政府在推動現行各項移民政策之重點及可能面臨之問題。

　　本書於開端第一章〈國際移民之理論、成因、類型與影響〉即闡明移民之定義、相關理論及移民概況，有助於讀者了解國際間人口遷移之複雜性及重要性；而就我國移民現況論，工作移民及婚姻移民為我國主要之移入人口，牽動我國移民政策之發展，亦屬相當重要之議題；本書於第二章〈我國外籍移工管理之政策分析〉及第三章〈婚姻移民與移民輔導〉，則在於探討我國政府對於移工及婚姻移民所採取之相關措施及規範；另吸引外籍專業人才及投資移民雖經我國政府列為重要移民對策目標之一，然成效不甚理想；本書

第四章〈技術移民之政策分析〉及第五章〈投資移民之政策分析〉對於我國政府目前所採取之政策、法規及各種配套措施都有詳細之分析，並參採其他國家之做法，給予我國政策上之建議。

　　國際社會對於人權問題相當重視，隨著全球化之趨勢發展，移民人權也逐漸成為各國政府施政重點之一，本書第六章〈人道援助移民與難民庇護之政策分析〉、第七章〈停留、居留、永久居留、歸化與定居制度之政策分析〉及第八章〈移民收容與驅逐出國的人權保障〉，從人道立場、停（居）留及歸化法制、以及收容及強制出國規範，分別探討難民、合法移民、非法移民在臺之各項權益問題，強調移民基本人權的重要性；而本書第十四章〈移民情勢與外來人口人性尊嚴及人權保障〉，更從國際情勢、國際法及憲法的高度，來論述外來人口的各項基本人權。除了人口移入的部分，本書第九章〈移出政策規劃與僑民輔導之政策分析〉針對我國人口移出及人才外流等問題，也著墨頗深，期許我國政府對於攬才、留才政策都能予以重視，同步併行。以上文章之研究，有助於深入了解我國現行移民政策之現況及問題，然而各項移民政策推動之成功與否，取決於政府機關的政策規劃、行政管理及法令執行等狀況，本書第十章〈移民業務管理問題與對策〉、第十一章〈移民輔導之政策規劃、重要措施、問題與對策〉及第十二章〈非法移民管理之政策規劃、法制、問題、實務與對策〉進一步探討相關政府機關對於業務執行、移民輔導、以及非法移民管理之問題，並具體提出對策建議，作為政策改善之方向。

　　美國國務院於 2021 年 7 月 2 日公布美國人口販運防制（TIP）

報告，我國雖然已連續十二年獲評為第一列國家，在防制人口販運工作方面符合最低標準，但報告指出我國遠洋漁業強迫勞動問題仍然存在、官方所採用人口販運被害人的鑑別程序不同且成效不彰、以及缺乏保障移工權益的勞動法規；因 2021 年 TIP 報告公布時，本書已截稿彙編中，未及更新本書第十三章〈我國人口販運防制之政策規劃、法制、實務問題與對策〉內容，其仍以 2020 年 TIP 報告所提問題為研究核心，惟遠洋漁業強迫勞動及人口販運被害人鑑別等問題於 2020 年 TIP 報告即已提出，爰該章對於前述問題仍有相當深入之研究及發現，相當值得參考。

本書在中央警察大學國境警察學系系主任許義寶教授號召及指導之下，由張維容副教授、王寬弘警監教官、林盈君助理教授、陳明傳教授、江世雄副教授、許義寶教授、孟維德教授、柯雨瑞教授、曾麗文博士、黃翠紋教授、楊翹楚助理教授、楊基成教官、高佩珊副教授、曾智欣分隊長、蔡政杰講師、吳冠杰講師（以上作者係依章別順序排列）等學術界及實務界之學者專家共同撰寫，作者陣容之堅強，實屬難能可貴，各篇文章之論述內容集結理論、實務、法制規範等面向之大成，絕對是近年來在移民學術界及實務界中難得的一本好書，除了可供政府機關作為政策改革參考用書，亦可作為各大專院校移民相關科系之教科書，更是考生們參加國家考試、研究所考試必備的考試用書。

最後，非常感謝五南圖書公司之相關人員，諸如：發行人楊榮川先生、總經理楊士清先生、總編輯楊秀麗小姐、副總編輯劉靜芬小姐、責任編輯林佳瑩小姐、封面設計王麗娟小姐等人之大力協

助，本書始能正式出版，在本書之撰寫、出版過程中，本書作者們
之一致性看法，咸認為五南圖書公司之上述團隊群，結合專業、熱
誠、對學術的高度熱愛與堅持，令人動容，是我們學習之榜樣、標
竿，在此，特別向五南圖書公司之上述優質、傑出的團隊群，致上
非常崇高、萬分的謝意與敬意。

柯雨瑞、蔡政杰 謹記

2021.07.21

目
錄

第十四章　移民情勢與外來人口人性尊嚴及人權保障

第一章

國際移民之理論、成因、類型與影響

張維容

第一節　前言

　　移民或是人口遷徙，是人類存在已久的歷史現象，古今中外皆然。人類經常從事移動以尋求更大的發展空間與生存條件，故人口移動的原因很多元，例如人口成長、科技進步、政治衝突、戰爭動亂、自然災害及其他生存環境不佳等因素。二次大戰結束之後開始的移民潮，大量人民因戰亂而被錯置離開自己國家，此時的移民特色是全球性及區域性的，而且是經濟性及非經濟性的[1]。

　　全球化浪潮下，跨國人口遷移日益頻繁，國際移民數量快速且持續增長。20世紀後期至21世紀的今日，國際移民展現在社會、經濟與政治等方面的意涵，遠遠超過之前幾個世紀中人口移動所產生的效應，因此各國領導人無不高度重視國際移民的現象與相應之移民政策[2]。然而，人口的跨國移動雖然對來源國或目的國帶來經濟、社會、文化及政治等各方面的效益，同時卻也帶來許多挑戰，例如社會治安、國家安全、國內勞動力供需失衡及族群融合等問題。換言之，移民是經濟與社會發展的結果，可能造成國家進一步的發展及改善經濟與社會條件，但亦可能反其道而行，導致國家經濟停滯與社會不公平。

　　西元（以下同）1998年聯合國國際移民統計建議書將「國際移民」定義為：改變其通常居住國之人（any person who changes his or her country of usual residence），該定義介於「短期移民」（已改變其通常居住國至少三個月，但少於一年之人）及「長期移民」（已改變其通常居住國至少一年之人）之間[3]。通常居住之國（country of usual residence）係指

---

[1] 汪毓瑋（2007），人口移動與移民控制政策之研究，中央警察大學國境警察學報，8期，頁4-5。

[2] 鄭又平（2006），全球化與國際移民：國家安全角度的分析，發表於「政府再造與憲政改革系列研討會—全球化之下的人權保障」，國立台北大學公共行政暨政策學系，頁1。

[3] International Organization for Migration, (2019), International of World Migration Report

該人所生活的國家，亦即該人於該國有日常生活居住之處，若是短暫至國外旅遊、渡假、經商、醫療或宗教朝聖等，並非改變其通常居住之國，故非屬國際移民[4]。

　　聯合國經濟社會事務部（United Nations Department of Economic and Social Affairs, UNDESA）於2020年國際移民年度報告中指出，2020年新冠肺炎（COVID-19）肆虐全球，造成移民流動中斷，於此之前的過去二十年中，國際移民人口大幅增長。依據統計，到2020年，居住在原籍國以外的全球國際移民人口總數將達到2.81億，大約相當於世界第四名人口大國——印度尼西亞的總人口數。從1990年至2020年期間，國際移民在世界人口中所占比例維持相對穩定，約占2.8%至3.6%，此意味著全球絕大多數之人（96.5%）係居住在他們出生的國家[5]。國際移民中大部分是由於勞動力或家庭移民，而世界上許多地區之人道主義危機亦是導致國際移民因素之一，於2000年至2020年間，難民和尋求庇護者的人數增加了1,700萬。到2020年，全世界被迫流離失所的人數為3,400萬，該數字是2000年的兩倍[6]。

　　2020年由於新冠肺炎的大流行，嚴重影響所有形式的人口流動，包括國際移民。全球各國邊界關閉及國際旅行的嚴重中斷，迫使成千上萬

2020, p. 21, available at: https://publications.iom.int/books/world-migration-report-2020, last visited: 2021/02/18.

[4] The United Nations, (1998), The United Nations Recommendations on Statistics of International Migration, pp. 9-10, available at: https://unstats.un.org/unsd/publication/seriesm/seriesm_58rev1e.pdf, last visited: 2021/02/18.

[5] International Organization for Migration, (2019), International of World Migration Report 2020, p. 2, available at: https://publications.iom.int/books/world-migration-report-2020, last visited: 2021/02/18.

[6] United Nations Department of Economic and Social Affairs, Population Division, (2020), International Migration 2020 Highlights (ST/ESA/SER.A/452), available at: https://www.un.org/sites/un2.un.org/files/undesa_pd_2020_international_migration_highlights.pdf, last visited: 2021/02/18.

的人取消或延後出國計畫。成千上萬的移民因而受困、無法返回自己的國家,而另一些移民因為就業機會短缺及學校關閉,被迫提前返回家園者,亦所在多有。儘管現今仍無法全面理解疫情流行對於移民趨勢的影響,但因COVID-19大流行所引起的破壞,可能使全球移民人數至2020年中期減少約200萬人。相較於從2019年7月到2020年6月的增長,2020年全球移民人數預計減少約27%。

國際貨幣基金組織(International Monetary Fund)在2015年「國際移民:近期趨勢、經濟影響和政策內涵」(International Migration: Recent Trends, Economic Impacts, and Policy Implications)報告中指出,移民對各國的經濟影響各不相同,儘管移民帶來了許多挑戰,但也給來源國和目的國帶來了好處[7]。此外,於公民政治上,移民在目的國/地區可能會參與到各個層次的公共治理和政治活動,其從事志願工作,並在同胞移民(尤其是新來的移民)融入本地社區時提供幫助。而在社會文化方面,於各種簡單日常活動中,例如在市場中購買雜貨、在餐廳用餐或訂購外賣食品、參觀禮拜場所、參加音樂表演或觀看體育比賽等,目的國的人民都能感受到不同風俗習慣的移民影響[8];此外,國際遷徙可以促進全球經濟活力,有秩序的國際人口移動可視為全球技術與知識交流的媒介,進而促進國際經濟活力與效率,使得國與國之間的經貿關係更加緊密。

---

[7] International Monetary Fund, (2015), International Migration: Recent Trends, Economic Impacts, and Policy Implications, p. 1, available at: https://reliefweb.int/sites/reliefweb.int/files/resources/111515background.pdf, last visited: 2021/02/18.

[8] International Organization for Migration, (2019), International of World Migration Report 2020, p. 21, available at: https://publications.iom.int/books/world-migration-report-2020, last visited: 2021/02/18.

第二節 國際移民理論

　　對於國際移民的產生原因，研究者從不同層面切入，主要有經濟學、社會學及政治學，而其中又以經濟學及社會學的理論發展較早，而政治學相對起步較晚[9]。從知識史的發展過程看來，直到1980年代以後，政治學者對於國際移民議題的關切才受到廣泛的重視。正因如此，傳統的移民理論對於國際移民的現象所提出來的解釋理論與架構，往往是偏向經濟學或社會學的解釋；其中，推拉理論（Push-Pull Theory）與成本效益分析（cost benefit analysis）就是由新古典經濟學理論中所衍伸出來的解釋；移民網絡（migration network）與跨國主義（transnationalism）則是與世界體系理論（World System Theory）有密切關聯的社會學解釋。迄1980年代與1990年代，才開始看到國際移民的研究領域在政治學範疇中逐步成熟，而國際移民的政治學（politics of international migration）亦開始普遍被接受，成為一個值得重視的政治科學研究主題[10]。

　　各學科研究國際移民的切入角度及焦點各有不同。經濟學者致力於建立預測人口移動的模式，主要論點聚焦於移民如何作出移動的選擇，如何根據人力資本與勞力市場之經濟評估與考量，來決定何者可能被選為移民的對象。社會學者之基本移民議題在於：為何人口會發生移動，以及其會如何的持續發展等議題。政治學者對於移民之研究，主要有三個主軸：1.政府機構在管制移民與邊境的角色與責任；2.政府與移民的關係，以及外交政策與國家安全的考量；3.如何對於移民建立整合平台或融入社會的機制[11]。以下分別說明各學科有關國際移民理論之重點。

9　詹中原（2016），全球移民與人力資源管理：外國人應國家考試制度探討，國家菁英，12卷1期，頁3-5。

10　鄭又平（2006），全球化與國際移民：國家安全角度的分析，發表於「政府再造與憲政改革系列研討會—全球化之下的人權保障」，國立台北大學公共行政暨政策學系，頁6-7。

11　陳明傳（2018），移民之相關理論暨非法移民之推估，陳明傳、高佩珊主編，移民理

壹、經濟學

一、推拉理論

　　推拉理論係出自於英國地理學家Ernst G. Ravenstein於1855年提出之「遷移法則」（The Laws of Migration）[12]。該理論認為，人口移動主因在於移民原居住地的推力或排斥力（push force）與移民欲遷入地的拉力或吸引力（pull force）交互作用而成。前者係指各種不利條件，例如因戰爭所引發的動亂、飢餓、種族隔離、大屠殺和經濟下滑等，或是自然資源枯竭、農業生產成本不斷提高、農業勞動力過剩導致失業、較低的生活水準等；後者係指各種有利因素下良好的生活環境，例如較高的就業機會、較優渥的工資收入、較佳的生活水準及完善的文化設施、交通條件等。

　　另Everett S. Lee於1966年發表之〈遷移理論〉（A theory of migration）文章中指出，影響遷移的因素，除了原居住地、欲遷入地的正負因素外，尚有中間阻礙因素（例如距離、有形障礙如柏林圍牆、無形障礙如移民法令）及個人因素（個人敏感度、智力及對其他地方狀況之意識、接受變動程度之高低）[13]。

　　Brinley Thomas研究19世紀跨大西洋的移民現象，指出移民流量反映的其實是移民輸出國國內「推」力與移民接收國國內「拉」力兩方面作用力互相平衡的結果。推力與拉力形成的主因是經濟景氣的循環；當一國景氣低迷時，對於勞工的低需求自然形成一種推力。同樣的，當一國經濟循環處於景氣階段時，對於勞工的強烈需求即形成一種拉力[14]。

　　推拉效應雖然是一有用的概念、暗喻，但並非一深入細緻的理論。

論與移民行政，台北：五南圖書出版公司，頁25-34。

[12] Ernest George Ravenstein, (1855), The Laws of Migration, available at: https://cla.umn.edu/sites/cla.umn.edu/files/the_laws_of_migration.pdf, last visited: 2021/02/19.

[13] Everett S. Lee, (1966), A theory of migration, Demography, 3(1), pp. 47-57.

[14] Thomas, B., (1973), Migration and Economic Growth: A Study of Great Britain and the Atlantic Economy, Cambridge: Cambridge University Press.

特別是在後工業時代，推拉效應所描述的那種移民供給與移民需求能夠自動調節，而達到平衡效果的現象早已不復存在。雖然輸出國的推力依舊存在，但是在接收國，抗拒力逐漸取代了昔日的拉力。決定移民現象與流量的不再是推與拉的平衡，而是諸多複雜——包括非經濟——因素互動的結果[15]。

二、新古典經濟平衡理論

新古典經濟平衡理論（Neo-classical Economic Equilibrium Theory）又稱新古典移民理論，認為移民現象與流量可以用不同地區不同的勞動供給與需求來解釋，國際移民是個人追求利益最大化的一種選擇。該理論認為，隨著移民的產生，國家之間勞工薪資與福利的差距也會逐漸拉近、進而消弭移民現象。該理論與「推拉理論」皆強調個人「最大效用原則」，認為個人會詳細比較及計算之後，尋找能夠使其享受福利最大化的國家居住[16]。

總體而言（macro perspective，或稱巨觀、宏觀），人口移動是由於整體勞動力差異所形成的結果，國際間勞動市場不同及工資差異，係造成人口流動之主因，其中心論點在於工資；就如同在獲利最大化的考慮下，資金會由資金充裕的國家流向資金短缺的國家，跨國移民的發生同樣是由勞工供給及需求的差異所造成的。勞工供給充裕、工資水準低的國家在勞工前往資金供給充裕之國家追求較高工資的情況下，自然成為移民的輸出國。從個體而言（micro perspective，或稱微觀），一個理性之人在決定

---

[15] Martin, P., (1993). The Migration Issue. In The New Geography of European Migrations, ed. Russel King, London: Belhaven Press, p. 4; Massey, D. S., J. Arango, G. Hugo, A. Kouaouci, A. Pellegrino & J. E. Taylor, (1998), Worlds in Motion: Understanding International Migration at the End of the Millennium, Oxford: Clarendon Press, pp. 12-14.

[16] George J. Borjas, (1989), Economic theory and international migration, The International Migration Review, 23(3), pp. 457-485, Special Silver Anniversary Issue: International Migration an Assessment for the 90's.

遷徙時，會考量個人條件（如人力資本、技能、年齡、婚姻狀況、性別及職業等）、勞力市場狀況、偏好與預期，以創造其個人利益之極大化，此為移民的人力資本理論；勞工作為理性行為者，移居他國的決定必然是建立在成本獲利的計算分析之上。當人口的流動導致移民輸出國工資升高、移民接收國工資降低而造成兩地工資水準接近時，工資浮動以及人口流動的平衡點將停留在剛好反映移民成本之水準[17]。

　　該理論受到的批評，在於其假設過於完美，僅將人口遷徙視為個人對收支成本理性思考後的結果，完全無視於外部因素之局限，例如國家或環境對於移民本身的影響，以及個人本身在移民相關工具取得的限制，因而招致不少批評。此外，該理論無法解釋移民的地區傾向性問題，例如該理論預言移民會由人口稠密之區移往人口稀少之區，惟實際現象卻不然。

三、移民新經濟理論

　　對於古典經濟學在微觀層次以「個人」的利益計算及動機，作為行為者決定移民他國與否的因素，抱持所謂「新移民經濟學」（New Economics Theory of Migration）觀點的學者提出了他們的質疑。該理論強調，決定移居他國與否的「單位」並非個人，而是家庭或家族，亦即遷移的決定不是孤立的個體行為，通常是由家庭或全家成員所決定的[18]。該理論挑戰前述經濟理論中理性決策者個人行動的假設，取而代之為：移民行動乃整體家庭對所得收入及風險評估之綜合考量。

　　「新移民經濟學」主張認為，移民的各項決定不純粹是基於個人最大效益的計算，而是整個家庭對於收入的風險評估以及各種市場因素考量

---

[17] 盧倩儀（2006），政治學與移民理論，台灣政治學刊，10卷2期，頁213。陳明傳、高佩珊（2018），緒論，陳明傳、高佩珊主編，移民理論與移民行政，台北：五南圖書出版公司，頁1-24。

[18] Lucia Kurehove, (2010), Theories of migration: Critical Review in the context of the EU East-West flows, p. 4, available at: https://papers.ssrn.com/sol3/papers.cfm?abstract_id=1962351, last visited: 2021/02/18.

後（例如勞力市場、信貸市場或保險市場等）所作出的回應。因此，移民與否的考量，並非單獨建立在個人經濟來源的最大化之上，而必須同時考慮分散風險的問題。當決策的單位由個人擴大為家庭或家族時，必須同時考慮分散風險能夠讓不同的家庭／家族成員投身不同地區、國家的勞動市場，並將賺取的薪資匯回家鄉。這樣的安排使得家庭／家族在提升經濟來源的同時，一旦移居國經濟情況惡化，依然能以本國經濟來源來支撐家庭經濟，而反之亦然[19]。

　　儘管該理論能分析移民的決定因素及遷移的影響，然而其論點仍被批評為僅是移出國的偏見而已。此外，因該理論僅考量勞力市場與保險的不完善，而未論及其他經濟因素或其他勞力市場的因素，故對移民的解釋，仍有其適用上之局限。再者，論者認為該理論過度強調家庭對個人移民的影響以及太過於考量移民現象的未來發展方向，而忽略實際面向的發展情況[20]。

四、雙重勞動市場理論

　　雙重勞動市場理論（Dual-Labor Market Theory）或稱勞動市場分割理論（Segmented Labor Market Theory），是第一個從國家內部因素來探討國際移民原因的理論，相對於新移民經濟學者著眼於輸出國行為者的計算，雙重勞動市場理論以現代工業社會對於外來勞工之結構性需求，作為解釋移民現象的主因。根據Piore的觀察，工業發達社會的勞工結構普遍呈現二元化現象，至於呈現二元化現象的主因在於「勞工」與「資金」性質的差異，勞工二元化的現象在結合了職業階級及社會地位的因素後，便會導致雇主對於外來移工結構性的需求[21]。所謂的二元化，係指工業化

---

[19] Stark, O. & R. E. B. Lucas, (1988), Migration, Remittances, and the Family, Economic Development and Cultural Change, 36(3), pp. 465-481.

[20] 陳明傳（2018），移民之相關理論暨非法移民之推估，陳明傳、高佩珊主編，移民理論與移民行政，台北：五南圖書出版公司，頁38。

[21] Piore, M., (1979), Birds of Passage: Migrant Labor in Industrial Societies, New York: Cambridge University Press.

發展促使已開發國家的經濟體系分為兩個主要部分：資本密集及勞力密集上、下層市場，即所謂雙重勞動力市場。而已開發國家本地居民不願進入低收益和高危險的下層勞力密集市場，因而必須引進較為廉價的外籍移工，以填補勞動力市場之不足。亦即，外籍移工的產生係因已開發國家內需所致，但外籍移工的引進並不會影響當地勞工的就業市場[22]。

　　雙重勞動市場理論受到的評論如下：例如僅從已開發國家的需求面來分析移民原因，忽略供給面的因素；無法對引發當代國際移民的主因進行合理解釋，純粹強調市場的作用，似乎有些過時。最重要的是，該理論忽略移民網絡，也就是移民鏈（migration chain）在當代國際移民中扮演的重要作用[23]。

五、不平等與革命理論

　　美國加州大學教授Philip Martin於2013年的研究中指出[24]，國際移民的動機主要是來自二種不平等及三個革命[25]。人口和經濟不平等就像電池的正、負極，其不但提供了遷移的潛力，把吸引移民的需求

---

[22] Lucia Kurehove, (2010), Theories of migration: Critical Review in the context of the EU East-West flows, pp. 5-6, available at: https://papers.ssrn.com/sol3/papers.cfm?abstract_id=1962351, last visited: 2021/02/18.

[23] 陳明傳、高佩珊（2018），緒論，陳明傳、高佩珊主編，移民理論與移民行政，台北：五南圖書出版公司，頁1-24。

[24] Philip Martin是美國加利福尼亞大學教授，其已就美國及國際組織的農業勞動力及移民問題進行諮詢，並撰寫許多相關書籍及文章。

[25] 人口不平等很簡單：幾乎所有的人口增長都發生在世界上170個較貧窮的國家中，而30個較富裕國家的人口預計仍將保持在10億左右。經濟不平等也很直接，2010年，全球國內生產總值（GDP）為62兆美元，平均每人每年9,000美元。30個工業化國家的人口占世界的六分之一，但卻占世界經濟總量的三分之二，平均每人每年39,000美元，比貧窮的170個國家／地區的3,300美元的平均水平高12倍。年輕人特別有動力跨越國界賺取更高的工資。Philip Martin, (2013), The global challenge of managing migration, Population Reference Bureau, 68(2), pp. 3-4.

拉力因素（demand-pull factors）與激勵人們尋求經濟機會的供應推力因素（supply-push factors）聯繫起來，而這當中需要能跨越邊界的「橋梁」（bridges）──即通信、運輸及人權的革命（revolutions on communication, transportation and human rights）。

首先，就通訊革命而言，跨越國界的快速資訊流動是通訊革命的標誌。在19世紀中葉以前的大規模移民時代，農村地區的識字率很低。美國的移民寫信給親朋好友，描述他們的工作機會，並在長途旅行中將信件寄往歐洲。如今，行動電話及網路使得跨國界傳輸訊息的速度更快，而且成本更低。

其次，交通革命反映在旅行的便捷性及低成本。在18世紀中葉，許多無法負擔單程票價的英國移民為了到美國而簽訂契約勞工合同（indentured-servant contracts），其內容極不合理且無人道。如今，到世界上任何地方的單程費用都不到3,000美元，低成本的旅費使得國際遷移變得容易許多。

最後，權利革命反映在第二次世界大戰後國際人權公約中，以及大多數國家擴大公民的政治、社會與經濟權利之內容與範圍。人權公約賦予所有人享有基本的公民與政治權利；勞工公約要求所有工人在工作場所應受到平等的對待；國家法律賦予所有居民擁有基本之政治、社會與其他權利。該種權利擴張的結果即是，一旦外國人進入其他國家，該國政府若無特定之法定理由，將難以驅逐想留下來的外國人。

因此，決策者就移民問題之解決策略，既無法在短期內減少人口及經濟的不平等，亦不想遏制通訊及運輸革命，從而，欲快速改變移民流動的工具，並立即獲致成效者，即是從權利面向著手：減少移民權利通常是各國處理移民危機的方式，例如限制移民的進入及所能享受的社會福利等。

貳、社會學

一、移民網絡理論

移民網絡理論（Migration Network Theory）主張，人口移動不只是經濟因素，亦是移民人際關係與聯繫網絡的一種反映，例如友誼、同鄉，均是形成新移民社群的基礎。移民網絡則是指與移民相關的一系列人際關係的組合，包括移民族群之間的親緣血脈、家鄉背景和情感關係等組合而成的網絡關係。由於移民群體之間會互相傳遞有關移民的資訊及訊息，進而促進移民的產生；亦即每位新移民都會帶入其家庭成員，進而形成連鎖效應的移民現象，或是在親戚朋友的介紹下，移民者開始對於移入的國家產生了解及認識，進而選擇移入該國，該種移民理論亦稱為「連鎖因果說」或是「習慣說」。因此，人口移動的同時，亦改變了移出國及移入國（尤其是移入國）的社會、文化、經濟、體制，建立起一項全新的系絡（context）。

該理論並非著眼於引發遷移的決定因素，而是聚焦於使時空永續的因素[26]。經常演變成體制框架（institutional frameworks）的移民網絡，有助於解釋為什麼即使工資差異或招聘政策不復存在，移民仍持續存在著。流離失所者或網絡的存在，可能會影響移民在選擇目的地當下的決定。網絡理論亦有助於解釋為什麼移民模式在各個國家之間分布不均[27]。

此外，該理論最大貢獻在於將遷徙的研究從個人（individual）層次推向遷徙家族（migrant household）的層次，並且嘗試在個人與結構之間切入，以理解遷徙者個人的行為。同時，該理論亦分析體系對遷徙者的制約，並分析文化、社會因素，以及政治、經濟因素對遷徙所造成的影響。

---

[26] Massey, Douglass S., Arango, J., Hugo, G., Kouaci, A., Pellegrino, A. & Taylor, J. E., (1993), Theories of international migration: A review and appraisal, Population and Development Review, 19(3), pp. 431-466.

[27] Faist, Thomas, (2000), The Volumes and Dynamics of International Migration and Transnational Social Spaces, Oxford: Oxford University Press.

該理論不僅對於遷徙過程與遷徙本身之持續性進行探討，亦關切遷徙者在移入國國內的生活、定居，以及包括移民網絡如何提供移民者的社會資源（social capital）以及移民連結（chain migrant）等現象[28]。

二、跨國移民理論

跨國移民理論（Transnational Migration Theory）強調以多元的型態來論述何種移民者會積極地聯結或參與原生母國或移入國的政治、經濟、社會和文化等方面的發展。跨國移民之概念係描述人口移動的新方式，以及移民者為追求更好的經濟生活與社會環境，運用跨國界的各類網絡關係，期望能融入移入國的社會。該理論之概念有助於理解跨國移民者的遷移方式，以及其對於移出國與移入國的影響程度。然而，該理論於論述移民現象時，經常被質疑過於新穎及不切實際，而且其研究模式與架構亦常受批評，以及對於依變項的選擇過於狹隘及局限[29]。

參、政治學

政治學理論主要從環境保護、人權、外交政策、恐怖主義等議題出發，對於國際移民現象進行探索。主要理論有全球化理論、世界體系理論、新現實主義與新自由主義。

一、全球化理論

自由主義的全球化理論（Globalization Theory）認為，由於國家相互依賴程度的提升，國家主權的界線因為跨國力量的影響而逐漸模糊。無論是商品、技術、資金或人力的跨國流動與相互交流，移民成為相當普遍的現象。為了追求更好的工作待遇與薪資，以及更多的就業機會，越來越多

---

[28] 陳明傳（2018），移民之相關理論暨非法移民之推估，陳明傳、高佩珊主編，移民理論與移民行政，台北：五南圖書出版公司，頁40-41。

[29] 同上，頁41。

跨國社群在國際間流動。

　　全球化的經濟浪潮為國際移民創造了一個有利的環境，其帶動並促進跨國的移民活動。首先，勞動市場交易成本的降低、交通網絡的發達，與通訊科技網絡的發展，都使各國政府的移民管制政策無法完全發揮作用。各國的企業與政府面對日益白熱化的國際產業競爭，幾乎別無選擇，只有朝著開放、解禁、自由化的道路前進，而這種趨勢在勞動力市場及資本市場中尤其明顯[30]。

　　主張全球化觀點的學者強調，國際移民及歐洲的經濟發展與整合是同步成長的，所謂的客籍勞工（guest workers，或稱客工）與外來移民，都會為國家帶來足夠的經濟利益。亦即，一個國家內的就業機會總數並非固定不變的，外來移工與本地勞動力之間並非零和的競爭關係。

　　全球化學派理論的盲點在於其完全忽視了國際移民的政治解釋，僅把重心完全放在社會與經濟層面。該類理論思維中，國家機器的公權力與管制幾乎沒有任何的解釋空間。國際移民的現象，在該理論眼中完全是由社會經濟的變數來決定。然而，國際移民與人口移動終究不只是一個單純的經濟現象，它更是一個政治問題。雖然自由主義經濟學者主張國際勞動力市場機制的運作應該遵循市場法則。在政治現實中，卻沒有任何政府會對移民採取「自由放任」（laissez faire）的政策，多數的政府都是扮演主導的強力干涉角色。

二、世界體系理論

　　世界體系理論（Word-System Theory）乃沃勒斯坦（Immanuel Wallestein）於1974年以歷史結構理論（Historical-Structural Theory）研究16世紀的歐洲國家，將之分為三種層次：核心國（core）、半邊陲國家

---

30 鄭又平（2006），全球化與國際移民：國家安全角度的分析，發表於「政府再造與憲政改革系列研討會—全球化之下的人權保障」，國立台北大學公共行政暨政策學系，頁8-9。

（semi-periphery）及邊陲國家（periphery）。此理論主張由於核心的已開發國家在競爭壓力下，影響並主導其他開發中的半邊陲國家及未開發的邊陲國家。核心國家為進一步打開市場及拓展投資園地，藉由各種國際經貿組織，迫使邊陲國家開放投資；處於資本主義發展初期的邊陲國家往往受制於核心國家及其代理組織（如國際貨幣基金及世界銀行的集體力量），被迫加劇扭曲國內的資源分配，以求資金的累積，以圖發展主義。這種扭曲主要表現在以下兩方面：一是大開國門，遵照強權國家的指示，改造本國投資環境以迎合外資；二是輸出國農村經濟破產後，出現流離失所的大規模勞動力。在上述政治經濟力量的作用下，資本國際化及勞力自由化於焉形成，並促使資本主義的進一步發展。因此，「邊陲國家大量工廠關閉，勞工被迫解僱，同時核心及邊陲國家引進大量遷移的勞工[31]」。資本和勞動力之間的流動是相互影響的，實際上亦是一體兩面的關係，勞動力市場的變化不僅可能推動移民流入，而移民也有能力影響勞動力市場的變化[32]。

　　世界移民理論認為，移民的決定因素與世界市場的結構變化有關聯性，並將移民視為是促使全球化、提高經濟相互依存度及新生產形式出現的因素[33]。世界體系理論與全球化理論的結構性觀點有異曲同工之妙，其同樣認為國際移民是源自於國際經濟分工的二元性（duality），一旦該二元性存在，對於勞工就會有誘因與壓力存在，使個別勞動者跨越國界，追尋更好的就業機會。

---

31 夏曉鵑（2002），流離尋岸——資本國際化下的「外籍新娘」現象，台北：台灣社會研究雜誌社，頁161-163。

32 Lucia Kurehove, (2010), Theories of migration: Critical Review in the context of the EU East-West flows, pp. 4-5, available at: https://papers.ssrn.com/sol3/papers.cfm?abstract_id=1962351, last visited: 2021/02/18.

33 Massey, D. S., J. Arango, G. Hugo, A. Kouaouci, A. Pellegrino & J. E. Taylor, (1998), Worlds in Motion: Understanding International Migration at the End of the Millennium, Oxford: Clarendon Press; Sassen, Saskia, (1988), The Mobility of Labor and Capital, A study of international investment and labor flows, Cambridge: Cambridge University Press.

三、新現實主義

　　與全球性理論僅從經濟及社會角度解釋國際移民現象相比，新現實主義（neo-realists）從國家內部政治穩定（political stability）和外部國家安全（national security）角度切入。其研究途徑強調政治性的解釋變項（political variables），其認為國家機器作為一個理性的主權行為者，面對國際移民的現象，它必須堅持內部政治穩定與外部國家安全的考量。或許國際移民能產生多種經濟效益，但是它也可能造成國際之間的衝突以及國內政治上緊張對立的局面。因此，在新現實主義理論觀點的眼中，國家身處無政府狀態（anarchy）的國際社會，面對大量成長的國際移民現象，會陷入國家安全的兩難處境（security dilemma）[34]。

四、新自由主義

　　政治性解釋學派中，有一批新自由主義者（neo-liberals）則是強調制度變項的重要性。他們與新現實主義者都強調國家的理性抉擇，以及利益因素的重要性，並同樣支持國際間的無政治狀況。但是，新自由主義者與新現實主義者不同之處在於，前者認為國家利益的概念應該被分解為各種社會、經濟團體相互競爭下，影響國家決策的總合結果。所以，各種社會、經濟與政治行為者的利益與偏好，必須要明確的釐定[35]，其強調制度的重要，堅信制度能使人與人互相合作並一起工作，故國家之間的合作是有可能的[36]。

---

[34] 鄭又平（2006），全球化與國際移民：國家安全角度的分析，發表於「政府再造與憲政改革系列研討會—全球化之下的人權保障」，國立台北大學公共行政暨政策學系，頁9-10。

[35] 同上，頁12。

[36] 倪世雄（2003），當代國際關係理論，2版，台北：五南圖書出版公司，頁142-151。

第三節　國際移民的成因與類型

　　人口國際遷移的原因，不外乎是尋求新的經濟機會與環境，或是爲了逃離武裝衝突、貧困、糧食無保障、迫害、恐怖主義等不利環境，也有的是源於氣候變化、自然災害或其他環境因素，惟許多人遷移並非出於單一原因，而是基於上述多種原因。

　　國際人口遷移是由經濟差異所決定，並由低成本交通、全球便捷通信及移民網絡的建立所推動[37]；全球化使得已開發國家及開發中國家之間的貧富差距不斷拉大，致使開發中國家的勞動力仍處於低工資及缺乏安全保障的工作環境中，若遷移至已開發國家的移民，往往可以取得相當於原籍國勞動力收入的20倍至30倍。除經濟因素，各國政治、社會發展的不平衡，亦是產生大量國際移民的主因；在政治方面，許多人選擇移居國外，是爲了改善政治權利及謀求更安全的經濟社會環境；在社會方面，已開發國家的出生率偏低，社會面臨人口高齡化，導致勞動力不足等問題[38]，爲改善該問題，而制定相應之移民政策，以吸引他國勞動力的移入。

　　研究者對於國際移民的類型，依據其自願與否、合法性、居留期間、身分、目的、動機或原因之不同，區分之類型亦有別，以下分述之：

　　若依據自願與否加以區分，可分爲自願移民和非自願性移民，前者或出於追求更好的生活條件或與家庭團聚而移民；後者則指因人道主義災難、種族清洗、戰爭等原因被迫離開家園[39]。

　　若就合法性而言，移民可分爲合法及非法兩大類。合法移民依各國通例，主要爲以下四類：政治性移民（如政治庇護與難民）、社會性移民（如婚姻移民、依親移民及屯墾移民等）、經濟性移民（專業技術、投資

[37] United Nations Department of Economic and Social Affairs Population Division, (2013), World Population Policies 2013, New York: United Nations, p. 108.

[38] 高祖貴、姚琨（2007），國際移民問題概況、影響及管理，國際資料信息，8期，頁23。

[39] 同上，頁22。

及外籍移工等）及宗教性移民；非法移民通稱爲偷渡犯[40]，國際移民組織
（International Organization of Migration, IOM）統計世界每年大約新增400
萬非法移民，占移民總數30%至50%，其中約半數的非法移民牽涉偷渡、
人口走私等國際犯罪活動。

　　若以居留期間區分，長期移民（long-term migration）係指已改變其
通常居住國至少一年者，短期移民（short-term migration）則係指已改變
其通常居住國至少三個月，但少於一年者[41]，後者非屬國際移民之研究範
疇。

　　若以移民的身分區分，有以下幾種類型：1.屯墾移民（settlers）；
2.契約勞動移民（contract workers）或遷移勞工（migrant workers）；
3.專門技術移民（professionals）；4.無身分之勞動移民（undocumented
workers）；5.難民和申請庇護者（refugees and asylum seekers）[42]，而國
內外移民學者論及移民類型，亦多將難民歸類爲移民之一，例如：政治
性難民[43]。惟在「紐約宣言」（New York Declaration）中指出，難民及移
民擁有相同的普遍人權基本自由，移民和難民是受不同法律框架下管轄的
不同群體，只有難民才有權利享受國際難民法所定義之特定國際保護，此
區分與移民問題全球契約（The Global Compact for Migration）之內容相

---

[40] 吳學燕（2004），國內外移民政策與輔導之探討，中央警察大學國境警察學報，3期，
頁5。

[41] International Organization for Migration, (2019), International of World Migration Report
2020, p. 21, available at: https://publications.iom.int/books/world-migration-report-2020, last
visited: 2021/02/18.

[42] Stalker, Peter, (2002), The No-nonsense Guide to International Migration, Oxford: New
International Publications.

[43] 聯合國難民署（Office of the UN High Commissioner for Refugees, UNHCR）在2008年
「關於難民地位的公約」（Convention Relating to the Status of Refugees）中定義，聯合
國難民協定承認其難民身分者，遭受宗教、種族、國籍、政治或社會團體迫害，不能
居留（或畏懼居留）原國家，而移居他國，可以申請庇護人身之安全。

同[44]。

再者，透過遷徙原因來定義移民是最常見的，多數國家也以遷徙原因來決定入境簽證之核准及居留時間的長短。鄭又平氏依據移民動機及原因，將移民劃分為以下五種類型，即經濟型移民、國際難民與政治型難民、家庭團聚（依親）或婚姻型移民、非法移民及身分轉換的移民[45]。以下分述之：

壹、經濟型移民

此為比例最高的移民類型。相對於國際難民與政治型難民，經濟型移民可視為自願性、自主的移民。移民的原因多是為了追求就業機會或是改善生活水準。此類型的移民多為「需求導向」型的移民，由於地主國缺乏勞動力，所以需要來自國外移入的人力。雖然經濟型移民有可能只是暫時性，但也不乏最終成為永久居留的移民。只要世界各地存在經濟發展程度之差異，平均國民所得有相當落差，社會福利制度良窳不同，經濟景氣有差別，都可能會造成持續不斷的人口移動現象。

二次大戰後全球經濟復甦期間，許多以勞工身分遷移他國的人民，於其決定遷移之初，並未打算在工作的國家落地生根，而是想要工作一段時間再衣錦榮歸。惟隨著居留時間的延長、財產的不斷累積，以及歐美先進國家重視家庭團聚的政策下，這些移民將其本國的親屬接來同住，最後成為該移入國的移民。學者Castles與Miller綜合各國經驗後，提出經濟型國際移民四階段模式如下[46]：

---

[44] International Organization for Migration, (2019), International of World Migration Report 2020, p. 293, available at: https://publications.iom.int/books/world-migration-report-2020, last visited: 2021/02/18.

[45] 鄭又平（2006），全球化與國際移民：國家安全角度的分析，發表於「政府再造與憲政改革系列研討會─全球化之下的人權保障」，國立台北大學公共行政暨政策學系，頁4-5。

[46] Stephen Castles & Mark J. Miller, (1993), The Age of Migration: International Population Movement in the Modern World, NY: The Guilford Press.

一、第一階段「暫時性移民」：年輕（男性）勞工通常有設定賺取僑匯，以改善母國的家族生活或追求一定個人儲蓄的目標，希望存夠錢之後再衣錦榮歸。

二、第二階段「返國或延長居留」：經過一段時間，一部分外籍移工返回母國，另有一部分或因當地生活品質較佳、收入良好，或因儲蓄目標仍無法達成，決定延長居留，在地主國逐漸依據血緣、地緣而發展出移民自身的社交互助網絡，甚至結婚生子。

三、第三階段「長期居留或依親移民」：許多外籍移工開始安排申請家庭成員依親團聚，開始有長期居留的心理準備，逐漸強化對移民地主國的認同。族群社區漸漸出現，並發展出移民族群的各種社會團體、宗教團體等網絡機制。

四、第四階段「永久居留」：永久居留因地主國政府政策或當地居民的接納程度不同，有些可以被社會主流接納、融合、合法居留或歸化；有部分移民則是在政治上受到排斥，在社會經濟地位上成為邊緣人，而終於形成固定的少數族群。

貳、國際難民與政治型難民

該類型的移民係出於非自願性的移民，多發生在母國長年內戰動亂、遭遇種族報復或政治迫害、險惡的生存環境與受污染的環境，而不得不移居他國。其中環保型難民，更是近年來因為生態保育意識高漲，全球生態環境的惡化（如聖嬰現象與溫室效應）等因素，使學者發現此類型移民的趨勢，當然，其中也有一部分人是為了追求更理想的政治自由環境而自願移民。

參、家庭團聚（依親）或婚姻型移民

係指接收國已有親人（通常為配偶）作擔保，讓移民者可以申請前往居留，以便與家人團聚。基於人道因素，多數國家都會允許獲得永久居留

移民的家人或親屬入境依親團聚。所以這類移民是其他類型移民的衍生結果，往往會形成連鎖性的移民現象。

肆、非法移民

　　非法移民係因旅行、逗留、就業目的而違背國際協議或該國法律，未透過正式申請程序或自身條件不符遭拒，卻仍進入移入國、長期居留該國者。由於非法移民的稀少性、不平均性及隱密性，因此在估計上面臨許多限制和困難[47]。由於該類移民沒有正式身分，故又稱為「無身分移民」（undocumented migrant）或「地下移民」（clandestine migrant）[48]。

　　這些官方無法控制及掌握的移民，造成國家就業、教育、社會福利、逃稅及犯罪等問題，故常被視為社會上的亂源。對多數先進國家而言，非法移民的問題是政治上的燙手山芋，經常造成選舉上的爭議，因為已定居的少數族群移民團體往往會組成遊說團體，對移入國的國會施予壓力，要求放寬管制或就地合法化等，而政治人物為了吸引少數族群的選票，也會予以考慮。另一方面，因為經濟不景氣，失業率高漲，而使得許多先進工業國家社會出現排外現象，尤其是對非法移民的防堵及管制。非法移民不僅對地主國社會福利及公共建設會造成負擔，也多少影響到本地勞工的就業機會與工資水準。

---

[47] 非法移民人口可能以非法的方式入境，或者合法入境從事違法活動，因此他們的官方資料往往是闕如、不完整或不實；此外，為逃避偵查，在沒有被發現以前他們會隱藏身分或避免被發現；隱密性使研究者難以找到研究對象，使研究者和政府無法正確估計實際人數，為導致非法移民人口困難的最大原因。陳玉書、謝立功、陳明傳（2007），非法移民人口估計之相關研究與省思非法移民人口估計之相關研究與省思，刑事政策與犯罪研究論文集，10期，頁207-228。

[48] 陳明傳（2018），移民之相關理論暨非法移民之推估，陳明傳、高佩珊主編，移民理論與移民行政，台北：五南圖書出版公司，頁20。

伍、身分轉換的移民

　　二次大戰後，因爲國際之間交通便利、經貿及文化交流頻繁，不只提升了各國之間相互依存的程度，更因爲觀光、求學、受訓、訪問、交流等因素，而出現了大量的短期人口遷移。這些人有一部分會在入境後轉而尋求政治庇護，或以婚姻、依親等理由申請改變身分，進而成爲外勞或永久居留的移民。

第四節　國際移民之影響

　　國際移民作爲一種複雜的現象，包括移民動機、移民決定、入境、融合以及可能的回流和再融合，在日益緊密聯繫的今日世界裡，國際移民的影響涉及經濟、社會和安全等各方面，並與我們日常生活息息相關。國際移民與全球發展緊密相關，通常被認爲對於移民輸出國和輸入國都具有積極意義。聯合國「永續發展議程」（2030 Agenda for Sustainable Development）指出，國際移民作爲推動經濟和社會發展的積極力量，提供了一種機制實現來源國和目的國勞動力市場再均衡，通過僑匯促進了移民來源國的投資和生活水平提高，同時提升了新理念與新技術的全球性傳播。本文以下聚焦於人口結構、經濟、政治及社會等四方面之影響分析。

壹、人口結構

　　近年來多數工業先進國家長期經歷生育率與死亡率降低，造成人口規模減少、勞動力短缺及人口老化等人口結構轉變與勞動力短缺的問題。而人口結構變遷所產生的深遠影響，涉及一個國家或地區的經濟發展、勞動供給及國際競爭力等面向。

　　國際上將65歲以上人口占總人口比率達到7%、14%及20%，分別稱爲高齡化社會、高齡社會及超高齡社會。臺灣已於1993年成爲高齡化社

會，2018年轉為高齡社會，推估將於2025年邁入超高齡社會；總人口已於2020年開始呈現負成長，除了出生數低於死亡數之外，因國際遷徙為主的社會增加，也受到COVID-19的影響，社會增加罕見呈現負值[49]。

　　相關研究建議利用「調節生育」及「國際移民」來因應人口問題。前者之目的係為促使家庭發揮功能，生育率回升是政策執行成功下的產物，惟其他國家經驗證實，生育率難以回到人口「替代水準」，而且為執行內容豐富的政策內容，需編列高額經費支應[50]。

　　聯合國於2000年主張以「替代性移民」（replacement migration）解決青壯人口負擔及勞動人力短缺的問題。人口遷移包含移入及移出，在實際執行上，無法移出大量高齡人口以促使人口組成年輕化，故焦點於國際遷移對移入國人口結構的影響，移入國建立移民政策，以合理掌握、控制遷移人口之數量及類型。相較於提升生育率，國際人口遷移對於解決人口結構老化的問題，其效果較顯而易見。

　　為因應我國人口結構變遷的趨勢，2006年臺灣人口政策綱領從過去「計畫生育」，轉變為「維持人口合理成長」，2008年核定之人口政策白皮書中，為緩和我國少子女化、人口老化及移入人口所產生相關社會問題，將「生育」和「遷移」列入重要議題[51]。2013年我國人口政策白皮書亦是針對少子女化、高齡化及移民等問題著手，以達成提升生育率、強化勞動力結構、高齡化調適等目標[52]。

---

[49] 國家發展委員會（2020），中華民國人口推估（2020至2070年）。

[50] 涂肇慶、陳寬政（1988），調節生育與國際移民：未來台灣人口變遷的兩個關鍵因素，人文及社會科學集刊，1卷1期，頁77-98。

[51] 劉一龍（2007），調節生育與人口遷移對台灣人口結構之影響，國立中正大學社會福利所碩士論文，頁1、24。

[52] 人口政策白皮書—少子女化、高齡化及移民，行政院2013年7月12日院臺法字第1020138245號函核定修正，內政部戶政司網站，https://www.ris.gov.tw/app/portal/676，搜尋日期：2021/02/23。

貳、經濟

　　國際移民是一種全球現象，已經成為一個緊迫的政治及經濟問題。近年來跨境遷移的人數穩定成長，占全球移民人數3%以上。再加上中東和北非衝突加劇，導致難民人數激增，達數十年新高，短期內以及今後幾十年，跨境移民壓力可能會持續增加，因此，了解移民變化的趨勢、潛在驅動因素及移民的經濟影響，對於接收國和來源國制定移民政策至關重要[53]。

　　依據國際貨幣基金組織「國際移民：近期趨勢、經濟影響和政策內涵」報告結論指出，移民對各國的經濟影響各不相同，儘管移民帶來了挑戰，但也給來源國和目的地國帶來了好處[54]。對移入國而言，國際移民是一個高度政治性的敏感議題，因為其可能影響國內勞工的薪資水平及就業機會，並使社會福利支出增加而增加公共財政負擔。然而，實證研究顯示，移民對整體市場及國家財政會產生些許影響，但對特定領域的勞工較有明顯的影響，影響程度需視移民對國內勞工的替代程度，領域或職業替代性較高者，則衝擊較大。相關實證資料亦顯示，移民對低技能產業的薪資水準影響較大，因其多屬勞力密集型產業，進入門檻較低，勞動供給增加下，會造成薪資水準下降。但相對的，本地勞工可能會因為外來移民的壓力，被迫投資自己的知識技能，以增加競爭力[55]。移民多為移出國家的經濟中堅力量，對移入國則是可就業的勞動力，可提高勞動參與率、提高人力資本，並帶動技術進步，減緩老齡、少子化的壓力。如美國於二次世

---

[53] International Monetary Fund, (2015), International Migration: Recent Trends, Economic Impacts, and Policy Implications, p. 1, available at: https://reliefweb.int/sites/reliefweb.int/files/resources/111515background.pdf, last visited: 2021/02/18.

[54] International Monetary Fund, (2015), International Migration: Recent Trends, Economic Impacts, and Policy Implications, p. 1, available at: https://reliefweb.int/sites/reliefweb.int/files/resources/111515background.pdf, last visited: 2021/02/18.

[55] 陳明訓（2016），國際移民對經濟及政策之影響，經濟部工業局網站，https://www.italent.org.tw/ePaperD/7/ePaper20180900023，搜尋日期：2021/02/24。

界大戰後，幾乎一半的勞動力來自外來移民。但關鍵在於移民者的特徵，如年齡、技術水準及停留時間（永久或短暫）。從歐洲的實證資料顯示，移民的就業率及可獲薪資皆低於本地人，顯示移民具備的技能多被認為價值不足，造成很多高教育移民卻擔任低薪資工作的現況。總之，移民可增加勞動力人數、鼓勵投資及提升生產力，對經濟成長有正向的影響。

移民在2015年對全球國內生產總值（GDP）的貢獻超過9%，相當於6.7萬美元[56]。此外，經濟學家普遍認為，對於目的地國而言，遷入移民總體上是經濟增長的催化劑，產生淨經濟效益，惟如何衡量這些影響，還存在激烈的爭論[57]。相關研究證實，移民對勞動力市場的影響，包括對工資的影響。這些影響在不同地區間存在很大差異，通常被忽略而且很大程度上取決於移民與當地工人的技能互補程度，而這些影響隨著經濟對移民的適應調整，從長遠來看是可逆的[58]。惟多數證據顯示，無論在已開發國家或開發中國家，難民很難進入勞動市場[59]。

我國方面，依據2012年資料顯示，當年度具永久居留身分在我國居住者，總數為 7,708人，其中男性為4,721人，女性為2,987人。又同期資料顯示，當年度歸化取我國國籍者，總數為5,597人，其中男性為182人，女性高達5,415人，顯見長期居住於我國之移入人口中，男性與女性選擇長期居住在我國的身分別顯有差異，男性多為白領工作者，傾向於永久居

---

[56] The McKinsey Global Institute, (2016), People on the Move: Global Migration's Impact and Opportunity. available at: www.mckinsey.com/featured-insights/employment-and-growth/global-migrations-impact-and-opportunity, last visited: 2021/02/23.

[57] Goldin, I., G. Cameron and M. Balarajan, (2011), Exceptional People: How Migration Shaped Our World and Will Define Our Future. Princeton: Princeton University Press.

[58] Ruhs, M., (2013), The Price of Rights: Regulating International Labor Migration. Princeton: Princeton University Press.

[59] Clemens, Huang和Graham 在《給予難民正式勞動力市場准入許可的經濟和財政影響》（The Economic and Fiscal Effects of Granting Refugees Formal Labor Market Access）中提出。

留,至於女性多爲外籍配偶,則傾向以取得我國國籍爲主[60]。

外籍配偶,其原籍以來自大陸地區與東南亞國家的女性配偶爲主,此婚姻移入之外籍配偶,對於我國人力補充、家庭照顧、社會服務及出生嬰兒數的增加等面向,展現出對臺灣實質的貢獻,已爲社會所肯定,然非經濟性移入之人口較經濟性移入人口比重較大的情形下,對我國現階段之社會經濟發展,也產生相當程度之影響與挑戰,主要在於我國經濟性移民誘因不足。目前我國之移入趨勢明顯偏向非經濟性移民,以及來源國較爲集中之現象。揆諸世界各國對於全球人才之競爭,多以提供租稅優惠、永久居留資格等爲誘因,相較於鄰近的香港、新加坡、日本,我國平均薪資水準偏低,再加上國際化程度仍有提升之空間。因此,如何強化經濟性移民之誘因,以及讓移民來源國多元化,滿足產業發展之人力需求,應爲我國借鑑規劃移民措施之重要參據。

參、政治

比起社會文化和經濟方面的貢獻,移民在公民政治方面作出的貢獻[61],在更大程度上依賴於所在國從國家至地方各級的政策環境。Morawska於2013年的研究中,分析了影響移民公民政治貢獻的關鍵因素,主要可分爲全球層面、國家層面及地方層面(表1-1影響移民公民政治參與因素表)[62]。該研究說明了影響移民在公民政治領域作出貢獻的因素,其複雜性高,其中不僅涉及很多結構性環境因素,還延伸到文化和人口等方面的其他因素。

---

[60] 人口政策白皮書—少子女化、高齡化及移民,行政院2013年7月12日院臺法字第1020138245號函核定修正,頁44-45,內政部戶政司網站,https://www.ris.gov.tw/app/portal/676,搜尋日期:2021/02/23。

[61] 公民政治指在國家公認的權利範圍內參與公民義務。

[62] Morawska E., (2013), Structuring Immigrants Civic-political Incorporation into the Host Society. In: Outsiders No More? Models of Immigrant Political Incorporation (J. Hochschild, J. Chattopadhyay, C. Gay & M. Jones-Correa, eds.), Oxford: Oxford University Press, p. 142.

表1-1　影響移民公民政治參與因素表

全球層面	國家層面 （包括來源國及目的國）	地方層面 （包括群體內部及外部）
• 交通和通訊技術 • 各項有關人權的國際法和條約 • 國際強權政治，涉及移民來源國家／地區的對抗和衝突	• 來源國與目的國之間的地緣相近性 • 經濟的結構和發展動態 • 公民政治融合的國家——民族模式 • 有關包容和排斥的公民文化／行為（多元文化主義） • 民族國家構建狀況 • 遷入移民／遷出移民政策和公民身分 • 國與國之間的雙邊關係 • 在私下和公開場合的家長式的／平等的性別關係	• 經濟的結構和發展動態 • 有關包容和排斥的公民文化／行為（多元文化主義） • 居住區的隔離程度 • 各個群體間的關係 • 外國出生人口比例 • 移民／族裔群體的規模和聚居程度 • 寄居／離散心理 • 移民／族裔群體的公民權利意識 • 內部組織和領導力

資料來源：Morawska E., (2013), Structuring Immigrants Civic-political Incorporation into the Host Society. In: Outsiders No More? Models of Immigrant Political Incorporation (J. Hochschild, J. Chattopadhyay, C. Gay and M. Jones-Correa, eds.). Oxford: Oxford University Press, p. 142.

　　從表1-1可以看出，三個治理層次（全球、國家和地方）的規範或政策環境對於界定移民的公民政治貢獻程度都至關重要。例如，投票權、擔任公職或參加政黨或工會的權利，可能是由（或依靠）不同層級的法規來確定的，從而決定了移民參與政治活動的程度和性質。例如，在某些地方，移民能夠（並被期望）積極地作出貢獻，包括通過在民主選舉中投票（例如紐西蘭），儘管這在全國性選舉中相對罕見。民主選舉中的投票權利通常與入籍掛鉤，因此成為公民的移民才可以投票以及擔任公職。例如，美國2018年11年舉行的第116屆國會選舉帶來了該國歷史上種族和民族最多樣化的國會，其成員中有13%是第一代或第二代移民。在其他地區，例如海灣國家，移民工人在勞動力中占很大比例，但被禁止通過集體

／工會尋求對工人權利的保護，更不用說能入籍了[63]。

肆、社會

　　全球化的時代下，隨著勞動力的移動，「移民」是各個國家皆需面對的議題，如何不讓移民衝擊到傳統社會安全及社會和諧，而能夠創造新住民對於國家發展的正向影響，亦能減少社會多元文化所造成的族群衝突。多元文化社會讓人們可以欣賞及尊重不同的文化，可以培養公民跨文化理解力，也讓國家在面對國際問題及國際市場時，可以更加靈活掌握全球化經濟。在許多社會的發展中，移民提供了必需的勞動力，讓許多移民國家不會因為缺乏勞動力，而喪失經濟競爭力。在開放新移民過程中，重視「社會融合」的議題將可以使新移民的正向能量發揮出來。若新移民無法融入社會，而不得已成為社會中的小團體，則容易產生社會排除的現象，增加與本地人之間的衝突[64]。

　　在族群融合方面，我國移民過去三十年來是以婚姻移民為主，因此在目前的社會融合機制中，較屬於移民者如何融入主流文化的方向，但在日常生活中還是允許移民者展現自己的文化及語言；尤其近年來，在各級的學校都鼓勵開設泰語、越南語、印尼語等為第二外語或選修課程，也可以看出我國多元文化的走向。一般而言，持多元文化主義的國家移民者，較容易適應移入國，也比較不會產生族群衝突。尤其是新經濟移民開放部分僑生移入，而僑生原本即出生在華人家庭，對於華人文化本就具有「根基依附」的現象，在移入後，也較不容易產生族群問題。

　　在文化適應方面，過去臺灣以婚姻移民為主的社會，提供了許多移民者融入本國社會的措施，未來再開放新經濟移民時，可將原本針對婚姻

---

[63] International Organization for Migration, (2019), International of World Migration Report 2020, pp. 162, 169-170, available at: https://publications.iom.int/books/world-migration-report-2020, last visited: 2021/02/18.

[64] 辛炳隆（2018），新經濟移民政策對經濟社會之影響評估研究報告，國家發展委員會委託研究，頁157-160。

移民機制擴大至新經濟移民及其配偶子女的生活輔導機制。社會參與分爲政治參與及社會參與兩種層面，皆是社會融合的一部分。前者政治參與部分，又可分爲投票權、被選舉權及從事公職權利等三個層面，目前在臺灣只要成爲公民皆可以參與投票，即政治投票權與一般人民無異；後者社會參與部分，可分爲參與工會及參與民間組織二方面，國內在2010年修改工會法及2013年修改人民團體法，使新住民及移工有參加工會組織及民間組織的權利，可見臺灣在社會參與部分對移民者持開放的態度。

第五節　小結

　　當今世界各國之間聯繫日益廣泛、緊密，相互依賴程度增強，而且人員流動益加頻繁，國際移民問題呈現出鮮明的時代特性，主要有以下三點特色[65]：

　　一、國際移民數量大增，流向多元化且仍比較集中，在性別比例方面，基本上均衡，而且多爲適齡勞動人口。

　　二、國際非法移民形勢總體穩定，但結構更爲複雜，身分亦趨模糊。非法移民是一個非常特殊的群體，具有高度隱蔽性、極強流動性與靈活性等特點，因而各國政府難以全面評估及掌控，形成移民政策制定上的盲點。

　　三、伴隨著人類社會軍事、政治、民族、宗教等紛爭與衝突而產生的世界性國際難民問題益發重要，難民保護與治理成爲國際社會關注的焦點。相對於合法移民及非法移民的主動性遷徙，難民（及流離失所者）屬被動式人口遷移，其受外部環境因素之影響較大且明顯。此外，當前難民構成中，未成年人占了約一半的比例，反映出難民問題的急迫性、複雜性與敏感性。

---

[65] 陳積敏（2018），國際移民的新形勢及其安全挑戰，現代國際關係，11期，頁32-34。

　　當代移民不僅是一個複雜的過程，而且在不同階段又彼此相互關聯，該過程中涉及人員亦多元，包括雇主、政府、國際組織、公民社會及個人家庭在內等利益相關者，所涉議題亦廣泛，包括勞動、安全、健康、社會福利、經濟及政治等。對於移民問題，移民來源國和目的國的移民政策以及國際合作的程度，對於決定國際移民的流動、條件和結果，扮演極重要的角色[66]。

　　國際移民所帶來的安全挑戰日益引發關注，成為全球移民治理的重要議題。國際移民的影響絕不僅僅局限於個別國家或區域，而是已經遍及至全球各個角落。因而，國際移民治理已然成為全球治理體系的重要部分，已是全球治理格局演化中不可忽視的重大課題[67]。至於移民政策的完善與否，對於當前的國際移民治理至關重要。雖然許多國際法規與國際移民有關，但並未有效整合，缺乏移民權利保護的明確規定。此外，移民政策實踐中的相關決策程序及機制也不完備，致國際移民未能有效管理，國際人口遷移產生消極後果之可能。例如，移民來源國面臨寶貴人才及技術的流失；移民目的國可能面臨移民難以融合、受歧視、被剝削及遭濫用等問題[68]。

　　國際移民是一個極為複雜的全球性問題，欲有效應對這個問題絕非易事，需要調動一切相關力量、運用一切積極因素，綜合施策，協調行動，形成一個既相互獨立又相互聯繫的閉合治理體系。有鑑於國際移民問題涉及眾多相關主體之利益，因此有效的國際移民治理必須兼顧各方利益。因而，超越以國家為主體的單一治理模式，融合更中立的第三方治理平台，亦是國際移民治理體系中不可或缺的一部分。國際移民的區域治理與全球治理正是扮演了這樣的角色。從區域治理的角度來看，地緣相近的伙伴國家在共同的治理目標基礎上形成的一種地區性治理結構，歐盟是典型代表。該模式係以一個超國家實體作為主要的治理主體，能夠從更廣泛的領

66 路陽（2019），國際移民新趨向与中國國際移民治理淺論，世界民族，4期，頁68。

67 陳積敏（2018），國際移民的新形勢及其安全挑戰，現代國際關係，11期，頁32-34。

68 路陽（2019），國際移民新趨向与中國國際移民治理淺論，世界民族，4期，頁69。

域對移民問題展開統籌與政策協調，但其治理效率主要取決於各成員國對歐盟移民政策的認同度。從全球治理的視角來看，參與國際移民治理的行為體更加多元，既包括傳統的國家行為體，也涵蓋地區性組織以及與移民相關的國際組織，同時還包含了大量的非政府組織以及私營部門等行為個體[69]。

　　當今國際移民已然成為全球各國必須面對的複雜問題，所涉面向包括人口結構、社會、經濟及政治等，惟有不斷調整、改善移民來源國和目的國的移民政策，並加強國際移民的區域治理及全球治理，始能兼顧各方利益，有效因應國際移民帶來的衝擊與挑戰。

參考書目

一、中文文獻

吳學燕（2004），國內外移民政策與輔導之探討，中央警察大學國境警察學報，3期，頁1-34。

汪毓瑋（2007），人口移動與移民控制政策之研究，中央警察大學國境警察學報，8期，頁1-46。

辛炳隆（2018），新經濟移民政策對經濟社會之影響評估研究報告，國家發展委員會委託研究。

陳積敏（2018），國際移民的新形勢及其安全挑戰，現代國際關係，11期，頁32-40。

倪世雄（2003），當代國際關係理論，2版，台北：五南圖書出版公司。

涂肇慶、陳寬政（1988），調節生育與國際移民：未來台灣人口變遷的兩個關鍵因素，人文及社會科學集刊，1卷1期，頁77-98。

高祖貴，姚琨（2007），國際移民問題概況、影響及管理，國際資料信

---

69 陳積敏（2018），國際移民的新形勢及其安全挑戰，現代國際關係，11期，頁40。

息，8期，頁22-25。

國家發展委員會（2020），中華民國人口推估（2020至2070年）。

陳玉書、謝立功、陳明傳（2007），非法移民人口估計之相關研究與省思非法移民人口估計之相關研究與省思，刑事政策與犯罪研究論文集，10期，頁207-228。

陳明傳（2018），移民之相關理論暨非法移民之推估，陳明傳、高佩珊主編，移民理論與移民行政，台北：五南圖書出版公司，頁25-58。

陳明傳、高佩珊（2018），緒論，陳明傳、高佩珊主編，移民理論與移民行政，台北：五南圖書出版公司，頁1-24。

詹中原（2016），全球移民與人力資源管理：外國人應國家考試制度探討，國家菁英，12卷1期，頁3-18。

路陽（2019），國際移民新趨向与中國國際移民治理淺論，世界民族，4期，頁58-72。

劉一龍（2007），調節生育與人口遷移對台灣人口結構之影響，國立中正大學社會福利所碩士論文。

鄭又平（2006），全球化與國際移民：國家安全角度的分析，發表於「政府再造與憲政改革系列研討會─全球化之下的人權保障」，國立台北大學公共行政暨政策學系，頁1-17。

盧倩儀（2006），政治學與移民理論，台灣政治學刊，10卷2期，頁209-261。

二、外文文獻

Everett S. Lee, (1966), A theory of migration, Demography, 3(1), pp. 47-57.

Faist, Thomas, (2000), The Volumes and Dynamics of International Migration and Transnational Social Spaces, Oxford: Oxford University Press.

George J. Borjas, (1989), Economic theory and international migration, The International Migration Review, 23(3), pp. 457-485, Special Silver Anniversary Issue: International Migration an Assessment for the 90's.

Martin, P., (1993). The Migration Issue. In The New Geography of European

Migrations, ed. Russel King, London: Belhaven Press, p. 4.

Massey, D. S., J. Arango, G. Hugo, A. Kouaouci, A. Pellegrino & J. E. Taylor, (1998), Worlds in Motion: Understanding International Migration at the End of the Millennium, Oxford: Clarendon Press, pp. 12-14.

Sassen, Saskia, (1988), The Mobility of Labor and Capital. A study of international investment and labor flows. Cambridge: Cambridge University Press.

Massey, Douglass S., Arango, J., Hugo, G., Kouaci, A., Pellegrino, A. & Taylor, J. E., (1993), Theories of international migration: A review and appraisal, Population and Development Review, 19(3), pp. 431-466.

Morawska E., (2013), Structuring Immigrants Civic-political Incorporation into the Host Society. In: Outsiders No More? Models of Immigrant Political Incorporation (J. Hochschild, J. Chattopadhyay, C. Gay & M. Jones-Correa, eds.). Oxford: Oxford University Press.

Piore, M., (1979), Birds of Passage: Migrant Labor in Industrial Societies, New York: Cambridge University Press.

Philip Martin, (2013), The global challenge of managing migration, Population Reference Bureau, 68(2), pp. 2-16.

Ruhs, M., (2013), The Price of Rights: Regulating International Labor Migration. Princeton: Princeton University Press.

Stalker, Peter, (2002), The No-nonsense Guide to International Migration, Oxford: New International Publications.

Stark, O. & R. E. B. Lucas, (1988), Migration, remittances, and the family, Economic Development and Cultural Change, 36(3), pp. 465-481.

Stephen Castles & Mark J. Miller, (1993), The Age of Migration: International Population Movement in the Modern World, NY: The Guilford Press.

Thomas, B., (1973), Migration and Economic Growth: A Study of Great Britain and the Atlantic Economy, Cambridge: Cambridge University Press.

United Nations Department of Economic and Social Affairs Population

Division, (2013), World Population Policies 2013, New York: United Nations.

三、網站資料

內政部，人口政策白皮書－少子女化、高齡化及移民，行政院2013年7月12日院臺法字第1020138245號函核定修正，內政部戶政司網站，頁44-45， https://www.ris.gov.tw/app/portal/676，搜尋日期：2021/02/23。

陳明訓（2016），國際移民對經濟及政策之影響，經濟部工業局網站，網址：https://www.italent.org.tw/ePaperD/7/ePaper20180900023，搜尋日期：2021/02/24。

Ernest George Ravenstein, (1855), The Laws of Migration, available at: https://cla.umn.edu/sites/cla.umn.edu/files/the_laws_of_migration.pdf, last visited: 2021/02/19.

Goldin, I., G. Cameron & M. Balarajan, (2011), Exceptional People: How Migration Shaped Our World and Will Define Our Future. Princeton: Princeton University Press, p. 1, available at: https://reliefweb.int/sites/reliefweb.int/files/resources/111515background.pdf, last visited: 2021/02/18.

International Monetary Fund, (2015), International Migration: Recent Trends, Economic Impacts, and Policy Implications, available at: https://reliefweb.int/sites/reliefweb.int/files/resources/111515background.pdf, last visited: 2021/02/18.

International Organization for Migration, (2019), International of World Migration Report 2020, available at: https://publications.iom.int/books/world-migration-report-2020, last visited: 2021/02/18.

Lucia Kurehove, (2010), Theories of migration: Critical Review in the context of the EU East-West flows, pp. 4-5, available at: https://papers.ssrn.com/sol3/papers.cfm?abstract_id=1962351, last visited: 2021/02/18.

The McKinsey Global Institute, (2016), People on the Move: Global Migration's Impact and Opportunity. available at: www.mckinsey.com/ featured-insights/employment-and-growth/global-migrations-impact-and-opportunity, last visited: 2021/02/23.

The United Nations, (1998), The United Nations Recommendations on Statistics of International Migration, pp. 9-10, available at: https://unstats. un.org/unsd/publication/seriesm/seriesm_58rev1e.pdf, last visited: 2021/02/18.

United Nations Department of Economic and Social Affairs, Population Division, (2020), International Migration 2020 Highlights (ST/ESA/SER. A/452), available at: https://www.un.org/sites/un2.un.org/files/undesa_ pd_2020_international_migration_highlights.pdf, last visited: 2021/02/18.

第二章

我國外籍移工管理之政策分析

王寬弘

第一節　前言

　　我國由於經濟成長，國民所得提高，教育水準普遍提升及工作價值觀念轉變等因素，國人漸漸開始不願意從事高度勞動力工作，然而工商企業的發展卻帶來更多職工需求，各界時常反應缺工問題，造成我國對外籍勞動力之需求逐漸提高，形成目前外籍移工在臺工作有其不可取代性之情形。

　　我國自1989年為彌補推動六年國建國內勞動力不足問題，首次正式引進外籍移工參與政府重大建設，而後又陸續開放紡織業等六行業15種職業可專案申請聘僱海外勞工以彌補人力缺口。隨著我國人口結構日趨老化，照顧看護需求成長，遂又開放引進外籍看護工與外籍家庭幫傭，外籍移工在臺工作人數即開始大幅增加[1]。1992年臺灣首次通過引進與管理外國基層勞動力的法令，確立了客工計畫的體制，引進東南亞國家勞工，並且排除中國勞工的引進。隨著外籍移工在臺工作人數大幅增加，目前外籍移工已經成為我國產業不可或缺的勞動力來源，而重視勞動人權是國際趨勢，善待外籍移工更是社會進步的象徵。觀諸我國引入的外籍移工多來自東南亞國家，其國籍、語言、宗教信仰及生活習慣皆有所不同，由於背景差異或者語言溝通不良，也有適應或其他問題因素，因此我們需要對其相對地認知了解、進而關懷與管理，以避免有受到不當對待情形[2]，營造雇

---

[1] 蔡宛宜（2018），台北市外籍勞工現況與管理，台北市政府主計處統計應用分析報告（編號：107-01），https://www-ws.gov.taipei/download.ashx?u=lzawms9vcgxvywqvmzy3l3jlbgzpbguvnduwmdavnzy2mzi1os9mmwq1zgu1zi04owrlltrjogytogm5ns01mtblmwzizgyzntiucgrm&n=mta3mdhoh7rljjfluillpjbnsy3li57lt6xnj77ms4hoiifnrqhnkiyucgrm&icon=.pdf，搜尋日期：2020/11/10。

[2] 美國國務院2016年度《各國人權報告》（Country Reports on Human Rights Practices）中，指出外籍勞工在臺灣因負擔高額仲介規費，實際薪資低廉，擔心雇主終止合約而無法償還積欠的仲介費用，受不當對待時多不願檢舉、求助，故而權益易受剝削。2016年度《各國人權報告》—台灣部分，美國在台協會網站，https://www.ait.org.tw/zhtw/2016-human-rights-report-taiwan-part-zh/，搜尋日期：2020/11/10。

主與移工互利環境。

　　因此，如何在保障國民工作權與不妨礙本國人就業機會、勞動條件之前提下，適度引進聘僱外國人工作，有效管理外籍移工，保障勞僱雙方權益，以兼顧發展經濟及社會安定，即為外籍移工重要議題。本文著重於我國外籍移工的政策與管理制度，從我國外籍移工政策歷史沿革及內涵、管理制度，再檢視探討我國外籍移工所面臨問題，期能提供作為施政之參考。

　　「外籍移工」簡稱「移工」（migrant worker[3]; foreign worker[4]），以往我國稱之為「外籍勞工」（簡稱「外勞」）[5]。「外籍移工」一詞根據國際勞工組織（International Labour Organization, ILO）的定義是：「凡不具有該國國籍，而於該國就業工作或失業，以及尋找工作之國際移民。」[6]另依聯合國於1990年通過之「外籍勞工及其家屬權利保障公

---

[3] 國家教育研究院雙語詞彙、學術名詞暨辭書資訊網，英語稱為：migrant worker，中文又稱為：外來勞工、移工、移徙勞工。國家教育研究院，http://terms.naer.edu.tw/detail/3366985/，搜尋日期：2021/02/01。

[4] 維基百科，英語稱為：foreign worker中文又稱為：「移住勞工」或「國際移工」，簡稱「移工」。維基百科，https://zh.wikipedia.org/wiki/%E5%A4%96%E7%B1%8D%E5%8B%9E%E5%B7%A5#%E5%8F%B0%E7%81%A3，搜尋日期：2021/02/01。

[5] 以往稱之為「外籍勞工」（簡稱為「外勞」）。2019年5月我國正式改稱呼這些外國朋友為「移工」、而非「外勞」，外僑居留證上的居留事由也更名為「移工」。2019年5月3日內政部長徐國勇頒發更名為「移工」的新版居留證給移工朋友。徐國勇（3日）前往義美食品工廠訪視移工，徐國勇當場宣布，未來將不再稱呼「外勞」一詞，將全面更名為「移工」，外僑居留證上的居留事由也將改為「移工」，希望社會更加尊重這些移工朋友。未來不再使用「外勞」一詞，徐國勇宣布正式更名為「移工」，https://www.rti.org.tw/news/view/id/2019525，搜尋日期：2021/02/01。

[6] 林國榮等（2014），未來十年我國外勞政策變革方向之研究（國家發展委員委託研究報告，NDC-DSD-102-11），國家發展委員會，https://ws.ndc.gov.tw/Download.ashx?u=LzAwMS9hZG1pbmlzdHJhdG9yLzEwL3JlbGZpbGUvNTY0NC8yNzQzLzAwNTk3MDEEucGRm&n=5aSW5Yue5pyf5pyr5aCx5ZGKLnBkZg%3D%3D&icon=..pdf，搜尋日期：2021/02/01。劉滌誠（2019），有別於西歐的東亞經驗：臺灣移工政策設計的考察（19820-2016），國立政治大學公共行政研究所碩士論文，頁7。

約」（International Convention on the Protection of the Rights of all Migrant Worker and Members of Their Families）的定義是：「凡非該國之公民，進入該國從事有酬活動者均屬之。」[7]亦有稱之為「國際移住勞工」，係指受僱員工不在原本國籍內國家與企業工作，而是到另一個國家去接受聘僱於他國公司或第三國企業；並可廣義的說「國際移住勞工」可以包括很多人，最常見的說法，是指移動到另一個國家去尋求更好的工作的人。有循合法管道進入工作的合法外勞，亦有用偷渡或其他如觀光等名義入境不法打工的非法外勞。除了工作，很多人還希望取得國籍，也就是所謂的「經濟移民」。[8]

　　有人認為移工有高／低技術（high/low-skill）的差異，兩者本質上不同不能一概而論。前者從事產業發展、技術研發的工作者，或稱之為人才（專技人才）；後者則從事農業、製造業等低階工作者，通常這些移工僅是暫時進入地主國的勞力市場，而非長期留在地主國工作，也未能享有公民權。[9]因此學者林國榮、詹火生、馬財專及藍科正等人，則依據我國就業服務法第46條第1項規定[10]，雇主聘僱外國人在中華民國境內從事工作

---

[7] 林國榮等（2014），未來十年我國外勞政策變革方向之研究（國家發展委員會委託研究報告，NDC-DSD-102-11），國家發展委員會，https://ws.ndc.gov.tw/Download.ashx?u=LzAwMS9hZG1pbmlzdHJhdG9yLzEwL3JlbGZpbGUvNTY0NC8yNzQzLzAwNTk3MDEucGRm&n=5aSW5Yue5pyf5pyr5aCx5ZGKLnBkZg%3D%3D&icon=..pdf，搜尋日期：2021/02/01。

[8] 維基百科，https://zh.wikipedia.org/wiki/%E5%A4%96%E7%B1%8D%E5%8B%9E%E5%B7%A5#%E5%8F%B0%E7%81%A3，搜尋日期：2021/02/01。

[9] 劉濬誠（2019），有別於西歐的東亞經驗：臺灣移工政策設計的考察（19820-2016），國立政治大學公共行政研究所碩士論文，頁7。

[10] 當時就業服務法為第43條第1項，後增修法該條順修條次為現行第46條第1項，條文內容未修正。

就業服務法第46條：「雇主聘僱外國人在中華民國境內從事之工作，除本法另有規定外，以下列各款為限：

一、專門性或技術性之工作。

二、華僑或外國人經政府核准投資或設立事業之主管。

項目共計11款，其中第1款至第6款爲所謂「白領外籍移工」，第7款至第9款爲所謂「藍領外籍移工」。並認爲廣義言之，「外籍移工」是指移動到另一個國家去尋求更好工作的人。其中有循合法管道入境工作者，亦有用偷渡或其他如觀光等名義入境非法打工者。[11]本文內所稱「外籍移工」係泛指外國人受聘僱從事就業服務法第46條第1項第8款至第10款之工作者[12]。此類我國「外籍移工」可分爲產業外籍移工及社福外籍移工。產業

三、下列學校教師：

　　（一）公立或經立案之私立大專以上校院或外國僑民學校之教師。

　　（二）公立或已立案之私立高級中等以下學校之合格外國語文課程教師。

　　（三）公立或已立案私立實驗高級中等學校雙語部或雙語學校之學科教師。

四、依補習及進修教育法立案之短期補習班之專任教師。

五、運動教練及運動員。

六、宗教、藝術及演藝工作。

七、商船、工作船及其他經交通部特許船舶之船員。

八、海洋漁撈工作。

九、家庭幫傭及看護工作。

十、爲因應國家重要建設工程或經濟社會發展需要，經中央主管機關指定之工作。

十一、其他因工作性質特殊，國內缺乏該項人才，在業務上確有聘僱外國人從事工作之必要，經中央主管機關專案核定者。」

[11] 林國榮等（2014），未來十年我國外勞政策變革方向之研究（國家發展委員委託研究報告，NDC-DSD-102-11），國家發展委員會，https://ws.ndc.gov.tw/Download.ashx?u=LzAwMS9hZG1pbmlzdHJhdG9yLzEwL3JlbGZpbGUvNTY0NC8yNzQzLzAwNTk3MDEEucGRm&n=5aSW5Yue5pyf5pyr5aCx5ZGKLnBkZg%3D%3D&icon=..pdf，搜尋日期：2021/02/01。該文原稱「白領外籍勞工」、「藍領外籍勞工」、「外籍勞工」名詞，本文此處均修改稱「白領外籍移工」、「藍領外籍移工」、「外籍移工」。

[12] 本文內所稱「外籍移工」係參考台北市政府之定義爲之。參見：蔡宛宜（2018），台北市外籍勞工現況與管理，台北市政府主計處統計應用分析報告（編號：107-01），https://www-ws.gov.taipei/download.ashx?u=lzawms9vcgxvywqwvmzy3l3jlbgzpbguvnduwmdavnzy2mzi1os9mmwq1zgu1zi04owrlltrjogytogm5ns01mtblmwzizgyzntiucgrm&n=mta3mdhoh7rljjfluillpjbnsy3li57lt6xnj77ms4hoiifnrqhnkiyucgrm&icon=.pdf，搜尋日期：2020/11/10。

外籍移工係指受聘僱從事農、林、漁、牧業中的海洋漁撈、製造或營造工作者,社福外籍移工則為從事看護工及家庭幫傭工作者。

移工政策中則有所謂的「客工(guest workers)制度」,這是一種引進外國勞動力的方式,使外籍移工只能在該國短期居留、工作,而不能成為該國的永久移民,與其相對的是「長期移民」制度。在我國客工制度僅表現在藍領移工的管理法規上,藍領移工會面臨來臺工作時間限制、職業與產業的限制、只能照配額引進勞工人數的限制、來源國的限制,且不得任意換雇主、工作地點。白領移工的居留與工作時間則可以彈性延長,達成實質的長期居留。[13]

第二節　我國外籍移工政策歷史沿革

壹、外籍移工引進之前──非法時期

我國於1960年代為發展經濟,以產業密集之出口導向產業,利用低廉勞動力拓展國際市場。為此,政府積極改革外匯與租稅制度,制定獎勵投資條例,鼓勵外資來臺投資,於1966年成立第一個加工出口區,出口快速增加,逐漸成為經濟成長的發動機。1970、1980年代臺灣經濟快速成長,不僅對外貿易大幅提升,政府也積極推動各種重大公共建設,充實鐵路、機場、港口、電力等基礎建設,並積極發展石化、鋼鐵等產業。

1970、1980年代後十年我國產業進入轉型階段,因為經濟發展,帶動教育提升,帶來國民所得與消費能力的提升等因素,減少了年輕人口進入勞動力市場意願,民眾對於基層製造與營造業等需要體力且具危險性之行業望之卻步,所謂的3K行業更是乏人問津,也使得我國勞動力結構開始有顯著的轉變。此外,隨著教育程度提升,以及女性意識的抬頭,社會

---

[13] 維基百科,https://zh.wikipedia.org/wiki/%E5%A4%96%E7%B1%8D%E5%8B%9E%E5%B7%A5#%E5%8F%B0%E7%81%A3,搜尋日期:2020/11/10。

上就業機會增加，促使女性跳脫傳統家事勞務的羈絆而走向就業市場。再加上人口的高齡化，導致家庭照顧者人力需求的驟升，於是家事工作人力供需也產生了落差。以上變化導致我國各項重大建設、3K產業及家事勞動人口產生落差[14]。

　　亦即，1980年代臺灣重大工程、製造業、家庭照護需要人力逐漸上升，缺工情形越來越明顯，也越趨於普遍，對於國內業界造成極大壓力。1980年代中期，臺灣業界就開始面對基層勞力供給不足之問題，而為了降低成本，就有外國人持短期觀光簽證入境臺灣，以逾期停留的方式從事勞動。因當時外交部核發簽證較寬鬆且入境管制也較不嚴格，所以許多菲律賓、印尼或泰國男性便利用各種管道與名義如技術考察進入臺灣，爾後間接滯留臺灣非法打工。更有甚者持假護照或偷渡的方式進入臺灣從事勞動，此時政府未允許外國人在臺從事勞動工作，故此類行事皆為非法所許，但為降低成本，以這種方式引進非法勞動力卻成為一股潮流[15]。

貳、外籍移工引進初期──專案時期

　　我國早期即有外籍人士從事勞務，但當時政府並未開放外國籍勞工來臺工作，故這群在國內從事勞務之外國籍勞動力都屬非法，惟其間各行業對於藉外籍勞力之補充從未間斷。在現實環境的壓力下，政府終於在配合六年國建與政府重大公共工程期，於1989年10月推動重大公共工程之際，首次引進外籍移工。行政院勞工委員會於1990年公布「實施十四項重要工程人力需求因應實施方案」，1991年2月同意六年國建工程廠商引進首批外籍移工。

　　在當時這群勞動力其最主要是為因應六年國建重大公共工程的勞動力

---

14 林國榮等（2014），未來十年我國外勞政策變革方向之研究（國家發展委員委託研究報告，NDC-DSD-102-11）。劉濬誠（2019），有別於西歐的東亞經驗：臺灣移工政策設計的考察（19820-2016），國立政治大學公共行政研究所碩士論文，頁7。

15 單驥（1998），臺灣外籍勞工政策之探討，行政院國家科學委員會專題研究計畫成果報告（編號：NSC87-2415-H008-002），未出版。

需要，因此開放的行業別是以營建業爲主，然此也導致其他行業開始要求
也能夠比照開放僱用外籍移工。爲解決國內產業缺乏基層勞工的困境及回
應各業界的要求，勞委會遂於1991年10月11日公布因應當前人力短缺暫行
措施，在此對產業及營造業開放，其中產業包括紡織業、金屬基本工業、
金屬製造業、機械設備製造修配業、電力及電子機械器材修配業等六行業
15種職業可專案申請聘僱外籍勞動力，爲外籍移工政策之執行揭開序幕，
也開啓了我國引進外籍移工的先例。因應家庭照顧殘障者人力短缺，復又
於1992年4月開放家中有植物人、身體殘障之病人、中風癱瘓或多重殘障
需要家庭看護者，即可按規定向勞委會提出聘僱外籍移工之申請，原則上
以一戶聘僱一人爲限，但有特殊情形者可專案核准[16]。

參、外籍移工引進之後 —— 法制時期（就業服務法）

正式開放引進外籍移工之後，對外籍移工數的分配及如何管理成了新
的議題，政府遂於1992年5月8日制定並公布「就業服務法」計70條條文，
爲引進外籍移工的法源基礎，並管理外籍移工工作，且確保不影響我國籍
勞工的就業機會。在1992年陸續有外國人聘僱許可及管理辦法、私立就業
服務機構許可及管理辦法、就業安定費繳納辦法、就業服務法施行細則接
著發布，我國引進外籍移工制度即進入法制時期。之後爲了使我國勞工政
策（包含外籍移工政策）更健全及符合當時需要，就業服務法公布後亦陸
續修正了17次。其中本文擇與外籍移工較有重要相關的略述如下：

一、工作居留時間

1998年時外籍移工最長可以在臺工作居留三年。於2002年延長到六
年，但三年的期限期滿，必須離境一次，才能獲得另外三年的居留權。
2007年延長至九年，2012年2月起又延長至十二年，聘僱許可期間由二年
修正爲三年，但期滿需出國一日方能再入境的規定依舊未改變。如此讓外

---

[16] 同上。

籍移工每次出境即會被仲介再收取一次費用，也造成需要外籍移工照護的老人或重症病人之不便等問題。遂於2016年立法院通過就業服務法第52條的修正案，取消外籍移工在臺灣每工作三年必須出國一日的規定，所有外籍移工都可以待到年限期滿，不須再滿三年就得去出境再入境，如此一來新雇主不必再取得長照中心評估同意，此一規定等於對家屬另開一扇方便之門[17]。

二、外籍移工仲介公司評鑑制度

2004年開始施行外籍移工仲介公司評鑑制度，以提升人力仲介公司服務品質，該評鑑每年辦理，其成績分三級以A、B、C表示，評鑑結果名單會公告於網站上，供雇主和外籍移工選擇上的參考，若有仲介公司連續二年評鑑成績均為C級者，在其許可證期滿後退場。勞動部另亦透過違法查處人力仲介公司，彼等如有非法媒介、超收費用、提供不實資料等情事，將處以罰鍰、停業處分和不予換證等處分。勞動部將持續透過仲介評鑑和違法查處等監督管理機制，促使人力仲介市場朝向優質及良性發展[18]。

三、直接聘僱外籍移工機制

為了提供雇主多元聘僱移工管道，減輕移工來臺工作負擔，勞動部於2007年12月31日成立「直接聘僱聯合服務中心」，以單一窗口概念，簡化流程服務，協助雇主自行聘僱移工。而以階段性方式推動直接聘僱計畫，2008年先以直接聘僱重新招募同一家庭看護工之雇主為優先對象，2009年

---

[17] 黃邦平、羅倩宜、蘇芳禾（2016），外勞免3年出境，勞資肯定仲介遺憾，自由時報，https://news.ltn.com.tw/news/life/paper/1044385，搜尋日期：2021/02/21。

[18] 勞動部勞動力發展署（2016），移工人力仲介制度介紹，發布日期：2016/08/09（檢核日期：2021/01/19），https://www.wda.gov.tw/News_Content.aspx?n=8507FC2FF000528B&sms=347187DD56A98578&s=958D4475EE414627，搜尋日期：2021/04/30。

再開放其他業別，並於2012年1月1日建置「直接聘僱跨國選工管理服務網路系統」（以下簡稱選工系統），透過網路與各國人力資料庫結合，提供雇主直接線上選工機制。2015年起與來源國合作推動「專案選工」服務，由來源國依製造業雇主個別化需求提供雇主二倍至三倍名單，協助辦理選工及來臺作業，直聘中心輔以協助雇主申辦文件，利於雇主於特定期間內引進合適之勞工。直聘中心爲協助雇主順利自行聘僱移工，提供各國語言諮詢、代轉代寄申請案件、直聘資訊網站、主動以電話及簡訊方式提醒應辦事項等多元服務[19]。

四、放寬外籍移工轉職限制

在過往外籍移工的轉職限制很多，轉換雇主不能跨出原縣市、不得自由轉換業別，如家庭監護工不能轉爲營造業、工廠外籍移工，而產業外籍移工也不能轉爲擔任監護工，仲介業是主導轉出過程的主要角色，在諸多不利的條件下，外籍移工的轉職常被批評是人肉市場。另外因爲轉換外籍移工手續繁複，還必須經過公立就服機構登記求才等，以致於雇主轉出意願較低。於2008年2月，方對於外籍移工的轉職限制有所放寬，從以往除非是雇主或看護者死亡、移民、關廠歇業等狀況，外籍移工才能轉換雇主[20]，修正放寬只要原雇主、外籍移工及新雇主三方合意，或是經廢止聘僱許可之外籍移工與新雇主雙方合意，新雇主就可以得免經公立就業服

---

[19] 此外，爲了協助雇主自行管理移工服務，直聘中心另推出「聘僱移工小幫手APP」，提供移工聘僱期程試算、案件進度查詢、勞工法令查詢等功能，雇主得一手掌握所有移工訊息；及「在臺期間管理資訊平台」提供健康檢查、居留證、換發護照、變更工作地等多元資訊，方便雇主自行管理移工。勞動部勞動力發展署（2017），移工直接聘僱服務，發布日期：2017/05/10（檢核日期：2021/04/01），https://www.wda.gov.tw/cp.aspx?n=724F0F21A25489A0，搜尋日期：2021/04/30。

[20] 游青雲（2008），外籍勞工轉換雇主政策已充分尊重其意願，由合意承接之雇主接續聘僱，指傳媒，https://www.epochtimes.com/b5/10/4/10/n2872872.htm，搜尋日期：2020/10/01。

務機構登記求才，直接向勞動部申請轉換雇主。至此，外籍移工就可直接轉換，不受區域、業別等限制，有意願承接的新雇主，只要取得勞動部招募許可，不必登記求才，也不需透過仲介業到國外求才，可以直接承接轉出外籍移工，大大縮短承接時間，對於原雇主來說，更可快速將外籍移工轉出，不必再擔心外籍移工無法轉不出去。勞動部也置外籍移工轉換資料庫，想要找外籍移工雇主，可以上網登錄各項需求條件，至於外籍移工想要轉換工作的話，也可請原雇主幫忙上網登錄尋求，雙方可以直接連繫媒合，至於公立就服機構也會舉行協調會進行媒合，如此一來外籍移工換工作便像本國勞工一樣，也可以挑雇主[21]。

五、健全仲介業者所收費標準

　　許多外籍移工來我國工作前，即已舉債來支付母國仲介業者所收之費用，來臺後又要向我國仲介業者繳交費用，即所謂管理費，備受相當大經濟壓力。為避免人力仲介公司不當向雇主和外國人收取費用，於2017年4月所修正之仲介收費規定，政府也訂出上限。依據私立就業服務機構收費項目及金額標準，規範仲介公司得向雇主收取登記費及介紹費（以聘僱移工為例：不得超過移工第一個月薪資）及服務費（每年2,000元）；另得向外國人收取服務費（以聘僱移工為例：第一年每月不得超過1,800元、第二年每月不得超過1,700元、第三年以上每月不得超過1,500元）。勞動部還同時協調勞動力輸出國，由其規定該國業者之仲介費收取標準，以不

---

21 朱國鳳（2017），外籍看護如果中途解約？或是期滿不做了？雇主也可以去找「自由球員」，https://www.ilongtermcare.com/Article/Detail/1139，搜尋日期：2020/10/01。邱羽凡、宋庭語（2020），移工自由轉換雇主之限制規範與檢討，交大法學評論勞動法特刊，頁1-50，https://lawreview.nctu.edu.tw/%E7%A7%BB%E5%B7%A5%E8%87%AA%E7%94%B1%E8%BD%89%E6%8F%9B%E9%9B%87%E4%B8%BB%E4%B9%8B%E9%99%90%E5%88%B6%E8%A6%8F%E7%AF%84%E8%88%87%E6%AA%A2%E8%A8%8E/#，搜尋日期：2021/04/30。

超過外籍移工一個月基本工資爲限[22]。

六、試辦農業外籍移工

　　農業係長期性缺工行業，適當引入基礎勞動力是我國目前農業移工重要政策之一。爲緩解農業缺工問題，農委會除擴大辦理相關改善農業缺工措施，獎勵國人從事農業工作外，亦以補充性原則，向勞動部申請擴大試辦外國人從事農業勞務工作。農委會於勞動部2019年1月30日「跨國勞動力政策協商諮詢小組」第28次會議提出乳牛飼育業及外展農務工作引進移工方案，並達成共識。隨即勞動部於2019年4月3日修正發布「外國人從事就業服務法第四十六條第一項第八款至第十一款工作資格及審查標準」，於同年4月5日生效。繼之，又於2020年2月25日勞動部「跨國勞動力政策協商諮詢小組」第30次會議討論通過，未來包含蘭花、食用菇蕈、蔬菜栽培、畜牧飼育、養殖漁業、外展農務或農委會指定之農產業行業，將有2,400位外籍移工協助農業基層勞力工作，提供農業勞動力多元選項。因應乳牛飼育及季節性人力需求，辦理乳牛飼育及外展農務服務。

　　農委會表示，該會雖積極推動增加人力供給措施及運用機械化、自動化，減省人力需求並提升產業競爭力，改善缺工問題，惟面臨少子化、勞動力人口不足、農漁村就業人口高齡化等大環境趨勢，勞工招募不易，且因農業工作體能負荷大，工作環境不佳等問題，本國勞工實際投入農業基礎工作意願低、流動率高，且因產業特性無法完全機械或短時間內達到機械化之最大程度，本次農委會規劃擴大試辦行業包括蘭花、食用菇蕈、畜

---

[22] 勞動部勞動力發展署（2016），移工人力仲介制度介紹，發布日期：2016/08/09（檢核日期：2021/01/19），https://www.wda.gov.tw/News_Content.aspx?n=8507FC2FF000528B&sms=347187DD56A98578&s=958D4475EE414627，搜尋日期：2021/04/30。

就業服務法第40條第5款之規定，私立就業服務機構及其從業人員從事就業服務業務，不得要求、期約或收受規定標準以外之費用，或其他不正利益，以避免外籍勞工受到剝削。仲介公司若有違反，將受到其要求、期約或收受超過規定標準之費用或其他不正利益相當之金額10倍至20倍的罰鍰。

牧飼育及養殖漁業等長期性常態性缺工行業，希望適當引入基礎勞動力，穩定農業生產及供應，提升相關產業產值，亦可增加國人就業機會[23]。

第三節　我國外籍移工政策內涵

壹、我國外籍移工之工作政策[24]

依據就業服務法第42條規定，政府開放引進移工來臺從事體力工作之基本原則，係為保障國民工作權，聘僱外國人工作，不得妨礙本國人之就業機會、勞動條件、國民經濟發展及社會安定。因此，在不影響國人就業機會之基本原則下，對於國內所缺乏之勞工，採取補充性、限業限量開放引進移工，以維繫產業營運及協助家庭照顧，並透過跨國勞動力政策協商諮詢小組勞資學政社會對話機制，作為政策溝通平台，配合國家經濟發展需要與就業情勢，共同研商適切的移工政策，以落實保障國人就業權益，促進國民經濟發展的目標。

另外，移工對於我國經濟及社會貢獻勞動力，基於人權及平等對待，移工來臺工作應依三項原則相待：基本權益上的公平正義原則、工作權益上的國民待遇原則、生活權益上的賓至如歸原則。除了在臺工作同受勞動相關法令保障外，同時基於語言、文化、宗教及風俗習慣的不同，建立移工諮詢申訴管道、工作管理與人力仲介管理制度，以及辦理各項輔導、適應及社會融合的措施與活動，落實引進移工不影響社會安定的目標。

---

[23] 行政院農業委員會（2020），補充農業勞動力擴大試辦外國人從事農業工作，https://www.coa.gov.tw/theme_data.php?theme=news&sub_theme=agri&id=8050，搜尋日期：2021/04/21。

[24] 勞動部（2020），「移工權益維護報告書」，發布日期：2001/10/19（修訂日期：2020/01），https://www.wda.gov.tw/cp.aspx?n=1C6028CA080A27B3，搜尋日期：2021/02/21。

貳、我國對外籍移工權益之基本原則[25]

臺灣因地狹人稠,缺少接受外來移民的條件,加以移工之開放,在主、客觀因素考量下,為不影響國人就業機會、勞動條件及促進國民經濟發展,故移工之角色,係以補充性的「客工」為定位。雖然如此,對於移工除了因本地特殊情境需要不得不做之特殊限制外,均以等同國民待之,不因國籍不同而有所歧視,降低勞動條件,而損及移工權益,或對其生活不予妥善照顧及輔導,令其孤立無援而遭社會排斥。析言之,我國對移工之權益,有以下幾個基本原則:

一、基本權益上的公平正義原則

移工離鄉背井,以勞力換取較其母國為優渥之待遇,其應得之利益,自不容剝削。惟移工在取得工作機會過程中,有諸多外力之介入,其分享利潤是否合理,當以公平正義原則檢驗。

二、工作權益上的國民待遇原則

世界人權宣言第7條規定:「法律之前人人平等,並有權享受法律的平等保護,不受任何歧視。」故移工在臺工作,當受我國勞工相關法令保障。如為受僱於適用勞動基準法之行業,享有基本工資、工時等勞動條件之保障;另有關勞工保險條例、職工福利金條例等法令,亦不因其為移工而受歧視。

三、生活權益上的一視同仁原則

移工出門在外人地生疏,此有賴社會對移工之接納,而更迫切者為促進移工對本地社會之了解,建立輔導調適之機制,使人人有賓至如歸,歡喜愉悅之感受。

---

[25] 同上。

參、我國開放外籍移工基本政策之準則[26]

　　我國雖開放引進外勞，但仍有所限制，並且明定開放外籍移工基本政策之準則，包括：

一、補充性及限業限量原則

（一）不得妨礙本國人之就業機會

　　就業服務法第42條規定：「為保障國民工作權，聘僱外國人工作，不得妨礙本國人之就業機會、勞動條件、國民經濟發展及社會安定。」

（二）「限業、限量、補充性、短期性」原則

　　藍領外籍勞工引進係以「限業（如3K行業）、限量（進行總量管制）、補充性（國人不願意從事的工作）、短期性（外勞許可期為2+1年，累計在臺不得逾十四年）」為主要原則，以避免藍領外籍勞工的引進會影響國人就業和成為長期移入的人口。

二、權益保障及國民待遇原則

（一）基於國民待遇原則及「世界人權宣言」第7條規定：「人人在法律上悉屬平等，且應一體享受法律之平等保護。」
（二）在臺工作當受勞工相關法令保障。
（三）權益保障不因其為外國人身分而受歧視。

三、現行開放工作內容

　　依據外國人來臺從事就業服務法第46條第1項第8款至第10款工作

---

26 高育幸（2017），放寬藍領外勞員額可行性分析報告，https://ws.ndc.gov.tw/001/administrator/10/relfile/0/11615/f05975f1-0673-4c46-a4a7-36c9a1cfb203.pdf，搜尋日期：2021/01/18。

（基層體力工作），開放目的主要在於補充基層勞動力不足，工作內容包含：

（一）第8款：海洋漁撈工作。

（二）第9款：家庭幫傭及看護工作。

（三）第10款：為因應國家重要建設工程或經濟社會發展需要，經中央主管機關指定之工作。

四、勞動部訂定規範

勞動部訂有相關規定及辦法，針對國內招募、健康檢查、轉換雇主、在臺工作年限、就業安定費、生活照顧服務計畫書、攜眷居留等項目，規範如下：

（一）國內招募

依照雇主聘僱外國人許可及管理辦法第12條，聘僱外國人前，雇主應先以合理勞動條件辦理求才登記。

（二）健康檢查

依照就業服務法第48條第3項及受聘僱外國人健康檢查管理辦法規範從事基層體力工作外國人之健康檢查內容與時程等。

（三）轉換雇主

依照就業服務法第59條與外國人從事就業服務法第46條第1項第8款至第11款規定工作之轉換雇主或工作程序準則：規範從事基層體力工作外國人轉換雇主之相關規定。

（四）在臺工作年限

依照就業服務法第52條，規範外國人聘僱許可期間以及在臺工作年限。聘僱許可最長三年；在臺工作年限最長十二年。家庭看護工最長為十四年。

（五）就業安定費

依照就業服務法第55條，規範雇主須繳納就業安定費之對象。

（六）生活照顧服務計畫書

依雇主聘僱外國人許可及管理辦法第19條，規範雇主應依生活照顧服務計畫書確實執行。

（七）攜眷居留

依雇主聘僱外國人許可及管理辦法第44條，限制外國人居留不得攜眷。

肆、設置外籍移工政策協商平台[27]

勞動部於2007年7月9日設置「跨國勞動力政策協商諮詢小組」，此小組為勞資學政四方對話平台，其功能為評估勞動供需狀況，擬定具公信、公正、合理、符合經濟社會發展需要，且在勞資社會對話三贏原則下訂定之跨國勞動力政策。其任務包括：有關跨國勞動力引進對國內社會、經濟、衛生及治安等影響評估事宜；有關跨國勞動力引進之資料蒐集、統計數據、研究報告及政策建議諮詢及評估等相關事宜；有關跨國勞動力引進總額及各行業分配額度與得聘僱外籍人員比例之評估事宜；其他有關跨國勞動力政策之研議事項等。

此小組成員包括全國性勞工團體、雇主團體、學者專家及政府部門代表，運作方式為定期召開會議，參考失業情勢、就業人數變化及產業經濟發展需求，報告產業外勞與社福外勞及本勞就業比率等統計指標、查核製造業本外勞僱用情形，產業外勞與社福外勞配額分開考量，動態警戒控管外勞人數，定期討論重要跨國勞動力議題。會商之政策共識作為擬定跨國

---

[27] 高育幸（2017），放寬藍領外勞員額可行性分析報告，國家發展委員會106年度研究發展（產業及人力政策類優等獎作品），頁4，https://ws.ndc.gov.tw/001/administrator/10/relfile/0/11615/f05975f1-0673-4c46-a4a7-36c9a1cfb203.pdf，搜尋日期：2021/01/18。

勞動力政策及管理之重要參據。行政部門所提引進外勞政策多須由平台討
論並獲共識同意後，方可順利推動。[28]

---

[28] 跨國勞動力政策協商諮詢小組設置要點（108年10月7日修正）：
「一、勞動部（以下簡稱本部）爲評估勞動供需狀況，擬定具公信、公正、合理、符
　　　合經濟社會發展需要，且在勞資社會對話三贏原則下訂定跨國勞動力政策，爰
　　　設置跨國勞動力政策協商諮詢小組（以下簡稱本小組）。
二、本小組之任務如下：
　　（一）有關跨國勞動力引進對國內社會、經濟、衛生及治安等影響評估事宜。
　　（二）有關跨國勞動力引進之資料蒐集、統計數據、研究報告及政策建議諮詢及
　　　　　評估等相關事宜。
　　（三）有關跨國勞動力引進總額及各行業分配額度與得聘僱外籍人員比例之評估
　　　　　事宜。
　　（四）其他有關跨國勞動力政策之研議事項。
三、本小組置委員二十一人至二十七人，其中一人爲召集人，由本部部長指派次長兼
　　　任之；一人爲副召集人，由本部勞動力發展署署長兼任之；其餘委員由本部聘請
　　　下列機關、團體推選代表及專家學者共同組成之：
　　（一）政府部門代表四人至八人。
　　（二）勞工團體代表六人。
　　（三）雇主團體代表六人。
　　（四）專家學者三人至五人。
　　　前項委員任一性別不得少於委員總數之三分之一，任期二年，期滿得續聘（派）
　　　兼之。
　　　本小組另置執行秘書一人，由本部勞動力發展署跨國勞動力管理組組長擔任，並
　　　綜理幕僚作業。
四、本小組原則每三個月召開會議，會議由召集人召集之，並擔任主席，召集人因
　　　故不能召開會議時，由副召集人代理之。但當期會議無提案或重大政策需研商討
　　　論，得不召開。
　　　召開會議除邀請委員出席外，必要時，得邀請相關機關團體或社會人士列席。
五、除前開定期會議外，遇有重大臨時政策，得由召集人召集臨時會議，邀請委員研
　　　商討論。
六、本小組合議之建議方案，報經本部部長核定後實行；另委員對建議方案有不同意
　　　見，亦得以書面方式提供不同意見書，由幕僚單位併案陳報。

第四節　我國外籍移工政策管理制度

壹、移工工作管理之保護體系[29]

　　爲來臺工作之移工得適應在臺生活，並保障移工的權益，我國勞動部建置移工入國前、入國後之保護體系，如下：

一、入國前之保護

（一）成立「直接聘僱聯合服務中心」

　　爲減輕移工來臺工作負擔，提供雇主以直接聘僱方式招募移工、相關申請文書代轉代寄及其他諮詢、查詢、網路資訊等服務，降低移工來臺工作仲介費用、避免移工遭不肖仲介剝削。

（二）簽訂書面勞動契約及「外國人入國工作費用及工資切結書」

　　依現行規定，雇主應全額給付移工薪資，且雇主聘僱移工均需簽訂書面勞動契約及「外國人入國工作費用及工資切結書」，作爲地方勞工主管機關日後查處有否違法之依據。

（三）製作移工職前講習宣導影片

　　爲協助即將來臺工作之移工適應在臺生活，政府製作移工職前講習宣導影片，內容包括：工作權益、諮詢申訴管道、人身安全預防保護機制及

七、本小組委員及兼職人員均爲無給職。但非屬本部之委員得依規定支領出席費，另委員有實支交通費得核實報支。

八、執行本小組任務所需經費，由本部勞動力發展署年度就業安定基金預算項下支應。」

勞動部勞動力發展署，https://www.wda.gov.tw/News_Content.aspx?n=CA60F31A88AF3736&sms=80616FEAF60EE1E7&s=CE303F21C018EA57，搜尋日期：2021/02/01。

[29] 勞動部勞動力發展署，https://www.wda.gov.tw/News.aspx?n=F1B0B632EEA1F749&sms=31AD07381E2A92BF，搜尋日期：2021/02/01。

應遵守的法令規定等，透過移工來源國在臺辦事處轉送至該國職業訓練中心，於移工職前訓練課程中供移工觀看。

二、入國後之保護

（一）設立移工機場關懷服務站

勞動部自95年起辦理「入出國移工機場關懷服務計畫」，陸續於桃園國際機場及高雄國際機場設立移工機場關懷服務站，提供移工入境接機服務、法令宣導講習、諮詢申訴及權益保障資訊。

（二）建置1955勞工諮詢申訴專線

勞動部於98年7月1日成立1955專線，提供24小時免付費專線，快速處理移工申訴，立即派案至各地方政府予以查處，並追蹤案件處理情形，以保障移工權益。

（三）設立移工諮詢服務中心

補助各地方政府設置移工諮詢服務中心，提供移工法令、心理諮商、生活資訊、工作適應及勞資爭議等申訴諮詢服務，並提供法律訴訟費用補助及轉介法律扶助。另設置移工訪查員，進行例行訪查及受理查處檢舉非法移工案件，訪視雇主生活照顧事宜，訪查移工仲介公司有無涉及非法媒介移工、違法超收仲介服務費及其他違反移工管理事項。

（四）辦理雇主聘前講習

104年10月7日修正公布就業服務法第48條之1規定，明定初次申請聘僱外籍家庭看護工及家庭幫傭之雇主，在申請聘僱許可前，應參與聘前講習，其內容包含雇主聘僱外國人之相關法令、人口販運防制、外國人之本國風俗民情、勞資關係及相關保險規定、勞動契約與薪資給付、聘僱關係終止之處理等相關事項，期協助雇主做好充分之家庭與心理準備，清楚家庭未來將面對之狀況及相關法令規定，增進勞雇和諧。

（五）補助各地方政府及民間團體辦理移工權益保障宣導活動

　　補助各地方政府及民間團體辦理雇主、移工及仲介講習、文化交流、節慶活動及中外文課程，並藉由活動宣導防制人口販運、雇主應注意人身安全與隱私保護及善盡移工生活照顧責任，及1955專線諮詢申訴管道等。

（六）加強雇主及移工宣導

　　爲使雇主及移工了解相關法令，避免不法情事，編印移工手冊，分送移工知悉；另藉由電視廣告、戶外電視牆播放30秒宣導短片及燈箱廣告刊登，以宣導合法聘僱之重要性；並刊登臺鐵車站大廳的燈箱以及臺鐵電聯車廂平面廣告；另製播移工來源國語言之移工廣播節目及國語廣播節目，向移工、雇主及仲介宣導聘僱相關法令、保護措施及各地辦理之休閒節慶活動訊息，及播放移工母國新聞及音樂，以紓解思鄉情緒。

（七）提供安置保護及協助轉換雇主

　　倘移工因法令爭議、檢舉雇主非法使用、遭受人身侵害或雇主違反契約任意遣返等情事有安置之必要，地方主管機關將協處其安置庇護事宜，如有轉換雇主之需要，地方主管機關亦將協助其轉換雇主，並提供法律扶助等協助。

貳、移工工作資格規定[30]

　　我國目前開放移工來臺從事的工作爲：海洋漁撈工作、家庭幫傭工作、機構看護工作、家庭看護工作、外展看護工作、製造工作、營造工作、外展製造工作、屠宰工作、外展農務工作、農、林、牧或魚塭養殖工作及其他經中央主管機關指定之工作。有關移工來臺年齡及工作年限資格規定如下：

---

[30] 勞動部勞動力發展署網站：https://www.wda.gov.tw/NewsFAQ.aspx?n=9C9CC6640661FE
　　BA&sms=A1CA5B0D37C1A94B，搜尋日期：2021/02/01。

一、來臺年齡

　　移工來臺年齡為16歲（含）以上，另從事看護工作及家庭幫傭工作年齡須20歲（含）以上。

二、工作年限

　　依就業服務法第52條明定，移工在臺工作期間，累計不得逾十二年。惟外籍家庭看護工經專業訓練或自力學習而有特殊表現經許可者，且符合勞動部所定之資格、條件者，得檢具申請書等規定文件申請延長工作年限至十四年。

參、移工工作內容及雇主資格

　　移工來臺之工作內容及雇主資格分述如下：

一、家庭外籍看護工

（一）工作內容：在家庭從事身心障礙者或病患之日常生活照顧相關事務工作。

（二）雇主及被看護者資格：雇主（申請人）與被看護者，應具備下列關係之一：

1. 配偶。
2. 直系血親。
3. 三親等內之旁系血親。
4. 繼父母、繼子女、配偶之父母或繼父母、子女或繼子女之配偶。
5. 祖父母與孫子女之配偶、繼祖父母與孫子女、繼祖父母與孫子女之配偶。

（三）被看護者資格：申請聘僱家庭外籍看護工的被看護者，應符合下列二種資格條件之一：

1. 資格一：被看護者至公告指定之「申請聘僱家庭外籍看護工評估醫

院」進行專業評估，經指定醫院所開具之診斷證明書且醫療團隊評估結果符合下列情形之一：

(1) 被看護者年齡未滿80歲，有全日照護需要。

(2) 被看護者年齡滿80歲以上未滿85歲，有嚴重依賴照護需要或全日照顧需要。

(3) 被看護者年齡滿85歲以上，有輕度以上依賴照護需要。

2. 資格二：被看護者領有直轄市或縣（市）社政主管機關核發的身心障礙手冊，且須符合下表中的特定身心障礙重度或極重度等級項目之一，或中央主管機關公告之身心障礙類別鑑定向定度。

表2-1　申請外籍看護之特定身心障礙項目表

1. 平衡機能障礙
2. 智能障礙
3. 植物人
4. 失智症
5. 自閉症
6. 染色體異常
7. 先天代謝異常
8. 其他先天缺陷
9. 精神病
10. 肢體障礙（限運動神經元或巴金森氏症等二類疾病。但曾聘僱外籍家庭看護工者，不在此限）
11. 罕見疾病（限運動神經元疾病。但曾聘僱外籍家庭看護工者，不在此限）
12. 多重障礙（至少具有前11項身心障礙項目之一）

二、家庭幫傭工作

（一）工作內容：在私人家庭從事房舍清理、食物烹調、家庭成員起居照料或其他與家事服務有關工作。

（二）雇主資格：

　　1.資格一：家戶成員符合以下條件之一：

　　　（1）申請招募或承接外國人時：

　　　　　① 有3名以上之年齡6歲以下子女。

　　　　　② 有4名以上之年齡12歲以下子女，且其中2名為年齡6歲以下。

　　　（2）依下表計算家戶成員，累計點數滿16點者。雇主聘僱家庭幫傭工作者，一戶以聘僱一人為限。

表2-2　申請外籍幫傭之雇主家屬年齡及點數表

累計點數人員之年齡	點數	累計點數人員之年齡	點數
年齡未滿1歲	7.5點	年齡滿75歲至未滿76歲	1點
年齡滿1歲至未滿2歲	6點	年齡滿76歲至未滿77歲	2點
年齡滿2歲至未滿3歲	4.5點	年齡滿77歲至未滿78歲	3點
年齡滿3歲至未滿4歲	3點	年齡滿78歲至未滿79歲	4點
年齡滿4歲至未滿5歲	2點	年齡滿79歲至未滿80歲	5點
年齡滿5歲至未滿6歲	1點	年齡滿80歲至未滿90歲	6點
年齡滿6歲至未滿75歲	不計點	年齡滿90歲以上	7點

註：幫傭點數之計算：第3項累計點數之計算，以雇主未滿6歲之子女、年滿75歲以上之直系血親尊親屬或繼父母、配偶之父母或繼父母之年齡不同計算。但與雇主不同戶籍、或已申請家庭看護工或已列計為申請家庭幫傭之人員者，其點數不予列計。

　　2.資格二

表2-3　申請外籍幫傭之外籍人員表

外資金額	在新臺幣1億元以上	公司所聘僱總經理級以上之外籍人員
	在新臺幣2億元以上	公司所聘僱各部門主管級以上之外籍人員
上年度營業額	在新臺幣5億元以上	公司所聘僱總經理級以上之外籍人員
	在新臺幣10億元以上	公司所聘僱各部門主管級以上之外籍人員

表2-3　申請外籍幫傭之外籍人員表（續）

在我國繳納綜合所得稅	上年度薪資所得新臺幣300萬元以上	公司、財團法人、社團法人或國際非政府組織主管級以上之外籍人員
	當年度月薪新臺幣25萬元	公司、財團法人、社團法人或國際非政府組織主管級以上之外籍人員
	符合上述年度薪資或當年薪資條件，且年薪新臺幣200萬元以上或月薪新臺幣15萬元以上，且於入國工作前於國外聘僱同一名外籍幫傭，得聘僱該名外國人從事家庭幫傭工作。	

三、機構看護工工作

（一）工作內容：在下列之機構或醫院從事被收容之身心障礙者或病患之日常生活照顧等相關事務工作。

（二）雇主資格：符合以下資格之一：

1. 收容養護中度以上身心障礙者、精神病患及失智症患者之長期照顧機構、養護機構、安養機構或財團法人社會福利機構。以各機構實際收容人數每三人聘僱一人。申請外國人人數，合計不得超過本國看護工之人數。

2. 護理之家機構、慢性醫院或設有慢性病床、呼吸照護病床之綜合醫院、醫院、專科醫院。

3. 依長期照顧服務法設立之機構住宿式服務類長期照顧服務機構。以其依法登記之床位數每五床聘僱一人。申請外國人人數，合計不得超過本國看護工之人數，而本國看護工人數之計算，應以申請招募許可當日參加勞工保險人數為準。

四、製造工作

（一）工作內容：直接從事製造業產品製造或與其有關之體力工作。

（二）雇主資格：雇主應符合下列情形之一：

1. 特定製程案件：符合勞動部規定之特定製程（即3K製程）及其關

聯行業的製造業者。

2. 國內新增投資案件：製造業者符合勞動部規定之特定製程及其關聯行業，並於102年3月13日至103年12月31日期間內新設立廠場，且取得工廠設立登記證明文件者。

3. 臺商回臺新增投資案件：製造業者赴海外地區投資二年以上，符合勞動部規定之特定製程及其關聯行業，並經經濟部工業局核發臺商資格認定文件後三年內完成新設立廠場，取得工廠設立登記證明文件，且其投資金額與預估聘僱國內勞工人數達規定下列條件之一：

(1) 高科技產業之製造業投資金額達新臺幣5億元以上，或其他產業之製造業投資金額達新臺幣1億元以上。

(2) 新增投資計畫書預估工廠設立登記證明核發之日起，一年內聘僱國內勞工人數達100人以上。

五、營造工作

（一）工作內容：在營造工地或相關場所直接從事營造工作或與其有關之體力工作。

（二）雇主資格：

1. 資格一：勞動部專案核定，且工程主辦機關收取投標單期間或簽訂工程契約在90年5月16日後之重大工程。專案核定之資格條件應符合下列之一：

(1) 由民間機構擔任雇主者：經中央目的事業主管機關認定之民間機構投資重大經建工程，其計畫工程總經費達新臺幣100億元以上，且計畫期程達一年六個月以上。

(2) 由與民間機構訂有書面契約之個別工程得標業者擔任雇主者：符合前款之民間計畫工程，其個別營造工程契約總金額應達新臺幣10億元以上，且契約工程期限達一年六個月以上。

(3) 由與政府機關訂有書面契約之得標業者擔任雇主者：承建屬政府機關或公營事業機構發包興建之重要建設工程，其計畫或方

案總經費經中央目的事業主管機關核定達新臺幣100億元以上，且其個別營造工程契約總金額應達新臺幣10億元以上，契約工程期限達一年六個月以上。

依促進民間參與公共建設法興建之政府計畫工程，應由與政府機關訂有書面契約之民間機構依前項規定辦理。

2. 資格二：符合下列承建工程主辦機關收取投標單期間或簽訂工程契約在90年5月16日前的重大工程。

(1) 行政院列管12項建設之重大公共工程或經行政院核定為國家重大經濟建設，其工程總金額在新臺幣1億元以上。

(2) 前款以外由政府機關發包興建之工程，其工程總金額在新臺幣2億元以上，且工期達547日曆天以上。

(3) 經中央目的事業主管機關專案核准民間投資興建之公用事業工程，其工程總金額在新臺幣2億元以上，且工期達547日曆天以上。

(4) 經政府機關核准獎勵民間投資興建之工程或經主管機關核定民間機構參與重大公共建設，其獎勵興建工程之範圍或重大公共建設範圍總金額在新臺幣2億元以上，且工期達547日曆天以上。

(5) 符合前揭各款工程資格其附屬之非屬土木建築工程，其工程總金額在新臺幣5,000萬元以上，且工期達547日曆天以上。

(6) 公、私立學校或醫療機構興建工程，其工程總金額在新臺幣1億5,000萬元以上，且工期達547日曆天以上。

(7) 公、私立社會福利機構興建工程，其工程總金額在新臺幣1億元以上，且工期達547日曆天以上。

(8) 製造業重大投資案件廠房興建工程。

六、海洋漁撈工

（一）工作內容：從事漁船普通船員、箱網養殖或與其有關之體力工作。

（二）雇主資格：應具有下列條件之一：
 1. 總噸位20噸以上之漁船所有人，並領有目的事業或主管機關核發之漁業執照。
 2. 總噸位未滿20噸之動力漁船所有人，並領有目的事業或主管機關核發之小船執照及漁業執照。
 3. 領有目的事業或主管機關核發之箱網養殖漁業區劃漁業權執照，或專用漁業權人出具之箱網養殖入漁證明。

七、屠宰工

（一）工作內容：直接從事屠宰工作或與其有關之體力工作。
（二）雇主資格：經行政院農業委員會認定符合依畜牧法第30條第1項規定取得屠宰場登記證書之屠宰場。

肆、移工人力仲介管理[31]

　　現代服務社會，從勞動力引進至管理及後續服務的過程中，因雇主不熟悉法令、申辦流程或缺少時間，多委託人力仲介公司辦理，且外國人引進後在臺生活及工作適應，亦需仰賴人力仲介公司提供服務，人力仲介公司係因市場供需形成。為保障雇主和移工權益，穩定人力仲介市場，目前人力仲介公司（即私立就業服務機構）係採許可制，須經勞動部許可始得從事就業服務業務，許可證效期為二年，效期屆滿前一個月內，須向勞動部申請換證。

　　又為避免人力仲介公司不當向雇主和外國人收取費用，我國訂定私立就業服務機構收費項目及金額標準，規範仲介公司得向雇主收取登記費及介紹費（以聘僱移工為例：不得超過移工第一個月薪資）及服務費（每年2,000元）；另得向外國人收取服務費（以聘僱移工為例：第一年每月不

---

[31] 勞動部勞動力發展署，https://www.wda.gov.tw/News.aspx?n=8507FC2FF000528B&sms=347187DD56A98578，搜尋日期：2021/02/01。

得超過1,800元、第二年每月不得超過1,700元、第三年以上每月不得超過1,500元）。

　　爲提升仲介公司服務品質，自2004年起每年辦理仲介評鑑，評鑑成績分爲A、B、C三級，並公告於本署網站上作爲雇主和外國人選任之參考，人力仲介公司連續二年評鑑成績均爲C級者，於其許可證期滿後退場。另亦透過違法查處等措施，強化人力仲介公司管理，仲介公司如有非法媒介、超收費用、提供不實資料等情事，將處以罰鍰、停業處分和不予換證等處分。

伍、移工就業安定費與直接聘僱服務

　　所謂「就業安定費」，乃依就業服務法第42條規定，爲保障國民工作權，聘僱外國人工作，不得妨礙本國人之就業機會、勞動條件、國民經濟發展及社會安定。故就業服務法第55條另規定，雇主聘僱移工應繳納就業安定費，作爲加強辦理有關促進國民就業、提升勞工福祉及處理有關外國人聘僱管理事務之用。[32]

　　我國爲了提供雇主多元聘僱移工管道，減輕移工來臺工作負擔，勞動部於2007年12月31日成立「直接聘僱聯合服務中心」，以單一窗口概念，簡化流程服務，協助雇主自行聘僱移工。勞動部以階段性方式推動直接聘僱計畫，2008年先以直接聘僱重新招募同一家庭看護工之雇主爲優先對象，2009年再開放其他業別，並於2012年1月1日建置「直接聘僱跨國選工管理服務網路系統」，透過網路與各國人力資料庫結合，提供雇主直接線上選工機制。2015年起與來源國合作推動「專案選工」服務，由來源國依製造業雇主個別化需求提供雇主二倍至三倍名單，協助辦理選工及來臺作業，直聘中心輔以協助雇主申辦文件，利於雇主於特定期間內引進合適之勞工。直聘中心爲協助雇主順利自行聘僱移工，提供各國語言諮詢、代轉

---

[32] 勞動部勞動力發展署，https://www.wda.gov.tw/News_Content.aspx?n=3F9F838F681D1DF6&sms=23B546685F382CD0&s=B8BB290411AD6ACB，搜尋日期：2021/02/01。

代寄申請案件、直聘資訊網站、主動以電話及簡訊方式提醒應辦事項等多元服務。

此外，為了協助雇主自行管理移工服務，直聘中心另推出「聘僱移工小幫手APP」，提供移工聘僱期程試算、案件進度查詢、勞工法令查詢等功能，雇主得一手掌握所有移工訊息，及「在臺期間管理資訊平台」提供健康檢查、居留證、換發護照、變更工作地等多元資訊，方便雇主自行管理移工。[33]

第五節　我國外籍移工政策問題之研析

由於我國經濟受到產業結構轉型、國民所得增加、服務業急速成長、教育水準提升及工作價值觀念轉變等因素之影響，致使就業市場勞動供需失調、基層勞力短缺。為解決此種問題，我國引進外籍移工以協助產業及家庭解決勞力不足之問題。因此，移工之引進對我國整體經濟面與社會面至少產生了以下之助益：

一、紓解基層勞力短缺情形，減緩中小企業廠商外移，維護國人就業機會。

二、人力資源運用國際化，提升國家國際競爭力，加速公共建設順利推展。

三、提供家庭照護人力，維持家庭生活之正常運作，促進生產人力全力投入就業市場。[34]

審視我國對外籍移工的政策管理，不僅從經濟面與社會面，亦應從其

---

[33] 勞動部勞動力發展署，https://www.wda.gov.tw/cp.aspx?n=724F0F21A25489A0，搜尋日期：2021/02/01。

[34] 勞動部（2020），「移工權益維護報告書」，發布日期：2001/10/19（修訂日期：2020/01），頁2，https://www.wda.gov.tw/cp.aspx?n=1C6028CA080A27B3，搜尋日期：2021/02/21。

他面向審視之，其中最主要的是人性尊嚴關懷面。考量注意外籍移工因爲語言、信仰、文化、生活習慣的不同，隻身在臺灣工作、生活時，不免因調適問題，而亟需予以關懷。此種關懷不僅僅是人道尊嚴、公平正義，且可回應移工對我國經濟、社會的貢獻，亦是我國傳統上人本精神之顯現，此乃在建構我國外籍移工相關政策時，所需考量的重要因素之一。

我國於1989年10月起，陸續自泰國、菲律賓、印尼、馬來西亞、越南及蒙古等地開放引進移工，迄今已三十多年。回顧檢視我國外籍移工政策，我國整體外籍移工政策與管理制度亦趨完整，外籍移工對臺灣有其如上面所述之正面助益的，然而亦有一些有待改進問題之處。這些問題分爲從外籍移工（移工個人）所面臨問題與我國（國家整體）所面臨外籍移工問題二個面向，說明如下：

壹、外籍移工所面臨問題——缺乏人性尊嚴關懷面

基於少子化、基層勞力缺乏等現象，臺灣須仰賴大量外籍移工，已是多年來之既成事實，據統計，自開放外籍移工後三十多年來，目前在臺外籍移工已達70萬人[35]。我國已正式邁入高齡社會，長照體系之人力缺口居高不下，長照人力問題需要關注，外籍移工重要性更是與日俱增。外籍移工在臺灣的勞動力市場扮演著很重要的角色，除了是照顧老齡人口的主力，臺灣的工廠、建築工地、漁船等都可以看得到他們的身影。但他們對臺灣的重要性，似乎亦應受到相等的重視。外籍移工協助填補臺灣勞動力缺口，然其工作權益及安全保障亦應相等的被關注。外籍移工所面臨的問題簡要歸納如下[36]：

---

[35] 我國外籍移工人數，在2019年12月底，整體移工人數有71萬8,058人。勞動部統計報告（2020），產業及社福移工人數——按產業分，https://statdb.mol.gov.tw/html/mon/212020.htm，搜尋日期：2020/11/10。

[36] 蘇顯星、李雅村（2018），外籍移工困境問題之研析，立法院研究成果議題研析（編號：R00495），立法院，https://www.ly.gov.tw/Pages/List.aspx?nodeid=6590，搜尋日期：2021/02/01。

一、須付高額仲介費，通常他們在來臺灣之前必須貸款支付仲介費，許多國家的當地仲介人或組織，會惡性從勞工身上扣薪水，再交由臺灣仲介再一次預扣薪水當作仲介費或充當安定基金。

二、薪資達不到勞動基準法規範之基本工資，據統計家事類移工的底薪是15,840元，後經調整為17,000元，但還是遠低於國內基本工資[37]。又如船員一個月能拿150元美金已經算多，有的甚至會長達半年不發薪，加上海上工作條件惡劣，外籍漁工因為不滿待遇而爭執的狀況時有所聞。

三、無法行使契約權利，如果被遣返，不但沒有辦法賺錢改善生活，也許還要背負鉅額的債務，也斷了以後出國打工的機會，所以在受到不公平待遇或者虐待的時候，大部分選擇隱忍。

四、現行法律對外籍移工休假問題似乎不能夠提供足夠的保護，沒有例休假之保障規範。據報載有68%的家事看護移工表示從來沒放過假，幾乎全年無休，遭受強迫勞動。

五、沒有工時規範保障，例如漁工，根據臺灣漁業署資料，目前在臺灣登記有案的外國籍漁工約15,000名（但實際上的數字可能遠超過此數目），長期滯留在海上作業不歸或工作多得無法計數，沒有工時規範保障。

六、與申請來臺工作名義不符，很多看護移工申請來臺是做照護工作，但因住雇主家，常被當成幫傭使用。

七、工作與生活環境惡劣，近半年來矽卡與敬鵬兩場工廠大火，使8名移工及6名消防員不幸罹難，原因之一正是將移工宿舍設在廠區內，移工團體為其生命安全上街抗議，訴求「廠住分離」。[38]

---

[37] 2020年適用勞基法的產業移工基本工資月薪將調至23,800元、調幅3.03%，至於不適用勞基法的24.2萬家事移工其薪資維持每月1.7萬元，但因健保費隨基本工資月薪提高其自付額也提高，形成實質所得被降低，兩者薪資差距越來越大。資料取自東南亞人力仲介公司，https://www.sea.com.tw/news_detail.php?sn=6539，搜尋日期：2021/02/01。

[38] 所謂「廠住分離」相對的是「廠住合一」。依據產業創新條例第39條規定，其允許業用地有空間可作為單身宿舍用途，因此臺灣很多產業都是「廠住合一」。

　　八、遭雇主虐待、性騷擾或性侵害等，監察院2018年5月公布數據，自2012年至2018年2月間，移工遭性侵害之人數，竟有633人。每年在臺女性勞工發生百餘起遭性侵害之通報案件，其中七成以上屬家庭看護工通報被害，近六成屬上司與下屬關係，外籍勞工入境後面對許多困境，且在權力關係的不平等之下，中途中止契約困難，致遭性侵害時，多數選擇「隱忍」或「逃逸」。[39]

　　九、依據勞動部統計，截至2020年9月，外籍勞工行蹤不明失聯未查獲人數累積為51,899人[40]。這些逃逸外籍移工只能打黑工，是國安與社會安全隱憂[41]。

　　上述外籍移工問題癥結不在個別案件，應檢討有無政策與制度使然；如依就業服務法第五章「外國人之聘僱與管理」，多著重在限制條件

臺灣移工聯盟和多個民間團體於2018年5月23日赴勞動部抗議，抨擊政府對於外勞屢屢在工廠火災中喪命不聞不問，訴求政府重視外勞在臺生活環境基本權利，督促雇主善盡責任，不要讓外勞在臺工作有「視死如歸」宿命，工廠和宿舍必須分離。臺灣國際勞工協會專員吳靜如痛批「廠住合一」問題已是二十多年老問題。矽卡、敬鵬兩場在桃園市發生的工廠大火已經奪走多位移工、消防員生命，端看當時在敬鵬喪生的2位移工，居住在只有一個出口的房間內，該房間住了16個人，唯一的對外窗戶在廁所，當天適逢假日，許多移工不在宿舍內，當時管理員在宿舍外僅喊了「失火」就也倉皇逃生，調閱其中1位受困移工和他的家人的通聯紀錄，可以發現大火發生時該位移工是有意識地等待死亡，當時他躲在廁所內，奢望唯一的對外窗能救他，最後仍卻困死在火場。李雅雯（2018），矽卡、敬鵬奪8外勞命移工勞動部前抗議要「廠住分離」，自由時報，https://ec.ltn.com.tw/article/breakingnews/2434687，搜尋日期：2021/02/01。

[39] 監察院調查報告（2018），促請行政院正視在臺女性勞工遭性侵害案件之處理及維護勞工人權及安全保障，監察院新聞稿，https://www.cy.gov.tw/News_Content.aspx?n=124&sms=8912&s=12830，搜尋日期：2021/02/10。

[40] 勞動部統計報告（2020），產業及社福移工行蹤不明失聯概況，https://www.mol.gov.tw/announcement/2099/44042/?cprint=pt，搜尋日期：2020/11/10。

[41] 有關外籍移工的對我國治安影響請參閱，王寬弘（2020），我國外籍勞工政策與治安管理，「2020年移民事務與國境管理學術研討會」，中央警察大學國境系，頁193-213。

與管理措施方面，對於解決外籍移工工作條件、人身安全及勞動條件等尚有不足之處，使外籍移工遭受迫害甚至逃跑。對於主要癥結，政府應正視原因並予改進，若未及早正視僅以「提高檢舉獎金」及「嚴格查緝取締」之技術性措施，僅依賴第一線的移民官員和警察辦理嚴格查緝取締來對應，似非根本解決之道，如此相關狀況勢將層出不窮且越演越烈，我國將面臨各種人力困境。我們應營造友善環境，藉由形成正向循環，促成勞資雙贏，以減少前述案件繼續肇生。不僅對我國社會秩序與就業市場有利，對國際上之人權評價，亦有助益。我國迫切需要大量移工投入之各式產業與照護領域，解決面臨人力難以為繼之窘境，政府機關對提升外籍移工權益不可不重視。

貳、我國所面臨外籍移工問題 ── 未來找不到東南亞移工的隱憂

我國未來所面臨外籍移工最大問題是，我國對外籍移工日趨依賴，其有著重要性及不可取代性之時，我國卻已不再是外籍移工優先選擇就業的國家。我們更可憂心地認為未來五到十年，臺灣可能會找不到東南亞外籍移工之困境隱憂。

過去，越南移工首選出國工作的國度是臺灣，但這個情況在過去二年改變。2018年，日本首次超過臺灣，成為越南勞工最大輸出國。根據越南政府統計，2019年全年約15萬名越南勞工出國工作，超過五成前往日本，約8萬人，臺灣只有54,000人，差距持續拉大。有記者如此描述著：走進越南河內現場，在著名的「勞務街」，目睹往日本輸出的移工人數已超越輸往臺灣，這促使部分臺灣仲介只得透過網路「牛頭」們招「騙」越南移工。越南仲介秋水（化名）經營臺灣市場將近二十年，過去，她每季飛一趟臺灣拉攏仲介業者，甚至在台北派駐員工以便服務客戶；如今，她改成每月至少飛一趟日本拜訪客戶，「臺灣的市場我們就會慢慢放掉了」，她

的語氣充滿對日本這個新市場的嚮往。[42]

　　種種跡象，都預示國際搶工大浪正向臺灣襲來。為何臺灣不再成為越南移工的首選？日本2019年修法正式引進外籍勞工後，越來越多日本仲介赴越南找當地仲介合作，開設移工的訓練中心。為了解決人口老化與長期缺工的問題，日本在2019年修正出入境管理及難民認定法，正式引進外籍勞工——不只是看護，包括從事金屬製造業、工具機械，以及電子業等製造業勞工，都是這波重點引進對象。日本政府預定五年內引進約34萬外籍勞工，保障其領有與日本國民相同的最低工資，介於16萬至20萬日圓間（約新臺幣4萬至5萬元）；工作滿五年後，只要通過語言檢定與技能測驗，外籍移工甚至能取得永住資格。如此高規格的勞動條件，讓越南總理阮春福在2019年接受日本經濟新聞訪問時強調，越南勞工出口「將時時刻刻以日本為最優先考量」。[43]

　　臺灣大學社會學系教授藍佩嘉也察覺到日本移工市場的變化。她在2019年赴日本訪學四個月，研究2019年修法後新上路的「特定技能」簽證，此簽證除引進看護工外，還有部分的電子廠、鋼鐵廠等十四種職業種類勞工，仲介費的規定採用ILO建議的「移工零付費」。以機構僱用的看護工來說，「雇主是先面試挑好工人，之後他們在母國學日文、受訓練，再到輸入國的聘僱費用，全都是由雇主付費」。不過，藍教授認為日本開放「特定技能」的移工，因計畫才上路，目前還看不出對臺灣的影響。臺灣與日本的傳統產業都在使用不具技術的體力工，引進管道仍來自實習生制度（Technical Intern Training Program, TITP），這群移工同樣需要繳仲介費與訓練費給母國的仲介，但在近年赴日本工作的費用已有明顯下降。越南經濟起飛後年輕人出國意願普遍降低，再加上日本傳統產業對移工依賴增加，藍教授指出「越南工人去日本要支付的費用大約在3,600美元左

---

[42] 簡永達（2020），當日本變移工首選——越南一條街，預警臺灣搶工危機，報導者，https://www.twreporter.org/a/migrant-workers-new-trends-and-signs-in-vietnam，搜尋日期：2021/02/01（本報導為《報導者》與自由亞洲電台（RFA）中文部共同製作）。
[43] 同上。

右，這跟來臺灣動輒6,000美元還是差別很大」。對越南年輕工人來說，赴日本打工薪資高、仲介費又相對低，臺灣不再是出國工作的首選。[44]

中華民國人力協會的理事長胡中裕認為：「我最怕的是他們國家本身就缺工，要是薪資繼續漲，他幹嘛還來臺灣？」其之擔憂不無道理，從2017年起，越南的經濟成長率維持在7%以上，韓資與外資陸續赴越南設廠，它被視為最有可能取代中國，成為下一個「世界工廠」。胡中裕指出：「雇主要找好一點的工人，我都會問：『你可以給多少薪水？』總不能只23,800元；你也要有證照有經驗的工人，你怎麼跟日本、韓國拼，人家鋼鐵廠的薪水起跳就是4萬5了。」「現在不是從前那樣，你給1萬多、工人都要搶著來，時代真的不同了。」「在1990年代，泰工曾是臺灣最主要的移工來源，負擔高鐵、北二高等重大建設，但在2000年之後，當泰國大都會區如曼谷的工資上漲，工人來台人數一直掉，現在已是在台移工人數最少的。」「他在泰國都有1萬6了，來臺灣拿基本工資兩萬出頭，扣掉每個月服務費跟其他的費用，拿的其實差不多，那他還來臺灣工作幹嘛？」「如果他們（東南亞）經濟成長起來了，像泰國這樣，現在越南經濟也在成長，請問你勞動部，臺灣下一個引進的是哪一國？」[45]

或許我們可以開展外籍移工的輸入國來源，但在競爭國際移工的市場裡，比拼的還有外交實力。臺灣自1992年修訂就業服務法以來，引進外籍移工將近三十年，實際的移工來源國主要的只有越南、印尼、泰國、菲律賓四國，相較於日韓合作的國家都有10國以上。儘管臺灣政府多年來努力想與緬甸、寮國、孟加拉等國洽談引進外籍移工，但囿於國際現實，臺灣很難開展新的移工來源國，而薪資、居留權等條件也無法與日韓等國比拼，多數的移工來源國與臺灣合作皆是興致缺缺，可以想見，來臺的移工人數很難再有成長。[46]

我國所面臨外籍移工問題，正如和大集團董事長沈國榮在股東會上

[44] 同上。

[45] 同上。

[46] 同上。

進行營業報告時所表示的：「預測未來5年到10年，臺灣可能會找不到東南亞外籍勞工，加上臺灣少子化，生產線要積極因應改變升級，布局工業4.0智能化、以及既有產線自動化生產。過去臺灣很多外籍勞工來自馬來西亞和泰國等，近期由於不少日本、韓國、歐美廠商投資泰國，因此泰國勞工來臺人數逐漸減少。且近年來，許多國家紛紛提高爭取東南亞外勞的薪資誘因，我國已不再是外勞優先選擇就業的國家，導致外勞的新履歷數量越來越少。再則，現有外勞輸出國的本地經濟近年來已見躍升，對勞動力的內需也增加，更分散了外勞輸出的人數。」[47]我們政府不能對國際移工的競爭變化沒有警覺，給予高度關注，研擬因應未來變化的外籍移工政策。

第六節　小結

　　臺灣自開放外籍移工後三十多年來，目前在臺灣的外籍移工已有70萬人，已經是我們社會的一部分。對我國外籍移工政策回顧、檢視及展望，提出以下結語：

壹、肯認外籍移工對臺灣的重要性

　　由於我國經濟受到產業結構轉型、國民所得增加、服務業急速成長、教育水準提升及工作價值觀念轉變等因素之影響，致使就業市場勞動供需失調、基層勞力短缺。且我國又已正式邁入高齡社會，長照體系之人力缺口居高不下，長照人力問題需要關注，外籍移工重要性更是與日俱增。為解決此種少子化、基層勞力缺乏等問題，我國須仰賴大量外籍移

---

[47] 高育幸（2017），放寬藍領外勞員額可行性分析報告，國家發展委員會106年度研究發展（產業及人力政策類優等獎作品），https://ws.ndc.gov.tw/001/administrator/10/relfile/0/11615/f05975f1-0673-4c46-a4a7-36c9a1cfb203.pdf，搜尋日期：2021/02/01。

工，協助填補臺灣勞動力缺口，以協助產業及家庭解決勞力不足之問題，已是多年來之既成事實，進而已形成外籍移工在臺工作有其不可取代性，肯認外籍移工對我國的助益與重要性。

貳、外籍移工政策多元開放趨勢

　　從我國外籍移工政策歷史沿革，自外籍移工是非法的根本沒有所謂外籍移工，到專案引進外籍移工，再到1992年制定法律以法制（就業服務法）管理引進外籍移工。之後就業服務法公布後陸續修正，如放寬外籍移工最長可以在臺工作居留時間，從三年、延長到六年、九年，2012年2月起又延長至十二年。又如開放移工來臺從事的工作較以往更廣，我國目前開放移工來臺從事的工作為：海洋漁撈工作、家庭幫傭工作、機構看護工作、家庭看護工作、外展看護工作、製造工作、營造工作、外展製造工作、屠宰工作、外展農務工作、農、林、牧或魚塭養殖工作及其他經中央主管機關指定之工作等。足見我國外籍移工政策多元開放趨勢使我國勞工政策（包含外籍移工政策）更健全及符合當時需要。

參、保障移工權益兼顧國人就業

　　政府開放引進移工基本原則，係為保障國民工作權，聘僱外國人工作，不得妨礙本國人之就業機會、勞動條件、國民經濟發展及社會安定。對於國內所缺乏之勞工，採取補充性、限業限量開放引進移工。另外，移工對於我國經濟及社會貢獻勞動力，對移工來臺工作三項原則相待：基本權益上的公平正義原則、工作權益上的國民待遇原則、生活權益上的賓至如歸原則。

肆、移工人性尊嚴關懷有待落實

　　外籍移工在臺灣的勞動力市場扮演著很重要的角色，協助填補臺灣勞動力缺口，而他們亦應受到相等的關注、相等的重視與對待，讓外籍移工

安心工作，如此外籍移工才會願意來臺灣並爲優先選擇就業的國家。政府在引進外籍移工的原則雖明定保障移工權益，但他們的工作權益及安全保障，人性尊嚴關懷是否有相等的被落實關注？一些外籍移工仍面臨著一些問題，如：高額仲介費、薪資未達到法規範基本工資、受到不公平待遇或者對待、沒有例休假之保障規範、沒有工時規範保障及工作與生活環境惡劣等的問題。且我們面對逃逸失聯行蹤不明外籍移工，不能僅以「嚴格查緝取締」來對應，更應思考根本解決之道，而其中落實對外籍移工人性尊嚴關懷是在解決問題中我們所不能缺少的面向。

伍、未來找不到外籍移工的隱憂

　　我國未來所面臨外籍移工最大問題是，在我國對外籍移工日趨更加依賴，不可取代性之時，我國卻已不再是外籍移工優先選擇就業的國家。臺灣很多外籍勞工來自東南亞，但近期由於不少日本、韓國、歐美廠商到東南亞投資。且許多國家紛紛提高爭取東南亞外勞的薪資誘因，日本更提供外籍移工低門檻的取得永住資格，我國已不再是外勞優先選擇就業的國家。再則，現有外勞輸出國的本地經濟近年來已見躍升，對勞動力的內需也增加，更分散了外勞輸出的人數。我們應對國際移工的競爭變化有所警覺與關注，並提早研擬因應未來變化的外籍移工政策。否則，我們憂心未來臺灣可能會找不到東南亞外籍移工之困境。

參考書目

一、中文文獻

單驥（1998），台灣外籍勞工政策之探討，行政院國家科學委員會專題研究計畫成果報告（編號：NSC87-2415-H008-002），未出版。
劉瀋誠（2019），有別於西歐的東亞經驗：台灣移工政策設計的考察（19820-2016），國立政治大學公共行政研究所碩士論文，頁7。

二、網站資料

游青雲（2008），外籍勞工轉換雇主政策已充分尊重其意願，由合意承接之雇主接續聘僱，指傳媒，https://www.epochtimes.com/b5/10/4/10/n2872872.htm，搜尋日期：2020/10/01。

林國榮、詹火生、馬財專、藍科正、林昭禎（2014），未來十年我國外勞政策變革方向之研究（國家發展委員委託研究報告，NDC-DSD-102-11），國家發展委員會，https://ws.ndc.gov.tw/Download.ashx?u=LzAwMS9hZG1pbmlzdHJhdG9yLzEwL3JlbGZpbGUvNTY0NC8yNzQzLzAwNTk3MDEucGRm&n=5aSW5Yue5pyf5pyr5aCx5ZGKLnBkZg%3D%3D&icon=..pdf，搜尋日期：2021/02/01。

美國國務院（2016），2016年度《各國人權報告》—台灣部分，美國在台協會，https://www.ait.org.tw/zhtw/2016-human-rights-report-taiwan-part-zh/，搜尋日期：2020/11/10。

黃邦平、羅倩宜、蘇芳禾（2016），外勞免3年出境，勞資肯定仲介遺憾，自由時報，https://news.ltn.com.tw/news/life/paper/1044385，搜尋日期：2021/02/21。

朱國鳳（2017），外籍看護如果中途解約？或是期滿不做了？雇主也可以去找「自由球員」，https://www.ilongtermcare.com/Article/Detail/1139，搜尋日期：2020/10/01。

高育幸（2017），放寬藍領外勞員額可行性分析報告，國家發展委員會106年度研究發展（產業及人力政策類優等獎作品），https://ws.ndc.gov.tw/001/administrator/10/relfile/0/11615/f05975f1-0673-4c46-a4a7-36c9a1cfb203.pdf，搜尋日期：2021/01/18。

監察院調查報告（2018），促請行政院正視在臺女性勞工遭性侵害案件之處理及維護勞工人權及安全保障，https://www.cy.gov.tw/News_Content.aspx?n=124&sms=8912&s=12830，搜尋日期：2021/02/10。

蔡宛宜（2018），台北市外籍勞工現況與管理，台北市政府主計處統計應用分析報告（編號：107-01），https://www-ws.gov.taipei/download.as

hx?u=lzawms9vcgxvywqvmzy3l3jlbgzpbguvnduwmdavnzy2mzi1os9mm
wq1zgu1zi04owrlltrjogytogm5ns01mtblmwzizgyzntiucgrm&n=mta7md
hoh7rljjfluillpjbnsy3li57lt6xnj77ms4hoiifnrqhnkiyucgrm&icon=.pdf，搜
尋日期：2020/11/10。

蘇顯星、李雅村（2018），外籍移工困境問題之研析，立法院研究成果議
題研析（編號：R00495），立法院，https://www.ly.gov.tw/Pages/List.
aspx?nodeid=6590，搜尋日期：2021/02/01。

勞動部（2020），移工權益維護報告書，發布日期：2001/10/19（修訂
日期：2020/01），https://www.wda.gov.tw/cp.aspx?n=1C6028CA080
A27B3，搜尋日期：2021/02/21。

簡永達（2020），當日本變移工首選──越南一條街，預警台灣搶工危
機，報導者，https://www.twreporter.org/a/migrant-workers-new-trends-
and-signs-in-vietnam，搜尋日期：2021/02/01（本報導為《報導者》
與自由亞洲電台（RFA）中文部共同製作）。

第三章

婚姻移民與移民輔導

林盈君

第一節　前言

　　隨著我國政治民主化以及全球化時代來臨，人口移動越加頻繁，國人與外國人結婚人數持續上升，跨國婚姻尤與中國大陸與東南亞女子通婚為主，自1980年代末期以來，不斷增加的婚姻移民人數，特別是中國大陸與東南亞女子（通稱為新住民）對我國社會無論是政治、經濟、文化與生活都產生眾多影響，這些影響無論是對我國社會或是對這些新住民都有其優點也有其挑戰，本章包含以下內涵，第一節首先說明1987年解嚴之後至今這些婚姻移民人數的變化，以及由法律與政策面說明新住民如何入我國國籍。第二節介紹自1999年起過去二十年來移民輔導政策的內涵與轉變，以及討論新住民來臺所遇到的挑戰，與未來新住民政策方向。第三節介紹移民保護制度，包含新住民面臨婚姻暴力時的相關保護服務以及人口販運被害者的保護服務。

壹、婚姻移民人數變化

　　自1987年宣布解嚴之後，我國對於國境管制逐漸開放，同年也開放赴中國大陸探親，此時大量的移民快速進入我國。同時，東南亞邊陲國家為了延續積累資本、資金需求，運用了許多政策吸引外資，因此，臺灣的外資逐漸變成東南亞國家的重要部分。臺商西進與南進的現象，一方面向中國與東南亞擴張設廠，成為重要的外資，另一方面，加深了雙邊人口的交流。此一時期，中國與東南亞人口快速移入我國，有的以跨國婚姻形式，有的則是以藍領移工身分。跨國婚姻與藍領移工同樣是資本主義發展的倒影，在邊陲國家的女性，一方面學歷與專業技術低落，另一方面，女性又是社會中相對男性弱勢的族群，因此，經濟落後國家中的貧窮家庭其向上流動的方式，便以女性成為藍領移工或是跨國婚姻方式尋找經濟出路。1980年代末期，隨著臺灣經濟自由化、政治民主化、社會多元化，國民視界與世界接軌，跨國婚姻情況形成前所未有之發展趨勢。

　　自1990年代，臺灣開放大陸探親、政府政策、產業結構轉變，使得

新住民人數快速增加，2001年以前，臺灣跨國婚配主要對象來自大陸地區及港澳配偶，而2001年至2004年間，外籍配偶人數逐年增加，至2004年達到高峰，累積人數達20萬3,000餘人，而自2004年以來，新住民來臺人數趨緩，且結構再度呈現翻轉，以大陸地區及港澳配偶為主，而外籍配偶比率則逐年下降；2011年開始第三度的結構翻轉，大陸地區及港澳配偶比率逐年下降，而外籍配偶比率則逐年上升，到2016年外籍配偶比率更超越大陸地區及港澳配偶。

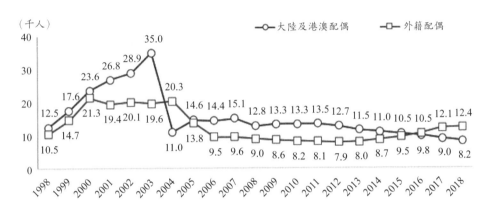

圖3-1　歷年我國結婚人數──按新郎新娘原屬國分

資料來源：內政部戶政司。

自1990年代起，我國跨國婚姻變遷情形可分為三個階段：一、2003年之前的驟增階段；二、2004年至2008年的急減階段；三、2009年以來的持平階段。

一、1998年至2003年驟增階段

此階段跨國（境）婚姻對數從1998年的22,905對（占臺灣全體婚配數的15.69%），急速增加至2003年最高峰的54,634對，占當年臺灣全體婚配數的31.86%。從性別及國籍別觀察，大陸與東南亞女性配偶的婚配數占臺灣全體婚配的比率，從1998年的13.99%，至2000年時已達22.83%，2003年更增加至28.04%，平均每四對婚姻中約有一對為大陸與東南亞女性配偶。

　　此一階段除了持續增加的數字之外，還有另一個現象不能忽視——虛偽結婚（亦稱爲假結婚）。由圖3-1可以發現，2004年與2003年相比較，中國大陸配偶人數急遽下降，一個非常重要的原因來自於，自2003年9月1日起，我國對於大陸配偶實施面談機制，所有入境我國的中國籍婚姻移民都需要經過一對一的國境線上面談。而這樣的人數下降主因並非面談遭拒，而是申請人數大幅下降。例如，自2003年起實施國境線上面談至2004年5月16日止，共面談27,414人，發現1,574人虛偽結婚，不予許可入境，拒絕的比例只有5.74%。[1]一個可能的解釋爲過去以虛偽結婚入境者，在面談政策實施之後選擇了其他的入境方式。

二、2004年至2008年的急減階段

　　2004年臺灣跨國（境）婚姻對數急遽減少至31,310對（占全體婚配數的23.82%），並持續下滑至2008年的21,729對（占14.03%）。若從性別及國籍別觀察，2004年大陸與東南亞女性配偶的婚配數占全體的比率降至21.11%，之後又一路逐年下滑至2008年的11.42%。

　　此階段的下降原因如前所述，在2004年少了24,000對的大陸配偶。而這樣的改變也讓促使我國自2004年開始在東南亞國家主要外交領事館進行一對一入國前面談。因此2004年有20,300人的東南亞籍配偶入境，至2005年只剩下13,800人，下降了32%。經過這兩次政策修正後，2004年至2008年大陸配偶與外籍配偶人數一路下降。

三、2009年以來的持平階段

　　2009年之後，臺灣跨國（境）婚姻對數維持在2萬餘對上下，占全體婚配數的13%之間。若從性別及國籍別觀察，2009年至2016年大陸與東南亞女性配偶的婚配數占全體的比率維持10%上下，平均每10對婚姻中約有

---

[1]　大陸委員會，https://www.mac.gov.tw/News_Content.aspx?n=EAF760724C4E24A5&sms=2B7F1AE4AC63A181&s=2F9291845CE94F4F，搜尋日期：2021/05/31。

一對為大陸與東南亞女性配偶。同時，一方面陸配人數持續減少，另一方面東南亞配偶穩定增加，至2016年起東南亞籍配偶人數超越中國大陸配偶。這樣的改變和國際經濟改變有很大的相關。

　　至2021年4月底為止，在我國57萬婚姻移民中，其中19萬9,991人為外裔、外籍配偶，其中已經歸化我國人數約為13萬人，以外僑身分居留者約為6.7萬人。而35萬1,253人為大陸配偶，19,349人為港澳地區配偶。大陸配偶中已有定居證者為13.4萬人，長期居留證者為3.7萬人。港澳地區持定居證者有1.4萬人，持居留證者約為5,000人。總計已歸化我國或已定居我國之新住民共計28萬906人，占新住民人數49.23%。其餘50.77%人口也許是未達歸化或定居之要求，也可能是選擇原有國籍不願歸化。

表3-1　各縣市外裔、外籍配偶人數與大陸（含港澳）配偶人數

單位：人

	外裔、外籍配偶		大陸地區			港澳地區	
總計	歸化國籍	外僑居留	依親居留	長期居留	定居證	居留證	定居證
570,593	132,152	67,839	72,659	37,695	134,297	4,892	14,457

　　表3-2進一步分析外籍配偶國籍比例則可以發現，至2021年4月底統計，外籍配偶人數為19萬9,991人，其中以越南籍配偶最多，共有11萬1,900人（占57萬新住民19.61%），印尼31,206人（占57萬新住民5.47%）次之，接著是菲律賓10,675人（1.87%），再次之為泰國10,049人（1.76%）。菲律賓籍配偶在近幾年超越泰國籍配偶，成為東南亞籍配偶第三大族群。

　　值得注意的是，過去大多數國籍的男性外籍配偶人數一直都很少，除了泰國籍以外（目前泰國籍男性比例仍為男性外籍配偶第一，共有3,256人）。過去，泰國籍男性配偶人數往往是其他國籍人數的五倍以上，這可能是因為桃園縣泰國籍藍領勞工人數眾多，許多泰國籍勞工在臺灣認識臺灣籍女性（包含曾經是外籍配偶已獲得我國國籍者），進而結婚，或者

有可能與臺灣女子當人頭讓泰籍男性配偶假結婚來臺有所關聯。但是近幾年，越南籍的男性配偶人數也快速增加，至今已有2,396人，是相當值得關注的變化。

表3-2　外裔、外籍配偶人數按原屬國籍與性別分

單位：人／％

國籍	越南		印尼		泰國		菲律賓	
	男	女	男	女	男	女	男	女
人數	2,396	109,504	815	30,391	3,256	6,793	779	9,896
總計	111,900 （55.95%）		31,206 （15.6%）		10,049 （5.02%）		10,675 （5.33%）	

資料來源：移民署網站（至2021年4月底）。
製表日期：2021/05/30。

　　綜觀1998年至今大陸及外籍配偶人數、國籍、性別上的變化，可以發現雖然自2009年後，大陸籍與東南亞籍配偶人數加總呈現持平的狀況，每年約2萬人，但是在國籍上卻持續有所變化，大陸配偶人數與比例持續下降，而東南亞籍配偶則持續上升。另一方面，男性外籍配偶人數雖並不多，但是在增加比率是不可忽略。

貳、婚姻移民相關法規

　　由於我國與中國大陸政治關係特殊，在法律上也視中國大陸人民為特殊法律地位族群，因此外國與中國大陸婚姻移民適用法規並不相同。跨國婚姻成立生效後，如該外籍配偶或大陸配偶有意移入國內居住，則須依相關法律規定申請入境居留。關於移入我國的規定，一般外籍配偶適用「國籍法」、「入出國及移民法」、「就業服務法」等法律，大陸配偶則適用「臺灣地區與大陸地區人民關係條例」等相關規定。二者在法律身分不同、適用法規不同，許多規定也不同，例如一樣是取得我國身分證，外國人為「歸化」我國，但中國大陸人則因為憲法上認為是我國的一部分，因

此並非歸化我國，而是「定居」。無論是歸化或定居，新住民取得我國身分證在法律身分上是相當重要的政策，以下將說明外籍配偶與大陸配偶在獲得身分證的過程。

　　首先說明外籍配偶由結婚至歸化我國的法律過程。外籍配偶移入我國首先應辦理結婚登記、申請居留簽證、申請居留、申請歸化國籍、申請臺灣地區居留證、申請喪失原屬國國籍、申請臺灣地區定居證、戶籍登記與請領身分證。[2]

　　一、結婚登記：外籍配偶在原屬國結婚後，須持原屬國核發之結婚登記書或結婚證書等結婚證明文件及中文譯本，向我國駐外館處申請文件驗證，國人配偶可持憑證返回臺灣，向個人戶籍地的戶政事務所辦理結婚登記。

　　二、居留簽證：外籍配偶來臺前須向我國駐外館處申請依親簽證。依親簽證可分為依親停留簽證以及依親居留簽證。

　　三、申請居留：依親簽證辦理完畢後，外籍配偶則可以持依親居留簽證查驗入國，入國後於15天內，夫妻一起前往內政部移民署服務站申請「外僑居留證」。如果持依親停留簽證的外籍配偶，在來臺灣後、停留期限屆滿30日前，得向移民署服務站申請改辦「外僑居留證」，但須依親停留簽證期限60天以上，且未經簽證核發機關加註不得延期或其他限制者才可申請。

　　四、申請歸化：申請歸化我國國籍的外籍配偶，必須經過結婚登記、申請簽證、申請外僑居留證後，合法居留連續滿三年，且每年有183日以上居留之事實後，申請「準歸化中華民國國籍證明」。並應依國籍法第3條規定[3]具備基本語言能力及國民權利義務基本常識。

2　戶政司網站，https://www.ris.gov.tw/app/portal/190，搜尋日期：2021/05/30。

3　國籍法第3條規定：「外國人或無國籍人，現於中華民國領域內有住所，並具備下列各款要件者，得申請歸化：

　　一、於中華民國領域內，每年合計有一百八十三日以上合法居留之事實繼續五年以上。

　　所謂的基本語言能力及國民權利義務基本常識，則規定於「歸化取得我國國籍者基本語言能力及國民權利義務基本常識認定標準」，該認定標準第2條規定：「本法（即國籍法）第三條第一項第五款所稱具備我國基本語言能力，指在日常生活上能與他人交談、溝通，並知曉社會相關訊息。」又，認定標準第3條規定：有下列各款文件之一者，認定具備我國基本語言能力及國民權利義務基本常識：

（一）曾就讀國內公私立各級各類學校一年以上之證明。

（二）曾參加國內政府機關所開設之課程上課總時數或累計時數達一定時間以上之證明。

（三）參加歸化取得我國國籍者基本語言能力及國民權利義務基本常識測試合格之證明」。總之，歸化取得我國國籍者基本語言能力及國民權利義務基本常識認定標準，必須具有下列文件之一：國內公私立各級各類學校一年以上就讀證明，或持有政府自辦或政府委託民間機構開辦之72小時上課時數證明，或歸化測試成績達60分以上之合格成績單。

　　五、申請臺灣地區居留證：於內政部移民署、各服務站申請，並得於戶政事務所申請歸化國籍時一併送件。

　　六、申請喪失原屬國國籍：此規定應依原屬國政府或其駐我國使領館或授權代表機構規定辦理。申請人應於許可歸化之日起，一年內提出喪失原有國籍證明，送內政部核備。若無法於前揭期限內提出喪失原有國籍證

二、依中華民國法律及其本國法均有行為能力。

三、無不良素行，且無警察刑事紀錄證明之刑事案件紀錄。

四、有相當之財產或專業技能，足以自立，或生活保障無虞。

五、具備我國基本語言能力及國民權利義務基本常識。

前項第三款所定無不良素行，其認定、邀集專家學者及社會公正人士研議程序、定期檢討機制及其他應遵行事項之辦法，由內政部定之。

第一項第五款所定我國基本語言能力及國民權利義務基本常識，其認定、測試、免試、收費及其他應遵行事項之標準，由內政部定之。」

明，應於屆期前30日內，檢附已向原屬國申請喪失原有國籍之相關證明文件申請展延。經外交部查證因原屬國法律或行政程序限制屬實，得同意其展延。展延屆期仍未繳附喪失原有國籍證明者，內政部將撤銷歸化許可。另未提出喪失原有國籍證明前，不予許可定居。

　　七、申請臺灣地區定居證：自核准居留日起連續居住一年，或居留滿二年且每年居住270日以上，或居留滿五年且每年居住183日以上則可申請臺灣地區定居證。

　　八、申請戶籍登記及請領國民身分證：持內政部移民署通知申請人辦理戶籍登記的定居證，外籍配偶終於可以登記戶籍並請領國民身分證，真正的成為一個中華民國國民。

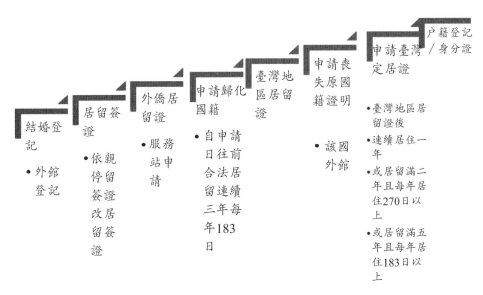

圖3-2　外籍人士與國人結婚歸化中華民國國籍流程圖

　　有關外籍配偶歸化我國之流程其實是經歷過多年的修正，最近一次的修正為2016年12月21日國籍法修正案。為落實「公民與政治權利國際公約」及「經濟社會文化權利國際公約」保障人權意旨，維護婚姻移民者權益，並解決外國人歸化我國國籍實務上之問題，修正國籍法第3、4、9、11、19條條文，其中與新住民國籍權息息相關之內容如下：

　　一、配合警察刑事紀錄證明核發條例用語，修正申請歸化要件「品行端正，無犯罪紀錄」為「品行端正，且無警察刑事紀錄證明之刑事案件紀錄」，且增列品行端正要件之認定，由內政部定之等法律授權文字，以資明確。

　　第3條中所謂「品行端正」指無下列行為：

（一）違反社會秩序維護法中妨害善良風俗之行為。

（二）妨害婚姻或家庭，經檢察官提起公訴。但經法院判決無罪或不受理確定者，不在此限。

（三）從事、媒合或教唆他人坐檯陪酒或脫衣陪酒。

（四）經相關機關查獲走私或運送、販賣違禁品。

（五）出於自願施用毒品。

（六）其他經內政部認定為品行不端行為。

　　二、外籍配偶歸化無須生活保障無虞證明。

　　三、增訂外國人或無國籍人曾為中華民國國民配偶，經法院核發民事保護令後離婚且未再婚，或與亡故配偶婚姻關係已存續二年以上；或其配偶死亡後未再婚且扶養其配偶之父母者，或對無行為能力或限制行為能力之中華民國國籍子女，行使負擔權利義務、監護或輔助者，或經法院選定或改定為中華民國國民之監護人或輔助人者，其歸化要件與婚姻關係存續中之配偶相同，亦即申請歸化的合法居留年限比照外籍配偶規定，由五年降為三年。

　　四、外國人申請歸化，應於許可歸化後一定期間內提出喪失原有國籍證明，屆期未提出者，撤銷其歸化許可。也就是外國人歸化國籍改採先許可再補提喪失原有國籍證明。

　　五、增訂由外國籍父、母、養父或養母行使負擔權利義務或監護之中華民國國籍無行為能力人或限制行為能力人，為取得同一國籍且隨同至中華民國領域外生活，得申請喪失國籍。

　　六、修正條文第9條第1項已對未補提喪失原有國籍證明之歸化者，定明行使撤銷權之除斥期間，爰增訂上開情形為應於五年內撤銷歸化許可之除外規定。撤銷歸化許可處分前，內政部將召開審查會，提供當事人陳

述意見機會，但經法院判決確定為虛偽結婚或收養而歸化者除外。

由此次修正內涵可以看見，我國對於新住民歸化我國的政策是越加友善，包含了無須生活保障無虞證明、即使配偶死亡或離婚也可以歸化我國，以及對撤銷歸化有更嚴格的限制並應召開審查會等。

至於大陸籍配偶，由於我國與大陸地區關係特殊，大陸籍配偶希望在臺灣設戶籍的過程包含：團聚、結婚登記、依親居留、長期居留、定居、戶籍登記：

一、團聚：大陸籍配偶在大陸地區結婚後持經海基會驗證之結婚公證書與申請大陸地區配偶來臺團聚資料表即可申請來臺。

二、結婚登記：大陸籍配偶來到臺灣之後，通過移民署的線上面談之後，取得入出境許可證，並於30日內至戶政事務所辦理結婚登記。

三、依親居留：團聚證、經海基會驗證之未受刑事處分公證書等資料至移民署服務站申請。且在臺依親、長期居留期間，無須申請工作證即得在臺工作，其大陸父母及未成年親生子女得申請來臺探親。在臺依親居留期間，臺灣配偶死亡者，得繼續在臺居留。

四、長期居留：依親居留滿四年，且每年在臺居住逾183日可申請長期居留，但有數額限制者（申請長期居留數額每年15,000人）依申請先後順序定額核配。為維護配偶居住在臺灣的權利，申請長期居留的大陸籍配偶，其婚姻狀況可分為下列數種：婚姻存續、離婚後取得在臺灣地區已設有戶籍未成年親生子女權利義務之行使或負擔（戶籍已登載者免附）、遭受家暴離婚，且有未成年親生子女、依親對象死亡未再婚之證明，避免依親對象離婚或死亡則大陸籍配偶就被要求出境的情形。

五、定居：長期居留滿二年，且每年在臺居住逾183日可申請定居。若依親對象死亡，在臺育有已設籍未成年親生子女者，得逕申請定居設籍。另一情形是許可長期居留後，依親對象死亡者，仍得在臺長期居留；惟如未再婚且在臺已連續居留滿四年，每年在臺居住逾183日仍可申請定居設籍。

六、初設戶籍登記：取得定居證之後，大陸籍配偶則可以持定居證辦理初設戶籍登記，隨後即可申請中華民國國民身分證及護照。

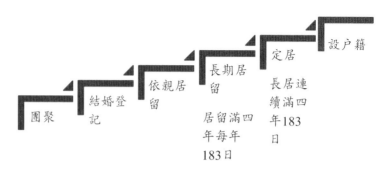

圖3-3　中國大陸配偶結婚至初設戶籍登記流程圖

關於國家在婚姻移民歸化、定居我國國民的限制，基本上以「時間」與「婚姻關係」為主。對於外籍配偶則另有「語文及生活常識」要件，其餘則無另外國家主權控制行為。目前外籍配偶歸化我國的程序與大陸籍配偶於我國設戶籍的過程有許多不同，主要為時間規定差異，因此也引發眾多討論，未來，國家政策發展期待將兩種不同身分的過程趨近相同，使得雙方在我國的處境可趨於平等。

參、婚姻移民的挑戰

有關婚姻移民在臺灣的挑戰，過去的許多研究與文章已提出相當多的看法，主要面臨的挑戰還是基於語言文化的不同以及跨國婚姻缺乏原生家庭支持，其挑戰可臚列如下：

一、語言與文化隔閡

來自中國大陸的配偶在語言與文化適應相較外籍配偶而言較為良好，若是來自東南亞國家的外籍配偶，則可能會有必須面臨不同語言與文字的溝通障礙，語言差異也伴隨了資訊管道與法律知識的缺乏，文化差異則造成人與人相處上的許多不了解與誤會，因此語言與文化隔閡造成多面向的挑戰。

二、仲介式婚姻的價值觀扭曲

　　臺灣跨國婚姻由於仲介業者的操作，使得這樣的婚姻形式陷入類似買賣的行為，讓臺灣男性趨之若鶩。臺灣的男方家許多抱持著娶媳婦是為了家務管理、生養後代、照顧老弱傷殘、或增加家庭勞動人力的觀念。因此男方家庭認為買了一個外籍新娘，這個新娘就應該滿足男方家庭所有要求。然而，所謂「買」的金錢多數是進到婚姻仲介業者口袋，住在鄉下的女方，為了要結婚來到臺灣，反而需要借錢到城市尋求機會。所以男方認為自己花了20、30萬買一個新娘，女方卻只有拿到少數的聘金，期待來到臺灣可以工作賺錢拿錢回鄉照顧家人，這樣的認知差距使得臺男與東南亞跨國婚姻充滿困境與挑戰。

三、社會價值觀錯誤

　　跨國婚姻的快速興起，讓社會大眾還來不及有適當的認識，男方家漠視配偶的權利、沒有對其給予尊重、關愛和照顧，這樣錯誤的社會價值觀，恐造成更多的家庭問題。父權主義的社會，對於「媳婦」的要求許多仍存在於嫁雞隨雞，「屬於」男方家庭的印象，然而，部分新住民來臺，原本就是抱著要改善原生家庭的經濟環境，如果她們沒有賺錢回鄉的機會或有些新住民可能在臺灣的家庭遭逢變故之後，為取得繼續停留於臺灣而隨意再婚的狀況讓社會出現價值扭曲，對新住民有許多偏見。使得許多人認為這些新住民只是為了想要取得臺灣身分證或工作權而來臺。

四、家庭支持薄弱

　　由於文化差異、環境陌生，以及剛建立新家庭，除了面臨人生階段的重大轉變外，還必須適應不同於原生母國的文化、法律、習慣，對臺灣風俗民情的不了解等各種挑戰對於新住民在缺乏原生家庭親友的社會支持下，面對困境時可獲得的社會支持鮮少，且不知如何尋求資源。

五、教育程度偏低或學歷認證問題

　　新住民在臺灣面臨的另一個挑戰則是她們多數因為家裡貧窮、缺乏教育機會。另外，越來越多新住民是在當地與臺灣人相遇結婚，許多有大學學歷，但是，目前我國認證的大學仍有限，且新住民在認證學歷部分，可能因為離認證城市遙遠或者其他原因而無法順利辦理學歷認證。另外，由於語言差異造成無法學以致用，浪費許多人力資本。

　　不過上述這些討論偏向新住民初到臺灣時會面臨的挑戰，由前述新住民人口數改變的討論，可以看見過去三十年來新住民的組成結構有了相當大的改變，57萬的新住民有約65%都已經在臺灣居住滿十年，也建立起自己的社會資本，對於新住民在臺的狀況應有與時俱進的認識。

肆、近代新住民圖像

　　依據2020年4月內政部移民署公布的「107年新住民生活需求調查報告」[4]對於目前我國新住民圖像有許多的呈現：

一、在性別、年齡、教育程度部分

　　以女性為多數，年齡層約在35歲至54歲之間，來臺前教育程度以國（初）中、高中（職）等中等程度居多。

二、就業狀況部分

　　該調查18,260位新住民受訪者中，70.1%為就業者，失業者占0.9%，29.1%均屬於非勞動力人口，最主要原因為「料理家務」20.0%。整體勞參率70.92%，失業率1.22%。新住民主要從事一個工作，從事行業以製造業、住宿及餐飲業為主，從事職業別主要以服務及銷售人員、基層技術工

4　內政部移民署網站，https://www.immigration.gov.tw/5385/7445/7451/7457/7460/7469/223
401/。

及勞力工爲主。工作收入方面，計薪方式以月薪爲主，主要收入以「2萬至未滿3萬元」居多。近期新住民人口素質、教育程度均有所提升，但由職業的選擇以及就業的困擾可見，新住民的跨國人力資本受限於證照轉換、學歷認證、語言能力等問題造成可攜性的落差，僅能放棄原有技能較爲可惜，然而近年的證照與課程制度、通譯與母語教學需求也引領新住民調整就業方向，部分新住民轉而投入母語教學、翻譯、長照的相關工作。新住民對就業服務需求以「免費參加職業訓練」、「參加職業訓練期間，提供職業訓練生活津貼」爲主，在臺未滿五年爲就業服務黃金時期，除免費參訓、訓練期間生活津貼外，初來臺者，對公立就業服務中心主動拜訪與協助、提供翻譯服務協助求職面試等有其需求。

三、在家庭狀況部分

近65%在臺居住時間滿十年以上，婚姻狀態爲持續中占90.1%。新住民平均每月家庭月收「5萬至未滿6萬元」最高，相較一般家庭平均月收10萬9,204元，新住民家庭經濟資本仍較爲薄弱，但整體收入已較歷次調查有明顯提升。依據23,567位新住民子女資料，調查顯示，約五成新住民子女仍在學齡前、小學教育，且98%以臺灣爲長期居住地，隨著子女年齡漸長，與同儕相處過程開始面臨自我身分認同的問題。目前已有四分之一的新住民子女年滿16歲以上，準備或已正式進入勞動市場。對於子女未來的發展期望，有53.2%新住民表示支持讓子女返回原籍地就業，46.8%不支持，其中以東南亞國家配偶不支持的比率高於六成，而教育程度越高、在臺時間越短的新住民越支持子女跨國就業。

四、需求部分

在生活相關課程以「語文訓練、識字教育」、「醫療照護技能」、「親職教育、育嬰常識」需求優先度較高。醫療衛生服務措施需求以「提供醫療補助」、「協助加入全民健康保險」、「提供幼兒健康檢查」等需求優先度較高。對生活照顧服務則以「保障就業權益」、「設立新住民專

責服務機構」、「廣設新住民諮詢服務窗口」需求優先度較高。

　　由該調查可以窺見新住民在臺灣已適應多年，多數新住民在就業市場中，但受限於語言隔閡，影響了工作類型與薪資，所以需求表現上也看見期待更完善的語文訓練、就業權益保障。在福利需求上，許多人提出醫療照顧技能，呼應新住民主要為35歲至54歲女性，她們往往面臨照顧年老長輩或是配偶的需要。

第二節　移民輔導政策演變

　　雖然自1990年代以來在臺灣的中國大陸及外籍配偶人數快速增加，政府對這些新住民未採積極態度視之，所以在1994年以前我國政府對外籍配偶無任何正式的統計數據，亦無正式的移民政策，相關的法規大多沒顧及到新移民的特殊處境。反觀民間團體機構則較為積極，於1995年高雄美濃愛鄉協進會創立的「外籍新娘識字班」、新事社會服務中心與賽珍珠基金會提供外籍配偶支援服務，直至1999年政府部門開始重視新移民的權益問題。

　　為了讓這些新移民儘速融入臺灣生活，內政部與教育部陸續頒布許多友善新住民相關政策，以下為目前主要政策說明。

壹、新住民照顧服務措施[5]

　　政府自1999年辦理「外籍配偶生活適應輔導實施計畫」，目的為落實外籍配偶照顧輔導措施，提升其在臺生活適應能力，使能順利適應我國生活環境，共創多元文化社會，與國人組成美滿家庭，避免因適應不良所衍生之各種家庭與社會問題，特訂定本計畫。服務對象包括臺灣地區人民

---

[5]　內政部移民署網站，https://www.immigration.gov.tw/public/Data/08271421771.doc，搜尋日期：2015/12/25。

之配偶爲未入籍之外國人、無國籍人、大陸地區人民及香港澳門居民，或已入籍爲我國國民而仍有照顧輔導需要者，並鼓勵其在臺共同生活親屬參與。本計畫經歷多次的修正，2003年修正爲「外籍與大陸配偶照顧輔導措施」包含六大重點工作、36項具體措施，其間多次修正，2014年增訂爲八大重點工作、56項具體措施。2016年更名爲「新住民照顧服務措施」。[6]由名稱的改變即呈現出政府對於新住民看法的改變，服務的對象從外籍配偶增加大陸配偶，改稱新住民。計畫目標也由過去的生活適應修正爲照顧輔導再修正爲照顧服務，再再呈現我國對於新住民的政策去父權化，而是以協助的角色存在。

　　內政部2020年12月7日修正的新住民照顧服務措施包含八大重點工作：生活適應輔導、醫療生育保健、保障就業權益、提升教育文化、協助子女教養、人身安全保護、健全法令制度、落實觀念宣導。

　　一、生活適應輔導：理念爲協助解決新住民因文化差異所衍生之生活適應問題，俾使迅速適應我國社會。具體措施包含：

（一）加強推廣生活適應輔導班及活動，充實輔導內容、教材與教學方法，加強種子教師跨文化培訓，鼓勵家屬陪同參與。

（二）提供新住民生活適應輔導相關諮詢資料服務窗口。

（三）強化新住民家庭服務中心及移民署各縣市服務站功能，成爲資訊溝通與服務傳遞平台。

（四）加強移民照顧服務人員之訓練，提升對新住民服務之文化敏感度及品質。

（五）結合民間團體之資源，強化移民輔導網絡與溝通平台，發展地區性新住民服務措施，提供新住民社區化之服務據點及轉介服務，強化社區服務功能。

（六）提供民事刑事訴訟法律諮詢及通譯服務。

（七）加強聯繫促請相關國家駐華機構對外籍配偶之諮商、協助，並加強

6　內政部移民署網站，https://www.immigration.gov.tw/5385/7445/7451/7457/7472/7475/，搜尋日期：2021/05/31。

對外國提供國內相關資訊，提升我國國際形象。

（八）強化入國前輔導機制，與各該國政府或非政府組織合作，提供來臺生活、風俗民情、移民法令、人身安全及相關權利義務資訊，妥善運用國內各機關（構）編製之文宣資料作爲輔導教材，以期縮短外籍配偶來臺後之適應期。

（九）強化通譯人才培訓。

（十）對設籍前新住民提供遭逢特殊境遇相關福利及扶助服務。

　　二、醫療生育保健：理念爲規劃提供新住民相關醫療保健服務，維護健康品質。

（一）輔導新住民加入全民健康保險。

（二）提供周延之生育遺傳服務措施減免費用之補助。

（三）提供新住民孕婦一般性產前檢查服務及設籍前未納入健保者產前檢查之服務及補助。

（四）宣導國人及外籍配偶婚前進行健康檢查。

（五）辦理新住民健康照護管理，促進身心健康環境之建立，製作多國語版衛生教育宣導教材，規劃辦理醫療人員多元文化教育研習與活動。

　　三、保障就業權益：理念爲保障新住民工作權，以協助其經濟獨立、生活安定。

（一）提供新住民就業服務，包含求職登記、就業諮詢、辦理就業促進研習及就業推介。

（二）提供職業訓練，協助新住民提升就業及創業能力。

（三）營造友善新住民職場環境以消除就業歧視。

　　四、提升教育文化：理念爲加強教育規劃，協助提升新住民教養子女能力。

（一）將新住民子女全面納入嬰幼兒健康保障系統。

（二）加強辦理新住民子女之兒童發展篩檢工作。

（三）對有發展遲緩之新住民子女，提供早期療育服務。

（四）辦理新住民成人基本教育師資研習及補充教材研發，並將教材上網

　　資源分享，以提升教學品質。

（五）補助地方政府成立新住民學習中心，辦理家庭教育活動或多元文化
　　　學習課程等相關學習課程，提供近便性學習。

（六）結合地方政府與學校特色，於寒暑假辦理東南亞語言樂學計畫，鼓
　　　勵學生學習及體驗東南亞語文。

（七）編製新住民語文學習內容教科書。

（八）對新住民及其子女頒發獎助學金，鼓勵積極努力向學。

　　五、協助子女教養：理念為積極輔導協助新住民處理其子女之健
康、教育及照顧工作，並對發展遲緩兒童提供早期療育服務。

（一）將新住民子女全面納入嬰幼兒健康保障系統。

（二）加強辦理新住民子女之兒童發展篩檢工作。

（三）對有發展遲緩之新住民子女，提供早期療育服務。

（四）加強輔導新住民子女之語言及社會文化學習，提供其課後學習輔
　　　導，增加其適應環境與學習能力。

（五）繼續結合法人機構及團體，補助辦理外籍配偶弱勢兒童及少年社區
　　　照顧服務及親職教育研習活動。

（六）辦理教師新住民多元文化研習，提升教師多元文化素養。

（七）辦理全國性多語多元文化繪本親子共讀心得感想甄選比賽，促進親
　　　子共學。

（八）提供新住民兒少高關懷學生及跨國銜轉學生之協處情形與脆弱家庭
　　　訪視服務。

　　六、人身安全保護：理念為維護受暴新住民基本人權，提供相關保護
扶助措施，保障人身安全。

（一）整合相關服務資源，加強受暴新住民之保護扶助措施及通譯服務。

（二）參與保護性案件服務之相關人員，應加強並落實家庭暴力防治教育
　　　訓練。

（三）加強受暴新住民緊急救援措施，並積極協助其處理相關入出境、居
　　　停留延期等問題。

（四）加強新住民人身安全預防宣導。

　　七、健全法令制度：理念為加強查處違法跨國（境）婚姻媒合之營利行為及廣告，並蒐集新住民相關研究統計資料。

（一）加強查處違法跨國（境）婚姻媒合之營利行為及廣告。

（二）持續蒐集並建立相關統計資料，作為未來政府制定相關政策之依據。

（三）每半年檢討各機關辦理情形，並規劃辦理整體績效評估。

　　八、落實觀念宣導：理念為加強宣導國人建立族群平等與相互尊重接納觀念，促進異國通婚家庭和諧關係，並建立必要之實質審查機制。

（一）加強外籍配偶申請來臺審查機制，推動面談、追蹤、通報及家戶訪查機制，並提供即時服務資訊。

（二）加強大陸配偶申請來臺審查機制，除採形式審查外兼採實質審查，推動面談、追蹤、通報及家戶訪查機制，並提供即時服務資訊。

（三）運用各種行銷管道，協助宣導國人相互尊重、理解、欣賞、關懷、平等對待及肯定不同文化族群之正向積極態度，並鼓勵推廣多元文化及生活資訊。

（四）推動社區或民間團體舉辦多元文化相關活動，鼓勵學生與一般民眾參與，促使積極接納新住民，並使國人建立族群平等與相互尊重接納之觀念。

（五）推廣文化平權理念；補助民間辦理新住民相關計畫或活動。

（六）推廣新住民多元文化，辦理新住民相關文化活動，並推動與新住民母國之文化交流，增進國人對其文化的認識。

貳、新住民發展基金

　　新住民發展基金開始於2005年，初始稱為「外籍配偶照顧輔導基金」，以附屬單位的預算方式，每年籌編3億元，分十年籌措，總計30億元。透過這項預算編列整合政府與民間資源，以落實整體外籍配偶照顧輔導服務，進一步強化新移民體系、推動整體照顧輔導服務。2014年基金運作十年後轉型為新住民照顧輔導基金，基金所推動新住民照顧輔導工作，

實際照顧對象已含括外籍與大陸配偶，近年來亦擴及其子女，爲符實務運作，並加強培力新住民及其子女發展成爲國家新資源，爰依行政院新住民事務協調會報104年8月4日第1次會議決議修正基金名稱爲「新住民發展基金」，基金規模維持10億元。[7]

一、服務對象

（一）包括臺灣地區人民之配偶爲未入籍之外國人、無國籍人、大陸地區人民及香港或澳門居民，或已入籍爲我國國民而仍有照顧輔導需要者。

（二）前款服務對象之子女及共同生活之親屬。多元文化及宣導活動之服務對象，不以前項規定對象爲限。

二、補助對象

（一）中央政府及直轄市政府、縣市政府。

（二）財團法人或非以營利爲目的之立案社會團體。

三、補助用途

（一）新住民家庭照顧輔導服務及其子女發展等相關議題之研究事項。

（二）強化新住民入國（境）前之輔導事項。

（三）發展地區性新住民家庭關懷訪視及相關服務措施事項。

（四）新住民設籍前之醫療補助及社會救助事項。

（五）辦理新住民家庭各類學習成長課程與子女托育、照顧及培力等事項。

（六）新住民照顧輔導志工之培訓及運用事項。

（七）強化直轄市、縣（市）政府新住民家庭服務中心之補助事項。

---

[7]　內政部移民署網站，https://www.immigration.gov.tw/5385/7445/7451/7508/，搜尋日期：2021/05/30。

（八）強化多元文化觀念之推廣及宣導活動、人才培訓學習課程、創新服
　　　務及參與活化產業、社區發展服務等事項。

（九）新住民法律服務事項。

（十）其他事項。

　　基金依新住民家庭生命週期及來臺需求規劃辦理相關社會安全網絡服務與更適切之輔導及培力工作，分為四個面向「新住民社會安全網絡服務計畫」、「新住民家庭學習成長及子女托育、多元文化推廣及相關宣導計畫」、「家庭服務中心計畫」及「新住民創新服務、人才培力及活化產業社區計畫」。

　　從該基金補助內容可看出，政府列出新移民在成為我國國民之前，在經濟、醫療、子女教養等生活上會遇到的困境，運用這筆經費來補助他們。從其中一項文化交流活動及社區參與式多元文化活動計畫，可以看到我國政府對待新移民的態度從希望他們以最快的速度適應並融入我國語言及風俗文化，到鼓勵新移民家人甚至國人來參與多元文化活動，讓我們認識新助民的原生國語言與文化，共創多元文化的社會。

參、新住民及其子女海外培力計畫（以2020年為例）

一、緣起

　　為發揮新住民及其子女的多元文化背景，藉由返回新住民之原生母國家（地區）進行跨文化學習、跨國校際交流、公益服務交流及國際職涯探索，增加自我認同，投入公共事務及培育多元文化國際人才，接軌全球發展，以為臺灣國際人才培力奠基。

二、活動內容

（一）學習體驗主題

　　1.時間：於寒暑假期間執行計畫至少14天。

　　2.對象：新住民、新住民子女、新住民或其子女之同儕、各級學校正

式專任教師或主管人員、合法立案民間團體之工作人員或其主管人員，新住民子女報名時須為小學五年級以上在學。

3. 主題組別：

(1) 跨文化學習主題組：前往新住民原生國家（地區），增加學習新住民語文機會、體驗學習新住民原生國家與臺灣之間的跨文化知能。

(2) 跨國校際交流主題組：新住民及其子女、學校正式教師或主管人員與新住民原生國家（地區）之合法正式學校合作，辦理與臺灣之間跨國校際教育主題課程學習交流計畫。

(3) 公益服務交流主題組：促進新住民原生國家（地區）之合法設立公益服務組織與臺灣之間的公益服務主題合作及交流。

(4) 國際職涯探索主題組：就讀大專院校（含以上）新住民或新住民子女與同儕（不限同校）之在學學生，前往新住民原生國家（地區）進行主題式的職業探索與體驗，並參訪當地該國合法設立的企業，以提升專業知能。

肆、新住民及其子女築夢計畫（以第6屆計畫為例）[8]

一、活動目的

「與你共築，夢想實現」，為協助新住民及其子女完成夢想並展現新住民夢想類型多元，鼓勵新住民及其子女將夢想由個人層面延伸至家庭、社區鄰里，甚至擴及國家社會。除協助新住民，亦鼓勵新住民關懷社會參與公益活動，將新住民由受助者翻轉成助人者之角色；透過影片拍攝與各界分享，展現其對家庭用心的付出與貢獻及社會參與的熱情與能量，增加大眾對新住民及其子女的了解與認識，提升民眾多元文化素養知能，並以

8　內政部移民署網站，https://www.immigration.gov.tw/5385/7445/7451/7457/7493/7502/199358/，搜尋日期：2021/05/30。

生動活潑的方式，讓民眾感受政府照顧輔導新住民之用心。

二、報名資格

（一）新住民：與國人結婚之外國人、無國籍人、大陸地區人民、香港或
　　　澳門居民及歸化取得我國國籍者之無戶籍國民，且在臺合法居留、
　　　定居或設有戶籍。
（二）新住民子女：上述新住民之已設籍子女，且在臺居住及就學者。

三、報名類別

（一）個人組：以新住民個人或其子女一人為主要報名對象。
（二）家庭組：由新住民家庭成員（具直系血親或實際共同生活者）共同
　　　組隊，人數不拘。
（三）社會公益組：每組參與人數至多五人，由新住民或其子女一人為主
　　　要報名者，其餘成員則不限為國人或外國人。

　　　除了內政部辦理的多項新住民服務計畫，經濟部也提供許多新住民
就業或創業計畫（例如「微型創業鳳凰貸款」、「婦女創業飛雁計畫」、
「新住民創業加速器計畫」），教育部提供新住民、新二代以及銜轉學生
的教育計畫，例如將新住民語文列入十二年國民基本教育課程綱要總綱，
均由多層面看見國家提供新住民更友善社會的改變。

第三節　移民保護

　　　除了提供移民人口相關輔導服務之外，移民在臺灣若受到侵害，政府
也提供相關的移民保護服務，關於移民保護服務以下將介紹家庭暴力被害
人與人口販運被害人保護為例：

壹、家庭暴力被害人保護

　　外國籍及大陸籍配偶目前在臺人數約57萬人次，約占全臺人口數2%，另依衛生福利部保護服務司所統計之資料，2019年全國受暴人數約50,174人，其中外國籍為1,135人（2.3%）及大陸港澳籍受暴人數為1,030人（2.1%），約占全國受暴人數4.4%之多，顯示在臺受暴之外國籍及大陸籍配偶不在少數。[9]

　　何謂家庭暴力，依「家庭暴力防治法」第2條，其定義如下：

　　一、家庭暴力：指家庭成員間實施身體或精神上不法侵害之行為。

　　二、家庭暴力罪：指家庭成員間故意實施家庭暴力行為而成立其他法律所規定之犯罪。

　　三、騷擾：指任何打擾、警告、嘲弄或辱罵他人之言語、動作或製造使人心生畏怖情境之行為。

　　四、跟蹤：指任何以人員、車輛、工具、設備或其他方法持續性監視、跟追之行為。

　　何謂家庭成員？依「家庭暴力防治法」第3條，所定家庭成員，包括下列各員及其未成年子女：

　　一、配偶或前配偶。

　　二、現有或曾有同居關係、家長家屬或家屬間關係者。

　　三、現為或曾為直系血親或直系姻親。

　　四、現為或曾為四親等以內之旁系血親或旁系姻親。

　　（家庭暴力防治法於2009年修正後，包括沒有結婚的男女同居關係或同志伴侶也可適用家暴法，擴大保護令保護對象）。

　　由於新住民在臺灣沒有親人、語言隔閡、對於法律了解有限、缺乏社會支持，因此新住民成為家庭暴力被害人時很容易比我國籍被害人更加弱勢。尤其新住民在未取得身分證之前，居留我國的原因為與配偶團聚，

9　衛福部保護司網站，https://dep.mohw.gov.tw/dops/lp-1303-105-xCat-cat01.html，搜尋日期：2021/05/30。

當雙方離婚則居留原因消失，若要繼續居留在我國，則需符合下列其他規定，這也讓新住民在面對家庭暴力時，一來救助資源較少，二來可能因擔心影響居留條件而不願尋求援助。

有關新住民遭受家庭暴力及其居留、定居之關係將依大陸籍及外籍配偶分別說明如下：

一、大陸配偶

（一）依親居留

依大陸地區人民在臺灣地區依親居留長期居留或定居許可辦法第14條，申請依親居留原因消失。但已許可依親居留，有下列情形之一者，不撤銷或廢止其許可：

1. 依親對象死亡且未再婚。
2. 於離婚後30日內與原依親對象再婚。
3. 於離婚後對在臺灣地區設有戶籍之未成年親生子女，有扶養事實、行使負擔權利義務或會面交往。
4. 因遭受家庭暴力經法院判決離婚，且有在臺灣地區設有戶籍之未成年親生子女。
5. 因依親居留許可被廢止而遭強制出境，對在臺灣地區設有戶籍之未成年親生子女造成重大且難以回復損害之虞。

（二）長期居留

依臺灣地區與大陸地區人民關係條例第17條及大陸地區人民在臺灣地區依親居留長期居留或定居許可辦法第25條，大陸地區人民經許可依親居留滿四年，且每年合法居留期間逾183日，離婚後取得在臺灣地區設有戶籍之未成年親生子女權利義務行使或負擔之證明可申請長期居留。

（三）定居

依臺灣地區與大陸地區人民關係條例第17條及大陸地區人民在臺灣地區依親居留長期居留或定居許可辦法第31條，大陸地區人民符合本條例

第17條第5項規定，經許可長期居留連續滿二年，且每年合法居留期間逾183日，離婚後取得在臺灣地區設有戶籍之未成年親生子女權利義務行使或負擔之證明申請定居。

二、外籍配偶

外籍配偶在外僑居留期間依入出國及移民法第31條，移民署對於外國人於居留期間內，有下列各款情形之一者，得准予繼續居留：

（一）外國人為臺灣地區設有戶籍國民之配偶，其本人遭受配偶身體或精神虐待，經法院核發保護令。

（二）外國人於離婚後取得在臺灣地區已設有戶籍未成年親生子女監護權。

（三）因遭受家庭暴力經法院判決離婚，且有在臺灣地區設有戶籍之未成年親生子女。

（四）因居留許可被廢止而遭強制出國，對在臺灣地區已設有戶籍未成年親生子女造成重大且難以回復損害之虞。

大陸籍配偶於依親居留期間如有遭受家庭暴力情事，如想續居留臺灣，則需符合「經法院判決離婚且有在臺灣地區設有戶籍之未成年親生子女」之條件，而外國籍配偶於外僑居留期間如遭受家庭暴力情事，如想再續留臺灣，除需「經法院判決離婚且有在臺灣地區設有戶籍之未成年親生子女」之條件外，尚可以依「為臺灣地區設有戶籍國民之配偶，其本人遭受配偶身體或精神虐待經法院核發保護令」之條件，來延續其外僑居留之合法性。

依「內政部處理大陸或外國籍配偶遭受家庭暴力案件應行注意事項」，發現或受理家庭暴力案件時，警察機關、移民署及其所屬人員應依本注意事項辦理，並立即通報當地主管機關，至遲不得逾24小時。發現或處理外國籍配偶遭受家庭暴力案件時，應注意下列事項：

（一）若語言無法溝通時，應尋求通譯人員協助。

（二）製作相關書面紀錄，並應記載協助之通譯人員姓名、聯絡電話等資料。

（三）告知被害人應於在臺灣地區居（停）留期限屆滿前30日內檢具護照、外僑居留證、戶籍謄本及保護令（或家庭暴力與兒童少年保護事件通報表、警察機關處理家庭暴力與兒少保護案件調查紀錄（通報）表、家暴中心函擇一），親自或委託他人向移民署各直轄市、縣市服務站申請延期（無須其配偶陪同），避免因逾期居（停）留受驅逐出國處分。受理申請時發現其檢附證件不齊全時，應請其儘速補正；居留住址或服務處所變更時，應申請變更登記。

（四）發現或處理大陸配偶遭受家庭暴力案件時，應注意下列事項：

1. 告知大陸配偶如須辦理居（停）留者，應於期限屆滿前三個月內，檢具居留證（或入出境許可證）、戶籍謄本及保護令（或家庭暴力與兒童少年保護事件通報表、警察機關處理家庭暴力與兒少保護案件調查紀錄（通報）表、家暴中心函擇一），親自或委託他人向移民署各直轄市、縣（市）服務站申請延期（無須配偶陪同），避免因逾期居、停留而遭限期離境或強制出境。

2. 告知大陸配偶在臺灣地區團聚及居留期間，如遭受保證人（其配偶）之家庭暴力，取得法院核發保護令者，無須辦理換保手續。於申請在臺灣地區依親居留、長期居留或定居時，得依大陸地區人民在臺灣地區依親居留長期居留或定居許可辦法第5條規定，另覓配偶以外臺灣地區人民一人為保證人。

（五）發現或處理大陸或外國籍配偶遭受家庭暴力案件時，被害人若表明相關身分證明文件無法取回，得依被害人之請求聯繫住（居）所地警察分駐（派出）所派員陪同被害人取回，如相對人妨礙、規避或拒絕交還，警察分駐（派出）所應協助出具報案證明，被害人得檢附居留申請書、保護令（或家庭暴力與兒童少年保護事件通報表、警察機關處理家庭暴力與兒少保護案件調查紀錄（通報）表、家暴中心函擇一）等相關資料向移民署各直轄市、縣市服務站註銷無法取回之證件，及申請補發新證件。

（六）處理大陸或外國籍配偶行方不明案件時，其方式如下：

1. 應請報案人至移民署各直轄市、縣市專勤隊辦理。

2. 受暴之大陸或外國籍配偶提具遭受家庭暴力之相關證明文件（如保護令、家庭暴力與兒童少年保護事件通報表或警察機關處理家庭暴力與兒少保護案件調查紀錄（通報）表、家暴中心函擇一）申請撤銷行方不明時，經專勤隊人員查明後撤銷註記，並得將撤銷事由事後通知報案人，避免家暴案件相對人以協尋人口名義尋找、騷擾被害人，並確實保密被害人之現址。

3. 受理行方不明協（撤）尋時，專勤隊人員應將詳實內容記錄於居留檔，並加以查證其是否為遭受家庭暴力被害人，以避免影響大陸或外國籍配偶申請居留證或延長居留之權益。

（七）移民署人員如遇犯家庭暴力罪或違反保護令罪案件時，應立即聯繫警察機關協同處理；被害人請求協助聲請保護令，或評估其狀況應代為聲請保護令時，應即聯繫檢察官、警察機關或當地直轄市、縣（市）主管機關向法院聲請。

（八）發現或處理大陸或外國籍配偶遭受家庭暴力案件時，經現況評估或被害人表明需要接受庇護、安置時，應即聯繫當地直轄市、縣（市）主管機關處理。

貳、人口販運被害人保護

關於人口販運被害人保護可由人口販運防制法第三章被害人保護部分分析其內涵，相關保護事項如下[10]：

一、安置保護單位

人口販運防制法第13條說明居住臺灣地區設有戶籍之國民之被害人

---

[10] 立法院（2009），人口販運防制法。

安置保護內涵[11]，應由直轄市、縣市主管機關負責。若為非臺灣地區設有戶籍之國民之被害人則由直轄市、縣（市）主管機關。在完成被害人鑑別前，屬人口販運疑似被害人，則依第14條說明非臺灣地區設有戶籍之國民之疑似被害人安置保護內涵，若該被害人有合法有效之停居留許可則安置至庇護所，若無合法有效之停居留許可，在完成鑑別前，應與違反入出國（境）管理法規受收容之人分別收容。[12]

被害人之庇護主管單位分為：

（一）居住臺灣地區設有戶籍之國民——各縣市社會福利機關。

（二）持工作簽證來台之外國人——各縣市勞動主管機關。

（三）非持工作簽證之外國人——內政部移民署。

關於提供被害人適當之安置處所，目前人口販運被害人庇護分為兩大部分，根據被害人來臺身分的不同分別歸於移民署以及勞動部負責。若來臺身分為觀光、結婚則由移民署負責安置與保護，若來臺身分為勞工則由勞委會負責。

移民署目前設有的收容所分為三種，包含外國人收容所、疑似人口販運被害人分別收容所、人口販運被害人庇護所。收容所包含宜蘭、台北、南投、高雄四個收容所，分別收容所有南投與高雄，以及三個庇護所分別在宜蘭、南投、高雄。除此之外，2007年度新增「人口販運被害人保護服務試辦計畫」，請地方政府結合民間團體辦理被害人支持及治療性團體、知性成長課程及其他服務活動，提供心理輔導相關活動。

為保護被害人的人身安全，各市、縣警察局婦幼警察隊為各市、縣

---

[11] 人口販運被害人為居住臺灣地區設有戶籍之國民，經直轄市、縣（市）主管機關評估有安置保護之必要者，直轄市、縣（市）主管機關應依第17條規定提供安置保護。

[12] 人口販運防制法第14條疑似人口販運被害人為臺灣地區無戶籍國民、外國人、無國籍人民、大陸地區人民、香港或澳門居民，有合法有效之停（居）留許可者，應依第17條規定提供安置保護。其無合法有效之停（居）留許可者，於依第11條規定完成鑑別前，應與違反入出國（境）管理法規受收容之人分別收容，並得依第17條規定提供協助。

市政府社政機關處理對人口販運案件被害人安置工作之對口單位及主要聯繫窗口。可視需要依危害程度向婦幼警察隊申請保護人口販運被害人安置處所與作證機制的安全維護。且治安機關針對被害人所採取之各項作為，應以確保被害人之人身安全為首要考量，避免其遭受加害人或其同夥之威脅、恐嚇或報復；檢察官應適時運用證人保護法之規定，核發保護書。被害人及其家人之姓名與其他可供辨識之資訊，應予以保密，不得公開揭露。對於非持工作簽證被害人及疑似被害人安置保護：聯繫移民署各地專勤隊轉介安置。持工作簽證被害人及疑似被害人安置保護：聯繫直轄市、縣市政府勞工主管機關轉介安置。無合法有效停居留許可之疑似被害人分別收容：聯繫移民署各地專勤隊辦理分別收容事宜。

二、被害人保護服務內涵

依據人口販運法第17條，各級主管機關、勞工主管機關對於安置保護之人口販運被害人及疑似人口販運被害人，應自行或委託民間團體，提供下列協助：

（一）人身安全保護。

（二）必要之醫療協助。

（三）通譯服務。

（四）法律協助。

（五）心理輔導及諮詢服務。

（六）於案件偵查或審理中陪同接受詢（訊）問。

（七）必要之經濟補助。

（八）其他必要之協助。

各地方政府相關預算項目下編列18歲以上人口販運被害人之安置補助、法律訴訟補助、醫療補助、心理治療補助等費用，提供被害人法律相關資訊，並依據相關法規提供必要之經濟補助，包括緊急生活扶助、子女教育補助。

三、醫療與傳染病篩檢

　　有關醫療部分，訂於人口販運防制法第12條，疑似人口販運被害人有診療必要者，司法警察應即通知轄區衛生主管機關，並協助護送其至當地醫療機構接受診療及指定傳染病之篩檢。疑似人口販運被害人經篩檢無傳染之虞者，由司法警察機關協助依本法或其他相關法律提供安置保護或予以收容。

　　基於該法，各地方政府設立專責人口販運被害人之醫療協助連繫窗口，協助轉介性剝削被害人至性侵害責任醫院接受驗傷、採證及緊急醫療處置，對於合併有嚴重心理創傷之個案，則可轉介現行執行法院委託辦理性侵害加害人、被害人心理衡鑑業務之醫療機構，接受心理鑑定及諮商輔導。

四、犯罪免責

　　由於人口販運被害人通常都涉及犯罪，例如因強迫賣淫而違反社會秩序維護法、因強迫勞動而逃跑的外籍勞工則成為失聯移工、或是身分證件被雇主或妓院老闆沒收而無合法證件，這些原因讓被害人害怕被警方查獲，而成為更弱勢的一群，因此人口販運防制法第29條規定：「人口販運被害人因被販運而觸犯其他刑罰或行政罰規定者，得減輕或免除其責任。」惟本法是「得」而非「應」，在保護被害人上仍打了折扣。

五、居留權益

　　人口販運被害人為臺灣地區無戶籍國民、外國人、無國籍人民、大陸地區人民、香港或澳門居民在居留權益上的相關規定如下：

（一）無合法有效之停（居）留許可者，核發六個月以下效期之臨時停留許可。另，中央主管機關得視案件偵辦或審理情形，延長其臨時停

（居）留許可。[13]

（二）人口販運被害人因協助偵查或審判而於送返原籍國（地）後人身安
全有危險之虞者，中央主管機關得專案許可人口販運被害人停留、
居留。其在我國合法連續居留五年，每年居住超過270日者，得申
請永久居留。[14]

（三）經司法機關認無繼續協助偵查或審理必要時，中央主管機關得協調
相關機關或民間團體，聯繫被害人原籍國（地）之政府機關、駐華
使領館或授權機構、非政府組織或其家屬，儘速安排將其安全送返
原籍國（地）。[15]

　　人口販運犯罪中，被害人保護是相當重要的一部分，無論在偵查、
起訴、保護的過程中，均是以「被害人為中心」的概念運作，該犯罪利用
剝削被害人作為獲利的方式，因此當被害人被救援後往往面臨身心多重傷
害，需要有系統的提供保護服務，包含人身安全保護、醫療協助、通譯服
務、法律協助、心理輔導及諮詢服務、於案件偵查或審理中陪同接受詢
問、經濟補助，都應該建立完整且有經驗的服務。

第四節　小結

　　本章介紹我國婚姻移民現象與法規，以及移民輔導相關政策暨轉
變。隨著超過57萬的新住民人口，國家對於這個人口數量確實需要省思
新住民在臺灣的生活是否有困境仍未解決。由最新的新住民生活需求調查
成果足以發現新住民的年齡與結構都已經有相當大的轉變，當然，他們的
需求也與過去有相當大的差異。所有的福利服務都應該與日俱進。當新住
民已經在臺居住超過十年，孩子也已到了就讀國小國中甚至高中大學的年

---

[13] 人口販運防制法第28條。

[14] 人口販運防制法第28條。

[15] 人口販運防制法第30條。

紀，他們面臨的議題已經是老年照顧、財產繼承，很快的，國家面臨的是這57萬人口年老之後，相關的政策該怎麼修正以保護這些奉獻一生在臺灣的新住民。

最初，這些新住民對國家而言，是一群弱勢者，需要被保護與照顧。逐漸的，國家看見新助民的優勢，以及二代孩子的優勢，因此設計了二代培力計畫。另外，在「102年外籍與大陸配偶生活需求調查摘要報告」中也看見，國家期待建立一個更加多元文化的社會，發展新住民的專長，使他們更能參與職場，將這些人力發揮所長，促進整體社會的進步。

另一方面，對於新住民在臺灣社會中往往面臨的困難，也是需要關注與突破的，因此，無論是婚姻暴力議題、人口販運議題，在既定的法制與服務之外，仍需要考量他們原生家庭遙遠、社會支持有限、語言文字使用限制等現實，減少對於福利可近性與可及性可能產生的限制。

總言，國家與社會對於新住民的存在，應以重視其人口與積極面對她們的可能困難、發展可能潛力等態度，以期創造整體社會更加的效果。

參考書目

中文文獻

內政部移民署（2011），新家鄉新生活：外籍配偶在台生活相關資訊簡冊。

內政部移民署（2020），107年新住民生活需求調查報告。

立法院（2009），人口販運防制法。

立法院（2021），入出國及移民法。

林盈君（2016），當代臺灣婚姻移民現象與挑戰：論國家角色在「準國民」移民政策的方向，國土安全與國境管理學報，24期。

夏曉鵑（2000），資本國際化下的國際婚姻—以台灣的外籍新娘現象為例，台灣社會研究季刊，39期，頁45-92。

夏曉鵑（2003），實踐式研究的在地實踐：以「外籍新娘識字班」為例，

台灣社會研究季刊，49期，頁1-47。

監察院（2018），新住民融入臺灣社會所衍生之相關權益探討」通案性案件調查研究報告。

第四章
技術移民之政策分析

陳明傳

第一節 前言

　　移民就是人口在空間內移動的現象。移民產生的原因很多，有時是出於自願，有時是迫於現實的無奈，必須移居至他處。自古人類即有大批遷徙、移居至他地的紀錄，也就是說移民並非當代才有的現象。而人口的跨國界移動使得各國得以在人力資本上互通有無，但是各國同時也因此感受到國際移民帶來的好處與壞處。因而國際移民也促成已開發國家與發展中國家之間的人才與技術交流，有助於發展中國家取得發展的契機。但是於此同時，國際移民卻也對於移民接受國帶來不同程度的社會治安與國家安全等之問題。

　　關於國際移民的類型，可參考本書第一章所述，然而移民研究者則將其依照不同的起源、不同的歷史情境，將它們分為不同的類型。Castles和Miller認為如果是因為經濟因素而進行跨國界移民的人，通常會經歷四個時期，因而會形成四種之移民類型。第一個時期是年輕勞工的暫時性移民之移民類型；第二個時期是返國或延長居留時期之移民類型；第三個時期則是進行長期居留或提出依親之移民類型；最後一個階段則是永久居留時期之移民類型。[1]在移民最初始，年輕的勞工，尤其是男性，為賺取更多薪資而甘願暫時前往海外工作，所得薪資也會努力匯回母國以改善家人生活。經過一段時間之後，這些勞工可能賺取預期中的薪資後返回母國，但也有一部分人，可能會因為其他原因，例如結婚生子、習慣當地生活而選擇繼續留在移民接受國生活。這些人最後便會希望與家人相聚，而提出依親的申請，準備長期居住在當地，並發展出移民族群團體。移民的最後階段則是永久居留，但受限於移民接受國的政策或當地人民的接受程度，有些移民或許能成功融入當地社會，有些則可能受到排斥而終究成為社會邊緣人。也就是說，國際移民的最終結果，並不能保證所有之移民者，均能

---

[1]　Castles & Miller, (1993), The Age of Migration: International Population Movement in the Modern World.

如原先預期般的達成美好的結果。

在國際的移民經驗中，移民有許多不同之類型。其可區分爲志願性的、被迫性的，或者地方性的、區域性的、全球性的，亦或是合法的、非法的，也可以是經濟性的、政治性的、社會性的等類型。而這些類型往往是綜合而成的。若就合法性分類而論，則移民可包括合法與非法兩大類別，其分類可區分爲如下述。[2]

一、合法移民：就各國通例而言，主要爲下述四類：

（一）政治性移民：政治庇護與難民屬之。

（二）社會性移民：婚姻移民、依親移民、屯墾移民等屬之。

（三）經濟性移民：專技（技術）、投資、外籍勞工（變相移民）屬之。

（四）宗教性移民：美國有所謂的宗教移民。根據美國移民局審查之標準，申請宗教移民人士必須完成該宗教規定的教義課程，其工作必須直接和其教義有關。

二、非法移民：即通稱之爲偷渡犯，亦即含偷渡與人口販運等是。

至於本章經濟性移民中之技術移民及下一章將進一步討論與分析之經濟性移民中的投資移民，其之個別定義可略述之如下：

壹、技術移民

所謂之專業技術移民，其乃係具備高科技或專業技術之人才，以取得移民資格之人。[3]根據2017年11月22日修正公布之外國專業人才延攬及僱用法，以及2021年1月27日修正該法之部分條文，但生效日期未定，然而未有修正第4條之規定，該法之用詞，定義如下：

一、外國專業人才：指得在我國從事專業工作之外國人。

二、外國特定專業人才：指前款外國專業人才中具有中央目的事業主

2　吳學燕（2004），國內外移民政策與輔導之探討，頁5。

3　黃慶堂（2008），專技移民與投資移民對我國經濟之影響，第二屆「國境安全與人口移動」學術研討會論文集，中央警察大學國境警察學系。

管機關公告之我國所需科技、經濟、教育、文化、藝術、體育及其他領域之特殊專長者。

三、外國高級專業人才：指入出國及移民法第25條第3項第2款所定為我國所需之高級專業人才。

四、專業工作：指下列工作：

（一）依就業服務法第46條第1項第1款至第6款之工作。

（二）具專門知識或技術，且經中央目的事業主管機關會商教育部指定依補習及進修教育法立案之短期補習班教師。

又根據就業服務法第46條第1項第1款至第6款之規定，雇主聘僱外國人在中華民國境內從事之工作，除本法另有規定外，以下列各款為限：

一、專門性或技術性之工作。

二、華僑或外國人經政府核准投資或設立事業之主管。

三、下列學校教師：

（一）公立或經立案之私立大專以上校院或外國僑民學校之教師。

（二）公立或已立案之私立高級中等以下學校之合格外國語文課程教師。

（三）公立或已立案私立實驗高級中等學校雙語部或雙語學校之學科教師。

四、依補習及進修教育法立案之短期補習班之專任教師。

五、運動教練及運動員。

六、宗教、藝術及演藝工作。

綜上所述，所謂之專業技術移民，即為各發展之先進國家在專業移民之需求上（specified skilled workers），設定其專業需求之領域，以便吸引高科技或具備有該專業技術的外國人，來移居該國以便促進其本國之國家發展之移民政策。

貳、投資移民

我國之新經濟移民法草案乃欲將外國專業人才、中階技術人力及海外國人列為適用對象，並放寬、新增適用對象之工作資格、居留與永久

居留、依親等規範。另考量現行經濟移民規範散見於各移民法規，為提升行政效能與聚焦政策推動，相關規定均予綜整納入該法，以強化延攬力道。[4] 又根據外國人投資條例第4條之規定，該條例所稱投資如下：1.持有中華民國公司之股份或出資額；2.在中華民國境內設立分公司、獨資或合夥事業；3.對前2款所投資事業提供一年期以上貸款。

又外國人投資條例第5條投資人持有所投資事業之股份或出資額，合計超過該事業之股份總數或資本總額三分之一者，其所投資事業之轉投資應經主管機關核准。該法第6條依本條例投資，其出資種類如下：1.現金；2.自用機器設備或原料；3.專利權、商標權、著作財產權、專門技術或其他智慧財產權；4.其他經主管機關認可投資之財產。

該法第7條下列事業禁止投資人投資：1.對國家安全、公共秩序、善良風俗或國民健康有不利影響之事業；2.法律禁止投資之事業。投資人申請投資於法律或基於法律授權訂定之命令而限制投資之事業，應取得目的事業主管機關之許可或同意。第1項禁止及第2項限制投資之業別，由行政院定之，並定期檢討。

綜上所述，所謂之投資移民，即為經濟性移民的一個種類，移入國為了發展其本國之經濟，以法制規範吸引外國人以現金、自用機器設備及原料，或者其他經主管機關認可投資之財產，以達成移民該國之移民方案。至於我國草擬之新經濟移民法草案乃欲將外國專業人才、中階技術人力及海外國人列為適用對象，雖仍屬經濟移民之類型，然而較屬於個人專業技術之範疇，因而可視之為前項技術移民之類型。至於投資移民將於下一章中詳述之。

4　國家發展委員會，新經濟移民法草案總說明。

第二節　政策分析模式與技術移民

壹、政策分析模式

公共政策分析（public policy analysis）在20世紀晚期成為一門新興的學科，它創造、批判與傳播任何政府行政實務所需要的知識，當然可包括移民政策之分析在內。在眾多對政策所下的定義中，Dye認為政府政策之選擇作為或不作為的事項，而這些事項的最終目的是要解決某社會問題。[5]根據這樣的定義，移民政策乃指移民機關為解決移民之相關問題，所採取的作為或不作為之事項。

基本上，理性決策模式（comprehensive rationality）與漸進模式（incrementalism）乃是政策分析中的二大典範。[6]理性決策模式有其思考程序乃為，決策者首先要確定目標，其次尋找所有可以達成該目標的方法，第三個步驟則是評估每個方案的有效程度，最後選擇出最有效的方法。基本上，這是一種個體經濟學理論的思維途徑。漸進模式則從另一個角度觀察組織決策，指出決策者並不會重新去審視問題，也未確定目標，而是以現行做法為基礎，作出漸進的、局部的、小小的調整，這是因為組織系統的決策過程中包括組織內外許多權力競逐的結果。提出漸進模式的是Lindblom，基本上他是從政治過程來推演政策理論。

理性決策模式是經濟理論的應用，漸進模式則從政治面向剖析政策，長久以來，此二者乃是美國研究公共政策的二大主軸。傳統的政策學者受到實證論的影響，對於問題意義的界定採客觀論者的觀點，相信政策問題確實存在於人類心靈以外，因此政策問題可以獨立於政策情境之外，加以研究，此外，實證論有關價值中立、量化分析等觀點，亦成為理性決策模式的邏輯基礎，在這樣的哲學底下，各個單一政策可以被抽離出來

5　Dye, (1998), Understanding Public Policy.

6　章光明（2017），警察政策，陳明傳等合著，警察學，作者自印，頁451。

做點的觀察與分析。[7]另一方面，後實證論者卻以為，政策問題的建構乃主客交融、重視質化分析、承認政策的推介難免受主觀價值影響，因此認為規劃者建構政策問題時不能抽離其存在的系絡，惟以整體的觀點方得窺其全貌，在這樣的哲學底下，將政策觀察面向擴及整個政治過程的漸進理論，於是產生。Forester便強調，政策規劃基本上不僅是技術性的，也是政治性的工作。[8]

　　理性決策模式與漸進模式的發展，除受到學科與方法論（methodology）的影響之外，其間差異也表現在資料的蒐集與分析方法上（research method）。重實證的經濟理性者常用的方法為：調查研究法（survey research）、統計分析法（statistical analysis）、時間序列分析（time series analysis）、線性分析法（linear programming）、成本效益分析法（cost-benefit analysis）等；反之，政治理性的後實證論者則關切政策方案的共識，其所運用的方法約有：公聽會（public hearing）、腦力激盪法（brainstorming）、德爾菲法（Delphi method）、多元觀點分析法（multiple perspective analysis）、論辯法（policy argumentation）等。

　　正如實證論與後實證論之各有所偏，理性決策模式與漸進模式在分析政策的解釋力上，亦均有所不足。理性決策模式的缺失在於，忽視社會上許多人的利益是相互衝突的，這些衝突的利益與成本難以量化比較，即使能發掘比較的基礎亦多只是主觀，並非客觀的標準，人類也無法擁有充足知識去正確計算成本與效益，而政策制定者追求個人利益的動機大於追求社會目標，且他們不會直到發現最佳方式才停止搜尋方案，通常是在發現可行的替代方案後便停止搜尋。此外，政策方案結果的不確定性，促使決策者蕭規曹隨，且現行政策的投資，也阻礙了決策者對其他方案的考慮。[9]至於漸進模式的缺陷則在於，忽視了政治體系中權力不均的效應，

7　江明修（1997），從公共行政學方法論之演進反思政策規劃及政策評估方法之應用、發展與重建：政策規劃方法部分，國科會專題研究，頁89、95。

8　同上，頁94。

9　Dye, (1998), Understanding Public Policy.

因此難以如預期般產生相互調適的情況，而即使團體間的拉力相近，共識亦難達成，反而將形成某種無法解決的衝突和對峙，且廣大的參與仍為源於美式多元政治的漸進主義者所忽視，現存架構並未能代表社會中真實的需要。另一方面，儘管在發展政策替代方案時，理性政策分析會面臨困難，但專業知識的價值應不受忽視，在官僚體系內排斥理性途徑的採用，即否定專業知識的經驗。[10]

在經濟途徑與政治途徑皆有缺失的情況下，社會政策設計途徑成了第三種解決問題的重要理論。社會政策設計途徑認為，為使政策有效達成目的，政策過程中應包容理性模式和漸進模式，並應展現此二途徑的相關性。根據Jun的說法，該途徑體認多元價值的事實，以為政策應植基於社會共有價值，但既存結構中並不允許弱勢團體及公民參與，乃主張專家意見與顧客需求應加結合，在政策制定過程中，意見的交換不只是經濟和政治的考量，更包括政策為社會所接納的可能性。美國著名的奧克蘭計畫之所以失敗的原因之一便是在制定計畫時僅著重經濟理性，卻未能兼顧各種社會需求。[11]具體融合各方意見的方式包括：問題解決的分權化、鼓勵民眾參與、專業者與顧客群（專業與非專業）的互動、運用私人企業及志工團體等，而這些融合社會各方意見的方式仍有賴一個辯論的場景來達成。行政人員負有設計這個場景及程序的責任，並鼓勵社會互動和參與者間的對話。[12]

綜上所述，觀諸政策分析的演進，說明政府政策的形成已由過去經濟（即為理性模式）與政治（即為漸進模式）的二大典範時期，融合推進到另一個以社會為主體（即為社會政策設計途徑）的典範時期。而在討論移民政策之規劃時，則要注意使用科學的理性模式，先做數量化之資料蒐集

---

[10] Jong S. Jun著、黃曙耀譯（1994），公共行政：設計與問題解決，台北：五南圖書出版公司，頁378-380。

[11] 曹俊漢（1990），公共政策，台北：三民書局，頁240。

[12] Jong S. Jun著、黃曙耀譯（1994），公共行政：設計與問題解決，台北：五南圖書出版公司，頁379-386。

與理性之分析，然後再以政治環境特殊因素的漸進模式之考量與平衡，最後再同時考量社會環境的因素與影響，如此才能規劃出具體可行，而能達到預期效果的移民政策之澈底執行。

貳、技術移民

　　如前所述，所謂之技術移民，即為各發展之先進國家在專業移民之需求上，設定其專業需求之領域，以便吸引高科技或具備有該專業技術的外國人，來移居該國以便促進其本國之國家發展之移民政策。其為經濟性移民的一個種類，我國草擬之「新經濟移民法」草案乃欲將外國專業人才、中階技術人力及海外國人列為適用對象，雖仍屬經濟移民之類型，然而較屬於個人專業技術之範疇，因而可視之為技術移民之類型。該草案乃為強化吸引外國專業人才，因應數位經濟世代，商業模式的快速翻轉，規劃鬆綁現行外國專業人才工作資格、建立多元僱用條件，以及雇主條件等。

　　為解決我國國內產業中階技術人力不足問題，參考國際做法，「新經濟移民法」草案乃為規劃聘僱具中階技術工作能力僑外生、基層外國人員，以及直接引進具中階技術工作能力外國人。該等技術人力皆需符合一定薪資水準及工作資格認定，並訂定總量管制及產業別配額。另考量旅居海外國人眾多，不乏傑出優秀專才，應積極延攬，該法爰規劃就僑居海外，並依國籍法具中華民國國籍者，鬆綁現有入國許可及定居等移民之相關規定。[13]

　　而所謂之科學及科技人員，亦即指高技術人員。根據經濟開發暨合作組織在測量人力資源對於科學及科技貢獻之「坎培拉手冊」，有一些不同之方法可將科學和科技人員分類。科學及科技人員是包括擁有高等教育程度，或需要至少是大學畢業之職業，此定義指明不同工作所需之教育和技術程度。[14]而技術移民有多種不同之名稱，亦有將技術移民稱為「技術

---

[13] 國家發展委員會，新經濟移民法草案總說明。

[14] 王如哲君在其大作——知識經濟與教育一書中引述經濟合作暨發展組織（Organization

勞工」（skilled worker labor），「技術勞工」（技術移民）通常與「教育成就」（educational attainment）之概念有關。有謂「技術勞工」通常意指至少在受過「初等和中等」（primary and secondary school）十二年教育之後，還受過四年以上教育者，此即受過「高等教育者」（tertiary educated）。通常具有較高學術訓練、專業技能或豐富工作經歷之人士，均會被包含在「技術勞工」這個概念之分析範疇之內，例如，專家（highly skilled specialists）、獨立經理人（independent executives）、資深主管（senior managers）、專技人員（specialized technicians）、通路自營商（trades people）、投資者（investors）、醫師（physicians）與商人（business people）等，均可作為「技術勞工」（技術移民）之角色性之代表。因此技術勞工除擁有較優越之教育背景、專業技能和工作經歷之外，這些「技術勞工」不僅因此擁有爭取高薪和高層職位之能力，更具有「跨越疆界」（cross border）提供勞務之資格與意願；而謀求較佳就業機會和生活水平，常常是他們願意跨界工作之重要動機。[15]

第三節　我國技術移民

壹、我國技術移民規範

　　目前我國面臨工作年齡人口下降之人口結構轉變，加以國際人才競逐激烈、我國吸引外國專業人才誘因不足等，造成人才外流及人才短缺問題日趨嚴重。因此，加強延攬外國專業人才，打造友善的生活環境，以提升國家競爭力，是政府當前施政重點之一。

---

for Economic Cooperation and Development, OECD）1996年出版Employment and Growth in the Knowledge based Economy一書對高技術人員之定義。

[15] 王孟平、張世強（2006），亞太技術勞工之國際移動與政策議題：「人才流失」或「人才交換」，中央警察大學國境學報，5期，頁177-210。

　　爲快速及通盤鬆綁外國人才來臺及留臺工作及生活之各類法規限制，行政院國家發展委員會協同相關部會，研擬「外國專業人才延攬及僱用法」，於2017年10月31日經立法院三讀通過，總統於同年11月22日公布，爲我國留才、攬才立下重要里程碑。該法較主要之相關要點如下[16]：

一、鬆綁工作、簽證及居留規定

（一）外國專業人才

　　開放外國自由藝術工作者來臺，放寬外國藝術工作者得不經雇主申請，可逕向勞動部申請許可（該法第10條）。開放補習班聘僱具專門知識或技術之外國教師，除外國語文外，放寬雇主得向勞動部申請許可具專門知識或技術之外國教師得在我國擔任短期補習班教師（該法第6條）。核發「尋職簽證」，針對外國人擬來臺從事專業工作、須長期尋職者，核發「尋職簽證」，總停留期間最長六個月（該法第19條）。放寬廢止永久居留之規定，對外國人才取得內政部移民署許可之永久居留後，鬆綁須每年在臺居留183天之規定（該法第18條）。外國教師之工作許可回歸教育部核發：鼓勵學校擴大延攬外國教師（該法第5條）。

（二）外國特定專業人才

　　核發「就業金卡」，針對外國特定專業人才擬在我國境內從事專業工作者，放寬渠等得向內政部移民署申請核發具工作許可、居留簽證、外僑居留證及重入國許可四證合一之就業金卡（個人工作許可），有效期間爲一至三年，期滿得重新申請，提供渠等自由尋職、就職及轉換工作之便利性（該法第8條）。

　　延長特定專業人才工作許可期間：針對受聘僱從事專業工作之外國特定專業人才，延長聘僱許可期間，由最長三年延長至最長爲五年，期滿得申請延期（該法第7條）。

---

[16] 國家發展委員會，重大政策－外國專業人才延攬及僱用法。

　　至於外國專業人才延攬及僱用法第4條中更將所謂之「外國特定專業人才」作明確的定義，而與該法中之其他類之專業人才等有所區別，因此就業金卡的適用，僅止於該項外國特定專業人才才能適用之。該法第4條明定，該法用詞，定義如下：

1. 外國專業人才：指得在我國從事專業工作之外國人。
2. 外國特定專業人才：指前款外國專業人才中具有中央目的事業主管機關公告之我國所需科技、經濟、教育、文化、藝術、體育及其他領域之特殊專長者。
3. 外國高級專業人才：指入出國及移民法第25條第3項第2款所定為我國所需之高級專業人才。
4. 專業工作：指下列工作：
   (1) 依就業服務法第46條第1項第1款至第6款之工作。
   (2) 具專門知識或技術，且經中央目的事業主管機關會商教育部指定依補習及進修教育法立案之短期補習班教師。

二、鬆綁父母配偶及子女停居留規定

　　放寬配偶及子女申請永久居留：參考國際慣例及人權考量，對取得永久居留之外國專業人士，其配偶、未成年子女及身心障礙無法自理生活之成年子女得於合法連續居留五年後，申請永久居留，無須財力證明（該法第16條）。放寬高級專業人才之配偶及子女得隨同申請永居，配合入出國及移民法第25條修正建議，鬆綁高級專業人才之配偶、未成年子女及身心障礙無法自理生活之成年子女，得隨同申請永居（該法第15條）。核發成年子女留臺個人工作許可：針對取得永久居留之外國專業人才，其成年子女符合延長居留條件者，得比照就業服務法第51條，申請個人工作許可（該法第17條）。延長直系尊親屬探親停留期限，針對外國特定專業人才及其配偶之直系尊親屬探親停留簽證，由總停留期間最長六個月，延長為每次總停留最長為一年（該法第13條）。

三、提供退休、健保及租稅優惠

（一）加強退休保障

　　受聘僱從事專業工作之外國人，經許可永久居留者，得適用勞退新制（該法第11條）。外國人任我國公立學校現職編制內專任合格有給之教師，經許可永久居留者，其退休事項準用公立學校教師之退休規定，並得擇一支領一次或月退休金（該法第12條）。

　　放寬健保納保限制，受聘僱從事專業工作之外國專業人才，其配偶、未成年子女及身心障礙無法自理生活之成年子女，經領有居留證明文件者，不受健保六個月等待期限制（該法第14條）。

（二）提供租稅優惠

　　外國特定專業人才首次核准來臺工作，且薪資所得超過300萬元起三年內，享有超過部分折半課稅之優惠（該法第9條）。

　　然至本章交稿之前的2021年4月15日，爲了讓外籍優秀人才「進得來、留得住」，行政院會於本（15）日通過外國專業人才延攬及僱用法修正草案，放寬工作條件、鬆綁申請永久居留期間爲三年以及特定專業人才租稅優惠適用三年延長至五年等；修正草案將送立法院審議。國發會表示，外國專業人才延攬及僱用法自2018年2月8日施行，成效顯著，針對高階外國特定專業人才已核發2,447張就業金卡，這次爲積極加強延攬及留用國際人才，提供更具吸引力的工作及居留規定，並優化租稅及社會保障等相關權益，因此提出修正草案。這次修正草案共有三大重點：1.放寬工作條件，因應雙語國家政策及海外人才回國子女教育需求，放寬教育部核定招收外國人才子女專班得聘僱外國學科教師；2.鬆綁申請永久居留規定，強化留才力道，將外國特定專業人才申請永久居留期間由五年縮短爲三年；外國專業人才及外國特定專業人才在我國取得碩博士學位者，得折抵申請永久居留的連續居留期間一至二年；3.優化租稅及社會保障權益，提高具跨國經驗技術人才來臺及留臺誘因，將外國特定專業人才租稅優惠年限由三年延長至五年；而爲完備國際優秀人才健保需求，放寬外國特定

專業及外國高級專業人才屬雇主或自營業主，其本人及依親親屬納入健保免六個月等待期。[17]然而立法院會中終於2021年6月18日三讀修正通過「外國專業人才延攬及僱用法」之本攬才專法，修正外國特定專業人才的定義，並鬆綁外國特定專業人才在臺居留三年即可申請永久居留，也優化租稅及社會保障權益，如租稅優惠適用從三年延長至五年、放寬健保加保條件等攬才之優惠措施。國家發展委員會指出，現為國家經濟發展及轉型的關鍵時刻，且後COVID-19時期全球產業供應鏈重組，提供臺灣延攬國際人才的契機，因此修正條文提供更具吸引力的工作及居留規定，並優化租稅及社會保障等權益，讓更多國際優秀人才進得來、留得住，期待強化攬才力道。三讀條文修正外國特定專業人才的定義，指具有中央目的事業主管機關公告的臺灣所需經濟、金融、國防等領域特殊專長，或經國發會會商相關中央目的事業主管機關認定具有特殊專長者稱之。[18]

貳、我國技術移民規範之配套措施

我國外國專業人才延攬及僱用法之技術移民規範的配套措施，以及各部會之相關規定，可包括下列八項：1.教師工作許可；2.短期補習班教師；3.就業金卡核發；4.租稅優惠；5.自由藝術工作者之配套措施；6.尋職簽證；7.港澳居民準用；8.特定專業人才之配套措施等，略述之如下。

一、教師工作許可

依據外國專業人才延攬及僱用法第5條規定：「雇主聘僱外國專業人才在我國從事前條第四款第一目之專業工作，應檢具相關文件，向勞動部

---

[17] 賴于榛（2021），中央通訊社，政院通過攬才專法修正草案 永久居留申請縮至3年，2021年4月15日，https://www.cna.com.tw/news/firstnews/202104150102.aspx，搜尋日期：2021/06/04。

[18] 林育瑄（2021），中央通訊社，攬才專法三讀修正 鬆綁申請永久居留限制，2021年6月18日，https://www.cna.com.tw/news/firstnews/202106180208.aspx，搜尋日期：2021/06/19。

申請許可，並依就業服務法規定辦理。但聘僱就業服務法第四十六條第一項第三款之學校教師者，應檢具相關文件，向教育部申請許可，不適用就業服務法第四十八條第一項本文向勞動部申請許可之規定。前項但書之學校教師資格、審查基準、申請許可、廢止許可、聘僱管理及其他相關事項之辦法，由教育部定之，不適用就業服務法第四十六條第二項及第四十八條第二項規定。」爰依上開規定訂定「各級學校外國教師工作許可及管理辦法」，明定學校聘僱外國教師之資格、審查基準、申請許可、廢止許可、聘僱管理等相關事項，茲僅節錄其要點及各該條文中之重點如下：[19]

第1條：「本辦法依外國專業人才延攬及僱用法（以下簡稱本法）第五條第二項規定訂定之」。

第3條：「本辦法所稱外國教師，指外國人受聘僱擔任下列學校教師：一、公立或經立案之私立大專校院教師。二、外國僑民學校之教師。三、公立或已立案之私立高級中等以下學校之合格外國語文課程教師。四、公立或已立案私立實驗高級中等學校雙語部或雙語學校之學科教師」。

第7條：「主管機關核發或廢止學校聘僱許可時，應通知外交部、勞動部、內政部及學校所在地直轄市、縣（市）政府」。

第12條：「各級學校對聘僱之外國教師有就業服務法第五十六條規定之情事者，除依規定通知當地勞工主管機關、入出國管理機關及警察機關外，並副知主管機關。
前項通知內容，應包括外國教師之姓名、性別、年齡、國籍、入國日期、工作期限或聘僱許可文號及外僑居留證影本等資料」。

第13條：「各級學校應於所聘僱之外國教師聘僱許可期限屆滿前，為其辦理手續並使其出國」。

---

[19] 法務部，全國法規資料庫，各級學校外國教師工作許可及管理辦法。

二、短期補習班教師

依據外國專業人才延攬及僱用法第4條第4款第2目規定，具專門知識或技術，且經中央目的事業主管機關會商教育部指定依補習及進修教育法立案之短期補習班教師。

外國專業人才延攬及僱用法第4條第4款第2目具有數位內容產業教學專門知識或技術之專業工作，指外國人受聘僱從事下列數位內容產業之實際技術教學工作：

（一）數位遊戲產業：家用遊戲軟體、電腦遊戲軟體或行動裝置遊戲軟體。

（二）電腦動畫及動漫產業（含數位視覺特效技術）。

（三）體感科技產業：虛擬實境（Virtual Reality, VR）軟硬體研發技術、擴增實境（Augmented Reality, AR）軟硬體研發技術、混合實境（Mixed Reality, MR）軟硬體研發技術、互動操控應用軟硬體研發技術或光學感測應用軟硬體研發技術。

又為因應日新月異之產業發展需要，延攬外國專業人才來我國授課，以提升短期補習班教學品質及精進國人習得專業技術知能內涵，爰於本法第4條第4款第2目明定具專門知識或技術，且經中央目的事業主管機關會商教育部指定依補習及進修教育法立案之短期補習班教師為專業工作；另本法第6條第1項規定，雇主得向勞動部（以下簡稱本部）申請許可，聘僱外國專業人才在我國從事第4條第4款第2目之專業工作。為規範短期補習班聘僱外籍教師工作內容、外國專業人才及雇主資格，爰訂定「短期補習班聘僱外國專業人才從事具專門知識或技術教師工作資格及審查標準」計15條。

三、就業金卡核發

就業金卡係提供外國特定專業人才開放式之個人工作許可，持卡者無須受限單一雇主聘僱，在臺工作將更為便利、自由且更有彈性。為強化就業金卡辨識度及防偽功能，就業金卡自109年2月8日正式改版啟用，新

版就業金卡沿用原卡片設計，顏色修正爲玫瑰金；此外，卡面領域專長欄位新增英文文字，強化識別其專業領域。至於就業金卡申辦流程如下圖4-1所示。另有外國人才專法配套措施已請內政部完成建置「外國專業人才申辦窗口平台」，提供外國特定專業人才於線上申請就業金卡，大幅提高來臺申辦程序之便利性。又依據外國專業人才延攬及僱用法第8條之規定：「外國特定專業人才擬在我國從事專業工作者，得向內政部移民署申請核發具工作許可、居留簽證、外僑居留證及重入國許可四證合一之就業金卡。內政部移民署許可核發就業金卡前，應會同勞動部及外交部審查，不受就業服務法第四十三條及第五十三條第一項規定之限制。前項就業金卡有效期間爲一年至三年；符合一定條件者，得於有效期間屆滿前重新申請。前二項就業金卡之申請程序、審查、重新申請之一定條件及其他相關事項之辦法，由內政部會商勞動部及外交部定之。依第一項或第二項申請就業金卡者，由內政部移民署收取規費；其收費標準，由內政部會商勞動部及外交部定之。」

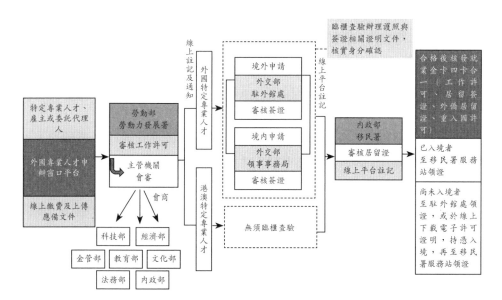

圖4-1　就業金卡申辦流程圖

資料來源：國家發展委員會，外國專業人才延攬及僱用法資訊專頁—就業金卡核發。

四、租稅優惠

外國專業人才延攬及僱用法第9條第1、2項之規定：「自本法施行當年度起，從事專業工作且符合一定條件之外國特定專業人才，在我國無戶籍並因工作而首次核准在我國居留者，或依前條規定取得就業金卡，在就業金卡有效期間受聘僱從事專業工作者，於首次符合在我國居留滿一百八十三日且薪資所得超過新臺幣三百萬元之課稅年度起算三年內，其各該在我國居留滿一百八十三日之課稅年度薪資所得超過新臺幣三百萬元部分之半數免予計入綜合所得總額課稅，且不適用所得基本稅額條例第十二條第一項第一款規定。前項外國特定專業人才於該項所定三年課稅年度之期間，有未在我國居留滿一百八十三日或薪資所得未超過新臺幣三百萬元之情形者，前項租稅優惠得依時序遞延留用至其他在我國工作期間內居留滿一百八十三日且薪資所得超過新臺幣三百萬元之課稅年度。但租稅優惠遞延留用之期間，自首次符合前項規定之年度起算，以五年為限。」

為利外國特定專業人才申請適用租稅優惠，本法第9條第3項授權財政部訂定外國特定專業人才之一定條件、申請適用程序、依時序遞延留用認定方式、應檢附之證明文件及其他相關事項之辦法。爰訂定「外國特定專業人才減免所得稅辦法」。

五、自由藝術工作者之配套措施

依據外國專業人才延攬及僱用法，為優化我國文化藝術就業環境，爰於該法第10條第1項明定外國專業人才為藝術工作者，得不經雇主申請，逕向勞動部申請許可，在我國從事藝術工作。為規範外國專業人才在我國從事藝術工作內容、工作資格、申請應備文件與程序及管理事項等，爰訂定「外國專業人才從事藝術工作許可及管理辦法」，計16條。[20]

---

[20] 法務部，全國法規資料庫，外國專業人才從事藝術工作許可及管理辦法。

六、尋職簽證

　　配合外國專業人才延攬及僱用法，外國專業人才擬在我國從事專業工作，須長期尋職者，得向駐外館處申請核發三個月有效期限、多次入國、停留期限六個月之停留簽證。為規範外國專業人才申請尋職簽證之條件、應備文件及程序等相關事項，爰擬具「外國專業人才申請來臺尋職簽證審查及核發作業辦法」。並有公布外國專業人才申請來臺尋職簽證審查及核發作業辦法有關全球排名前五百大學之學校名單。[21]

七、港澳居民準用

　　外國專業人才延攬及僱用法第20條規定香港或澳門居民在臺灣地區從事專業工作、尋職或實習，準用該法第5條、第6條第1項、第2項、第7條至第10條、第14條、第19條、第20條規定；爰配合2018年暨2020年修正之「香港澳門居民進入臺灣地區及居留定居許可辦法」部分條文[22]。相關條文如下：

（一）為提升香港或澳門之特定專業人才來臺之誘因，雖外國人才專法第20條針對香港或澳門居民部分未準用同法第13條之規定，仍應提供渠等公平、平等之待遇，爰增訂第11條第3項（修正後之條文第11條）。

（二）配合外國人才專法第20條準用同法第5條、第6條第1項、第7條、第8條及第10條規定，吸引香港或澳門之專業人才及特定專業人才來臺工作，並賦予其申請在臺居留之法源，其配偶、未成年子女及滿20歲以上，因身心障礙無法自理生活之子女得隨同申請居留（修正後之條文第16條）。

（三）依外國人才專法第20條準用同法第8條申請就業金卡之申請人，應備文件中免附保證書、最近五年內警察紀錄證明書及健康檢查合格

---

[21] 教育部國際及兩岸教育司（2021），有關全球排名前五百大學之學校名單。

[22] 法務部，全國法規資料庫，香港澳門居民進入臺灣地區及居留定居許可辦法。

證明（修正後之條文第17條）。

（四）配合外國人才專法第20條規定，依準用同法條文內容定明香港或澳門居民在臺灣地區居留證件之有效期間及延期期限，其配偶、未成年子女及滿20歲以上，因身心障礙無法自理生活之子女，在臺居留期間與延期期限與申請人相同，但不得逾申請人聘僱效期（修正後之條文第25條及第26條）。

八、特定專業人才之配套措施

　　為延攬及僱用外國人才，本法依專業資格之程度，區分為外國專業人才、外國特定專業人才及外國高級專業人才等三類，其中「外國特定專業人才」指外國專業人才中具有中央目的事業主管機關公告之我國所需科技、經濟、教育、文化、藝術、體育及其他領域之特殊專長者。

　　目前各中央目的事業主管機關已針對各產業類別，鎖定延攬特定專業人才來臺，以加速國內產業轉型升級，包括：1.科技領域；2.經濟領域；3.教育領域；4.文化藝術領域；5.體育領域；6.金融領域；7.法律領域；8.建築領域。

　　有關各中央目的事業主管機關公告外國特定專業人才資格條件之一「曾經或現任於其他國家或於我國最近月薪達16萬元」，依據勞動部2019年11月5日勞動發管字第10805114652號函，說明如下：最近月薪達新臺幣16萬元者，指申請月起前三年內月薪資或月平均薪資達新臺幣16萬元以上；薪資證明或納稅證明文件，指下列文件之一：

（一）薪資扣繳證明或官方財稅證明。但因財稅法令規定而未能檢具者，得於敘明未能檢具之財稅法令規定後，以出具雇主證明為之。

（二）未來擬於我國受聘僱之聘僱契約書。

　　所附文件若係外文作成，應檢附中文或英文譯本；若係於大陸地區作成，依臺灣地區與大陸地區人民關係條例第7條規定，應經行政院設立或指定之機構或委託之民間團體驗證；若係於阿富汗、阿爾及利亞、孟加拉、不丹、緬甸、柬埔寨、喀麥隆、古巴、迦納、伊朗、伊拉克、寮國、

尼泊爾、尼日、奈及利亞、巴基斯坦、塞內加爾、索馬利亞、斯里蘭卡、敘利亞、菲律賓、泰國、越南、馬來西亞、印尼等國家地區作成者，需經我國駐外館處之驗證。[23]

　　綜上所述，我國各類之居留方案比較如下表4-1所示，其中一般之永久居留爲一般之外僑人士透過一般之管道，而以入出國及移民法第25條之規定申請居留或永居之方案。此類方案，需交規費新臺幣1萬元，並有符合外國人停留居留及永久居留辦法第11條、第12條之規定者亦得申請。至於就業金卡之方案，則爲符合外國專業人才延攬及僱用法第8條規定，得向內政部民署申請核發具工作許可、居留簽證、外僑居留證及重入國許可四證合一之就業金卡。該方案爲2018年2月8日正式施行，爲提供符合外國專業人才延攬及僱用之條件者，可方便的取得此四證合一之金卡。並由內政部移民署收取規費；其收費標準，由內政部會商勞動部及外交部定之，視不同案件狀況在1,500元至6,500元之間。至就業金卡之居留有效期間爲一年至三年得重新申請。

　　至於梅花卡則爲移民署於2008年開始推行，並依據入出國及移民法第25條之外國專業人才之技術移民，或投資移民，以及外國人停留居留及永久居留辦法第12條及第15條之投資移民申請該卡。該卡之申請則無需規費且得永久居留。而之後所新推展之新經濟移民法草案，則在外國人及海外國人在中華民國從事專業工作、中階技術工作及投資移民之放寬新的規劃，而其重點僅在新增中階技術人員及放寬投資移民配偶及子女永居更擬爲明列之規定而已，但是至今則尚未通過立法。

---

[23] 國家發展委員會，外國專業人才延攬及僱用法資訊專頁。

表4-1 我國各類之居留方案比較表

永久居留 具備條件	一般之永久居留	就業金卡	梅花卡	我國新經濟移民法草案
主要的法規依據	1. 入出國及移民法第25條。 2. 外國人停留居留及永久居留辦法第11條、第12條。	1. 外國專業人才延攬及僱用法[26]第8條規定：得向內政部民署申請核發具工作許可、居留簽證、外僑居留證及重入國許可四證合一之就業金卡。 2. 同法第4條第2款，外國特定專業人才：指前款外國專業人才中具有中央目的事業主管機關公告之我國所需科技、經濟、教育、文化、藝術、體育及其他領域之特殊專長者。	1. 入出國及移民法第25條（外國專業人才之技術移民，或投資移民）。 2. 外國人停留居留及永久居留辦法第12條及第15條（投資移民）。	草案第2條，外國人及海外國人在中華民從事專業工作、中階技術工作（新增）及投資移民明列居留之規定，適用本法之規定；其他法律規定與本法相牴觸之部分，應不再適用。本法未規定者，適用就業服務法、入出國及移民法及其他相關法律之規定。

---

[24] 行政院會於2021年4月15日通過外國專業人才延攬及僱用法修正草案，放寬工作條件、鬆綁申請永久居留期間，送立法院審議之中，如本章之前所引述。

表4-1　我國各類之居留方案比較表（續）

永久居留 具備條件	一般之永久居留	就業金卡	梅花卡	我國新經濟移民法草案
申請對象	1.外國人在我國合法連續居留五年，每年居住超過183日，或居住臺灣地區設有戶籍國民，其外國籍之配偶、子女在我國合法居留十年以上，其中有五年每年居留超過183日者。 2.外國人有下列情形之一者，雖不具第1項要件，亦得向移民署申請永久居留：(1)對我國有特殊貢獻；(2)為我國所需之高級專業人才；(3)在文	外國特定專業人才（指具有經勞動部或中央目的事業主管機關公告之我國所需領域之特殊專長者，含香港澳門居民）。有效期間為一年至三年；符合一定條件者，得於有效期間屆滿前重新申請[27]。	1.外國人對我國有特殊貢獻者。 2.外國人為我國所需之高級專業人才。 3.外國人之投資移民。	外國人及海外國人在中華民國從事專業工作、中階技術工作及投資移民（新增中階技術人員及放寬投資移民配偶及子女永居更為明列之規定，請參考表5-1）。

---

[25] 內政部移民署，外國專業人才申辦窗口平台。

表4-1 我國各類之居留方案比較表（續）

永久居留 具備條件	一般之永久居留	就業金卡	梅花卡	我國新經濟移民法草案
申請對象	化、藝術、科技、體育、產業等各專業領域，參加國際公認之比賽、競技、評鑑得有首獎者。 3.外國人得向移民署申請在我國投資移民，經審核許可且實行投資者，同意其永久居留。			
犯罪紀錄	最近五年內之本國及我國警察刑事紀錄證明。	該專法第2條後段規定，本法未規定者（專法尚無明文對犯罪紀錄之規定），適用就業服務法、入出國及移民法及其他相關法律之規定。	品行端正。	品行端正。
開始推行期間	1999年5月21日制定公布入出國及移民法。	2018年2月8日正式施行。	2008年開始推行。	尚未通過立法。

表4-1　我國各類之居留方案比較表（續）

永久 居留 具備 條件	一般之永久 居留	就業金卡	梅花卡	我國新經濟 移民法草案
規費	新臺幣1萬元。	由內政部移民署收取規費；其收費標準，由內政部會商勞動部及外交部定之（視不同案件狀況在1,500元至6,500元之間）。	無需規費。	尚未規定。
居留權	永久居留權。	居留有效期間為一年至三年得重新申請。	永久居留。	得申請停留、居留或永久居留（鬆綁來臺規定）[28]。

第四節　我國技術移民政策推展現況與分析

壹、我國技術移民政策發展現況

　　我國之外國專業人才延攬及僱用法自2018年2月8日正式施行，推動已滿二年餘，其中就業金卡核發成效顯著。就業金卡係提供外國特定專業人才開放式之個人工作許可，持卡者無須受限單一雇主聘僱，在臺工作將更為便利、自由且更有彈性。為強化就業金卡辨識度及防偽功能，就業金卡自本日正式改版啟用，新版就業金卡沿用原卡片設計，顏色修正為玫瑰金；此外，卡面領域專長欄位新增英文文字，強化識別其專業領域。

---

[26] 國家發展委員會，新經濟移民法草案專區，討一國發會_新經濟移民法草案簡報。

　　根據下圖4-2就業金卡持卡人專業領域別分析，以及圖4-3就業金卡持卡人國別分析所示，經濟移民申請金卡者之318人占55%為最多，其次為科技移民申請金卡者之106人占18%。而國籍別，則以美國之134人占23%為最多，其次為香港者之90人占15%。然而就業金卡之總數仍為數不多，故而其對該類移民之提升效果則雖較為便捷，但仍屬不甚有效。

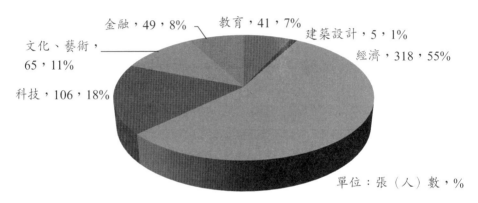

圖4-2　就業金卡持卡人專業領域別分析

資料來源：國家發展委員會。

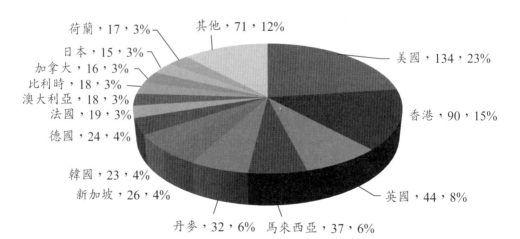

圖4-3　就業金卡持卡人國別分析

資料來源：國家發展委員會。

　　依據外國專業人才延攬及僱用法第8條，外國特定專業人才擬在我國從事專業工作者得向內政部移民署申請核發具工作許可、居留簽證、外僑居留證及重入國許可四證合一之就業金卡。就業金卡之申辦手續簡便，外國人可於內政部移民署全球資訊網「外國專業人才申辦窗口平台」申請。[27]

　　又依據移民署之外國人對我國有特殊貢獻、高級專業人才及投資移民申請外僑永久居留證（梅花卡）之規定，其辦理之依據乃：

一、入出國及移民法第25條規定。

二、入出國及移民法施行細則第41條規定。

三、外國人停留居留及永久居留辦法第12條及第15條規定。

四、外國專業人才延攬及僱用法第18條規定。

　　至於入出國及移民法第25條規定為，外國人在我國合法連續居留五年，每年居住超過183日，或居住臺灣地區設有戶籍國民，其外國籍之配偶、子女在我國合法居留十年以上，其中有五年每年居留超過183日，並符合下列要件者，得向移民署申請永久居留：1.18歲以上；2.品行端正；3.有相當之財產或技能，足以自立；4.符合我國國家利益（但以就學或經中央勞動主管機關許可在我國從事就業服務法第46條第1項第8款至第10款工作之原因許可居留者及以其為依親對象許可居留者，在我國居留（住）之期間，不予計入）。該第25條條文第3、4項又規定，外國人有下列情形之一者，雖不具第1項要件，亦得向移民署申請永久居留：1.對我國有特殊貢獻；2.為我國所需之高級專業人才；3.在文化、藝術、科技、體育、產業等各專業領域，參加國際公認之比賽、競技、評鑑得有首獎者。外國人得向移民署申請在我國投資移民，經審核許可且實行投資者，同意其永久居留。

　　又外國專業人才延攬及僱用法第18條其規定為，外國專業人才經內政部移民署許可永久居留後，出國五年以上未曾入國者，內政部移民署得

---

27 國家發展委員會人力發展處，外國專業人才延攬及僱用法施行滿二週年，正式啟用新版就業金卡，發布日期：2020/02/08。

廢止其永久居留許可及註銷其外僑永久居留證，不適用入出國及移民法第
33條第1項第4款規定。而入出國及移民法第33條第1項第4款之規定為，
移民署對有下列情形之一者，撤銷或廢止其永久居留許可，並註銷其外僑
永久居留證，該條文第1項第4款之規定為，永久居留期間，每年居住未
達183日。但因出國就學、就醫或其他特殊原因經移民署同意者，不在此
限。因此外國專業人才延攬及僱用法對於廢止其永久居留許可及註銷其外
僑永久居留證之規定為出國五年以上未曾入國者，始得廢止其永久居留許
可及註銷其外僑永久居留證，顯然比入出國及移民法每年必須居住達183
日之限制放鬆很多。

　　另有外僑永久居留證之梅花卡的申請對象乃如下（其亦可參酌外國
人申請永久居留案件審查基準，該基準乃為執行入出國及移民法第88條規
定，審查該法第25條第3項外國人申請永久居留案件，特訂定該基準）：

一、外國人對我國有特殊貢獻

（一）曾獲部會級以上政府機關獎章。
（二）曾獲國際性組織頒授獎章或參加國際性比賽獲得前五名，有助於提
　　　升我國國內相關技術與人才培育。
（三）對我國民主、人權、宗教、教育、文化、藝術、經濟、金融、醫
　　　學、體育及其他領域，具有卓越貢獻。
（四）有助於提高我國國際形象。
（五）其他有殊勳於我國。

二、外國人為我國所需之高級專業人才

（一）在新興工業、關鍵技術、關鍵零組件及產品有專業技能。
（二）在特殊技術或科技機構之科技研發，具有獨到之才能，為國內外少
　　　見或在奈米及微機電技術、光電技術、資訊及通訊技術、自動化系
　　　統整合技術、材料應用技術、高精密感測技術、生物科技、資源開
　　　發或能源節約技術及尖端基礎研究等著有成績，而所學確為我國所

亟需或短期內不易培育。

（三）在管理工作上，具有獨到之才能，為國內外少見或在公路、高速鐵路、捷運系統、電信、飛航、航運、深水建設、氣象或地震等領域有特殊成就，而所學確為我國所亟需或短期內不易培育。

（四）在科學、研究、工業、商業及教學等方面具有特殊能力，足以對我國經濟、產業、教育或福利發揮實質效用，且現已因其專業技能應聘在臺居留。

（五）現任或曾任國外大學講座教授、教授、副教授、助理教授，或研究機構之研究員、副研究員及助理研究員；且現受聘於我國教育、學術或研究機構；獲有博士學位，曾獲國際學術獎或重要專門著作或於研究機構從事研究工作或科技機構從事科技研發或管理工作四年以上，且現受聘於我國教育、學術或研究機構。

（六）現任或曾任國外研究機構之研究員、副研究員或助理研究員，且現受聘於我國教育、學術或研究機構。

（七）獲有博士學位，並曾獲國際學術獎或有重要專門著作，且現受聘於我國教育、學術或研究機構。

（八）現於或曾於國外研究機構從事研究工作或科技機構從事科技研發或管理工作四年以上，且現受聘於我國教育、學術或研究機構。

（九）在產業技術上有傑出成就且獲國際認可，其研究開發之產業技術，能實際促進臺灣地區產業升級。

（十）曾獲得奧林匹克運動會或世界盃前三名、各洲際運動會第一名；曾任各國家代表隊教練，經其訓練之選手曾獲得奧林匹克運動會或世界盃前五名、各洲際運動會前三名，或具其他特殊賽事績效而有助提升我國家運動選手競技實力。

（十一）曾任各國家代表隊教練，經其訓練之選手曾獲得奧林匹克運動會或世界盃前五名、各洲際運動會前三名，或具其他特殊賽事績效而有助提升我國家運動選手競技實力。

（十二）曾獲邀或獲選參與國際知名文化藝術競賽，有卓越表現，或曾多次獲邀參與國際知名表演活動、展覽活動、相關文化活動或藝術

節，獲有好評。

（十三）具有法律卓越專業知能，現於或曾於國內外知名法商機構任職多
　　　　年表現傑出、曾獲國內或國際與法律相關重要獎項、在法律領域
　　　　獲國內外肯認優良研究發表或在國際訴訟法上表現優異。

（十四）其他經中央目的事業主管機關推薦。

三、投資移民

（一）外國人在我國投資金額在新臺幣1,500萬元以上之營利事業，並創
　　　造五人以上之本國人就業機會滿三年。

（二）外國人投資中央政府公債面額新臺幣3,000萬元以上滿三年。[28]

貳、我國技術移民政策未來之推展

　　我國為因應人口結構變化、國內產業明顯短缺專業人才及技術人力之
困境，在不影響國人就業機會及薪資水準之前提下，延攬及補充外國優質
人才與人力，以強化產業升級，維持合理人口結構，提升國家競爭力，行
政院遂於2018年5月15日提出「新經濟移民法規劃報告」後，行政院國家
發展委員會於該年7月召開3場跨部會協商會議，進行充分溝通與討論，完
成「新經濟移民法」草案初稿，並於10月4日報請行政院審查，10月15日
由行政院召開會議完成審查，於11月29日提報行政院第3628次院會討論通
過，於12月5日函請立法院審議。2019年12月法案因屆期不續審，立法院
已將草案退回行政院。惟此草案之規劃方向與理念，足堪未來我國技術移
民進一步發展的參考資訊，因而引述如下。

　　該新經濟移民法草案共計46條，分為「總則」、「外國專業人
才」、「外國中階技術人力」、「海外國人」、「投資移民」、「社會保

---

[28] 內政部移民署，外國人對我國有特殊貢獻、高級專業人才及投資移民申請外僑永久居
　　留證（梅花卡）送件須知，2021年3月1日。又見內政部主管法規查詢系統，外國人申
　　請永久居留案件審查基準。

障及生活協助」及「附則」等七大部分，其重要內容分別說明如次：[29]

　　一、主協辦機關：國發會為主管機關；本法所定事項，涉及中央目的事業主管機關職掌者，由各該機關辦理。

　　二、適用對象：包括外國專業人才、外國中階技術人力、海外國人及投資移民，包含如下：

（一）鬆綁外國專業人才工作條件：考量數位經濟時代，商業模式快速翻轉，本草案鬆綁現行外國專業人才工作行業及職類別，改以負面表列，明定其工作資格審查基準改採評點制，建立多元僱用條件，並免除國家重點產業之雇主資本額及營業額限制，強化企業延攬所需國際優質人才。

（二）新增聘僱外國中階技術人力：為解決國內產業中階技術人力不足問題，爰參考國際做法，本草案新訂聘僱具中階技術工作能力僑外生、基層外國人員，或直接引進具中階技術工作能力外國人相關規定。該等技術人力皆需符合一定薪資水準及工作條件資格認定，並訂定總量管制及產業別配額。其中，直接引進外國中階技術人力部分，將視前二類技術人力聘僱情形及我國產業發展需求，由行政院衡酌，另公告期程及範圍。

（三）引進海外國人：為強化旅居海外傑出國人之延攬，本草案規劃就僑居海外，並依國籍法規定具中華民國國籍者，鬆綁海外國人現行入國許可、來臺工作及定居等相關規定。

（四）明列投資移民：投資移民亦是政府積極延攬對象，惟考量我國現行投資移民管道及條件，與鄰近國家相較已相當多元及寬鬆，是以本草案綜整現行相關投資居留、永久居留及定居等相關法令規定，明列於本法以達政策宣示目的。

　　三、鬆綁永久居留及依親等條件：放寬外國專業人才永久居留及依親相關規定；另訂定外國中階技術人力之永久居留條件，以及依親親屬之居

---

[29] 國家發展委員會，新經濟移民法草案專區。

留及永久居留條件。

　　四、社會保障及生活協助：為建立更友善之移民環境，對於取得永久居留之外國人，規劃提供就業保險、勞工退休金新制，以及相關社會安全保障及生活協助等配套措施，以建立更友善之移民環境。

　　另外該草案第2條規定，外國人及海外國人在中華民國從事專業工作及中階技術工作，依本法之規定；本法未規定者，適用外國專業人才延攬及僱用法、就業服務法、入出國及移民法及其他相關法律之規定。該草案第4條規定，外國專業人才指得在我從事下列專業工作之外國人：

　　一、專門性或技術性工作。

　　二、華僑或外國人經政府核准投資或設立事業之主管。

　　三、下列學校教師：

（一）公立或經立案之私立大專以上校院或外國僑民學校之教師。

（二）公立或已立案之私立高級中等以下學校之教師。

　　四、下列補習班教師：

（一）依補習及進修教育法立案之短期補習班之專任外國語文教師。

（二）具專門知識或技術，且經中央目的事業主管機關會商教育部指定依補習及進修教育法立案之短期補習班教師。

　　五、運動教練及運動員。

　　六、藝術及演藝工作。

　　該草案第4條所謂之外國特定專業人才乃是指，外國專業人才延攬及僱用法第4條第2款所定之我國所需科技、經濟、教育、文化、藝術、體育及其他領域之特殊專長之外國人。至於所謂之外國高級專業人才乃是指，入出國及移民法所定為我國所需之高級專業人才。

　　又該草案第4條所謂之外國中階技術人力乃是指，具有中階技術工作能力，得在我國從事產業所欠缺之下列中階技術工作之外國人：

　　一、技術員及助理專業人員。

　　二、技藝有關工作及機械設備操作人員。

　　三、個人健康照顧工作人員。

四、其他經中央目的事業主管機關指定者。[30]

參、我國技術移民政策之分析

　　綜觀前述我國在技術移民立法與政策上之研究發展，加上依據下列2018年2月之國家發展委員會，「外國專業人才延攬及僱用法」法案影響評估報告，可以得知，依據勞動部「外國專業人員有效聘僱許可人數」統計，至2017年6月，從事專業性或技術性工作之外籍專業人員由2004年的11,228人，成長至18,412人，其中我國製造業者聘用之外籍專業人才占最大宗，顯示我國對渠等人才需求之殷切。該特別法放寬外國專業人才，僅限定少數符合特定資格之特定對象，影響來臺人數有限，不致影響我國勞工就業權益。至該法施行以來，至近期其他各相關主管部會之量化的相關評估與分析略述之如下：

　　一、外國特定專業人才：至2017年6月，我國外國專業人士為33,506人，占我國「主管及監督人員」、「專業人員」合計人數低於2%；倘須符合外國特定專業人才要件者，人數將更低。本法通過施行後引進之外籍特定專業人才數量有限，對我國就業市場應不致有太大影響。

　　二、短期補習班技藝類科外國教師：依教育部2016年9月26日提供統計調查開放技藝類科外國教師評估資料顯示，全臺短期補習班需求瑜珈、舞蹈、漫畫等11項類科計需求28家，計75名教師；另依經濟部2017年8月14日所提短期補習班聘僱專任外籍教師教授數位內容產業評估，2017年我國數位內容產業人力需求推估約為2,300人（其中動漫美術人才需求人數約780人），由此可推估對於短期補習班外籍教師需求人數有限，應不致有大幅增加情事。

　　三、自由藝術工作者：依文化部2017年9月15日所提供外國自由藝術工作者之工作內容、申請資格等資料，限定自由藝術工作者需具特殊性或稀少性，故增加來臺人數有限。

---

[30] 國家發展委員會，新經濟移民法草案總說明，頁9、15-16、31、33、39、48。

　　四、外國專業人才配偶及子女：依據內政部統計，至2017年8月，外國專業人才之配偶、未成年子女及成年子女取得永居者人數，分別為874人、1,466人及99人，故來臺人數有限。

　　五、依據勞動部統計，至2017年6月，外國專業人員有效聘僱許可人數為33,506人，其中香港1,063人、澳門311人，人數尚低，納入本法準用，對我國就業市場不致有重大影響。

　　而上述法案影響評估報告，在就業金卡的質化分析面向方面，由各中央目的事業主管機關公告我國所需科技、經濟、教育、文化、藝術、體育及其他領域特殊專長之外國特定專業人才之認定標準及資格條件，已具明確特殊性及稀少性，為國內各領域所需要及缺乏之專才，開放就業金卡將有助於國內引進延攬外國高階專業人才；另鑑於就業金卡尚無涉及外國人資格條件放寬，爰不會影響國人與青年就業。另外在就業金卡的量化面向的評估方面，外國特定專業人才許可取得就業金卡人數，將取決於各中央目的事業主管機關訂定認定標準之範圍；另依據內政部統計，至2017年8月，外籍人士取得永久居留計12,641人，相較同期本國勞工就業人數1,137萬7,000人，占比僅約0.11%，故如各機關落實訂定具明確且有特殊專長及特殊性之外國特定專業人才認定標準，不致影響本國專業人士之就業機會或勞動條件。至2017年8月，取得永久居留人數計12,641人，如放寬渠等在國內居住日數之限制且出國五年，可降低永久居留被廢止之數量，並提高留臺人數之意願，創造國家經濟利益。另開放外國特定專業人才尊親屬來臺長期探親停留，初估符合資格者約18,412人，本法實施後停留逾180日者，始須申請一次延期，即可再停留180日，預估持該類簽證之延期申請案量將隨之減少，大幅提升便民程度並節省行政資源。

　　又依據外交部統計，我國目前給予59個國家免簽證待遇，其中除新加坡及馬來西亞等10國為30天免簽外，其餘49國均為90天免簽。免簽國家國民入境後，在免簽停留期限到期前倘已尋獲工作，得持相關目的事業主管機關核發之應聘許可函在境內直接申請應聘居留，無須出境。在實務上，外交部受理免簽入境人士在境內申請改換應聘居留之簽證申請案，粗估每月平均約有250件。

　　然而，人才是決定國家競爭優勢的至要關鍵。如何加強吸引外籍專業人才為我國所用，以提升臺灣整體人力素質及水準，是極為重要的工作，世界各國無不透過增修相關移民法令、簡化入境簽證手續、簽發長期居留證明，乃至提供稅賦優惠、高額待遇、眷屬隨行津貼、子女教育補助等措施，積極向國際競逐高級專業人才，以填補我國專業人才的不足。為協助我國企業延攬國際人才，同時避免國人對於開放外國人士來臺工作之種種疑慮，本法擬在不改變外籍專業人才來臺之工作資格及審查標準之原則下，迅速、通盤調適當前法規限制，大幅度鬆綁不合理規定，全面改善外國專業人士在臺居留、工作及生活之便利程度，期可有助延攬國際優秀人才來臺及留臺，輔以配合「新南向政策」等國家政策方向，加速我國產業轉型升級，帶動經濟發展，進一步增加就業機會。[31]

　　因此，為因應國內勞動力不足之現象及為留住技術人才，先進國家莫不在吸引外國技術移民之政策上下足功夫，以期能遴選出符合國內需求之技術人才，我國技術移民之政策規劃，自當依循此全球之趨勢與潮流。然而，我國吸引技術移民之優勢，乃在於臺灣是一個友善之國家，富有人情味，雖然目前我國面臨嚴重之人口老化，但有研究者認為危機乃是轉機，可藉此時機吸引優秀外國技術移民進入我國。我國為留下國外之技術人才，持續在法規之研修及政策方面作調整，惟目前仍有相關之法規有待鬆綁。例如，外國人若在臺灣住五年，每年住滿183天，即可申請一般之永久居留，但要收取規費新臺幣1萬元[32]，然而為要吸引國外技術移民至臺灣，高級專業人才申請梅花卡永久居留，並不需要收取任何規費。但是，在取得永久居留者，包括一般永久居留及梅花卡永久居留，依據入出國及移民法第33條第1項第4款之規定，每年仍需在我國居住183天，惟若因出國就學、就醫或其他特殊原因，出國前有向移民署報備，則二年內在我國住滿183天即可。此後者之規範，即為吸引外國之技術移民很好的鬆綁規

31　國家發展委員會，「外國專業人才延攬及僱用法」法案影響評估報告。

32　法務部全國法規資料庫，入出國及移民許可證件規費收費標準，第3條外國人入出國許可證件規費收費。

定，因此應持續檢討相關移民之規定，合理鬆綁相關政策與規定。

　　另外，為配合國家政策育才留才攬才政策，國家發展委員會於2014年6月提出「強化優秀僑外生留臺工作行動計畫」。依據「外國人從事就業服務法第四十六條第一項第一款至第六款工作資格及審查標準」第5條及第8條規定，在臺畢業之港澳生、僑生及外籍生需符合滿二年工作經驗，及其薪資或所得報酬不得低於中央主管機關公告之數額，始可留臺或回臺工作。但為留下已在臺灣「育才」之僑外生，政府今已鬆綁相關法令，對於無法達到上述兩條件者，則可由擬聘僱企業代為向勞動部申請「評點配額」機制，經勞動部審查其學歷、工作經驗、薪資水準、多國語言能力、他國成長經驗、企業所需特殊專長，以及配合政府產業政策等多元審查依據，經審查通過者，核發其留臺工作許可。而勞動部2014年7月3日，遂公告此新制之推展與適用，而該適用於該年度之名額，亦即2014年7月3日至2015年7月2日之名額為2,000名。[33] 此相關法令之鬆綁乃為留下已在臺灣完成大學以上教育之優秀僑外生，並讓該些僑外生在畢業後能順利進入我國勞動市場。然而，此針對僑外生留臺繼續工作之專法，亦即我國目前僅有「僑外生留臺工作評點」之「積分計點」的相關制度[34]，至2020年12月25日勞動部勞動力發展署所公告之名額為2,500名，其試用期間為2021年1月1日至2021年12月31日止。而未來宜否應將其推廣至所有移民者之申請方式中，則將於本書後述之第五章中，接續討論之。

　　故而，在遴選技術移民政策上，或可採取計分制及審查制之「雙軌併行制」之方式，一方面能體現計分制公平、客觀、透明及可量化之優點，另一方面，又能衡酌我國國情之彈性做法。我國在採納實施計分制之同時，仍需有完善之配套措施，包括強化政府各部門間之橫向聯繫，政府部門宜和國內企業緊密聯繫，以利政府不僅能掌握國內人才需求，政府或可

---

[33] 勞動部勞動力發展署，僑外生留臺工作評點，2014年及2020年之公告。

[34] 陳明傳（2019），美國移民政策暨各國移民積分計點制度之比較研究，頁241-242。

運用大數據之方法，精算出國內所需職業類別及數額。[35]

　　至於在梅花卡永久居留之效應方面，其法源為我國入出國及移民法第25條，外國人雖未在我國居留五年且每年住滿183天之要件，但有下列情形之一者，亦得向移民署申請永久居留：1.對我國有特殊貢獻；2.為我國所需之高級專業人才；3.在文化、藝術、科技、體育、產業等各專業領域，參加國際公認之比賽、競技、評鑑得有首獎者。另外，外國人得向移民署申請在我國投資移民，經審核許可且實行投資者，同意其永久居留。我國目前僅開放外國專業人員申請梅花卡，申請梅花卡之對象並不包括大陸人士及港澳人士，另外國人兼具有我國國籍者，亦不得申請永久居留。

　　近年來梅花卡申請者以對我國有特殊貢獻者較多，且多為外籍神職人員，另外高級專業人才之申請者相對較少。在高級專業人才申請者中多為已在我國任教之外籍大學教授，及在科學園區工作且有申請專利之外籍技術人員，其他之申請者則分布在各新興工業及各科技領域內。另外，欲申請我國永久居留之外國專業人員可循兩種途徑，其一為申請一般之永久居留，僅要在我國以應聘居留事由並住滿五年，每年居住超過183天；其二為申請梅花卡之永久居留，若符合申請梅花卡之資格，國外專門技術人員無須有居住我國天數之限制，提出梅花卡永久居留之申請後，經聯合審查會通過，即可獲得永久居留。然而目前已取得我國永久居留之外國專門技術人員，早期已有一部分已循申請一般永久居留之途徑取得永久居留資格，另外一部分若符合梅花卡高級專業人才之部分，亦可提出梅花卡永久居留之申請。惟因我國申請一般永久居留之限制有放寬之趨勢，包括外國人申請永久居留，於合法連續居留五年期間，每次出國在三個月以內者，得免附健康檢查合格證明及申請者本國刑事紀錄證明，遂有些因應聘資格在我國工作之技術工作者，大多在我國工作五年後，直接申請一般之永久居留，這亦減少梅花卡永久居留之申請。

---

[35] 柯雨瑞、孟維德、李佳樺（2016），臺灣計分制技術移民政策之現況、問題與可行之對策，中央警察大學國境警察學系柯雨瑞教授網站，頁75-133。

　　梅花卡高級專業人才之申請者大多以已經居住在我國之外國人為主，甚少有直接從國外提出申請。梅花卡之申請者除可從移民署服務站送件外，移民署亦曾函請外交部駐外官員及境外秘書協助宣導，並且移民署境外秘書亦能直接受理，收件後可將梅花卡申請之案件轉移民署移民事務組居留定居二科。原本梅花卡僅開放在移民署服務站作受理，近來為吸引外國技術人才，更開放境外秘書可受理國外之申請案件。移民署之梅花卡自2008年開始推行，梅花卡申請人數截至2021年之統計表如表4-2，[36]顯示依據此梅花卡申請者至今僅217人，故其效果亦不甚彰顯。

表4-2　外僑永久居留證（梅花卡）核發統計表

對我國有特殊貢獻者	63人
為我國所需之高級專業人才	128人
投資移民	26人
總計	217人

資料來源：內政部移民署，作者自行編輯。

　　另外，依據勞動部統計處2019年底申請之外國專業人員累計人數資料顯示，總共有59萬5,060人，累計已聘僱許可之外國專業人數為57萬487人，若以2019年計算，則該年度有效聘僱許可人數總計為31,125人。其中包括從事專門性技術性工作20,222人、華僑或外國人投資設立事業之主管工作3,077人、補習班語文教師工作4,386人、運動教練及運動員工作108人、宗教、藝術及演藝工作1,475人、履約1,857人、學校教師工作（此項統計僅至2017年之資料為最新之統計）2,364人。[37]

　　又根據表4-3之我國合法居留外僑人數統計表，至2020年之合法居留外僑人數為79萬7,122人，其中以商業居留者有6,907人，僅占當年合法居

---

[36] 內政部移民署，梅花卡申請人數截至2021年之統計。

[37] 勞動部，外國專業人員統計表。

表4-3　我國合法居留外僑人數統計表

合法居留外僑Foreign Residents（Persons）

年（月）別 Year (Month)	合計Total			年滿15歲以上居留外僑按經濟活動分 Population of 15 Years and Over by Economical Activities										未滿15歲者 Under 15 Years
	計 Sub-Total	男 Male	女 Female	計 Sub-Total	商 Trader	工程師 Engineer	教師 Teacher	傳教士 Missionary	技工技匠 Technician	移工 Foreign Labor	其他 Others	失業 Unemployed	非勞動力 Inactive Person	
1992	44,441	29,134	15,307	38,788	2,394	1,002	1,527	1,832	601	11,264	2,559	1,058	16,551	5,653
1993	94,601	67,802	26,799	88,721	2,258	942	1,802	1,856	522	60,720	2,746	1,011	16,864	5,880
1994	159,305	113,184	46,121	153,351	2,388	885	1,789	1,706	510	125,153	2,936	1,124	16,860	5,954
1995	220,537	149,796	70,741	214,348	3,080	1,025	1,781	1,562	861	179,192	6,270	1,887	18,690	6,189
1996	253,906	166,546	87,360	247,490	2,699	976	2,001	1,825	673	210,993	5,660	2,016	20,647	6,416
1997	268,670	168,518	100,152	262,188	3,034	1,093	2,169	1,741	437	222,951	5,784	1,987	22,992	6,482
1998	296,629	177,175	119,454	290,428	3,377	1,656	2,544	1,821	472	244,489	7,824	2,238	26,007	6,201
1999	339,186	185,806	153,380	333,171	3,834	1,890	2,876	1,848	488	280,160	11,042	2,303	28,730	6,015
2000	388,189	183,171	205,018	382,833	4,049	2,020	3,812	1,907	513	308,122	16,969	2,561	42,880	5,356
2001	383,663	167,094	216,569	379,048	4,053	2,269	4,435	1,925	491	287,337	16,140	3,022	59,376	4,615
2002	405,751	164,388	241,363	395,090	4,987	3,416	5,976	2,014	391	288,878	13,797	4,043	71,588	10,661
2003	405,284	157,046	248,238	395,366	4,034	3,145	5,958	2,048	277	283,239	13,563	3,976	79,126	9,918
2004	423,456	157,905	265,551	413,660	4,207	3,319	6,831	1,921	272	288,898	14,820	4,342	89,050	9,796
2005	429,703	156,370	273,333	420,526	3,878	3,117	6,630	1,800	424	297,287	16,533	3,957	86,900	9,177
2006	428,240	156,559	271,681	419,788	3,197	2,500	6,185	1,804	807	306,418	16,031	3,329	79,517	8,452
2007	433,169	163,575	269,594	425,110	3,752	2,407	6,009	1,775	1,142	321,804	15,576	2,917	69,728	8,059

表4-3　我國合法居留外僑人數統計表（續）

年(月)別 Year (Month)	合法居留外僑人數Foreign Residents（Persons）												
	合計Total			年滿15歲以上居留外僑按經濟活動分 Population of 15 Years and Over by Economical Activities										未滿15歲者 Under 15 Years
	計 Sub-Total	男 Male	女 Female	計 Sub-Total	商 Trader	工程師 Engineer	教師 Teacher	傳教士 Missionary	技工技匠 Technician	移工 Foreign Labor	其他 Others	失業 Unemployed	非勞動力 Inactive Person	Under 15 Years
2008	417,385	160,987	256,398	410,053	3,474	2,072	5,655	1,729	736	316,177	17,863	2,444	59,903	7,332
2009	403,700	152,242	251,458	396,514	3,665	1,920	6,106	1,613	456	306,408	20,024	2,145	54,177	7,186
2010	418,802	160,963	257,839	411,922	3,783	2,004	5,923	1,573	485	325,572	21,428	1,959	49,195	6,880
2011	466,206	190,237	275,969	458,930	4,467	2,148	6,748	1,687	448	367,666	23,935	1,998	49,833	7,276
2012	483,921	201,194	282,727	477,523	4,411	2,027	6,421	1,673	238	388,842	24,008	1,783	48,120	6,398
2013	525,109	225,905	299,204	518,886	4,613	2,192	6,044	1,800	249	428,897	24,625	1,757	48,709	6,223
2014	629,633	278,452	351,181	623,373	4,438	2,422	6,937	1,901	275	526,578	27,950	2,236	50,636	6,260
2015	637,843	285,378	352,465	632,115	4,662	2,416	6,606	1,638	312	533,869	29,413	2,460	50,739	5,728
2016	671,375	300,157	371,218	665,681	4,618	2,397	6,684	1,623	341	563,418	30,484	3,092	53,024	5,694
2017	717,736	326,658	391,078	712,113	4,725	2,545	6,575	1,535	402	602,366	33,799	4,155	56,011	5,623
2018	758,583	350,496	408,087	752,917	4,717	2,670	6,831	1,473	425	631,017	36,703	6,683	62,398	5,666
2019	785,341	362,323	423,018	779,566	5,224	3,035	7,023	1,496	439	646,737	41,625	10,814	63,173	5,775
2020	797,122	371,986	425,136	789,603	6,907	4,389	8,760	1,579	472	641,563	46,808	43,545	35,580	7,519

說明：「移工」於2018年以前以前稱「外籍勞工」，統計資料一外僑居留。

資料來源：內政部移民署，更新日期：2021/01/25。

留外僑人數的0.86%。其中移工一類就有64萬1,563人，卻占當年合法居留外僑人數的80.48%，此現象即可初估，我國之外僑居留，即以移工爲最大宗，而以商業申請居留或投資者甚少。

然而，若進一步觀諸南非在申請關鍵技能簽證或永久居留許可方面（occupation / critical skill），則其乃評量該項關鍵技能確定對南非共和國，爲至關重要的技能或資格才能給予該類簽證。申請者之教育背景必須是農業、農業經營及相關科學之專長，至於其職業或者關鍵技能必須是農業工程師、農業科學家或許林業技術員等專家。而其專長之條件要求則爲如下所列：

一、通過SAQA（South African Qualifications Authority）或任何相關政府部門認可的認證專業機構、理事會或董事會以書面形式確認申請人的技能或資格以及適當的職位資格經驗。

二、向SAQA認可的專業機構、理事會或董事會申請關鍵技能證書的證明。

三、由南非之SAQA評估外國專業技能資格證書爲合格，而其外國證書爲合格之翻譯機構所翻譯成南非共和國的官方語言之一。

四、獲得關鍵技能工作簽證後之十二個月內的就業合同之受僱用之證明，其中規定了外國人必會受僱用的職業和技術專長。[38]

根據南非移民法，2002年（2002年第13號法案），第19(4)節，以及第19(5)條之規定（Immigration Act, 2002 (Act No. 13 of 2002) [Sections 19(4), read with Regulation 19(5)]，該項專業技能之簽證方案之教育背景與專長規範（classification of education subject matter）包括：1.農業或農業操作等相關科技專業人員；2.建築與環境改造之技能；3.商業與經濟管理之專長；4.資訊管理與資訊科技之專長；5.工程之專長；6.醫學與健康管理專長；7.動植物與生態環境管理專長；8.各類相關科技與管理之專長（professionals and associate professionals）；9.貿易與商業之

---

[38] Government Gazette Staatskoerant, (2014), Republic of South Africa, 588(37716).

專長（trades）；10.商業流程委外之專長（Business Process Outsourcing, BPO）；11.學術研究之專長；12.博士後研究（post-graduate doctoral graduate, acquired in republic of South Africa）。以上南非之專業技能之簽證方案共有12項，每一項均有教育背景專長、相關之技術的相關規範，以及必須具備之條件或相關專長證書之認證等，非常的詳細而具體，深值各國在規劃專業技術移民時之參酌。

又若阿根廷有打工渡假的簽證方案（work and holiday programme），其中規定澳洲每年有1,500個配額，法國每年有1,000個配額，愛爾蘭每年有200個配額，荷蘭每年有100個配額，紐西蘭每年有1,000個配額，波蘭每年400個配額，葡萄牙每年有100個配額，南韓每年有200個配額，丹麥、德國、瑞典等國則無配額之限制。[39]此類簽證之申請人在獲得工作和渡假簽證後，將獲准在阿根廷停留長達十二個月的不可再次延期之簽證。他們可以進出阿根廷並准許工作，但不得受僱於任何雇主超過六個月以上，因為該方案的主要目的是促進旅遊和休閒活動，因此受僱工作限縮至多為六個月，其餘時間則僅能旅遊或進行休閒活動。在逗留期間，他們還可以進行學習或訓練長達四個月。

至於美國之專業（技術）移民之僱用第一優先與僱用第二優先之方案（Employment-Based Immigration: First Preference, EB-1; Employment-Based Immigration: Second Preference, EB-2），對於傑出的教授或研究人員，或是某一跨國企業高管或經理者等「專業能力」的申請移民之規範，係屬EB-1之規範。具有高級學位或同等學歷的專業人員，或具有特殊能力的外國公民之能力項目的詳細規定，係屬EB-2之規範。在專業技術移民的「技術能力」之規定方面，則屬於專業（技術）移民僱用第三優先之方案（Employment-Based Immigration: Third Preference, EB-3），其規定為如果你是技術工人、專業人員或其他工人，你可能有資格享有這一技術移民簽證之許可。而此類技術移民之類型、證明資料與證件之規定均甚為

[39] Ministry of Foreign Affairs, International Trade and Workshop, Argentina, Work and Holiday Programme.

詳細與明確。[40]

　　然而，大數據（big data），或稱巨量資料、海量資料、大資料，指的是資料量規模巨大到無法透過人工或者計算機，在合理的時間內達到擷取、管理、處理，並整理成為人類能解讀的形式的資訊，其可為移民政策擬定與規劃時，運用之科學與有效之工具。至所謂大數據之運用，乃在總資料量相同的情況下，與個別分析獨立的小型資料集（data set）相比，將各個小型資料集合併後，進行分析可得出許多額外的資訊和資料之關聯性，其可用來偵防犯罪、了解商業趨勢、避免疾病擴散或測定即時交通路況，同時亦可為擬定移民政策時之使用。截至2012年，大數據在技術上可在合理時間內分析處理的資料集，其之單位稱為艾位元組（exabytes）。在許多領域，由於資料集過度龐大，科學家經常在分析處理上遭遇限制和阻礙；這些領域包括氣象學、基因學、複雜的物理模擬，以及生物和環境研究，或者在公共政策規劃時之運用。

　　然而從情報理論（Theory of Intelligence）以觀，資料的運用到實際決策（decision making）尚有一段距離。一般而言，資料到決策的運用中間尚包括兩個步驟，分別為資訊（data or information）與情報（intelligence）。資料屬於外部，亦是未處理之原始資料；資訊即是結構化處理後的資料，通常為內部文件。資訊到情報階段之中，一個重要特徵為任務賦予，亦即從決策端而來的任務要求，根據任務之需求而將結構化資料，綜整成能夠用以決策的情報。換言之，情報與資訊的最大不同在於目的性，亦即情報是有目的的，而資訊則沒有。從情報理論來檢視海量資料，即需要進一步思考在海量資料分析過程中，何者是「資訊」，何者是「情報」，並且將決策透過「海量資料決策之需求」，規劃成為可據以收集及分析的資料與資訊，或可資有效運用之大數據情報。[41]

　　至於運用大數據推廣至移民政策之規劃時，或亦可參考德國外交部及該國各個相關政府機關所共創之聯邦的移民平台Make it in Germany一

---

[40] US Citizenship and Immigration Services (USCIS), Permanent Workers.

[41] 陳明傳（2019），警察勤務與策略，頁27。

般，其運用一些各類之統計數據，或相關機構的統計圖表，例如圖4-4即
是運用德國之BBIB研究機構之專業移民發展趨勢之比較統計數據，來作
為移民政策分析之參考[42]，以便評估與規劃移民之策略。該平台曾說明，
越來越多工作年齡的人移民至德國者，擁有高等教育學位。近年來，德
國移民的資格狀況發生了重大變化，2005年至2016年，25歲至65歲具有
學位的移民人口比例上升，與德國同齡總人口中所占的學位比例大致相
同。越來越多具備有學位者，移民至德國的事實，可以解釋為肇因於這個
具有學位的群體的移民程序簡化的結果。此乃由於2012年生效的認證法
（Anerkennungsgesetz），移民者或任何想移民至德國的人，都可以在德
國對其外國的學位或專業的資格加以認證。對於沒有大學學位並希望在德
國就業的非歐盟移民來說，這是必要的一步認證手續。對於歐盟公民，例
如醫生或律師來說，認證也是在德國從事其職業的先決條件。

　　經過上述程序之認證，成功移民德國的機會變成很便捷又多量；因
為關於承認外國專業資格的移民總數從2012年的7,980件增加到2019年的
34,695件，如圖4-4所示。2019年則有50.2%的專業移民者，達到了完全等
同其原生國之專業資格之認證，比2012年的82%，雖然有下降之趨勢，但
是顯示申請此管道移民之專業人士大幅增加，而管制之條件與規範則可能
較為嚴謹，因而與大量的申請者之比率與百分比率則會下降。而此政策與
管道，為期望在德國找到工作，並開始職業生涯的移民者，提供了有利的
基礎與機會。此種移民統計數據之運用，若能進一步結合上述之大數據方
法，以及理性科學模式與漸進模式等系統性的決策模式，則可為我國之移
民政策，研究出更具體可行而更能發揮其效果之移民新方案。

　　又德國於2016年，近46,000名國際科學家在德國研究機構工作。而所
謂之主要關鍵學門（即STEM學科，包括科學、技術、工程和數學）的研
究人員則越來越多。因而近年來，從事數學、科學和工程領域研究的科學

---

[42] 圖4-4即是運用德國之BBIB之專業移民發展趨勢比較統計圖，來評估其移民之政策。
　　BBIB是柏林－勃蘭登堡高級生物多樣性研究所（the Berlin-Brandenburg Institute of
　　Advanced Biodiversity Research）。

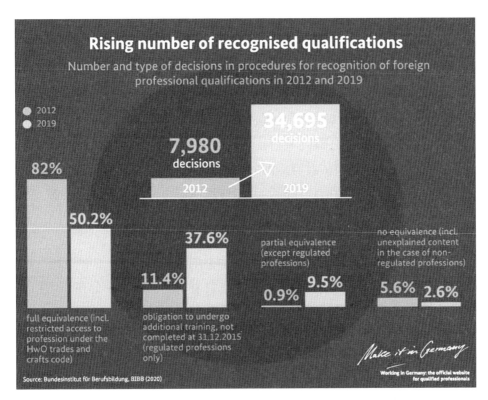

圖4-4　德國2012年至2019年對於移民專業資格認證之提升比較圖

家人數穩步增加。所以作爲高度專業化的產業中心，德國需要他們的專門知識來發展創新國家實力和國際競爭力。[43]所以，運用明確之大數據，來評估與規劃一個國家的移民政策，是至關重要的方法與典範，深植我國移民政策釐定時之參考。

　　另外，大數據之運用於移民政策的釐定之上，亦或可如筆者所研究之移民黑數（dark figure）[44]一般，以質化研究之方法（qualitative

---

[43] The Federal Government, Make it in Germany.

[44] 所謂黑數，即爲犯罪統計時，對於無法以常規而能得出之犯罪數量，稱之爲犯罪之黑數。亦即除了一般正規管道能統計出之犯罪數量之外，可能被隱藏而不易獲取的犯罪眞實情況與數量。

approach），歸納出其可能之影響因素，然後以量化的研究法（quantitative approach），統計出其顯著度（test of significance）與相關性（measurement of association）之係數（coefficient）與其公式（mathematical formula），之後再決定政策之發展方式與走向，如此可更確保移民政策之可行性，並提升其效率（efficiency）與效果（effectiveness）。

　　至於該移民黑數之研究，乃找到有關非法移民人口估計途徑和資料來源，將非法移民人口估計方法區分為直接估計法與間接估計法等兩大類型。直接估計法係根據前述相關的非法移民人口資料直接估計其總數，但因非法移民人口的隱密性，在統計資料上，往往無法將實際人口納入。因此，以此法估計非法移民人口所得的結果是不周延的。

　　而為彌補此一缺陷，運用間接估計法來協助非法移民人口的估計，也是相當有意義的。因為縱使非法人口在本質上有其稀少性、分布不均和隱密性，他們居留或停留期間，仍然會留下許多紀錄或資料。這些資料如警察紀錄、就業紀錄、醫療紀錄、庇護收容或監禁紀錄等。此外，間接估計方法常被用以估計非法人口的殘差估計（residual estimations）或謂之為黑數估計（the estimation of dark figure）。而在估算非法總人口估計和調查時，殘差估計又經常與直接估計方法混合使用。表4-4為直接估計法與間接估計法之比較。

　　而筆者2006年對我國之研究，其估算非法移民（或稱移民黑數）之方法則援用下列兩種途徑：1.運用問卷調查：對於相關移民執法單位之抽樣問卷調查，得知六種類型之黑數；2.運用質化訪談結果方面：訪談相關之執行單位，包括警察單位（含當時之入出境管理局人員）、海巡署之岸巡人員、調查局等機構第一線執法人員的推估。另亦訪談私部門的移民事務之相關人員，包括移民業者、媒體記者、仲介業者，非法之人口販運之主導者（俗稱蛇頭），以及收容所被收容之非法移民者等相關人員，對非法移民者之推估。

表4-4　直接估計與間接估計兩大類型之方法比較

兩大類型	直接估計	間接估計
各種方法	1.官方統計或登錄資料分析法 2.德爾菲法（Delphi method） 3.滾雪球取樣法（snowball sampling）	1.資料連結（如人口、登錄資料） 2.警察統計、人口統計（如出生、死亡人口） 3.重複捕取法（capture-recapture method） 4.非法工作調查（survey on irregular employment） 5.性別比例法（sex-ratio method），依原始和移民者之人口之年齡層分布計算（by age of population of origin and migrants counted） 6.殘差估計法（method of residual estimate）

　　綜上所述，該次研究以官方非法在臺大陸地區人民統計資料（官方統計數據），結合專家以及前述公、私部門之相關人員，對於非法在臺大陸地區人民估計結果（移民黑數），擬出當時大陸地區人民非法在臺人數公式如下：

　　大陸地區人民非法在臺人數＝非法入境人數（已查獲偷渡人數＋黑數）＋合法入境非法在臺人數（虛偽結婚＋虛偽結婚黑數＋逾期停留＋脫逃漁工）。

　　以上之案例說明，僅提供讀者在研究移民議題時，亦要思考非法移民之估算方法，並將移民問題之探究，擴大到合法、非法等移民的歸納整理與考量之上，以便能更周延的觀察到移民問題的全貌。[45]

---

[45] 陳玉書、謝立功、陳明傳（2007），非法移民人口估計之相關研究與省思，頁207-228。

第五節　小結

　　臺灣並非傳統的移入國，然而面對外來移民快速的增加及全球化之影響，亦已衍生出許多問題，包括大量外籍勞工的管理與人權維護、違法停居留、假結婚來臺、移民生活適應輔導、難民庇護安置、外籍專業優秀人才的延攬、行政單位事權分散及資訊欠缺整合運用等。然而我國政府至今亦尚未研擬出較為完整的移民政策及相關配套措施，亦無一套針對管理或融合外籍人士的政策，甚至缺乏統合協調之機制。故而我國未來移民政策之擬定與規劃，誠為處理移民議題之關鍵發展措施與當務之急。

　　睽諸國際移民現象應會是持續成長的趨勢下，其乃由於全球各地貧富差距的擴大，各國人民將以移民的方式來改善生活的物質條件。此外國家內部的環境，無論是人口成長壓力、政治生態的改變、生活環境的惡化，亦會使得一些族群以移民的方式來改變其之生活方式。而在國際的移民經驗中，移民有許多不同之類型，而這些多樣分類之類型往往是綜合而成的。然其中經濟性移民，應可包括技術、投資與外籍勞工屬之。而所謂之專業技術移民，即為各發展之先進國家在專業移民之需求上，設定其專業需求之領域，以便吸引高科技或具備有該專業技術的外國人，來移居該國以便促進其本國之國家發展之移民政策。

　　爾來我國面臨工作年齡人口下降之人口結構轉變，加以國際人才競逐激烈，造成人才外流及人才短缺問題日趨嚴重。因此，加強延攬外國專業人才，以提升國家競爭力，是政府當前施政重點之一。為快速並通盤鬆綁外國人才來臺及留臺工作與生活之各類法規限制，行政院國家發展委員會協同相關部會，研擬並立訂「外國專業人才延攬及僱用法」，為我國留才攬才立下重要里程碑。而我國技術移民規範之配套措施與各部會之相關規定，亦可擴而包括下列八項：1.教師工作許可；2.短期補習班教師；3.就業金卡核發；4.租稅優惠；5.自由藝術工作者之配套措施；6.尋職簽證；7.港澳居民準用；8.特定專業人才之配套措施等。

　　然而我國更進一步，為了因應人口結構變化、國內產業明顯短缺專業

人才及技術人力之困境，在不影響國人就業機會及薪資水準之前提下，延攬及補充外國優質人才與人力，以強化產業升級，行政院於2018年5月15日提出「新經濟移民法規劃報告」後，完成「新經濟移民法」草案初稿。然2019年12月法案因屆期不續審，立法院已將草案退回行政院。

　　綜觀前述我國在技術移民立法與政策上之研究發展，可以得知，至2017年6月，從事專業性或技術性工作之外籍專業人員由2004年的11,228人，成長至18,412人，其中我國製造業者聘用之外籍專業人才占最大宗，顯示我國對渠等人才需求之殷切。而政府對於「外國專業人才延攬及僱用法」影響評估報告中，在就業金卡的質化分析面向方面，由各中央目的事業主管機關公告我國所需科技、經濟、教育、文化、藝術、體育及其他領域特殊專長之外國特定專業人才之認定標準及資格條件，已具明確特殊性及稀少性。另外在就業金卡的量化面向的評估方面，外國特定專業人才許可取得就業金卡人數，將取決於各中央目的事業主管機關訂定認定標準之範圍；另依據內政部統計，至2017年8月，外籍人士取得永久居留計12,641人，相較同期本國勞工就業人數1,137萬7,000人，占比僅約0.11%，故如各機關落實訂定具明確且有特殊專長及特殊性之外國特定專業人才認定標準，不致影響本國專業人士之就業機會，然其數量及專業之品質需求是否合乎我國之需要，則較乏其影響我國經濟與國家發展的整體之分析與評估。然而截至2020年1月30日止，依據外國專業人才延攬及僱用法所發給外國特定專業人才之就業金卡，僅核發584張。至移民署另一援引外國專業技術人才之移民管道，即梅花卡高級專業人才之申請者，則大多是已經居住在我國之外國人為主，甚少有直接從國外提出申請。

　　因而若以前述之南非在申請關鍵技能簽證或永久居留許可方面之詳加分類，使得技術移民能夠明確的規範與申請之經驗觀之，則其對申請者之教育背景必須是農業、農業經營及相關科學之專長，至於其職業或者關鍵技能必須是農業工程師、農業科學家或許林業技術員等專家，規範的相當的明確與詳細。另外，前述之阿根廷亦有打工渡假的簽證方案，可以短線吸引專業人才之不同國家援引人才配額之多元方式，亦或可為我國技術移民的參酌與政策規劃的選項之一。至於前述之美國之專業移民之僱用第一

優先、僱用第二優先方案以及僱用第三優先方案，對於僱用相關移民者之專業能力與技術能力之詳細規範，亦可爲我國技術移民政策規劃時的重要參酌。

　　至於公共政策分析（public policy analysis）在20世紀晚期成爲一門新興的學科，它創造、批判與傳播任何政府行政實務所需要的知識，當然可包括移民政策之分析在內。然而，觀諸政策分析的演進，政府政策的形成已由過去經濟取向之理性模式，與政治取向之漸進模式的二大典範時期，融合推進到另一個以社會爲主體取向之社會政策設計途徑的典範時期。因此在釐定我國移民政策時，至當以理性科學量化分析之模式爲基礎，並同時注意到社會爲主體取向之社會政策設計模式的要因的考量與援用，以便能提升移民政策的實用性與其眞正的效益。才不至於落入之前各類移民政策之不易達到眞正的預期之效果。

　　因而運用大數據移民政策之規劃，亦或可參考德國外交部及各個相關政府機關所共創之聯邦的移民平台Make it in Germany一般，其運用一些各類之統計數據，或相關機構的統計圖表，例如前述運用德國之BBIB的研究機構之專業移民發展趨勢之比較統計數據，來作爲移民政策分析之參考，以便評估與規劃移民之策略。大數據之運用於移民政策的釐定之上，亦或可如筆者所研究之移民黑數一般，以質化研究之方法，歸納出其可能之影響因素，然後以量化的研究法，統計出其顯著度與相關性之系數與其公式，之後再決定政策之發展方式與走向，如此可更確保移民政策之可行性，並提升其效率與效果。

參考書目

一、中文文獻

王如哲（2002），知識經濟與教育，台北：五南圖書出版公司。

王孟平、張世強（2006），亞太技術勞工之國際移動與政策議題：「人才流失」或「人才交換」，中央警察大學國境學報，5期，頁177-210。

內政部移民署（2021），梅花卡申請人數截至2021年之統計。

江明修（1997），從公共行政學方法論之演進反思政策規劃及政策評估方法之應用、發展與重建：政策規劃方法部分，國科會專題研究，第一、二章。

吳學燕（2004），國內外移民政策與輔導之探討，國境警察學報，3期，頁1-34。

陳玉書、謝立功、陳明傳（2007），非法移民人口估計之相關研究與省思，法務部，刑事政策與犯罪研究論文集（十），頁207-228。

陳明傳等（2016），移民理論與移民行政，台北：五南圖書出版公司。

陳明傳（2019），警察勤務與策略，台北：五南圖書出版公司。

陳明傳（2019），美國移民政策暨各國移民績分計點制度之比較研究，高佩珊主編，移民政策與法制，台北：五南圖書出版公司。

章光明（2017），警察政策，陳明傳等合著，警察學，作者自印。

曹俊漢（1990），公共政策，台北：三民書局

黃慶堂（2008），專技移民與投資移民對我國經濟之影響，第二屆「國境安全與人口移動」學術研討會論文集，中央警察大學國境警察學系。

Jong S. Jun著、黃曙耀譯（1994），公共行政：設計與問題解決，五南，頁：378-380。

二、外文文獻

Castles, Stephen & Miller, Mark, (1993), The Age of Migration: International Population Movement in the Modern World, NY: The Guilford Press.

Dye, Thomas R., (1998), Understanding Public Policy, Prentice Hall Inc.

Stalker, Peter, (2002), The No-Nonsense Guide to International Migration, Oxford, UK: New International Publications.

三、網站資料

內政部移民署（2021），外國人對我國有特殊貢獻、高級專業人才及

投資移民申請外僑永久居留證（梅花卡）送件須知，https://www.immigration.gov.tw/5385/7244/7250/7317/%E6%B0%B8%E4%B9%85%E5%B1%85%E7%95%99/30038/。

內政部移民署（2021），統計資料—外僑居留，https://www.immigration.gov.tw/5382/5385/7344/7350/%E5%A4%96%E5%83%91%E5%B1%85%E7%95%99/?alias=settledown。

林育瑄（2021），中央通訊社，攬才專法三讀修正　鬆綁申請永久居留限制，2021年6月18日，https://www.cna.com.tw/news/firstnews/202106180208.aspx，搜尋日期：2021/06/19。

法務部，全國法規資料庫，各級學校外國教師工作許可及管理辦法，https://law.moj.gov.tw/LawClass/LawAll.aspx?pcode=H0030058，搜尋日期：2021/03/01。

法務部，全國法規資料庫，外國專業人才從事藝術工作許可及管理辦法，https://law.moj.gov.tw/LawClass/LawAll.aspx?pcode=N0090053，搜尋日期：2021/03/02。

法務部，全國法規資料庫，入出國及移民許可證件規費收費標準，https://law.moj.gov.tw/LawClass/LawAll.aspx?pcode=D0080135，搜尋日期：2021/03/01。

法務部，全國法規資料庫，香港澳門居民進入臺灣地區及居留定居許可辦法，https://law.moj.gov.tw/LawClass/LawAll.aspx?pcode=Q0020008，搜尋日期：2021/05/02。

柯雨瑞、孟維德、李佳樺（2016），臺灣計分制技術移民政策之現況、問題與可行之對策，中央警察大學國境警察學系柯雨瑞教授網站，https://www.koko.url.tw/download/%E8%87%BA%E7%81%A3%E8%A8%88%E5%88%86%E5%88%B6%E6%8A%80%E8%A1%93%E7%A7%BB%E6%B0%91%E6%94%BF%E7%AD%96%E4%B9%8B%E7%8F%BE%E6%B3%81%E3%80%81%E5%95%8F%E9%A1%8C%E8%88%87%E5%8F%AF%E8%A1%8C%E4%B9%8B%E5%B0%8D%E7%AD%96.pdf，搜尋日期：2021/03/01。

教育部國際及兩岸教育司（2021），「外國專業人才申請來臺尋職簽證審查及核發作業辦法」有關全球排名前五百大學之學校名單，https://depart.moe.edu.tw/ed2500/News_Content.aspx?n=0BC849A93049621E&sms=E0AA294AA6810C0B&s=A3C411918479C683，搜尋日期：2021/03/02。

國家發展委員會（2017），「外國專業人才延攬及僱用法」法案影響評估報告，https://ws.ndc.gov.tw/Download.ashx?u=LzAwMS9hZG1pbmlzdHJhdG9yLzEwL3JlbGZpbGUvMC8xMDU1S83MzE2MWYwYS00YmFjLTQzZWEtODRmMS0yZTVhYzJmYjg3ZWEucGRm&n=5aSW5ZyL5bCI5qWt5Lq65omN5bu25pSs5Y%2BK5YOx55So5rOV6I2J5qGI5b2x6Z%2B%2F6KmV5Lyw5aCx5ZGKLnBkZg%3D%3D&icon=..pdf，搜尋日期：2021/03/15。

國家發展委員會（2021），新經濟移民法草案總說明，https://ws.ndc.gov.tw/Download.ashx?u=LzAwMS9hZG1pbmlzdHJhdG9yLzEwL3JlbGZpbGUvMC8xMjEzOS80ZDllNmRiNS0zNWE2LTQ4Y2EtYjU5Mi00N2Y0NWY0YmI1OWEucGRm&n=MS4x5paw57aT5r%2Bf56e75rCR5rOV6I2J5qGILemgkOWRiueJiCgxMDcwODA2LTEwMDUpLnBkZg%3D%3D&icon=..pdf，搜尋日期：2021/03/02。

國家發展委員會（2021），重大政策－外國專業人才延攬及僱用法，https://www.ndc.gov.tw/Content_List.aspx?n=E61E31EE6FB10140&upn=0A078649EEC83462，搜尋日期：2021/03/01。

國家發展委員會（2021），外國專業人才延攬及僱用法資訊專頁，https://foreigntalentact.ndc.gov.tw/Content_List.aspx?n=AA24EC33DACC5CB7，搜尋日期：2021/03/02。

國家發展委員會（2021），外國專業人才延攬及僱用法資訊專頁－就業金卡核發，https://foreigntalentact.ndc.gov.tw/Content_List.aspx?n=C5FB0824CEC076D8，搜尋日期：2021/05/02。

國家發展委員會人力發展處（2020），「外國專業人才延攬及僱用法」施行滿二週年，正式啓用新版就業金卡，發布日期：2020/02/08，

https://foreigntalentact.ndc.gov.tw/News_Content.aspx?n=801CA6E93C4
EF61B&sms=39B785FD08C5E6BB&s=CD746E8EB0EE56C3，搜尋日
期：2021/03/01。

國家發展委員會（2021），新經濟移民法草案專區，https://www.ndc.
gov.tw/Content_List.aspx?n=10F8A9E4711F6510，搜尋日期：
2021/03/01。

勞動部勞動力發展署（2014、2020），僑外生留臺工作評點，https://
ws.wda.gov.tw/Download.ashx?u=LzAwMS9VcGxvYWQvMzIwL2NrZ
mlsZS9jNjBjZTdkYi05MGFjLTQ2NzEtOWM2Mi1lZDI0YTkyYWQ3M
jcucGRm&n=MjAxNTA4MjcxNTI1NTcwLnBkZg%3d%3d&icon=.pdf;
https://ws.wda.gov.tw/Download.ashx?u=LzAwMS9VcGxvYWQvMzIw
L2NrZmlsZS8wOGRlYWIwNi04NWFiLTQ4YjMtYTI4Mi1kNDA5ZG
VhZDRjMTkucGRm&n=MTEw5bm05bqm5YOR5aSW55Sf6KmV6bue
5Yi2KOWFrOWRiuWPiumZhOS7tikucGRm&icon=.pdf，搜尋日期：
2021/05/01。

勞動部（2021），外國專業人員統計表，http://statdb.mol.gov.tw/html/
year/year08/313140.htm，搜尋日期：2021/03/20。

賴于榛（2021），中央通訊社，政院通過攬才專法修正草案 永久居
留申請縮至3年，2021年4月15日，https://www.cna.com.tw/news/
firstnews/202104150102.aspx，搜尋日期：2021/06/04。

Government Gazette Staatskoerant, (2014), Republic of South Africa,
588(37716), available at: https://www.academia.edu/33831575/
Government_Gazette_Staatskoerant_REPUBLIC_OF_SOUTH_
AFRICA_REPUBLIEK_VAN_SUID_AFRIKA, last visited: 2021/03/01.

The Federal Government, Make it in Germany, available at: https://www.make-
it-in-germany.com/en/living-in-germany/discover-germany/immigration,
last visited: 2021/03/01.

Ministry of Foreign Affairs, International Trade and Workshop, Argentina,
Work and Holiday Programme, available at: https://www.cancilleria.gob.

ar/en/service/foreigners/visas, last visited: 2021/03/01.

US Citizenship and Immigration Services (USCIS), Permanent Workers, available at: https://www.uscis.gov/working-in-the-united-states/permanent-workers, last visited: 2021/04/11.

第五章

投資移民之政策分析

陳明傳

第一節　前言──經濟移民之權益與責任

　　從正義（justice）的觀點以論，個人是否有權進入、永久居住或成為其他國國家的公民，這不可避免地與某些權益（good），在某種程度上存在著與移民之正義聯繫在一起的議題。邊界和權益之間的關係是複雜的，但是我們可以將其區分為下列兩大類權益之類型：1.第一大類是國家境內的土地和其他自然資源（land & other natural resources）；2.第二大類是人為後天所創造之資源（existence on the activities and ways of life living in the state），亦即優質的經濟活動帶來的社會盈餘或國家的各類財富之權益。前述之第二大類的權益亦可再予細分為下列兩項資源：(1)群體互助合作之後所獲得之資源；(2)為了保護基本權與提供基本需求的機制所創造之資源。

　　因而上述第二大類之權益，即「後天創造出之權益與資源」，再予細分之為(1)與(2)兩小項後天創造出之資源，而其之生成，則取決於生活在該國的人們的活動和生活方式，所創造出來的權益。因此這(1)(2)兩小類後天之資源，雖然都屬於公共之資產，但是其中有一部分，卻不屬於公共的基本權益或基本需求之範疇，例如(1)小項「群體互助合作之後所獲得之資源」，因而必須加以一定之限制與規範，而其被移民學者Allen Buchanan稱之為下述之「互惠的正義」（justice as reciprocity），因此必須有一定互惠之規範，才能有資格享有該項權益。至於(2)小項，「為了保護基本權與提供基本需求的機制所創造之資源」，則被Allen Buchanan稱之為「個案為本之移民正義」（subject-centered justice），換句話說，雖然其為後天所創造出之資源或權益，但是若為了保護移民者之基本人權或提供其之基本需求，則亦應讓其共享該後天創造出來之此項權益或資源。

　　進而，前述第二大類後天創造出來的權益之(1)「群體互助合作之後所獲得之資源」，即可以被稱之為，如前述Allen Buchanan所謂之「互惠的正義」，其即是為人類相互的合作所產生的互惠之權益。其中互惠的正

義又可區分爲自利互惠之正義（justice as self-interested reciprocity），以及公平互惠的正義（justice as fair reciprocity）二者。前者爲以自己本身之利益爲出發點，靠己力所獲取之利益；至於後者，則主張以全民之立場，而不是自身利益爲出發點，即團體中每一個人，從其他共同參與者的貢獻中獲益時，都虧欠這些人一些責任與義務；亦即他們所能獲取的部分，僅限於因爲他們的合作與貢獻，而獲取其該得的那一份盈餘或權益。也就是說，有所貢獻才能取得該等權益，如此才是眞正的合乎公平與正義的基本原則。[1]而此公平互惠的正義原則，實爲考量投資移民與技術移民等經濟性移民政策時，必須考量的人權、權益與理性、公平的最佳憑藉。另外Stephen R. Perry主張，前述第一大類之國家境內的土地和其他自然資源的權益，或爲人類所應共享，包括移民者抑或可以主張其移入該國之權益。但是第二大類是人爲後天所創造之資源的權益，則或許應以公平互惠的正義來主張，則更有立論之基準。[2]其中，尤其是第二大類權益中之(2)小項之移民者的基本人權或基本之需求，則更應必須給予該權益。總而言之，移民者必須要有相對的奉獻與責任或承諾，才能共享早先進駐該國者，所創造的既有的好處與權益，如此互惠的概念，則更合乎公平正義之規範，但若是因爲移民者之基本人權或基本之需求，則或應無條件的提供該項之權益給予移民者。

　　2015年9月9日，時任歐盟委員會主席Jean-Claude Juncker說明了當代歐洲政體，正試圖根除其處理大規模海上難民之暴力事件。但是，主張移民管理的思維者（migration managerialism）一直試圖掩蓋這種暴力，並將該等難民送到看不到該暴力的地方。顯然，移民政策和法律，理應具有道德層面的考量（moral dimension），但這種道德層面只是一種特殊的現象而已。它源自於一種責任感（obligation），而不是一個什麼才

---

[1] Stephen R. Perry, (1955), Immigration, justice, and culture, in Warren F. Schwartz edited, Justice in Immigration, pp. 94-97.

[2] Stephen R. Perry, (1995), Immigration, justice, and culture, in Warren F. Schwartz edited, Justice in Immigration, pp. 94-95.

是正確的做法之一般性的議題。因此,這是一個政府對於法理哲學之衡平,以及各個移入國之法規制定之選擇問題。[3]Jean-Claude Juncker更進一步比較歐盟對待新移民者,尤其是當時海上的大量難民的處理策略,有主張管理主義(managerialism)與人權的理念與義務責任(imagination & obligation)等兩種政策之辯。前者主張邊境與新移民嚴加管控的政策,包括歐盟共同外圍邊境之海上共同執法力量的強化,例如歐盟邊境與海岸巡防署(FRONTEX)之海上共同執法組織的創設等。[4] 其中亦有甚多因為此管理主義之推展,因而驅逐當時歐盟地區的海上難民,或因而形成之仇視外來移民者,而以暴力相向的事件發生;特別是從碼頭推回難民的船隻,或者甚而放火燒難民營。因此他的結論是:「管理主義是好的,但是仇外情緒是不對的,也違反歐洲地區重視移民人權的傳統。」[5]至於第二種觀念,所謂之「人權的理念與義務責任」之主張,Jean-Claude Juncker乃透過敘述歐洲的國家與人民,大都有移民之歷史過往,而且很多是從暴力之中解放與產生出來的民主體制。他試圖以此觀點來解釋,為什麼歐盟國家不能對難民和尋求庇護者封鎖其邊界。他的解釋超越了成本和利益,因而似乎超出了管理主義的信念,而以人權的理念與義務責任來處理難民的問題,才是對的移民政策。所以他才主張,應以共同的人力來管理歐盟外圍共同邊境,但亦要考量人權與責任的因素。

Stephen Macedo認為美國的移民政策,使我們有必要處理兩個重要的道德議題的緊張關係,亦即公正的(justice)對待我們的同胞,和人道主義(humanitarian)關注國外窮人的困境。他認為,我們現在確實有緊迫的理由,來制定移民相關之公共政策和機制,並著眼於國家整體利益分配

---

[3] Itamar Mann, (2017), Imagination and Human Encounter, in Humanity at Sea-maritime Migration and the foundations of International Law, pp. 187-210.

[4] 陳明傳(2020),國際執法組織之比較研究,黃文志、王寬弘主編,國境執法與合作,頁50-57。

[5] Itamar Mann, (2017), Imagination and Human Encounter, in Humanity at Sea- maritime Migration and the foundations of International Law, pp. 202-206.

的影響（distributive impact）。然而正義的理念，要求我們制定相關的公共政策，不僅是要從總體福利或最大多數人類的最大利益的角度出發，才是合理的，同時必須要從國民同胞中，最不富裕的國民的角度，來考慮政策的正當性，才是適宜的。社會正義論學者John Rawls的正義理論（John Rawls's theory of justice），主張公民的政治平等，則必須要求公民之間有這種「分配」的正義規範（distributive justification），亦即不能期望我們較不富裕的同胞認同一項不合理的政策，而這項政策卻使得那些有優越條件和較佳出生背景的外國人更加的富裕。故而移民政策作爲社會制度基本結構的一部分，應該對最貧窮的美國人的利益負責。因此移民政策在正義的標準上，不能僅被視爲只要是道德上可以接受的即可，而應該是從處境不利的美國本國人的角度來衡量其利益分配之影響，是否能被國人所接受，才能站得住腳。[6]

　　因此綜上所述，人口移動在土地和其他自然資源的分配正義（distributive justice）之上，人類確實對此第一大類資源之分配，理應給予適當的開放與分享，而不宜加以過多之限制與阻礙。惟在第二大類之人爲後天所創造的資源之權益，亦即優質的經濟活動帶來的社會盈餘或國家的各類財富之權益，則必須加以特定條件之規範。因爲此類之資源與相關之權益，乃爲當地人後天所共同努力而得到的成果，因此外來者亦必須付出相對的奉獻，不論金錢、物質或者心力之奉獻，才能主張有公平、正義之權利，來共享此後天之資源。所以各民主國家對於此因爲後天之移民，而致權益的取得，不論是經濟型移民中之投資移民或者技術移民，都會規定必須符合一定之義務或者條件，才能合法的移入與居留。故而，我國對於此類之經濟型之移民，自當有一定之限制與規範，也是合乎此移民哲學與價值之全球的標準。

　　因而，我國截至2018年10月底，外國專業人才及婚姻移民合計約57萬餘人，其中，在臺外國專業人才有效聘僱許可人次爲30,871人，以婚姻

6　Stephen Macedo, (2007), The Moral Dilemma of U.S. Immigration Policy-Open Borders Versus Social Justice? In Carol M. Swain, edited, Debating Immigration, pp. 63-81.

依親在臺居留人數共計54萬2,677人。面對現行以婚姻移民為主的臺灣社會，為加強營造多元友善之移民社會，各相關部會已整合資源，透過各項協助輔導措施，提升移民之社會適應能力，保障生活各項權益，並強化國人多元文化認知。為保障新經濟移民相關權益，強化延攬力道，我國之「新經濟移民法」之草案，逐擬放寬依親親屬申請永久居留相關規定，並訂定政府得提供育兒、托育及幼兒教保相關費用補助、急難救助、特殊境遇家庭扶助、自費長期照顧服務等措施，另放寬在臺居留滿六個月始能參加全民健康保險之限制，以提升外國人之家庭團聚及社會安全保障。為建構友善移民環境並提供基本保障，該法參酌國際做法，在不影響政府財政及國人權益之前提下，提供若干社會保障及生活協助措施。如日本及韓國開放外籍受僱者得參加就業保險，並開放外籍受僱者參加醫療及長照保險、美國及加拿大等國之永久居留受僱者可享有失業給付及職業訓練、加拿大開放永久居留者享有免費公共醫療、新加坡永久居留者經資產調查可獲政府補貼長期照顧服務費用、日本居留三個月以上外國人得申請兒童津貼等。有關該法相關社會安全保障或生活協助等措施，如就業保險、勞退新制適用及健保等相關扶助措施。以上之新經濟移民法之草案的影響評估之結論認為，該新立法草案，提供取得永久居留者社會安全保障及生活協助相關措施，不致影響政府財政及國人社會資源配置，而有利其於文化與族群認同的調適，可豐富我國多元文化內涵，拓展國人國際視野，成就多元友善移民社會[7]，同時如此政策之修訂，對於移民之規劃與作為，亦可合乎國際間對於經濟型移民之規範、哲學與前述之移民管理的核心價值。

---

[7] 國家發展委員會，「新經濟移民法」法案影響評估報告。

第二節　我國投資移民之規範

壹、我國投資移民之法制規範

一、我國對外國人投資規範之發展

　　根據臺灣最早期於1954年7月14日總統令制定公布之外國人投資條例，至1997年11月19日總統（86）華總（一）義字第8600246770號令最後修正公布全文共20條。該條例第4條規定，本條例所稱投資如下：1.持有中華民國公司之股份或出資額；2.在中華民國境內設立分公司、獨資或合夥事業；3.對前2款所投資事業提供一年期以上貸款。又該條例第6條之規定，依本條例投資，其出資種類如下：1.現金；2.自用機器設備或原料；3.專利權、商標權、著作財產權、專門技術或其他智慧財產權；4.其他經主管機關認可投資之財產。[8]

　　我國又於1955年11月19日總統令制定公布施行之華僑回國投資條例，至1978年最後修正之該條例第3條之規定，華僑依本條例之規定回國投資者，稱為投資人。該法第4條規定，本條例所稱投資如下：1.持有中華民國公司之股份或出資額；2.在中華民國境內設立獨資或合夥事業；3.對前2款所投資事業提供一年期以上貸款。該條例第6條又規定，依本條例投資，其出資種類如下：1.現金；2.自用機器設備或原料；3.專利權、商標權、著作財產權、專門技術或其他智慧財產權；4.其他經主管機關認可投資之財產。[9]可見我國早期對於華僑之回國投資，亦已有一定之法制規範。

　　又根據我國於1998年5月13日由經濟部以（87）經投審字第87746526號令訂定發布之華僑及外國人投資額審定辦法共11條規定。嗣於2002年12

月2日修正施行後，已近二十年未作修正，因而於2019年為建構良好投資環境，排除投資障礙，並秉持簡政便民之原則，增加投人及國內事業資金運用之彈性，擬具華僑及外國人投資額審定辦法修正草案，其修正要點如下：

（一）增訂投資人分批實行投資者，得於全部實行後二個月內一次辦理審定，以降低投資人之行政成本（修正條文第2條）。

（二）放寬投資人自國外匯入資金至國內銀行帳戶申請資金審定時，須結售為新臺幣之限制，修正主管機關審定投資人投資額之核計方式（修正條文第3條）。

（三）為響應節能減碳，修正刪除投資人申請審定時之應備文件份數（修正條文第4條至第11條）。

（四）增訂投資人於受贈、繼承、盈餘轉增資或公積轉增資之投資情形，得免申請審定，以簡化程序（修正條文第12條）。

（五）增訂主管機關得就特定個案情形，於必要時，要求投資人另行出具會計師資本額查核簽證報告書等指定之文件（修正條文第13條）[10]。

因而至2019年經濟部遂以經審字第10804603170號令，修正發布修正後之華僑及外國人投資額審定辦法全文14條，其乃依具前述之華僑回國投資條例第9條第3項，以及外國人投資條例第9條第3項規定訂定之；前述援引之兩類條文乃同時規定：「投資人於實行出資後，應向主管機關申請審定投資額；其審定辦法，由主管機關定之。」而為了促進國外人士或機構來臺灣投資，由經濟部新訂定之該華僑及外國人投資額審定辦法第2條規定，投資人申請審定投資額，應由投資人、投資人之代理人、投資事業或投資事業之代理人，於投資人各類出資實行後二個月內，向主管機關申請辦理。投資人分批實行投資者，得分批申請辦理或於全部實行後二個月內一次辦理。又該辦法第3條規定，主管機關審定投資人各類投資額，

---

[10] 行政院公報，第025卷第107期20190611財政經濟篇，華僑及外國人投資額審定辦法修正草案總說明。

依下列方式予以核計：1.以外匯結售爲新臺幣投資者，採計其扣除手續費及其他相關費用後之淨額；2.以匯入外匯投資者，採計匯入受款銀行核發交易憑證時之買匯匯率，換算爲新臺幣後之金額；3.自行攜入外幣現鈔投資者，採計匯入受款銀行核發交易憑證之買匯匯率，換算爲新臺幣後之金額；4.以專利權、商標權、著作財產權、專門技術或其他智慧財產權作爲股本投資者，採計該投資申請案經核准時之金額；5.以輸入自用機器設備、原料投資者，以海關起岸價格爲準，採計進口日期之匯率換算爲新臺幣之金額；6.以新臺幣於國內購買自用機器設備、原料投資者，採計其交易發票之實際金額；7.以合併、收購、分割或股份轉換作爲股本投資者，採計該投資申請案經核准時之金額；8.以債權作爲股本投資者，採計該投資申請案經核准時之金額。投資人以其他經主管機關認可投資之財產投資者，其投資額審定之核計方式，由主管機關認定之。[11]據此可得知我國對於外國投資之申請有上述數種之類型。

二、我國投資移民申請之發展

我國之移民狀況，早期臺灣政治上受到兩岸關係與反共基地整備觀念的影響，人口移入較少，而外移人口雖然相對的比例較高，但整體跨國人口移動仍屬較少，故而處於類似鎖國的狀態。因而當時的移民政策，多採取「移出從寬、移入從嚴」的政策，所以外國人移入之法規與其案例，就相對的較爲闕如。然而，自90年代以後，因臺灣經濟起飛及兩岸關係趨於穩定，開始出現移民回流的現象。根據內政部警政署的統計[12]，臺閩地區外僑居留人數從1990年的30,888人增加至2002年的40萬5,751人，換言之，臺灣在90年代以後的十年之時間內，外僑居留人數明顯快速增加10倍。

然而根據監察院2007年之調查，臺灣並非傳統的移入國，面對外來

---

11 法務部，全國法規資料庫，華僑及外國人投資額審定辦法。
12 當時內政部移民署尚未成立，移民事務則爲警政署下轄之入出境管理局所管理。

移民快速的增加及全球化影響，衍生許多重要議題，包括大量外籍勞工的管理與人權維護、違法停居留、假結婚來臺、移民生活適應輔導、難民庇護安置、外籍專業優秀人才的延攬、行政單位事權分散及資訊欠缺整合運用等等。而我國政府遲未研擬完整的移民政策及相關配套措施，亦無一套針對管理或融合外籍人士的政策，甚至缺乏統合協調之機制。其中監察院曾於2003年至2004年進行的移民制度總體檢，其即是希望藉由此種專案之調查與報告，促使行政機關正視在面對全球化挑戰下，臺灣應如何健全相關法令與制度，並參考其他國家政策與相關問題的解決方式，以吸引與留住更多人才，並協助移民人口迅速融入我國社會，提升國家競爭力。[13]

　　為因應此外國人或者華僑至臺灣移民現象之增加的情況，因而在投資移民之申請方面，遂有相應的移民政策之轉變與相關移民法規之制定。其中最為典型者例如根據2017年11月22日公布之外國專業人才延攬及僱用法[14]，該法第1條開宗明義說明，為加強延攬及僱用外國專業人才，以提升國家競爭力，特制定本法。第2條規定，外國專業人才在中華民國從事專業工作、尋職，依本法之規定；本法未規定者，適用就業服務法、入出國及移民法及其他相關法律之規定。又該法第6條第3項規定，經勞動部依第6條第1項規定許可在我國從事專業工作者，其停留、居留及永久居留，除本法另有規定外，依入出國及移民法之規定辦理。

　　又依據2017年公布之外國專業人才延攬及僱用法第7條之規定，雇主聘僱從事專業工作之外國特定專業人才，其聘僱許可期間最長為五年，期滿有繼續聘僱之需要者，得申請延期，每次最長為五年，不受就業服務法第52條第1項規定之限制。前項外國特定專業人才經內政部移民署許可居留者，其外僑居留證之有效期間，自許可之翌日起算，最長為五年；期滿

---

[13] 監察院（2007），監察院公報第2558期，調查報告—我國移民政策與制度總體檢案調查報告（五），頁8-38。

[14] 該外國專業人才延攬及僱用法之部分或全部條文尚未生效，最後生效日期：2023年1月1日。該法2021年1月27日修正公布之第7條、第14條至第17條條文，施行日期，定自2023年1月1日施行。法務部，全國法規資料庫，外國專業人才延攬及僱用法。

有繼續居留之必要者，得於居留期限屆滿前，向內政部移民署申請延期，每次最長為五年，不受入出國及移民法第22條第3項及第31條第2項規定之限制。該外國特定專業人才之配偶、未成年子女及其滿20歲以上，因身心障礙無法自理生活之子女，經內政部移民署許可居留者，其外僑居留證之有效期間及延期期限，亦同。但是，該法於2021年1月27日修正公布之第7條、第14條至第17條條文，其中第7條雖有所鬆綁與修正，然而其施行日期，則定自2023年1月1日才開始施行，其中之第7條之主要修正處為：「該外國特定專業人才之配偶、未滿十八歲子女及其滿十八歲因身心障礙無法自理生活之子女，經內政部移民署許可居留者，其外僑居留證之有效期間及延期期限，亦同。」以上之修正，自該法於2023年1月1日開始施行時起，則必須注意其新的法制規範的適用。

又根據新修正鬆綁之該外國專業人才延攬及僱用法第17條之規定，受聘僱從事專業工作之外國專業人才經內政部移民署許可永久居留者，其滿18歲子女經內政部移民署認定符合下列要件之一，得不經雇主申請，逕向勞動部申請許可，在我國從事工作，不受就業服務法第43條規定之限制：1.曾在我國合法累計居留十年，每年居住超過270日；2.未滿14歲入國，每年居住超過270日；3.在我國出生，曾在我國合法累計居留十年，每年居住超過183日。

又雇主聘僱前項滿18歲子女從事工作，得不受就業服務法第46條第1項、第3項、第47條、第52條、第53條第3項、第4項、第57條第5款、第72條第4款及第74條規定之限制，並免依第55條規定繳納就業安定費。前述該法第17條第1項外國專業人才之子女，於該法2020年12月30日修正之條文施行前未滿16歲入國者（舊法之規定），得適用修正施行後之規定，不受本次修法之該項第2款有關未滿14歲入國之限制。

根據外國專業人才延攬及僱用法，其乃於2017年10月31日經立法院三讀通過，總統於同年11月22日公布，為我國留才攬才立下重要里程碑。該法乃依據入出國及移民法第35條之規定而訂定，該條文規定，外國人停留、居留及永久居留之申請程序、應備文件、資格條件、核發證件種類、效期、投資標的、資金管理運用及其他應遵行事項之辦法，由主管機關定

之。而依據外國專業人才延攬及僱用法第8條之規定，外國特定專業人才擬在我國從事專業工作者，得向內政部移民署申請核發具工作許可、居留簽證、外僑居留證及重入國許可四證合一之就業金卡。內政部移民署許可核發就業金卡前，應會同勞動部及外交部審查，不受就業服務法第43條及第53條第1項規定之限制。前項就業金卡有效期間為一年至三年；符合一定條件者，得於有效期間屆滿前重新申請。

又依據移民署之外國人對我國有特殊貢獻、高級專業人才及投資移民申請外僑永久居留證（梅花卡）之規定，其辦理之主要的依據乃是入出國及移民法第25條規定。其之規定為，外國人在我國合法連續居留五年，每年居住超過183日，或居住臺灣地區設有戶籍國民，其外國籍之配偶、子女在我國合法居留十年以上，其中有五年每年居留超過183日，並符合一定之要件者，得向移民署申請永久居留。至於其所說明的一定之條件，則例如：18歲以上、品行端正、有相當之財產或技能足以自立、符合我國國家利益等。該條文第3項、第4項又規定，外國人有下列情形之一者，雖不具前述之第1項要件，亦得向移民署申請永久居留：1.對我國有特殊貢獻；2.為我國所需之高級專業人才；3.在文化、藝術、科技、體育、產業等各專業領域，參加國際公認之比賽、競技、評鑑得有首獎者。外國人得向移民署申請在我國投資移民，經審核許可且實行投資者，同意其永久居留。

至於梅花卡發給的另一規範乃為外國人停留居留及永久居留辦法，其乃亦為依據入出國及移民法第35條訂定之辦法。故而，可依據該外國人停留居留及永久居留辦法之第12條及第15條規定，而申請梅花卡。該辦法第12條規定，外國人申請在我國投資移民，有下列情形之一者，入出國及移民署得准予永久居留：1.投資金額新臺幣1,500萬元以上之營利事業，並創造五人以上之本國人就業機會滿三年；2.投資中央政府公債面額新臺幣3,000萬元以上滿三年。第15條之規定乃為，外國人申請在我國投資移民獲准永久居留後，其配偶及未成年子女亦得申請永久居留。

貳、我國投資移民政策之新發展

　　本書之第四章中已述及，國家發展委員會於2018年時爲因應國內人口少子化與高齡化問題，並充裕國家經濟發展所需人才及人力，在確保國人就業及薪資待遇不受衝擊兩大前提下，規劃新經濟移民法，期能引進並留用外籍優質人才與人力，強化產業升級，改善人口結構，促進國家發展之生生不息。當時國內產業人才及人力短缺情況亟待因應，2017年我國製造及服務業空缺人力約21.8萬個，其中以中階技術人力（技術員及助理專業人員、技藝有關工作人員、機械設備操作人員）短缺最爲嚴重，占短缺人力的55%。惟依據現行移民相關法規，並無中階技術人力引進管道。新經濟移民法草案的研擬，除強化專業人才的引進外，也希望能解決目前產業中階外籍技術人力短缺的課題。該草案所欲新增之中階外籍技術人力來源包括三類：1.留用具技術能力僑外生；2.留用在臺工作一定年限具中階技術基層外籍人員；3.直接引進中階外籍技術人力。前二類係經國家或企業投入教育資源培育或人力投資成本，且對國內文化及語言與生活具一定程度了解，爰規劃優先開放引進及留用。至於第三類則訂有日出條款，需視前二類之留用狀況，再審愼酌酌啓動日期。[15]

　　至於新經濟移民法草案中對於「外國人」之投資移民之放寬規範方面，則包括居留：外國人或海外國人在我國有一定金額以上投資可申請居留。至於永居或定居之放寬申請條件則包括：1.外國人具原投資居留條件，連續居留滿五年且每年183日，得申請永居；2.海外國人具原投資居留條件，居留一年且335日，或連續居留二年且平均每年270日，或連續居留三年且平均每年183日，得申請定居。在依親親屬方面則擬規定爲，配偶、未成年子女得隨同居留，永居（定居）條件同依親對象。又擬規定，外國人投資金額1,500萬元以上之營利事業，並創造五人以上之本國人就業機會滿三年，得申請永居；配偶、未成年子女得隨同永居。以及外國

---

[15] 林至美、賀麗娟（2018），國家發展委員會新聞稿，針對107年5月23日工商時報「專家傳眞—短線思維的新經濟移民法」評論之回應。

人投資中央政府公債面額3,000萬元以上滿三年，得申請永居；配偶、未成年子女得隨同永居。又根據該草案第13條第1項擬規定，外國專業人才在我國合法連續居留五年、外國特定專業人才合法連續居留三年，平均每年居住183日以上，並符合下列各款要件者，得向內政部移民署申請永久居留：1.20歲以上；2.無不良素行，且無警察刑事紀錄證明之刑事案件紀錄；3.有相當之財產或技能，足以自立；4.符合我國家利益。[16]

至於在社會保障及生活協助方面則規定，因該新經濟移民法之規定取得永久居留者，其工作保險為免工作許可，並適用就業保險。在退休保障方面，適用勞工退休金制度、提供公立學校教師退休金制度之月退選擇。在津貼補助方面，政府得提供育兒津貼、托育及幼兒教保補助、急難救助、特殊境遇家庭扶助、自費長期照顧服務。在放寬健保六個月等待期之限制方面，外國特定專業人才、外國高級專業人才及受聘僱之外國專業人才、外國中階技術人力、海外國人，及上開對象之依親親屬等均可適用之。[17]

然而，在延攬引進外國專業人才部分，本書第四章中已述及，行政院於2018年2月8日已實施外國專業人才延攬及僱用法，然前述之新經濟移民法草案，乃為放寬一般專業人才的工作資格條件與相關之配套措施。惟該草案僅明列配偶、未成年子女得隨同永居或居留，以及社會保障及生活協助方面有放寬之規定而已，對於投資金額方面並未有放寬之新規範。亦即此草案實乃為加強延攬及留用專業人才與人力，政府除積極推動人才專法及規劃此新經濟移民法，故而或僅可視之為前章之技術移民的延伸，而在投資之金額方面並未有新的更動。惟最終該草案卻於2019年12月因屆期不續審，立法院已將該草案退回行政院。

---

[16] 行政院，本院新聞─行政院會通過「新經濟移民法」草案，討一國發會_新經濟移民法草案總說明。

[17] 行政院，本院新聞─行政院會通過「新經濟移民法」草案，討一國發會_新經濟移民法草案_A3大表。

第三節　我國投資移民推展現況與分析

壹、各國投資移民政策之分析與比較

美國投資移民EB-5（Employment Based Fifth Preference），是美國移民法中針對海外投資移民者所設立的移民簽證類別，簡稱以僱用為基礎的第五優先移民EB-5。此類移民方式藉由海外投資者的資金投入，帶動美國高失業率地區的經濟發展，並為美國創造就業機會。此方式為目前各類投資移民申請中，核准時間較短、資格條件限制較少的一個便捷管道。美國投資移民條件寬鬆，符合以下四個條件即可提出申請：1.年滿18歲；2.無犯罪紀錄；3.投資金額90萬美元；4.投資期限為五年，並且需證明資金來源的合法性。

美國的EB-5簽證，允許符合條件的投資者及其家庭成員通過90萬美元或以上的投資，獲得在美國的永久居留權，意即EB-5簽證可獲得永久居留之綠卡。作為投資者，可以將配偶和21歲以下的兒童帶到美國，如果想成為美國公民，前述成為有條件永久居民的兩年期間，將計入取得美國公民身分的五年合法永久居留之要求條件中。經此五年期間後，即可以申請美國公民身分。根據美國國土安全部公布的一項新規定，EB-5移民投資者方案的幾項修改於2019年11月21日已生效。其新的規則包括，增加所需的最低投資額，亦即將通貨膨脹計入、改革某些有針對性的就業領域（Targeted Employment Area, TEA）的規定等。[18]在增加所需的最低投資額方面，考慮到通貨膨脹，最低投資金額已從100萬美元增至180萬美元。對針對性的就業領域的最低投資金額，算入通貨膨脹已從50萬美元增加至90萬美元。而未來的調整也將持續的根據所有城市消費者的消費物價指數（the Consumer Price Index for All Urban Consumers, CPI-U），計入其通貨膨脹之金額，並且每五年重新計算一次。在針對性的就業領域方面，美

---

[18] US Citizenship and Immigration Services (USCIS), EB-5 Immigrant Investor Program.

國聯邦政府將直接審查和確定高失業率的就業領域之指定，其將不再依照州政府和地方政府的指定而來規範。這些變化將有助於將移民之投資，直接投向最需要的地區，並提高該方案中之高失業率地區，其針對性的工作領域之全國的一致性要求。

加拿大政體因爲亦屬於聯邦之制度，因此移民方案有一個所謂的「省級提名計畫」（the Provincial Nominee Program, PNP）。該計畫是爲下列的移民者，包括有技能者、有教育和工作經驗者、能爲特定省分或地區的經濟作出貢獻者、希望住在該省者、希望成爲加拿大的永久居民之該省和地區的移民者，所提供的移民方案。而各省或地區亦有相對應的自定之移民計畫和要求，亦即針對某些特定移民群體的方案規定。例如在各省或地區的該計畫方案中，各省和地區可能也針對學生、商人、技術工人、半技術工人的移民的各自規範。[19] 而如果要成爲加拿大的永久居民，則有本章前述所論述的加拿大積分計點制度的規範。因此要成爲加拿大之永久居民，必須符合聯邦技術工人和自營職業移民資格的評分系統。該積分分爲六個因素：教育、英語和／或法語技能、工作經驗、年齡、能在加拿大就業，以及在加拿大的適應能力。而且移民者必須在每一項積分類別中，要有一個最低標準的一定積分，才能獲得移民之資格考量。[20]

若以哥倫比亞省（British Columbia, BC）爲例，哥倫比亞省的經濟增長取決於是否有足夠的技能和合格的人，來滿足勞動力市場的需求。因此哥倫比亞省之提名計畫（BC PNP）是需要有高技能的外國工人和有經驗的企業家，才能取得哥倫比亞省永久居留權的一種移民方式。哥倫比亞省提名計畫提供了該項移民的三種方式，成爲該省的永久居民。該三種方式，乃根據職業分類技能水準、工作或企業類別或者國際學生身分等來申請移民。第一類爲技能移民，是針對該省之高需求職業的熟練和半熟練工人，使用積分計點的申請規定與評分系統。第二類爲企業家移民，乃是爲有經驗的企業家，其欲在該省積極的創建一個企業，亦是一個基於積分

---

[19] Government of Canada, How the Provincial Nominee Program (PNP) works.

[20] Government of Canada, Comprehensive Ranking System (CRS) Criteria-Express Entry.

計點評估的移民之系統。申請人必須擁有所需的個人財力與一定之投資基金。此方案還可以包括希望擴展其原生國之公司到該省，這些公司需要為員工取得該省之永久居留權。第三類則為具備有國際學生身分，申請留在該省成為永久居留之移民。[21]

　　另外，魁北克省雖然沒有上述聯邦提供之省級提名計畫，但是亦有一個該省單獨之投資移民計畫，亦即名為「商人移民計畫」（immigration programs for businesspeople）為例說明之。[22]因此若以該省之投資移民計畫為例，則一共有三個方案，包括：1.「投資者」（investor program）；2.「企業家」（entrepreneur program）；3.「自我僱用之移民人士」（self-employed worker program）。

　　一、在投資者方案，如果申請獲接納，申請人會收到「魁北克省選拔證書」（Certificat de sélection du Québec, CSQ）。持有此證書就可以向加拿大政府提交移民申請，需要提交有關文件、身體檢查報告和良民證明書。投資者之投資方案，一般而言如申請獲接納，申請人會收到魁北克省政府的通知，並需要在110日內作出120萬加幣的投資。魁北克省政府確認後就會發出「魁北克省選拔證書」。

　　二、企業家之投資方案分為兩類，在此時的申請階段，2019年11月1日至2020年9月30日之間，第一類的申請限額為25個，第二類則為35個。類別一適合有意到魁北克省定居的創業人士，而類別二則適合有足夠資金並打算在魁北克省創建或收購業務的企業家。類別一的申請條件如下：向魁北克省的創業中心（商界或學術界）申請並獲得創業援助服務、可以單獨申請或與其他申請人組成最多三人的小組、在魁北克省定居並經營該業務、提交詳盡的商業計書書、提交創業中心設計的創業援助計書書。至於類別二的申請條件如下：在當地的金融機構存款50萬加幣（如非在蒙特利爾都會區（Montreal Metropolitan Community, Communauté métropolitaine

---

[21] British Columbia Canada, BC PNP PATHWAYS.

[22] Immigration, Quebec Canada, Selecting one of the three immigration programs for businesspeople.

de Montréal, CMM），則只需40萬加幣），其中20萬加幣是保證金，完成
移民申請後便可取回，而其餘的金額則為業務的啟動資金、申請人和配偶
擁有至少90萬加幣的資產，須提交資金來源證明、創建業務，須持有至少
25%股份；或收購業務，須持有至少51%股份、在魁北克省定居並經營該
業務；業務是在提交申請前的五年內已在經營、提交詳盡的商業計畫書、
公司章程和財務報表等有關該業務的資訊，而該等業務不可涉及貸款、房
地產和色情行業。

　　三、在自我僱用之移民人士之申請方案方面，例如申請階段是由
2019年11月1日至2020年9月30日之間，其最多接受50個申請。申請「自
我僱用之移民人士」方案的條件如下：在當地的金融機構存款5萬加幣的
啟動資金（如非在蒙特利爾都會區，則只需2.5萬加幣）、申請人和配偶
擁有至少10萬加幣的資產，須提交資金來源證明、在魁北克省定居工作或
從事商業活動、至少二年相關的商業經驗。其他考慮因素還包括年齡、學
歷、最近十年內曾在魁北克省的逗留時間，以及在當地的親人等條件。[23]

　　綜上所述，如表5-1各國投資移民具備條件之比較顯示，美國之投
資移民之金額規定，若為針對性的就業領域者，為90萬美元，約新臺幣
2,600萬元；一般性之最低投資金額為180萬美元，約新臺幣5,200萬元，
並隨物價五年重新計算一次。加拿大魁北克之投資移民之金額規定為，投
資方案者在收到魁北克政府的申請獲准通知，需要在110日內要有120萬加
幣的投資，約新臺幣2,760萬元；企業家之投資方案的第二類申請者，必
須要有當地的金融機構存款50萬加幣，約新臺幣1,150萬元，並要擁有至
少90萬加幣的資產，約新臺幣2,070萬元；或者自我僱用之移民申請方案
者，必須在當地的金融機構存款5萬加幣的啟動資金，約新臺幣115萬元，
並擁有至少10萬加幣的資產，約新臺幣230萬元。至於我國申請梅花卡之
移民者，其之投資移民之金額規定為，投資金額新臺幣1,500萬元以上之
營利事業，並創造五人以上之本國人就業機會滿三年；或者投資中央政府

---

[23] WISE，加拿大投資移民指南：申請條件及費用一覽。

公債面額新臺幣3,000萬元以上滿三年。至於我國新草擬之新經濟移民法草案，對於投資移民之金額規定則與梅花卡同，並未有較為寬鬆之金額修正規定；惟僅放寬明列配偶、未成年子女得隨同永居之新修正規定而已。然而，加拿大魁北克省之投資移民之金額規定，則較為多元，且有較多之選擇，值得我國投資移民政策規劃時之參考與研究。

表5-1 各國投資移民具備條件比較表

國家 具備 條件	美國	加拿大魁北克	我國入出國 移民法 （梅花卡）	我國新經濟 移民法草案
投資之金額	1.針對性的就業領域（TEA）為90萬美元（約新臺幣2,600萬元）。 2.一般性之最低投資金額180萬美元（約新臺幣5,200萬元）隨物價五年重新計算一次。	1.投資者方案者在收到魁北克政府的申請獲准通知，需要在110日內120萬加幣的投資。 2.企業家之投資方案的第二類申請者，當地的金融機構存款50萬加幣，擁有至少90萬加幣的資產。 3.自僱移民之申請方案，	1.投資金額新臺幣1,500萬元以上之營利事業，並創造五人以上之本國人就業機會滿三年。 2.投資中央政府公債面額新臺幣3,000萬元以上滿三年。[24]	1.投資金額1,500萬元以上之營利事業，並創造五人以上之本國人就業機會滿三年，得申請永居。並明列配偶、未成年子女得隨同永居。 2.投資中央政府公債面額3,000萬元以上滿三年，得申請永居；並明列配偶、未成

---

[24] 另外，在臺投資20萬美金（新臺幣600萬元）以上者，則依據入出國及移民法第23條第1項第4款之規定，在我國有一定金額以上之投資，經中央目的事業主管機關核准或備查之投資人或外國法人投資人之代表人，得申請居留。

表5-1 各國投資移民具備條件比較表（續）

具備條件＼國家	美國	加拿大魁北克	我國入出國移民法（梅花卡）	我國新經濟移民法草案
投資之金額		當地的金融機構存款5萬加幣的啟動資金，擁有至少10萬加幣的資產。		年子女得隨同永居。
年齡限制	年滿18歲。	有積分計點制度對年齡加以評分。	18歲以上。	該草案第12條規定（對象：外國專業人才或外國特定專業人才）20歲以上。
犯罪紀錄	無犯罪紀錄。	良民證明書。	品行端正。	品行端正。
投資期限	期限為五年。	無規定。	無規定。	無規定。
資金來源	需證明資金來源的合法性。	提交資金來源證明。	無規定。	無規定。
居留權	永久居留權（綠卡）。	永久居民。	永久居留。	得申請停留、居留或永久居留。
公民身分	五年永久居留取得公民身分。	得申請。	合乎一定條件時得申請。	合乎一定條件時得申請。

　　總體而言，我國對於投資移民之金額規定，比美、加等移民大國確實較為寬鬆，但投資移民之數量，卻不若該兩國來得踴躍，顯然金額與居留其他相關規範的放寬，並非為真正的吸引投資移民有效之因素與政策作為；相對而言，國家整體經濟的發展，才更能成為吸引投資移民的要因。不過筆者以為，其他相關投資移民之規定，若在條件之放寬與手續的便捷

之上修訂相關規定，亦應會對於投資移民之意願，產生一定的影響作用。

另根據我國之經濟部投資審議委員會之研究報告，比較數個國家之投資移民之規定顯示，投資門檻金額以新加坡為最高；維持投資期間以香港為最高；韓國則係要求選擇公共事業投資移民與不動產投資移民方案者，必須連續實際居住滿五年以上，方可申請取得永久居留權。與他國相較後發現，我國適用投資制度之投資門檻金額偏低，且並無實際居住之要求，因此，我國投資移民制度對於投資人而言，可以被認為是較容易取得永久居留權之途徑。[25]

至於不論是入出國及移民法、外國人停留居留及永久居留辦法，或者高級專業人才及投資移民申請永久居留卡（梅花卡）送件須知之規定，均未規定投資移民制度之審查程序，其中入出國及移民法第25條第7項僅規定：「經許可永久居留者，移民署應發給外僑永久居留證。」除此以外，並未有關於投資移民制度審查程序之相關規範。又根據外國人停留居留及永久居留辦法第15條規定：「外國人申請在我國投資移民獲准永久居留後，其配偶及未成年子女亦得申請永久居留。」因此，外國投資人於依照前述法令之規定，完成規定投資方式、要件及文件並獲得入出國及移民署准予永久居留後，依據本條規定，外國投資人之配偶及未成年子女亦得向我國移民署申請永久居留。但是，關於投資人適用投資移民制度申請取得我國永久居留權後，其永久居留權是否因投資人將資金撤出臺灣之行為，而受到任何影響之問題，不論是入出國及移民法、外國人停留居留及永久居留辦法，或者高級專業人才及投資移民申請永久居留卡（梅花卡）送件須知之規定，均未規定之。入出國及移民法第33條雖有規定永久居留許可之撤銷或廢止事由，然而其各款事由中，並未包含外國投資及撤資等情事。因此，就法令規範之內容而言，目前適用投資移民制度取得我國永久居留許可之外籍人士，其嗣後之撤資行為可能不會影響業已取得之永久居留權。

---

25 顏慧欣等（2021），經濟部投資審議委員會—全球主要國家投資移民政策及法規研究期末報告，發表日期：2021/02/18。

　　我國雖然未就投資移民特別規定其歸化我國之相關要件，但我國國籍法第3條已就一般外國人歸化我國之情形作成相關規範要件，亦即外國人或無國籍者，現於中華民國領域內有住所，並具備下列各款要件者，得申請歸化：1.於中華民國領域內，每年合計有183日以上合法居留之事實繼續五年以上；2.依中華民國法律及其本國法均有行為能力；3.無不良素行，且無警察刑事紀錄證明之刑事案件紀錄；4.有相當之財產或專業技能，足以自立，或生活保障無虞；5.具備我國基本語言能力及國民權利義務基本常識。前項第5款所定我國基本語言能力及國民權利義務基本常識，其認定、測試、免試、收費及其他應遵行事項之標準，由內政部定之。由此可知，投資人於取得永久居留權後，若想要申請取得我國國籍，則必須符合連續居住於境內五年以上、具備基本之語言能力及國民權利義務基本常識及其他要件後，始可申請取得我國國籍。

　　至於我國有關適用於港澳地區居民之投資移民制度，主要規範於香港澳門居民進入臺灣地區及居留定居許可辦法、國籍法施行細則、香港澳門關係條例、華僑身分證明條例，以及入出國及移民法等相關法令。主管機關同樣為內政部移民署。有關港澳地區居民之投資移民，則必須以上述法規加以規範之。另根據經濟部投資審議委員會所主政，於2018年2月8日行政院院臺經字第1060040804號令修正發布之「僑外投資負面表列—禁止及限制僑外人投資業別項目」中，我國對於僑外投資之項目因為國家安全與保護國內特定產業之目的，亦有多項之限制投資之規範。其中，社會保險業、學校醫院等性質為公益法人，非營利事業，爰不列入僑外投資負面表之列。[26]

貳、我國投資移民之分析

　　2019年臺灣核准僑外投資4,118件，較2018年增加13.73%，金額為111.9億美元，是繼2018年的114.4億美元的近十年次高。前五名吸引僑

---

[26] 經濟部投資審議委員會，僑外投資負面表列—禁止及限制僑外人投資業別項目。

外投資的產業分別爲電子零組件製造業、金融及保險業、資訊及通訊傳播業、批發及零售業以及專業、科學及技術服務業，合計約占總額的73.9%。就僑外投資事業的獲利狀態、營運本地化、研發創新活動、對我國經濟效益影響，經濟部投資審議委員會委託中華經濟研究院2020年的研究調查結果，僅摘錄其與投資移民較爲相關之主要結論如下：

一、「獲利」業者的比率維持穩定僑外投資事業的獲利狀態，分別有60.33%（2018年爲58.47%）的服務業者及68.13%（2018年爲68.41%）的非服務業者表示其投資事業有盈餘，顯示獲利業者比例穩定。另一方面，約39.67%的服務業僑外投資、31.86%的非服務業僑外投資業者在2019年處於虧損，虧損廠商比例出現改善。未來三年在臺營運規劃趨於正向僑外投資事業在未來三年在臺營運規劃上，服務業在「僱用臺籍員工」或「在臺投資規模」動向指標上，分別爲68.04%與55.29%，表示大部分服務業僑外投資事業在未來三年的在臺營運規劃趨於正向。非服務業方面，「化學工業」僱用臺籍員工的動向指標爲74.04%居所有行業之冠；其次爲「民生工業」68.94%、「資訊電子工業」68.67%、「金屬機械工業」61.25%。而在臺投資規模動向指標最高爲「化學工業」，其次爲「民生工業」。

二、針對僑外投資事業關切的「海外人才引入方便性」部分，建議除延續既有延攬外籍優秀人才的措施之外，未來可進一步依據「六大核心戰略產業」特殊人才需求，精準化、細緻化推出專案性攬才計畫，並持續參考美國商會、歐洲商會、日本工商會、全國工業總會的意見，就外籍人才的簽證、居留、稅務及國際化生活環境建構等議題，持續進行法規鬆綁及研提精進做法。參考外國商會建議書／白皮書的內容，推動生活環境國際化與優質化。本調查發現僑外服務業者希望政府協助比率最高的項目爲「推動生活環境國際化與優質化」。事實上，對照美商、歐商、日商提供予我國政府的建議書／白皮書，「歐洲在台商務協會」持續重點關注「推動生活環境國際化與優質化」議題，涵蓋「外籍人士平等待遇」（如外國人永久居留證應落實「永久居留」、大眾交通工具敬老優惠和消費者補貼應適用於外籍人士）、「人才吸引」（如提供具備英語能力的治療師）、

「交通與公共安全」（如緊急求助號碼統一、校車上的孩童保護裝置、道路交叉口的交通法規落實）、「英語環境」（如推行漢語拼音）等。國發會也已持續透過「工商建言及協調」平台邀集相關單位針對此議題進行追蹤並嘗試解決。[27]

又根據經濟部投資審議委員會之下列表5-2的業務統計圖表中，核准華僑及外國人投資統計總表所示，我國近十年核准華僑及外國人投資件

表5-2　我國近十年核准華僑及外國人投資統計總表

項目 年度	華僑		外國人		合計	
	件數	金額 （美金千元）	件數	金額 （美金千元）	件數	金額 （美金千元）
1952~2019.12	3,236	4,242,889	54,833	173,888,261	58,069	178,131,150
2019	20	38,754	4,098	11,157,221	4,118	11,195,975
2018	31	11,772	3,590	11,428,462	3,621	11,440,234
2017	28	9,400	3,387	7,503,791	3,415	7,513,192
2016	33	10,827	3,381	11,026,234	3,414	11,037,061
2015	49	14,844	3,740	4,782,003	3,789	4,796,847
2014	43	18,811	3,534	5,751,213	3,577	5,770,024
2013	20	8,971	3,186	4,924,480	3,206	4,933,451
2012	34	11,662	2,704	5,547,319	2,738	5,558,981
2011	19	51,533	2,264	4,903,901	2,283	4,955,435
2010	22	12,886	2,020	3,798,680	2,042	3,811,565
2009	15	8,898	1,696	4,788,993	1,711	4,797,891

資料來源：經濟部投資審議委員會，業務統計圖表，核准華僑及外國人投資統計總表。

---

[27] 經濟部投資審議委員會委託中華經濟研究院編撰，2020年僑外及陸資投資事業營運狀況調查分析（調查年度：2019年）。

數有微幅增加之趨勢，華僑之投資每年在15件到30件之間，金額亦僅在1,000萬美元至5,000萬美元之間。外國人之投資每年在1,696件到4,098件之間，有逐年成長的趨勢，金額亦僅在37億美元至110億美元之間，亦有逐年成長的趨勢。因此我國近十年核准華僑及外國人投資之總和方面，確實在件數與金額方面有顯著成長之趨勢，惟是否能配合我國之經濟與社會發展之眞正本土需求，則又是另一個必須以大數據之研析與評估，才能得到較爲嚴謹與眞切的結論。

　　然而如本書第四章所述，依據勞動部統計處2019年底申請之外國專業人員的累計人數資料顯示，總共有59萬5,060人，累計已聘僱許可之外國專業人數爲57萬487人，若單以2019年計算，則該年度有效聘僱許可人數總計爲31,125人。其中包括從事專門性技術性工作20,222人，但是華僑或外國人投資設立事業之主管工作僅3,077人，僅占當年之外國專業人員的15.2%，因而在申請以外國專業人員進入我國之投資者，所占之比率並不多，而且其並不是完全以永居之移民爲來臺之目的。另根據第四章的表4-3之合法居留外僑人數統計表，至2020年之合法居留外僑人數爲79萬7,122人，其中以商業居留者有6,907，僅占當年合法居留外僑人數的0.86%。其中移工一類就有64萬1,563人，卻占當年合法居留外僑人數的80.48%，此現象即可初估，我國之外僑居留，即以移工爲最大宗，而以商業申請居留或投資者甚少。

　　又如本書第四章所述，截至2020年1月30日止計就業金卡僅核發584張，以專長領域別分析，以經濟領域人數爲最多318人，占總核發數的55%；其次依序爲科技領域106人（18%）、文化領域65人（11%）、金融領域49人（8%）、教育領域41人（7%），如圖4-2；另以國別分析，美國134人爲最多，占總核發數的23%；其次依序爲香港90人（15%）、英國44人（8%）、馬來西亞37人（6%）、丹麥32人（6%）、新加坡26人（4%）等，如第四章之圖4-3所示。

　　我國爲了讓外籍優秀人才「進得來、留得住」，行政院會於2021年4月15日通過「外國專業人才延攬及僱用法」修正草案，放寬工作條件、鬆綁申請永久居留期間爲三年以及特定專業人才租稅優惠適用三年延長至五

年等；修正草案將送立法院審議。外國專業人才延攬及僱用法自2018年2月8日施行，成效顯著，針對高階外國特定專業人才已核發2,447張就業金卡，這次為積極加強延攬及留用國際人才，提供更具吸引力工作及居留規定，並優化租稅及社會保障等相關權益，因此提出修正草案。這次修正草案共有三大重點：1.放寬工作條件，因應雙語國家政策及海外人才回國子女教育需求，放寬教育部核定招收外國人才子女專班得聘僱外國學科教師；2.鬆綁申請永久居留規定，強化留才力道，將外國特定專業人才申請永久居留期間由五年縮短為三年；外國專業人才及外國特定專業人才在我國取得碩博士學位者，得折抵申請永久居留的連續居留期間一至二年；3.優化租稅及社會保障權益，提高具跨國經驗技術人才來臺及留臺誘因，將外國特定專業人才租稅優惠年限由三年延長至五年；而為完備國際優秀人才健保需求，放寬外國特定專業及外國高級專業人才屬僱主或自營業主，其本人及依親親屬納入健保免六個月等待期。[28]

　　梅花卡高級專業人才之申請者大多已經居住在我國之外國人為主，甚少有直接從國外提出申請。梅花卡之申請者除可從移民署服務站送件外，目前移民署亦已請外交部駐外官員及境外秘書協助宣導，並且移民署境外秘書亦能直接受理，收件後可將梅花卡申請之案件轉移民署移民事務組居留定居二科。原本梅花卡僅開放在移民署服務站作受理，近來為吸引外國技術人才，更開放境外秘書可受理國外之申請案件。移民署之梅花卡自2008年開始推行，梅花卡申請人數截至2021年之統計表如第四章之表4-1所示，其中取得我國之投資移民的梅花卡僅26人。

參、我國移民積分計點制度之發展

　　依據外國人從事就業服務法第46條第1項第1款至第6款工作資格及審查標準第5條之1之規定：「在我國公立或經立案之私立大專以上校院畢業

---

[28] 賴于榛（2021），中央通訊社，政院通過攬才專法修正草案，永久居留申請縮至3年，最新更新：2021/04/15。

之外國留學生、僑生或其他華裔學生，除符合本標準其他規定外，依附表計算之累計點數滿七十點者，得受聘僱從事第四條之工作，不受前條規定之限制。中央主管機關應就前項許可之人數數額、申請期間、申請文件及核發許可程序公告之。」而該附表中點數之計算則包括：1.學歷（最高30點）；2.聘僱薪資（最高40點）；3.工作經驗（最高20點）；4.擔任職務資格（計20點）；5.華語語文能力（最高30點）；6.他國語文能力（最高20點）；7.他國成長經驗（計10點）；8.配合政府政策（計20點）。因此我國目前僅有此「僑外生留臺工作評點」之移民「積分計點」的計點相關制度，故而外國人應在臺取得大學學士（含）以上學歷之外國留學生、僑生與其他華裔學生，並經勞動部勞動力發展署依據上述法規審核累計點數滿70點，即符合外國專業人員工作許可案件之申請資格。因此，我國僅對於外國留學生、僑生或其他華裔學生之居留於臺，有類似他國移民之積分計點制度的規範，對於經濟性之移民，則無全方位之積分計點制度的規定可資適用。

　　然而至2017年10月31日立法院正式三讀通過之外國專業人才延攬及僱用法，於2017年11月22日公布，並由行政院核定自2018年2月8日施行，為我國留才攬才立下重要里程碑。該法之要點為：1.鬆綁工作、簽證及居留規定；2.鬆綁父母配偶及子女停居留規定；3.提供退休、健保及租稅優惠等。故而其法之重要內容為，放寬對外國專業人才的簽證、居留、全民健康保險、租稅、退休等待遇。同時未來外國特定專業人才，不需透過雇主，就可申請自由轉換工作的工作許可、居留簽證、外僑居留證與重入國許可等四證合一之「就業金卡」。同時亦放寬外國專業人才聘僱期間由三年延到五年，廢止每年須在臺183天規定等新的措施。

　　至於該法之第3條規定：「本法之主管機關為國家發展委員會。本法所定事項，涉及中央目的事業主管機關職掌者，由各該機關辦理。」因此，例如雇主聘僱外國專業人才應向勞動部申請許可；聘僱有關就業服務法第46條第1項第3款之學校教師者，應檢具相關文件，向教育部申請許可。該法之第7條又規定雇主聘僱從事專業工作之外國特定專業人才，其聘僱許可期間最長為五年，期滿有繼續聘僱之需要者，得申請延期，每次

最長為五年，不受就業服務法第52條第1項規定之限制；若其之期滿有繼續居留之必要者，得於居留期限屆滿前，向內政部移民署申請延期。該法之第8條規定就業金卡之申請程序、審查、重新申請之一定條件，及其他相關事項之辦法，則由內政部會商勞動部及外交部定之。至於外國專業人才租稅優惠遞延留用之期間等租稅優惠問題，則由財政部會商相關機關定之。外國專業人才為藝術工作者，其申請之工作資格、審查基準、申請許可、廢止許可、聘僱管理及其他相關事項之辦法，則由勞動部會商文化部定之。外國專業人才擬在我國從事專業工作者，申請之條件、程序、審查及其他相關事項之辦法，由外交部會同內政部並會商中央目的事業主管機關，視人才需求定之。以上所舉該新法之種種規範，其意在放寬外國專業人才延攬及僱用標準，期為我國援引更多外國之人才，以便促進我國之經濟與各類建設之發展。

另者，行政院之教育科學文化處之資料進一步顯示，外國專業人才延攬及僱用法之遂行，其需要配合訂定或修正之子法共計11項，且涉及八個部會，皆已於行政院公報資訊網進行預告，預告期滿將可逐案對外發布。並期運用經濟部提升Contact Taiwan網路媒合人才之平台，建構成為國家層級單一全球攬才入口網站，並整合外交部、教育部、內政部等各部會資源，建置「網實合一、鏈結國際」全球一站式的攬才機制，以積極延攬外國專業人才。至於在臺灣境內，則擬再結合內政部建置之「外國專業人才申辦窗口平台」，提供外國專業人才來臺線上申辦業務，以及專人專責攬才服務；境外則由外交部及駐外館處持續強化海外長期駐點攬才及服務窗口，並由教育部擴充教育部海外人才資料庫之蒐集及運用，共同啟動全球攬才行動。因此各部會將加速完成其相關之子法，及其他配套措施之法制作業，國發會亦將對外舉辦說明會，邀集各國商會、各類外國人才團體及外國人才代表一同參與，針對外國人才專法、子法之內容及各重要配套措施等，偕同相關主政部會進行說明與規劃。

其中所謂各相關主政部會之重要配套措施，除前述已援引之法令規定之外，例如亦可由勞動部依據上述新公布之「外國專業人才延攬及僱用法」第4條及第7條規定，雇主欲聘僱外國特定專業人才，須符合相關中央

目的事業主管機關公告的科技、經濟、教育、文化藝術、體育、金融、法律及建築等八大領域所定外國人資格，並由雇主向勞動部申請聘僱許可，經許可後其聘僱許可期間最長為五年，不受就業服務法第52條最長許可三年的限制。目前科技部、金管會及法務部已將科技、金融及法律等三領域的外國人之資格公告發布，勞動部亦將配合發布應備文件規定。又如經濟部亦曾預告「外國專業人才延攬及僱用法第四條第一項第四款第二目具有數位內容產業教學專門知識或技術之專業工作」之草案，預告具有數位內容產業教學專門知識或技術之專業工作，指外國人受聘僱從事下列數位內容產業之實際技術教學工作：1.數位遊戲產業：家用遊戲軟體、電腦遊戲軟體、手遊遊戲軟體；2.電腦動畫動漫產業；3.體感科技產業；4.其他經勞動部會商中央目的事業主管機關指定之數位內容產業等等。又如教育部亦曾預告「外國特定專業人才具有體育領域特殊專長」草案，其公告內容為外國特定專業人才具有體育領域特殊專長者，須符合下列條件之一：1.曾獲國際體育（運動）比賽前三名或具優異技能有助提升我國運動競技實力；2.曾任各國家代表隊教練、國際性體育（運動）比賽裁判或具優異賽事績效而有助提升我國運動競技實力。

因此上述各類型之外國專業人才延攬及僱用等規範甚多，且其之推行牽涉之單位甚為廣泛與繁雜；因此我國之新立法對外籍專業人才而言，雖然已初具有友善的移居相關法律之保障，然而宜否如英、美、加拿大、澳大利亞以及日本等國，進一步訂定相關之子法、施行細則，或者績點計分制度，以便建構成具體可行又簡便之「整體性」的配合措施，則有待進一步的觀察與研究、規劃，以便能真正落實此專業人才延攬及僱用之立法目的與落實執行之效果。因為我國目前外國專業人才延攬及僱用處理之機構，分散於八個部會之相關業務，不但事權無法統一，雖然有前述之經濟部提升Contact Taiwan網路媒合人才平台，成為國家層級單一全球攬才之入口網站，但對於提升申請者之效率與方便性方面，不若前述各國來得容易而有效；另者，各部會各行其職責，但對於外國人才之「全方位」評等方面，無法如各國之績分計點制度來得如此全面、公平，又更難以找到在

能力、語言、社會融入與久任等多方面都能適任之專業人才。而若能有此積分計點制度之新制，或許才有可能更方便吸引投資移民之申請。因此，或可考慮另訂該外國專業人才延攬及僱用專法之施行細則，而將各國之績分計點制度的優點列入考量，而使得外國專業人才延攬及僱用以及經濟性的移民能真正發揮其效果。[29]

　　至於前美國總統川普政府之移民改革法案中，曾擬定促進就業移民改革法案（Reforming American Immigration for Strong Employment Act, RAISE Act），其之「積分」或「擇優」制雖然與英國、澳大利亞、加拿大、日本以及我國目前僅有之「僑外生留臺工作評點」等國家，所採用的積分計點制雷同，但其之規範顯得更爲嚴苛，且種種限縮綠卡申請之新規定，顯然與「民族大熔爐」之傳統移民價值，以及與世界人口移動的典範相背離。至其會否引起全球的抵制與反彈，以及會否影響其政經之發展與國際領導地位，則留待研究者進一步深入的觀察其後續之發展。然而正如美國之夢想法案（Development Relief and Education for Alien Minors Act, Dream Act），歷經多年之立法過程與爭議，因而無法塵埃落定一般，之前川普政府所提之促進就業移民改革法案，亦是歷經冗長的立法表決與爭議，至今美國政府仍難以形成兩大黨之共識而通過立法。

　　然而我國新立法公布並於2018年2月8日開始施行之外國專業人才延攬及僱用法，雖爲我國留才、攬才立下重要的里程碑，然其需要配合訂定或修正之相關之配套規範，或者相關之法規共計11項，且涉及八個部會。其雖然皆已於行政院公報資訊網進行預告，預告期滿將可逐案對外發布，然而其之落實執行似宜如英、美、加拿大、澳大利亞以及日本等國，進一步訂定相關之法規，或者績點計分制度，以便建構成具體可行之「整體性」的配合措施。因此，或許可考慮另訂其法之施行細則，而將各國之績分計點制度的優點，以及我國本土的特殊環境與狀況均列入考量，而使得外國專業人才延攬及僱用能真正發揮其效果。然而若進一步從移民的「推

29 陳明傳（2019），美國移民政策暨各國移民績分計點制度之比較研究，頁241-242。

拉理論」等經濟之因素論之，則我國經濟發展之吸引力，或許才是延攬外
國專業人才的最根本與有效之道矣。[30]

第四節　小結

　　人口移動在土地和其他自然資源的分配正義之上，各國對此第一大類
資源之分配，理應給予適當的開放與分享。惟在第二大類人爲後天所創造
之資源的權益，亦即優質的經濟活動帶來的社會盈餘或國家的各類財富之
權益，則必須加以特定條件之規範。因而移民政策作爲社會制度基本結構
的一部分，應該對最貧窮的本國人的利益負責。因此移民政策在正義的標
準上，不能僅被視爲只要道德上是可以接受的即可，而應該是從處境不利
的本國人的角度來評量，其利益分配之影響，是否能被國人所接受才能站
得住腳。就如同前述我國近期所草擬之新經濟移民法案之草案的影響評估
一般，該新立法提供取得永久居留者社會安全保障及生活協助相關措施，
但必須以不影響政府財政及國人社會資源配置爲前提。

　　我國之移民狀況，早期臺灣政治上受到兩岸關係的影響，人口移入較
少，而外移人口雖然相對的比例較高，但整體跨國人口移動仍屬較少，故
而處於類似鎖國的狀態。因而當時的移民政策，多採取「移出從寬、移入
從嚴」的政策。爲因應此外國人或者華僑至臺灣移民現象之增加的情況，
因而在投資移民之申請方面，遂有相應的移民政策之轉變與相關移民法
規之制定。其中最爲典型者例如根據2017年11月22日修正公布之外國專業
人才延攬及僱用法。而依據外國專業人才延攬及僱用法第8條之規定，外
國特定專業人才擬在我國從事專業工作者，得向內政部移民署申請核發具
工作許可、居留簽證、外僑居留證及重入國許可四證合一之就業金卡。又
內政部移民署梅花卡發給的規範之一，乃爲「外國人停留居留及永久居留

---

[30] 同上，頁249。

辦法」之中加以詳細的規範。至於新經濟移民法草案中對於「外國人」之投資移民之放寬規範方面，則根據前表5-1的比較，僅明列配偶、未成年子女得隨同永居或居留，以及社會福利與健保等之生活保障方面之放寬而已，對於投資金額方面並未有放寬之新規範。再者，從本書第四章之論述中，顯示依據梅花卡申請者至今僅217人，故其效果亦不甚彰顯。又截至2020年1月30日止，依據外國專業人才延攬及僱用法所發給外國特定專業人才之就業金卡，僅核發584張。然而至2021年4月15日行政院會通過外國專業人才延攬及僱用法修正草案，放寬工作條件、鬆綁申請永久居留期間為三年，至2021年4月止針對高階外國特定專業人才，亦僅核發2,447張就業金卡，因而此方案則仍有進一步發展的空間。所以，就業金卡之總數仍為數不甚多，故而其對該類移民之提升效果雖較為便捷，但仍屬不甚有顯著之效果。

另根據前述我國之經濟部投資審議委員會之研究報告，比較數個國家之投資移民之規定顯示我國投資移民制度對於投資人而言，可以被認為是較容易取得永久居留權之途徑。然而，加拿大魁北克之投資移民之金額規定，則較為多元，且有較多之選擇，值得我國投資移民之參考與研究。又根據前述之於我國合法居留外僑人數統計表，至2020年之合法居留外僑人數為79萬7,122人，其中以商業居留者有6,907，僅占當年合法居留外僑人數的0.86%。其中移工一類就有64萬1,563人，卻占當年合法居留外僑人數的80.48%，此現象即可初估，我國之外僑居留，即以移工為最大宗，而以商業申請居留或投資者甚少。然而我國為了讓外籍優秀人才「進得來、留得住」，行政院會於2021年4月15日通過外國專業人才延攬及僱用法修正草案，放寬工作條件、鬆綁申請永久居留期間為三年以及特定專業人才租稅優惠適用三年延長至五年等；修正草案將送立法院審議中。

另根據前述我國各類型之外國專業人才延攬及僱用等等規範甚多，且其之推行牽涉之單位甚為廣泛與繁雜；因此我國之新立法對外籍專業人才而言，雖然已初具有友善的移居相關法律之保障，然而宜否如全球之移民大國，進一步訂定相關之子法、施行細則，或者績點計分制度，以便建構成具體可行又簡便之「整體性」的配合措施，則有待進一步的觀察與研

究、規劃，以便能眞正落實此專業人才延攬及僱用之立法目的與落實執行之效果。

　　綜上所述，移民之政策或哲學，或有以「管理」爲其主軸，或有以「人權與道義」爲考量之重點。然而移民政策在正義的標準上，不能僅被視爲只要道德上可以接受的即可，而應該同時從處境不利的本國人的角度來評量，並取得其二者之平衡，才是最佳之決策。經濟型之移民政策亦應符合此觀念之規範，因而不論是前章之技術移民政策，或者本章之投資移民政策，都應作如是觀。我國在促進投資移民之政策上，透過多年之改革與努力，其效果則如前文之分析與論述，並未能達到預期之效果。至其原因甚多又複雜，然筆者以爲國家整體經濟之發展，才是吸引經濟性移民的最大動力。但是爲了求其政策分析的正確並能彰顯其效果，則運用大數據之分析，並廣泛的蒐集各類移民相關之數據，且能參考他國進步多元之政策作爲，或許乃爲我國移民政策規劃時較好的方法與模式。

參考書目

一、中文文獻

陳明傳（2020），國際執法組織之比較研究，黃文志、王寬弘主編，國境執法與合作，台北：五南圖書出版公司。

陳明傳（2019），美國移民政策暨各國移民績分計點制度之比較研究，高佩珊主編，移民政策與法制，台北：五南圖書出版公司。

二、外文文獻

Macedo, Stephen, (2007), Chapter 5 The Moral Dilemma of U.S. Immigration Policy-Open Borders Versus Social Justice? In Carol M. Swain, edited, Debating Immigration, UK: Cambridge University press.

Mann, Itamar, (2017), University of Haifa Faculty of law, Israel, Chapter

6 Imagination and Human Encounter, Humanity at Sea-maritime Migration and the foundations of International Law, Cambridge Studies in International and Comparative law, Cambridge University Press.

Perry, Stephen R., (1995), Chapter 5 Immigration, justice, and culture, in Warren FF. Schwartz edited (Georgetown University Law Center), Justice in Immigration, Cambridge Studies in Philosophy and Law, Cambridge University Press.

三、網站資料

行政院公報（2019），第025卷第107期20190611財政經濟篇，華僑及外國人投資額審定辦法修正草案總說明，https://gazette.nat.gov.tw/EG_FileManager/eguploadpub/eg025107/ch04/type3/gov31/num9/images/Eg01.pdf，搜尋日期：2021/04/25。

行政院（2021），本院新聞－行政院會通過「新經濟移民法」草案，討一國發會_新經濟移民法草案總說明，https://www.ey.gov.tw/File/B02D8A81E4B52009?A=C，搜尋日期：2021/04/10。

行政院（2021），本院新聞－行政院會通過「新經濟移民法」草案，討一國發會_新經濟移民法草案_A3大表，https://www.ey.gov.tw/File/D2BB44D11E04ADF2?A=C，搜尋日期：2021/04/10。

法務部，全國法規資料庫，外國人投資條例，https://law.moj.gov.tw/LawClass/LawAll.aspx?pcode=J0040002，搜尋日期：2021/04/10。

法務部，全國法規資料庫，華僑回國投資條例，https://law.moj.gov.tw/LawClass/LawAll.aspx?pcode=J0040001，搜尋日期：2021/04/10。

法務部，全國法規資料庫，華僑及外國人投資額審定辦法，https://law.moj.gov.tw/LawClass/LawAll.aspx?pcode=J0040014，搜尋日期：2021/04/10。

法務部，全國法規資料庫，外國專業人才延攬及僱用法，https://law.moj.gov.tw/LawClass/LawAll.aspx?pcode=A0030295，搜尋日期：2021/04/10。

林至美、賀麗娟（2018），國家發展委員會新聞稿，針對107年5月23日工商時報「專家傳真—短線思維的新經濟移民法」評論之回應，https://www.ndc.gov.tw/nc_10651_29713，搜尋日期：2021/04/10。

國家發展委員會（2021），「新經濟移民法」法案影響評估報告，https://ws.ndc.gov.tw/Download.ashx?u=LzAwMS9hZG1pbmlzdHJhdG9yLzEwL3JlbGZpbGUvMC8xMjI0NC8xNjhmYzM0Zi03NDAyLTQzZTMtYTE0NS0yYTFmMDJiZDEzNTMucGRm&n=My4xMDcxMjA05paw57aT5r%2Bf56e75rCR5rOV5qGI5b2x6Z%2B%2F6KmV5Lyw5aCx5ZGKOWumueovykucGRm&icon=..pdf，搜尋日期：2021/04/25。

經濟部投資審議委員會（2021），僑外投資負面表列—禁止及限制僑外人投資業別項目，http://run.moeaic.gov.tw/MOEAIC-WEB-SRC/OfimDownloadC.aspx?DocType=OC&FileID=9，搜尋日期：2021/05/01。

經濟部投資審議委員會（2021），業務統計圖表，核准華僑及外國人投資統計總表，https://www.moeaic.gov.tw/download-excel.jsp?do=dwn&seq=0&lang=ch，搜尋日期：2021/04/25。

經濟部投資審議委員會委託中華經濟研究院編撰（2020），2020年僑外及陸資投資事業營運狀況調查分析（調查年度：2019年），https://www.moeaic.gov.tw/download-file.jsp?id=gRFtEahdJWM%3d，搜尋日期：2021/04/25。

監察院（2007），監察院公報，我國移民政策與制度總體檢案調查報告（五），https://www.cy.gov.tw/AP_HOME/Op_Upload/eDoc/%E5%85%AC%E5%A0%B1/96/0960000192588(%E5%85%A8).pdf，搜尋日期：2021/05/05。

賴于榛（2021），中央通訊社，政院通過攬才專法修正草案 永久居留申請縮至3年，https://www.cna.com.tw/news/aipl/202104150102.aspx?utm_source=LINE&utm_medium=share&utm_campaign=lineuser，搜尋日期：2021/06/15。

顏慧欣等（2021），經濟部投資審議委員會—全球主要國家投資移民政策

及法規研究期末報告，2021年2月18日發表，http://www.moeaic.gov.
tw/download-file.jsp;jsessionid=9E759C02A8A81D2419EC89DB3F2353
4B?id=HDc4Of33iNk%3D，搜尋日期：2021/05/01。

WISE，加拿大投資移民指南：申請條件及費用一覽，https://wise.com/zh-
hk/blog/canada-investment-immigration，搜尋日期：2021/04/11。

British Columbia Canada (2021), BC PNP PATHWAYS, available at: https://
www.welcomebc.ca/Immigrate-to-B-C/B-C-Provincial-Nominee-
Program/BC-PNP-pathways, last visited: 2021/04/12.

Government of Canada (2021), How the Provincial Nominee Program (PNP)
works, available at: https://www.canada.ca/en/immigration-refugees-
citizenship/services/immigrate-canada/provincial-nominees/works.html,
last visited: 2021/04/12.

Government of Canada (2021), Comprehensive Ranking System (CRS)
Criteria-Express Entry, available at: https://www.canada.ca/en/
immigration-refugees-citizenship/services/immigrate-canada/express-
entry/eligibility/criteria-comprehensive-ranking-system/grid.html, last
visited: 2021/04/12.

Immigration, Quebec Canada (2021), Selecting one of the three immigration
programs for businesspeople, available at: http://www.immigration-
quebec.gouv.qc.ca/en/immigrate-settle/businesspeople/applying-business-
immigrant/three-programs/index.html, last visited: 2021/04/12.

US Citizenship and Immigration Services (USCIS) (2021), EB-5 Immigrant
Investor Program, available at: https://www.uscis.gov/working-in-the-
united-states/permanent-workers/eb-5-immigrant-investor-program, last
visited: 2021/04/11.

第六章

人道援助移民與難民庇護之政策分析

江世雄

第一節　前言──移民與難民

　　移民，是人類的異地移動，其發生可能是國境之內，也可能是跨國境的移動。在人類生存與發展的本能驅使之下，人類的移動或移居係屬於一種自然的過程。今日諸如美國此類移民國家，其國家人口結構的形成蘊藏著歷史性的發展因素，就移民個人而言，驅使他們移徙的原因與背景相當眾多，也因此在當今移民相關研究當中，發展不少相關移民理論[1]。

　　今日的世界，已經是一個移民現象常態發生的時代，不論境內或跨境，移民已經成為普遍的現象。前者的情況可能存在於一國境內邊陲地區的人民基於經濟等因素往中心區域移動，造成人口集中於特定都會城市的現象。後者則從全球的角度觀察，中低度開發中國家的人民基於經濟等因素大量往高度已開發國家區域移動，無論哪種情況，都是人口移動上的推拉因素的共同作用，導致現代社會中普遍的移民現象[2]。

　　難民，就分類上亦屬於移民的一種類型，然其要素上則多了基於某種特定原因而被迫逃離居住地，因人道與人權上的特殊考量，而成為國際社會關注的重要議題。在國家政策上，一般性移民可以被視為人口政策的一環，但難民問題則屬帶有政治性質的涉外事務，不同於前者，難民的接納與待遇往往是國家處理涉外事務上的難題。

　　鑑於移民與難民在本質上所存在的差異，本文探討人道援助與庇護之相關議題，係以政治性難民為主要關切對象，而將一般經濟性或家族性等移民排除在外。在本章論述之架構上，本文將從人道干涉之實踐以及庇護法理兩個層面探討國際社會難民保護的相關課題。

---

[1]　陳明傳（2014），移民之相關理論暨非法移民之推估，陳明傳等著，移民的理論與實務，桃園：中央警察大學，頁29-66。

[2]　陳明傳、高佩珊（2014），緒論，陳明傳等著，移民的理論與實務，桃園：中央警察大學，頁12-19。

第二節　人道干涉與難民保護

壹、內政不干涉之法理發展

一、定義

　　所謂內政不干涉原則，乃是國家對於他國管轄之事務，也就是他國之內政，負有不得加以干涉之義務。因此，內政不干涉不僅是一項原則，也是近代國家作為一個主權國家所應擔負之義務。內政不干涉原則和所謂國家主權獨立原則基本上是一體兩面的概念，蓋因各國主權對外獨立，相互尊重彼此主權，互不干涉，因此內政不干涉原則事實上就是國家主權獨立原則的延伸，以主權獨立國家為組成分子所建構的傳統國際社會才得以穩固發展。

　　再者，「干涉」一詞所指涉的具體行為，不僅包含軍事武力上的強制作為，也包含了以政治或經濟等其他層面的形式介入他國之內部事務。內政不干涉既然是由國家主權獨立原則所衍生，基本上也是從近代歐洲國際社會所發展而來，當時歐洲各國各自主張主權獨立，互不干涉各國內部事務。在傳統國際社會當中，國家所得介入他國事務的基礎基本上僅止於對於在他國領域內之本國人所進行的外交保護[3]。

　　內政不干涉原則的早期發展，源自於以歐陸國家為主要組成分子的歐洲國際社會，因此直到19世紀帝國殖民時期，此一原則僅適用於彼此強調主權獨立的歐美文明國家之間，並不適用於歐美以外的地區。在此情況下，對於當時歐美殖民帝國而言，僅有歐美文明國才係屬於主權獨立國

---

[3] 外交保護乃是傳統國際法中國家所享有的一項習慣法上的權利，其定義為：「指一國對於另一國國際不法行為給屬於本國國民的自然人或法人造成損害，通過外交行動或其他和平解決手段援引另一國的責任，以期使該責任得到履行。」參照外交保護條款草案案文第1條，聯合國國際法委員會第58屆會議工作報告，https://legal.un.org/ilc/reports/2006/chinese/chp4.pdf，搜尋日期：2021/04/20。

家，面對其他亞、非洲等地區人民受到當權者之宗教上的迫害或人權侵害事件，歐美文明國乃以「人道干涉」之名義使其武力介入乃至於殖民統治取得合法化的基礎[4]。甚至提出在國際法與國內法之上存在一種「人道之法」（droits de l'humanité）的上位法概念，非文明國之統治若違反此一人道之法，則歐美文明國即可以援引該法對於非文明國行使干涉權，對非文明的亞非國家進行武力干涉[5]。

二、聯合國成立之後的發展

　　從傳統國際關係的發展觀察，內政不干涉原則和國家之間所進行的戰爭行為或武力行使或威嚇有著緊密關聯。因此內政不干涉原則為國際社會從事戰爭違法化的國際努力提供了論述邏輯上的重要依據。聯合國憲章第2條第4項規定[6]，禁止武力行使或威嚇的法律用語為內政不干涉原則的確立提供再次的保證。1965年聯合國大會通過「1965年12月21日第2131(XX)號決議關於各國內政不容干涉及其獨立與主權之保護宣言（簡稱內政不干涉宣言）」，也是再次確認戰後去殖民化的過程中獨立的新國家不受外來的武力威脅或侵略，保有其政治上的獨立與領土完整。其開宗明義第一段即提到：「任何國家，無論為任何理由，均無權直接或間接干涉任何其他國家之內政、外交，故武裝干涉及其他任何方式之干預或對於一國人格或其政治、經濟及文化事宜之威脅企圖，均在譴責之列。[7]」

三、內政不干涉與國內管轄事項

　　隨著國際法與其相關理論概念的發展，由主權國家所組成的國際社

---

[4]　藤田久一（2003），國際法講義I，東京：東京大學出版會，頁196-197。

[5]　同上。

[6]　聯合國憲章第2條第4項：「各會員國在其國際關係上不得使用威脅或武力，或以與聯合國宗旨不符之任何其他方法，侵害任何會員國或國家之領土完整或政治獨立。」

[7]　聯合國，關於各國內政不容干涉及其獨立與主權之保護宣言，https://www.un.org/zh/documents/treaty/files/A-RES-2131(XX).shtml，搜尋日期：2021/04/20。

會，雖係以主權的獨立自主爲其成立前提，但主權國家得依據國際法決定相關事項，達成合意，共同遵守。不過，另一方面，國與國之間所有權利義務關係的順利運作均必須透過國家同意下的主權限制加以確立。換言之，在「同意必須遵守」（*pacta sunt servanda*）的國際法成立之前提理論下，國家對於其所簽署並對其生效的條約必須善意遵守，在條約所規範的內容範圍內，其國家主權與管轄權之主張與實施必須受到條約法上的限制。[8]

因此，在「同意必須遵守」的命題之下，國家僅有在其所同意之國際法規範內受其拘束，相對的，國際法規範原則上並未主動介入或干涉國家對於其領域內的實質統治事務，在此部分均委由各個國家的主權自由裁量，一般稱此爲「國內管轄事項」，具體的內容可以包含了一國之憲法制度、政治制度、與國民權利義務有關之國內法令等。國家爲了有效管理其領域內的秩序與事務，並有效規範其領域內的人民的活動，在此範圍內原則上禁止其他國家干涉一國之內政事務，國際法上稱爲「內政不干涉原則」，此部分的國內管轄事項若可任由他國介入干涉，當然牴觸作爲主權國家所應享有之獨立性與排他性。

然而，內政不干涉雖爲國際法上的原則，但該原則本質上並非源自於國家主權的必然結果[9]。因爲「內政」本身在概念與範圍上基本上存在不確定性。主權國家可能基於（明示的或默示的）合意而將國內內政事項委由國際管轄介入，因此哪些事項係屬於國內的內政事項抑或是國際管轄事項，基本上可能隨著時代演進而有所變化。當然，內政不干涉原則能被正當化的部分係屬於依照當時國際法規範係屬於保留給國家主權裁量的範圍，也就是上述所謂的國內管轄事項。[10]

國際法上開始針對國內管轄事項的範圍進行正面討論始於20世紀初

8　維也納條約法公約第26條：「凡有效之條約對其各當事國有拘束力，必須由各該國善意履行。」。

9　奧脇直也、小寺彰編（2002），国際法キーワード，東京：有斐閣，頁11。

10　同上。

的國際聯盟盟約之締結。在此之前，有關國內管轄事項的判斷，基本上係屬於各國基於主權所進行政治判斷的問題，舉凡未有條約之限制規定且本質上係與國家存在之根本有直接關係者，均被認爲是國內管轄事項，若有他國對此類事項加以恣意干涉，則屬侵害一國之獨立主權[11]。

第一次世界大戰之後的國際社會，戰爭違法化的概念逐漸成形，儘管最終在國際聯盟盟約的規定上並未達成戰爭完全違法化的目標[12]。不過，在內政不干涉原則方面，國際聯盟盟約第10條規定保障成員國的領土完整，免於受到外來侵略，以及政治獨立問題。從此一規定可知，此時期所謂的干涉主要著眼於軍事方面的強制介入而言，而事實上在當時國際關係發展之下，隨著國際組織的成立與各類條約的簽訂，原先國內管轄事項大多委由各國的政治判斷，在法律層面並未有明確的範圍規範的情況逐漸改變。在概念上，國內管轄事項的對象事務並非屬於固定範圍，隨著國際關係的頻繁交流與發展，原本屬於國內管轄事項的事務逐漸地被納入條約規定，而成爲條約義務的一部分，就此各該條約的締約國在此類事務方面即受到條約義務的規範，不得再主張係屬於各國可以自由裁量的國內管轄事項。換言之，針對國內管轄事項乃至於其效力問題，國際法規範開始在程度與範圍上加以進行限制。例如有關國籍賦予的條件，一開始係屬於國內管轄事項，但戰後以來一國賦予人民國籍的法律效力，若要在國際法上對抗第三國，則必須符合國際法所規定要求的「眞正結合」的要件。[13]

四、難民人權保護與國內管轄事項之轉化

戰後以來，聯合國憲章倡議人權保障的重要性[14]，之後的1948年「世

---

[11] 山本草二（1994），國際法，東京：有斐閣，頁215。

[12] 國際聯盟盟約第12條。

[13] 諾特邦案。參照黃居正（2011），諾特邦案（Nottebohm Case）：國籍的意義、得喪與承認，臺灣法學雜誌，185期，頁37-44。

[14] 聯合國憲章前言以及其第1條第3項規定聯合國的宗旨在於促成國際合作，以解決國際間屬於經濟、社會、文化及人類福利性質之國際問題，且不分種族、性別、語言或宗教，增進並激勵對於全體人類之人權及基本自由之尊重。

界人權宣言」（Declaration of Human Rights）開啓了戰後國際人權法的急速發展，而難民議題也始終是戰後國際人權法的重要一環。難民問題就是人權問題的一部分。戰後取得重大發展趨勢的國際人權條約，其相關人權規定在適用上也應當包含難民在內[15]。世界人權宣言第14條第1項規定，「人人爲避迫害有權在他國尋求並享受庇身之所」。1951年通過的難民地位公約可說是戰後國際人權法在特定領域的人權法律文件，因爲該公約特別針對難民此一特定族群的人權保障事項達成共識與規範。儘管1951年難民地位公約與1969年難民地位公約議定書係屬於難民保護的重要國際法文件，但依據這些文件規定，難民所能獲得公約締約國的保護或保障並不僅止於這兩個難民條約所規範的內容，1951年難民地位公約第5條也同時規定，「本公約任何規定不得認爲妨礙一個締約國並非由於本公約而給予難民的權利和利益」。在此範疇下，難民所得享受的權利內容自然不僅限於這兩個難民保護的國際文件，其他相關人權條約所規範的基本權利內容在邏輯上也同樣適用於難民本身[16]。在相關聯合國大會的決議當中，也不斷重申此一立場[17]。人權條約的規範體系同樣也適用於難民議題[18]。

在戰後國際人權法與難民法的交錯發展之下，難民保護已與人權保障議題相互緊密結合。今日人權被視爲一種普世價值，在國際法（人權公約）上亦課以各國有平等保障所有人之人權的義務，甚至人權條約亦設置相關國際性人權監督保障機制。因此，國際法關於個人保護方式，一開始是定位爲「國內管轄事項」、「國際共同關心事項」，其後逐漸演變爲

---

[15] Daniel Moeckli etc., ed. (2010), International Human Rights Law, 2nd ed., Oxford University Press, p. 526.

[16] Daniel Moeckli etc., ed. (2010), International Human Rights Law, 2nd ed., Oxford University Press, p. 517.

[17] UNHCR, Thematic Compilation of General Assembly and ECOSOC Resolutions (Sep 2011), available at: http://www.unhcr.org/3e958fcf4.html, last visited: 2021/03/31.

[18] Committee on the Rights of the Child, General Comment No6 on the Treatment of Unaccompanied and Separated Children outside their Country of Origin, 2005, HRI/GEN/1/Rev.9 (Vol II)441.

「他國有權介入事項」，已非屬內政干涉的範疇[19]。

貳、人道干涉與難民人權議題

一、人道干涉概念之形成背景

　　上述提到內政不干涉的原則與其例外，而所謂的例外情況，除了當事國同意之外，是否存在符合國際法規範上的其他合法干涉？在難民議題上，時常提及所謂人道干涉（humanitarian intervention），基於此種人道干涉所進行的國際難民保護措施是否有其正當性，在此進一步討論。

　　論起人道干涉的起源可以歸結到上述國內管轄事項之質變。在19世紀的國際社會當中，考量於一國內部發生重大自然災害等急迫危險，導致人民面臨重大傷害與迫切危險之情況下，而在當事國同意之下所進行的人道援助事項。另一個有關內政不干涉原則的變化，則是反映在不干涉原則的例外方面。例如，若取得當事國合法政府的同意之下所進行的干涉，係屬於國際法上不干涉原則之例外，當然一般而言在此情況下，一國同意他國之干涉大多基於當事國之間所簽署的國際條約，例如雙邊或多邊的共同防禦條約或是基於聯合國憲章所發動集體安全體制等。[20]

二、人權保障、人道干涉與人道援助

　　人道干涉的定義，各有論說，並未有定論。一般而言，從歷史發展來

---

[19] 小尾尚子（2004），難民問題への新しいアプローチ？東京：國際書院，頁213。

[20] 聯合國集體安全保障（collective security）係指在聯合國憲章第2條第4項建立的全面禁止武力使用的前提之下，聯合國憲章賦予安全理事會擁有維持世界和平與安全的最優越權限，憲章第七章之下所建構的集體安全制度，賦予安全理事會有權決定是否存在任何破壞國際和平或構成對國際和平之威脅，並由安全理事會決定應針對侵略者採取何種經濟或軍事措施。參照姜皇池（2008），國際公法導論，台北：新學林，頁75-76。Malcolm N. Shaw, (2014), International Law (7th ed.), Cambridge University Press, p.897.

看，最初的人道干涉和以軍事行動介入他國內部事務有高度關聯，大多的情況是大國以人道干涉的名義作為其以軍事行動介入他國事務的正當化基礎。例如19世紀西歐諸國以保護天主教徒之名義軍事干涉鄂圖曼土耳其帝國，或者戰後印巴衝突以及越南介入柬埔寨波普政權等[21]。

　　大致上而言，當前有關人道干涉的主要意涵，仍在於「在某個國家內部，當其人民明顯地陷入人道危機之時，國際組織或者其他的一個或多個國家，基於人道上的動機與目的，以軍事行動力圖強制地解決該危機的一連串行動」[22]。早期的人道干涉帶有強烈的軍事政治上的目的，引起國際社會，特別是小國或弱國之反感與警戒。戰後以來，隨著人權保障思維的興起，人道干涉的理論與實踐逐漸偏向於「人道援助」（humanitarian assisance）的性質發展。人道援助意味著當一國或地區發生武力紛爭或自然災害等緊急事態之際，有立即必要給予受災者提供救濟的情況[23]。

　　戰後在以聯合國為中心所架構的集體安全保障架構下，人道干涉的討論主要關注於以聯合國為中心所進行的軍事干涉，以及武裝衝突當事者之間的政治與軍事關係。到了1990年代進入所謂後冷戰時期開始，人道干涉的討論雖仍與軍事行動有密切關聯，不過國際社會除了力求爭端的軍事解決途徑之外，開始將人道干涉的主要目的移轉到難民等紛爭受災者的援助與人道保護方面[24]。因此，在後冷戰以來，人道援助下的人道干涉意涵，可以理解為在相關國際組織，例如聯合國（特別是安全理事會）的授

---

[21] 上野友也（2003），国際人道支援の発展と人道的介入の導入紛争被災者の救援と人道機関職員の保護のために，東北法学，21期，頁216，下方注2。

[22] 響場和彦（1998），人道的介入の視点から見た旧ユーゴスラヴィア紛争：ボスニア UNPROFORに関する「正当性」「実効性」の観点からの検証，国際公共政策研究，2卷1期，頁113。

[23] Kevin M. Cahill, ed. (1998), A Framework for Survival: Health, Human Rights, and Humanitarian Assistance in Conflicts and Disasters, Rev. and updated., New York: Routledge, 1999; Jennifer Leaning, et al., eds. (1999), Humanitarian Crises: The Medical and Public Health Response, Cambridge, Mass.: Harvard University Press.

[24] 上野友也（2003），国際人道支援の発展と人道的介入の導入紛争被災者の救援と人道機関職員の保護のために，東北法学，21期，頁215。

權之下，由一個或多個國家，或者某一區域性國際組織所採取的一種軍事行動，其目的在於遏止或預防對於非干涉國人民進行嚴重、大規模且系統性人權侵害事件的發生[25]。從此一要素觀之，人道干涉的前提必須存在所謂「嚴重且大規模的人權違反」（gross and large-scale violations of human rights）[26]或者「人道危機」（humanitarian crisis）。此處的人道危機，自然係屬於上述要素中所稱的一種「嚴重且大規模的人權侵害事件的發生」[27]。

職是之故，後冷戰初期的人道干涉實踐，主要係針對緊急危難的特別情勢所引發的人道危機，意即一種「嚴重且大規模的人權侵害事件的發生」所進行的對應措施。1990年第一次波灣戰爭之前後時間點，有關伊拉克境內的庫德族難民問題，聯合國大會以全體一致通過決議第43/131號以及第45/100號，安理會亦通過決議第688號。在大會的兩個決議當中，考量受影響國之國家主權，人道援助應屬受影響國之優先權限，若該國無力也無法進行救助時，則認可國際組織與民間團體的人道援助資格。而後者的安理會決議主要在於譴責當時的伊拉克海珊政權對於庫德族的鎮壓構成該區域之和平與安全的威脅，要求伊拉克政府停止鎮壓並允許國際人道團體的立即入境救助。[28]此為人道干涉的合法性提出劃時代的論點依據[29]。人道干涉與以強制力保護在外國民不同，單純的人道干涉，也就是在欠缺被干涉國之同意之下，為了被干涉國之人民所進行的人道干涉，在習慣國

---

[25] W. Verwey, (1986), Humanitarian Intervention, in A. Cassese ed., The Current Legal Regulation of the Use of Force, Dordrecht: Nijhoff, p. 57.

[26] Roger-Claude Liwange, (2015), The meaning of gross violation of human rights: A focus on international tribunals' decisions over the DRC conflicts, Denver Journal of International Law and Policy, 44(1), pp. 67-81.

[27] Humanitarian Coalition, What is Humanitarian Emergency? available at: https://www.humanitariancoalition.ca/info-portal/factsheets/what-is-a-humanitarian-crisis, last visited: 2021/04/10.

[28] 佐藤哲夫（1993），国際社会の共通利益と国際機構—国際共同体の代表機関としての国際連合について，大谷良雄編，共通利益概念と国際法，東京：國際書院，頁88。

[29] 山本草二（1994），國際法，東京：有斐閣，頁229。

際法上尚未成立此種行動的合法性與正當性。在此情況下，上述聯合國安理會第688號決議，可以說是為單純的人道干涉之正當化開闢實驗性的開端[30]。

　　基於難民保護或人權保障等理由，在未獲得聯合國的正當授權下，以人道干涉之名所進行的介入他國內政的軍事行動，是否違反聯合國憲章或其他相關國際法規範之疑慮[31]。在學術論說上，分為兩派見解。少數見解認為，以人道干涉名義對於他國發動軍事行動基本上並未違反聯合國憲章第2條第4項禁止使用武力或武力威脅之規定，或者認為人道干涉的原因依據可能構成習慣國際法的一部分。相對於此，多數見解認為，人道干涉與聯合國憲章第2條第4項禁止使用武力或武力威脅之規定儘管相衝突，然而，此種未獲授權的人道干涉卻可能在道德上及（或）政治上被正當化，並且在符合特定條件之下即使在法律上亦可被免責。[32]多數見解採取此一折衷看法，事實上亦是戰後以來人道干涉實踐上所存在的客觀事實，與現行聯合國憲章規定的一種法解釋上的調和。換言之，就聯合國憲章規定來看，現代國際法之下所得例外允許合法行使武力的情況僅限於聯合國憲章第51條所明文規定「行使單獨或集體自衛之自然權利」[33]，也就是聯合國

---

[30] 斉藤惠彦（1992），人道的緊急救援權と国家主権、湾岸戦争が残したある重要問題，法学ゼミナー，448号，頁24。

[31] 人道介入的批評者則有不同的見解。這樣的批評並非對於人道介入的存在本身，而主要來自於人道介入的適用標準。換言之，在何種情況下，一個合法的人道介入才是被允許的？如果未能有普遍受接受的基準，則選擇性的適用或者適用基準不一致，勢必招致對於人道介入的嚴重質疑與批判。例如對於波士尼亞、科索沃或利比亞的局勢被西方國家認定為係屬於正當人道介入的適用，然而同樣的情況在盧安達內戰情況，則未必有相同的適用標準。藤田久一（2003），國際法講義I，東京：東京大學出版會，頁36。

[32] Terry D. Gill, (2015), Humanitarian Intervention, Terry D. Gill and Deiter Fleck ed., The Handbook of the International Law of Military Operations, Oxford University Press, p. 248, note 9.

[33] 聯合國憲章第51條：「聯合國任何會員國受武力攻擊時，在安全理事會採取必要辦法，以維持國際和平及安全以前，本憲章不得認為禁止行使單獨或集體自衛之自然權

會員國僅得在基於單獨自衛以及集體自衛兩種特別情況之下，始得例外行使武力。據此解釋，人道干涉自然不屬於聯合國憲章所允許得據以發動軍事行動的合法基礎，這也是多數說見解當中所採取的前段論理。至於後段主張若符合特定條件，基於人道干涉所發動的軍事行動亦可能在現代國際法之下獲得法律上違法性的豁免。如此的解釋論理主要來自於戰後以來國際人權法上的積極發展，透過一樣是聯合國憲章所揭示保障的人權理念，以人道干涉達到人權保障的邏輯解釋提供在此種情況下行使軍事行動的合理性基礎。

三、難民人權保障與人道干涉的質變

如上述所強調，在人道干涉概念與其實踐的發展過程中，一個重要的關鍵要素在於當事國同意原則，若未取得當事國之同意，任何名義下的人道干涉將被認為不具正當性甚或合法性。此一要素自然源自於傳統國家主權對外具有排他性的性質，因此若未有當事國同意，仍受到傳統以來內政不干涉原則的約束。

然而此種傳統主權觀下的人道干涉，雖屬內政不干涉的例外情況，但必須獲得當事國之同意下才得進行。然而，戰後以來國際社會屢屢發生嚴重內戰或武裝衝突，在此種因非常事態導致中央政府失能的「失敗國家」（failed states）[34]當中，在客觀事實上已經無法取得當事國同意之情況，國際社會現實上無法進行有效爭端解決的措施。更重要的是，在現代社會人權保障與人道援助的道德思維之下，當務之急在於如何對於武裝衝突下生命、身體或財產受到嚴重威脅與迫害的一般人民提供即時有效的保護，成為今日國際社會對於發生內國或區域衝突時主要關注的課題。

利。會員國因行使此項自衛權而採取之辦法，應立向安全理事會報告，此項辦法於任何方面不得影響該會按照本憲章隨時採取其所認為必要行動之權責，以維持或恢復國際和平及安全。」

[34] 林文謙、傅恆德（2014），世界政治中的失敗國家：概念、發展路徑及重建策略，人文社會科學研究，8卷1期，頁57-78。

　　事實上，針對戰後以來發生的大規模侵害人權或人道危機的內國或區域衝突，在聯合國所主導的人道援助任務，其任務內容與對象已經有了不同以往的改變，除了自然災害之外，其他緊急狀況所構成的人道危機均可能成爲聯合國援助事務的支援對象。當然，在此所謂人道危機一詞所涵蓋的範圍可能來自自然災害與其他人爲的災害，包含氣候變遷與環境惡化等因素造成的人道危機[35]。

　　然而，在現代的國際關係當中，一國內部所發生的人道危機在大多數的情況之下包含了對於大多數人民的人權侵害事件，因此人權事項開始逐漸地脫離不干涉對象的國內管轄事項。換言之，在現代聯合國憲章之下，內政不干涉仍屬現代主權國家所應承擔的義務，但在特別情況之下，例如大規模人權侵害事件或人道危機等事態發生之時，人權事項非屬國內管轄事項，而成爲現代國際社會所共同關心的事項。

　　如此思維的轉換與戰後以來以聯合國憲章以及世界人權宣言爲開端，開始了國際人權立法的發展有關。具體言之，體現人權保障的普世價值，乃是聯合國此一普遍性國際組織與戰前國際聯盟所存在重大差異之一，而戰後在聯合國主導之下，通過不少相關人權條約，建構了當今整個國際人權法的國際法律架構與內涵，此一發展均使得人權事項已非屬國內管轄事項，而成爲國際共同關心事務。儘管仍有國家或相關學說對於此種解釋途徑抱持反對主張，不過隨著人權相關條約與國際實踐的累積，人權保障已經開始具備習慣法乃至於國際法強行規範的性質，有關一國對於人權保障的履行實施涉及到國際法遵守的問題，既然如此則此類事務應當排除於內政不干涉之適用對象之外，甚至必須容忍相關國際組織之介入。

四、人道援助與開發援助

　　戰後以來的難民問題處理政策，單純地基於人道主義的考量進行相關的援助活動與措施。此種思維在1970年代開始，國際社會開始進行檢討與修正，此種思維與策略的轉換主要在於聯合國難民高級專員總署（The

---

[35] See. A/65-82-E/2010/88.A/66/8-E/2011/117.

United Nations High Commissioner for Refugees, UNHCR）在難民人道救助方面的方針轉變。具體而言，有鑑於戰後以來難民問題逐漸趨於長期化甚至常態化，無法達到使得大部分的難民「自主回歸」的目標，大量居停留於避難國境內的難民救助工作，早已超出當時難民保護相關國際公約與機制所設定的援助能量範疇與能力，造成國際難民組織援助能力的過度消耗，UNHCR於是在1970年代開始進行策略轉換，將既有一元性的難民救助事業，進一步轉換為難民救助與開發援助二元性途徑。換言之，除了難民救助相關措施之外，難民救助既是救助事業，則應該有必要同時將經濟開發支援層面納入整體救助事業之規劃當中。

對於後冷戰以來時常發生的大規模難民危機，開發援助的基本思維在於，無法達成「自主回歸」的大量難民，對於第一次難民接受國而言造成社會與經濟上的重大負擔，如何減輕第一次難民接受國的負擔，或者持續維持第一次難民接受國接納與救助難民的能量，將是難民救助事業成功的首要關鍵。[36]當然也涉及到其他國家是否接納難民的意願。因為若難民接受的結果造成國家安全的疑慮、社會資源的不公與經濟的衰退乃至崩潰，勢必衍生沒有國家願意承擔接納廣大難民的工作。

參、保護責任與國際難民保護政策

一、保護責任的概念形成

1990年代冷戰結束之後，聯合國對於東歐、中亞、非洲或中東等區域所發展的武裝衝突，囿於憲章制度設計上的桎梏，無法採取合法的武力行使介入各該地區或國家內部的衝突事務，導致國際社會的安全秩序受到威脅，並因此進一步爆發大規模人道或人權的危機，1990年代以來的區域衝突顯示出聯合國無法有效發揮憲章所賦予該組織維持世界和平與秩序的

---

[36] UNHCR (1994), Returnee Aid and Development (EVAL/RAD/15). Geneva: UNHCR.

任務。因此，有鑑於人道干涉所引發的法律爭議以及人道標準認定不一的爭議，聯合國開始摸索除了聯合國憲章以外的合法正當干涉他國或區域內武裝衝突或人道危機的理論途徑以及法律依據的建構。

在經過一番努力之後，2001年聯合國建構了所謂「保護責任」（Responsibility to Protect，以下簡稱R2P）的理論架構，對於人道干涉的法理基礎進一步提供理論依據。此項概念最早由2001年聯合國大會決議通過，成立「干預及國家主權國際委員會」（International Commission on Intervention and State Sovereignty），該委員會於2001年12月提出此一名為保護責任的報告書[37]。概略而言，該報告書揭示了兩個重要的原則。第一是在國際和平與秩序的聯合國架構下的國家主權的重新定位。所謂國家主權，同時意味著一種保護責任，亦即保護國民的主要責任在於主權國家本身。第二是國家因內戰、叛亂、壓迫或國家失序等結果導致人民遭受莫大迫害，且該國家沒有終止該迫害的意思或能力時，保護的國際責任將優先於內政不干涉原則。在此，其特別提到國際保護責任已經凌駕不干涉原則之上[38]。換言之，在此保護責任的概念下，嚴重侵害人權的國家不能援引內政不干涉原則對抗國際社會要求其善盡保護人權的要求或主張[39]。此一概念的發展特別對於國際人權侵害事件與主權內涵之間的關係提供了新的解釋途徑。

---

[37] The Report of the International Commission on Intervention and State Sovereignty, The Responsibility to Protect (Dec. 2001), available at: https://www.un.org/en/genocideprevention/about-responsibility-to-protect.shtml, last visited: 2020/12/01.

[38] Supra note 25, XI.

[39] 郭雪眞（2014），聯合國「主權保護責任」與「人道軍事干預」規範的社會建構：建構主義的觀點，政治科學論叢，62期，頁86。此種由國際社會承擔人道危機的緊急事態的責任，例如1991年北部伊拉克、1993年索馬利亞以及1994年的海地危機當中所進行的人道援助，均屬於此種人道援助型態的初步發展。Howard Adelman, (1992), Humanitarian intervention: The case of Kurds, International Journal of Refugee Law, 4(1), pp. 4-38.小尾尚子（2004），難民問題への新しいアプローチ？東京：國際書院，頁214。

　　在內容上，該報告書主要有以下幾個特徵[40]。第一，從「人道干涉」的架構轉變為「保護責任」的架構。在以往的人道干涉的架構概念下，討論焦點大多集中於「干涉的主體」以及人道的標準意涵，造成架構運作上產生行動合法性與權利濫用的質疑。相對於此，報告書將焦點集中於「保護的客體」，將「人的保護」列為保護責任架構下的問題加以理解處理。除了紛爭解決之外，將重點移轉至如何因應生命受到嚴重威脅的個人的需求，而採取多元可能的人道危機解決方案。第二，確認保護責任的主體在國內層次為國家，在國際層次則為聯合國安理會的架構基礎。特別在國際層次，該報告書擴大聯合國安理會在「維持國際和平與安全」的主要責任，將保護責任納入以聯合國為中心的安全保障體制當中。第三，保護責任在人道目的之下不僅採取「對應責任」（responsibility to react）的武力行使模式，同時也著眼於「預防責任」（responsibility to prevent）以及「重建責任」（responsibility to re-build）等概括性的概念。第四，在以人道目的進行的武力干涉方面，應僅限於「大規模人命犧牲」（large scale loss of life）與「大規模種族清洗」（large scale ethnic cleansing）的情況，同時針對武力的使用必須符合「意圖正當性」（right intention）、「手段最後性」（last resort）、「手段比例性」（proportional means）以及「合理期待性」（reasonable prospects）[41]。最終的特點在於請求聯合國安理會常任理事國謹慎行使否決權，避免否決權的過度濫用而阻礙保護責任的具體履行[42]。在現行聯合國體制之下，不可否認地維持國際和平與秩序的最高權限者仍在於安理會，除此之外，聯合國與其下其他國際機構並未有如此優越權限，在此限制下，唯有設法強化與擴大聯合國安理會本

---

[40] 掛江朋子（2012），武力不行使原則の射程　人道目的の武力行使の観点から，東京：國際書院，頁213-214。

[41] Supra note 25, XII, pp. 35-37.

[42] Supra note 25, 6.19-6.21.

身權限的活用與效用一途[43]，因此，此報告書有鑑於安理會過去在通過相關重要決議時過度使用否決權之結果，致使重要的國際人道干涉措施無法有效行使，在報告書當中期待未來安理會在重要國際安全議題上發揮其應有的功能。

　　總的來說，本報告書將國際社會重大的安全問題定位為非干涉者的權利，而是基於人道保護上的必要，賦予國家應有之責任與聯合國安理會之國際社會責任的角度，建構未來國際社會因應重大人道危機之普遍性對策[44]。

　　在2001年的報告之後，聯合國內部機構又陸續通過幾項與此緊密相關的決議或宣言，例如，聯合國秘書長於2005年提交給聯合國大會的一份名為「邁向更大的自由」（In Larger Freedom）的報告中[45]，確認此種針對大規模人權侵害下的主權解釋新途徑。時任聯合國秘書長的安南（Kofi Annan）在此報告書中提到：

　　　「我相信國際社會必須接納保護責任，而且在必要時，我們必須有所行動。最重要的是，此一責任存乎每一個國家，國家存在的根本（primary raison d'être）與義務就是在於保護其人民。然而，當國家當局不能或不願意保護其人民時，則此一責任將轉予國際社會，使其使用外交的、人道的或其他的方法去協助保護平民的人權與幸福。當這些方法有所不足時，安全理事會出於必要可依據聯合國憲章採取行動，如受要求亦包含強制行動在內。」[46]

---

[43] 掛江朋子（2012），武力不行使原則の射程　人道目的の武力行使の觀点から，東京：國際書院，頁214。

[44] 同上。

[45] Report of the Secretary-General, In larger freedom: towards development, security and human rights for all, A/59/2005, 21 March 2005, available at: https://www.un.org/en/events/pastevents/in_larger_freedom.shtml, last visited: 2020/12/01.

[46] Supra note 34, para.135.

2005年9月聯合國迎接成立六十週年，各會員國元首召開世界高峰會，在該會議中通過「2005年世界高峰會成果決議」（2005 World Summit Outcome）[47]，此一聯合國秘書長報告以及上述保護責任報告書的主要概念也被納入其中。在此成果決議內容上，主要與保護責任有關的特點在於以下幾個方面。首先，承襲之前兩報告書內容，再次確認國家負有保護其本國國民之首要責任。而在國際層面上，國際社會有責任透過聯合國利用和平手段進行援助保護工作。第二，國家當局若無法保護本國國民免於遭受種族清洗、人道犯罪、戰爭犯罪與大規模種族虐殺等侵害時，聯合國應依憲章第七章規定，透過安理會發動集體安全措施。換言之，對於大規模人道侵害行為已經構成聯合國憲章第七章中所謂的對於和平的威脅與和平的破壞。第三，國際社會進行干涉的情況僅限於國家或區域內發生種族清洗、人道犯罪、戰爭犯罪與大規模種族虐殺等四種特別情況。第四，重申上述保護責任報告書中有關「預防責任」的相關主張。比較不同者在於，此份高峰會成果決議當中，並未明文提及安理會否決權濫用問題以及聯合國得以發動武力介入的正當化基準。此種內容上的表現差異顯示出高峰會後所發表的文件充滿高度政治協商的性質，在有關人道干涉的議題上，高峰會後的法律文件用語儘可能模糊化，所能明確者僅在於確認聯合國安理會在現代大規模人道危機當中所扮演責任承擔者的角色[48]。

二、保護責任的理論途徑與人道干涉的重新定義

有鑑於人道危機事態所引發大規模人權侵害事件，為尋求國際社會介入的正當性所逐漸成形的R2P架構，在難民援助方面如何發展其具體方法或途徑，乃是進入21世紀的今日在探討難民人權保障方面具有其重要性的意義。

---

[47] United Nations Documents, World Summit Outcome, available at: https://www.un.org/en/development/desa/population/migration/generalassembly/docs/globalcompact/A_RES_60_1.pdf, last visited: 2021/04/21.

[48] 掛江朋子（2012），武力不行使原則の射程　人道目的の武力行使の観点から，東京：國際書院，頁214。

今日，UNHCR仍在國際難民的人道援助方面扮演舉足輕重的角色，因此，在聯合國力倡的R2P之下，UNHCR的人道援助任務與正當性必須取得更具積極性的基礎，唯有如此，此種具有國際保障之下的人道援助始得在今日的難民保護方面獲得積極性的效果。嚴格來說，R2P可說是聯合國進行人道干涉建立普遍適用基準的嘗試，回歸聯合國全球治理下所確立的保護責任，避免因人道基準的不一致解釋與適用，以及其他國際軍事或政治上的考量減損難民援助的工作效率。

　　主權、領土保全以及國內管轄事項不干涉的概念在過去幾個世紀以來的國際關係中占有主流的意識型態，也是傳統國際法當中所接受的法律原則。然而，在全球化的今日，各項國際或國內事務均已呈現相互依存，相互依賴的共同關係，全球化下的商務與科技等發展，均使得國境或邊界的概念對於今日國際關係的影響大幅降低。在和平、安全保障乃至於人權議題等領域，國際社會應該從實務面重新思考長久以來的領土保全或內政不干涉的傳統主權觀。前聯合國秘書長蓋里於1992年提出「和平議程」（An Agenda for Peace）[49]報告當中，其提到：

　　「主權和領土保全的概念，在國際關係的發展過程中具有重大意義。然而，絕對的、排他的主權觀的時代已經過去。傳統的理論已經與現實不相符合。理解此一事實，並且在國內良善治理的需求與互賴更深的世界所需的條件之間，尋求平衡乃是今日國家領導者的責任[50]。」

　　的確，在戰後以來很長的時間，人權基準或者難民保護，在國際關係發展上相對而言係屬於發展緩慢的範疇，特別是在難民議題方面，難民產生國的責任並未被重視，即使1951年的難民地位公約亦未明確規範此一部

---

[49] UN Document, available at: http://www.un-documents.net/a47-277.htm, last visited: 2021/04/27.

[50] An Agenda for Peace, para.17.

分[51]。進入後冷戰之後，由於屢屢發生重大國際人權侵害事件以及大規模難民人道危機，主權與內政不干涉的原則明顯無法立即協助國際社會或聯合國解決人道危機，這些大規模人道危機暴露出傳統主權原則之下「當事國同意原則」的重要弊病。亦即，有意願提供人道援助的國家或其他國際組織，其人道援助的可行性，實際上受到人道援助接受國的意志左右。

上述R2P途徑的提出，正是對於上個世紀人道危機始終因為「當事國同意原則」而無法有效解決的一種對應途徑。在傳統國際法之下，一般而言，國家主權確屬優先於人道的概念，但當國家發生緊急事態時，「人道准入」（humanitarian access）應該是一種有效開展人道援助的法律先決條件[52]，藉此擴大當事國同意原則的解釋範圍與基礎。又如，當國家不承認其領域內有發生嚴重人道危機的緊急事態，或沒有能力對於犧牲者或受災者提供必要援助，又或者意圖拒絕人道援助時，人道援助或者人道途徑應可解釋為是一種「輔助原則」[53]。換言之，當人道主義與主權相衝突時，相較於主權，救助人類生命免於受到威脅與痛苦應置於更為優先的順位[54]。

此種人道主義優先於主權的主張或概念，在1990年代或許仍屬未成熟的思維，也因此無法落實於1990年代發生於舊南聯或盧安達的人道危機。不過，如上所述，21世紀初聯合國提出的R2P概念，正是此種思維的具體加強的版本。回顧上述有關R2P的概念分析，不外乎重視兩個部分的責任，首先是以當事國責任為最優先的責任順位，其次是國際組織，主要就是屬於安理會的責任。21世紀中更為重大的發展在於，在國際層次的保

---

[51] 小尾尚子（2004），難民問題への新しいアプローチ？東京：國際書院，頁213。

[52] Felix Schwendimann, The Legal Framework of Humanitarian Access in Armed Conflicts, International Review of the Red Cross, 93(884), pp. 993-1008, available at: https://www.corteidh.or.cr/tablas/r29536.pdf, last visited: 2021/04/27.

[53] MauriceTorrelli, (1992), From humanitarian assistance to "intervention on humanitarian grounds?" International Review of the Red Cross, May-June, No.288, Geneva, pp. 238-239.

[54] Larry Minear and Thomas G. Weiss, (1993), A Handbook for Practitioners: Humanitarian Action in Times of War, Lynne Rienner Publishers, London, p. 37.

護責任，該報告書將人道範疇的保護擴大到聯合國安理會在「維持國際和平與安全」的主要責任，將保護責任納入以聯合國爲中心的安全保障體制當中。換言之，今日R2P之下的難民等人道援助獲得了聯合國憲章上安全保障體制的保證。

第三節　難民庇護的法理性質與政策實踐

壹、庇護的法理

一、庇護之由來與定義

　　庇護（asylum）一詞，早期源自於因爲宗教等理由而遭受迫害的人們逃入神殿寺廟等地受其保護，因而又稱爲宗教庇護[55]。此種宗教庇護後來因中世紀歐洲宗教權威與封建社會的解體，近代主權國家的建立而產生性質上的轉變。在17世紀近代主權國家建立之後，君權與法律成爲中央集權政府運作的主要權威依據，在國家絕對主權的思維之下，對外具有排他性與獨立性，對內對於所有人民具有直接支配的最高權威。在此發展下，舊有的宗教庇護不被承認，唯有國家權力才可給予亡命者庇護。17世紀以來，歐洲各國爲貫徹抑制犯罪與犯罪必罰的思想，各國在刑法上落實犯罪者的處罰，爲此目的各國相互之間透過合作或協議進行犯罪者的引渡。此一時期，犯罪人的引渡基本上與亡命者的庇護係屬於相對立的概念階段[56]。

　　今日所謂政治亡命者、政治難民或政治犯的庇護，一直到18世紀末因法國大革命爲契機，開始將政治犯罪與其他一般犯罪加以區分，而對於

---

[55] 島田征夫（1970），庇護 についての史的考察，國際法政研究，10号，頁51-52。

[56] 島田征夫（1974），国際法上の庇護權制度史論，早稲田法学会誌，24卷，頁3。

政治犯的庇護逐漸形成國內法與國際法上的法律基礎[57]。時至今日，在國際法上針對庇護一詞，雖未有進一步明確的定義，一般而言國際法上的庇護權係指「國家對於尋求保護的外國人在其本國領域內所給予保護的權利」[58]，特別在於將所謂政治難民或政治犯排除在犯罪人引渡的範疇之外，而在今日形成對於政治難民的一種特別保護，國家得允許受迫害的政治難民進入其領域之內，給予其庇護並得拒絕來自他國的引渡請求。

二、庇護之領域主權性質

　　戰後以來，有關庇護權的討論爭點之一在於庇護權的法律性質上的討論。針對此一問題可區分為主張庇護權屬個人的權利的「個人權利說」，以及主張庇護權屬國家的權利的「國家權利說」。一般而言，在傳統國際法上，庇護權被認為是國家的權利，而非個人的權利，在此法律性格上，個人並未享有接受庇護的權利，相對地國家並未負有給予個人庇護的義務。換言之，國家對於個人提出的庇護申請，擁有裁量准駁之權限。戰後以來的國家主張與國際人權機構的見解，大多採取此類立場。[59]

　　庇護權是屬於國家權利的解釋立場，也與庇護權形成過程中與領域主權之密切關連有關。上述有關國家之國內管轄事項的論述當中，國家基於領域主權原則，對於國家領域內的所有人、事與物均享有管轄權，無論本國人或外國人，均應遵守與服從所在國家之主權支配與管轄權行使。同樣的，基於領域主權之獨立性與排他性，國家並未有允許外國人入境之義務，主權國家得以不附任何理由拒絕外國人之入境[60]。政治亡命者或政治難民逃離本國而尋求他國之保護，必須設法進入他國領域之內，才得向領域國尋求庇護，如此一來，作為外國人的政治亡命者或政治難民得否進入

---

[57] 島田征夫（1971），政治犯罪概念の国際法的考察，早稲田法学会誌，21卷，頁1-36。

[58] H. Lauterpacht, (1955), Oppenhelm's International Law, Vol. I, 8th ed., p. 678.

[59] 芹田健太郎（2000），亡命難民保護の諸問題—庇護権の展開，東京：北樹出版，頁137。

[60] 例如我國護照簽證條例第12條。

他國，本質上就是屬於他國領域主權判斷的國內管轄事項，他國得以拒絕其入境。

隨著國際人權朝向習慣法化的發展，當今大多數國家對於政治難民在其國內法上均已設有相關特別的規定，對於政治難民的入國問題，主要可以將其理解為是否給予政治難民庇護的問題，基於領域主權所發動的政治庇護（領域庇護）已經是習慣國際法上所承認的國家權利，因此任何國家對於他國人民所進行的領域庇護不得視為是國際法上的違法行為。當然，國家為了行使領域庇護的習慣國際法上的權利，在其運作的制度上，必然隱含著國家有權決定讓該政治難民是否入國的前提[61]。

的確，在戰後以來的主要論說與政府見解，針對庇護權之性質大多採取國家權利說。不過，隨著現代國際人權法的發展以及國際社會對於人權保障等普世價值的共識，採取極端國家權利說的國家幾乎不復存在，針對庇護權主張上，大多數國家也逐漸淡化國家主權的過度強調，而開始著重於個人權利保障方向的解釋[62]。

總的來說，現代國際人權法的整體解釋層面以及難民庇護的實務層面上，所謂庇護權的「權利性質」，應從個人「尋求並享受」庇護的權利，以及國家賦予庇護的權利，此兩種權利加以衡平考量之下的總結[63]。具體言之，在難民保護的現實層面上，遭受迫害情況下的難民，可能受到生命或財產上的威脅，從世界人權宣言第3條[64]與公民與政治權利公約第6條[65]有關生命權的保障規定來看，難民庇護的內容必然包含生命權的保障在內，因此庇護的權利性質討論，應從其他人權法的觀點加以綜合衡平考量。

---

[61] 島田征夫（1972），亡命者の入国問題と国際法，早稻田法学会誌，51卷1-2號，頁280-290。

[62] 芹田健太郎（2000），亡命難民保護の諸問題—庇護権の展開，東京：北樹出版，頁149。

[63] 同上，頁151。

[64] 世界人權宣言第3條：「人人有權享有生命、自由與人身安全。」

[65] 公民與政治權利公約第6條：「人人有固有的生命權，這個權利應受法律保護。不得任意剝奪任何人的生命。」

貳、難民「庇護」的國際立法困境

戰前，國際社會針對難民保護在國際法上已經有所進展[66]。二戰之後，難民處置的問題成為國際社會重建國際秩序時的重要工作之一。在國際立法方面，有關難民保護的相關規定開始受到重視，此種影響不僅顯見於戰後的人道法，在人權法領域更受到關注。以下針對有關「庇護」的法律體制進行說明。

戰後聯合國憲章針對人權尊重原則僅止於抽象概括性的規範[67]，而針對庇護的議題，首先提及者莫過於1948年的「世界人權宣言」（Universal Declaration of Human Rights），該宣言第14條規定：「人人為避迫害有權在他國尋求並享受庇身之所。（Everyone has the right to seek and to enjoy in other countries asylum from persecution）」在本條的審議過程中，有關庇護權係屬於個人尋求庇護的權利或者國家負有賦予庇護的義務，不少國家提出相關草案修正案，不過因大多數國家考量大量難民的流入將可能對

---

[66] The Convention relating to the International Status of Refugees, of 28 October 1933, League of Nations, Treaty Series, Vol. CLIX, No. 3. 1933年10月28日「難民國際地位公約」由比利時、保加利亞、埃及、法國和挪威五個國家締結，隨後其他一些國家也加入遵循此公約，共有九個締約國。此公約對國際聯盟而言是定義各國對難民責任的一次最具深遠意義的嘗試。世界數字圖書館，「難民國際地位公約」，https://www.wdl.org/zh/item/11580/，搜尋日期：2021/04/10。在國際難民保護機制方面，1921年甫成立的國際聯盟，針對俄羅斯難民問題所採取的具體保護機制即是成立「俄羅斯難民高等事務官辦公室」，首任難民高級辦公室專員的高等事務官為南森（Fridtjof Nansen）。南森主持下的該辦公室與國際紅十字會合作開始進行一連串的難民救助工作，同時其創設了專屬俄羅斯難民的身分證明書發行制度，由於大多數流亡在外的俄羅斯難民已經遭到其原籍國剝奪國籍，成為無國籍人士，在國外無法取得合法的身分證明文件。參照江世雄（2020），聯合國難民總署難民保護功能之發展與挑戰，2020年涉外執法政策與實務學術研討會論文集，中央警察大學外事警察學系暨研究所主辦，頁52-53。

[67] 參照聯合國憲章前言，第1條第3項以及第55條。

於接受國的財政、政治與社會造成莫大負擔，因此最終庇護權仍定位爲國家的權利性質[68]。

　　1951年簽署的難民地位公約，乃是戰後國際社會簽署有關難民保護的第一個專門性國際公約，然而此公約中針對難民庇護未有明文規定。很明顯地，如此的闕漏乃是上述世界人權宣言草案討論階段中有關庇護權性質爭論的延續結果[69]。由於不少國家對於庇護的權利定位存在不少疑義，因此導致難民地位公約中未能納入庇護制度規範。有關庇護規定以及難民認定規則在之後的1967年難民地位公約議定書也未有任何進展，時至今日，亦是如此。最終的結果，僅能於各國實踐上，委由各國國內法自行規範。

　　爲了彌補在難民公約未能確定庇護權的制度性規定，在1948年世界人權宣言通過之後，聯合國持續著手進行國際人權公約的草案擬定作業。在此過程中，針對庇護權的部分，1957年法國代表提出「庇護權宣言草案」[70]，此一草案經過人權委員會歷次討論之後，於1967年12月14日經由聯合國大會無異議通過「領域庇護宣言」[71]。綜觀該宣言內容，共僅有四個條文，基本上已經包含了庇護權在其歷史發展過程中所應該含有的要素。該宣言確認世界人權宣言第十四條之庇護權利以及第13條第2項人人有權返回其本國，其前言提及「庇護爲和平之人道行爲，任何其他國家因而不得視爲不友好之行爲」。該宣言第1條規定：「一國行使主權，對有權援用世界人權宣言第十四條之人，包括反抗殖民主義之人，給予庇護時，其他各國應予尊重。」同條第3項規定：「庇護之給予有無理由，應由給予庇護之國酌定之。」此條之規定再度確認庇護係屬於國際權利的性

---

[68] 本間浩（2005），国際難民法の理論とその国內的適用，東京：現代人文社，頁31-34。

[69] 同上，頁35。

[70] Commission on Human Rights of the Thirteen Session 1-26, April, 1957, E/2970/Rev.1, para.208.

[71] 聯合國大會1967年12月14日第2312(XXII)號決議。有關該宣言草案之討論過程，參照芹田健太郎（2000），亡命難民保護の諸問題—庇護權の展開，東京：北樹出版，頁99-135。

質，也就是國家行使領域主權的效果，他國應給予尊重，同時，同樣也因屬於領域主權的性質，因此庇護的給予與否，國家擁有審酌之權限。另外，在難民權利保障方面占有重要功能的「不驅回原則」（principle of non-refoulement），該宣言第3條第1項規定，受庇護者「不得受諸如下列之處置：在邊界予以拒斥，或於其已進入請求庇護之領土後予以驅逐或強迫遣返其可能受迫害之任何國家」。

　　1967年聯合國大會通過領域庇護宣言的背景，主要仍是國際社會在國際難民立法時無法將庇護制度納入國際條約之下的替代措施[72]。有關庇護的國際立法，在戰後以來的實務上受到重大阻礙的原因在於，給予庇護的前提事實必須是世界人權宣言第14條中所言「為避迫害」的客觀事實，儘管1951年難民地位公約第1條規定因「種族、宗教、國籍、屬於其一社會團體或具有某種政治見解的原因」被迫害而逃離本國係屬「為避迫害」的情況，然而是否構成「迫害」的認定基準終屬各國之主權判斷事項，也因各國對迫害標準並未有固定一致共識，導致給予庇護的國際立法甚至國內立法受到阻礙。例如，歐盟內部文件即曾表示此一庇護制度所面臨的困境，該文件提到，大多數的移民都想利用庇護程序取得保護，但是因為所謂經濟性移民與政治迫害之間容易引起混淆，國家實務上難以認定，此種情況嚴重影響了庇護立法的發展[73]。

　　相較於「庇護制度」的立法存在障礙，另一個有關難民保護中亦極為重要的「不驅回原則」，則在國際人權法與難民法的立法內容上被加以納入規範。例如1951年難民地位公約第33條規定：「任何締約國不得以任何方式將難民驅逐或送回（推回其）至生命或自由因為他的種族、宗教、國

---

[72] 山本草二（1994），國際法，東京：有斐閣，頁99-110。

[73] Commission Staff Working Paper Annex to the Communication from the Commission "Area of Freedom, Security and Justice: Assessment of the Tampere Programme and Future Orientations", (COM(2004)401 final), SEC (2004) 693, Brussels, 2.6.2004, p. 6.轉引自庄司克宏（2007），難民庇護政策における「規制間競争」とEUの基準設定，慶應法學，7號，頁611。

籍、參加某一社會團體或具有某種政治見解而受威嚇的領土邊界。」其後相關人權公約例如禁止酷刑等公約第3條，歐洲人權條約第3條以及自由權公約第7條，針對此一原則均有進行規範。

參、難民庇護政策之現實

一、暫時保護（temporary protection）與不驅回原則

　　如上所述，有關庇護的法律性質上係屬於國家權利的現實，時至今日仍未有變動。然而，在1990年代冷戰結束後的國際情勢發展，大規模難民的產生成為現代國際社會面臨的重大難題，此種情勢在進入21世紀，大規模難民的保護問題與其引發的國際政治爭議，在今日更是方興未艾[74]。

　　面對大規模難民湧入的問題，現實上國家依照有關難民保護或者移民管理等一般國內法程序已經無法即時加以應對，致使難民強行入境之後衍生國家或區域內的治安或安全問題。為了解決此種情況，國際社會在實務上發展暫時保護的臨時措施，對於大規模湧入的庇護申請者，在其未獲得難民地位之前，透過國家或區域內的協調，要求相關國家給予庇護申請者或難民暫時性保護。

　　暫時性保護起於1990年代UNHCR為了因應南斯拉夫內戰引發的大規模難民產生的問題。在1992年UNHCR發表「前南斯拉夫人道危機的綜合性回應」（A Comprehensive Response to the Humanitarian Crisis in the former Yugoslavia），其中提到，由於逃難者人數眾多，實際上無法透過一般個別的庇護程序給予避難者提供必要保護，即使避難者當

---

[74] 例如2015年發生的歐洲難民危機，來自中東與北非等庇護尋求者或難民經由海路或陸路大規模地往歐洲內陸遷徙，引發歐盟內部的難民危機。根據UNHCR的粗估統計，在2016年開始的幾個月內，約有120萬名難民與移民湧入地中海的歐洲海岸。參照UNHCR，https://www.unhcr.org/europe，搜尋日期：2021/04/10。另參照江世雄（2020），聯合國難民總署難民保護功能之發展與挑戰，2020年涉外執法政策與實務學術研討會論文集，中央警察大學外事警察學系暨研究所主辦，頁58-59。

中確實具有難民地位的資格。因此UNHCR要求各國至少能給予避難者進入各國領域，給予符合基本人權的待遇，並且尊重不驅回原則（non-refoulement）[75]。

　　暫時保護的國際法制化起於2001年歐盟理事會通過「有關大規模避難民湧入時提供暫時保護的最低標準指令」（Council Directive 2001/55/EC of 20 July 2001 on minimum standards for giving temporary protection in the event of a mass influx of displaced persons）[76]，依據該指令，要求歐盟會員國在2002年12月31日前應依據上述指令規定之最低標準進行各國國內法上的法制作業，藉此確立歐盟區域內大規模避難民（displaced persons）暫時保護的法制化[77]。該指令將其所謂「暫時保護」定位為「一種具有例外性質的程序，在來自第三國的大規模無法回歸出身國的避難民（displaced persons）湧入的情況下，特別在若庇護制度因大規模避難民湧入而有無法有效運作之風險下，為了此等相關與尋求保護的人的利益，提供其立即且暫時保護（immediate and temporary protection）」。[78]在暫時保護體制之下，避難民或庇護申請者可以暫時取得合法入境且居留在接受國境內的法律基礎，上述指令規定一般的暫時保護期間為一年，亦可自動延期一年，在特殊情況經審議後可再延期一年，因此最長暫時保護可達三年。儘管有最長期間的時間限制，不過，歐盟會員國仍必須基於人權以及不驅回原則的規範，不得任意將避難民或庇護申請者加以驅離[79]。

---

[75] UNHCR, A Comprehensive Response to the Humanitarian Crisis in the former Yugoslavia, paras.12-13. available at: https://www.refworld.org/cgi-bin/texis/vtx/rwmain?page=printdoc&docid=438ec8aa2, last visited: 2021/04/15.

[76] European Commission, available at: https://ec.europa.eu/home-affairs/what-we-do/policies/asylum/temporary-protection_en, last visited: 2021/04/10.

[77] 川村眞理（2003），難民の国際的保護，東京：現代人文社，頁33。

[78] Council Directive 2001/55/EC of 20 July 2001, Article 2(a). available at: https://en.goc.gov.tr/temporary-protection-in-european-union, last visited: 2021/04/20.

[79] Council Directive 2001/55/EC of 20 July 2001, Article 2-5.轉引自王震宇（2013），氣候變遷與環境難民保障機制之研究：國際法規範體系與歐美國家之實踐，歐美研究，43卷1期，頁193。

　　由此可知，難民的暫時性保護途徑的提出，主要在於因應大規模避難民或者所謂庇護尋求者湧入他國，一般國家之難民法制無法即時有效提出對應措施，因此在等待審查之前或期間，給予暫時保護，這是在難民庇護的理想與接受國社會安全秩序的現實之間取得折衷的一種做法。

　　從規範架構來看，有論者認為此種暫時保護的途徑在動機上有四，其一是為了彌補國際法基準上的缺漏，提供一個替代暫時保護的國家法制與實踐的概括性架構；其二是針對大規模避難民湧入的暫時措施；其三是有關庇護申請者的人員移送與財政援助方面的有效責任分擔；其四是將難民保護從法律層面問題轉移到政治層面問題以及自發性人道援助的戰略[80]。另一方面，從目的論來看，暫時保護並非著眼於庇護申請的審查程序，而是透過概括性的給予避難民整體臨時特別措施，藉此減輕接受國行政與財政上的負擔。同時，因應來源國之政治情勢的變化，可彈性地使得避難民自主回歸其來源國。最後，在政治意涵上，也可對外傳遞難民保護僅在於基本權利的保護，並不包含自發性的經濟移民等的訊息[81]。在1990年代東歐大規模難民危機當中，歐盟區域內針對暫時保護的法制化運作為當時歐盟整合歷程當中提供一個穩定的基礎要素，避免歐盟體系內因大規模難民危機而阻礙歐盟邁向進一步統合的進程。

　　不過，儘管暫時保護機制在歐盟在上個世紀末已經有逐漸具體成形的法理基礎與國際實踐，但隨著現代國際政治局勢瞬息萬變，大規模難民產生各有不同的政治地理因素與背景，因此暫時保護機制在當前的歐盟運作當中尚未進入一種穩定的機制，此一現象在2015年開始因來自敘利亞或北非的大規模難民湧入歐洲所引發的所謂歐洲難民危機之後，導致歐盟內部對於難民或避難民處遇各有不同的立場可以發現。儘管如此，至少就歐盟對外而言，以往既有的暫時保護機制實踐所累積的經驗有種程度上仍有其

---

[80] Joan Fitzpatrick, (2000), Temporary protection of refugees: Elements of a formalized regime, American Journal of International Law, 94, p. 287.

[81] Morten Kjaerum, (1994), Temporary protection in Europe in the 1990s, The International Journal of Refugee Law, 6(3), pp. 449-450.

正面效益。例如，在2015年開始的敘利亞難民危機當中，歐盟與土耳其簽署一項協議，在歐盟提供相關必要資金援助之下，由土耳其提供敘利亞避難者必要立即的暫時保護，以便減輕歐盟各國面臨大規模避難者湧入所造成的內部壓力[82]。

二、大規模難民庇護的未來對策摸索與發展

戰後以來庇護權規範上侷限於領域主權上的限制，從領域庇護宣言的規範中心理念來看，若屬大規模難民產生的情況下，雖仍有不驅回原則的適用。但在例外的特別情況下，國家得排除不驅回原則的適用，以保障本國人民之生命財產等安全。例如領域庇護宣言第3條第2項規定：「唯有因國家安全之重大理由，或為保護人民，例如**遇有多人大批湧入之情形時**，始得對上述原則例外辦理。（粗體為筆者加註）」但是，若非屬於此種例外措施之情況下，各國被要求在難民庇護的賦予上應定位為國家之義務，在此限定的範圍內被視為是個人之權利[83]。如此的解釋，至少可以進一步確保個別國家在其國內法上採取更為進步且對於難民權益更有保障的庇護法制。例如，在針對特定人士的難民庇護或政治庇護方面，國家可以採取更有彈性的做法。

從上述庇護的歷史發展觀察，庇護的制度初期係針對因政治或其他思想主張上的理由遭受迫害而被迫離開本國的特定少數人士所提供的保護，在如此情況下，接受國在國家安全或財政經濟等層面基本上不會造成重大負擔。時至今日，政治情勢的複雜化與軍事武器的科技化使得武裝衝突的影響層面有更全面性的轉變，造成社會與一般人民的影響更形重大，因此被迫離鄉背井的難民或避難民的人數往往動輒數萬或者數十萬，甚至高達百萬之多的情況，屢見不鮮。據統計，進入21世紀之後的世界難民總數，

[82] Kim Rygiel, Feyzi Baban and Suzan Ilban, (2016), The syrian refugee crisis: The EU-Turkey 'deal' and temporary protection, Global Social Policy, 16(3), pp. 315-320.

[83] 本間浩（2005），国際難民法の理論とその国内的適用，東京：現代人文社，頁39。

事實上相較於上個世紀呈現減少的趨勢[84]，不過大規模的難民或避難民大多集中在2003年之後爆發的伊拉克戰爭或阿富汗戰爭，以及北非國家興起茉莉花革命風潮之後的地區，這些地區所產生新的難民問題，加上後冷戰以來既有的難民處遇問題，使得以UNHCR與相關人權NGO組織為主的國際難民保護組織將主要工作焦點集中於大規模難民保護持久化發展的課題。

　　具體言之，有關21世紀的難民保護政策，UNHCR除了預防與防止新難民情況的產生之外，更重要的焦點在於如何解決「持久化難民情況」（protracted refugee situation）的課題。2002年UNHCR發表「邁向難民保護的課題」（Agenda for Protection）[85]的報告，該報告特別提到國際社會必須強化國家之間在對應難民問題時應重視負擔與責任的公平分擔，以及接受與保護難民上的能力建構[86]。所謂「持久化難民情況」，係指難民陷於一種長期持續被邊緣化的危險狀態，他們的生命未必受到威脅，但他們的基本人權以及必要的經濟、社會及心理等層面的需求在歷經多年的逃亡後仍處不足的情況。在此情況下的難民均無法自由地擺脫對於外在援助的依賴[87]。就規模來看，一般係將在本國以外的發展中國家居留滿五年以上，總數至少超過25,000人以上的難民集團，即可納入所謂「持久化難民情況」的範圍[88]。據估計，在2003年末當時，全世界共有38件「持久化難

---

[84] 中山裕美（2014），難民問題のグローバル・ガバナンス，東京：東信堂，頁95。

[85] UNHCR, Agenda for Protection, available at: https://www.unhcr.org/protect/PROTECTION/3e637b194.pdf, last visited: 2021/04/10.

[86] UNHCR, Agenda for Protection, pp. 13, 16, 28, 57-58, available at: https://www.unhcr.org/protect/PROTECTION/3e637b194.pdf, last visited: 2021/04/10.

[87] Executive Committee Of The High Commissioner's Programme (ExCom), Protracted Refugee Situations, EC/54/SC/CRP.14, 10 June 2004, para.3. available at: https://www.unhcr.org/excom/standcom/40c982172/protracted-refugee-situations.html, last visited: 2021/04/20.

[88] Executive Committee Of The High Commissioner's Programme (ExCom), Protracted Refugee Situations, EC/54/SC/CRP.14, 10 June 2004, para.5. available at: https://www.unhcr.org/excom/standcom/40c982172/protracted-refugee-situations.html, last visited: 2021/04/20.

民情況」，粗估總數共有超過620萬難民陷入此種「持久化難民情況」，非洲地區就占了其中的22件。[89]

近年來，持久化難民情況並未有明顯改善，在最新的統計，2019年初處於持久化難民情況的難民人數已經達到1,600萬之多，占了難民總數的約百分之七十八[90]，大多數集中於中東以及非洲地區。持久化難民問題必須持久的解決方案，既然大多數難民的現狀是長時間居住在難民營等暫時性的處所，生命雖無立即危險，但其面對的是生活上的艱困處境，包含教育、醫療、就業、經濟等涉及基本生活尊嚴的課題。目前，針對持久化難民問題UNHCR採取的對應策略為自主回歸、就地融合以及移居第三國[91]，一方面顧及難民當前處境，同時希冀藉此減低難民所在國之負擔。

在自主回歸方面，此為難民處置的最佳方案，但通常也是最困難採取的措施，因為此途徑的前提必須是難民的本國在安全與秩序方面已經回復某種程度的穩定，如此才能確保難民回歸後是一種安全的狀態。由於無法強迫難民回歸本國，因此在實務上有賴難民所在的庇護國以及難民本國之間的有效支持。就地融合係對於無法返回本國的難民提供另一個選項，認可難民得繼續居留並符合一定條件之下取得庇護國之公民身分。第三國移居政策允許難民得透過申請取得第三國之永久居留資格，處於最脆弱處境的難民享有申請移居第三國之優先順序。不過，事實上經由第三國移居獲得最終安置的難民不到百分之一[92]。

在現代有關全球治理（global governance）[93]的論議當中，難民治理

---

[89] Executive Committee Of The High Commissioner's Programme (ExCom), Protracted Refugee Situations, EC/54/SC/CRP.14, 10 June 2004, para.5. available at: https://www.unhcr.org/excom/standcom/40c982172/protracted-refugee-situations.html, last visited: 2021/04/20.

[90] UNHCR, Protracted Refugee Situations Explained, available at: https://www.unrefugees.org/news/protracted-refugee-situations-explained/#How%20many%20refugees%20are%20living%20in%20protracted%20situations?, last visited: 2021/04/10.

[91] 中山裕美（2014），難民問題のグローバル・ガバナンス，東京：東信堂，頁24。

[92] 同上。

[93] 「全球治理」乃是全球化趨勢下包含不同控制機制的多層治理型態。「全球治理」包

（refugees governance）的課題受到國際難民的實務與學術研究上的重視，難民治理的概念在「難民應受到國際保護」以及「難民問題必須解決」的國際共識之下，以聯合國爲中心的國際社會爲了達到此種目的所進行的一連串國際協調過程[94]。此一過程包含了各種國際法或規則、國際組織、區域組織、政府間交涉平台以及其他國際上或國內的非政府間組織的參與等。在此等概念之下，UNHCR致力於架構難民保護的全球體系，到2009年爲止，UNHCR在全球各地廣設地區辦公室，充分掌握各地區內各國難民的發生狀況、庇護狀況以及與難民政策有關的各種資訊。如同1990年代以來，透過上述所謂難民緊急援助計畫，難民回歸計畫以及第三國移居計畫等，UNHCR給予從事難民保護工作的當事國各式各樣的積極援助與回應，充分發揮其在難民保護與分擔各國內部壓力方面的調解角色與功能[95]。

第四節　小結

　　本章從人道介入以及難民庇護的分析途徑，除了梳理此兩種途徑的法理形成背景之外，進一步探討人道介入與庇護法制在難民保護的國際實踐上所產生相關議題。基本上，從本章的分析可知，人道干涉與難民庇護的理論建構均與戰後以來人權議題的國際問題化以及國際人權法的積極發展有密切的關連。此種關聯性時至今日仍是吾人討論人道干涉與庇護法制時

含了四個主要特徵：1.多層次性（multilayered）（包含超國家、區域、跨國、主權國家、地方政府等層次）；2.多元權力中心（polyarchic）；3.結構繁複性（包含不同組織機構與網絡）；4.政府或國家仍是其中的要角。參照吳得源（2006），全球治理在公共政策理論發展之擴充，行政暨政策學報，42期，頁1-36。相關概念另可參照鍾京佑（2003），全球治理與公民社會：台灣非政府組織參與國際社會的觀點，政治科學論叢，18期，頁23-52。

[94] 中山裕美（2014），難民問題のグローバル・ガバナンス，東京：東信堂，頁23。

[95] 同上，頁95-97。

不可避免地必須使其與人權保障之間建構出一套相關性的理論基礎。在本
章的結論上，主要歸結於以下二點。

壹、人權的國際化與政治因素的影響

　　人權議題的討論，在今日雖已定位爲國際共同關心議題，逐漸與內
政不干涉的範疇脫鉤，但在國際實務上，不可否認地，當國際社會尋求介
入關心某一國家或地區之人權狀況時，政治上的解決途徑與其所蘊藏的因
素仍必須列入考慮。例如，由於國家長期以來將庇護權定位爲國家本身之
權利，從庇護尋求者或難民的角度來看，庇護的取得自然存在制度本身的
限制。國際現實上，庇護者或者難民的接受大多受到高度政治上考量因素
的左右，政治上的背景或現實有所變化，將嚴重影響各國接納難民的態
度[96]。

　　此種政治上的考量，在人道介入的途徑，仍具有相當程度的影響。
職是之故，今日以人道介入其他國家或地區所引發的大規模難民危機，以
聯合國爲中心的人道干涉仍是較無爭議的主要方針，戰後以來聯合國的人
道救助以及維和行動的國際實踐進一步充實UNHCR的性質與任務的積極
轉變。例如，戰後以來的人道緊急援助之國際實踐，在主要大國之共識之
下，聯合國作爲現代國際社會最主要也最具普遍性的國際組織，儼然是一
個代表國際社會共通利益的國際機關，從國際和平與安全的維持之觀點來
看，作爲人道緊急援助的措施，積極涉入並有效解決一國之國內問題，藉
此協助國家之重建，解除區域性的危機，已經是現代國際社會對於聯合國
實踐國際和平與安全的期待。

貳、以聯合國為中心建構人道干涉與庇護法制的發展

　　聯合國憲章中所彰顯的主權獨立、領土完整或政治獨立原則，其目的

---

[96] 山本哲史（2002），難民保護の方法論転換―国連難民高等弁務官事務所の難民流出
　　予防活動，国際開発研究フォーラム，21号，頁152。

在於確保主權國家免於受到來自外部的威脅與侵略。然在二次大戰之後，或者今日人權保障的普世價值之下，應該重新加以定義與詮釋。人權的保障乃是對於所有國家之要求，當國家無法承擔與履行人權保障之義務，基於上述聯合國憲章所導引出的不干涉原則應被排除。[97] 換言之，國際社會可以透過適當途徑或措施正當化或合法化介入一國或地區之大規模人權侵害事件。

　　國際社會或者國際群體（community）的概念，概念上比國際組織來的廣泛，但都是以國家爲其主要組成分子，主權國家企圖影響國際組織，相對地國際組織確立之國際標準，也將影響各個組成國家。在全球治理概念下，當特定的國家群或國際組織介入他國或其他區域的人權事務時，勢必援引一項或多項國際法律文件，通常就是國際條約或習慣法，因爲這些國際法律文件的內容規範的就是被當今國際社會大多數國家所認可的共通標準，特別是在國際人權規範與基準方面。儘管國家主權原則下的不干涉義務以及庇護之領域主權性質方面的解釋，仍屬聯合國憲章中對於傳統以來尊重國家主權之下所規範的內容，但在今日，此等憲章內的不干涉原則的解釋，以及庇護權之領域性質，在論理上仍必須受到同爲憲章所規範之人權保障原則以及依此原則所聚積成形的國際人權法的限制[98]。

---

[97] Rajan Menon, (2017), Why Humanitarian Intervention Still Isn't a Global Norm, Current History, p. 35.

[98] 換言之，基於戰後以來相關具有權威指導性質的國際文件的通過，例如世界人權宣言、懲治種族虐殺公約與相關人權公約等國際文件的確認，有論者主張認爲以國際人權基準爲依據的人道介入已經成爲普世標準。藤田久一（2003），國際法講義I，東京：東京大學出版會，頁196-197。

參考書目

一、中文文獻

王震宇（2013），氣候變遷與環境難民保障機制之研究：國際法規範體系與歐美國家之實踐，歐美研究，43卷1期，頁193。

江世雄（2020），聯合國難民總署難民保護功能之發展與挑戰，2020涉外執法政策與實務學術研討會論文集，中央警察大學外事警察學系暨研究所主辦，頁52-53。

吳得源（2006），全球治理在公共政策理論發展之擴充，行政暨政策學報，42期，頁1-36。

林文謙、傅恆德（2014），世界政治中的失敗國家：概念、發展路徑及重建策略，人文社會科學研究，8卷1期，頁57-78。

陳明傳（2014），移民之相關理論暨非法移民之推估，陳明傳等著，移民的理論與實務，桃園：中央警察大學，頁29-66。

姜皇池（2008），國際公法導論，台北：新學林，頁75-76。

郭雪眞（2014），聯合國「主權保護責任」與「人道軍事干預」規範的社會建構：建構主義的觀點，政治科學論叢，62期，頁79-114。

黃居正（2011），諾特邦案（Nottebohm Case）：國籍的意義、得喪與承認，臺灣法學雜誌，185期，頁37-44。

鍾京佑（2003），全球治理與公民社會：台灣非政府組織參與國際社會的觀點，政治科學論叢，18期，頁23-52。

二、外文文獻

Daniel Moeckli etc., ed., (2010), International Human Rights Law, 2nd ed., Oxford University Press.

Jennifer Leaning, et al., eds., (1999), Humanitarian Crises: The Medical and Public Health Response, Cambridge, Mass.: Harvard University Press.

H. Lauterpacht, (1955), Oppenhelm's International Law, Vol. I, 8th ed., p. 678.

Howard Adelman, (1992), Humanitarian intervention: The case of kurds, International Journal of Refugee Law, 4(1), pp. 4-38.

Joan Fitzpatrick, (2000), Temporary protection of refugees: Elements of a formalized regime, American Journal of International Law, 94, p. 287.

Larry Minear & Thomas G. Weiss, (1993), A Handbook for Practitioners: Humanitarian Action in Times of War.

Kevin M. Cahill, ed., (1998), A Framework for Survival: Health, Human Rights, and Humanitarian Assistance in Conflicts and Disasters, Rev. and updated, New York: Routledge, 1999.

Kim Rygiel, Feyzi Baban & Suzan Ilban, (2016), The syrian refugee crisis: The EU-Turkey 'deal' and temporary protection, Global Social Policy, 16(3), pp. 315-320.

Lynne Rienner Publishers, London, p. 37.

Malcolm N. Shaw, (2014), International Law (7th ed.), Cambridge University Press, p. 897.

Maurice Torrelli, (1992), From humanitarian assistance to 'intervention on humanitarian grounds?' International Review of the Red Cross, May-June, No.288, Geneva, pp. 238-239.

Morten Kjaerum, (1994), Temporary Protection in Europe in the 1990s, The International Journal of Refugee Law., 6(3), pp. 449-450.

Rajan Menon, (2017), Why Humanitarian Intervention Still Isn't a Global Norm, Current History, p. 35.

Roger-Claude Liwange, (2015), The meaning of gross violation of human rights: A focus on international tribunals' decisions over the DRC conflicts, Denver Journal of International Law and Policy, 44(1), pp. 67-81.

Terry D. Gill, (2015), 'Humanitarian Intervention', Terry D. Gill and Deiter Fleck ed., The Handbook of the International Law of Military Operations, Oxford University Press, p. 248.

W. Verwey, (1986), 'Humanitarian Intervention', in A. Cassese ed., The Current Legal

Regulation of the Use of Force, Dordrecht: Nijhoff, p. 57.

小尾尚子（2004），難民問題への新しいアプローチ？，東京：国際書院。

上野友也（2003），国際人道支援の発展と人道的介入の導入紛争被災者の救援と人道機関職員の保護のために，東北法学，21期。

川村眞理（2003），難民の国際的保護，東京：現代人文社。

山本草二（1994），国際法，東京：有斐閣。

山本哲史（2002），難民保護の方法論転換—国連難民高等弁務官事務所の難民

流出予防活動，国際開発研究フォーラム，21号，頁152

中山裕美（2014），難民問題のグローバル・ガバナンス，東京：東信堂。

本間浩（2005），国際難民法の理論とその国内的適用現代人文社。

庄司克宏（2007），難民庇護政策における「規制間競争」とEUの基準設定，慶應法学，7号。

佐藤哲夫（1993），国際社会の共通利益と国際機構—国際共同体の代表機関としての国際連合について，大谷良雄編，共通利益概念と国際法，国際書院，頁88。

芹田健太郎（2000），亡命難民保護の諸問題—庇護権の展開，北樹出版，頁137。

斉藤恵彦（1992），人道的緊急救援権と国家主権、湾岸戦争が残したある重要問題，法学ゼミナー，448号，頁24。

島田征夫（1970），庇護権についての史的考察，国際法政研究，10号，頁51-52。

島田征夫（1971），政治犯罪概念の国際法的考察，早稲田法学会誌，21巻，頁1-36。

島田征夫（1972），亡命者の入国問題と国際法，早稲田法学会誌，51巻

1-2号，頁280-290。

島田征夫（1974），国際法上の庇護権利制度史論，早稲田法学会誌，24卷。

掛江朋子（2012），武力不行使原則の射程　人道目的の武力行使の観摯から，東京：国際書院。

奧脇直也、小寺彰編（2002），国際法キーワード，東京：有斐閣。

藤田久一（2003），國際法講義I，東京：東京大學出版會。

響場和彦（1998），人道的介入の視摯から見た旧ユーゴスラヴィア紛争：ボスニアUNPROFORに関する「正当性」「実効性」の観摯からの検証，国際公共政策研究，2卷1期，頁113。

三、網路資料

聯合國，關於各國內政不容干涉及其獨立與主權之保護宣言，https://www.un.org/zh/documents/treaty/files/A-RES-2131(XX).shtml，搜尋日期：2021/04/20。

Report of the Secretary-General, In larger freedom: towards development, security and human rights for all, A/59/2005, (2005), available at: https://www.un.org/en/events/pastevents/in_larger_freedom.shtml, last visited: 2020/12/01.

The Report of the International Commission on Intervention and State Sovereignty, The Responsibility to Protect, (2001), available at: https://www.un.org/en/genocideprevention/about-responsibility-to-protect.shtml, last visited: 2020/12/01.

United Nations Documents, World Summit Outcome, available at: https://www.un.org/en/development/desa/population/migration/generalassembly/docs/globalcompact/A_RES_60_1.pdf, last visited: 2021/04/21.

Felix Schwendimann, The Legal Framework of Humanitarian Access in Armed Conflicts, International Review of the Red Cross, 93(884), pp. 993-1008, available at: https://www.corteidh.or.cr/tablas/r29536.pdf, last visited:

2021/04/27.

Council Directive 2001/55/EC of 20 July 2001, Article 2(a), 2-5, available at: https://en.goc.gov.tr/temporary-protection-in-european-union, last visited: 2021/04/20.

UNHCR, A Comprehensive Response to the Humanitarian Crisis in the former Yugoslavia, paras.12-13, available at: https://www.refworld.org/cgi-bin/texis/vtx/rwmain?page=printdoc&docid=438ec8aa2,2021/04/15.UNHCR, Agenda for Protection, UNHCR, Thematic Compilation of General Assembly and ECOSOC Resolutions (Sep 2011), available at: http://www.unhcr.org/3e958fcf4.html, last visited on 2021/3/31
https://www.unhcr.org/protect/PROTECTION/3e637b194.pdf，
2021/04/10.

Executive Committee of The High Commissioner's Programme (ExCom), (2004), Protracted Refugee Situations, EC/54/SC/CRP.14, para. 3, available at: https://www.unhcr.org/excom/standcom/40c982172/protracted-refugee-situations.html, last visited: 2021/04/20.

UNHCR, Protracted Refugee Situations Explained, available at: https://www.unrefugees.org/news/protracted-refugee-situations-explained/#How%20many%20refugees%20are%20living%20in%20protracted%20situations?, last visited: 2021/04/10.

第七章

停留、居留、永久居留、歸化與定居制度之政策分析

許義寶

第一節　前言

　　國際化的時代，各國間相互交流，人員往來非常頻繁。人民或有往他國移民、定居或短期停留觀光者，非常多元。我國對於外國人或大陸地區人民等外來人口之進入國境規範，亦有一定之政策。

　　停留爲外國人在我國居住，不超過六個月之活動。依其目的有觀光、商務、探親等。依其事由並規定在外國護照簽證條例中。依近年來國際觀光之盛行，各國外交之間相互開放國民，可以免申請觀光停留簽證，彼此間的往來，更形便利。但也有例外限制之情形，如有犯罪前科紀錄等或危害國家安全之虞的情形，則不在開放之列。另停留期間的外國人，其活動亦須遵守規定，不得非法工作或從事與申請目的不符之活動。

　　居留爲移民行政中之重點事項，因其爲外國人在我國居住超過六個月的期間，當事人必須事先申請居留簽證；我國所開放之原因事由及居留種類，分別規定在外國護照簽證條例中，分別有就學、依親、受聘、研究等事由。居留中之外國人，有其居留合法期間，在期限屆至前，如欲延長須檢附相關證明文件，向移民署申請許可；不得逾期居留。

　　永久居留爲外國人經核准後，得在我國永久居住，無居留期間之限制。取得永久居留證之外國人，仍須保有其每年在我國居住之一定期間，或不得有違法之行爲。對於取得永久居留權之外國人，一般其生活與待遇，除參政權不得享有之外，其他社會福利、生活等照顧，一般比較本國國民。但仍須視國家之具體政策。有關永久居留之取得要件，則規定在入出國及移民法第25條。

　　定居爲我國特有之移民政策制度，其申請對象爲臺灣地區無戶籍國民、大陸地區人民、香港澳門居民。上述人民之取得我國身分證，不須經過歸化程序，而是分別依入出國及移民法、兩岸條例、港澳條例所規定之資格條件，提出申請；經主管機關核准後，即可在我國定居，後取得身分證。

　　歸化爲外國人之移民我國，並放棄其原有國籍，申請成爲我國國民之

一種制度。其申請資格與程序，為依照國籍法之規定。一般外國人須在我國居留五年以上，且符合一定條件，始得申請。而與我國國民具有婚姻關係之外國人，有關居住期間之要求，放寬為三年以上，即得申請。

我國對外來人口之停留、居留、永久居留、歸化與定居制度政策，其中有一大部分集中在入出國及移民法。本法於民國88年立法通過，開始實施。早期為依行政命令的外國人入出境管理規則規範有關外國人的入出國事務，屬於職權命令的性質，不符合法治國家及國際法對於涉及外國人入出國權利規範的要求；有本法之訂定後，已提升其法位階。

入出國管理，涉及國家主權；國家對於人流之掌握，甚為重要。特別是外國人或其他外來人口之進出我國，皆須經過我國之同意，此與國家之利益有關。如外國人申請來我國之目的為何？其本身是否具備法令所規定之資格條件等，皆須經過主管機關之審核，而予決定是否允許其入國。確保國家安全，在消極面之考量，首先外國人不得有危害我國家安全之顧慮。包括發展危害安全組織、從事破壞活動或與此有密切關聯者，均須要加以調查排除。保障人權，我國是崇尚民主法治與尊重人權的國家，並以此為最高之立法指導原則，因此對於國民與外國人等的人權，均非常重視。外國人的家庭團聚、入身自由、工作權等，均須加以保護。由本法第1條之規定，入出國及移民法之立法目的有五，分別為：入出國管理、確保國家安全、保障人權、規範移民事務、落實移民輔導。入出國管理事務，涉及國家主權，對於不同人民入出我國，包括其入出國目的、停居留期間，所需具備之資格等，我國為了維護入出國秩序與國家安全、國家利益，得予以規定。

入出國及移民法自88年5月21日制定公布，並於同日施行，其後歷經八次修正，最近一次係於110年1月27日修正公布。近年來我國面臨人才外流與國際間人才競逐之挑戰[1]，為加強延攬及吸引外籍優秀人才來臺工作

---

[1] 中文相關文獻，請參考黃秀端、林政楠（2014），移民權利、移民管制與整合──入出國及移民法在立法院修法過程的分析，臺灣民主季刊，11卷3期，頁83-133。張志偉（2016），移民法的新趨勢──評Daniel Thym和Jürgen Bast的教授資格論文，憲政時

與生活，藉由簡化行政作業申請流程、鬆綁外籍專業人才及其配偶、子女居留規定，建構友善且便利之生活環境，以達完善我國留才環境，提升整體競爭力之目標[2]。

近年配合我國外國專業人才之延攬政策，放寬臺灣地區無戶籍國民入國、居留及定居與外國人居留、永久居留等相關限制，俾與「外國專業人才延攬及僱用法」銜接、填補不足及規範一致化；另亦有提出新經濟移民法（草案）為提升行政效能與聚焦移民政策推動，將外國專業人才、中階技術人力及海外國人等經濟移民列為適用對象，有關婚姻移民權益保障事項於本法中予以衡平，並配合人口販運防制法公布施行，落實國境安全執法，以及因應實務作業所需等面向[3]。我國外國專業人才延攬及僱用法於106年10月31日經立法院三讀通過，總統於同年11月22日公布，並由行政院核定自107年2月8日施行，為我國留才攬才立下重要里程碑，亦是近年一重要之移民政策。

代，42卷2期，頁91-121。張瑋心（2016），論移民法禁止期約報酬之跨國婚姻，軍法專刊，62卷4期，頁140-161。范秀羽（2019），從「我們的憲法」、「我們」到「我們的釋憲者」：形塑非國民之憲法上權利主體，國立臺灣大學法學論叢，48卷1期，頁1-54。國發會人力發展處（2019），推動新經濟移民法之必要性及預期效益，臺灣經濟論衡，17卷1期，頁12-19。辛炳隆（2019），主要國家移民政策對我國之啓示，臺灣經濟論衡，17卷1期，頁50-56。刁仁國（2009），英國永久居留制度初探，中央警察大學國境警察學報，12期，頁273-301。

[2] 日文相關文獻，請參考新津 久美子（2019），難民移民の取扱いおよび 容：2015年以降の欧州と日本（シンポジウム トランプ大統領と法の支配：トラベル・バンと差止命令を巡って，アメリカ法，日米法学会，頁203-220。東村 紀子（2020），オランド大統領政権下におけるフランスの移民政策とロマ系住民排除政策：「右」と「左」の政策的収斂，研究論叢，95期，京都外国語大学国際言語平和研究所，頁79-99。藤井 さやか（2020），多文化共生社会の都市像：移民受け入れ大国となりつつある日本の将来にむけて，都市計画，69卷4期，日本都市計画学会，頁80-83。工藤 律子（2020），移民奔流：グローバル化時代の国境と人(第5回)流浪を抜け出す，世界，934期，東京：岩波書店，頁216-223。

[3] 入出國及移民法部分條文修正草案總說明，https://www.moi.gov.tw/files/Act_file/pdf-，搜尋日期：2020/11/05。

第二節　我國之停留政策與分析

壹、外國人入國

　　一般外國人不能主張以入國自由作爲基本的人權，而受憲法保障[4]。但事實上今日的國際社會，由多數的主權國家所組成，有關入出國基本上各國均實施嚴格的管理。對此，或多或少對於外國人的自由與國民相比，會課予較爲嚴格的限制。[5]另如從國際交通及有關難民條約的訂定，此對人權的國際性保護已有一定的進展情況來看，有關外國人的入國及居留，亦有見解認爲各國家應被要求遵守國際間一定的禮讓原則。[6]

　　外國人的入出國，具有國際交通一環的地位。依其性質，應維持這樣的自由。但是，從今日國際社會的實際情形來看，對於有危害國家安全與福祉顧慮的外國人，對其之入國應得拒絕，此屬該當於國家主權作用的權力。[7]原則上外國人是否有入國的自由，對其應該要有絕對的保障，實質上亦成爲同一個問題。此原則如反過來說，實際上也是否定說，即是並沒有改變現狀的見解，其結果亦與今日的情形相同。[8]國家對於外國人入國，雖得自由規定，但此自由並非恣意。以尊重「國際禮讓」或者「國際友誼」而言，事實上，國家可考量權宜性及認爲屬善意的外國人，原即有廣泛的決定空間。但是如「對於與我國沒有條約關係國家之國民，以未訂定條約之理由而拒絕其入國，即使沒有違反國際法，亦有違反國際禮讓的原則」。[9]

　　有關外國人的入國，學說上亦有主張可予以有限度承認者，如「依照

4　尾吹善人（1986），解說憲法基本判例，東京：有斐閣，頁53。

5　日比野勤（1998），外国人の人 (1)，法学教室，210号，頁35。

6　佐藤幸治編著（1992），憲法Ⅱ基本的人權，東京：成文堂，頁53-54。

7　萩野芳夫（1969），外国人の出入国の自由，法律時報，41巻4号，頁15-16。

8　斎藤靖夫（1987），外国人の政治活動の自由，憲法判例百選Ⅰ（第2版），頁14-15。

9　萩野芳夫（1969），外国人の出入国の自由，法律時報，41巻4号，頁16。

今日尊重國際人權的傾向與自由交流的原則觀點，原則上應認為外國人有出入國的自由；但是，如果因為國家的獨立與安全上有被侵害或有違反公序良俗的具體、明確事由之虞時，得以拒絕該外國人入國」。但是，對此亦有反對的見解。[10]一般禁止外國人入國之原因，[11]有因為其不具備合法之入國證件者；有因為外國人身患傳染病，為避免影響國內之衛生者；有因為外國人攜帶非法物品，觸犯國家法令者；有因基於國家安全，禁止特定之外國人入國者；有因為外國人有曾經違反法令之行為，而被驅逐出國者。

貳、外國人停留

入出國及移民法第31條第1項規定：「外國人停留或居留期限屆滿前，有繼續停留或居留之必要時，應向入出國及移民署申請延期。」人民對於相對人否准其依據移民法規定申請居留不服，得依行政訴訟法第5條第2項提起課予義務訴訟；而人民不服相對人依入出國及移民法第36條及第38條規定，作成之強制驅逐出國處分書及收容替代處分，人民認損害其權利或法律上利益者，得提同法第4條撤銷訴訟[12]。

參、蒐集外國人入出國境之資料

移民署組織法暨入出國及移民法規定，入出國（境）證照查驗、鑑識、許可及調查之處理；入出國（境）安全與移民資料之蒐集及事證之調查；入出國（境）及移民業務資訊之整合規劃、管理等有關入出國（境）及移民事項。移民署之職責，應對入出國者為查驗，為入出國及移民法第4條第2項明文規定。於執行查驗之職務時，得以電腦或其他科技設備，蒐集及利用入出國者之入出國紀錄。

---

[10] 中村睦男（1882），外国人の基本的人権，憲法30講，東京：青林書院，頁28。
[11] 請參考入出國及移民法第18條規定。
[12] 最高行政法院109年度裁字第1082號裁定。

　　所謂「入出國紀錄」，解釋上自應包含依法所為之入出國管制紀錄，始符入出國及移民法為此規定無非在確保國家安全之立法意旨。建置「外國人管制檔查詢」系統，乃基於外國人入出我國及移民管理之目的，就其執行法定職務必要範圍內，運用系統建立其本身對於外國人管制之檔案，符合個人資料保護法第15條第1項第1款規定。且其手段有助於上述立法目的之達成，依入出國查驗及資料蒐集利用辦法第20條第2項有關個人入出國資料之處理及利用，應指定專人辦理安全管理及維護事項規定，建置層層防護機制及密碼管控，已考量對外國人資訊隱私權益損害減至最小，且所致之損害未與欲達成目的之利益顯失均衡，是檔案之建置，亦無違反比例原則情事[13]。

肆、停留之規範

　　停留：指外國人等在臺灣地區居住期間未逾六個月。

　　依外國人停留居留及永久居留辦法第2條：「外國人持停留簽證或以免簽證許可入國者，停留期間自入國翌日起算，並應於停留期限屆滿以前出國。」

　　外國人停留居留及永久居留辦法第18條：「外國人持停留簽證入國，而有本法第二十三條第一項各款情形之一，經核准居留後，因居留原因變更，應自事實發生日起三十日內逕向入出國及移民署申請變更，並重新核定居留期間。但變更之居留原因非屬本法第二十三條第一項各款情形之一者，應自事實發生後十五日內向外交部領事事務局或其所屬分支機構重新申請居留簽證後，向入出國及移民署申請居留。」

　　有外國人利用我國開放免簽證之觀光旅遊，到我國非法工作。法院指出：「查『就業服務法』（以下簡稱本法）第44條規定：『任何人不得非法容留外國人從事工作。』係指『自然人或法人』與外國人間雖無聘僱關係，但有未依本法及相關法令規定申請許可，即容許外國人停留於某處

---

[13] 台北高等行政法院106年度訴字第865號判決。

所為其從事勞務提供或工作事實之行為而言。若二者間具聘僱關係，則為本法第57條第1款之『聘僱未經許可、許可失效或他人所申請聘僱之外國人。』所規範。又上開有無聘僱關係，應依客觀具體事實認定，如該外國人有勞務提供，而該自然人或法人對之有指揮監督關係，或有勞務報酬之約定者，則難辭無聘僱關係存在。」為勞動部函所明示。該函釋乃就業服務法主管機關針對其下級機關如何認定就業服務法第47條、第57條等工作定義，所為文義性、技術性之解釋，並未違反立法意旨及法律授權，亦無違法律保留原則[14]。

伍、停留與工作

　　一、在制度上有以入國簽證視為工作許可：度假打工：非以入國工作為主要目的之國際書面協定，其內容載有同意外國人工作、人數、居（停）留期限等者，外國人據以辦理之入國簽證，視為工作許可（雇主聘僱外國人許可及管理辦法第4條）。

　　二、停留期間在30日以下之入國簽證或入國許可視為工作許可（雇主聘僱外國人許可及管理辦法第5條第1項）：1.30日以下之履約工作；2.為公益目的協助解決因緊急事故引發問題之需要，從事專門性技術性工作；3.經各中央目的事業主管機關認定或受大專以上校院、各級政府及其所屬學術研究機構邀請之知名優秀專業人士，並從事演講或商務技術指導工作；4.受各中央目的事業主管機關邀請，並從事非營利性質之藝文表演或體育活動。

　　三、停留期間在90日以下之入國簽證或入國許可視為工作許可（雇主聘僱外國人許可及管理辦法第5條第2項）：經入出國管理機關（移民署）核發學術及商務旅行卡，從事演講及技術指導等[15]。

---

[14] 台中高等行政法院102年度訴字第436號判決。

[15] 跨國勞動力事務中心，何種情形下，不須申請工作許可？https://ezworktaiwan.wda.gov. tw/News_Content.aspx?n=77054B15FD1F5128&sms=2E02279676D3E77B&s=21FE35771 671E687-，搜尋日期：2021/04/11。

第三節　我國之居留政策與分析

壹、居留之意涵

其指外國人在臺灣地區居住期間超過六個月而言。

外國人停留居留及永久居留辦法第9條：「下列外國人之外僑居留證，其效期最長不得逾一年：一、在教育主管機關立案之學校或大學附設之華語文中心就學之人員。二、經教育或其他有關主管機關核准，在我國研習、受訓之人員。三、外籍傳教及弘法人士。四、與臺灣地區設有戶籍國民結婚，初次申請依親居留者。五、其他有居留需要之人員（第1項）。前項第一款人員，係經教育部專案核列大學之獎學金受獎者，得不受最長有效居留期間一年之限制（第2項）。前條第二項外國人申請延期居留經許可核發之外僑居留證，其效期自原居留期限屆滿之翌日起延期三年，必要時，得再申請延期一次，期間不得逾三年（第3項）。」

外國人停留居留及永久居留辦法第17條：「居住臺灣地區設有戶籍國民，持外國護照入國者，申請停留延期、居留或居留延期，應先至戶政事務所辦理戶籍遷出登記，入出國及移民署始得受理其申請（第1項）。前項申請，尚未履行兵役義務之接近役齡男子或役齡男子，有下列情形之一者，入出國及移民署不受理其申請：一、未持有役政用華僑身分證明書或僑居身分加簽之我國護照。二、僑民役男居住臺灣地區屆滿一年。三、依法應接受徵兵處理，並限制其出境（第2項）。」

解釋法律，應就法律整體所表現之關連意義為判斷，而非拘泥於特定法條之文字，尤忌斷章取義。入出國及移民法規定重點即：外國人持停留、居留簽證之有效護照或旅行證件，經主管機關查驗許可入國後，取得停留、居留資格。外國人取得居留資格後，應於15日內，向主管機關申請外僑居留證。足見外國人須先申請許可居留，獲准核發居留簽證後，始取得居留資格，有了居留資格才須要申請外僑居留證[16]。

---

[16] 最高行政法院94年度判字第1180號判決。

貳、居留與工作

一、一般居留與工作

　　外國人在我國工作，依就業服務法第6條第1項規定：「本法所稱主管機關：……在直轄市為直轄市政府……。」第48條第1項、第2項規定：「雇主聘僱外國人工作，應檢具有關文件，向中央主管機關申請許可。但有下列情形之一，不須申請許可：……二、外國人與在中華民國境內設有戶籍之國民結婚，且獲准居留者……。」「前項申請許可、廢止許可及其他有關聘僱管理之辦法，由中央主管機關會商中央目的事業主管機關定之。」第57條第1款規定：「雇主聘僱外國人不得有下列情事：一、聘僱未經許可、許可失效或他人所申請聘僱之外國人。」第63條第1項規定：「違反……第五十七條第一款……規定者，處新臺幣十五萬元以上七十五萬元以下罰鍰……。」第75條規定：「本法所定罰鍰，由直轄市及縣（市）主管機關處罰之。」

　　雇主聘僱外國人許可及管理辦法第1條規定：「本辦法依就業服務法（以下簡稱本法）第四十八條第二項規定訂定之。」第6條第1項、第3項規定：「外國人受聘僱在中華民國境內從事工作，除本法或本辦法另有規定外，雇主應向中央主管機關申請許可。」「雇主聘僱本法第四十八條第一項第二款規定之外國人從事工作前，應核對外國人之外僑居留證及依親戶籍資料正本。」

　　客觀而言，雇主於進用員工時會請受僱者出示或繳交學經歷或身分證明文件影本等供查證或建檔，若應徵者係外國人，因外國人受聘僱從事工作，依法應由雇主申請許可始得為之，故雇主當應注意其是否應申請許可始得工作，如係外籍配偶應徵工作，雖依前開說明無須申請許可即可在華工作，惟仍應具備「與我國設有戶籍之國民結婚」及「取得合法居留」之要件，故若雇主對前來應徵之外國人除已比對過其所持居留證上之照片及所載資料外，再由其出示或繳交之證件資料（例如：依親之戶籍資料等）核對後，仍確信該外國人係獲准居留之外籍配偶進而聘僱者，似已盡其注

意義務，得免其疏失之責。[17]

有利用假結婚來我國居留，在我國非法工作。法院指出本案被告來臺後與被告共同於93年5月7日持登載2人結婚之不實事項之戶籍謄本，向內政部移民署行使以申請居留證等情，有內政部移民署函及所附外國人居留停留案件申請表2紙、彰化縣田中鎮戶政事務所函所附結婚登記申請書、結婚登記書、結婚證書之影本及中英譯文各1紙、法務部入出境資訊連結作業資料2紙、外僑居留資料查詢一明細內容顯示資料1份、外僑入出境資料1紙、被告個人戶籍資料1紙在卷，洵堪認定[18]。

就業服務法第43條規定，除本法另有規定外，外國人未經雇主申請「許可」，不得在中華民國境內工作。以本法第46條第1項第8款至第11款規定工作之外國人為例，上開所稱「許可」係指依雇主聘僱外國人許可及管理辦法第28條、第29條規定申請取得之「聘僱許可或展延聘僱許可」而言；至於該外國人取得（受聘僱工作）居留資格，依入出國及移民法第22條、第29條及外國人停留居留及永久居留辦法第4條之規定，應由該「外國人」向「主管機關」申請「外僑居留證」，違反者，依入出國及移民法第36條、第85條規定，處外國人「得強制驅逐出國」或「罰鍰」之行政處分。

外籍勞工來臺工作各項申請規定中，有關「如何辦理外僑居留證」公告，係考量外籍勞工不諳我國法令，故「宣導」雇主協助該外籍勞工依規定辦理之，並非科予雇主應為其所申請聘僱之外籍勞工辦理外僑居留證之義務。

外籍勞工於聘僱（展延聘僱）許可合法存續期間，未依規定辦理居留（居留展延）而繼續受聘僱於雇主從事工作者，該外籍勞工係涉嫌違反入出國及移民法相關規定，若該外籍勞工經該主管機關為驅逐出國之處分，依就業服務法第73條第6款、第74條規定，廢止其之聘僱許可，並即令其出國，不得再於中華民國境內工作。

---

[17] 台北市政府108.08.27府訴一字第1086103242號訴願決定書。

[18] 臺灣彰化地方法院97年度易字第2099號刑事判決。

二、居留與工作 ── 不須申請工作許可

　　外國人不須申請工作許可情形：1.各級政府及其所屬學術研究機構聘請外國人擔任顧問或研究工作者（就業服務法第48條第1項第1款）；2.外國人與在中華民國境內設有戶籍之國民結婚，且獲准居留者（就業服務法第48條第1項第2款）；3.受聘僱於公立或經立案之私立大學進行講座、學術研究經教育部認可者（就業服務法第48條第1項第3款）；4.只具中華民國國籍且未在國內設籍者（就業服務法第79條）；5.獲准依親居留之大陸配偶或專案長期居留之大陸地區人民（臺灣地區與大陸地區人民關係條例第17條之1）。[19]

三、居留與工作 ── 移工工作

　　引進移工雇主應負擔費用，依就業服務法第51條規定，雇主聘僱外籍勞工應向中央主管機關設置之特種基金專戶繳納就業安定費，作為促進國民就業、提升勞工福祉及處理外國人聘僱管理事務之用。依同法第60條規定，雇主應繳納保證金以擔保外勞經移民機關遣送出境者，其遣送所需之旅費及收容期間之必要費用。雇主若欲將外勞之引進及管理事務全權委託仲介公司辦理，則雙方間之仲介費等相關費用亦為雇主需考量支付之費用。保管移工護照，依入出國及移民法第28條規定重點，14歲以上之外國人，入國停留、居留或永久居留，應隨身攜帶護照、外僑居留證或外僑永久居留證。主管機關或其他依法令賦予權責之公務員，得於執行公務時，要求出示前項證件。雇主不宜代外勞保管其護照，應使其隨身攜帶，以備主管機關或其他依法令賦予權責之公務員查驗[20]。

---

[19] 跨國勞動力事務中心，何種情形下，不須申請工作許可？https://ezworktaiwan.wda.gov.tw/News_Content.aspx?n=77054B15FD1F5128&sms=2E02279676D3E77B&s=21FE35771671E687-，搜尋日期：2021/04/11。

[20] 行政院勞工委員會職業訓練局（90）職外字第0030405號。

參、外國特定專業人才在我國工作

依「外國專業人才延攬及僱用法」有以下重點規定：

一、外國專業人才

1.開放外國自由藝術工作者來臺：放寬外國藝術工作者得不經雇主申請，可逕向勞動部申請許可（第10條）；2.開放補習班聘僱具專門知識或技術之外國教師：除外國語文外，放寬雇主得向勞動部申請許可具專門知識或技術之外國教師得在我國擔任短期補習班教師（第6條）；3.核發「尋職簽證」：針對外國人擬來臺從事專業工作、須長期尋職者，核發「尋職簽證」，總停留期間最長六個月（第11條）；4.放寬廢止永久居留之規定：對外國人才取得內政部移民署許可之永久居留後，鬆綁須每年在臺居留183天之規定（第19條）；5.外國教師之工作許回歸教育部核發：鼓勵學校擴大延攬外國教師（第5條）

二、外國特定專業人才

1.核發「就業金卡」：針對外國特定專業人才擬在我國境內從事專業工作者，放寬渠等得向內政部移民署申請核發具工作許可、居留簽證、外僑居留證及重入國許可四證合一之就業金卡（個人工作許可），有效期間為一至三年，期滿得重新申請，提供渠等自由尋職、就職及轉換工作之便利性（第9條）；2.特定專業人才工作許可期間：針對受聘僱從事專業工作之外國特定專業人才，聘僱許可期間為五年，期滿得申請延期（第8條）

三、鬆綁父母配偶及子女停居留規定

1.放寬配偶及子女申請永久居留：參考國際慣例及人權考量，對取得永久居留之外國專業人士，其配偶、未成年子女及身心障礙無法自理生活之成年子女得於合法連續居留五年後，申請永久居留，無須財力證明（第

16條）；2.高級專業人才之配偶及子女得隨同申請永居：配合入出國及移民法第25條，高級專業人才之配偶、未成年子女及身心障礙無法自理生活之成年子女，得隨同申請永居（第16條）；3.核發成年子女留臺個人工作許可：針對取得永久居留之外國專業人才，其成年子女符合延長居留條件者，得比照就業服務法第51條，申請個人工作許可（第26條）；4.延長直系尊親屬探親停留期限：針對外國特定專業人才及其配偶之直系尊親屬探親停留簽證，由總停留期間最長六個月，延長為每次總停留最長為一年（第18條）。

四、提供退休、健保及租稅優惠

1.受聘僱從事專業工作之外國人，經許可永久居留者，得適用勞退新制（第22條）外國人任我國公立學校現職編制內專任合格有給之教師，經許可永久居留者，其退休事項準用公立學校教師之退休規定，並得擇一支領一次或月退休金（第23條）；2.放寬健保納保限制：受聘僱從事專業工作之外國專業人才，其配偶、未成年子女及身心障礙無法自理生活之成年子女，不受健保六個月等待期限制（第21條）；3.提供租稅優惠：外國特定專業人才首次核准來臺工作，且薪資所得超過300萬元起三年內，享有超過部分折半課稅之優惠（第20條）[21]。

「外國專業人才延攬及僱用法」修正草案，立院在2021年6月18日三讀通過，國發會指出修正前後主要有三項重點，包括新增本法專業工作適用對象：外國特定專業人才之特殊專長，增列國防領域，以及增訂由主管機關會商認定之規定；開放教育部核定招收「外國人才子女專班」得聘僱外籍學科教師；將已開放之實驗教育工作者，納入本法適用對象；放寬教育部公告世界頂尖大學之畢業生在我國從事專門性或技術性工作無須具備二年工作經驗。

---

[21] 國家發展委員會網頁，https://www.ndc.gov.tw/Content_List.aspx?n=E61E31EE6FB10140&upn=29FC298EF06DD66D-，搜尋日期：2021/05/21。

　　至於增加居留及依親之友善規定部分，國發會表示，簡化程序讓外國（特定）專業人才及其依親親屬以免簽或停簽入境者，得直接改申請居留證；將外國特定專業人才申請永久居留期間由五年縮短爲三年，另外國（特定）專業人才在我國取得碩、博士學位者，得折抵申請永久居留期間一至二年[22]。

　　另國家發展委員會指出，新經濟移民法草案爲之前力推的法案，主張「鬆綁外國專業人才工作條件」和「新增聘僱外國中階技術人力」，內容強調藉由開放引進藍領中階技術工，解決臺灣產業界經常大喊的缺工問題。新經濟移民法草案屆期不續審，這個草案有針對白領和藍領技術工兩部分，白領部分現在已有攬才專法，且目前正在預告鬆綁規定版本；藍領技術工則是因爲還有疑慮[23]。

肆、香港居民居留

　　香港居民申請在臺居留，其申請居留應適用之法規包括香港澳門關係條例及其施行細則，與香港澳門居民進入臺灣地區及居留定居許可辦法等。86年4月2日公布港澳條例第14條第1項規定：「進入臺灣地區之香港或澳門居民，有下列情形之一者，治安機關得逕行強制出境，但其所涉案件已進入司法程序者，應先經司法機關之同意：一、未經許可入境者。二、經許可入境，已逾停留期限者。三、從事與許可目的不符之活動者。四、有事實足認爲有犯罪行爲者。五、有事實足認爲有危害國家安全或社會安定之虞者。」

　　修正發布之居留辦法第17條第1項規定：「香港或澳門居民申請在臺灣地區居留，應備下列文件，向移民署申請：……四、最近五年內警察紀

22　「外國專業人才延攬及僱用法」修正草案立院三讀通過　國發會：助打造亞洲矽谷，2021年6月18日，https://tw.appledaily.com/property/20210618/QSMFPIZFJJFS7JWDKPMCFJF4WU，搜尋日期：2021/06/24。

23　新經濟移民法草案「沒再送」國發會：藍領技術工開放有疑慮，自由財經，2020年9月30日。

錄證明書。但經移民署許可免附者，免附之。」第22條第1項第1款規定：
「香港或澳門居民申請在臺灣地區居留，有下列情形之一，得不予許可：
一、現（曾）有下列情形之一：……（二）從事與許可目的不符之活動。
（三）有事實足認爲有犯罪行爲。……。」依上開第17條第1項第4款規定，申請居留應檢附「最近五年內警察紀錄證明書」，固屬申請應備具之
文件，惟該款又有但書之規定，則該警察紀錄證明書是否作爲實質審認不
予許可事由之判斷資料或依據，應先予審認。考量申請人所在當地之法制
及實務運作容有不同，或當地主管機關基於個案情形而無法開立「警察紀
錄證明書」時，有無其他得取代之判準文件資料，允宜依職權調查相關事
實[24]。

　　香港澳門關係條例第4條第1項規定：「本條例所稱香港居民，指具
有香港永久居留資格，且未持有英國國民（海外）護照或香港護照以外之
旅行證照者。」同條例施行細則第2條後段「所稱大陸地區人民，指在大
陸地區設有戶籍……之人民」、第5條「香港居民……在臺灣地區主張其
爲香港居民時，相關機關得令其陳明未持有英國國民（海外）護照或香港
護照以外旅行證照之事實或出具證明」。案內當事人既已取得「香港永久
性居民身分證」，倘能出具已註銷大陸戶籍及未持有相關護照（包括：大
陸地區護照、英國國民（海外）護照或香港護照以外旅行證照）之證明，
即符合本條例所稱之「香港居民」。[25]

伍、大陸地區人民居留

　　依大陸地區人民在臺灣地區依親居留長期居留或定居許可辦法第14
條第2項規定，申請依親居留原因消失，應不予許可依親居留，已許可
者，撤銷或廢止其許可，但已許可在臺灣地區依親居留，倘有「離婚後經
確定判決取得、離婚後10日內經協議取得其在臺灣地區已設有戶籍未成年

---

[24] 法律字第10703508660號。
[25] 內政部103年7月25日台內戶字第1030219624號函。

子女權利義務之行使或負擔」或「因遭受家庭暴力經法院判決離婚，且有臺灣地區設有戶籍之未成年親生子女」之情形者，則例外不撤銷或廢止其許可。以顧及兩岸間通婚家庭親子團聚之需要。

上開規定係以大陸地區人民無其他不予許可情形，單純因喪失配偶身分致無在臺居留原因，始有適用，此由該但書係列在第1款「申請依親居留原因消失」項下，僅屬第1款之例外規定即明，否則，若以符合居留及定居許可辦法第13條第1項第1款但書情形，即可無視大陸地區人民另因違反該辦法規定而有不予許可之情形，均依上開規定不撤銷或廢止居留許可，將使該辦法其他規定形同虛設，無以確保臺灣地區安全與民眾福祉，與臺灣地區與大陸地區人民關係條例第1條揭櫫之立法目的顯然有違[26]。

有關臺灣地區與大陸地區人民關係條例第17條，在81年至92年期間並無重大變動。在86年因考量中國大陸配偶（新住民）取得居留資格時，已在臺生活一段時間，且爲了減輕兩岸婚姻家庭經濟負擔，放寬中國大陸配偶於居留期間可以工作的規定；並於90年增訂第17條之1，爲照顧兩岸婚姻家庭中職能弱勢者，有條件放寬中國大陸配偶於「團聚」期間可向勞委會申請工作許可，只要符合條件，即可在臺工作，讓大陸配偶的生存更有保障。

93年爲落實政府對中國大陸配偶生活從寬政策，調整中國大陸配偶制度爲「團聚」、「依親居留」、「長期居留」、「定居」四個階段，協調相關機關，取消中國大陸配偶每半年須往返兩岸探親規定，放寬中國大陸配偶結婚後，即可申請來臺團聚，最多可以停留二年，以符合家庭倫常，並利於婚姻家庭關係的經營；結婚滿二年或已生產子女即可申請依親居留，提前取得居留的資格，讓親情的交流不受距離的限制；並參酌國外的永久居留制度（如綠卡），增訂長期居留階段；同時可依中國大陸配偶自身需要選擇定居或是繼續長期居留。[27]

---

26 台北高等行政法院100年度訴字第477號判決。

27 行政院大陸委員會，https://www.mac.gov.tw/cp.aspx?n=49D646CAEBD0BAF5-，搜尋日期：2021/04/11。

陸、滯臺藏族人士居留

　　滯臺藏族人士居留問題，並非僅止於個案人道、家庭因素之考量，尚須兼顧對我國整體移民政策、簽證審核及國境管理等多面向事務之影響。就暫時性的保護措施，在有限之時間內，需審究個別藏人滯臺之原因及其與印度國籍法之規定，在形式上互相查核一致之可能性之高低，而為判斷。對滯臺藏人應審查其不同之緣由而認定是否許其逾期居留，並進一步於提起行政救濟時考量是否停止原處分之執行，始足以兼顧人道考量及國家安全等事項，俾益抑制非法滯臺藏人之僥倖心態。依行政訴訟法第116條第2項規定，須已合致於該項前段之停止執行要件者，始須再考量是否於公益有重大影響，而不應准停止執行[28]。

　　我政府過去兩度辦理滯臺藏人核准在臺居留專案期間，主係依當事人登記自首時自行填寫之個人資料作為其日後在臺之身分。此一有失嚴謹之做法已然產生不良後遺症，例如：近年來屢發生滯臺藏人取得我國國籍並在臺設籍後，因申請其海外親屬來臺，始查獲其原藏族身分資料與國人身分不符，當事人旋透過人權團體等管道訴諸人道、家庭等考量，請求我政府再予特准其親屬來臺；另亦有該類藏族國人取得我國籍及護照後轉赴加拿大逾停，再改以藏族身分向加國政府請求庇護之情事，類似案例高達近30件，其中亦有加國政府查獲後要求我駐處協助遣返之例，滯臺藏族人士顯係以取得我國籍作為前往第三國之跳板。為避免海外藏族有心人士心存僥倖，於設法取得簽證來臺後蓄意滯留，並一再陳請援例辦理，不利未來我駐外館處之簽證審核及我國境管理，建請由內政部修法刪除前開條文，並以研訂「難民法」為正辦[29]。

---

[28]　台北高等行政法院109年度停字第11號裁定。

[29]　立法院公報第105卷第77期院會紀錄外交部意見。台北高等行政法院109年度停字第8號裁定。

柒、外來人口統一證號

　　國家發展委員會歷經多年協調解決外僑居留證證號與國人身分證字號格式不一致之問題，新版「外來人口統一證號」終於110年啓用換發，爲打造友善外來人口生活環境立下一個嶄新的里程碑。內政部移民署推動外來人口新式統一證號，比照國人身分證號之編碼方式，未來外國人將可便利在臺申辦各項日常生活業務，如交通購票、網路購物、申辦證件等。外籍人才、歐洲在臺商會以及美國商會等團體，過去經常反映外僑居留證證號與國人身分證字號格式不一致，造成生活上諸多不便。爲加強提供外國人在臺生活服務，國發會積極尋求解決做法，協調之初，請內政部移民署建置「使用外僑居留證面臨各類問題之解決平台」，盤點各類外僑居留證面臨之問題，如：大眾運輸購票、網路平台購物、便利商店機台系統使用等，要求各大平台不得拒絕外僑居留證證號之使用。以往外國人在臺進行銀行開戶、電信公司申辦門號等服務時，均須提供雙證件，爲使外僑居留證更被認識並廣爲接受（而非只接受護照），國發會亦協請移民署及相關單位盤點及修正各類相關法規，使外僑居留證（永居證）得視爲與護照同等效力之身分證明文件，持居留證之外籍人士可憑居留證及具辨識力之第二身分證明文件如護照、駕照或健保卡辦理相關業務，大幅改善外國人士在臺生活遭遇問題。[30]

捌、逾期居停留外來人口

　　有關「研商解決已與國人育有子女之逾期居停留外來人口身分及非本國籍新生兒通報相關問題」案。

　　「逾期居（停）留外來人口與國人育有子女，國人生父仍在辦理認領登記手續中，是否得於確認與生父親子血緣關係後，以行政處分附款方

---

[30] 國發會協調內政部移民署推動新式外來人口統一證號於110年1月2日正式上路，立下嶄新里程碑，https://www.ndc.gov.tw/nc_27_34668-，搜尋日期：2021/05/13。

式（事後補交單身證明）先予認領登記部分，仍宜依據內政部99年相關函釋，於確認生父有撫育事實、生母行方不明或受胎期間婚姻狀況取得困難時，經請我駐外館處協查，確無法取得相關證明時，始先准予辦理認領登記，事後若有爭議，再循司法途徑解決」。

若生母並非行方不明時，則應儘量予以協助勸導，並輔導其儘速返回母國取得單身證明或處理其原有婚姻狀況，俾依法為子女及自身取得在臺合法身分。有關認領宜參考民法第1065條第1項：「非婚生子女經生父認領者，視為婚生子女，其經生父撫育者，視為認領。」有關認領僅需確認生父與子女有無血緣關係，並不以經生父撫育為必要，又認領制度之設計係為確保子女權益，不宜因父母不當行為而剝奪無辜子女的權益[31]。

第四節　永久居留政策與分析

壹、概說

永久居留：指外國人在臺灣地區無限期居住。

外國人停留居留及永久居留辦法第11條第1項：「外國人申請永久居留，應檢具下列文件及照片一張，向入出國及移民署申請永久居留，經許可者，發給永久居留證：一、申請書。二、護照。三、外僑居留證。四、健康檢查合格證明。五、足以自立之財產或特殊技能證明。六、最近五年內之本國及我國警察刑事紀錄證明。七、其他證明文件。」

有關永久居留之要件，法院指出：有意申請永久居留之外國籍配偶，首須達入出國及移民法所明示之「合法連續居住五年」時，始得提出

---

31 監察院，部分在臺外籍黑戶或逾期居停留之無戶籍國民，已與國人共組家庭並生兒育女，然因身分及居留等問題，影響國人家庭及子女權益，有待政府積極改善乙案，https://www.cy.gov.tw/public/Data/109mo/103%E5%85%A7%E8%AA%BF0054.pdf-，搜尋日期：2021/05/13。

申請，此觀之為防止本項授益權之請求權永久存在，足以影響行政安定之弊端，特於入出國及移民法施行細則規定，所稱合法連續居住，包括合法停留及居留之時間，合併計算。其申請永久居留，應於居留及居住期間屆滿後二年內申請之（即請求權時效係採「債權消滅主義」）之明文規定，當可自明。換言之，其舉證之「合法連續居住五年」應自申請日期前一日回溯計算之，尚無得任令申請人主張上述期間不論有無中斷之情，自行「累積合併計算」前已在臺實際停留、居留之各段期間，而故置「合法連續居住」之「連續」兩字明文於不顧。析言之，外國籍配偶舉證之「合法連續居住五年」，應自婚姻關係確立及存續中始具效力，不然與同條文第1項序文後段明示未以「連續」為首要前題之「……該配偶……在我國合法居住十五年以上……」之條件，又何區別[32]。

貳、日本永久居留之政策

一、日本入管法第22條規定

依日本入管法第22條規定：「欲變更居留資格的外國人，如希望改為永久居留的居留資格，須依法務省令所規定的程序，向法務大臣提出永久居留權的申請（第1項）。當有前項申請的情形，法務大臣限於該人已達下列各款的要求，而且，認為該人的永久居留符合日本利益；得予許可。但是，該人為日本人、已受到永久居留許可者、或依據與日本間的和平條約而脫離日本國籍等有關的出入國管理特例法（平成3年法律第71號，以下稱「和平條約國籍脫離者所謂比擬於國民，指永住者其生活型態幾乎與國民相同；在權利的享有上，通說也認為除參政權以外，永住外國人應可以享有其他相關的權利等的入管特例法」。）規定的特別永久居留權者的配偶，或其子女的情形，不需要符合下列各款[33]：1.素行善良。

---

[32] 高雄高等行政法院91年度訴字第964號判決。

[33] 許義寶（2019），日本永久居留權之取得法制，入出國法制與人權保障，3版，台北：五南圖書出版公司，頁427以下。

2.具有足以維持獨立生計的財產或技能（第2項）。法務大臣為前項的許可時，入國審查官即須對該當受許可的外國人，於其所持的護照所記載的居留資格與居留期間，予以塗銷；並在該當護照內蓋上永住許可的證明。對未持有護照的情形，並交付其記載已受永久居留許可之意的居留資格證明書。有關這種情形，其許可的效力，在該當蓋上證明或交付的時候發生（第3項）。」

　　對欲變更為永久居留權者，依上述入管法規定是對於希望變更為永久居留的居留資格外國人，關於第20條（居留資格變更）的特別規定。即對於外國人的申請永久居留權，法務大臣行使永久居留許可情形的要件。有關對日本人的配偶等，放寬永久居留許可的要件，及有關永久居留許可方式等的規定。永久居留，即是已有居留資格的外國人，希望變更為永久居留的居留資格情形；依規定的程序，須達到素行善良及具有獨立維持生計的能力。而且，限於認為該人的永久居留，符合日本利益；法務大臣即予以許可。獲得永久居留權的外國人，即保有「永住者」的居留資格，在日本居留。

二、素行善良

　　「素行善良」是一項不確定法律概念，代表著要保持著良好的行為，不得有違法或犯罪的前科。一般外國人申請永久居留，代表其以後將以日本為其生活所在的中心；如果其以前有不法的行為紀錄，表示將來亦有可能再發生，將會影響社會秩序。因此，素行善良，是一項是否決定許可的重要條件。惟本項要件屬不確定法律概念，須依具體情況判斷，始能決定該人是否不符本項要件。較明確者為有故意犯罪的紀錄；而不易判斷者，如過失觸犯輕微之罪，是否即不該當符合本項的要件，即值得斟酌。

　　一般而言，第1款之「素行善良的事項」，即外國人的素行，在日本社會上，達到不被一般人非難程度的意思。於判斷時，對該人的納稅義務等公共義務的履行狀況、有無前科、有無與暴力團的關連等，均為重要的判斷原因。對有關素行善良的判斷，在日本的判決上指出，如因賭博罪被

處千元罰金的被告，是否尚符合出入國管理令第22條第2項第1款的「素行善良條件」？本案被告法務大臣，認爲已不符合本款要件。而這樣決定是否適當的問題，判決認爲，依這樣前科的事實，即使其因爲罪質輕微，罰金額度比較少的情形，但如從前述規定的旨趣來考量，限於無其他特殊的情況。畢竟還是必須說，如有這樣的前科，其已不具備素行善良的條件。而且，在本件上依原告的身分，並沒有充分的特殊狀況證據，認爲應給予其永久居留許可。同條文對於外國人，因並非賦予外國人有請求的權利；所設定外國人在我國有永久居留的權利，此是特別恩惠性的處分的規定。因此，在該處分上行政機關所爲的自由裁量，也無任何的違法。

三、具備技能或財產，得維持獨立生計

外國人如有工作能力或有一定財產，可保證其日後在日本的生活無虞，可預測會有安定的生活。個人的經濟能力，雖屬於私人事務及其財產權範圍；但如欲在日本爲永久居留的外國人，無法獨立維生；將會造成社會的負擔及地方的問題。因此，本項條件之規定，亦屬具體性的基礎前提。個人的技能與工作能力有關，一般可提出任職證明書，或自營業者的提出營業收入證明，以表示個人的經濟能力。個人如與家族共同生活，配偶的一方有足夠的財產或技能，亦符合本項要件。

本條文第2款「具有足以維持獨立生計的財產與技能」之意，並非是依其所有的財產與技能，有能力負擔目前生活上的公共義務；而是從包括其所有的財產與技能，可預見在將來，被認定的能夠維持生計及過著安定的生活。另外，獨立維持生計的能力之意，未必申請人本身有充分的能力，如認爲與其配偶等，及與其爲一個家庭團體的成員間，在未來能一同過著安定的生活時，亦視爲已具備此一條件。

四、符合國家的利益

本項要件之目的，主要應在強調國家主權，及考慮是否給予外國人永久居留，主管機關應有最終決定權力。縱然外國人符合前述的素行善良、

有獨立維持生計能力等要件，但不保證其一定會獲得永久居留的許可。在此，所謂符合國家的利益，另外有綜合性須考慮的要件。如國家接受外國人的能力、該外國人的行為或表現，是否為本國所不歡迎等。

　　所規定「認為該人的永久居留，符合日本的利益時」；即該人在日本社會的永久居留事實，可判斷是對日本為有益的意思。即法務大臣限於認為該人的永久居留，符合日本的利益時，得予許可。該永久居留許可，是賦予法務大臣依據自由裁量的事項之意。法務大臣從外國人的提出申請永久居留許可的情況，基於廣泛的自由裁量權，依該外國人在日本的經歷及其居留中的一切行為，並考量國土條件、人口動向等日本社會接受外國人的能力，而在出入國管理上接受，綜合考慮國際環境及其他情事，限於判斷該人在日本社會永久居留，對日本是有益的，即許可其永久居留。

五、居住滿一定期間

　　在日本入管法第22條中，並無明確規定外國人須居住多久期間，始得申請永久居留。而此是透過行政釋示、內部通達的方式為下達，要求下屬審查及辦理。在日本的外國人，其均須先有其他的居留資格，於居住一段期間之後，在申請變更居留資格時，提出變更為「永久居留者」。對於居住期間的要求，入管法並無明文規定；主管機關的做法是透過內部規則規定，在審查上要求申請人必須符合住滿一定期間的要求；理論上，此規定應屬具有外部效力之規則（通達）。

　　實務上亦提及有關永久居留許可審查的期限，約六個月期間左右。於此期間，申請的外國人依原本的居留期限，如果將到期，須再辦理居留延長；以免居留期限過期，而該永久居留申請，尚未核准，變成逾期居留的情況。永久居留的效力，是在法務大臣核准之日，正式發生。於此之前，均依原本的居留資格而居住[34]。

---

[34] 同上。

第五節　我國之歸化政策與分析

壹、概說

外國人欲取得我國國籍，須經過歸化之程序。我國對於國民之身分與資格認定，目前為依國籍法之規定。跨國婚姻來我國居住之新住民，在居住一定期間之後，符合相關資格與條件，得申請歸化為我國國民。

有關歸化，外國人如已具備法定的條件資格，有採取當然准予歸化權利之主義者，如美國的制度。另外，亦有採取即使申請人皆已具備法定的資格條件，但是否准予歸化的決定，認為屬於主管機關的裁量權限者，為英國所採行。日本國籍法之制度，採取後者之立場[35]。

外國人申請歸化成為我國國民，與其權利有密切相關。因國民為國家之成員，可永遠在本國居住，享受各種憲法所賦予之基本權利，而外國人不得享有參政權，及社會權亦會受到相對限制。因此，有意在我國長期居住之外國人，大多會選擇申請歸化。

貳、成為國民之身分

外國人或無國籍人自願成為我國國民，並經國家同意之行為謂之歸化[36]。因此，歸化必須是一個公法的意思表示，並且以自願為原則。因此，我國法律不承認強迫歸化之制度。另外，歸化是一個經過行政機關批准之行為，主管機關內政部依國籍法第3條對歸化之決定擁有裁量權。外國人並無「歸化請求權」。易言之，歸化並非一種對任何人皆適用的天賦人權，而是純粹由國家法律決定歸化之條件，歸化主管機關（內政部）應依法行政，其裁量權範圍依本法對歸化情形之不同，可分成三種歸化類

---

[35] 江川 英文、山田 鐐一、早田 芳郎（1997），国籍法，東京：有斐閣，頁96。

[36] 轉引自許義寶（2017），歸化國籍「品行端正」認定相關法律問題之探討，中央警察大學國土安全與國境管理學報，27期，頁79以下。

別：1.一般歸化；2.特殊歸化；3.殊勳歸化[37]。

　　英美法系各國，對國籍的概念，主要重視「忠誠義務」的傳統。依1929年所制定的有關國籍的條約草案規定，「國籍」為「依忠誠義務作為紐帶，結合國家與自然人的身分」；「國民」為「依忠誠義務的紐帶，與國家相結合的自然人」作為定義[38]。

　　「國民權」則為具有本國國民身分之人民始得享有之權利，例如經濟上及教育上的受益權。我國憲法第3條規定，具有中華民國國籍者，為中華民國國民。也就是說，有國籍者皆為國民，從而對國家發生國民的權利義務關係。國籍之取得依國籍法之規定，分為固有國籍與取得國籍二種。前者指因出生而取得之國籍而言，後者亦稱「得來國籍」，係指由出生以外之原因，如婚姻、認知、收養、歸化而取得之國籍。各國關於固有國籍之決定標準，有兩種主義：一為屬人主義，另一為屬地主義[39]。

　　國民為具有我國國籍者，一個國家成立的要素，包括領土、國民、政府組織與具有外交能力關係。國民之來源，主要有二，即出生取得國籍與後來歸化取得國籍。出生取得國籍，為一國家國民之來源主要的方式，因國家選擇國民之來源不同的方式，有採血統主義之原則與出生地主義之原則，以取得國籍。

　　為減少無國籍人之發生，依「減少無國籍狀態公約」第1條：「1.締約國對於在其領土內出生且非經授予國籍即無國籍者，應授予該國國籍。此項國籍應：(a)依據法律於出生時授與之，或(b)於關係人本人或由他人代表依國內法規定之方式向主管當局提出申請時授與之。此種申請除依本條第二項之規定外不得拒絕。締約國規定依本項(b)款授與該國國籍者並得規定於國內法所定某一年齡及某種條件下依據法律授與該國國籍……。」

---

[37] 陳新民（1999），中華民國憲法釋論，修訂3版，台北：三民書局，頁92-94。

[38] 百地 章（2014），国家主権の行使としての「国籍付与」，日本法學，80卷2号（日本大学法学部創設百二十五周年記念号），頁264-265。

[39] 法治斌、董保城（2014），憲法新論，6版，台北：元照出版有限公司，頁148-149。

於當今國際社會，紛紛放棄「永久效忠制度」而改採「自由出籍制度」，歸化爲世界各國所採取之制度，其爲國際法上一項重要制度，因爲當事人之「自由出籍權」經各國及國際社會之承認與認許，歸化制度才具有現實可行性，爲各國國籍法所採納。例如美國在1868年法律規定：「出籍權是所有人類的一個自然的並固有的權利，是對生命權、自由權和幸福追求權所必不可少的。」英國在1870年國籍法亦規定自由出籍原則，認爲不列顛臣民由於自願行爲而在外國入籍者，即喪失不列顛國籍[40]。

參、符合法定之條件

一般國家國籍制度的立法，大都會有歸化的制度，但是所設定的歸化前提條件爲何？各個國家在法律上未必會一致，其寬嚴程度與人口政策，及因國家國情會有不同。例如，該申請人曾經擁有該國之國籍、其配偶或父母親等爲該國之國民，依該本人之願望提出，因其與受理申請國家之間，具有特別的關係，比起一般外國人的申請，其要求歸化的條件，會予以放寬[41]。

爲維護國家安全、秩序與利益，對於外國人申請歸化，各國均設有寬嚴不同之條件。依我國國籍法第3條第1項外國人一般歸化條件：「外國人或無國籍人，現於中華民國領域內有住所，並具備下列各款要件者，得申請歸化：一、於中華民國領域內，每年合計有一百八十三日以上合法居留之事實繼續五年以上。二、依中華民國法律及其本國法均有行爲能力。三、無不良素行，且無警察刑事紀錄證明之刑事案件紀錄。四、有相當之財產或專業技能，足以自立，或生活保障無虞。五、具備我國基本語言能力及國民權利義務基本常識。」

以下擬略述外國人一般歸化之要件的意義：

---

[40] 賴來焜（2000），國際（私）法之國籍問題—以新國籍法爲中心，著者自印，頁138。

[41] 江川英文、山田鐐一、早田芳郎（1997），国籍法，東京：有斐閣，頁97。

一、於中華民國領域內，每年合計有183日以上合法居留之事實繼續五年以上

居留之申請與延長，均要經過移民署之查核。對一般外國人，要求須具備五年的合法居留後，始得申請歸化，為觀察或確認其在這五年的居留過程中是否合法，及其活動居留原因是否符合相關法令規定。並在這期間的工作或活動是否有違反我國公共利益等情事。如都是合法之狀態，即符合申請歸化之基本條件。

二、依中華民國法律及其本國法均有行為能力

此主要為基於自由意願，想要歸化成為我國之國民。人之行為能力，為能自己單獨決定，對其身分或權利上重要之意思表示，加以變更現狀。基於國籍自由原則，人可以選擇自己所希望之他國國籍，而放棄其原來國家之國籍，此種權利亦屬國際人權之一種[42]。於此須符合滿20歲以上，及依其本國之法律，亦有行為能力之規定[43]。

肆、申請歸化之財力證明

國籍法第4條第1項第2款、第3款規定申請歸化我國國籍者，其生活保障無虞證明：1.國籍法105年12月21日修正施行前，有關外籍人士於我國籍配偶死亡後，依國籍法第3條規定申請歸化我國國籍，其財力證明得

---

[42] 相關國際公約對取得國籍權利之規定，如：1.國際聯合會國籍法公約第6條：「有一個以上國籍之人，而此等國籍非自願取得者，經一國之許可得放棄該國之國籍，但該國給與更優出籍權利之自由不在此限，倘此人在國外有習慣及主要之居所，而適合其所欲出籍國家之法定條件者，前項許可不應拒絕。」2.關於無國籍人地位的公約第32條（入籍）：締約各國應盡可能便利無國籍人的入籍和同化。它們應特別力加速辦理入籍程序，並盡可能減低此項程序的費用。

[43] 轉引自許義寶（2017），歸化國籍「品行端正」認定相關法律問題之探討，中央警察大學國土安全與國境管理學報，27期，頁79以下。

否比照國人之配偶辦理。依函釋規定，外籍人士於我國籍配偶死亡後，若無法提出最近一年每月平均收入逾行政院勞工委員會公告基本工資2倍薪資所得證明或所得稅扣繳憑單證明等相關收入證明者，依國籍法第3條規定申請歸化我國國籍，須有嗣後未再婚且於原婚姻關係存續期間育有子女等情形，其財力證明得比照國人配偶辦理；2.國籍法105年12月21日修正施行後，國人之配偶申請歸化國籍，已無須提出生活保障無虞相關證明，而對於因家暴離婚、配偶死亡及對未成年子女有扶養、行使負擔權利義務或會面交往者申請歸化國籍，依國籍法第4條第1項第2款、第3款規定仍須提出生活保障無虞證明，故原函所稱「其財力證明得比照國人配偶辦理」，已不符現行規定，停止適用[44]。

伍、合法居留繼續三年以上

國籍法第4條規定，外國人為我國國人之配偶，現於中華民國領域內有住所，每年於中華民國領域內合計有183日以上合法居留的事實，繼續三年以上（第3條是五年），始得申請歸化我國國籍。所謂「繼續三年以上」，依國籍法施行細則第6條第1項規定，係指申請人於歸化申請日往前推算三年之期間，其在國內合法居留應連續不中斷，非指曾經在國內合法居留期間連續不中斷。如申請人居留期間消滅或已逾有效期間，致外僑居留證有中斷情形，該居留期間自非屬繼續狀態。但逾期居留未達30日者，視為連續不中斷。國籍法施行細則第5條規定，藍領就業及學生就學期間或以前兩者為依親對象之居留期間不列入合法居留期間之計算[45]。

---

[44] 內政部92年9月22日台內戶字第920074547號函。

[45] 本案王○○先生雖於民國86年10月即受僱來臺工作，於民國95年6月與我國國人結婚，依國籍法施行細則第5條規定，於民國95年6月與我國國人結婚前之居留期間不列入之計算，而其於民國98年曾一度出境長達198天，則其合法居留事實不符我國國籍法第3條、第4條規定每年合計有183日以上合法居留的事實繼續三年以上之要件，未受理其申請準歸化。國籍案例分享，https://mlhr.miaoli.gov.tw/share2.php-，搜尋日期：2021/04/11。

陸、有相當之財產或專業技能

如申請人非國人之配偶時，「有相當之財產或專業技能，足以自立，或生活保障無虞」要件之認定，因其爲國人之配偶與非國人之配偶，分別適用國籍法施行細則第7條第1項第1款及第2款規定。國籍法施行細則第10條第2項規定，已取得準歸化中華民國國籍證明者，申請歸化時，得免附生活保障證明。究其意旨，係因申請歸化中華民國國籍證明時，已依其身分審認其生活保障。因此，其申請歸化國籍之身分與申請準歸化我國國籍證明時相同，得免附生活保障證明。惟如其申請準歸化中華民國國籍證明時爲國人之配偶，但申請歸化國籍時已非國人之配偶者，因所提憑生活保障證明所有差異，自宜重新審究其原提憑之生活保障是否符合國籍法施行細則第7條第1項第1款及第2款生活保障證明之規定[46]。

柒、高級專業人才之歸化

歸化國籍之高級專業人才認定標準第3條修正條文：「前條高級專業人才之認定，應由中央目的事業主管機關出具歸化國籍之高級專業人才推薦理由書，提請內政部邀請社會公正人士及相關機關組成之審查會審核。但因專業才能特殊、少見或新創，且爲我國亟需延攬，依現行法規無法確定中央目的事業主管機關者，申請人得自行檢具專業證明等相關資料送內政部報請行政院指定相關之中央目的事業主管機關推薦（第1項）。依入出國及移民法第二十五條第三項第二款或第三款申請永久居留經許可者，得由內政部函請中央目的事業主管機關或報請行政院指定相關推薦之中央目的事業主管機關同意推薦，並得以書面審核方式辦理，不適用前項規定

---

[46] 本案○女士94年10月15日係以國人配偶身分取得準歸化中華民國國籍證明，惟其已於98年3月23日與國人配偶離婚，○女士於100年3月22日申請自願歸化，其身分已與原申請歸化中華民國國籍證明之身分條件不同，應重新審視其原提憑生活保障證明有無符合國籍法施行細則第7條第1項第1款及第2款規定。國籍案例分享，https://mlhr.miaoli.gov.tw/share2.php-，搜尋日期：2021/04/11。

（第2項）。」[47]

　　為利吸引外國專業人才，提升我國國際競爭力，高級專業人才得檢具推薦理由書、各項歸化證明文件及無戶籍國民居留、定居應備文件向住所地戶政事務所辦理歸化、居留及定居申請，如經內政部許可歸化國籍及副本內政部移民署，該署即核發居留證、定居證，再送「入出國及移民案件審查會」審查，並函送臺灣地區定居證予預定申報戶籍地戶政事務所，戶政事務所依定居證辦理初設戶籍登記，製作國民身分證及戶口名簿，由當事人至預定申報戶籍地戶政事務所領取歸化國籍許可證書、國民身分證及戶口名簿[48]。

捌、歸化與警察紀錄證明書

　　內政部曾函示，依國籍法第4條第1項第1款規定申請歸化，其外僑居留證之居留事由為依親者，得免附前項第4款所定原屬國警察紀錄證明或其他相關證明文件。上揭規定立法意旨依外交部函，國人之外籍配偶申請依親居留簽證，須繳驗由申請人本國政府核發之無犯罪紀錄證明。故外國人向外交部或駐外館處申請外僑居留簽證時，除國人之外籍配偶申請依親居留簽證者，始要求須繳驗無犯罪紀錄證明外，其他外國籍人士申請外僑居留簽證時，並未要求須繳驗該證明文件。為減少申請人重複提證之困擾及簡化行政作業，爰增訂此規定，以我國國民之配偶身分申請依親居留者，得免附原屬國警察紀錄證明或其他相關證明文件[49]，並請參照目前國籍法施行細則第9條之規定。

---

[47] 台內戶字第1080240664號修正「歸化國籍之高級專業人才認定標準」第3條。

[48] 高級專業人才申請歸化、居留、定居、設籍流程，https://www.pthg.gov.tw/wandan-house/News_Content.aspx?n=61C9A46EB427FFD4&s=77D23710126B3812-，搜尋日期：2021/05/13。

[49] 有關建議持外僑永久居留證之外籍配偶依國籍法第5條第2款申請歸化，得免附原屬國政府核發之警察紀錄證明書或其他相關證明文件案。函釋文號：103/9/26台內戶字第1030602955號。

第六節　我國之定居政策與分析

定居：指臺灣地區無戶籍國民、大陸地區人民、香港澳門居民在臺灣地區居住並設立戶籍。

壹、臺灣地區無戶籍國民之定居

臺灣地區無戶籍國民（簡稱無戶籍國民）之稱謂，為在入出國管理上特別的分類，其範圍為我國國民，長年旅居海外，未在臺灣地區設立戶籍者；或取得我國國籍，並未在臺灣地區設立戶籍者。從國際人權言，人民有出國的自由，國家不得限制國民出國，除非有特定犯罪嫌疑等事項，始得為追究其責任，而管制其出國。

國家因為安全及人口政策之考量，得在國境管理上，採取一定之必要措施。我國在民國38年以後，因政治情勢與國家安全之考量，開始管制移民入國，包括海外之國民進入臺灣地區。對此長年之政策，是否有修正之必要？近來基於國內生育率減低、少子化之影響，國內之人口已發生負成長之狀況，因此也開始思考放寬無戶籍國民入國居留之規定。

戶籍制度為正確統計我國人口數之一種方式，亦為國民身分之一種證明。政府在各種施政上對於國內人口流動之戶籍資料，向來重視。一般在臺灣地區出生之國民，依法登記戶籍，乃為國民之義務。但對於外來人口如大陸地區人民、臺灣地區無戶籍國民，欲在我國定居、設立戶籍，則須依法經主管機關之許可，始有此項權利。對此許可，屬於授益行政處分。此處之許可設立戶籍行為，已等同行使國家主權行為之許可歸化一般。而非該外來人口人民，可以自行申請登記。國境安全之維護，為一主權國家對外之表彰，對於未經核准入國之外國人，禁止其任意入國；違反者，並依入出國及移民法，處以刑罰。對於無戶籍國民之入國，我國採許可制；對未經許可之無戶籍國民，航空公司運送業者自不得載運。在國境執法上，其廣義之意涵，包括入國許可之核發、入國之身分確認、准予入國、安全檢查；在其居留期間，發現有違法行為，予以撤銷居留許可、強制其

出國等措施[50]。

入出國及移民法第10條第1項：「臺灣地區無戶籍國民有下列情形之一者，得向移民署申請在臺灣地區定居：一、前條第一項第一款至第十一款之申請人及其隨同申請之配偶及未成年子女，經依前條規定許可居留者，在臺灣地區連續居留或居留滿一定期間，仍具備原居留條件。但依前條第一項第二款或第八款規定許可居留者，不受連續居留或居留滿一定期間之限制。二、居住臺灣地區設有戶籍國民在國外出生之未成年子女。」同條第2項：「依前項第一款規定申請定居，其親屬關係因結婚發生者，應存續三年以上。但婚姻關係存續期間已生產子女者，不在此限。」

入出國及移民法第9條第1項：「臺灣地區無戶籍國民有下列情形之一者，得向移民署申請在臺灣地區居留：一、有直系血親、配偶、兄弟姊妹或配偶之父母現在在臺灣地區設有戶籍。其親屬關係因收養發生者，被收養者年齡應在十二歲以下，且與收養者在臺灣地區共同居住，並以二人為限。二、現任僑選立法委員。三、歸化取得我國國籍。四、居住臺灣地區設有戶籍國民在國外出生之成年子女。五、持我國護照入國，在臺灣地區合法連續停留七年以上，且每年居住一百八十三日以上。六、在臺灣地區有一定金額以上之投資，經中央目的事業主管機關核准或備查。七、曾在臺灣地區居留之第十二款僑生畢業後，返回僑居地服務滿二年。八、對國家、社會有特殊貢獻，或為臺灣地區所需之高級專業人才。九、具有特殊技術或專長，經中央目的事業主管機關延聘回國。十、前款以外，經政府機關或公私立大專校院任用或聘僱。十一、經中央勞動主管機關或目的事業主管機關許可在臺灣地區從事就業服務法第四十六條第一項第一款至第七款或第十一款工作。……。」

臺灣地區無戶籍國民，為具中華民國國籍國民，僅尚未在臺設有戶籍，基於親疏有別，其在臺居留定居之資格或權益，不應劣於外國人。

無戶籍國民為曾在臺灣地區居留之第1項第12款僑生畢業後返回僑居

---

[50] 許義寶（2019），臺灣地區無戶籍國民之入出國，入出國法制與人權保障，3版，台北：五南圖書出版公司，頁41以下。

地服務滿二年者，得向移民署申請在臺灣地區居留，經許可居留者，在臺灣地區連續居住一或居留滿二年且每年居住270日以上或居留滿五年且每年居住滿183日以上後，仍具備原居留條件者，得向移民署申請在臺灣地區定居。至畢業後未返回僑居地服務滿二年之僑生，畢業後經許可在臺從事白領工作，向移民署申請並經許可在臺灣地區居留者，則須在臺灣地區連續居住三年或居留滿五年且每年居住270日以上或居留滿七年且每年居住183日以上後，仍具備原居留條件者，始得向移民署申請在臺灣地區定居。為吸引曾在臺灣地區居留之第1項第12款僑生畢業後留臺或來臺服務，將具僑生身分之無戶籍國民申請定居標準一致化，俾提升我國競爭力，並保障渠等在臺居留權益[51]。

貳、大陸地區人民

大陸地區人民欲申請來臺居留，須符合我國移民法之相關規定。對於大陸地區人民之入出境與居留，我國另制定臺灣地區與大陸地區人民關係條例，以為規範，而不適用入出國及移民法之規定。居留資格或地位之取得，必須符合二個條件，即來臺許可書（入境許可），及接受與通過入境查驗。具備此二個要件與程序，始具有合法居留之地位。另在合法入境後，亦須於法定期間，申請居留之登記[52]。

從外國人之申請入國與居留規範理論而言，國家有關決定許可外國人的居留與否及居留的條件，具有廣泛之自由裁量權。即為保護國家的利益與公共秩序，外國人入國須經過居留國之許可。作為判斷是否許可外國人入國之依據，須依法定之「外國人入國原因」的規定，以界定是否符合國家所接受具有正當居留原因的外國人。從國民主權原理而言，外國人與本國人有不同的法律地位，自然國家沒有接納外國人的義務，一般國家對外

---

[51] 立法院第9屆第2會期第1次會議議案關係文書，委86頁。

[52] 許義寶（2019），大陸地區人民（含港澳）之入出境及居留規範，入出國法制與人權保障，3版，台北：五南圖書有限公司，頁91以下。

國人入國，均設有一定的居留條件要求，以防止造成國家安全與公共利益上的危害或有此方面之顧慮。外國人入國須符合國家法律規定之「居留資格」原因。此「法定原因」為居留之事由，惟在法律上僅能大致規定「居留」之項目與類別，對於各別的居留原因、事由、目的、範圍，因可能涉及到其他主管機關之管轄事務所需，無法一一的明定，此可見於我國外國護照簽證條例施行細則第13條之規定即明。

　　有關外國人的申請入國居留，是否符合資格之要求，該「居留資格」之法定範圍與依據的明確性要求，事所必要。依各目的事業主管機關所訂定之各個法規中，並授權各目的事業主管機關所為決定。如有關受聘僱之外國人，原則上依就業服務法第46條之規定為準。但因其受聘僱之種類眾多、目的各有不同，因此除該條第8款到第11款之範圍，特別規定其要件與相關申請程序外（外籍勞工部分），其他之聘僱，則授權各目的事業主管機關依相關法規辦理，是否許可聘僱外國人與出具證明文件。外國人之居留資格有如國民之身分基本資料，包括其入國目的、個人基本身分資料、居住處所、工作項目、親屬狀況等，主管機關依法得為核對、登錄及課予相關義務。

　　我國為非接受移民之國家，對於外來人口之入境，採取較高之標準，以免造成國內人口成長之過度壓力。透過居留數額之核定，得以有效管控申請居留、長期居留等之人數。依兩岸關係條例第17條授權規定：「內政部得訂定依親居留、長期居留及定居之數額及類別，報請行政院核定後公告之（第6項）。前條及第一項至第五項有關居留、長期居留、或定居條件、程序、方式、限制、撤銷或廢止許可及其他應遵行事項之辦法，由內政部會同有關機關擬訂，報請行政院核定之（第9項）。」

　　移民政策之方向與訂定，其重點在於考量採行對我國最有利之制度。對居留數額之訂定，即屬於移民管制方式之一。其首先會被討論者，即移民政策與人權之間的關係，如對國民之大陸籍配偶之申請入境依親居留，即會涉及其家庭團聚權利之行使。如依規定予以每年核定一定之「居留」數，理論上即可能會有不被許可依親居留者。對此問題，雖然法律上有授權，得予公告核定居留數額，但實務上的做法予以放寬，採取「不予

限制」，值得肯定。對此，如美國法之規定，對於國民之配偶入國居留，屬於移民類別之入國，並不予限制其配額[53]。

臺灣地區與大陸地區人民關係條例第17條第3項至第6項：「經依第一項規定許可在臺灣地區依親居留滿四年，且每年在臺灣地區合法居留期間逾一百八十三日者，得申請長期居留（第3項）。內政部得基於政治、經濟、社會、教育、科技或文化之考量，專案許可大陸地區人民在臺灣地區長期居留，申請居留之類別及數額，得予限制；其類別及數額，由內政部擬訂，報請行政院核定後公告之（第4項）。經依前二項規定許可在臺灣地區長期居留者，居留期間無限制；長期居留符合下列規定者，得申請在臺灣地區定居：一、在臺灣地區合法居留連續二年且每年居住逾一百八十三日。二、品行端正，無犯罪紀錄。三、提出喪失原籍證明。四、符合國家利益（第5項）。內政部得訂定依親居留、長期居留及定居之數額及類別，報請行政院核定後公告之（第6項）。」

大陸地區人民之申請定居程序：1.團聚：完成結婚手續，再向移民署申請進入臺灣團聚；2.依親居留：通過面談，經許可入境後辦理結婚登記，即可至移民署申請依親居留。得在臺工作；3.長期居留：依親居留滿四年且每年居住逾183日，可申請長期居留。得在臺工作；4.定居：長期居留連續滿二年且每年居住逾183日，得申請定居。

參、香港澳門居民

依香港澳門關係條例第2條規定：「本條例所稱香港，指原由英國治理之香港島、九龍半島、新界及其附屬部分（第1項）。本條例所稱澳門，指原由葡萄牙治理之澳門半島、氹仔島、路環島及其附屬部分（第2項）。」

香港在1997年回歸中國大陸之前，屬於英國之屬地，採行自由民主之制度，與我國在經濟、文化、社會上有密切的關係。香港居民具有一定

---

[53] 同上。

之經濟能力與久在民主體制中生活，與我國之制度較爲相近，因此，有關其法律上地位與進出我國，另依香港澳門關係條例規定行之。

在1997年香港回歸中國大陸之後，仍舊保留香港現有之制度，稱爲一國兩制；香港屬於特別行政區，在中共法律之下，保留其個別、獨特之制度。從國家與國籍而言，香港成爲中華人民共和國之一部分，香港居民亦屬於中共人民之範圍。

依香港澳門關係條例第4條規定：「本條例所稱香港居民，指具有香港永久居留資格，且未持有英國國民（海外）護照或香港護照以外之旅行證照者（第1項）。本條例所稱澳門居民，指具有澳門永久居留資格，且未持有澳門護照以外之旅行證照或雖持有葡萄牙護照但係於葡萄牙結束治理前於澳門取得者（第2項）。前二項香港或澳門居民，如於香港或澳門分別於英國及葡萄牙結束其治理前，取得華僑身分者及其符合中華民國國籍取得要件之配偶及子女，在本條例施行前之既有權益，應予以維護（第3項）。」

有關入出境上對人民可以有不同之分類，因多數香港居民，已取得英國海外國民之身分，與英國具有一定之關係；但其並非屬於英國公民，並不享有在英國居住之權利。且在1997年之前，香港屬於自由地區，依我國僑委會之核發華僑身分，在此之前香港人，仍得申請取得華僑之身分，但在1997年之後，因香港已回歸中國大陸，我國僑委會基於臺灣地區與大陸地區人民關係條例，及尊重中共之主權，遂不再核發華僑之身分證明。澳門在1999年回歸中國大陸之前，亦屬於葡萄牙之屬地，屬於自由地區；其同樣採取自由經濟與民主體制，與我國之關係，亦相當密切，因此，我國對於國民前往澳門在早期亦採取較爲寬鬆之方式，不加以管制[54]。

香港澳門關係條例第12條規定：「香港或澳門居民得申請在臺灣地區居留或定居；其辦法由內政部擬訂，報請行政院核定後發布之（第1項）。每年核准居留或定居，必要時得酌定配額（第2項）。」

---

[54] 同上。

　　香港澳門居民進入臺灣地區及居留定居許可辦法第29條第1項：「香港或澳門居民有下列情形之一者，得申請在臺灣地區定居：一、依第十六條第一項第一款至第六款、第七款後段、第九款至第十二款規定之申請人與其隨同申請之配偶及未成年子女，經許可居留，在臺灣地區居留一定期間，仍具備原申請在臺灣地區居留之條件。但依同條項第一款規定申請者，其直系血親或配偶死亡者，仍得申請定居。二、未滿十二歲，持入出境許可入境，其父或母原在臺灣地區設有戶籍。三、有本條例第十七條之情形。四、經中央目的事業主管機關核准來臺就學者畢業後，依第十六條第一項第八款規定許可居留連續滿五年，每年在臺灣地區居住一百八十三日以上，且最近一年於臺灣地區平均每月收入逾中央勞動主管機關公告基本工資二倍。」

第七節　小結

　　移民政策涉及國家之主權，依事務的性質，外國人（外來人口）入國、居留，並不認為外國人當然可以享有。依取得權利的條件，「取得國籍」也就是「成為國家構成員的資格」權利，外國人並不被認為當然得以主張。外國人入國居留須向國家主管機關申請許可，於居留期限屆滿前，有延長居留需要者，須另向主管機關申請延期。對於外國人在居留期間有違法或犯罪行為，移民行政主管機關得依入出國及移民法相關規定，加以制止或驅逐出國。一個國家對於外國人之接受與否，具有核准與拒絕之權限，此屬於國家主權之表現。對於外國人是否准許其繼續在國內居住，亦屬主權決定之範圍，可依法為准許與否之決定。

　　有關外國人停留制度，為其在我國居住，不超過六個月之活動。停留期間的外國人，其活動亦須遵守規定，不得非法工作或從事與申請目的不符之活動。居留中之外國人，有其居留合法期間，在期限屆至前，如欲延長須檢附相關證明文件，向移民署申請許可；不得逾期居留。對於取得永久居留權之外國人，一般其生活與待遇，除參政權不得享有之外，其他社

會福利、生活等照顧，一般比較本國國民。但仍須視國家之具體政策。有
關永久居留之取得要件，則規定在入出國及移民法第25條。定居為我國特
有之移民政策制度，其申請對象為臺灣地區無戶籍國民、大陸地區人民、
香港澳門居民。分別依入出國及移民法、兩岸條例、港澳條例所規定之資
格條件，提出申請；經主管機關核准後，即可在我國定居，後取得身分
證。歸化為外國人之移民我國，並放棄其原有國籍，申請成為我國國民之
一種制度。其申請資格與程序，為依照國籍法之規定。

參考文獻

一、中文文獻

刁仁國（2009），英國永久居留制度初探，中央警察大學國境警察學報，
　　12期。

辛炳隆（2019），主要國家移民政策對我國之啟示，臺灣經濟論衡，17卷
　　1期。

法治斌、董保城（2014），憲法新論，台北：元照出版有限公司，6版。

范秀羽（2019），從「我們的憲法」、「我們」到「我們的釋憲者」：形
　　塑非國民之憲法上權利主體，國立臺灣大學法學論叢，48卷1期。

張志偉（2016），移民法的新趨勢──評Daniel Thym和Jürgen Bast的教授
　　資格論文，憲政時代，42卷2期。

張瑋心（2016），論移民法禁止期約報酬之跨國婚姻，軍法專刊，62卷4
　　期。

許義寶（2017），歸化國籍「品行端正」認定相關法律問題之探討，中央
　　警察大學國土安全與國境管理學報，27期。

許義寶（2019），入出國法制與人權保障，3版，台北：五南圖書出版公
　　司。

陳新民（1999），中華民國憲法釋論，修訂3版，台北：三民書局。

黃秀端、林政楠（2014），移民權利、移民管制與整合——入出國及移民
　　法在立法院修法過程的分析，臺灣民主季刊，11卷3期。
賴來焜（2000），國際（私）法之國籍問題—以新國籍法爲中心，著者自
　　印。

二、外文文獻

工藤 律子（2020），移民奔流：グローバル化時代の国境と人（第5回）
　　流浪を抜け出す，世界，934期，東京：岩波書店。
中村睦男（1992），外国人の基本的人権，憲法30講，東京：青林書院。
日比野 勤（1998），外国人の人権(1)，法学教室，210号。
江川 英文、山田 鐐一、早田 芳郎（1997），国籍法，東京：有斐閣。
百地 章（2014），国家主権の行使としての「国籍付与」，日本法學，
　　80卷2号（日本大学法学部創設百二十五周年記念号）。
佐藤幸治編著（1992），憲法Ⅱ基本的人権，東京：成文堂。
尾吹善人（1986），解説憲法基本判例，東京：有斐閣。
東村 紀子（2020），オランド大統領政権嘖におけるフランスの移民政
　　策とロマ系住民排除政策：「右」と「左」の政策的収斂，研究論
　　叢，95期，京都外国語大学国際言語平和研究所。
斎藤靖夫（1987），外国人の政治活動の自由，憲法判例百選Ⅰ，2版。
新津 久美子（2019），難民移民の取扱いおよび収容：2015年以降の欧
　　州と日本（シンポジウム トランプ大統領と法の支配：トラベル・
　　バンと差止命令を巡って，アメリカ法，日米法学会。
萩野芳夫（1969），外国人の出入国の自由，法律時報，41卷4号。
藤井 さやか（2020），多文化共生社会の都市像：移民受け入れ大国と
　　なりつつある日本の将来にむけて，都市計画，69卷4期，日本都市
　　計画学会。

第八章

移民收容與
驅逐出國的人權保障

孟維德

第一節　前言

　　「人權」是個體作爲人類而應享有的權利，亦是人類基於天性，與生俱來的各種人身、言論、財產、參政及受益等權利，失去了這些權利，個體將無法過著正常生活。擁有自由和追求幸福的權利，才能讓個體充分的發展和運用人類天賦、智慧與才能，滿足心理和其他需求。鑑於第二次世界大戰造成的混亂和殘忍暴行，對人類生命、福祉造成的重大侵害，除了許多殖民地國家追求獨立的意識高漲外，爲防止此人爲浩劫再度發生，維護世界和平，促使國際間達成共識，認爲應該要創設一平台，一方面共同處理戰後的殘局，同時也爲防止如此可怕的人間浩劫再度發生，聯合國因而誕生。

　　1945年聯合國成立時，「保障人權」即爲其章程的中心理念，世界人權宣言與人權兩公約——「公民與政治權利國際公約」（International Covenant on Civil and Political Rights, ICCPR）與「經濟社會文化權利國際公約」（International Covenant on Economics, Social and Cultural Rights, ICESCR）因而誕生。相較於世界人權宣言，人權兩公約除將應受保障的人權更加具體的條列且勾勒各個權利型態外，並增加許多程序性的規範事項，涵蓋實體法與程序法的特性。ICCPR旨在保護一般人民的基本生存權與公民政治權利，內容涵蓋生命權、自由權與平等權，限制國家不得任意侵害並強烈限制，若在非不得已而有侵害的情事發生，國家應有正當理由及依照法定正當程序，且應給予受侵害者救濟途徑。ICESCR則保障經濟、文化等社會權，國家應積極保障人民得以行使這些權利，例如工作權、受教權、環境權等[1]。

　　由於世界人權宣言與兩公約的通則特性，無法讓長期遭受人權侵害的特定群體完全涵蓋在兩公約的架構下，獲得其應受的重視與保護。

---

[1] 人權會訊（1991），國際人權消息，人權會訊，44期，頁11-12。楊雲驊（2014），「公民與政治權利國際公約」第7條對國內法之效力：以預防性刑求爲中心，國立臺灣大學法學論叢，43期，頁957-1029。

因此，聯合國接續以具針對性的公約為這些群體的人權保障與維護，提供更有效的人權機制。其中，最為重要者有七項：「消除一切形式種族歧視公約」（Convention on the Elimination of All Forms of Racial Discrimination, CERD，1965年通過），「消除對婦女一切形式歧視公約」（Convention on the Elimination of All Forms of Discrimination against Women, CEDAW，1979年通過），「禁止酷刑及其他殘忍不人道或有辱人格之待遇或處罰公約」（Convention against Torture, and other Cruel, Inhuman, or Degrading Treatment or Punishment, CAT，1984年通過），「兒童權利公約」（Convention on the Rights of Child, CRC，1989年通過），「保護所有移工及其家庭成員權利國際公約」（International Convention on the Protection of the Rights of All Migrant Workers and Members of Their Families, ICRMW，1990年通過），「保護所有人免遭強迫失蹤國際公約」（International Convention for the Protection of All Persons from Enforced Disappearance, CPED，2006年通過），與「身心障礙者權利公約」（Convention on the Rights of Persons with Disabilities, CRPD，2006年通過）。這七大公約加上前述之兩公約，被視為當前國際人權法機制最重要的中心基礎，是各國推動人權保障及倡導的典範[2]。聯合國九大核心人權公約，如表8-1。

我國目前雖非屬聯合國會員國，但身為國際社會一分子，應重視人權保障，服膺聯合國相關國際人權公約之規範。因此，我國政府自2009年起即積極推動國際人權公約國內法化的立法工作，近十年來陸續立法通過：1.公民與政治權利國際公約；2.經濟社會文化權利國際公約；3.消除對婦女一切形式歧視公約；4.兒童權利公約；5.身心障礙者權利公約等國內施行法。

---

[2] 黃翠紋等（2016），性別平權與警察實務，桃園：中央警察大學，頁2-7。以及鄧衍森（2015），「禁止酷刑和其他殘忍、不人道或有辱人格的待遇或處罰公約」施行法制定之研究。內政部警政署刑事警察局委託研究報告書，台北：內政部警政署刑事警察局，頁17-25。

表8-1　聯合國九大核心人權公約一覽表

編號	英文縮寫	公約名稱	通過日期	公約監督機構	國內化之公約
1	ICERD	消除一切形式種族歧視國際公約	1965/12/21	消除種族歧視委員會（CERD）	未國內法化
2	ICCPR	公民與政治權利國際公約	1966/12/16	人權事務委員會（CCPR）	已國內法化
3	ICESCR	經濟社會文化權利國際公約	1966/12/16	經濟、社會和文化權利委員會（CESCR）	已國內法化
4	CEDAW	消除對婦女一切形式歧視公約	1979/12/18	消除對婦女歧視委員會（CEDAW）	已國內法化
5	CAT	禁止酷刑及其他殘忍不人道或有辱人格之待遇或處罰公約	1984/12/10	禁止酷刑委員會（CAT）	未國內法化（施行法草案已送立法院審議）
6	CRC	兒童權利公約	1989/12/20	兒童權利委員會（CRC）	已國內法化
7	ICMW	保護所有移工及其家庭成員權利國際公約	1990/12/18	移工委員會（CMW）	未國內法化
8	CPED	保護所有人免遭強迫失蹤國際公約	2006/12/20	強迫失蹤問題委員會（CED）	未國內法化
9	CRPD	身心障礙者權利公約	2006/12/13	身心障礙者權利委員會（CRPD）	已國內法化

　　前述聯合國的九大人權公約中，尚未國內法化者包括：1.消除一切形式種族歧視國際公約；2.保護所有移工及其家庭成員權利國際公約；3.保護所有人免遭強迫失蹤國際公約；4.禁止酷刑及其他殘忍不人道或有辱人格之待遇或處罰公約等。其中「禁止酷刑及其他殘忍不人道或有辱人格之

待遇或處罰公約施行法」，政府刻正進行立法工作。該公約係根據「聯合國憲章」宣布的原則，以及「世界人權宣言」第5條和「公民與政治權利國際公約」第7條，這兩條都規定任何人不得遭受酷刑或殘忍、不人道或有辱人格的待遇或處罰，該公約除承認人類大家庭所有成員享有自由平等權利是世界和平與正義的基礎，也確認這些權利來自人的固有尊嚴[3]。

聯合國大會於1984年通過「禁止酷刑公約」，截至2019年10月止，該公約締約國計有169個。雖然臺灣因國際地位爭議，無法成為國際人權公約的正式締約國，但自2009年立法院通過「公民與政治權利國際公約及經濟社會文化權利國際公約施行法」以來，已經透過此一國會立法之「施行法」模式，陸續制定「消除對婦女一切形式歧視公約施行法」、「兒童權利公約施行法」以及「身心障礙者權利公約施行法」，讓聯合國核心的人權公約具有國內法效力，並且參考聯合國制度建立在地的報告審查機制[4]。在2013年兩公約初次審查會議時，國際專家建議我國政府應將禁止酷刑公約國內法化，為回應該審查意見，內政部邀集學者專家制定「禁止酷刑及其他殘忍不人道或有辱人格之待遇或處罰公約施行法」草案，並於2018年12月6日經行政院會通過內政部擬具的施行法草案，送請立法院審議[5]。

3　林鈺雄（2013），2012年刑事程序法發展回顧：從國際人權公約內國法化的觀點出發，國立臺灣大學法學論叢，42期，頁1067-1107。林鈺雄（2014），2013年刑事程序法發展回顧：從國際人權公約內國法化的觀點出發，國立臺灣大學法學論叢，43期，頁1265-1298。廢除死刑推動聯盟（2019），國際公約，https://www.taedp.org.tw/topic/10223，搜尋日期：2019/11/03。

4　陳明堂（2016），國際公約在台灣國內法化之研究—以人權與海洋法制為中心，國立臺灣海洋大學海洋法律研究所博士論文，頁31-43。

5　李基勝（2018），「禁止酷刑及其他殘忍不人道或有辱人格之待遇或處罰公約及其任擇議定書施行法」草案法案評估。立法院，立法院法制局法案評估報告，頁4-8。人權公約施行監督聯盟（2019），聯合國九大核心人權公約，https://covenantswatch.org.tw/un-core-human-rights-treaties/，搜尋日期：2019/11/05。

　　依照該公約施行法草案第10條規定：「各級政府機關應依本公約及議定書規定之內容，就主管之法令及行政措施，於本法施行後一年內提出檢視清單，有不符本公約及議定書規定者，應於本法施行後三年內，完成法令之制（訂）定、修正或廢止及行政措施之改進。」本文作者即是內政部委託執行相關法規檢視研究人員，本文內容主要針對移民法規進行檢視。在移民機關所負責的工作項目中，聯合國禁止酷刑公約及相關軟法文件最重視的部分爲外國人收容及驅逐出國事項。

第二節　移民收容及驅逐出國的人權維護準則

　　免受酷刑是每個人的絕對權利，酷刑無論在任何情況也絕不可容忍。世界人權宣言第5條，公民與政治權利國際公約第7條，皆明示保障人人免受酷刑、殘忍不人道或侮辱之待遇或處罰，後者第4條明定即使在緊急狀態，締約國也不能限制上述權利。「禁止酷刑公約」更明定締約國應有禁止公職人員向任何人施以酷刑的責任，並由聯合國禁止酷刑委員會監督締約國落實公約的情況。酷刑不僅基於人道和道德而受到非議，另一方面，藉由施用酷刑而取得的證據也被認爲是不可靠的，且容忍或使用酷刑將使一個機關腐敗[6]。

　　何謂「酷刑」？人權法中對酷刑的定義，與媒體或一般性談話中常用的術語有很大不同[7]。爲避免對酷刑一詞有所誤解，並確保在各種情況都

---

[6] 陳彥廷（2012），國際人權公約酷刑禁止規定對我國刑事法之影響，國立政治大學法律學研究所碩士論文，頁21-31。王福邁（1996a），聯合國大會對酷刑問題的迴應《1》，法務通訊，1764期，版3。王福邁（1996b），聯合國大會對酷刑問題的迴應《2》，法務通訊，1765期，版3。王福邁（1996c），聯合國大會對酷刑問題的迴應《3》，法務通訊，1766期，版3。王福邁（1996d），聯合國大會對酷刑問題的迴應《4》，法務通訊，1767期，版3。

[7] 周懷廉（2014），反酷刑在我國之實踐——以酷刑刑罰化爲中心，檢察新論，15期，頁133-147。

能避免其發生，禁止酷刑公約第1條對酷刑有具體定義：「酷刑指為自特定人或第三人取得情資或供詞，為處罰特定人或第三人所作之行為或涉嫌之行為，或為恐嚇、威脅特定人或第三人，或基於任何方式為歧視之任何理由，故意對其肉體或精神施以劇烈疼痛或痛苦之任何行為。此種疼痛或痛苦是由公職人員或其他行使公權力人所施予，或基於其教唆，或取得其同意或默許。但純粹因法律制裁而引起或法律制裁所固有或附帶之疼痛或痛苦，不在此限。」

2016年9月19日，聯合國大會通過「關於難民和移民紐約宣言」（New York Declaration for Refugees and Migrants），該宣言闡述了各國對全球難民和移民大規模流動問題的應有承諾，並決議在2018年前制定兩項文件，分別是「安全、有序和正常移民全球契約」（Global Compact on Safe, Orderly and Regular Migration）及「難民全球契約」（Global Compact on Refugees）。其中安全、有序和正常移民全球契約是與禁止酷刑公約關係密切的軟法文件，因此本文根據禁止酷刑公約，以防止酷刑的角度分析安全、有序和正常移民全球契約（以下簡稱移民全球契約），歸納出外國人收容及驅逐出國的人權保障準則。

這些準則明確指出如何在移民收容（immigration detention）及驅逐出國（deportation）過程中防止酷刑和虐待發生，對於我國依「禁止酷刑公約任擇議定書」所設置的「國家防範機制」（national preventive mechanism）、移民業務主管機關、民間組織，以及其他參與防止移民收容過程中酷刑問題的團體或個人，都是重要的參考訊息。本研究歸納出外國人收容及驅逐出國的人權保障準則，有四個目的：

一、提高對聯合國移民全球契約的認識。

二、揭示移民收容與驅逐出國過程中遭受酷刑和虐待的風險情境。

三、傳達與防止外國人收容和驅逐出國酷刑有關的重要訊息。

四、作為移民法規檢視與分析的判準。

根據內政部移民署組織法，內政部移民署掌理入出國、移民及人口販運防制政策、法規之擬（訂）定、協調及執行，以及針對違反入出國

及移民相關規定者進行查察、收容、強制出國（境）及驅逐出國（境）等事項。移民署掌理事項中與聯合國禁止酷刑公約關係最密切的移民法規包括：入出國及移民法、外國人收容管理規則、外國人強制驅逐出國處理辦法、人口販運防制法、人口販運被害人及疑似人口販運被害人安置保護管理規則。而與上述諸項移民法規對應的聯合國禁止酷刑公約條文，主要是：

第2條

1. 每一締約國應採取有效的立法、行政、司法或其他措施，防止在其管轄的任何領土內出現酷刑的行為。
2. 任何特殊情況，不論為戰爭狀態、戰爭威脅、國內政局動盪或任何其他社會緊急狀態，均不得援引為施行酷刑的理由。
3. 上級官員或政府當局的命令不得援引為施行酷刑的理由。

第3條

1. 如有充分理由相信任何人在另一國家將有遭受酷刑的危險，任何締約國不得將該人驅逐、遣返或引渡至該國。
2. 為了確定這種理由是否存在，有關當局應考慮到所有有關的因素，包括在適當情況下，考慮到在有關國家境內是否存在一貫嚴重、公然、大規模侵犯人權的情況。

第10條

1. 每一締約國應保證在可能參與拘留、審訊或處理遭到任何形式的逮捕、扣押或監禁的人的民事或軍事執法人員、醫務人員、公職人員及其他人員的訓練中，充分列入關於禁止酷刑的教育和資料。
2. 每一締約國應將禁止酷刑列入所發關於此類人員職務的規則或指示之中。

第14條

1. 每一締約國應在其法律體制內確保酷刑受害者得到補償，並享有獲得公平和充分賠償的強制執行權利，其中包括盡量使其完全復原。如果受害

者因受酷刑而死亡，其受撫養人應有獲得賠償的權利。

2. 本條任何規定均不影響受害者或其他人根據國家法律可能獲得賠償的任何權利。

第16條

1. 每一締約國應保證防止公職人員或以官方身分行使職權的其他人在該國管轄的任何領土內施加、唆使、同意或默許未達第1條所述酷刑程度的其他殘忍、不人道或有辱人格的待遇或處罰的行為。特別是第10條、第11條、第12條和第13條所規定義務均應適用，惟其中酷刑一詞均以其他形式的殘忍、不人道或有辱人格的待遇或處罰等字代替。

2. 本公約各項規定不妨礙任何其他國際文書或國家法律中關於禁止殘忍、不人道或有辱人格的待遇或處罰、或有關引渡或驅逐的規定。

　　「移民全球契約」起源於2016年9月19日聯合國大會所通過的解決難民和移民大規模流動問題高峰會的成果文件——紐約宣言。移民全球契約旨在就聯合國會員國之間處理國際移民問題的全球治理與協調工作，建構一系列原則、承諾和諒解。這些原則、承諾和諒解的內容，源自聯合國2030年永續發展議程（2030 Agenda for Sustainable Development）、聯合國憲章、世界人權宣言、國際人權條約及其他有關國際文件。2018年12月10至11日於摩洛哥舉行的政府間會議，通過了「安全、有序和正常移民全球契約」。

　　在此框架下，移民全球契約確認，以人道、敏感、憐憫和人為中心的方式處理難民和移民大規模流動的問題，是各國應承擔的共同責任。該契約也闡明了難民和移民大規模流動的根本原因和後果，並譴責對難民和移民的種族主義、種族歧視、仇外心理及有關的不容忍言行與成見。

　　紐約宣言界定了移民全球契約的範圍，指明人們跨越或尋求跨越國界大規模流動的問題內容，該問題不包括從一國到另一國的正常性移民流動，也不包括國內流離失所的有關問題。紐約宣言也說明了人們大規模流動的影響因素，此種流動不僅與前往目的國的人數有關，也與經濟的、社會的和地理的脈絡，目的國的回應能力，突發性或長期性的流動有關。根

據聯合國禁止酷刑公約及移民全球契約的內容，有關外國人收容的人權維護準則歸納如下。

一、移民收容的人權維護準則

（一）遷徙並非犯罪，收容處分應為最後手段

收容處分不是管控人口遷徙的適當解決方案，收容只能作為最後手段，而且一旦對當事人予以收容處分，必須符合國際法標準，諸如具體理由、合法性、必要性和比例原則等。「聯合國移工委員會」（UN Committee on Migrant Workers）認為，在未經許可或欠缺適當證件的情況下跨越國境或逾期停居留，這些事實並不構成侵犯人身、財產或國家安全的犯罪，屬行政不法行為（administrative offences），不應使用收容處分制裁行為者。

有證據顯示，世界上許多國家透過增加對非正常遷移的刑事定罪、加強邊境及入出境管制，嚴格化自己國家的移民政策。因此，違反移民法的行為越來越被視為犯罪而非行政不法行為，導致移民享有法律保障和人權維護的基本權利受到貶抑[8]。嚴厲的攔截和拘禁政策不僅無法阻止移民流動，反而更將移民推向走私者或販運者的手中，陷入不安全和不正常的方式和路線遷移。

國際人權法和難民法雖允許限制人身自由和安全權，但所有剝奪自由必須是正當合理的、依法執行的、非任意的。在對違法者施予剝奪自由措施之前，希望各國優先採取拘留以外的替代措施。針對移民的行政拘留，一些具約束力的國際文書和軟法文件已定出具體標準。

為了避免發生任意性的拘留，對移民的行政拘留必須是合理的、必要的及符合比例原則的，應考量個案特性，執行最短時間，並且是為避免危害公眾，或在未來法律程序中當事人需在場但有逃逸之虞。因為這些理

---

8 王必芳（2015），得宜的監禁條件與收容人尊嚴的尊重：歐洲人權法院相關裁判研究，歐美研究，45卷4期，頁619-690。

由，移民拘留經常被當作是邊境管制的措施，在未經個別性的風險評估或違反例外原則的情況下，很可能形成任意拘留。

（二）應不予兒童收容處分

兒童移民，包括無人陪伴的兒童移民，不應遭受行政性拘留，而應根據兒童最佳利益原則，採取基於兒童權利及對兒童友善的拘留替代措施。兒童不應因其父母之移民身分而遭受拘留，根據家庭生活受尊重權和保障家庭團聚原則，不應將兒童與其家庭成員或監護人分離，除非分離符合兒童利益。換言之，也不應對兒童的家庭成員或監護人施予移民拘留。

各國應建置特定措施，予以兒童充分照顧和保護。政府應建立適當的兒童身分辨識、年齡評估及弱勢背景篩查的程序。這些程序應具小眾推定（presumption of minority）的功能，也就是當主管機關無法確定當事人年齡，且有理由認為該移民可能是兒童時，應推定為兒童。

（三）當最後手段須剝奪移民自由，主管機關不得予其類似罪犯之拘禁

移民可能因行政拘留處分，其自由被剝奪。除收容所外，在安置場所或進入某國（地區）的入境點（如機場國際區）被限制行動自由，也可能構成剝奪自由的事實。

當自由被剝奪時，收容移民的條件和制度應反映其非刑事犯的身分，以及滿足其具體需求。為維護人權，應將移民收容在專門的移民收容處所。雖然國際人權法接受可例外使用其他收容處所實施短期收容，但在實務上，移民可能被收容在不適當的設施裡，導致侵犯人權的風險增加，包括酷刑和虐待。例如，可能被置於過度擁擠的設施中、與刑事犯拘禁在一起、無法接見律師和通譯，以及無法獲知有關法律程序、適當收容、食物或醫療保健的訊息。

無論是在入境、過境還是在被驅逐出境期間所執行的收容處分，確保移民人權的義務都適用。對政府所有負責執行拘留的機關都具有約束力，無論是警察、監獄官、移民官、邊防人員、軍事和安全部隊人員、海巡人

員等皆包含在內[9]。如果將前述相關設施的管理和運作委託給民營公司執行，政府主管機關仍不能免除防止酷刑和虐待的責任。

移民收容制度，應根據移民的身分和需求制定。移民在行政收容過程中所接受的處遇，不應根據刑事犯的拘禁處遇來建模。收容處所應提供適當的住宿環境、醫療資源、活動及執行法律保障的條件。收容處所的工作人員應具備適當的專業背景、培訓經驗及工作態度，以反映非刑事犯的收容氛圍。

（四）應向所有被剝奪自由者保證實踐法律和程序的保障

移民得於過境或收容國提出法律訴求，可申請庇護、提出難民身分認定的請求，以及申請不同形式的國際保護、家庭團聚或離境等有關程序。前述法律程序的進行方式，隱藏移民遭受酷刑和虐待的風險。移民往往不熟悉收容處所使用的語言，也可能不了解過境國（地區）或收容國（地區）的法律制度。此外，初始屬合法的行政拘留，其後由於缺乏針對各個移民的特定風險進行評估而剝奪其自由，最後可能變爲任意拘留。

爲了防止任意拘留和濫權，移民應能接見律師、獲得法律援助，並在有關的法律程序中獲有通譯協助。對於希望使用這些機制的移民，也應有領事保護權。此外，剝奪移民自由的決定程序、當事人的申訴及救濟權，也應定期接受司法或其他獨立機構的審查。收容期間，當事人有權獲知所有關於其狀況的訊息，與律師、使領館（代表處或授權機構）人員或親屬聯絡的權利都是非常重要的。

邊防機關、警察或其他拘留單位，很可能是移民在旅途中最先接觸的公部門。爲了了解移民的特殊情況並降低其遭受酷刑和虐待的風險，個別式的風險評估至關重要[10]。適當的弱勢背景篩查和充分詢問，皆有助於辦

---

[9] 李震山、姚孟昌、張永呈（2017），我國推動禁止酷刑公約國內法化之實踐與展望研討會（會議紀錄），臺灣法學雜誌，334期，頁87-136。

[10] Carver, R. & Handley, L., (2016), Does torture prevention work? Liverpool, UK: Liverpool University Press.

識當事人特殊的弱勢狀況，這對於決定當事人的正確身分及法律程序的執行都是非常重要的。

（五）強制驅逐出國增加酷刑和虐待的風險，應為最後手段

對於出現在國境的移民和尋求庇護者而言，不遣返原則（principle of non-refoulement）是一項基本保障。根據聯合國禁止酷刑公約，不遣返原則禁止一個國家將某人驅逐、遣返或引渡至另一個有充分理由相信該人有遭受酷刑危險的國家。這是一種絕對禁止，不接受任何例外情形。這項原則適用於國家管轄內的任何領土，無論當事人的身分為何皆無差別。為確保落實不遣返原則，各國必須制定司法和行政程序以及預防措施。

但是，近期許多國家採取快速或簡化的驅逐程序，違反不遣返原則的風險因而提高。這些程序減少了移民挑戰驅逐處分的機會，在某些案件中，更導致主管機關忽略當事人免予驅逐處分的重要弱勢條件。這些程序還可能使移民遭受集體或重複驅逐，以及人權法所禁止的間接遣返。

主管機關於執行強制驅逐出國（境）處分前，應先考慮讓當事人自願出國（境），較能減少侵犯人權的風險。各國應制定程序，保證被驅逐出國（境）者是在充分知情下同意自願出國（境）的，而非脅迫下同意的。驅逐出國（境）處分必須是主管機關根據個別性決定而執行的，執行強制驅逐出國（境），讓移民遭受酷刑或其他虐待的風險增高[11]。強制驅逐出國（境）可能以陸、海、空途徑進行，從執法機關開始接手被驅逐出國（境）者，一直到當事人抵達目的國或地區（無論是原籍國、居住地或第三國），侵犯人權的風險都可能存在。侵犯移民權利的常見行為，主要包括過度使用武力、違反比例原則、羞辱性地施用戒具，或在驅逐過程中強制注射鎮靜劑。在執行強制驅逐出國（境）處分之前，當事人應享有對驅逐處分提出質疑的有效救濟權，若理由充分，即應停止驅逐處分的執行。

各國應積極尋求移民的合作，以避免發生侵害人權的風險。換言之，當事人應可獲知驅逐出國（境）有關安排的充分訊息，包括領回個人

11　孟維德（2019），跨國犯罪，增訂5版，台北：五南圖書出版公司，頁63-66。

物品、與當地或目的國（地區）的親屬聯絡，以及在驅逐出國（境）前接受健康檢查[12]。各國應注意並維護移民、護送人員及機組人員在遣返期間的安全。

（六）特殊條件者不予收容處分

不應將弱勢條件者置於移民收容處所，應先尋求收容替代措施。移民拘留尤其對有特殊需求之人及高風險受歧視、虐待和剝削之人造成傷害，諸如婦女、兒童、身心障礙者、衰老者、因性傾向或性別認同而受歧視或迫害之人、無國籍者、無證件移民、人口販運被害者。此外，弱勢者可能面臨更高風險的暴力傷害，包括性別暴力、同性戀和跨性別戀暴力、騷擾、醫療照顧不足或其他形式的歧視[13]。政府主管機關應特別注意這些人的身分辨識及保護措施。

主管機關應先就當事人的弱勢條件進行個別性評估再決定是否收容，另在收容期間也需定期評估其弱勢條件，並通知當事人評估決定的訊息，以採取收容替代措施為目標。評估時不應將弱勢條件視為其個人問題或當事人的特殊狀況，反而應思考造成弱勢現況的因素，以及這些因素在未來的可能演變及影響。

當確認收容是必要的，各國應對收容的適當形式和制度作出妥善決策，並確保對受收容人的需求提供服務。此外，收容處所應謹慎並適當調整處遇措施，避免惡化當事人的弱勢情況。

---

[12] Hefti, G., (2018), The struggle against torture in Italy: The failure of the Italian law. Nuremberg Human Rights Center, available at: https://www.menschenrechte.org, last visited: 2019/04/05.

[13] Ford, J. & Soto-Marquez, J. G., (2016), Sexual assault victimization among straight, gay/lesbian, and bisexual college students, Violence and Gender, 3(2), pp. 107-115; Walters, M., Chen, J. & Breiding, M., (2013), The National Intimate Partner and Sexual Violence Survey (NISVS): 2010 findings on victimization by sexual orientation. Atlanta, GA: National Center for Injury Prevention and Control Centers for Disease Control and Prevention.

（七）所有剝奪自由的情況應定期接受獨立機構的監督

　　獨立機構定期監督移民被剝奪自由的生活條件及所受之處遇，這對防止酷刑和虐待的風險至關重要。監督範圍不僅包括正式的移民收容所及指定收容處所，還包括移民被剝奪自由或可能被剝奪自由的所有地方。應對剝奪自由期間的任何時段進行監督，包括剛入所時及強制驅逐出國（境）期間。

　　監督機構，特別是根據禁止酷刑公約任擇議定書所設置的國家防範機制，應不受限得以獲取有關收容處所的所有資訊，包括地理位置、移民收容條件和處遇情形，以及如何親自抵達這些處所訪視的所有訊息，他們可與移民及其他可能提供上述訊息的任何人進行私人訪談。國家監督機制並不排除政府以外的組織參與，特別是公眾監督機構和非政府組織，共同對移民受剝奪自由的處所進行監督。任何機關或政府人員均不得命令、實施、允許或容忍任何人或組織因與監督人員聯絡而遭受制裁或其他形式的報復[14]。

二、移民強制驅逐出國的人權維護準則

　　近年來，國際社會不幸發生受收容人在被強制驅逐出國（境）前死亡（例如2010年3月在瑞士蘇黎世機場的一名奈及利亞裔受收容人）或在驅逐出國（境）期間死亡（例如在2010年12月J. Mubenga在從英國被驅逐出境的班機上死亡）的案件[15]。強制驅逐出國（境）期間，可說是受收容人特別容易遭受虐待和酷刑的時刻。由於遣返期間過度使用武力甚至導致死亡的情況日益普遍，激發全世界愈加關切被遣返者的人權問題。

---

[14] Goodhart, M., (2016), Human rights. politics and practice. Oxford, UK: Oxford University Press.林明輝（2018），我國建立國家防範酷刑機制（NPM）作為，臺灣法學雜誌，335期，頁31-44。

[15] Carver, R. & Handley, L., (2016), Does torture prevention work? Liverpool, UK: Liverpool University Press.

根據聯合國禁止酷刑公約及移民全球契約，各國政府主管機關不應系統化地使用強制驅逐，只能作爲最後手段。人的安全與尊嚴，始終都是核心問題，前述公約及契約鼓勵各國盡可能避免使用強制驅逐手段。各國有義務遵守不遣返的基本原則，排除任何人被驅逐至可能遭受酷刑的國家。一旦使用強制驅逐時，當事人應在公平、具效率的過程中被驅逐出境，而且必須確認所有的法律保障措施皆已實施。

近年一些國際和區域機構制定了法律和程序的保障措施，有助於防止酷刑和其他虐待。已有越來越多的國家將這些驅逐過程的保障措施納入國內法和政策中，並將其視爲有效防止虐待和酷刑的實務措施。根據聯合國禁止酷刑公約及移民全球契約的內容，有關移民驅逐出國的人權維護準則歸納如下。

（一）驅逐前實施個別性的醫療檢查

所有被剝奪自由的人，必要時應得以接觸醫生，這是國際法所認定的準則。聯合國「保護所有遭受任何形式拘留或監禁者之原則彙編」（UN Body of Principles for the Protection of All Persons under Any Form of Detention or Imprisonment）強調，當事人在被收容後，應儘快對其提供適當的醫療檢查，其後必要時，也應提供醫療保健服務。

由於強制驅逐對當事人很可能造成健康和安全上的風險，應於驅逐前由合格專業人員進行醫療檢查。因此，國家防範機制應確保所有被驅逐者在驅逐前均接受醫療檢查，確認其健康狀態，檢測是否有先前已存在的傷害，並考慮相關風險。

（二）查閱包括醫療訊息的收容紀錄

聯合國「保護所有遭受任何形式拘留或監禁者之原則彙編」也建議受收容人或其法定代理人得以查閱其收容紀錄。此措施可讓當事人根據紀錄中的證據即時且準確地對其所接受之處遇提出申訴。因此，查閱收容紀錄是防止收容期間虐待行爲的重要威嚇手段。

前述保護原則還建議將所有醫療檢查登錄在收容紀錄中。如果受收容

人於驅逐過程中曾接受醫療檢查，則應將檢查結果登錄在收容紀錄中，並提供受收容人或其法定代理人查閱。

（三）嚴格限制使用武力

對政府主管機關而言，執行強制驅逐出國（境）處分無疑是一項艱鉅任務，為有效執行驅逐所使用的武力，須必要時始可使用，而且必須符合比例原則。如同所有使用武力的條件一樣，它只能作為最後手段，且須根據被驅逐者的個人情況而定。聯合國「受刑人處遇最低標準規則」（UN Standard Minimum Rules for the Treatment of Prisoners）也強調，必須對所有使用武力的情形提出報告，並加以記錄。

國家防範機制應擬訂相關規範，規定驅逐過程中何種情況得以使用何種程度的武力，以及有效記錄和檢視武力使用情形的措施。禁止酷刑公約及其他有關的國際法律文件規定，政府人員使用武力過當，受收容人有權請求法律救濟，並且該政府人員應受適當制裁。

（四）管束收容人活動的拘束方式須審慎

在驅逐出國（境）過程中所使用的拘束手段，有幾種方式顯現出造成傷害或死亡的風險[16]。由於管束收容人活動的拘束方式本身存有傷害風險，因此拘束措施應為最後手段、最低的必要範圍，並儘早解除。

以物搗住或塞入受收容人之口，或採取其他足以阻礙當事人呼吸的方式，是非常危險的行為應避免。歐洲防止酷刑委員會（European Committee for the Prevention of Torture, CPT）近期發現一現象，即為確保被驅逐者在驅逐過程中保持順從，而對其施用藥物。該委員會建議，惟有根據醫療決定並遵守醫療倫理，始可對受驅逐出國（境）處分人提供藥物。此外，CPT也指出，拘束受收容人長時間坐姿不得行動會增加其健康風險，強制被驅逐者搭機期間穿著尿褲，是有辱人格的做法。基於此因，

---

[16] Crelinsten, R. D., (2003), The world of torture: A constructed reality, Theoretical Criminology, 7(3), pp. 293-318.

飛機起飛前應解除當事人所有戒具。在必須施用戒具的情況下，護送人員也應使用衣物或其他適當物品遮蔽，避免讓其他乘客看見，以維護當事人名譽。

　　同樣的，聯合國禁止酷刑調查官（special rapporteur on torture）先前也曾在報告中指出，為控制受收容人而對其施用戒具，如果是以有損人格或令當事人痛苦的方式施用，就可能構成酷刑或其他形式的虐待。

（五）護送人員應接受特殊訓練

　　護送人員通常經歷整個驅逐過程，任務的專業性很高，因此執行驅逐任務的人員應接受專門培訓。「聯合國關於執法人員使用武力和武器基本原則」（UN Basic Principles on the Use of Force and Firearms by Law Enforcement Officials）建議，政府應制定有效的執法人員遴選標準，執法人員應接受持續及完善的培訓。CPT同樣指出，應謹慎遴選護送人員，該等人員須接受旨在將虐待風險降至最低的特殊培訓。

　　國家防範機制應評估國家政策和實務措施的適當性，確保有效遴選參試人員及評估驅逐出國（境）執行人員，並確保培訓內容足以應對驅逐任務的特殊挑戰。

第三節　相關法規檢視

　　本章根據上述歸納之外國人收容及驅逐出國的人權維護準則，針對與聯合國禁止酷刑公約有關的法規：入出國及移民法、外國人收容管理規則、外國人強制驅逐出國處理辦法、人口販運防制法、人口販運被害人及疑似人口販運被害人安置保護管理規則，進行檢視與分析，如表8-2。

表8-2　相關法規檢視一覽表

法規名稱	主管機關	條文內容	檢視結果 理由分析	改善建議
入出國及移民法	移民署	第36條： 外國人有下列情形之一者，入出國及移民署應強制驅逐出國： 一、違反第四條第一項規定，未經查驗入國。 二、違反第十九條第一項規定，未經許可臨時入國。 外國人有下列情形之一者，入出國及移民署得強制驅逐出國，或限令其於十日內出國，逾限令出國期限仍未出國，入出國及移民署得強制驅逐出國： 一、入國後，發現有第十八條第一項及第二項禁止入國情形之一。 二、違反依第十九條第二項所定辦法中有關應備文件、證件、停留期間、地區之管理規定。 三、違反第二十條第二項規定，擅離過夜住宿之處所。 四、違反第二十九條規定，從事與許可停留、居留原因不符之活動或工作。	部分不符合。 大部分符合公約規定，惟缺乏公約第3條之精神。	建議於入出國及移民法中明定：如有充分理由相信任何人在另一國家將有遭受酷刑的危險，不得將該人驅逐、遣返或引渡至該國。

表8-2　相關法規檢視一覽表（續）

法規名稱	主管機關	條文內容	檢視結果 理由分析	改善建議
入出國及移民法	移民署	五、違反入出國及移民署依第三十條所定限制住居所、活動或課以應行遵守之事項。 六、違反第三十一條第一項規定，於停留或居留期限屆滿前，未申請停留、居留延期。但有第三十一條第三項情形者，不在此限。 七、有第三十一條第四項規定情形，居留原因消失，經廢止居留許可，並註銷外僑居留證。 八、有第三十二條第一款至第三款規定情形，經撤銷或廢止居留許可，並註銷外僑居留證。 九、有第三十三條第一款至第三款規定情形，經撤銷或廢止永久居留許可，並註銷外僑永久居留證。 入出國及移民署於知悉前二項外國人涉有刑事案件已進入司法程序者，於強制驅逐出國十日前，應通知司法機		

表8-2　相關法規檢視一覽表（續）

法規名稱	主管機關	條文內容	檢視結果 理由分析	改善建議
入出國及移民法	移民署	關。該等外國人除經依法羈押、拘提、管收或限制出國者外，入出國及移民署得強制驅逐出國或限令出國。 入出國及移民署依規定強制驅逐外國人出國前，應給予當事人陳述意見之機會；強制驅逐已取得居留或永久居留許可之外國人出國前，並應召開審查會。但當事人有下列情形之一者，得不經審查會審查，逕行強制驅逐出國： 一、以書面聲明放棄陳述意見或自願出國。 二、經法院於裁判時併宣告驅逐出境確定。 三、依其他法律規定應限令出國。 四、有危害我國利益、公共安全或從事恐怖活動之虞，且情況急迫應即時處分。 第一項及第二項所定強制驅逐出國之處理方式、程序、管理及其他應遵行事項之辦法，由主管機關定之。		

表8-2 相關法規檢視一覽表（續）

法規名稱	主管機關	條文內容	檢視結果 理由分析	改善建議
		第四項審查會由主管機關遴聘有關機關代表、社會公正人士及學者專家共同組成，其中單一性別不得少於三分之一，且社會公正人士及學者專家之人數不得少於二分之一。		
入出國及移民法	移民署	第38條： 外國人受強制驅逐出國處分，有下列情形之一，且非予收容顯難強制驅逐出國者，入出國及移民署得暫予收容，期間自暫予收容時起最長不得逾十五日，且應於暫予收容處分作成前，給予當事人陳述意見機會： 一、無相關旅行證件，不能依規定執行。 二、有事實足認有行方不明、逃逸或不願自行出國之虞。 三、受外國政府通緝。 入出國及移民署經依前項規定給予當事人陳述意見機會後，認有前項各款情形之一，而以不暫予收容為宜，得命其覓尋居住臺灣地區設有戶籍國民、慈善團體、	符合。 彰顯收容處分為最後手段、具替代收容措施，符合公約精神。	無。

表8-2　相關法規檢視一覽表（續）

法規名稱	主管機關	條文內容	檢視結果 理由分析	改善建議
入出國及移民法	移民署	非政府組織或其本國駐華使領館、辦事處或授權機構之人員具保或指定繳納相當金額之保證金，並遵守下列事項之一部或全部等收容替代處分，以保全強制驅逐出國之執行： 一、定期至入出國及移民署指定之專勤隊報告生活動態。 二、限制居住於指定處所。 三、定期於指定處所接受訪視。 四、提供可隨時聯繫之聯絡方式、電話，於入出國及移民署人員聯繫時，應立即回覆。 依前項規定得不暫予收容之外國人，如違反收容替代處分者，入出國及移民署得沒入其依前項規定繳納之保證金。		
		第38條之1： 外國人有下列情形之一者，得不暫予收容： 一、精神障礙或罹患疾病，因收容將影響其治療或有危害生命之虞。	符合。 不予兒童收容處分，不予特殊條件者收容處分。	無。

表8-2　相關法規檢視一覽表（續）

法規名稱	主管機關	條文內容	檢視結果 理由分析	改善建議
入出國及移民法	移民署	二、懷胎五個月以上或生產、流產未滿二個月。 三、未滿十二歲之兒童。 四、罹患傳染病防治法第三條所定傳染病。 五、衰老或身心障礙致不能自理生活。 六、經司法或其他機關通知限制出國。 入出國及移民署經依前項規定不暫予收容，或依第三十八條之七第一項廢止暫予收容處分或停止收容後，得依前條第二項規定爲收容替代處分，並得通報相關立案社福機構提供社會福利、醫療資源以及處所。		
		第38條之2～9： 說明收容處分、收容替代處分、強制驅逐出國處分之相關救濟事項，續予及延長收容等規定。	部分不符合。 缺乏公約第14條有關賠償之規定。	建議於入出國及移民法有關救濟規定中增訂賠償事項。

表8-2　相關法規檢視一覽表（續）

法規名稱	主管機關	條文內容	檢視結果 理由分析	改善建議
入出國及移民法	移民署	第41條： 為有效防制跨國（境）人口販運，各檢察機關應指派檢察官，負責指揮偵辦跨國（境）人口販運案件；各治安機關應指定防制跨國（境）人口販運單位，負責統籌規劃查緝跨國（境）人口販運犯罪之相關勤、業務及辨識被害人等事項。 各檢察及治安機關，應定期辦理負責查緝跨國（境）人口販運及辨識被害人之專業訓練。 各檢察及治安機關應確保跨國（境）人口販運被害人之姓名與其可供辨識之資訊，不被公開揭露。	部分不符合 第2項中「應定期辦理負責查緝跨國（境）人口販運及辨識被害人之專業訓練」，訓練範圍應包括被害人的安置保護。	建議於入出國及移民法規定：執行收容、安置、驅逐出國處分等人員應定期接受旨在將酷刑和虐待風險降至最低的專業訓練。
		第42條： 對於跨國（境）人口販運被害人，主管機關應提供下列協助： 一、提供必須之生理、心理醫療及安置之協助。 二、適當之安置處所。 三、語文及法律諮詢。 四、提供被害人人身安全保護。	符合。 符合公約精神。	無。

表8-2　相關法規檢視一覽表（續）

法規名稱	主管機關	條文內容	檢視結果 理由分析	改善建議
		五、受害人爲兒童或少年，其案件於警訊、偵查、審判期間，指派社工人員在場，並得陳述意見。 六、其他方面之協助。		
入出國及移民法	移民署	第44條： 依證人保護法給予保護之跨國（境）人口販運被害人，主管機關得視案件偵辦或審理情形，核發效期六個月以下之臨時停留許可，必要時得延長之。 中央勞工主管機關對前項跨國（境）人口販運被害人，得核發聘僱許可，不受就業服務法之限制。 主管機關應於第一項跨國（境）人口販運被害人案件結束後，儘速將其安全送返其原籍國（地）。	部分不符合。 缺乏符合公約第3條之規定。	建議於入出國及移民法中明定：如有充分理由相信任何人在另一國家將有遭受酷刑的危險，不得將該人驅逐、遣返或引渡至該國。
外國人收容管理規則	移民署	第3條： 受收容人入所時，應接受收容處所執行身體安全檢查，並按捺指紋識別及照相。受收容人爲女性者，檢查身體應由女性人員爲之。	部分不符合。 缺乏對性少數者（LGBTI，指女同性戀者lesbian、男同性戀者gay、雙性戀者	建議將第2項修正爲：「收容處所發現性別變更或性少數之受收容人，得依其證件所示性別、

表8-2　相關法規檢視一覽表（續）

法規名稱	主管機關	條文內容	檢視結果 理由分析	改善建議
		收容處所應將受收容人以男女區隔方式收容之；收容處所發現性別變更之受收容人，得依其證件所示性別，個別收容於獨居房間。	bisexual、跨性別者transgender及雙性者intersex）的收容規範。	性別不安診斷或醫療等證明，個別收容於獨居房間。」
外國人收容管理規則	移民署	第5條： 收容處所於受收容人入所時，應告知受收容人遵守下列事項： 一、不得有自殺、自殘或傷害他人生命或身體之行為。 二、不得有喧嘩、爭吵、鬥毆、攻擊管理人員或脫逃之行為。 三、不得有飲酒或賭博之行為。 四、不得有藏匿違禁物、查禁物或其他危險物品之行為。 五、不得有違抗管理命令或妨害收容秩序之行為。 六、不得有塗抹污染或其他破壞毀損公物之行為。 七、其他經收容處所規定應行遵守之行為。 前項應遵守事項，應公布於受收容人易見之處。	部分不符合。 第5、6、9、10、11條等5條，為外國人收容管理及處遇的主要條文，一併做整體檢視與分析。 缺乏強調收容人非犯罪人身分、收容處所非監獄等說明。 收容處所的工作人員應具備適當的專業背景、培訓經驗及工作態度，以反映非刑事犯的收容氛圍。 對於違反收容處所規定之處置及拒絕會見親友申請，缺乏救濟說明。	建議該規則應有條文表明收容人非犯罪人身分、收容處所非監獄、對於違反收容處所規定之處置及拒絕會見親友申請的救濟說明等。

表8-2　相關法規檢視一覽表（續）

法規名稱	主管機關	條文內容	檢視結果 理由分析	改善建議
外國人收容管理規則	移民署	第6條： 收容處所對違反前條第一項應遵守事項之受收容人，應先予以制止，並得施以下列必要之處置： 一、訓誡。 二、勞動服務。 三、禁打電話。 四、禁止會見。 五、獨居戒護。 施以前項第二款至第五款處置時，收容處所應開立告誡書，其處置應本於正當目的，並擇取最小侵害之手段。 第9條： 收容處所得辦理各項活動；受收容人除經施以獨居戒護者外，得有在戶外適當場所活動之時間。但天候不佳、有安全之顧慮或收容處所空間不許可者，不在此限。 第10條： 受收容人得會見親友。前項親友，應備身分證明文件、聯絡方式及其他必要之資料，向收容處所申請會見受收容人，經核准後辦理會見，並遵行下列事項：		

表8-2　相關法規檢視一覽表（續）

法規名稱	主管機關	條文內容	檢視結果 理由分析	改善建議
外國人收容管理規則	移民署	一、於收容處所指定時間及地點辦理。 二、不得夾帶違禁物、查禁物或其他危險物品。 三、交予受收容人之財物，應經檢查登記核准後始得轉交。 四、聽從戒護或管理人員指揮。 五、會見時間以三十分鐘為限。但情形特殊經收容處所主管長官核准者，不在此限。 六、不得有擾亂會見秩序之行為。 七、其他經收容處所規定應遵守事項。 第11條： 申請會見，有下列情形之一者，收容處所得拒絕之；經核准者，收容處所得停止之： 一、受收容人於同日已會見親友二次。 二、受收容人經禁止會見或獨居戒護。 三、申請會見受收容人之親友違反前條各款規定，經戒護或管理人員勸阻不聽。		

表8-2 相關法規檢視一覽表（續）

法規名稱	主管機關	條文內容	檢視結果 / 理由分析	改善建議
外國人收容管理規則	移民署	四、申請會見受收容人之親友疑似酒醉、罹患重大傳染病或精神異常。 五、其他經收容處所基於管理之必要，認為不宜會見。		
外國人強制驅逐出國處理辦法	移民署	第2條： 外國人有本法第三十六條第二項各款情形之一者，內政部移民署（以下簡稱移民署）得於強制驅逐出國前，限令其於十日內出國。但有下列情形之一者，得強制驅逐出國： 一、未依規定於限令期限內自行出國。 二、在臺灣地區無一定之住所或居所。 三、因行蹤不明遭查獲。 四、有事實認有逃逸或不願自行出國之虞。 五、經法院於裁判時併宣告驅逐出境確定。 六、受外國政府通緝，並經外國政府請求協助。 七、其他有危害我國利益、公共安全或從事恐怖活動之虞。	符合。 符合公約精神，強制驅逐出國為最後手段。	無。

表8-2　相關法規檢視一覽表（續）

法規名稱	主管機關	條文內容	檢視結果 理由分析	改善建議
外國人強制驅逐出國處理辦法	移民署	逾期停留或居留之外國人，於查獲或發現前，主動表示自願出國，經移民署查無法律限制或禁止出國情事者，移民署得准予其於一定期限內辦妥出境手續後限令於十日內自行出國。		
		第4條： 執行前條外國人強制驅逐出國前，應給予當事人陳述意見機會，並以其理解之語文製作強制驅逐出國處分書，載明下列事項： 一、受強制驅逐出國處分人之姓名、性別、國籍、出生年月日、身分證明文件號碼及在臺灣地區住、居所。 二、事實。 三、強制驅逐出國之依據及理由。 四、不服處分提起救濟之方法、期間及受理機關。 前項處分書應送交受強制驅逐出國處分人，並應聯繫當事人原籍國駐華使領館、授權機構或通知其在臺指定之親友，至遲不得逾二十四小時。	符合。 符合公約第2、14條之規定。	無。

表8-2　相關法規檢視一覽表（續）

法規名稱	主管機關	條文內容	檢視結果 理由分析	改善建議
外國人強制驅逐出國處理辦法	移民署	第5條： 強制驅逐已取得居留或永久居留許可之外國人出國前，應召開審查會審查，於該會決議前，不執行強制驅逐出國。但有本法第三十六條第四項但書各款情形之一者，得不經審查會審查，逕行強制驅逐出國。		
		第6條： 外國人受強制驅逐出國前，有下列情形之一者，得暫緩強制驅逐出國，於其原因消失後，由移民署執行強制驅逐出國： 一、懷胎五個月以上或生產、流產未滿二個月。 二、罹患疾病而強制驅逐其出國有生命危險之虞。 三、罹患法定傳染病尚未治癒，因執行而顯有傳染他人之虞。 四、未滿十八歲、衰老或身心障礙，如無法獨自出國，亦無人協助出國。 五、經司法或其他機關通知限制出國。	符合。 符合公約第2條之規定。	無。

表8-2　相關法規檢視一覽表（續）

法規名稱	主管機關	條文內容	檢視結果 理由分析	改善建議
外國人強制驅逐出國處理辦法	移民署	六、其他在事實上認有暫緩強制驅逐出國之必要。 前項外國人，應由其本人及在臺灣地區設有戶籍國民、慈善團體或經移民署同意之人士，共立切結書，或請求其原籍國駐華使領館、授權機構協助，暫緩強制驅逐出國。 除以未滿十八歲原因暫緩強制驅逐出國者外，外國人有第一項第一款至第四款得暫緩強制驅逐出國之情形者，並應檢附經中央衛生主管機關評鑑合格醫院開具之診斷證明；有第一項第六款之情形者，並應檢附經移民署認定之證明文件。		
		第7條： 移民署執行外國人之強制驅逐出國，應檢查受強制驅逐出國之外國人身體及攜帶之物及派員戒護至機場、港口，監視其出國，並將其證照或旅行文件交由機、船長或其授權人員保管。有抗拒出國或脫逃之虞者，移民署得派員護送	部分不符合。 「應檢查受強制驅逐出國之外國人身體」，應為醫療檢查較符合公約精神。 「派員戒護至機場、港口，監視其出國」，缺乏說明戒護程度，有發生虐待之風險。	建議第7條應呈現對受強制驅逐出國之外國人進行「醫療檢查」、收容人或其法定代理人得查閱其收容紀錄、應說明移民署人員執行外國人之強制驅逐

表8-2　相關法規檢視一覽表（續）

法規名稱	主管機關	條文內容	檢視結果 / 理由分析	改善建議
外國人強制驅逐出國處理辦法	移民署	至應遣送之國家或地區。 受強制驅逐出國之外國人為女性者，前項檢查身體應由女性人員為之。 執行第一項外國人強制驅逐出國之目的地，以遣返當事人國籍所屬國家或地區為原則。但不能遣返至其所屬國家或地區者，得依當事人要求將其遣返至下列之一國家或地區： 一、當事人持有效證照或旅行文件預定前往之第三國家或地區。 二、當事人進入我國之前，持有效證照或旅行文件停留或居住之國家或地區。 三、其他接受其進入之國家或地區。	未充分符合公約第3條：「如有充分理由相信任何人在另一國家將有遭受酷刑的危險，任何締約國不得將該人驅逐、遣返或引渡至該國。」	出國時的戒護程度（如管束受驅逐人活動的拘束方式、護送人員應接受特殊訓練等）、應明文禁止將當事人驅逐至具充分理由相信任何有遭受酷刑危險的國家。
人口販運防制法	移民署	第7條： 辦理人口販運案件之查緝、偵查、審理、被害人鑑別、救援、保護及安置等人員應經相關專業訓練。	符合。 符合公約第10條第1項。	無。

表8-2　相關法規檢視一覽表（續）

法規名稱	主管機關	條文內容	檢視結果 理由分析	改善建議
人口販運防制法	移民署	第15條： 依前條分別收容之疑似人口販運被害人，經鑑別為人口販運被害人者，應依第十七條規定提供安置保護，不適用入出國及移民法第三十八條、臺灣地區與大陸地區人民關係條例第十八條第二項及香港澳門關係條例第十四條第二項有關收容之規定。 依前條安置保護之疑似人口販運被害人，經鑑別為人口販運被害人者，應繼續依第十七條規定提供安置保護。	符合。 符合公約精神。	無。
		第17條： 各級主管機關、勞工主管機關對於安置保護之人口販運被害人及疑似人口販運被害人，應自行或委託民間團體，提供下列協助： 一、人身安全保護。 二、必要之醫療協助。 三、通譯服務。 四、法律協助。 五、心理輔導及諮詢服務。 六、於案件偵查或審理中陪同接受詢（訊）問。	符合。 符合公約精神。	無。

表8-2　相關法規檢視一覽表（續）

法規名稱	主管機關	條文內容	檢視結果 理由分析	改善建議
人口販運防制法	移民署	七、必要之經濟補助。 八、其他必要之協助。 各級主管機關、勞工主管機關為安置保護人口販運被害人及疑似人口販運被害人，應設置或指定適當處所為之；其安置保護程序、管理方式及其他應遵行事項之規則，由中央主管機關會商中央勞工主管機關定之。		
		第20條： 為疑似人口販運被害人或人口販運被害人之兒童或少年，有下列情形之一者，優先適用兒童及少年性剝削防制條例予以安置保護；該條例未規定者，適用本法之規定： 一、經查獲疑似從事性交易。 二、有前款所定情形，經法院依兒童及少年性剝削防制條例審理認有從事性交易。	符合。 符合公約精神。	無。

表8-2　相關法規檢視一覽表（續）

法規名稱	主管機關	條文內容	檢視結果 理由分析	改善建議
人口販運防制法	移民署	第24條： 人口販運被害人於偵查或審理中受訊問或詰問時，其法定代理人、配偶、直系血親或三親等內旁系血親、家長、家屬、醫師、心理師、輔導人員或社工人員得陪同在場，並陳述意見；於司法警察官或司法警察調查時，亦同。 前項規定，於得陪同在場之人為人口販運犯罪嫌疑人或被告時，不適用之。	符合。 符合公約精神。	無。
		第30條： 人口販運被害人為臺灣地區無戶籍國民、外國人、無國籍人民、大陸地區人民、香港或澳門居民者，經司法機關認無繼續協助偵查或審理必要時，中央主管機關得協調相關機關或民間團體，聯繫被害人原籍國（地）之政府機關、駐華使領館或授權機構、非政府組織或其家屬，儘速安排將其安全送返原籍國（地）。	部分不符合。 「儘速安排將其安全送返原籍國（地）」，未充分符合公約第3條：「如有充分理由相信任何人在另一國家將有遭受酷刑的危險，任何締約國不得將該人驅逐、遣返或引渡至該國。」	建議應明文禁止將當事人送至具充分理由相信任何有遭受酷刑危險的國家或地區。

表8-2 相關法規檢視一覽表（續）

法規名稱	主管機關	條文內容	檢視結果 理由分析	改善建議
人口販運被害人及疑似人口販運被害人安置保護管理規則	移民署	第5條： 安置處所應將被害人及疑似被害人以男女區隔方式安置之。 安置處所為管理及規範其日常生活作息，應訂定生活公約，並送各該安置處所主管機關備查。 生活公約應以中英文並列記載，於被害人及疑似被害人入所時簽訂遵守之，內容應包含下列事項： 一、安置處所安全維護及保密義務規定。 二、安置處所門禁管理及進出時間規定。 三、通訊及訪客規定。 四、不得有喧嘩、爭吵、飲酒、賭博、違抗管理命令、妨害安置保護秩序、傷害他人生命或身體及破壞毀損公物等行為。 五、其他應遵守及注意事項。 前項生活公約應張貼或懸掛於安置處所內易見之處。	部分不符合。 第5、6、7條等3條，為人口販運被害人及疑似人口販運被害人安置保護及處遇的主要條文，一併做整體檢視與分析。 缺乏對性少數者（LGBTI，指女同性戀者lesbian、男同性戀者gay、雙性戀者bisexual、跨性別者transgender及雙性者intersex）的安置說明。 對於違反安置處所規定之處置，缺乏救濟說明。	建議第5條第1項修正為：「安置處所應將被害人及疑似被害人以男女區隔方式安置之；安置處所發現性少數之受安置人，得依得依其證件所示性別、性別不安診斷或醫療等證明，個別安置於獨居房間。」 另對於違反安置處所規定之處置，應增訂救濟說明。

表8-2　相關法規檢視一覽表（續）

法規名稱	主管機關	條文內容	檢視結果 理由分析	改善建議
人口販運被害人及疑似人口販運被害人安置保護管理規則	移民署	第6條： 安置處所對於違反生活公約之被害人及疑似被害人，應先予制止，並得報請安置處所主管機關為下列必要之處置： 一、訓誡。 二、禁打電話。 三、停止會見。 四、勞動服務。 安置處所主管機關為前項各款處置時，應以書面為之，並應符合比例原則。 第7條： 安置處所於被害人及疑似被害人入所後，應告知下列事項： 一、人身安全保護措施。 二、提供必要之醫療協助、通譯服務、法律協助、心理輔導及諮商服務。 三、於案件偵查或審理中陪同接受詢（訊）問。 四、必要之經濟補助。 五、其他必要之協助。 安置處所對於已取得工作許可之被害人及疑似被害人，應記錄其雇主、聯絡方式、工作地		

表8-2　相關法規檢視一覽表（續）

法規名稱	主管機關	條文內容	檢視結果 理由分析	改善建議
人口販運被害人及疑似人口販運被害人安置保護管理規則	移民署	點及工作性質等資料；對於未取得工作許可之被害人應告知其不得非法工作。		
		第15條： 安置處所應製作下列表冊，建立被害人及疑似被害人檔案： 一、名冊（含基本資料、入所案情簡述、移送機關單位及承辦人姓名聯絡電話）。 二、日常生活狀況簡要紀錄。 三、會見親友紀錄。 四、疾病及就醫紀錄。 五、接受法院、檢察官訊問之紀錄。 六、接受法律協助、心理輔導及諮詢服務、經濟補助及其他協助之個案紀錄。 七、停（居）留許可期限。 八、安置結束出所相關紀錄。	符合。 符合公約精神及規定	無。

第四節　相關法規檢視結果

　　根據聯合國禁止酷刑公約、關於難民和移民紐約宣言，以及安全、有序和正常移民全球契約，有關外國人收容及強制驅逐出國的人權維護準則可歸納如下。

一、外國人收容的人權維護準則

（一）遷徙並非犯罪，收容處分應為最後手段。

（二）應不予兒童收容處分。

（三）當最後手段須剝奪移民自由，主管機關不得予其類似刑事犯之拘禁。

（四）應向所有被剝奪自由者保證實踐法律和程序的保障。

（五）強制驅逐出國（境）增加酷刑和虐待的風險，應為最後手段。

（六）特殊條件者不予收容處分。

（七）所有剝奪自由的情況應定期接受獨立機構的監督。

二、外國人強制驅逐出國的人權維護準則

（一）驅逐前實施個別性的醫療檢查。

（二）查閱包括醫療訊息的收容紀錄。

（三）嚴格限制使用武力。

（四）管束收容人活動的拘束方式須審慎。

（五）護送人員應接受特殊訓練。

　　本章檢視分析的移民法規，主要是與聯合國禁止酷刑公約、關於難民和移民紐約宣言，以及安全、有序和正常移民全球契約有關的移民法規，包括入出國及移民法、外國人收容管理規則、外國人強制驅逐出國處理辦法、人口販運防制法、人口販運被害人及疑似人口販運被害人安置保護管理規則。檢視分析發現，上述法規的大部分條文符合聯合國禁止酷刑公約、關於難民和移民紐約宣言，以及安全、有序和正常移民全球契約的規

定或精神，部分不符合者如表8-3。

表8-3 與公約部分不符之移民法規一覽表

法規名稱	主管機關	部分不符合條文	改善建議
入出國及移民法	移民署	第36條 缺乏公約第3條之精神。	建議於入出國及移民法中明定：如有充分理由相信任何人在另一國家將有遭受酷刑的危險，不得將該人驅逐、遣返或引渡至該國。
		第38條之2～9 缺乏公約第14條有關賠償之規定。	建議於入出國及移民法有關救濟規定中增訂賠償事項。
		第41條 第2項中「應定期辦理負責查緝跨國（境）人口販運及辨識被害人之專業訓練」，訓練範圍應包括被害人的安置保護。	建議於入出國及移民法規定：執行收容、安置、驅逐出國處分等人員應定期接受旨在將酷刑和虐待風險降至最低的專業訓練。
		第44條 缺乏符合公約第3條之規定。	建議於入出國及移民法中明定：如有充分理由相信任何人在另一國家將有遭受酷刑的危險，不得將該人驅逐、遣返或引渡至該國。
外國人收容管理規則	移民署	第3條 缺乏對性少數者（LGBTI，指女同性戀者lesbian、男同性戀者gay、雙性戀者bisexual、跨性別者transgender及雙性者intersex）的收容規範。	建議將第2項修正為：「收容處所發現性別變更或性少數之受收容人，得依其證件所示性別、性別不安診斷或醫療等證明，個別收容於獨居房間。」

表8-3　與公約部分不符之移民法規一覽表（續）

法規名稱	主管機關	部分不符合條文	改善建議
外國人收容管理規則	移民署	第5、6、9、10、11條等5條，為外國人收容管理及處遇的主要條文，一併做整體檢視與分析。 缺乏強調收容人非犯罪人身分、收容處所非監獄等說明。 收容處所的工作人員應具備適當的專業背景、培訓經驗及工作態度，以反映非刑事犯的收容氛圍。 對於違反收容處所規定之處置及拒絕會見親友申請，缺乏救濟說明。	建議該規則應有條文表明收容人非犯罪人身分、收容處所非監獄、對於違反收容處所規定之處置及拒絕會見親友申請的救濟說明等。
外國人強制驅逐出國處理辦法	移民署	第7條 「應檢查受強制驅逐出國之外國人身體」，應為醫療檢查較符合公約精神。 「派員戒護至機場、港口，監視其出國」，缺乏說明戒護程度，有發生虐待之風險。 未充分符合公約第3條：「如有充分理由相信任何人在另一國家將有遭受酷刑的危險，任何締約國不得將該人驅逐、遣返或引渡至該國。」	建議第7條應呈現對受強制驅逐出國之外國人進行「醫療檢查」、收容人或其法定代理人得查閱其收容紀錄、應說明移民署人員執行外國人之強制驅逐出國時的戒護程度（如管束受驅逐人活動的拘束方式、護送人員應接受特殊訓練等）、應明文禁止將當事人驅逐至具充分理由相信任何有遭受酷刑危險的國家。

表8-3　與公約部分不符之移民法規一覽表（續）

法規名稱	主管機關	部分不符合條文	改善建議
人口販運防制法	移民署	第30條 「儘速安排將其安全送返原籍國（地）」，未充分符合公約第3條：「如有充分理由相信任何人在另一國家將有遭受酷刑的危險，任何締約國不得將該人驅逐、遣返或引渡至該國。」	建議應明文禁止將當事人送至具充分理由相信任何有遭受酷刑危險的國家或地區。
人口販運被害人及疑似人口販運被害人安置保護管理規則	移民署	第5、6、7條等3條，為人口販運被害人及疑似人口販運被害人安置保護及處遇的主要條文，一併做整體檢視與分析。 缺乏對性少數者（LGBTI，指女同性戀者lesbian、男同性戀者gay、雙性戀者bisexual、跨性別者transgender及雙性者intersex）的安置說明。 對於違反安置處所規定之處置，缺乏救濟說明。	建議第5條第1項修正為：安置處所應將被害人及疑似被害人以男女區隔方式安置之；安置處所發現性少數之受安置人，得依得依其證件所示性別、性別不安診斷或醫療等證明，個別安置於獨居房間。 另對於違反安置處所規定之處置，應增訂救濟說明。

第五節　小結

壹、落實聯合國禁止酷刑公約之不遣返原則

　　根據聯合國禁止酷刑公約，不遣返原則禁止一個國家將某人驅逐、遣返或引渡至另一個有充分理由相信該人有遭受酷刑危險的國家。這是一

種絕對禁止，不接受任何例外情形。這項原則適用於國家管轄內的任何領土，無論當事人的身分爲何皆無差別。爲確保落實不遣返原則，各國必須制定司法和行政程序以及預防措施[17]。本研究建議在入出國及移民法中，明定如有充分理由相信任何人在另一國家將有遭受酷刑的危險，不得將該人驅逐、遣返或引渡至該國。

貳、確保酷刑和虐待受害者得到補償

收容移民的條件和制度應反映其非刑事犯的身分，以及滿足其具體需求。雖然國際人權法接受可例外使用其他收容處所實施短期收容，但在實務上，移民可能被收容在不適當的設施裡，導致侵犯人權的風險增加，包括酷刑和虐待。例如，可能被置於過度擁擠的設施中、無法接見律師和通譯，以及無法獲知有關法律程序、適當收容、食物或醫療保健的訊息。剝奪移民自由的決定程序、當事人的申訴及救濟權，也應定期接受司法或其他獨立機構的審查。收容期間，當事人有權獲知所有關於其狀況的訊息，與律師、使領館（代表處或授權機構）人員或親屬聯絡的權利都是非常重要的。移民機關、警察或其他拘留單位，很可能是移民在旅途中最先接觸的公部門。爲了了解移民的特殊情況並降低其遭受酷刑和虐待的風險，個別式的風險評估至關重要[18]。適當的弱勢背景篩查和充分詢問，皆有助於辨識當事人特殊的弱勢狀況，這對於決定當事人的正確身分及法律程序的執行都是非常重要的。

參、收容期間及驅逐前應對當事人實施醫療檢查

被剝奪自由的移民，必要時應得以接觸醫生，這是國際法所認定的準

---

[17] 廖福特等（2018），我國推動禁止酷刑公約國內法化之實踐與展望研討會（會議紀錄），臺灣法學雜誌，335期，頁45-106。

[18] 廖福特（2007），國際人權法第三講：禁止酷刑及強迫失蹤，保障遷徒勞工及身心障礙者，月旦法學教室，59期，頁60-70。

則。聯合國保護所有遭受任何形式拘留或監禁者之原則彙編強調,當事人在被收容後,應儘快對其提供適當的醫療檢查,其後必要時,也應提供醫療保健服務。

由於強制驅逐對當事人很可能造成健康和安全上的風險,應於驅逐前由合格專業人員進行醫療檢查。因此,國家防範機制應確保所有被驅逐者在驅逐前均接受醫療檢查,確認其健康狀態,檢測是否有先前已存在的傷害,並考慮相關風險。

聯合國保護所有遭受任何形式拘留或監禁者之原則彙編也建議受收容人或其法定代理人得以查閱其收容紀錄。此措施可讓當事人根據紀錄中的證據即時且準確地對其所接受之處遇提出申訴。因此,查閱收容紀錄是防止收容期間虐待行為的重要威嚇手段。前述保護原則還建議將所有醫療檢查登錄在收容紀錄中,如果受收容人於驅逐過程中曾接受醫療檢查,則應將檢查結果登錄在收容紀錄中,並提供受收容人或其法定代理人查閱。

肆、重視特殊性別者的收容處遇

不適當的收容很容易對特殊需求之人及高風險受歧視、虐待和剝削之人造成傷害,諸如因性傾向或性別認同而受歧視之人。此種弱勢者可能面臨高風險的暴力傷害,包括性別暴力、同性戀和跨性別戀暴力,騷擾、醫療照顧不足或其他形式的歧視。主管機關應特別注意這些人的身分辨識及保護措施,收容處所發現性別變更或性少數之受收容人,得依其證件所示性別、性別不安診斷或醫療等證明,個別收容於獨居房間

主管機關應先就當事人的弱勢條件進行個別性評估再決定是否收容,另在收容期間也需定期評估其弱勢條件,並通知當事人評估決定的訊息,以採取收容替代措施為目標。評估時不應將弱勢條件視為其個人問題或當事人的特殊狀況,反而應思考造成弱勢現況的因素,以及這些因素在未來的可能演變及影響。

伍、移民機關訓練方案中應列入禁止酷刑課程與教材

　　收容處所工作人員及強制驅逐執行人員，工作任務的專業性很高，因此移民機關人員應接受專門培訓[19]。移民收容制度，應根據移民的身分和需求制定。移民在行政收容過程中所接受的處遇，不應根據刑事犯的拘禁處遇來建模。收容處所應提供適當的住宿環境、醫療資源、活動及執行法律保障的條件。收容處所的工作人員應具備適當的專業背景、培訓經驗及工作態度，以反映非刑事犯的收容氛圍。聯合國關於執法人員使用武力和武器基本原則建議，政府應制定有效的執法人員遴選標準，執法人員應接受持續及完善的培訓。強制驅逐執行人員應謹慎遴選，該等人員須接受旨在將虐待風險降至最低的特殊培訓。國家防範機制應評估國家政策和實務措施的適當性，確保有效遴選參試人員及評估強制驅逐執行人員，並確保培訓內容足以應對驅逐任務的特殊挑戰。

參考書目

一、中文文獻

人權會訊（1991），國際人權消息，人權會訊，44期，頁11-12。

王必芳（2015），得宜的監禁條件與收容人尊嚴的尊重：歐洲人權法院相
　　關裁判研究，歐美研究，45卷4期，頁619-690。

王福邁（1996a），聯合國大會對酷刑問題的迴應《1》，法務通訊，1764
　　期，版3。

王福邁（1996b），聯合國大會對酷刑問題的迴應《2》，法務通訊，1765
　　期，版3。

王福邁（1996c），聯合國大會對酷刑問題的迴應《3》，法務通訊，1766
　　期，版3。

---

[19] 孟維德（2019），跨國犯罪，增訂5版，台北：五南圖書出版公司，頁63-66。

王福邁（1996d），聯合國大會對酷刑問題的迴應《4》，法務通訊，1767期，版3。

李基勝（2018），「禁止酷刑及其他殘忍不人道或有辱人格之待遇或處罰公約及其任擇議定書施行法」草案法案評估，立法院法制局法案評估報告。

李震山、姚孟昌、張永呈（2017），我國推動禁止酷刑公約國內法化之實踐與展望研討會（會議紀錄），臺灣法學雜誌，334期，頁87-136。

周懷廉（2014），反酷刑在我國之實踐——以酷刑刑罰化為中心，檢察新論，15期，頁133-147。

孟維德（2019），跨國犯罪，增訂5版，台北：五南圖書出版公司。

林明輝（2018），我國建立國家防範酷刑機制（NPM）作為，臺灣法學雜誌，335期，頁31-44。

林鈺雄（2013），2012年刑事程序法發展回顧：從國際人權公約內國法化的觀點出發，國立臺灣大學法學論叢，42期，頁1067-1107。

林鈺雄（2014），2013年刑事程序法發展回顧：從國際人權公約內國法化的觀點出發，國立臺灣大學法學論叢，43期，頁1265-1298。

陳明堂（2016），國際公約在台灣國內法化之研究—以人權與海洋法制為中心，國立臺灣海洋大學海洋法律研究所博士論文。

陳彥廷（2012），國際人權公約酷刑禁止規定對我國刑事法之影響，國立政治大學法律學研究所碩士論文。

黃翠紋等（2016），性別平權與警察實務，桃園：中央警察大學。

黃翠紋、孟維德等（2020），禁止酷刑及其他殘忍不人道或有辱人格之待遇或處罰公約國家報告書架構與內容之研析，內政部警政署委託研究。

楊雲驊（2014），「公民與政治權利國際公約」第7條對國內法之效力：以預防性刑求為中心，國立臺灣大學法學論叢，43期，頁957-1029。

廖福特（2007），國際人權法第三講：禁止酷刑及強迫失蹤，保障遷徒勞工及身心障礙者，月旦法學教室，59期，頁60-70。

廖福特等（2018），我國推動禁止酷刑公約國內法化之實踐與展望研討會

（會議紀錄），臺灣法學雜誌，335期，頁45-106。

鄧衍森（2015），「禁止酷刑和其他殘忍、不人道或有辱人格的待遇或處罰公約」施行法制定之研究，內政部警政署刑事警察局委託研究報告書。

聯合國（2008），酷刑和其他殘忍、不人道或有辱人格的待遇或處罰問題特別報告員的報告，聯合國大會第62/148號決議。

二、外文文獻

Carver, R. & Handley, L., (2016), Does torture prevention work? Liverpool, UK: Liverpool University Press.

Crelinsten, R. D., (2003), The world of torture: A constructed reality. Theoretical Criminology, 7(3), pp. 293-318.

Ford, J. & Soto-Marquez, J. G., (2016), Sexual assault victimization among straight, gay/lesbian, and bisexual college students. Violence and Gender, 3(2), pp. 107-115.

Goodhart, M., (2016), Human rights. politics and practice. Oxford, UK: Oxford University Press.

Walters, M., Chen, J. & Breiding, M., (2013), The National Intimate Partner and Sexual Violence Survey (NISVS): 2010 findings on victimization by sexual orientation. Atlanta, GA: National Center for Injury Prevention and Control Centers for Disease Control and Prevention.

三、網路資料

人權公約施行監督聯盟（2019），聯合國九大核心人權公約，https://covenantswatch.org.tw/un-core-human-rights-treaties/，搜尋日期：2019/11/05。

國際特赦組織香港分會（2015），何謂酷刑？淺談聯合國禁止酷刑公約，https://www.inmediahk.net/node/2015-8，搜尋日期：2019/10/26。

廢除死刑推動聯盟（2019），國際公約，https://www.taedp.org.tw/

topic/10223，搜尋日期：2019/11/03。

Hefti, G., (2018), The struggle against torture in Italy: The failure of the Italian law. Nuremberg Human Rights Center, available at: https://www.menschenrechte.org, last visited: 2019/04/05.

United Nations, (2019), *Convention against Torture and Other Cruel, Inhuman or Degrading Treatment or Punishment,* available at: https://treaties.un.org/Pages/iewDetails.aspx?src=TREATY&mtdsg_no=IV-9&chapter=4&clang=_en, last visited: 2019/04/05.

第九章

移出政策規劃與僑民輔導之政策分析

柯雨瑞、曾麗文、黃翠紋

第一節　前言

　　我國目前正面臨優秀及高專人才流失及移出的危機，其中人才的流失及流入中國大陸及鄰近我國之東南亞各個國家影響最為嚴重；另外，其他歐美先進國家亦有多項拉攏全球專業人才之積極作為。近年來，由於我國產業轉型及外籍移工投入國內市場，許多企業以外籍移工為主要生產人力，企業的出走同時更帶走了更多的高專及技術專門人才，面對此一嚴重問題及提升本國的競爭能力係政府當局應該重視的課題；再者，海外僑民長年居住在世界各地，如同向全球展示我國的實力，也是我國外交的延伸及助長我國經貿成長的另一平台。我國僑務委員會的各項輔導政策及措施，從新南向政策及四大工作主軸，至各項僑民聯繫、僑民服務及僑商培訓等各種僑民輔導機制，均為強化僑民之聯繫作為，進而達到壯大我國的目標。

　　首先，我國人口移出政策之問題、困境部分，經本文整理、歸納、分析相關文獻之結果，如下所述：1.我國政府十分重視外來移民之移入輔導、管理政策，對於國民之移出政策較不著力與重視；2.移出之我國國民多屬優秀之高專、特殊人才，我國已成為全球高階人才供給、需求落差非常嚴重的國家；3.面對我國高專、特殊人才不斷地移出、外流，我國缺乏相對應之可行解決對策，已成重大國安危機；4.對於移出至中國大陸之我國國民，我國若干之管制、管理措施過於嚴厲，違背法理，恐已侵犯渠等之基本人權與人性尊嚴；5.國內低迷之薪資及不佳之政治、經濟環境，對於我國優秀之高專、特殊人才並無高度之誘因與吸引力；6.移出政策的主導機關究竟由何者主政，其定位不明；7.國內企業、公司、團體大量依賴傳統勞動人力，不願向上轉型、升級，仍持續從事高度勞力密集產業，造成國內薪資長期偏低；8.外商、中國大陸以高薪挖角我國優秀之高專、特殊人才，我國缺乏妥適的回應對策。

　　本文認為現今移出政策的對策部分，可行之做法，如下所述：1.我國政府對於國民之移出政策亦應多加重視、關注為佳；2.面對我國高專、特

殊人才不斷地移出、外流，我國宜有相對應之可行回應對策；3.對於移出至中國大陸之我國國民，我國管制、管理措施宜合理化、適切化，須符合比例原則，不宜侵犯渠等之基本人權與人性尊嚴；4.大幅提升國內之薪資，以吸引我國優秀之高專、特殊人才能根留臺灣；5.移出政策的主導機關之定位宜明確化；6.落實產業轉型升級，以吸引我國優秀之高專、特殊人才留在臺灣就業、發展；7.政府與民間宜正確地認知吸引我國優秀之高專、特殊人才能根留臺灣是我國創造各項價值、財富與提升國力的最根本所在。

　　復次，我國僑民輔導之問題、困境部分，經本文整理、歸納及分析相關文獻之結果，如下所述：1.僑務委員會的年度預算不多，嚴重影響僑務工作之推展；2.海外「華僑」、「臺僑」兩者間對我國之政治忠誠認同、價值觀差異頗大，不易整合、協商；3.僑務委員會之存廢備受爭議與挑戰；4.僑務委員會僑務工作專家會議之預算支用與組織法源之依據與規定不夠明確，且該會議之必要性亦備受外界質疑；5.我國政府並未高度重視僑務委員會之僑務工作；6.中國大陸積極拉攏我國海外之「華僑」、「臺僑」。

　　本文認為僑民輔導的對策部分，可行之做法，如下所述：1.大幅提升僑務委員會的年度預算，俾利僑務工作之推展；2.積極整合海外「華僑」、「臺僑」兩者對我國之政治忠誠認同及價值觀；3.僑務委員會仍有存在之必要性；4.明確化僑務委員會僑務工作專家會議之預算支用與組織法源之依據與規定；5.我國政府宜高度重視僑務委員會之僑務工作；6.對於中國大陸積極拉攏我國海外之「華僑」、「臺僑」之做法，我國宜建置妥適之回應對策。

　　綜上，本文針對我國現今移出政策及僑民輔導之現況及困境，另以探討、分析，進而提出如何有效之可行因應對策。本文先以文獻探討，網羅相關研究、期刊、政府公開資訊等資料，進而加以分析、研判、綜整之後，最後，提出可行因應之對策，期待能夠針對我國當今之移出政策規劃及僑民輔導之相關措施、機制，能有所助益，朝著強化與海外僑民之熱切聯繫，並壯大我國之國際地位、國力而積極地努力之。

第二節 移出政策的現況、困境與可行回應對策

壹、移出政策的現況

依據內政部移民署自民國76年至民國108年底官方資料統計數據顯示[1]，我國新住民來源依序為，大陸地區（63%）、越南（20%）、印尼（5%）、港澳（3%）、菲律賓（2%）、泰國（2%）等其他國家；另外，依據移民署民國108年針對大陸、港澳民眾來臺居留定居人數全年度資料統計顯示[2]，民國108年全年度以大陸地區來臺人數占最多比率，其中全年居留許可人數計有11,283人，而定居許可人數則有4,399人，由此可知，上述為我國最主要移入人口來源。再者，根據內政部官方資料顯示[3]，截至民國109年12月份底合法居留在我國之外僑統計人數中，依其主要從事之經濟活動區分，職業為移工者計有64萬1,563人，為最多人數；其他職業者計有46,808人，次之；再者，無業者計有43,543人，再次之；具有專業技能之技工有472人，占所有職業類別最低比率人數，由此可見，在外來移入人口中具有專業技能者所占總職業人數比率相對是低比率，最主要還是外來移工占最主要職業比值。有關我國移出政策的現況如下。

一、中華民國人口政策綱領

「中華民國人口政策綱領」係我國目前人口移出政策之依據，該政策綱領係行政院於民國58年4月19日所發布執行。本政策綱領前後共歷經六次修正，最後一次修正時間則為，民國103年12月27日行政院以院臺法字

---

[1] 移民署（2021），移民統計主題專區，https://www.immigration.gov.tw/5385/7344/70395/，搜尋日期：2021/01/29。

[2] 移民署（2021），大陸、港澳民眾來臺居留定居人數，https://www.immigration.gov.tw/5385/7344/70395/143260/，搜尋日期：2021/01/29。

[3] 內政部（2021），統計資料，https://ws.moi.gov.tw/001/Upload/400/relfile/0/4413/aa07be5e-094b-4f22-8d35-f65eb90c03ef/month/month.html，搜尋日期：2021/01/29。

第1030073343號核定修正執行。本政策綱領，其基本理念及政策內涵如下[4]：

（一）基本理念

1. 倡導適齡婚育，尊重生命價值，維繫家庭功能，維持合理人口結構。
2. 強化國民生育保健與營養均衡、國民體能與身心健康、文化建設與教育，以提升人口素質。
3. 提升就業能力，打造合宜勞動環境與條件，有效提高勞動參與，並保障勞動者就業安全與權益。
4. 建立完整社會安全網，提供兒童、少年、婦女、高齡者、身心障礙者、原住民族及其他弱勢者之完善社會福利。
5. 落實性別平等意識，建構具性別觀點的人口政策。
6. 保障各族群基本人權，建構多元文化社會。
7. 推動環境保護及永續發展，落實生活、生態、生產之平衡，並實施國土規劃，促進人口合理分布。
8. 精進移民政策，保障移入人口基本權，營造友善外來人口之環境，並加強與海外國人及僑民鏈結，開創多元開放的新社會。

（二）政策內涵

1. 合理人口結構。
2. 提升人口素質。
3. 保障勞動權益及擴大勞動參與。
4. 健全社會安全網。
5. 落實性別平權。
6. 促進族群平等。

---

[4] 國家發展委員會（2021），中華民國人口政策綱領，https://www.ndc.gov.tw/cp.aspx?n=6868882E351206A5，搜尋日期：2021/02/04。

7. 促進人口合理分布。

8. 精進移民政策並保障權益。

二、人口政策白皮書（核定本）——少子女化、高齡化及移民

　　「人口政策白皮書」係我國行政院於民國97年所訂定，行政院復於民國100年、民國101年及民國102年三次修訂之，全案包括執行對策、各項措施及績效指標等[5]；人口政策白皮書（核定本）其主要內容包括人口變遷未來趨勢、各項問題分析、相關因應對策、各項期程分工、預期成效及未來願景等項目。

　　依據國家發展委員委員會官方網站統計資料顯示[6]，在2070年較2020年人口變動數據比較中，呈現出三種明顯特徵：1.14歲以下幼年減少155萬人；2.15歲至64歲青壯年減少900萬人；3.65歲以上老年人增加280萬人，在2070年，我國總人口較2020年之2,357萬人減少776萬人（32.9%），其中，14歲以下幼年人口減少155萬人（52.4%），15歲至64歲青壯年人口減少900萬人（53.5%），65歲及以上老年人口則增加280萬人（74.0%），且依據上述資料顯示，老年人口於2017年起即已經超越幼年人口總人數，國家發展委員會預估在未來2029年起，老年人口與幼年人口相較，老人人口將高出幼年人口二倍的數據[7]。由此可知，我國人口老化及出生率普遍下跌「少子女化」的情形已日趨嚴重，為一大隱憂且為刻不容緩亟待解決的嚴重議題。有關國際高齡化時程比較如圖9-1所示[8]：

---

[5] 國家發展委員會（2021），中華民國人口政策白皮書，https://www.ndc.gov.tw/cp.aspx?n=fbbd5fe5e5f21981，搜尋日期：2021/02/04。

[6] 國家發展委員會（2021），2070年較2020年人口變動數，https://www.ndc.gov.tw/Content_List.aspx?n=3CF120A42CD31054，搜尋日期：2021/02/04。

[7] 楊芙宜、陳梅英、高嘉和（2017），少子化、人才外流台灣陷缺才4大危機，https://news.ltn.com.tw/news/focus/paper/1107713，搜尋日期：2021/02/04。

[8] 國家發展委員會（2021），高齡化時程表，https://www.ndc.gov.tw/Content_List.aspx?n=695E69E28C6AC7F3，搜尋日期：2021/02/04。

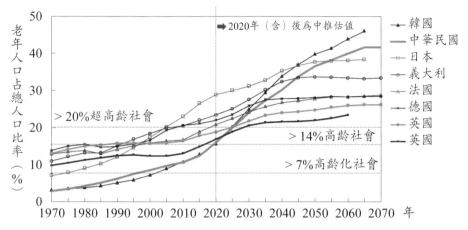

圖9-1　國際高齡化時程比較圖

資料來源：轉引自國家發展委員會（2021），中華民國人口推估（2020至2070年），
　　　　　https://www.ndc.gov.tw/Content_List.aspx?n=695E69E28C6AC7F3，搜尋日期：
　　　　　2021/02/04。

　　依據英國「全球人才報告」（Global Talent 2021）之研究成果特別指
出[9]，在該調查報告全部國家中，臺灣以-1.5的人才赤字，列為全部46個國
家中倒數第一名，同時被列為2021年全球技術人才「供需落差」最嚴重的
國家；另外，依據瑞士2020年公布的「世界競爭力年報」指出，目前我國
不論在外國人才的僱用、吸引高階外國人才及防制（止）本國優秀人才的
外流等項目，在全球評核、排名都不理想。瑞士2020年公布的「世界競爭
力年報」亦同時指出，我國之相關移民政策及移民法規，更是屬於全球較
不佳國家。

　　根據上述國際間的統計數據結果顯示[10]，未來我國極有可能因為優秀
人才外流及國內無法吸引國際人才等各種因素及問題，在2021年成為全球
人才最缺乏的國家！上述這些報告及研究無疑是提醒我國政府當局應正視

---

[9]　Staff, A., (2021), Global Talent 2021, available at: https://www.td.org/user/about/
　　　ATDStaff-000001, last visited: 2021/05/02.

[10]　Association for Talent Development, (2021), Global Talent 2021, available at: https://www.
　　　td.org/insights/global-talent-2021, last visited: 2021/04/02.

這個問題，也讓國內各大企業要審慎應對，因為人才的培訓與養成不易，倘若人才流失，對國家及整體企業組織是有很大的隱憂及危機；再者，英國牛津經濟研究院於其所出版之「全球人才報告」之中，分析臺灣高專人才外移的兩大關鍵因素，第一因素是臺灣所有移出人口之中，專業人才之外移比率，高居所有移出人口之六成，我國專業人才之外移比率位居全球第一；第二因素是我國每月之工作平均薪資僅有新臺幣4萬餘元，遠低於亞洲的先進國家，實難以留住人才，更無法吸引國外高專人才來臺發展，由於低薪，導致專業人才不斷地移出，已成為我國重大的國安問題。英國2021年各國人才供需匹配比較圖，如圖9-2所示：

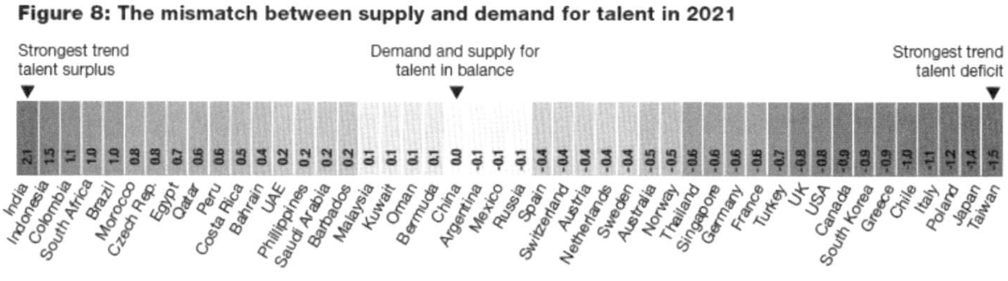

Figure 8: The mismatch between supply and demand for talent in 2021

圖9-2　2021年各國人才供需匹配比較圖

資料來源：轉引自Oxford Economics, (2021), Global Talent 2021, available at: https://www.oxfordeconomics.com/Media/Default/Thought%20Leadership/global-talent-2021.pdf, last visited: 2021/04/02.

三、我國採取「移出從寬、移入從嚴」之開放移民政策

我國目前仍無一致性及完備的移民政策，故無法有效地解決相關移出（emigration）及移入（immigration）人口所面臨的現況及困境。從早期「三不原則」的大陸政策至民國76年解除戒嚴後，逐步開放入出境管制，我國的移民政策係採取開放移民政策，對於外來的移民仍持從嚴的政策，而對於本國移出政策限制則相對不同；但是根據相關研究指出[11]，我國應

---

[11] 陳明傳（2014），我國移民管理之政策與未來之發展，文官制度季刊，6期，頁35-63。

建立一個完整的人權制度與兼顧社會安寧的人口移動政策，進而有效的執法及結合外來的人力資源。

四、我國現階段之移民素質呈現「高出低進」之現象

　　依據上述內政部官方資料統計，截至民國109年12月份底合法居留在我國之外僑統計人數中，依其主要職業為移工者占最大部分，其他職業者次之及無業者再次之，而具有專業技能之技工僅占最小部分，也就是占所有職業最低比率人數；然而，我國目前所出現人才競爭力下滑及專業優秀人才外流等人才管理挑戰嚴重危機問題，且我國可能在2021年成為全球人才「供需落差」最大的國家。觀此，當可知我國現階段之移民素質呈現出一種「高出低進」之現象，如何防制我國優秀人才外流並提高我國與國際間之競爭力，乃是當前政府當局應面對的一個嚴肅的議題。2015年全球五百大企業據點圖，如圖9-3所示：

圖9-3　2015年全球五百大企業據點圖

資料來源：轉引自Fortune, (2021), Mapping the Global 500, available at: https://archive.fortune.com/2015/global-500/, last visited: 2021/04/02.

貳、移出政策的困境問題

依據我國內政部內政統計報告數據顯示[12]，截至民國109年1月至12月份我國現住人口自外國遷入總人數計有16,859人，另自本國遷出國外人口則有61,973人，由此數據顯示，民國109年一整年我國移出人口與移入人口相較，自我國移出人口為移入本國人口的3.67倍，此一人口移出及移入情形，彰顯了我國目前移出政策所面臨各項困境問題，亦是當前政府當局應重視的重要議題之一，茲分述如下：

一、我國政府十分重視外來移民之移入輔導、管理政策，對於國民之移出政策較不著力與重視

我國政府向來十分重視外來移民之移入輔導、管理政策，相對而論，對於國民之移出政策，則較不著力與重視。行政院於民國107年通過「新經濟移民法」草案，積極延攬外國優質人力及人才，以充沛國家發展所需人力資源，且對外來移民亦十分重視其社會之融合及管理輔導[13]。

再者，我國為了積極延攬外國優質人力及人才，亦訂有「外國專業人才延攬及僱用法」（Act for the Recruitment and Employment of Foreign Professionals）之專法。於2017年10月31日順利完成三讀。該法案推動放寬外國專業人才來臺簽證、工作、居留相關規定，並優化保險、租稅、退休等待遇，以建構更友善之工作及居留環境，吸引外國專業人才來臺留臺，促進產業升級轉型，提升國際競爭力。本法案推動重點說明如下[14]：

---

[12] 內政部（2021），內政統計月報，https://ws.moi.gov.tw/001/Upload/400/relfile/0/4413/d0d30625-16ff-4e80-8cc2-c37ae863b403/month/month.html，搜尋日期：2021/02/28。

[13] 行政院（2018），《新經濟移民法》草案—促進國家發展生生不息，https://www.ey.gov.tw/Page/5A8A0CB5B41DA11E/ea25bf0c-e114-42ba-87e3-b0f79595e6e2，搜尋日期：2021/06/05。

[14] 國家發展委員會（2015），關鍵人才（talent）之育才、留才、攬才策略研究，「國家發展前瞻規劃」委託研究，受託單位：財團法人工業技術研究。國家發展委員會（2017），「外國專業人才延攬及僱用法草案」法案影響評估報告。柯雨瑞、黃翠紋、潘維政（2018），我國延攬及僱用外國專業人才機制之現況、困境與因應對策，涉外執法與政策學報，8期，頁109-144。

（一）鬆綁工作、簽證及居留規定

1. 外國專業人：開放外國自由藝術工作者來臺：放寬外國藝術工作者得不經雇主申請，可逕向勞動部申請許可（第10條）；開放補習班聘僱具專門知識或技術之外國教師：除外國語文外，放寬雇主得向勞動部申請許可具專門知識或技術之外國教師得在我國擔任短期補習班教師（第6條）；核發「尋職簽證」：針對外國人擬來臺從事專業工作、須長期尋職者，核發「尋職簽證」，總停留期間最長六個月（第19條）；放寬廢止永久居留之規定：對外國人才取得內政部移民署許可之永久居留後，鬆綁須每年在臺居留183天之規定（第18條）；外國教師之工作許回歸教育部核發：鼓勵學校擴大延攬外國教師（第5條）。

2. 外國特定專業人才：核發「就業金卡」：針對外國特定專業人才擬在我國境內從事專業工作者，放寬渠等得向內政部移民署申請核發具工作許可、居留簽證、外僑居留證及重入國許可四證合一之就業金卡（個人工作許可），有效期間為一年至三年，期滿得重新申請，提供渠等自由尋職、就職及轉換工作之便利性（第8條）；延長特定專業人才工作許可期間：針對受聘僱從事專業工作之外國特定專業人才，延長聘僱許可期間，由最長三年延長至最長為五年，期滿得申請延期（第7條）。

（二）鬆綁父母配偶及子女停居留規定

1. 放寬配偶及子女申請永久居留：參考國際慣例及人權考量，對取得永久居留之外國專業人士，其配偶、未成年子女及身心障礙無法自理生活之成年子女得於合法連續居留五年後，申請永久居留，無須財力證明（第16條）。

2. 放寬高級專業人才之配偶及子女得隨同申請永居：配合「入出國及移民法」第25條修正建議，鬆綁高級專業人才之配偶、未成年子女及身心障礙無法自理生活之成年子女，得隨同申請永居（第15條）。

3. 核發成年子女留臺個人工作許可：針對取得永久居留之外國專業人才，其成年子女符合延長居留條件者，得比照「就業服務法」第51條，申請個人工作許可（第17條）。

4. 延長直系尊親屬探親停留期限：針對外國特定專業人才及其配偶之直系尊親屬探親停留簽證，由總停留期間最長六個月，延長為每次總停留最長為一年（第13條）。

（三）提供退休、健保及租稅優惠

1. 加強退休保障受聘僱從事專業工作之外國人，經許可永久居留者，得適用勞退新制（第11條）。

2. 外國人任我國公立學校現職編制內專任合格有給之教師，經許可永久居留者，其退休事項準用公立學校教師之退休規定，並得擇一支領一次或月退休金（第12條）。

3. 放寬健保納保限制：受聘僱從事專業工作之外國專業人才，其配偶、未成年子女及身心障礙無法自理生活之成年子女，經領有居留證明文件者，不受健保六個月等待期限制（第14條）。

4. 提供租稅優惠：外國特定專業人才首次核准來臺工作，且薪資所得超過300萬元起三年內，享有超過部分折半課稅之優惠（第9條）。

（四）攬才專法適用對象

依照行政院（2017）之規劃，攬才專法適用對象包括：

1. 外國專業人才：仍依現行勞動部就業服務法之相關規範，開放得申請在臺從事之工作項目，包含：專門性或技術性工作、華僑或外國人經政府核准投資或設立事業之主管、學校教師、補習班之專任外國語文教師、運動教練及運動員、宗教、藝術及演藝工作等六類，以及具專門知識或技術之短期補習班教師。

2. 外國特定專業人才：符合一定條件且為我國所需之外國特定專業人才，認定標準由部會就產業特性及需求各別訂定，如在臺設立研發中心、營運總部、跨國公司之高階主管或經理；國家科學院院士、

國家院士級學者；在政府力推重點產業卓越傑出人才，能實際促進臺灣產業升級轉型者；獲得國際獎項殊榮，有助我國利益者等。

3. 外國高級專業人才：指依現行入出國及移民法第25條第3項第2款所定為我國所需之高級專業人才，如在特殊技術或科技機構之科技研發及管理工作上，具有獨到之才能，在科學、研究、工業、商業及教學等方面具有特殊能力，足以對我國經濟、產業、教育或福利發揮實質效用，及曾獲國際賽事獎項殊榮等。

相較而論，惟我國對於本國國民之移出政策則較不重視，所以針對我國高端人才的培訓及留用，雖尊重人民移出國之基本權利，但相關之人才留用政策，例如協助產業升級、協助產業創新、敘薪標準依據個人的專業能力等經濟再造計畫，政府當局皆應積極協助企業渡過商業危機，俾以延攬本國高端人才，以蔚國用。所以，政府當局對於本國移出政策部分較未著力與重視，高專、特殊人才持續地移出，會逐步地弱化我國之綜合國力，不僅係一大隱憂，甚而比「人口老化、少子化」問題益顯嚴重。

二、移出之我國國民多屬優秀之高專、特殊人才，我國已成為全球高階人才供給、需求落差非常嚴重的國家

前述由英國「全球人才報告」、2021年全球技術人才、瑞士「2017年世界競爭力年報」及「世界數位競爭力評比」中皆指述，目前我國不論在防制優秀人才外流，及吸引高階外國人才之區塊，在世界排名部分都非常不理想。過去我國係以高科技引以為驕傲，且為亞洲的經濟奇蹟；但是，今非昔比，在2019年教育部的一項大專院校新生註冊率統計資料中[15]，全國居然有617個招生系所，博士班的招生註冊率掛零，連多所國立大學的博士班亦有招不到學生的窘境發生。所以，我國人才供需落差早已經預期可見，人才流失儼然已成為嚴重問題。

---

[15] 謝明彧（2020），矽島消失中人才赤字全球最慘，https://www.gvm.com.tw/article/70727，搜尋日期：2021/06/05。

三、面對我國高專、特殊人才不斷地移出、外流，我國缺乏相對應之可行解決對策，已成重大國安危機

　　我國擁有一流的教育學制，進而可以訓練優良的高端科技人才，曾經是亞洲四小龍的經濟奇蹟，但隨著我國人才外流及特殊人才移出等問題的發生，人口老化及人才供需落差形成另一嚴重國安議題；依據瑞士洛桑管理學院公布「2020年IMD世界競爭力報告」顯示[16]，在2020年世界競爭力報告中，臺灣排名第11名，已經較去年上升5名，在亞太國家中高居第3名。雖與2019年相較我國人才流失之情形，已經改善之，但人才外流問題仍為嚴重。觀此，面對優秀人才不斷移出國內、少子化及人口老化等種種嚴重問題，目前政府當局仍欠缺可解決之回應，儼然已形成重大的國安危機，政府當局應高度重視之。

四、對於移出至中國大陸之我國國民，我國若干之管制、管理措施過於嚴厲，違背法理，恐已侵犯渠等之基本人權與人性尊嚴

　　我國憲法第第7條明示：「中華民國人民，無分男女、宗教、種族、階級、黨派，在法律上一律平等。」所以本國憲法是保障人民權利的大法，憲法更是國民之各種基本權利的保障。但是，隨著兩岸經貿往來頻仍，不管大陸人民來臺與本國人民結婚，或者是我國人民移民至中國大陸，已有越來越多的情形。但是，目前我國與中國大陸關係仍屬緊張，對於兩岸人民的往來，均訂有相關的法律規定。我國人民與中國大陸人民結婚係依據臺灣地區與大陸地區人民關係條例（以下簡稱兩岸人民關係條例）第52條規定：「結婚或兩願離婚之方式及其他要件，依行為地之規定。判決離婚之事由，依臺灣地區之法律。」而兩岸人民如在中國大陸結

---

[16] 科技新報（2021），IMD 2020世界競爭力評比，台灣全球第11亞太第3強，https://technews.tw/2020/06/16/imd-world-competitiveness-ranking-2020/?fbclid=IwAR0f-K9u9-6VYe0bHQVb6Dh1X5cKPGCjrwxzxFbqfNJuMFaTYvlqy3sb5H4，搜尋日期：2021/06/05。

婚，則結婚之方式及其他要件，又必須依據當地的法律規定行之。雙方辦理結婚後，再依兩岸條例申請大陸配偶來臺，而本類的結婚案件，大部分是我國人民赴中國大陸辦理結婚手續。如涉及離婚，判決離婚之事由，依據兩岸人民關係條例第52條之規定，則依臺灣地區之法律。所以相關法律有時讓兩岸人民容易有混淆情形發生。

　　另外，在我國國民移出至中國大陸部分，依據內政部民國93年02月27日所訂定之廢止臺灣地區人民身分及戶籍作業要點第4點規定[17]：「內政部入出國及移民署（以下簡稱入出國及移民署）知悉臺灣地區人民於大陸地區設有戶籍或領用大陸地區護照之情事時，應即通報當事人戶籍地戶政事務所逕為廢止其在臺灣地區之戶籍，並由該戶政事務所通知當事人繳還臺灣地區之國民身分證；其為單身戶者，應另繳還戶口名簿。當事人自行申請廢止臺灣地區之戶籍者，亦同。」所以，根據上述法律規定，本國國民若要取得中國大陸身分證，則必須放棄其在臺灣地區之戶籍；再者，依據兩岸人民關係條例第9條之1規定：「臺灣地區人民不得在大陸地區設有戶籍或領用大陸地區護照。違反前項規定在大陸地區設有戶籍或領用大陸地區護照者，除經有關機關認有特殊考量必要外，喪失臺灣地區人民身分及其在臺灣地區選舉、罷免、創制、複決、擔任軍職、公職及其他以在臺灣地區設有戶籍所衍生相關權利，並由戶政機關註銷其臺灣地區之戶籍登記。……。」觀此，可知我國對於本國人民移出至中國大陸之法律規定及管制，顯然屬於嚴厲管控之型式與樣態。

　　惟我國民眾如僅請領中國大陸之居住證，但非身分證，其在臺戶籍仍應被保留，其他以在臺灣地區設有戶籍所衍生相關權利中，哪些之權利，仍須加以保障，諸如：生命權、身體權、自由權、健康權、財產權、服公職權；哪些之權利，不必然須加以保障，諸如：參政權中之被選舉權等，均有必要再加以深入地探討，以保障移出至中國大陸之我國國民之基本人權。

---

17 內政部（2004），廢止臺灣地區人民身分及戶籍作業要點，https://glrs.moi.gov.tw/LawContent.aspx?id=FL028757，搜尋日期：2021/06/05。

五、國內低迷之薪資及不佳之政治、經濟環境，對於我國優秀之高專、特殊人才並無高度之誘因與吸引力

　　國立臺灣大學國家發展研究所教授辛炳隆指出，臺灣之人才流失（brain drain），與無法延攬高專之外籍人才之問題點，均是因為薪資太低[18]。根據個人之觀察，政府實應負最大之責任，因政府於2017年，實施不適切之年金改革，壓低整體之薪俸與退休金。中國時報之記者洪凱音，於2017年11月22日，在中國時報A4版之中，非常用心地撰寫數篇有關臺灣人才之問題，值得社會大眾加以關注之。根據洪凱音君之觀察，在瑞士洛桑管理學院（IMD）2017年版之世界人才報告（IMD World Talent Ranking 2017）之中，臺灣在「人才外流」細項之評比上，我國分數非常低（分數之評量，為0分至10分，臺灣得到3.96分），故2017年退步至第47名；顯示我國人才外流情形，是屬於非常嚴重之等級[19]。

　　再者，對外籍技術人才的吸引力方面，2017年之排名，我國分數偏低（分數之評量，為0分至10分，臺灣得到4.33分），故臺灣排名為第44名[20]，顯示出在我國之前面，計有43個國家，對外籍技術人才的吸引力，均優於臺灣。在此種之情形下，臺灣對外籍技術人才的吸引力之優勢，非常不利於吸引高專人才進入臺灣。

　　筆者在此引轉中國大陸上海之第一財經日報於2017年11月21日之報導，根據此項之報導，大陸上海人工智慧（AI）領域之應屆畢業生，年薪約為新臺幣135萬至225萬之間，工作三至五年（年齡約25歲至27歲之

---

[18] 新唐人亞太台（2017），台灣人才流失成隱憂，學者：低薪為主因，http://www.ntdtv. com.tw/b5/20171121/video/209951.html?%E5%8F%B0%E7%81%A3%E4%BA%BA% E6%89%8D%E6%B5%81%E5%A4%B1%E6%88%90%E9%9A%B1%E6%86%82%20 %E5%AD%B8%E8%80%85%EF%BC%9A%E4%BD%8E%E8%96%AA%E7%82%BA %E4%B8%BB%E5%9B%A0。

[19] 洪凱音（2017），教育評比第2名，卻淪為人才中繼站，中國時報A4版，2017年11月22日。

[20] 同上。

間），年薪上調至新臺幣340萬左右[21]。相較於臺灣教授之年薪新臺幣150萬，新臺幣340萬係為150萬之2.27倍，在此情形之下，有能力之臺灣年輕人，假若其具有人工智慧（AI）領域之專長，有可能留在臺灣，領取臺灣27K之低薪否？有可能留在臺灣，從事教授之工作否？

　　我國從2001年至2016年，GDP成長了69%，年度複合的成長率數據為3.55%；平均國民所得成長率為58%，年度複合成長率則為3.1%，但這項經濟成長的數據，並未反映在人民的薪資所得之上[22]；另外，根據行政院主計處一項研究報告中指出[23]，民國109年第3季初步統計經濟成長率為3.92%，較10月概估數3.33%，增加0.59個百分點（3.92%-3.33%=0.59%）；全年經濟成長2.54%，上修0.98個百分點；CPI下跌0.26%，我國109年度的國民所得反映在國民薪資資上，並未有實質之成長。所以，我國勞動部應每年公布各項職類之薪資所得平均數，以利民眾掌握資訊變化，另外主計處亦應提供受僱者各項薪資所得之平均落點，並將各項福利回饋於受僱者，藉以提升國內整體之經濟環境。整體而言，國內低迷之薪資，及不佳之政治、經濟環境，對於我國優秀之高專、特殊人才並無高度之誘因與吸引力，導致高專人才持續地外流。我國國人每月薪資變化趨勢圖，如圖9-4所示：

---

[21] 同上。

[22] 關鍵評論（2017），台灣低薪現象的根本原因及解決之道，https://www.thenewslens.com/article/86208，搜尋日期：2021/06/05。

[23] 行政院（2021），國民所得統計摘要，https://www.stat.gov.tw/public/data/dgbas03/bs4/nis93/ni.pdf，搜尋日期：2021/06/05。

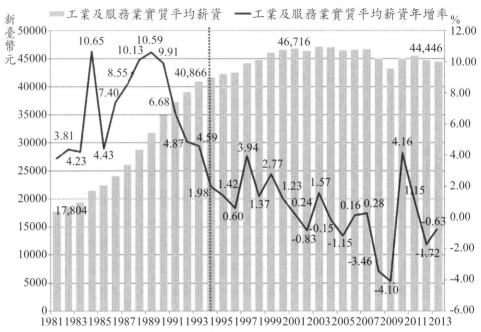

圖9-4　我國國人每月薪資變化趨勢圖

資料來源：監察院（2021），我國人力／人才「高出低進」現象暨週邊國家人才延攬相關
　　　　　對策之研析專案調查研究報告，https://www.cy.gov.tw/AP_Home/Op_Upload/eD
　　　　　oc/%E5%87%BA%E7%89%88%E5%93%81/106/1060000081010600756p%E5%8
　　　　　0%8B%E8%B3%87%E9%81%AE%E9%9A%B1.pdf，搜尋日期：2021/03/04。

六、移出政策的主導機關究竟由何者主政，其定位不明

　　我國目前移出政策分由不同的機關來主其事，涉及移出政策的相關
機關，包括：大陸委員會、國家發展委員會、僑務委員會，及移民署。移
民署組織架構及業務職掌如下[24]：在組織部分設有入出國事務組、移民事
務組、國際及執法事務組、移民資訊組、秘書室、人事室、主計室及政風

---

[24] 移民署（2020），組織架構與業務職掌，https://www.immigration.gov.
tw/5382/5385/5388/7166/，搜尋日期：2021/06/05。

室、北區事務大隊、中區事務大隊、南區事務大隊及國境事務大隊、訓練中心及科技偵查中心等任務編組；而移民署的業務職掌則包括外來人口管理、移民照顧輔導、兩岸人民交流、國際交流合作、移民人權保障及移民政策推動等業務範疇；惟移民署尚屬權責機關隸屬於內政部，其權限目前仍無法主導整個移出政策面，惟有明確化及提升主導機關的層級，才能有效主導整個移出政策的實效性。

七、國內企業、公司、團體大量依賴傳統勞動人力，不願向上轉型、升級，仍持續從事高度勞力密集產業，造成國內薪資長期偏低

依據國際勞工組織（International Labour Organization, 2021）一份針對全球多個行業約12,000名工人和85位企業代表的調查和訪談之成果報告中指出[25]，數位經濟正在改變全球世界中，因此數位勞動平台（digital labour platforms）應運而生，且在勞動數位平台未來的發展潛能中，亦包括應該為婦女、失能者、移工等弱勢群組，提供另外的工作機會，這項國際勞工組織報告同時亦探討數字勞動力平台如何改變工作世界，並影響雇主和工人之間的溝通、聯絡關係，顯示數位勞動平台將取代傳統的工作型態；再者，隨著全球暖化及COVID-19疫情衝擊之下，數位5G科技經濟已經改變傳統的工作型態，我國傳統產業若不願轉型將逐漸失去國際競爭力，而普遍薪資過低亦造成人才流失的困境，國內企業、公司、團體宜採行產業向上、向前轉型及升級之經營策略，並改善薪資及增加留才條件，才能提升整體的產業競爭力。

---

[25] International Labour Organization, (2021), The role of digital labour platforms in transforming the world of work, available at: https://www.ilo.org/global/research/global-reports/weso/2021/WCMS_771749/lang--en/index.htm, last visited: 2021/05/06.

八、外商、中國大陸以高薪挖角我國優秀之高專、特殊人才，我國缺乏妥適的回應對策

　　中國時報系列之記者李侑珊，於2017年12月09日，在中國時報A2、中國時報A3版之中，撰寫一篇名為〈這廂大砍福利，那廂狂撒銀彈！陸祭年薪220萬，台師明春湧逃離潮〉之文章，此篇大作，亦頗發人深思。李侑珊君指出，在我國（臺灣）部分，由於年改新制改革之故，公立大學教授退休金遭大砍，致使我國不少公立大學教授正非常認眞地考慮擬至中國大陸發展學術生涯，此是人口移動中之推力[26]。再者，中國大陸正推展高教強國，推動「雙一流」之高教工程，中國大陸大力向臺灣之高教領域中之副教授、教授延攬人才，諸如：福建省推出凡來自於臺灣之教授之年薪，可以達到50萬人民幣（約新臺幣226萬元），並擬挖角千名臺灣之教師，多是頂尖大學之正、副教授，赴福建發展[27]。且安家費、交通費及子女教育補助費，是另外計算，合計應會超過新臺幣226萬元，除此之外，廣東省亦相繼向臺灣推出，招募高等研究與學術人才之移民政策，此是人口移動中之拉力[28]。

　　復次，於2018年之年初，中國大陸為了加強惠臺之作為，推出一項有史以來，最為惠臺之做法，即頒布「關於促進兩岸經濟文化交流合作的若干措施」[29]，積極地吸引臺灣地區之法人及人才，赴中國大陸發展，根

---

[26] 李侑珊（2017），這廂大砍福利，那廂狂撒銀彈！陸祭年薪220萬，台師明春湧逃離潮，http://www.chinatimes.com/newspapers/20171210000284-260108，搜尋日期：2019/12/30。

[27] 同上。

[28] 同上。

[29] 「關於促進兩岸經濟文化交流合作的若干措施」之前言指出：「為深入貫徹黨的十九大精神和習近平總書記關於深化兩岸經濟文化交流合作的重要思想，率先同台灣同胞分享大陸發展的機遇，逐步為台灣同胞在大陸學習、創業、就業、生活提供與大陸同胞同等的待遇，國務院台辦、國家發展改革委經商中央組織部、中央宣傳部、中央網信辦、教育部、科技部、工業和信息化部、民政部、財政部、人力資源社會保障部、國土資源部、住房城鄉建設部、交通運輸部、水利部、農業部、商務部、文化部、

據本文之初步觀察，關於促進兩岸經濟文化交流合作的若干措施將會對臺灣產生非常巨大之影響，可以預見的，臺灣人才（專業技術人員，約五十餘種）外流之情況，將日趨嚴重化，臺灣人才將一面倒向中國大陸。我國政府宜謹慎以對，否則，臺灣之人才，恐會出現空洞化，臺灣恐會逐步喪失國際競爭力。

　　有關「關於促進兩岸經濟文化交流合作的若干措施」之具體作為，由兩個區塊所組成，如下所述：

（一）積極促進在投資和經濟合作領域加快給予臺資企業與大陸企業同等待遇

1. 臺灣同胞在大陸投資的企業（以下簡稱臺資企業）參與「中國製造2025」行動計畫適用與大陸企業同等政策。支持臺商來大陸投資設立高端製造、智能製造、綠色製造等企業並設立區域總部和研發設計中心，相應享受稅收、投資等相關支持政策。

2. 幫助和支持符合條件的臺資企業依法享受高新技術企業減按15%稅率徵收企業所得稅，研發費用加計扣除，設在大陸的研發中心採購大陸設備全額退還增值稅等稅收優惠政策。

3. 臺灣科研機構、高等學校、企業在大陸註冊的獨立法人，可牽頭或參與國家重點研發計畫項目申報，享受與大陸科研機構、高等學校、企業同等政策。受聘於在大陸註冊的獨立法人的臺灣地區科研人員，可作為國家重點研發計畫項目（課題）負責人申報，享受與大陸科研人員同等政策。對臺灣地區知識產權在大陸轉化的，可參照執行大陸知識產權激勵政策。

4. 臺資企業可以特許經營方式參與能源、交通、水利、環保、市政公

衛生計生委、人民銀行、稅務總局、質檢總局、新聞出版廣電總局、林業局、旅遊局、銀監會、證監會、保監會、文物局、全國總工會、全國婦聯，出台若干措施如下……。」中國評論通訊社（2018），關於促進兩岸經濟文化交流合作的若干措施，http://www.CRNTT.com，搜尋日期：2019/12/03。

用工程等基礎設施建設。

5. 臺資企業可公平參與政府採購。

　(1) 臺資企業可通過合資合作、併購重組等方式參與國有企業混合所有制改革。

　(2) 臺資企業與大陸企業同等適用相關用地政策。對集約用地的鼓勵類臺商投資工業項目優先供應土地，在確定土地出讓底價時，可按不低於所在地土地等別相對應大陸工業用地出讓最低價標準的70%執行。

　(3) 繼續在中西部、東北地區設立海峽兩岸產業合作區，鼓勵臺資企業向中西部、東北地區轉移並參與「一帶一路」建設，拓展內需市場和國際市場。大力推進臺商投資區和兩岸環保產業合作示範基地建設。

　(4) 臺資農業企業可與大陸農業企業同等享受農機購置補貼、產業化重點龍頭企業等農業支持政策和優惠措施。

　(5) 臺灣金融機構、商家可與中國銀聯及大陸非銀行支付機構依法合規開展合作，為臺灣同胞提供便捷的小額支付服務。

　(6) 臺灣徵信機構可與大陸徵信機構開展合作，為兩岸同胞和企業提供徵信服務。

　(7) 臺資銀行可與大陸同業協作，通過銀團貸款等方式為實體經濟提供金融服務。

（二）逐步為臺灣同胞在大陸學習、創業、就業、生活提供與大陸同胞同等的待遇

1. 臺灣同胞可報名參加53項專業技術人員職業資格考試和81項技能人員職業資格考試（「向臺灣居民開放的國家職業資格考試目錄」附後，具體執業辦法由有關部門另行制定）。

2. 臺灣專業人才可申請參與國家「千人計畫」。在大陸工作的臺灣專業人才，可申請參與國家「萬人計畫」。

3. 臺灣同胞可申報國家自然科學基金、國家社會科學基金、國家傑出

青年科學基金、國家藝術基金等各類基金項目。具體辦法由相關主管部門制定。

4. 鼓勵臺灣同胞參與中華經典誦讀工程、文化遺產保護工程、非物質文化遺產傳承發展工程等中華優秀傳統文化傳承發展工程。支持臺灣文化藝術界團體和人士參與大陸在海外舉辦的感知中國、中國文化年（節）、歡樂春節等品牌活動，參加「中華文化走出去」計畫。符合條件的兩岸文化項目可納入海外中國文化中心項目資源庫。

5. 支持中華慈善獎、梅花獎、金鷹獎等經濟科技文化社會領域各類評獎項目提名涵蓋臺灣地區。在大陸工作的臺灣同胞可參加當地勞動模範、「五一」勞動獎章、技術能手、「三八」紅旗手等榮譽稱號評選。

6. 臺灣人士參與大陸廣播電視節目和電影、電視劇製作可不受數量限制。

7. 大陸電影發行機構、廣播電視臺、視聽網站和有線電視網引進臺灣生產的電影、電視劇不做數量限制。

8. 放寬兩岸合拍電影、電視劇在主創人員比例、大陸元素、投資比例等方面的限制；取消收取兩岸電影合拍立項申報費用；縮短兩岸電視劇合拍立項階段故事梗概的審批時限。

9. 對臺灣圖書進口業務建立綠色通道，簡化進口審批流程。同時段進口的臺灣圖書可優先辦理相關手續。

10. 鼓勵臺灣同胞加入大陸經濟、科技、文化、藝術類專業性社團組織、行業協會，參加相關活動。

11. 支持鼓勵兩岸教育文化科研機構開展中國文化、歷史、民族等領域研究和成果應用。

12. 臺灣地區從事兩岸民間交流的機構可申請兩岸交流基金項目。

13. 鼓勵臺灣同胞和相關社團參與大陸扶貧、支教、公益、社區建設等基層工作。

14. 在大陸高校就讀臨床醫學專業碩士學位的臺灣學生，在參加研究

生學習一年後，可按照大陸醫師資格考試報名的相關規定申請參加考試。

15.取得大陸醫師資格證書的臺灣同胞，可按照相關規定在大陸申請執業註冊。

16.符合條件的臺灣醫師，可通過認定方式獲得大陸醫師資格。符合條件的臺灣醫師，可按照相關規定在大陸申請註冊短期行醫，期滿後可重新辦理註冊手續。

17.在臺灣已獲取相應資格的臺灣同胞在大陸申請證券、期貨、基金從業資格時，只需通過大陸法律法規考試，無需參加專業知識考試。

18.鼓勵臺灣教師來大陸高校任教，其在臺灣取得的學術成果可納入工作評價體系。

19.為方便臺灣同胞在大陸應聘工作，推動各類人事人才網站和企業線上招聘做好系統升級，支援使用臺胞證註冊登錄。

承上所述，中國大陸向臺灣居民開放的國家職業資格考試目錄，如下所述：

（一）專業技術人員職業資格，共計53項

1.教師資格（高等學校）；2.法律職業資格；3.註冊會計師；4.民用核安全設備無損檢驗人員資格；5.民用核設施操縱人員資格；6.註冊核安全工程師；7.註冊建築師；8.監理工程師；9.房地產估價師；10.造價工程師；11.註冊城鄉規劃師；12.建造師；13.勘察設計註冊工程師註冊結構工程師、註冊土木工程師（岩土）；14.註冊驗船師；15.船員資格；16.獸醫資格；17.拍賣師；18.演出經紀人員資格；19.醫生資格；20.護士執業資格；21.母嬰保健技術服務人員資格；22.出入境檢疫處理人員資格；23.註冊設備監理師；24.註冊計量師；25.新聞記者職業資格；26.註冊安全工程師；27.執業藥師；28.專利代理人；29.導遊資格；30.特種設備檢驗、檢測人員資格認定；31.工程諮詢投資專業技術人員職業資格；32.通信專業

技術人員職業資格；33.計算機技術與軟件專業技術資格；34.社會工作者職業資格；35.會計專業技術資格；36.資產評估師；37.經濟專業技術資格；38.土地登記代理專業人員職業資格；39.環境影響評價工程師；40.房地產經紀專業人員職業資格；41.機動車檢測維修專業技術人員職業資格；42.公路水運工程試驗檢測專業技術人員職業資格；43.水利工程質量檢測員資格；44.衛生專業技術資格；45.審計專業技術資格；46.稅務師；47.認證人員職業資格；48.出版專業技術人員職業資格；49.統計專業技術資格；50.銀行業專業人員職業資格；51.證券期貨業從業人員資格；52.文物保護工程從業資格；53.翻譯專業資格。

（二）技能人員職業資格，共計81項

1.消防設施操作員；2.焊工；3.家畜繁殖員；4.健身和娛樂場所服務人員；5.軌道交通運輸服務人員；6.機械設備修理人員；7.通用工程機械操作人員；8.建築安裝施工人員；9.土木工程建築施工人員；10.房屋建築施工人員；11.水產類、輸排和水處理人員；12.氣體生產、處理和輸送人員；13.電力、熱力生產和供應人員；14.儀器儀表裝配人員；15.電子設備裝配調試人員；16.計算機製造人員；17.電子器件製造人員；18.電子元件製造人員；19.電線電纜、光纖光纜及電工器材製造人員；20.輸配電及控制設備製造人員；21.汽車整車製造人員；22.醫療器械製品和康復輔具生產人員；23.金屬加工機械製造人員；24.工裝工具製造加工人員；25.機械熱加工人員；26.機械冷加工人員；27.硬質合金生產人員；28.金屬軋製人員；29.輕有色金屬冶煉人員；30.重有色金屬冶煉人員；31.煉鋼人員（煉鋼原料工、煉鋼工）；32.煉鐵人員（高爐原料工、高爐煉鐵工、高爐運轉工）；33.礦物採選人員；34.陶瓷製品製造人員；35.玻璃纖維及玻璃纖維增強塑膠製品製造人員；36.水泥、石灰、石膏及其製品製造人員；37.藥物製劑人員；38.中藥飲片加工人員；39.塗料、油墨、顏料及類似產品製造人員；40.農藥生產人員；41.化學肥料生產人員；42.基礎化學原料製造人員；43.化工產品生產通用工藝人員；44.煉焦人員；45.工藝美術品製作人員；46.木製品製造人員；47.紡織品和服裝剪裁縫紉人員；

48.印染人員；49.織造人員；50.紡紗人員；51.纖維預處理人員；52.酒、飲料及精製茶製造人員；53.乳製品加工人員；54.糧油加工人員；55.動植物疫病防治人員；56.農業生產服務人員；57.康復矯正服務人員；58.健康諮詢服務人員；59.計算機和辦公設備維修人員；60.汽車摩托車修理技術服務人員；61.保健服務人員；62.美容美髮服務人員；63.生活照料服務人員；64.有害生物防制人員；65.環境治理服務人員；66.水文服務人員；67.水利設施管養人員；68.地質勘查人員；69.檢驗、檢測和計量服務人員；70.測繪服務人員；71.安全保護服務人員；72.人力資源服務人員；73.物業管理服務人員；74.資訊通信網絡運行管理人員；75.廣播電視傳輸服務人員；76.資訊通信網絡維護人員；77.餐飲服務人員；78.倉儲人員；79.航空運輸服務人員；80.道路運輸服務人員；81.消防和應急救援人員。

　　中國大陸之國務院台辦、國家發展改革委經商中央組織部等20個有關部門，於2019年再次公布《關於進一步促進兩岸經濟文化交流合作的若干措施》（簡稱「26條措施」），並自公布之日起施行。「26條措施」之宗旨，其與促進兩岸經濟文化交流合作的「31條措施」，兩者是一脈相承的，對於臺資及臺胞，提供更加優質的服務，「26條措施」（全文）之內容如下[30]：

（一）為臺灣企業提供同等待遇

1. 臺資企業可同等參與重大技術裝備研發創新、檢測評定、示範應用體系建設，可同等參與產業創新中心、工程研究中心、企業技術中心和工業設計中心建設。
2. 臺資企業可按市場化原則參與大陸第五代移動通信（5G）技術研發、標準制定、產品測試和網路建設。
3. 臺資企業可同等參與大陸城市建築垃圾資源化利用、園林廢棄物資

---

[30] 海峽兩岸經貿文化交流協會（2019），關於進一步促進兩岸經濟文化交流合作的若干措施（全文），http://www.haixia.org.tw/index.php/，搜尋日期：2021/07/16。

源化利用、城鎮污泥無害化處置與資源化利用、再生資源和大宗工業固廢綜合利用等迴圈經濟項目。

4. 符合條件的臺資企業可與大陸企業同等投資航空客貨運輸、通用航空服務，參與符合相關規劃的民航運輸機場和通用機場建設，開展諮詢、設計、運營維護等業務。

5. 臺資企業可投資主題公園，可以特許經營方式參與旅遊基礎設施和配套服務建設。

6. 支援符合條件的臺灣金融機構和企業在臺資企業集中地區發起或參與設立小額貸款公司、融資租賃公司和融資擔保公司等新型金融組織。

7. 鼓勵各地根據地方實際，為臺資企業增加投資提供政策支援。

8. 符合條件的臺資企業可向地方各級政府性融資擔保基金申請擔保融資等服務，可通過股權託管交易機構進行融資。允許臺資企業在銀行間債券市場發行債務融資工具。

9. 臺資企業可與大陸企業同等依法享受貿易救濟和貿易保障措施。

10. 符合條件的臺資企業可與大陸企業同等依法利用出口信用保險等工具，保障出口收匯和降低對外投資風險。

11. 對從臺灣輸入大陸的商品採取快速驗放模式，建立有利於規範和發展協力廠商檢驗鑒定機構的管理制度，在風險分析的基礎上，科學、穩妥、有序推進臺灣輸入大陸商品協力廠商檢測結果採信。對來自臺灣的符合要求的產品實施風險評估、預檢考察、企業註冊等管理，推動兩岸食品、農產品、消費品安全監管合作。

12. 臺資企業可與大陸企業同等參與行業標準的制定和修訂，共同促進兩岸標準互聯互通。

13. 符合條件的海峽兩岸青年就業創業基地和示範點可以申報國家級科技企業孵化器、大學科技園和國家備案眾創空間。

（二）為臺灣同胞提供同等待遇

14. 臺灣同胞可在中華人民共和國駐外使領館尋求領事保護與協助，

申請旅行證件。

15. 臺灣同胞可申請成為農民專業合作社成員，可申請符合條件的農業基本建設專案和財政專案。

16. 臺灣同胞可同等使用交通運輸新業態企業提供的交通出行等產品。

17. 試點在福建對持臺灣居民居住證的臺胞使用大陸行動電話業務給予資費優惠。

18. 持臺灣居民居住證的臺灣同胞在購房資格方面與大陸居民享受同等待遇。

19. 臺灣文創機構、單位或個人可參與大陸文創園區建設營運、參加大陸各類文創賽事、文藝展演展示活動。臺灣文藝工作者可進入大陸文藝院團、研究機構工作或研學。

20. 在大陸工作的臺灣同胞可申報中國文化藝術政府獎動漫獎。

21. 在大陸高校、科研機構、公立醫院、高科技企業從事專業技術工作的臺灣同胞，符合條件的可同等參加相應系列、級別職稱評審，其在臺灣地區參與的專案、取得的成果等同等視為專業工作業績，在臺灣地區從事技術工作的年限同等視為專業技術工作年限。

22. 臺商子女高中畢業後，在大陸獲得高中、中等職業學校畢業證書可以在大陸參加相關高職院校分類招考。

23. 進一步擴大招收臺灣學生的院校範圍，提高中西部院校和非部屬院校比例。

24. 臺灣學生可持臺灣居民居住證按照有關規定向所在大陸高校同等申請享受各類資助政策。在大陸高校任教、就讀的臺灣教師和學生可持臺灣居民居住證同等申請公派留學資格。

25. 歡迎臺灣運動員來大陸參加全國性體育比賽和職業聯賽，積極為臺灣運動員、教練員、專業人員來大陸考察、訓練、參賽、工作、交流等提供便利條件，為臺灣運動員備戰2022年北京冬奧會和杭州亞運會提供協助。

26.臺灣運動員可以內援身分參加大陸足球、籃球、乒乓球、圍棋等
職業聯賽，符合條件的臺灣體育團隊、俱樂部亦可參與大陸相關
職業聯賽。大陸單項體育運動協會可向臺灣同胞授予運動技術等
級證書。歡迎臺灣運動員報考大陸體育院校。

　　筆者用下列之語詞，加以描述此種情形：假若有能力之臺灣年輕
人，留在臺灣越久，賺的越少；相反的，假若有能力之臺灣年輕人，留在
大陸越久，賺的越多，越是人生的超級勝利組。當有能力之臺灣年輕人，
留在大陸越久之時，越有可能加入中國大陸之國籍，相形之下，臺灣在國
際上，會越來越邊緣化，主要之問題點，倘若係針對教育領域而言，即為
臺灣公私立大學之教授，其在職薪俸，及退休後之月退俸過低所導致。有
能力之臺灣年輕人及e世代，不願再從事相對低薪之教授工作。如用世界
體系理論解釋此種跨境人口移動之現象，中國大陸會逐步成為全球超強之
核心國家，臺灣則持續、逐步、漸進式地沉淪，淪落為全球之邊陲國家，
臺灣人才市場與國際競爭，會形成一種惡性之循環，即因低薪，導致人才
外流，造成國際競爭力低落。復次，又因國際競爭力低落、人才外流，導
致低薪。

　　自2018年爆發中美貿易大戰以來，國際金融產生緊張情形，中國大
陸更積極發展半導體科技之技術。從早期侵害我國的智慧財產權，繼而
仿冒我國電子產業產品，接續目前轉向臺灣挖角科技人才等，以上都是侵
害我國企業組織發展之態樣行為；另外，新北市地方檢察署於2021年3月
間，查獲中國大陸非法挖角我國科技人才案[31]，本案案情係中國大陸一
家以設計比特幣礦機晶片的公司，透過我國人民在臺設置研發中心，並在
三年間，以高薪挖走數百位我國高端人才，本案係涉及了違反兩岸人民關
係條例第40條之1：「大陸地區之營利事業，非經主管機關許可，並在臺
灣地區設立分公司或辦事處，不得在臺從事業務活動」之相關規定，全案

---

[31] 洪美秀（2021），中國半導體來台非法挖角竹檢傳喚20餘人到案，https://ec.ltn.com.tw/article/breakingnews/3515752。

依法移送法辦；上述中國大陸一連串非法入侵我國企業組織的行為，已經造成我國企業的嚴重威脅。觀此，面對外商、中國大陸以高薪挖角我國優秀之高專、特殊人才，如何留住本國優秀人才及作出相關因應措施，應是重要之關鍵議題。

參、移出政策的可行回應對策

近年來，我國人口已進入老化時代及新生兒出生率普遍下跌情形嚴重，自國外移入人口欠缺專業技能人才，且最主要係以外來移工占最主要職業來源；然而，自本國移出人口多屬優秀之高專、特殊人才，嚴重的人才移出及外流造成整體國家的競爭力下降。有關移出政策可行回應對策，本文茲建議如下：

一、我國政府對於國民之移出政策亦應多加重視、關注，以防高專、特殊人才過度地流失

眾所周知，美國之所以令各式人才留在美國，除了高薪資與高工作所得之外，尚包括美國成功地建置「民主」、「自由」、「保障人權」與「開放」之機制，令外來人口願意為美國效命。是以，臺灣如須成為世界上之強國與富國，有必要著重於「人才」、「資金」與「知識」之取得，當吾國擁有「人才」與「知識」之後，資金亦能隨之而來，「資金」是「人才」與「知識」產出之結果。基此，假若臺灣擬提升國力與競爭力，達到世界「強國」與「富國」之水準，其核心之議題，在於如何打造、吸引與留住本土及外來人才；當臺灣成功地吸引與留住本土及外來人才之後，另外，須面臨之問題，是如何令本土及高階外來人才，愛上臺灣，願意留臺，這亦是須思考與解決之課題。

面對過去近三十年我國人口移出及移入「高出低進」的窘境，這是一個很嚴重的情形，人才外流相對地影響國家的國際競爭力，而在109年初COVID-19全球疫情肆虐之下，在我國防疫成功之下本國國際人才回流之際，政府當局應著力於國民之移出政策，以有效留住本國之優秀高專人

才，以提高國家整體的競爭力[32]。

二、面對我國高專、特殊人才不斷地移出、外流，我國宜有相對應之可行回應對策

依據監察院所提出之「我國人力／人才『高出低進』現象暨週邊國家人才延攬相關對策之研析專案調查研究報告」中指出，政府因應我國人才「高出低進」現象的因應對策如下[33]：

（一）「全球競才方案──Contact Taiwan」：行政院於2015年9月8日完成核定國家發展委員會所陳報之「全球競才方案──Contact Taiwan」，全面執行我國向全球招攬才之工作。

（二）「強化優秀僑外生留臺工作行動計畫」。

（三）攬才面、留才面及育才面政策計畫、充實人力資本之具體施政內容。

（四）完善我國留才環境方案及「企業推動方案」等相關因應對策

有關國家發展委員會「我國人才外流原因分析圖」，如圖9-5所示：

---

[32] 國家發展委員會（2017），留用本國人才因應對策及現行措施，https://ws.ndc.gov.tw/Download.ashx?u=LzAwMS9hZG1pbmlzdHJhdG9yLzEwL3JlbGZpbGUvNjM4NS8zMDA3Ny8wOGZhMDkzZS00NWQ2LTQ2YzctOGZkMi05NDM5YzI3NmY4Y2QucGRm&n=55WZ55So5pys5ZyL5Lq65omN5Zug5oeJ5bCN562W5Y%2BK54%2B6KGM5o6q5pa9LnBkZg%3D%3D&icon=..pdf，搜尋日期：2021/06/05。

[33] 監察院（2021），我國人力／人才「高出低進」現象暨週邊國家人才延攬相關對策之研析專案調查研究報告，https://www.cy.gov.tw/AP_Home/Op_Upload/eDoc/%E5%87%BA%E7%89%88%E5%93%81/106/1060000081010600756p%E5%80%8B%E8%B3%87%E9%81%AE%E9%9A%B1.pdf，搜尋日期：2021/03/04。

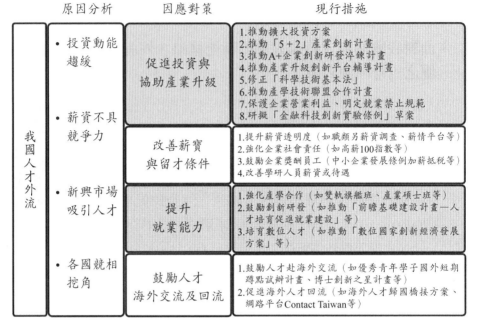

圖9-5　國家發展委員會所提出的我國人才外流原因分析圖

資料來源：轉引自國家發展委員會（2021），留用本國人才因應對策及現行措施，https://ws.ndc.gov.tw/Download.ashx?u=LzAwMS9hZG1pbmlzdHJhdG9yLzEwL3JlbGGZpbGUvNjM4NS8zMDA3Ny8wOGZhMDkzZS00NWQ2LTQ2YzctOGZkMi05NDM5YzI3NmY4Y2QucGRm&n=55WZ55So5pys5ZyL5Lq65omN5Zug5oeJ5bCN56²2W5Y%2BK54%2B%2B6KGM5o6q5pa9LnBkZg%3D%3D&icon=..pdf，搜尋日期：2021/03/04。

三、對於移出至中國大陸之我國國民，我國管制、管理措施宜合理化、適切化，須符合比例原則，不宜侵犯渠等之基本人權與人性尊嚴

有關我國國民如請領中國大陸之身分證，雖表示其已歸順中國政府，故取消其在臺戶籍係符合比例原則，惟我國民眾如僅請領中國大陸之居住證但非身分證並未表示其已高度忠於中國大陸，故其在臺戶籍仍應被保留，以保障我國人民之基本人權。

四、大幅提升國內之薪資，以吸引我國優秀之高專、特殊人才能根留臺灣

　　我國大學教育長年均按照年資及政府所規定之法定支付核發薪資，政府當局並沒有大幅提升工作待遇之種種規劃及政策，甚至教授級高專人才待遇亦不高，故致使我國整體工作待遇不具競爭力，我國優秀之高專、特殊人才紛紛移出至國外，尋找更優的工作待遇及工作機會，人才外流——這是一個比「少子化」更嚴重的問題，也是高等教育的劣化，所以國家發展委員會亦在106年所提出之「留用本國人才因應對策及現行措施」中提出因應人才流失對策之改善薪資與留才條件[34]，該策略如下：

（一）提升薪資透明度：包括推動職類別薪資調整及推動薪資平台，勞動部每年應公布各類別之每月平均薪資，以掌握市場資訊。

（二）強化企業社會責任：包括落實公司法、強化「上市上櫃公司企業社會責任實務守則」及編制及公布臺灣高薪100指數，以鼓勵企業加薪並將獲利回饋於整體員工。

（三）鼓勵企業獎勵員工：包括修正公司法，增加獎勵員工機會，延緩課稅及推動加薪抵稅等。

（四）改善學研人員薪待遇：包括透過實質薪資彈性化加強留住人才、運用高教深耕計畫持續推動彈性薪資、教授學術研究研究提升15%、科技部AI創新研究中心專案計畫自107年實施至111年止及提升專題研究計畫主持費用等項目。

　　在公私立大學之教授，提升其在職薪俸與退休之月退俸方面：對於任職於公私立大學之教授，宜大幅提升其在職薪俸與退休後之月退俸所得，以利吸引高專人才來臺，同時留住人才，避免我國之人才，不斷地外流；

---

[34] 國家發展委員會（2021），留用本國人才因應對策及現行措施，https://ws.ndc.gov.tw/ Download.ashx?u=LzAwMS9hZG1pbmlzdHJhdG9yLzEwL3JlbGZpbGUvNjM4NS8zMDA 3Ny8wOGZhMDkzZS00NWQ2LTQ2Yzct OGZkMi05NDM5YzI3NmY4Y2QucGRm&n=55 WZ55So5pys5ZyL5Lq65omN5Zug5oeJ5bCN562W5Y%2BK54%2B6KGM5o6q5pa9L nBkZg%3D%3D&icon=..pdf，搜尋日期：2021/03/04。

我國之現況，是國內人才不斷地外流、輸出，外國籍高專人才不願低就來
臺，針對教育領域而言，其主因乃為相較於其他國家，我國公私立大學之
教授，其在職薪俸與退休之月退俸所得過低，是以，臺灣公私立大學之教
授，其薪俸與退休之月退俸所得，對外國籍及我國籍之高專人才而論，無
任何之競爭力與誘因；憲法第7條保障之平等權，並不當然禁止任何差別
待遇，立法與相關機關基於憲法之價值體系及立法目的，自得斟酌規範事
物性質之差異而為合理差別待遇。法規範是否符合平等原則之要求，應視
該法規範所以為差別待遇之目的是否合憲，及其所採取之分類與規範目的
之達成間，是否存有一定程度之關聯性而定（司法院釋字第682號、第694
號、第701號、第719號、第722號、第727號及第745號解釋參照）。若目
的正當，且其差別待遇與目的之達成間具有合理關聯，即不違反憲法第7
條平等權保障之意旨。基此平等權標準，為了達到吸引高專人才來臺，同
時，留住人才，避免我國之人才，不斷地外流之合理化、正當化之目的，
對於任職於公私立大學之教授，大幅提升其在職薪俸與退休後之月退俸所
得，亦符合憲法第7條平等權保障之精神。主因在於：目的正當，且其差
別待遇與目的之達成間具有合理關聯性。

　　觀此，當可知只有大幅提升國內之薪資，才能藉以吸引我國優秀之高
專、特殊人才，根留臺灣並提升整體的競爭能力。

五、移出政策的主導機關之定位宜明確化

　　移民署其權限目前尚無法主導相關的移民政策，因為我國目前移民署
仍屬三級機關，故其權限尚不足以主導整個移民政策，應該提升移出政策
的主導機關的層級，本文建議應在行政院之層級，另外再設置跨部會統籌
機關，並成立一個專責之委員會，進行整體移出政策之工作，讓移出政策
之主導機關定位更加明確化[35]。

---

[35] 柯雨瑞、孟維德、李佳樺（2018），臺灣邁向世界強國與富國之捷徑：從建構優質之
移民政策與法制出發，https://www.koko.url.tw/，搜尋日期：2021/03/04。

六、落實產業轉型升級，以吸引我國優秀之高專、特殊人才留在臺灣就業、發展

　　強化整體社經環境之區塊，強化我國經濟發展之潛力與條件，並積極改善工作條件與生活環境，營造一個有利於外國專技人才工作與生活之溫馨環境。落實產業轉型升級，以吸引我國優秀之高專、特殊人才留在臺灣就業、發展。依據國家發展委員會106年8月之「留用本國人才因應對策及現行措施」報告[36]中指出，人才外流雖有正面影響，正面影響與負面影響兩者相較之結果，負面影響仍比較嚴重，例如在負面影響中包括：人才流失造成正面衝擊經濟成長及人才流失亦使政府的收益當對減少；另外，國家發展委員會亦提出促進投資與提升產業升級方案對策一：促進投資與協助產業升級，該對策方案如下[37]：

（一）促進投資：擴大投資方案，例如優化投資環境、激發民間投資、加強國營事業投資及強化數位創新等。

（二）協助產業升級：包括以下項目：1.推動產業創新計畫；2.推動企業創新研發計畫；3.推動產業升級創新平台輔導計畫；4.修正「科學技術基本法」；5.推動產業技術聯盟合作計畫；6.保護企業營業利益；7.研發「金融科技創新實驗條例」草案等。有關國家發展委員會提升就業能力圖，如圖9-6所示：

---

[36] 國家發展委員會（2021），留用本國人才因應對策及現行措施，https://ws.ndc.gov.tw/Download.ashx?u=LzAwMS9hZG1pbmlzdHJhdG9yLzEwL3JlbGZpbGUvNjM4NS8zMDA3Ny8wOGZhMDkzZS00NWQ2LTQ2YzctOGZkMi05NDM5YzI3NmY4Y2QucGRm&n=55WZ55So5pys5ZyL5Lq65omN5Zug5oeJ5bCN562W5Y%2BK54%2B%2B6KGM5o6q5pa9LnBkZg%3D%3D&icon=..pdf，搜尋日期：2021/03/04。

[37] 國家發展委員會（2021），留用本國人才因應對策及現行措施之對策一：促進投資與協助產業升級，https://ws.ndc.gov.tw/Download.ashx?u=LzAwMS9hZG1pbmlzdHJhdG9yLzEwL3JlbGZpbGUvNjM4NS8zMDA3Ny8wOGZhMDkzZS00NWQ2LTQ2YzctOGZkMi05NDM5YzI3NmY4Y2QucGRm&n=55WZ55So5pys5ZyL5Lq65omN5Zug5oeJ5bCN562W5Y%2BK54%2B%2B6KGM5o6q5pa9LnBkZg%3D%3D&icon=..pdf，搜尋日期：2021/03/04。

圖9-6　國家發展委員會提升就業能力分析圖

資料來源：轉引自國家發展委員會（2021），留用本國人才因應對策及現行措施，https://ws.ndc.gov.tw/Download.ashx?u=LzAwMS9hZG1pbmlzdHJhdG9yLzEwL3JlbGFpbGUvNjM4NS8zMDA3Ny8wOGZhMDkzZS00NWQ2LTQ2YzctOGZkMi05ND
M5YzI3NmY4Y2QucGRm&n=55WZ55So5pys5ZyL5Lq65omN5Zug5oeJ5bCN56
2W5Y%2BK54%2B%2B6KGM5o6q5pa9LnBkZg%3D%3D&icon=..pdf，搜尋日期：2021/03/04。

七、政府與民間宜正確地認知吸引我國優秀之高專、特殊人才能根留臺灣是我國創造各項價值、財富與提升國力的最根本所在

　　時序邁入21世紀的今天，5G科技知識突飛猛進的時代，高科技及網絡行銷已經取代舊有的傳統產業，其中高專技術優秀人才更是提升經濟競爭力的問題所在；但是目前面對我國移出人才的流失及「高出低進」、「供需落差」等移出入人口等困境之下，政府與民間都應該有所正確認知，如何吸引我國優秀之高專、特殊人才願意根留臺灣，才能創造價值與提升國家競爭力。有關國家發展委員會鼓勵海外人才交流及回流如圖9-7所示：

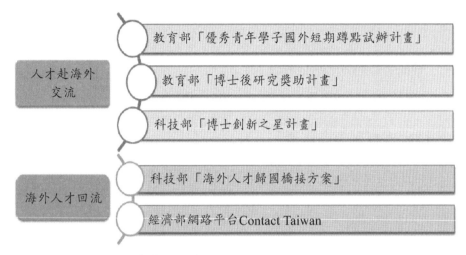

圖9-7　鼓勵海外人才交流及回流圖

資料來源：轉引自國家發展委員會（2021），留用本國人才因應對策及現行措施，https://
　　　　　ws.ndc.gov.tw/Download.ashx?u=LzAwMS9hZG1pbmlzdHJhdG9yLzEwL3JlbGGZ
　　　　　pbGUvNjM4NS8zMDA3Ny8wOGZhMDkzZS00NWQ2LTQ2YzctOGZkMi05ND
　　　　　M5YzI3NmY4Y2QucGRm&n=55WZ55So5pys5ZyL5Lq65omN5Zug5oeJ5bCN56
　　　　　2W5Y%2BK54%2B%2B6KGM5o6q5pa9LnBkZg%3D%3D&icon=..pdf，搜尋日
　　　　　期：2021/03/04。

　　在移民融合方面，強化與提升勞動就業市場流動之移民融合機制；考
量適度賦予外國人政治參與權利之可行性；改善外國人取得我國長期與永
久居留之機制；精進移民家庭團聚之機制；修法以維護新住民配偶之家庭
團聚權。國籍取得政策仍存有進步之空間；政府各部門似宜通力進行縱向
與橫向之協力合作，共同促成移民融合之工作。

第三節　僑民輔導機制的現況、困境與可行回應對策

　　長期居住在國外之本國僑民，實際上為我國實力向國際展現及延伸之
表現，也是我國在世界各國的強而有力的支持，所以我政府當局及主管機
關應能掌握國際情勢，鼓勵國外布局及加強與僑民之間的相互合作，經營

在海外政經脈絡及宣揚我國的施政成果。

壹、僑民輔導機制的現況

有關我國僑民輔導機制的現況，茲分項說明如下：

一、積極推動新南向政策

新南向政策（New Southbound Policy）係我國行政院於105年9月份依據蔡英文總統於105年8月16日召開之對外經貿戰略會談，通過之「新南向政策」政策綱領後正式所提出。行政院爲整合新南向政策、立場及資源，於105年9月設立「經貿談判辦公室」，而「經貿談判辦公室」的職務爲[38]：1.推動對外經貿事務及談判有關事項之政策規劃幕僚作業；2.國際經貿談判之統籌規劃及執行；3.對外經貿合作事項執行之統籌規劃及協調；4.國際經貿談判有關國內法規調整事項之政策協調及溝通；5.經貿談判人才之培育及訓練。有關新南向計畫五大旗艦、三大潛力領域，分述如下[39]：

（一）五大旗艦領域：我國區域農業將與各新南向國家共同辦理項目如下：1.農業合作並建立農業技術合作機制，推銷臺灣種子種苗、技術套組、設備等；2.醫衛合作將增加臺灣醫衛產業出口，強化境外防疫；3.產業人才上，開辦新南向人才儲備專班，規劃國際貿易實務、當地市場語言及文化等課程；4.產業創新合作從「5+2」產業創新計畫出發，制定與各國互利合作的產業供應鏈夥伴關係；5.建立民間及青年交流平台等五大旗艦領域。

（二）三大潛力領域：三大潛力領域內容如下：1.協助業者運用跨境電商搭配實體通路拓銷；2.透過觀光發展行動計畫綱領，吸引新南向國

---

[38] 行政院經貿談判辦公室（2021），宗旨、任務職掌與挑戰，https://www.ey.gov.tw/otn/A98BF8A78F870970，搜尋日期：2021/05/13。

[39] 行政院（2016），新南向政策綱領，https://newsouthboundpolicy.trade.gov.tw/PageDetail?pageID=10&nodeID=21，搜尋日期：2021/05/19。

家旅客來臺觀光，並加速推動免簽，減少簽證障礙；3.建立爭取新
南向公共工程標案模式，擬定長期紮根計畫等內容。

政府五大旗艦、三大潛力領域圖，如圖9-8所示：

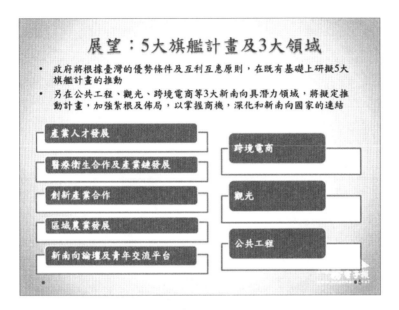

圖9-8　政府五大旗艦、三大潛力領域圖

資料來源：轉引自僑務電子報（2021），【政府政策介紹】新南向政策概述—五大旗
　　　　　艦及三大潛力領域計畫／新南向論壇及青年交流平台，https://ocacnews.net/
　　　　　article/271817，搜尋日期：2021/05/17。

（三）四大工作主軸
　　1.經貿合作：內容包含產業價值鏈整合、內需市場連結及基建工程合
　　　作等工作項目。
　　2.人才交流：內容包含教育深耕、產業人力及新住民力量發揮等工作
　　　項目。
　　3.資源共享：內容包含醫療、文化、觀光、科技及農業等工作項目。
　　4.區域鏈結：內容包含區域整合、協商對話、策略聯盟及僑民網絡等
　　　工作項目。

　　「新南向政策推動計畫」係整合各政府部門及民間團體的組織力量，以共同工作主軸面向努力，期望與東協及南亞各國家建造一個「經濟共同體意識」。而依據行政院「五大旗艦計畫與三大潛力領域工作報告」現階段執行成效[40]：1.政策更聚焦；2.運作趨於成熟；3.投入更多資源；4.媒體回應正面居多；5.計畫效果逐漸呈現；6.夥伴國反應積極。所以，為因應我國目前面臨各項產業結構重整之挑戰，且目前東協與南亞人口之結構年輕化，內需潛力大且未來數年經濟成長將高於全球，我國應於新南向國家建立各項交流，以期建構我國全方位新經濟。新南向海外科研中心一覽圖，如圖9-9所示：

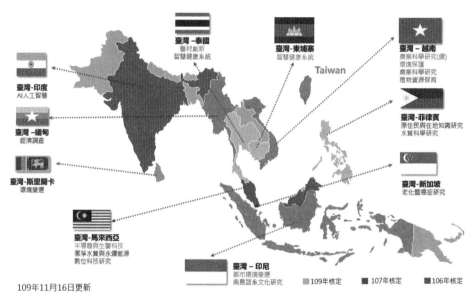

圖9-9　新南向海外科研中心一覽圖

資料來源：轉引自臺灣研究亮點（2021），鏈結東南亞國家—新南向政策加強區域合作，https://trh.gase.most.ntnu.edu.tw/tw/article/content/155，搜尋日期：2021/05/13。

二、強化僑民聯繫機制[41]

國人移居海外世界各國，對母國仍然存在著關懷及思念情感，且以各種行為方式展現對國家的支持及影響力，從每年我國的國慶日當天，旅居海外國人陸續返國參加慶典活動可以得知。「中華民國僑務委員會」設置於1926年，是我國處理僑民事務的最高主管機關，而「中華民國僑務委員會」機構下另設置「僑民處」，「僑民處」其主要工作範疇為規劃推動各項僑民及僑團之聯繫及服務工作內容，而我國亦於海外各國設置16處僑民溝通及連繫之文教服務中心，且於海外設置有專責之僑務工作人員，以提供海外僑民各項服務工作，而我國僑委會之僑民聯繫服務之主要工作內容如下[42]：

（一）全球僑胞服務數位平台：以LINE通訊軟體跨國聯繫，並透過「僑務委員會LINE專線」及建置海外各國37處僑務據點成立LINE專線。

（二）i-Taiwan Window：

1. i-Taiwan Window緣起：我國蔡英文總統於2018年8月12日前往巴拉圭和伯利茲過境美國洛杉磯時，蔡總統拜會駐洛杉磯台北經濟文化辦事處的文化中心並接見當地青年海外僑胞，與談中關於如何吸引年輕的海外僑胞回國工作和投資，蔡總統回應說，她將指示海外社區事務委員會（OCAC）建立一個聯絡窗口，整合信息、資源和機會，為海外僑胞提供服務。如今，僑民目前已在其16個海外文化中心建立了「i-Taiwan窗口」，以加強對海外僑胞的諮詢服務。為了促進臺灣的產業發展，我國需要更多的海外優秀的僑胞的貢獻和奉獻。

---

41 行政院（2016），新南向政策綱領，https://newsouthboundpolicy.trade.gov.tw/PageDetail?pageID=10&nodeID=21，搜尋日期：2021/05/19。

42 中華民國僑務委員會（2020），關於僑民僑團聯繫服務，https://www.ocac.gov.tw/OCAC/Pages/VDetail.aspx?nodeid=3426&pid=465607，搜尋日期：2021/05/19。

2. i-Taiwan Window的工作內容：i-Taiwan之網站是僑務委員會的一個網絡平台，其設置的目的在爲旅居海外僑胞提供親切的服務和完整的各項資源及信息，僑務委員會希望通過整合我國政府的各機構的在線資源，以達到與全球僑胞海外資源及信息鏈接的各項服務。

（三）關於僑民僑團聯繫服務：於全球設置16處海外文教服務中心，以提供全球僑胞服務。

（四）僑團（胞）服務：本項工作內容包括，海外僑民團體聯繫登記、海外僑民團體經費補助、僑胞醫療急難及喪葬慰問及僑胞返國設（復）籍貼心叮嚀手冊等相關服務。

（五）海外服務據點：分別於亞洲地區、大洋洲地區、歐洲地區、北美洲地區、中南美洲地區及非洲等地區，設置有16處海外文教服務中心。

（六）急難救助協會專區：僑務委員會於海外設置了「急難救助協會」，目前於全球設置有95個急難救助協會專區。

（七）僑社重要活動：有關僑社所辦理的各項重要活動如下，海外僑界辦理元旦活動、海外國慶慶典活動、中南美洲僑民會議、非華年會、美洲年會、亞華年會、中美洲年會、歐華年會、歐臺年會、大洋洲年會、僑社采風、海外青年志工及國內僑民暨歸僑團體等相關活動。

三、僑民證照服務業務[43]

有關僑民證照服務業務項目如下：

（一）申請流程：有關僑民身分證明書及護照加簽僑居身分申請流程，首先應專線諮詢，再者備齊文件及臨櫃辦理。

---

[43] 中華民國僑務委員會（2020），僑民證照服務，https://www.ocac.gov.tw/OCAC/Pages/List.aspx?nodeid=10，搜尋日期：2021/05/19。

（二）華僑身分證明書（檢具國籍證明）：申辦華僑身分證明書之資格
　　要件之相關法規，計有：華僑身分證明條例、華僑身分證明條例施
　　行細則所辦理，有關具備僑居地居留資格要件及具備我國國籍要件
　　者，應分別符合下列情形之一：
　1. 取得僑居地永久居留權，且在國外累計居住滿四年，並在僑居
　　地連續居住滿六個月或最近二年每年在僑居地累計居住八個月
　　以上。
　2. 居住於無永久居留制度國家或經本會公告認定永久居留權取得
　　困難國家者，應最近四年連續取得僑居地居留資格且能繼續延
　　長居留，同時在國外累計居住滿四年，並在僑居地連續居住滿
　　六個月或最近二年每年在僑居地累計居住八個月以上。
　3. 自臺灣地區出國，在國外合法連續居留十年並在僑居地合法工
　　作居留四年以上，且能繼續延長居留。
　4. 具備我國國籍要件者，則應提具具有我國國籍證明文件，例如
　　戶籍謄本、國民身分證、戶口名簿、我國護照、國籍證明書、
　　父母一方具有我國國籍證明及本人出生證明者，始符合上述辦
　　理要件。
（三）華僑身分證明書（檢具華裔證明）：華僑身分證明書其申辦資格要
　　件，相關法規係依據華僑身分證明條例、華僑身分證明條例施行細
　　則所辦理，有關具備僑居地居留資格要件及具備華裔證明文件要件
　　者，應分別符合下列情形之一：
　1. 取得僑居地永久居留權，且在國外累計居住滿四年，並在僑居
　　地連續居住滿六個月或最近二年每年在僑居地累計居住八個月
　　以上。
　2. 居住於無永久居留制度國家或經本會公告認定永久居留權取得
　　困難國家者，應最近四年連續取得僑居地居留資格且能繼續延
　　長居留，同時在國外累計居住滿四年，並在僑居地連續居住滿
　　六個月或最近二年每年在僑居地累計居住八個月以上。

3. 自臺灣地區出國，在國外合法連續居留十年並在僑居地合法工作居留四年以上，且能繼續延長居留。

4. 具備華裔證明文件要件者，未能檢具我國國籍證明文件之華裔人士，得檢附經駐外館處驗證之華裔證明文件（例如載有種族為華人之外國身分證明文件），申請華僑身分證明書。

（四）役政用華僑身分證明書：役政用華僑身分證明書其申辦資格要件，相關法規計有：華僑身分證明條例、華僑身分證明條例施行細則、尚未履行兵役義務之接近役齡或役齡男子申請護照加簽僑居身分辦法等；有關具備僑居地居留資格要件及具備役政用華裔證明文件要件者，應分別符合下列情形之一：

1. 取得僑居地永久居留權，且在國外累計居住滿四年，並在僑居地連續居住滿六個月或最近二年每年在僑居地累計居住八個月以上。

2. 居住於無永久居留制度國家或經本會公告認定永久居留權取得困難國家者，應最近四年連續取得僑居地居留資格且能繼續延長居留，同時在國外累計居住滿四年，並在僑居地連續居住滿六個月或最近二年每年在僑居地累計居住八個月以上。

3. 自臺灣地區出國，在國外合法連續居留十年並在僑居地合法工作居留四年以上，且能繼續延長居留。

4. 應具有我國國籍，並提具國民身分證或戶籍資料。

5. 尚未履行兵役義務之男子，在年滿16歲之年1月1日後始符合前述僑居地居留資格要件者。

四、推動僑民教育

有關僑委會在僑民教育部分其工作內容包括，僑委會之出版品國內外銷售管道、臺語教學措施、各項僑教業務、海外僑民兒童或少年至校短期體驗、僑教輔助、師資培訓、文化社教、數位資源等工作項目內容。

五、提供僑生服務

　　在僑生服務工作範疇包括如下，僑生工作、僑生服務專區、身分認定及法令規定、來臺就學管道、保薦單位、為民服務櫃檯、就學輔導、青年研習、產學攜手合作僑生專班、僑生聯繫、留臺校友會、僑生手冊、線上服務及各項僑生常見問題釋疑等服務內容。

六、辦理僑商培訓

　　為協助海外臺商返國發展及培訓海外經貿人才及配合政府相關政策，僑委會每年均會辦理相關僑臺商產業邀訪培訓活動，而依據今（2021）年僑委會所辦理的「2021年僑務委員會僑臺商產業邀訪培訓活動計畫表」中資料顯示[44]，在線上課程部分，活動期程自本（2021）年2月8日起至5月7日止，計有「全球青商潛力之星」選拔賽、僑臺商與國內企業在海外合作商機線上論壇（泰國篇）、僑臺商組織幹部培訓線上課程等線上培訓課程；另外，在實體課程部分，活動期程自本（2021）年1月18日起至11月12日止，則辦理米類食品製作培訓班、臺灣大健康與智慧農業產業參訪與商機交流團、臺灣長照產業參訪與商機交流團等實體課程。期待透過各項僑商培訓活動以加速臺灣產業及結構升級及轉型及創造優質的投資環境。

七、僑商服務

　　有關在僑商服務部分，「海外僑臺商團體」係由僑商同業所組成的組織，僑委會除了密切與「海外僑臺商團體」保持聯繫外，亦設置有僑臺商會會務輔導、商會幹部培訓等僑商服務。僑委會於本（2021）年度亦訂有

---

[44] 中華民國僑務委員會（2021），2021年僑務委員會僑臺商產業邀訪培訓活動計畫表，https://www.ocac.gov.tw/OCAC/Pages/Detail.aspx?nodeid=812&pid=23404860，搜尋日期：2021/05/19。

「2021年世界臺灣商會聯合總會暨各洲總會舉辦會議預定日程表」[45]，從本（2021）年3月14日所舉辦之非洲第27屆第2次理監事聯席會議之線上活動至12月份所舉辦之亞洲第29屆第2次理監事聯席會議爲止，總共規劃10場包含各項經貿、聯誼活動及定期理監事會與年會等活動，以加強僑商之間的聯繫及服務。

貳、僑民輔導機制的困境問題

一、僑務委員會的年度預算不多，嚴重影響僑務工作之推展

依據僑務委員會110年「受理捐贈僑生獎助學金及艱困地區僑校師資輔助金基金預算」，有關本（110）年度預算概要之收支餘絀概況報告中指出[46]：「……收支餘絀概況，1、本年度總收入994萬1,000元，較上年度預算數506萬9,000元，增加487萬2,000元，約96.11%。2、本年度總支出1,001萬8,000元，較上年度預算數506萬7,000元，增加495萬1,000元，約97.71%。3、本年度收入支出相抵後，短絀7萬7,000元。……。」由上述民國110年度僑務委員會的年度預算資料可見，僑務委員會的年度預算不多，使得僑務工作之推展，顯有難以推動及滯礙難行之困境。

二、海外「華僑」、「臺僑」兩者間對我國之政治忠誠認同、價值觀差異頗大，不易整合、協商

依據維基百科[47]，所謂「華僑」係指海外華僑的簡稱，亦指定居住中國境外的中國公民，具有「中華民國國籍」或者是「中華人民共和國國

---

[45] 中華民國僑務委員會（2021），僑臺商會會務輔導，https://www.ocac.gov.tw/OCAC/Pages/VDetail.aspx?nodeid=1516&pid=31991，搜尋日期：2021/05/19。

[46] 中華民國僑務委員會（2021），預算書，https://www.ocac.gov.tw/OCAC/Pages/List.aspx?nodeid=664，搜尋日期：2021/05/19。

[47] 維基百科（2021），海外華人—「華僑」定義，https://zh.wikipedia.org/wiki/%E6%B5%B7%E5%A4%96%E8%8F%AF%E4%BA%BA，搜尋日期：2021/05/23。

籍」之一，均稱爲「華僑」；而「臺僑」則指父母是來自於臺灣的移民，在海外出生，或是在臺灣出生、成長，之後移居至其他國家的人士。惟上述之定義，仍常有模糊之情形產生。然海外「華僑」與「臺僑」之間定義，究竟有何不同？在一次立法院立委針對僑務委員會質詢中[48]，僑委會回答指出，僑委會所服務的僑胞共有4,000萬人，僑委會並未將其區分「臺僑」或「華僑」，只要是支持中華民國、愛臺灣的人，都在我們的服務範圍之內。然而，根據上述僑務委員會的說明，語意似乎並不清楚，誠如該次院會中立委林昶佐所提，「臺僑」應該定義爲從臺灣移民出去的臺灣人民，而不包含持有中華人民共和國國籍者，如此，依據立委所提出之見解，反觀持有中華人民共和國國籍的臺灣人，是否仍可算是「臺僑」的範疇呢？再者，在海外，「臺僑」與「華僑」之間差距之認定，究竟係以持有「中華民國國籍」爲判斷依據，亦或以來自臺灣本島的移民界定？都有其背後歷史的複雜因素，造成兩者之間不易整合及協商的困境。整體而論，海外「華僑」、「臺僑」兩者間對我國之政治忠誠認同、價值觀差異頗大，海外「華僑」、「臺僑」不易整合、協商。

三、僑務委員會之存廢備受爭議與挑戰

　　我國之僑務委員會於1926年，在南京市成立之，隸屬國民政府，如今設址於台北市。而在馬英九政府時代曾計畫併入外交部，但遭海外僑民強烈反彈，事經過僑委會與海外僑界協商後未果。我國在經過幾次政黨輪替政治後，因國內各界對僑委會的功能及「臺僑」與「華僑」定義模糊，甚而更有廢除僑務委員會之聲浪出現；目前在我國幾次政黨輪替的政黨政治氛圍之下，再加上僑務委員會預算不佳的情形之下，僑委會的功能及存廢問題再度被討論，因此，僑務委員會之存廢，已經備受爭議與面臨一次重大挑戰[49]。

---

[48] NIPPON（2018），「臺僑」議題的盲點，https://www.nippon.com/hk/column/g00483/?pnum=2，搜尋日期：2021/05/19。

[49] BBC NEW中文（2017），台灣來鴻：「光輝十月」遭遇僑胞認同問題，https://www.bbc.com/zhongwen/trad/taiwan-letters-41614900，搜尋日期：2021/05/19。

四、僑務委員會僑務工作專家會議之預算支用與組織法源之依據與規定不夠明確，且該會議之必要性亦備受外界質疑

僑務委員會於2020年9月8日及9日計2日，在南投辦理第一次「僑務工作專家會議」，會中邀請全國計72位產學、官學及各領域之專家共同研究及討論，期待發揮目前我國的優勢，鏈結各行業與海外僑民一同朝新經濟臺灣而努力；而本項專家會議卻遭到各界質疑其合法性，因2019年我國所編列的預算並無本項工作項目，且該次與會之各界專家之身分與專長，亦被質疑並非僑務專家，且亦非現居海外之具有實務經驗之專業人士，再者，該項會議設置要點亦被質疑並未以公文公布，且並未編列在預算之內，有違預算法等相關之異議意見，該會議之必要性備受外界質疑[50]。

五、我國政府並未高度重視僑務委員會之僑務工作

我國經過幾次政黨輪替之下，僑務委員會之功能性屢屢遭受到討論與質疑，甚至在前馬英九政府時亦計畫納入外交部之組織編制，惟遭到相關人士強烈反對；再者，民進黨政府執政後，對於僑委會之各項預算更是縮編且不被重視，更有時代力量立委認為僑務委員會沒有建樹及毫無作為，應該直接廢除之[51]。目前新冠病毒疫情（COVID-19）在全球各地蔓延，我國健保局於去（109）年修法擬廢除旅外國人（僑胞）出國停復保制度，本項研議已遭到各方反對聲浪。觀此當可知，我國政府當局並未重視相關之僑務工作，已影響僑民的權益。

---

[50] 聯合新聞網（2020），童振源上任首辦僑務工作專家會議朝野立委質疑合法性，https://udn.com/news/story/6656/5006391，搜尋日期：2021/05/19。

[51] 蘋果即時（2017），僑委赴中談統一惹議　徐永明嗆：廢掉僑委會，https://tw.appledaily.com/politics/20170620/6D6YXOQYYFAYUKUMJVJHOO27T4/，搜尋日期：2021/05/19。

六、中國大陸積極拉攏我國海外之「華僑」、「臺僑」

中共當局對我國「一個中國」的統戰陰謀始終沒有改變，甚至利用僑界對我國政府當局相關政策疑慮之下，極盡挑撥及分化並有積極拉攏我國海外之「華僑」、「臺僑」情形，企圖藉以動搖我國旅居海外之僑民信心，針對此一變局，我國應加強與僑民之間的熱切聯繫；另外，在海外僑民教育部分，中共當局亦積極爭取主導地位，透過各組織積極推廣海外教育教學，其主要的目的係透過海外教學達到在國際社會間的影響力量；再者，藉由僑教的推廣拉攏海外華人回到中國投資，以促進經濟；最後，再結合華商增進共同經濟創建，企圖引導海外華商資金回流並掌握海外華人文宣市場。面對上述中國大陸積極拉攏我國海外之「華僑」、「臺僑」之各項作為，我國政府當局應高度重視之[52]。

參、僑民輔導機制的可行回應對策

一、大幅提升僑務委員會的年度預算，俾利僑務工作之推展

依據僑務委員會所提出的「年度僑務委員會主管預算案口頭報告」中指出[53]：「110年度預算配合施政計畫之編列情形一、歲入部分：110年度歲入預算數計編列890萬9千元，較上年度法定預算數887萬2千元，增加3萬7千元，增加比率為0.42%，主要係增加辦理華語教學國際研討會報名費之其他雜項收入。二、歲出部分：110年度歲出預算數計編列12億9,594萬8千元（含公開預算12億2,880萬2千元及機密預算6,714萬6千元），較上年度法定預算數12億8,431萬8千元，增加1,163萬元，增加比率為0.91%，主要係增列產學攜手合作僑生專班等經費……。」故在行政

---

52 僑務委員會（2006），當前僑務施政報告，https://www.ocac.gov.tw/ocac/File/Attach/7195/File_6099.pdf，搜尋日期：2021/05/19。

53 童振源（2021），110年度僑務委員會主管預算案口頭報告，https://www.ocac.gov.tw/OCAC/File/Attach/20696827/File_199127.pdf，搜尋日期：2021/05/19。

院110年度施政方針之下，有必要大幅度地提升僑務委員會的年度預算，俾利僑務工作之推展，有其必要性。所以，本文強烈地建議，我國政府仍應逐年地增加僑務委員會的年度預算，以利僑務工作之有效推展。

二、積極整合海外「華僑」、「臺僑」兩者對我國之政治忠誠認同及價值觀

「華僑」的定義至今仍沒有一個標準的定義，海內外專家學者也常因為本身的政治立場有所不同，而對華僑的定義有所分歧，並使得「華僑」這個名詞更延伸出許多相類似之名詞，諸如：「海外華人」、「外籍華人」、「華裔」、「華族」（ethnic chinese）或「華人裔族」（chinese diaspora）等[54]；另外，前僑務委員會委員長吳新興於107年5月21日在一次專案報告中指出[55]，有民眾指出自己不是「華僑」，這讓僑委會感到非常困擾，所以用憲法第141條中的用法，通稱「僑民」，僑務委員會所公布之行政規定中的「華僑」一律改為「僑民」；再者，此一修正規定，不但整合海外「華僑」、「臺僑」的模糊定義且「僑民」亦為較具包容性、中性的字眼，亦較能融合海外所有僑民對我國之政治認同感，強化其忠誠度與向心力。

三、僑務委員會仍有存在之必要性

我國僑務委員會於110年4月28日於立法院第10屆第3會期外交及國防委員會中，所提出的「鏈結海外僑臺商與臺灣共同發展策略」報告中指出，鏈結海外僑臺商與臺灣共同發展之具體策略如下[56]：1.數位服務與建

---

[54] 吳子文（2010），僑生教育與中華民國：台灣國族想像的轉變—1951-2008，https://sgp1.digitaloceanspaces.com/proletarian-library/books/7626c0fd66d86ceaab34a0b9cbb49bfb.pdf，搜尋日期：2021/05/19。

[55] New Talk（2018），海外國人通稱「僑民」？僑委會：很多人抗議自己不是華僑，https://newtalk.tw/news/view/2018-05-21/125065，搜尋日期：2021/05/19。

[56] 僑務委員會（2021），110年僑務施政報告——鏈結海外僑臺商與臺灣共同發展策

立平台；2.深度交流與虛實整合並進；3.發揮臺灣優勢與僑臺商對接；另外，在未來規劃與持續創新作為部分如下：

（一）二代僑胞卡：鼓勵僑胞回國觀光，於106年已發放僑胞卡，在既有的基礎上未來將再發放數位二代僑胞卡，加強為僑民服務。

（二）僑務資料智能分析及運用：建立數位化僑民資料及結合智能分析之各項科技功能。

（三）彙編臺商發展白皮書：110年進行問卷調查，彙編「臺商發展白皮書」，以作為景氣預測及未來商機之評估。

（四）全球僑臺商法律諮詢顧問團：規劃「全球僑民義務律師諮詢服務方案」，並結合各相關法律等資源。

（五）全球僑臺商人才平台多語化及推廣：以「多語化」平台為發展目標，未來即將開發印尼語、越南語、泰語等僑生與僑商人數眾多的使用語言介面。

（六）發揮海外商會多元功能角色：結合全球292個海外商會組織，以期發揮海外商會組織多功能及全方位角色。

（七）協輔海外臺商企業品牌發展：以共同行銷通路概念，帶動海外臺商企業品牌發展。

（八）結合華語文智能教學產業前進歐美：規劃我國AI人工智能及數位科技智能教育產業，並積極開發至海外及歐美市場，期待形成海外智能教育及多元產業之鏈結。

　　目前在新冠狀疫情的衝擊之下之新型態經濟，已將應勢而生，「中美貿易大戰」更於2018年至今仍持續開戰中，在此情勢之下，海外華人因而返國投資抑或轉往東南亞國家發展，都是值得我們關注的議題，所以僑務委員會如何強化臺商回流，及加強與僑民經貿互動，實為當務之急，觀此，當可知「僑務委員會」實有其存在之必要性。中美貿易逆差圖，如圖9-10所示：

略，https://www.ocac.gov.tw/OCAC/File/Attach/15597609/File_218070.pdf，搜尋日期：2021/05/19。

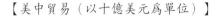

【美中貿易（以十億美元爲單位）】

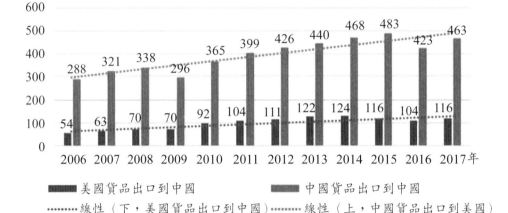

圖9-10　中美貿易逆差示意圖

資料來源：關鍵評論（2018），圖解「美中貿易戰」數據背後的愛恨情仇，https://www.
　　　　ocacnews.net/overseascommunity/article/article_story.jsp?id=266808，搜尋日期：
　　　　2021/05/19。

四、明確化僑務委員會僑務工作專家會議之預算支用與組織法源之依據與規定

　　有關僑務委員會僑務工作專家會議，其法令之依據係爲109年7月21
日所訂定之「僑務委員會僑務工作專家會議設置要點」，本要點係依據中
央行政機關之組織基準法中，對於各機關設置任務編組的規定訂定之，係
爲行政命令中之職權命令。本設置要點係於109年7月21日以僑務委員會僑
綜合字第1090701081號函訂定，並自即日生效；另外於民國109年12月17
日僑務委員會僑綜合字第1090701809號函修正，並自即日生效，全文計有
六點係針對預算支用與組織法源之依據，本要點如下[57]：

---

[57] 僑務委員會（2021），僑務委員會僑務工作專家會議設置要點，http://law.ocac.gov.tw/
　　law/LawContent.aspx?id=GL000151#lawmenu，搜尋日期：2021/05/19。

（一）僑務委員會（以下簡稱本會）為增進與臺灣各界連結並汲取多元相關專業知識與創見，以擴大推動僑務工作並完備政策規劃，特設僑務工作專家會議（以下簡稱本會議）並訂定本要點。

（二）本會議置僑務工作專家（以下簡稱專家），總人數不逾120人，每屆任期二年，期滿得續聘之。

（三）本會議依專業性質分為綜合、教育、經貿、金融、科技、新創企業、醫療、文化、農業及法律等10組，各組置專家若干人，並得依需求彈性調整所需組別。前項專家之遴聘，依組別專業需要應具備教育、經貿、金融、科技、新創企業、醫療、文化、農業、法律或其他與僑務工作相關專長。

（四）本會議以每年召開一次為原則，提出之諮詢意見送交本會各單位參處；本會各單位並得隨時依業務需要洽各組專家提供諮詢意見。

（五）本會議專家均為無給職，並得依相關規定覈實支領出席費、交通費及住宿費。

（六）本會議所需經費，由本會相關預算項下支應。

　　所以，明定僑務委員會僑務工作專家會議之預算支用與組織法源之相關依據，及強化僑務委員會僑務工作專家會議之正面效益，始能讓僑務工作正常推展，並強化與僑民之間的各項服務。

五、我國政府宜高度重視僑務委員會之僑務工作

　　當前新型冠狀病毒流行全球各地，對於人們既有的就學、就業、上學及交通等生活型態亦不斷地產生了改變，例如我國於110年5月19日全國進入第三級警戒層級之中，特別是全國各級學校均停止上課，改由遠距教學至同年6月28日止，而政府當局將俟疫情再做滾動式調整，所以目前我國已進入新型冠狀病毒疫情下不同的生活型態及工作模式。

　　我國政府機關在推展相關僑務工作亦面臨到相當的挑戰，惟依據「2021年僑務委員會僑臺商產業邀訪培訓活動計畫表」，現階段5月至7月

設置有「農業專題線上講座」之相關課程[58]，政府相關機關及民間團體宜持續地高度重視僑務委員會之僑務工作，且針對僑務委員會現有所規劃，與各僑臺商產業邀訪培訓總年度之活動計畫，僑務委員會宜就上述之年度活動計畫之各項期程，逐一努力完成之；再者，僑務委員會亦於2021年4月起至12月止，線上辦理「僑見臺灣商機36計」活動[59]，該活動自開播以來已經辦理五場活動完畢，著有成效，從4月7日至5月5日止所辦理的主題計有：1.生醫產業／再生醫療；2.新農業——動物用藥及飼料添加物；3.5G產業——交換器、路由器、天線及毫米波；4.六大核心戰略產業——資安卓越；5.新創事業——共享經濟等主題線上之活動。觀此，當可知面對全球新冠疫情的衝擊，僑務工作亦受到嚴峻的考驗，惟在此時，政府當局宜高度重視僑務委員會所推展之各項僑務工作，僑務委員會本身亦宜推展各項創新的活動，使得我國的相關科技產業能朝向與國際間進行無縫之鏈結，發揮我國的優勢，以達到強化與僑商合作之各項經濟效能。

六、對於中國大陸積極拉攏我國海外之「華僑」、「臺僑」之做法，我國宜建置妥適之回應對策

在全球新冠疫情的衝擊之下，中國大陸對臺的作為仍是守住「一個中國」為原則。從2021年新冠肺炎包機返臺模式即可以得知，中共當局堅持由中國東方航空執行該方案，造成非確診人士優先登機，而確診COVID-19病例人員不能立即返臺[60]；再者，第二次包機時則有臺商哭喊

---

[58] 中華民國僑務委員會（2021），2021年僑務委員會僑臺商產業邀訪培訓活動計畫表，https://www.ocac.gov.tw/OCAC/Pages/Detail.aspx?nodeid=812&pid=23404860，搜尋日期：2021/05/19。

[59] 中華民國僑務委員會（2021），僑務委員會「僑見臺灣商機36計」線上論壇開播，https://www.ocac.gov.tw/ocac/pages/vdetail.aspx?nodeid=4677&pid=24068354&rand=1923，搜尋日期：2021/05/19。

[60] BBC NEWS中文（2020），肺炎疫情：台灣人滯留湖北難返鄉，政治爭「疫」還是人權主導，https://www.bbc.com/zhongwen/trad/chinese-news-51555870，搜尋日期：2021/05/23。

回家怎麼這麼難[61]；從上述臺僑返國之過程中，遭遇中國大陸阻撓的模式可以得知，中國大陸當局深懼我國撤僑，且將臺商包機延誤返臺皆歸咎於我國，並趁機拉攏我國之臺商進行統戰陰謀，藉機造成我國臺商之分化[62]；再者，從2018年中國大陸除與美國展開「中美貿易大戰」外，對臺灣仍是持文攻武嚇的模式。從中共當局多次派遣軍機繞臺的活動、阻止我國加入世界衛生組織（WHO）等作為，皆可以看出中國大陸對我國的種種政治打壓及野心；但是，在此全球新冠疫情之下，臺灣的防疫效能已被看見，「Taiwan Can Help, and Taiwan is Helping!」，我國於2020年4月間捐贈了5,000萬片醫療口罩給全球各個國家，包括美國、歐洲、新加坡、馬來西亞、泰國、印尼、菲律賓、越南、柬埔寨等新南向政策目標國家等全球逾80個疫情嚴重國家[63]。

　　所以，在此時面對中國大陸積極拉攏我國海外之「華僑」、「臺僑」及企圖進行分化、統戰「文攻武嚇」之際，我國更應該要積極加入國際組織，例如在此全球疫情之下，積極爭取加入WHO世界衛生組織，以爭取國際友邦的認同，強化我國在國際社會間的優勢地位；另外，除在國際間積極爭取認可後，亦要強化海外「臺僑」及「華僑」的向心力，而目前為因應中國大陸之各項海外阻撓作為，我國當前的僑務工作重點如下[64]：1.建置數位交流平台，創新僑務服務模式；2.召開首屆「僑務工作

---

[61] 蘋果新聞（2020），【第二次包機喊卡】逾300台人回不來！武漢台商會長痛哭「回家那麼難」，https://tw.appledaily.com/life/20200205/34RX4AXM2OBROH2756RC5EPVVE/，搜尋日期：2021/05/23。

[62] 黃兆年（2020），疫情下中共的對臺作為與對外宣傳，https://ws.mac.gov.tw/Download.ashx?u=LzAwMS9VcGxvYWQvMjk1L2NrZmlsZS9hNDU1YTAyNy01NTRhLTQ2MTMtOWYxYS1mMWVkMjViZljNWQucGRm&n=5YWtIOeWq%2BaDheS4i%2BS4reWFseeahOWwjeiHuuS9nOeCuuiIh%2BWwjeWkluWuo%2BWCsy3pu4PlhYblubQucGRm，搜尋日期：2021/05/23。

[63] 外交部（2020），「Taiwan Can Help, and Taiwan is Helping!」——臺灣是國際社會的良善力量，https://www.mofa.gov.tw/cp.aspx?n=2202，搜尋日期：2021/05/23。

[64] 僑務委員會（2021），110年僑務施政報告，https://www.ocac.gov.tw/OCAC/File/Attach/15597609/File_218070.pdf，搜尋日期：2021/05/19。

專家會議」；3.匯集國內多元管道，共推僑校數位教學；4.開發數位學習資源，扎根傳承臺灣多元文化；5.結合產官學研能量，協輔僑臺商深耕發展；6.拓展海外技職生源，充實國內產業人才；7.辦理僑青研習活動，培育友我新生力量。觀此，當可知我國惟有強化在國際間的地位，爭取國際友邦支持，並強化各項僑務重點工作，積極、認眞、努力地拉攏我國海外之「華僑」、「臺僑」，才能粉碎中國大陸對我國「臺僑」及「華僑」的覬覦及分化陰謀。

七、對於我國民眾移居海外的主要國家或地區，主管機關宜依職權或結合民間移民公司製作、提供多元、有助益的移出資訊

僑務委員會目前針對我國民眾移居海外主要的國家或地區，係有製作、提供各國居留制度區分列表，內涵包括：110年度永久居留權取得困難之國家或地區及其居留資格認定基準、有永久居留制度國家、有永久居留制度而永久居留權取得困難國家，及無永久居留制度國家。不過，經作者檢視上述相關之資訊後，發現上述之各國居留制度區分列表之相關介紹，相當簡略，實有必要針對於我國民眾移出海外主要的國家或地區，主管機關宜依職權或結合民間移民公司製作、提供多元、有助益的資訊，這些資訊宜包括：生活、工作（如何求職）、居住環境、法制、參政權、醫療、交通、飲食、國籍歸化、經貿投資、經濟市場等，以利移居海外之我國國民，能迅速地融入移入國之社會，爲我國及移入國之雙方社會貢獻所長。

第四節　小結

綜上所述，我國目前正面臨優秀及高專人才流失及移出的危機，目前各國都積極爭取各業高專優秀人才，特別是在網路更有各項人力資源平台以網羅各行各業之菁英人才，其中人才的流失及流向更以流入中國大陸及

鄰近我國之東南亞各個國家影響最為嚴重[65]；另外，其他歐美先進國家亦有多項拉攏全球專業人才之積極作為，例如美國、澳洲等國家都有針對高專人才多項優渥條件及計畫。

近年來，由於我國產業轉型及外籍移工投入國內市場，許多企業以外籍移工為主要生產人力，甚至企業紛紛前往東南亞開發市場，以節省更多的人力給付，企業的出走，同時更帶走了更多的高專及技術專門人才，面對此一嚴重問題及提升本國的競爭能力，政府當局亦不得不嚴肅面對。

在過去我國移出人口始終高於移入人口，但在2020年全球性COVID-19疫情及美國與中國之貿易大戰後，我國防疫成功經驗，再再都顯示我國目前係最適合人類居住的優良國家，許多優秀高專人才紛紛在此時返國及回流，雖然少子化及人口老化是目前我國目前人口結構走向，除了應建立完整的移出人口政策及如何將我國高專人才塑造成國際數位時代人力資源平台中心[66]，亦是未來可以思考的方向之一。

海外僑民如同散布在海外之珍珠，是我國國力的擴散，在世界各國發光及發亮，如同向世界人們展示我國主權的存在。經由我國的各項輔導政策及措施，本文從新南向政策之五大旗艦、三大潛力領域及四大工作主軸出發到僑民聯繫、僑民證照服務業務、僑民教育、僑民服務、僑商培訓、僑商服務及僑生服務之各種僑民輔導機制的現況，進而針對我國目前所面臨的僑民輔導機制的種種問題，加以分析、討論，繼而提出相關回應解決對策。期望運用各項可行之解決僑民困境之因應對策，我國如能以全球僑民教育之體系為本，進而開展具我國特色之華文經貿及教育市場，紮根中華文化之薪傳，並以僑民文化、政經之實力，行銷臺灣的光彩，最後鏈結僑商各項經貿5G新世代網絡，以期搭建海內外各項投資平台，厚植我國與國際平台中之「臺僑」及「華僑」之強大力量。

---

[65] 朱雲鵬、周信佑（2015），台灣人才外流問題與對策，https://www.npf.org.tw/3/15115，搜尋日期：2021/03/01。

[66] Jeremy, O., (2020), Remolding Taiwan into an International Talent Hub for the Digital Age, available at: https://topics.amcham.com.tw/2020/06/remolding-taiwan-international-talent-hub/, last visited: 2021/01/03.

參考書目

一、中文文獻

許義寶（2016），外來人口資料之蒐集與利用法制之研究，國土安全與國境管理學報，26期，頁113-154。

陳明傳（2014），我國移民管理之政策與未來之發展，文官制度季刊，6期，頁35-63。

二、網路資料

BBC NEWS中文（2020），肺炎疫情：台灣人滯留湖北難返鄉，政治爭「疫」還是人權主導，https://www.bbc.com/zhongwen/trad/chinese-news-51555870，搜尋日期：2021/05/23。

BBC NEW中文（2017），台灣來鴻：「光輝十月」遭遇僑胞認同問題，https://www.bbc.com/zhongwen/trad/taiwan-letters-41614900，搜尋日期：2021/05/19。

New Talk（2018），海外國人通稱「僑民」？僑委會：很多人抗議自己不是華僑，https://newtalk.tw/news/view/2018-05-21/125065，搜尋日期：2021/05/19。

中華民國僑務委員會（2006），當前僑務施政報告，https://www.ocac.gov.tw/ocac/File/Attach/7195/File_6099.pdf，搜尋日期：2021/05/19。

中華民國僑務委員會（2020），i-Taiwan南加僑界線上講座踴躍參與，https://www.ocacnews.net/overseascommunity/article/article_story.jsp?id=266808，搜尋日期：2021/05/19。

中華民國僑務委員會（2020），僑民證照服務，https://www.ocac.gov.tw/OCAC/Pages/List.aspx?nodeid=10，搜尋日期：2021/05/19。

中華民國僑務委員會（2020），關於僑民僑團聯繫服務，https://www.ocac.gov.tw/OCAC/Pages/VDetail.aspx?nodeid=3426&pid=465607，搜尋日期：2021/05/19。

中華民國僑務委員會（2021），110年僑務施政報告，https://www.ocac.gov.tw/OCAC/File/Attach/15597609/File_218070.pdf，搜尋日期：2021/05/19。

中華民國僑務委員會（2021），2021年僑務委員會僑臺商產業邀訪培訓活動計畫表，https://www.ocac.gov.tw/OCAC/Pages/Detail.aspx?nodeid=812&pid=23404860，搜尋日期：2021/05/19。

中華民國僑務委員會（2021），預算書，https://www.ocac.gov.tw/OCAC/Pages/List.aspx?nodeid=664，搜尋日期：2021/05/19。

中華民國僑務委員會（2021），僑務委員會「僑見臺灣商機36計」線上論壇開播，https://www.ocac.gov.tw/ocac/pages/vdetail.aspx?nodeid=4677&pid=24068354&rand=1923，搜尋日期：2021/05/19。

中華民國僑務委員會（2021），僑務委員會僑務工作專家會議設置要點，http://law.ocac.gov.tw/law/LawContent.aspx?id=GL000151#lawmenu，搜尋日期：2021/05/19。

中華民國僑務委員會（2021），僑臺商會會務輔導，https://www.ocac.gov.tw/OCAC/Pages/VDetail.aspx?nodeid=1516&pid=31991，搜尋日期：2021/05/19。

內政部（2004），廢止臺灣地區人民身分及戶籍作業要點，https://glrs.moi.gov.tw/LawContent.aspx?id=FL028757，搜尋日期：2021/06/05。

內政部（2021），內政統計月報，https://ws.moi.gov.tw/001/Upload/400/relfile/0/4413/d0d30625-16ff-4e80-8cc2-c37ae863b403/month/month.html，搜尋日期：2021/02/28。

內政部（2021），統計資料，https://ws.moi.gov.tw/001/Upload/400/relfile/0/4413/aa07be5e-094b-4f22-8d35-f65eb90c03ef/month/month.html，搜尋日期：2021/01/29。

外交部（2020），「Taiwan Can Help, and Taiwan is Helping!」──臺灣是國際社會的良善力量，https://www.mofa.gov.tw/cp.aspx?n=2202，搜尋日期：2021/05/23。

朱雲鵬、周信佑（2015），台灣人才外流問題與對策，https://www.npf.

org.tw/3/15115，搜尋日期：2021/03/01。

行政院（2016），「新南向政策推動計畫」正式啟動，https://www.ey.gov.tw/Page/9277F759E41CCD91/87570745-3460-441d-a6d5-486278efbfa1，搜尋日期：2021/05/19。

行政院（2016），新南向政策綱領，https://newsouthboundpolicy.trade.gov.tw/PageDetail?pageID=10&nodeID=21，搜尋日期：2021/05/19。

行政院（2018），《新經濟移民法》草案－促進國家發展生生不息，https://www.ey.gov.tw/Page/5A8A0CB5B41DA11E/ea25bf0c-e114-42ba-87e3-b0f79595e6e2，搜尋日期：2021/06/05。

吳子文（2010），僑生教育與中華民國：台灣國族想像的轉變──1951-2008，https://sgp1.digitaloceanspaces.com/proletarian-library/books/7626c0fd66d86ceaab34a0b9cbb49bfb.pdf，搜尋日期：2021/05/19。

李郁怡（2017），台灣人才管理五大挑戰，https://www.hbrtaiwan.com/Article_content_AR0006720.html，搜尋日期：2021/01/29。

柯雨瑞、孟維德、李佳樺（2018），臺灣邁向世界強國與富國之捷徑：從建構優質之移民政策與法制出發，https://www.koko.url.tw/，搜尋日期：2021/03/04。

科技新報（2021），IMD 2020世界競爭力評比，台灣全球第11亞太第3強，https://technews.tw/2020/06/16/imd-world-competitiveness-ranking-2020/?fbclid=IwAR0f-K9u9-6VYe0bHQVb6Dh1X5cKPGCjrwxzxFbqfNJuMFaTYvlqy3sb5H4，搜尋日期：2021/06/05。

國家發展委員會（2017），留用本國人才因應對策及現行措施，https://ws.ndc.gov.tw/Download.ashx?u=LzAwMS9hZG1pbmlzdHJhdG9yLzEwL3JlbGZpbGUvNjM4NS8zMDA3Ny8wOGZhMDkzZS00NWQ2LTQ2YzctOGZkMi05NDM5YzI3NmY4Y2QucGRm&n=55WZ55So5pys5ZyL5Lq65omN5Zug5oeJ5bCN562W5Y%2BK54%2B%2B6KGM5o6q5pa9LnBkZg%3D%3D&icon=..pdf，搜尋日期：2021/06/05。

國家發展委員會（2021），留用本國人才因應對策及現行措施，https://ws.ndc.gov.tw/Download.ashx?u=LzAwMS9hZG1pbmlzdHJhdG9yLzEw

L3JlbGZpbGUvNjM4NS8zMDA3Ny8wOGZhMDkzZS00NWQ2LTQ2Y
zctOGZkMi05NDM5YzI3NmY4Y2QucGRm&n=55WZ55So5pys5ZyL5
Lq65omN5Zug5oeJ5bCN562W5Y%2BK54%2B%2B6KGM5o6q5pa9Ln
BkZg%3D%3D&icon=..pdf，搜尋日期：2021/03/04。

國家發展委員會（2021），留用本國人才因應對策及現行措施之對策一：
促進投資與協助產業升級，https://ws.ndc.gov.tw/Download.ashx?u=Lz
AwMS9hZG1pbmlzdHJhdG9yLzEwL3JlbGZpbGUvNjM4NS8zMDA3N
y8wOGZhMDkzZS00NWQ2LTQ2YzctOGZkMi05NDM5YzI3NmY4Y2
QucGRm&n=55WZ55So5pys5ZyL5Lq65omN5Zug5oeJ5bCN562W5Y%
2BK54%2B%2B6KGM5o6q5pa9LnBkZg%3D%3D&icon=..pdf，搜尋
日期：2021/03/04。

國家發展委員會（2021），2070年較2020年人口變動數，https://www.
ndc.gov.tw/Content_List.aspx?n=3CF120A42CD31054，搜尋日期：
2021/02/04。

國家發展委員會（2021），中華民國人口政策白皮書，https://www.ndc.
gov.tw/cp.aspx?n=fbbd5fe5e5f21981，搜尋日期：2021/02/04。

移民署（2020），組織架構與業務職掌，https://www.immigration.gov.
tw/5382/5385/5388/7166/，搜尋日期：2021/06/05。

移民署（2021），大陸、港澳民眾來臺居留定居人數，https://www.
immigration.gov.tw/5385/7344/70395/143260/，搜尋日期：
2021/01/29。

移民署（2021），移民統計主題專區，https://www.immigration.gov.
tw/5385/7344/70395/，搜尋日期：2021/01/29。

童振源（2021），110年度僑務委員會主管預算案口頭報告，https://www.
ocac.gov.tw/OCAC/File/Attach/20696827/File_199127.pdf，搜尋日期：
2021/05/19。

黃兆年（2020），疫情下中共的對臺作為與對外宣傳，https://ws.mac.gov.
tw/Download.ashx?u=LzAwMS9VcGxvYWQvMjk1L2NrZmlsZS9hND
U1YTAyNy01NTRhLTQ2MTMtOWYxYS1mMWVkMjViZjljNWQucG

　　　　Rm&n=5YWtIOeWq%2BaDheS4i%2BS4reWFseeahOWwjeiHuuS9nOe
　　　　CuuiIh%2BWwjeWkluWuo%2BWCsy3pu4PlhYblubQucGRm，搜尋日
　　　　期：2021/05/23。

楊文明（2021），110年僑務施政報告，https://www.thenewslens.com/
　　　　article/101528，搜尋日期：2021/05/19。

楊芙宜、陳梅英、高嘉和（2017），少子化、人才外流台灣陷缺才4大危
　　　　機，https://news.ltn.com.tw/news/focus/paper/1107713，搜尋日期：
　　　　2021/02/04。

經濟部國際貿易局（2017），新南向政策專網，https://newsouthbound
　　　　policy.trade.gov.tw/Content/upload/editor/otherfiles/%E6%96%B0%E5
　　　　%8D%97%E5%90%91%E6%94%BF%E7%AD%96%E6%97%97%E8
　　　　%89%A6%E8%A8%88%E7%95%AB%E8%88%87%E6%BD%9B%E5
　　　　%8A%9B%E9%A0%98%E5%9F%9F%E7%B0%A1%E5%A0%B1(1).
　　　　pdf，搜尋日期：2021/05/19。

監察院（2121），我國人力／人才「高出低進」現象暨週邊國家人才延攬
　　　　相關對策之研析專案調查研究報告，https://www.cy.gov.tw/AP_Home/
　　　　Op_Upload/eDoc/%E5%87%BA%E7%89%88%E5%93%81/106/10600
　　　　00081010600756p%E5%80%8B%E8%B3%87%E9%81%AE%E9%9A
　　　　%B1.pdf，搜尋日期：2021/03/04。

維基百科（2021），海外華人──「華僑」定義，https://zh.wikipedia.org/
　　　　wiki/%E6%B5%B7%E5%A4%96%E8%8F%AF%E4%BA%BA，搜尋
　　　　日期：2021/05/23。

聯合新聞網（2020），童振源上任首辦僑務工作專家會議朝野立委質
　　　　疑合法性，https://udn.com/news/story/6656/5006391，搜尋日期：
　　　　2021/05/19。

關鍵評論（2018），圖解「美中貿易戰」數據背後的愛恨情仇，
　　　　https://www.ocacnews.net/overseascommunity/article/article_story.
　　　　jsp?id=266808，搜尋日期：2021/05/19。

蘋果即時（2017），僑委赴中談統一惹議，徐永明嗆：廢掉僑委會，

https://tw.appledaily.com/politics/20170620/6D6YXOQYYFAYUKUMJ
VJHOO27T4/，搜尋日期：2021/05/19。

蘋果新聞（2020），【第二次包機喊卡】，逾300台人回不來！武漢台商
　　會長痛哭「回家那麼難」，https://tw.appledaily.com/life/20200205/34
　　RX4AXM2OBROH2756RC5EPVVE/，搜尋日期：2021/05/23。

Association for Talent Development, (2021), Global Talent 2021, available at:
　　https://www.td.org/insights/global-talent-2021, last visited: 2021/04/02.

Fortune, (2021), Mapping the Global 500, available at: https://archive.fortune.
　　com/2015/global-500/, last visited: 2021/04/02.

International Labour Organization, (2021), The role of digital labour platforms
　　in transforming the world of work, available at: https://www.ilo.org/
　　global/research/global-reports/weso/2021/WCMS_771749/lang--en/
　　index.htm, last visited: 2021/05/06.

Jeremy, O., (2020), Remolding Taiwan into an International Talent Hub for
　　the Digital Age, available at: https://topics.amcham.com.tw/2020/06/
　　remolding-taiwan-international-talent-hub/, last visited: 2021/01/03.

Oxford Economics, (2021), Global Talent 2021-How the new geography of
　　talent will transform human resource strategies, available at: https://www.
　　oxfordeconomics.com/Media/Default/Thought%20Leadership/global-
　　talent-2021.pdf, last visited: 2021/04/02.

Staff, A., (2021), Global Talent 2021, available at: https://www.td.org/user/
　　about/ATDStaff-000001, last visited: 2021/05/02.

第十章

移民業務管理問題與對策

楊翹楚

第一節　前言

　　移民（migration），是目前最受各國重視的議題之一。面對此問題，世界各國無不採取謹慎態度因應，稍有不甚，極易引起群體之反彈，造成社會對立、人民不安及政治紛擾。歐盟就難民危機處理一事，因成員國皆不同調，分崩離析態勢及內部傷害之造成，可想而知。美國前總統川普（Donald Trump），屢次發表對移民者充滿歧視言語，以及鄙視有色人種之肢體表現或政策，其連任之路受影響而終止，或許與此移民議題脫離不了關係。拜登總統（Joe Biden）上臺後對移民態度與川普截然不同，凡此總總，皆牽涉到對移民課題的認知與社會整合氛圍，且端視政府的態度決定。而政府的一切作為措施，對移民整體的後續發展有著不可抹滅的關鍵指引；易言之，政府對移民態勢的良窳，也直接反映在其相關政策規劃與執行之中。

　　因移民及其有關事務，其牽涉的項目繁瑣、眾多，諸如政治、經濟、人權、執法、工作、生活習慣、醫療及未來發展等，皆相互糾結、引起連鎖效應，管理起來大不易；世界上任一國家對於移民政策處置，除要有專責機關[1]與人員戮力處理外，更須要搭配完善的法令與程序落實執行，方能克盡其功。而在執行移民相關業務時，國家基於「事項屬性，可由民間單位或團體執行更適合」概念下，除涉及國家公權力事項外，基本上，得委由民間團體處理之；然其執行與移民相關業務，無論為個人或團體，其身分要件仍必須具備一定的條件與能力，以及限制行為等（包括處罰能力），應律定清楚，以資遵循並符合法制。爰我國入出國及移民法（下稱移民法）就移民業務類型（含跨國境婚姻媒合管理）明定有相關的管理論述，包括其程序、運作順序、項目及罰則等。本文之撰述，即針對移民法是類規定，進行檢視、分析及探討，其主要目的就現行的業務模式及處理內涵加以盤點後，針對其可能引發的問題與解決應對之方法，提出

---

[1]　不見得會設置移民機關。

論述，期望經由本篇之說明，能使我國整體的移民業務盤點得更爲「量的完善、質的提升」；又本文研究方法主要係以文獻探討及（各國）比較法爲主。

第二節　我國移民業務之概述

何謂「移民業務」？移民，爲一通稱，指任何形式的永久性居住地變動。[2]國內人口流動可稱之，然依現行國際上概念顯示，大部分指國與國之間人員的流動；因而就此部分，可分爲國內遷移（internal migration）與國際遷移（international migration）。以國際遷移爲例，移入（immigration），指就某國家言，接受非該國公民移居至本國；移出（emigration），則爲離開原居國，移居至他國。若依照時間長短，可分永久性（permanent）與暫時性（temporary）。執行此計畫者，我們稱之爲「移民者」（immigrant、emigrant、migrant）。[3]

而有關「業務」二字意義，依教育部辭典之解釋係指「職業上的事物」；[4]另也有認爲「業務」意指某種有目的的工作或工作項目，從理論定義上而言，業務的活動主體是透過一系列理論與實踐（或原理與行爲）來重組和揉合（包括美化、排序、組合等）有形和無形的資源，使得新生資源具備吸引客體關注或交付使用的能力，且可爲主體帶來利益的、可重

---

[2] Weeks, John R.著，涂肇慶、侯苗苗譯（2010），人口學：觀念與議題，台北：新加坡商聖智學習出版有限公司，頁270。

[3] 廖正宏（1995），人口遷移，台北：三民書局，頁9-11；van Krieken, Peter J., (2001), The Migration Acquis Handbook: The Foundation for a Common European Migration Policy, Netherlands: T.M.C. Asser Press. p. 424; Guild, Elspeth, (2009), Security and Migration in the 21st Century, Cambridge.UK: Polite Press., pp. 20-21.

[4] 參閱教育部國語辭典簡編本網站，http://dict.concised.moe.edu.tw/cgi-bin/jbdic/gsweb.cgi?ccd=dGtKWv&o=e0&sec=sec1&op=v&view=1-277，搜尋日期：2021/01/26。

複的、健康的人類社會活動。[5]故「移民業務」似可謂之係指「移民署基於法律授與所掌理之事項」。依照內政部移民署組織法第1條規定觀之，內政部為統籌入出國（境）管理、規範移民事務、落實移民輔導、保障移民人權、防制人口販運等業務，特設移民署。同法第2條第1項規定，移民署掌理下列事項：1.入出國、移民及人口販運防制政策、法規之擬（訂）定、協調及執行；2.大陸地區人民、香港或澳門居民及臺灣地區無戶籍國民入國（境）之審理；3.入出國（境）證照查驗、鑑識、許可及調查之處理；4.停留、居留及定居之審理、許可；5.違反入出國及移民相關規定之查察、收容、強制出國（境）及驅逐出國（境）；6.促進與各國入出國及移民業務之合作聯繫；7.移民輔導之協調、執行及移民人權之保障；8.外籍及大陸配偶家庭服務之規劃、協調及督導；9.難民之認定、庇護及安置管理；10.入出國（境）安全與移民資料之蒐集及事證之調查；11.入出國（境）及移民業務資訊之整合規劃、管理；12.其他有關入出國（境）及移民事項。另移民法第1條規定，為統籌入出國管理，確保國家安全、保障人權；規範移民事務，落實移民輔導，特制定本法。上開總總，簡單來說，移民署的業務即是「入出國境、安全管理、移民事務及移民輔導」。惟整體移民業務仍嫌繁雜，若要討論起來，可能可以寫成不同的書籍，筆者目前無法也無能力一一完成。爰為避免混淆及論述便利，筆者以較為狹義概念出發，而以移民法第3條第12款「移民業務機構：指依移民法許可代辦移民業務之公司」，去除「機構」[6]一詞，亦即「法令許可代辦之移民業務」事項，以及移民法第九章章名後段「移民業務管理」及其所稱條文第55條至第61條內容概念，加以界定移民業務指稱之為何。而上開移民法第55條至第61條之移民業務內文，係針對經營移民業務（機構）及婚姻媒合等二項業務，故本文有關移民業務管理探討，主要係從移民業務（機構）及跨國（境）婚姻媒合等二面向著手。

---

[5]　維基百科，https://zh.wikipedia.org/zh-tw/業務，搜尋日期：2021/01/26。

[6]　並非後續探討機構，此僅為解釋移民業務之概念。

壹、移民業務（機構）

移民，遠赴其他國家，除一般親屬間家庭式的聚合（依親方式），較無須透過第三方民間團體的協助外，其餘的移民類型（如：就學、投資或工作等），大都要仰賴類似仲介機構所提供的服務，包含相關移民訊息告知、應備文件、手續（流程）、查詢、申請注意事項、限制條件或協助代辦申請等。

一、要件

欲經營移民業務者，其構成要件如下：

（一）應以公司組織為限，[7]但外國法事務律師得不以公司為限，而應與中華民國律師合作或取得其書面意見。

（二）一定金額（新臺幣500萬至800萬）以上之實收資本額。

（三）置有符合規定資格及數額之專任專業人員（三人以上）。

（四）在金融機構提存一定金額之保證金（新臺幣150萬至250萬）。

（五）其他經主管機關指定應具備之要件（如：申請書、發起人名冊、公司名稱及事業登記預查申請表影本、質權設定通知書等）。

二、程序

依移民法第55條第1項前段規定，關於國內業者之營業步驟為：

（一）先向移民署申請設立許可。

（二）依法辦理公司登記後，再向移民署領取註冊登記證。

若係以外國移民業務機構在我國設立分公司，其步驟則為：

（一）先向移民署申請設立許可。

（二）依公司法辦理認許後，再向移民署領取註冊登記證。

---

[7] 例外，從事跨國人力仲介業務之私立就業服務機構，得代其所仲介之外國人辦理居留業務。

三、業務項目

依移民法第56條第1項規定，移民業務機構得經營的移民業務有：

（一）代辦居留、定居、永久居留或歸化業務。

（二）代辦非觀光旅遊之停留簽證業務。

（三）與投資移民有關之移民基金諮詢、仲介業務，並以保護移民者權益所必須者為限。

（四）其他與移民有關之諮詢業務。

四、義務

其應配合之義務有：

（一）與投資移民有關之移民基金諮詢、仲介業務者，不得收受投資移民基金相關款項。

（二）針對營業項目之廣告內容，應經移民署指定之移民團體審閱確認，並賦予審閱確認字號，使得散布、播送或刊登。[8]

（三）每年陳報營業狀況，並保存相關資料五年。

（四）配合移民署之檢查，不得規避、妨礙或拒絕。

（五）營業項目之辦理，應與委託人簽訂書面契約，並依規定收費。

貳、婚姻媒合

婚姻嫁娶制度一直是古老傳承，也是延續人類生命的合法程序；現階段之婚姻還是以在本國內（國人與國人）發生為主，然國際聯姻由來已久，在現今自由開放的全球脈絡下，結識或與外國人互動之機會大增，與國外人士因而產生有婚約之實者眾。「婚姻」應是秉持個人意志下的自我主張與決定，同時也因有國外聯姻案件發生，因而依各國移民規定，皆

8　但國外移民基金諮詢等廣告部分，逐案送移民工會團體審閱確認，再轉報移民署核定後，使得散布、播送或刊登。

成為移民他國的許可條件之一。而臺灣因經濟成長，與國民生活水準不斷提升緣故，不婚或找不到另一半之情況不斷攀升，許多無法尋求在國內有結婚機會者，遂將目光轉向國外，尤其是東南亞國家。在此情境脈絡下，為達個人實際需要與入國需求，類似跨國性之「婚友社」等民間團體因應而生。由於近年來女性意識高漲、兩性平權議題不斷增加，且跨國婚姻本為人口流動的主要模式之一；惟以婚姻方式進行人口販運的事件層出不窮，加上避免將婚姻視為兒戲，以及透過買賣交易方式將婚姻物化之錯誤觀念，且「假結婚、真入境」違法案件不斷上演，爰要求有關「跨國婚姻」不得為營業項目、要求期約、報酬及成為媒體的廣告，以儘量減少是類嚴重侵害人權、有違國際社會健全發展、侵蝕男女間平權的案件一再發生。[9] 故針對國內有關跨國境婚姻媒合之內涵說明如下：

一、許可要件

從事跨國（境）婚姻媒合者，以財團法人及非以營利為目的之社團法人為準，移民法第59條第1項參照。

二、申請程序

向移民署申請許可（證），[10] 移民法第59條第1項參照。

三、應遵循事項

關於從事跨國婚姻媒合者，其配合遵守事項有：
（一）定期陳報[11]媒合業務狀況（移民法第59條第1項後段參照）。

---

[9] 楊翹楚（2019），移民法規，台北：元照出版有限公司，頁115。

[10] 依財團法人及非營利社團法人從事跨國境婚姻媒合許可及管理辦法（以下簡稱跨國境婚姻媒合許可及管理辦法）第7條第2項及第3項規定，許可證有效限為四年。有效期限屆滿前90日內，檢附相關文件，重新提出申請。

[11] 跨國境婚姻媒合許可及管理辦法第12條規定，所稱定期陳報指每年1月31日前，將前一年婚姻媒合業務狀況，報請移民署備查。

（二）媒合業務資料[12]保存五年（移民法第59條第2項規定）。

（三）對於移民署之檢查，不得規避、妨礙或拒絕。

（四）對於受媒合雙方當事人所提供之個人資料，從事跨國婚姻媒合者，
應善盡查證及保密之義務，並於經雙方當事人書面同意後，完整且
對等提供對方（移民法第60條第1項規定）。

四、限制及罰則

（一）跨國境婚姻媒合不得為營業項目，違反者處新臺幣20萬元以上100
萬元以下罰鍰（移民法第76條第1款）。[13]

（二）跨國境婚姻媒合不得要求期約或報酬，違反者處新臺幣20萬元以上
100萬元以下罰鍰（移民法第76條第2款）。

（三）不得於廣告物、出版品、廣播、電視、電子訊號、電腦網路或以其
他使公眾得知之方法，散布、播送或刊登跨國婚姻媒合廣告，違反
者處新臺幣10萬元以上50萬元以下罰鍰（移民法第78條第1款）。

參、小結

有關經營「移民業務」與「跨國（境）婚姻媒合」似乎是二個完全不
同面向與層次問題，[14]且另涉及移民管理之事項。其區別之實益，簡述如
下：

---

[12] 依入出國及移民法施行細則第33條規定，媒合業務資料包括：職員名冊、收費之收據
存根、會記帳冊、跨國婚姻媒合狀況表、書面契約及其他經移民署公告文件。

[13] 110年2月26日大法官釋字第802號解釋，針對要求期約報酬及其處罰，基於追求正當公
益，且其手段與目的之達成間有合理關聯（工作權）；為健全跨國境婚姻媒合環境，
保障結婚當事人權益，防杜人口販運及避免物化女性、商品化婚姻，所採取之分類及
差別待遇亦有助於目的之達成（平等權）；個案中仍有行政罰法第8條及第18條等規定
有關減輕處罰規定之適用，避免個案處罰顯然過苛而有情輕法重之情形（財產權），
爰與憲法尚無違背。

[14] 後續針對此會再進一步討論。

一、內涵

（一）移民業務主要是負責（協助）代辦與移民有關事項，如：居留或定居，以及移民諮詢業務，重點在移民業務代辦。

（二）婚姻媒合主要是就國人與外國人等，居間報告結婚機會或介紹婚姻對象之行為，著重在結婚面向上。

二、許可型態與法律依據

（一）經營移民業務，係以公司型態為限，其法律依據除移民法外，主要為公司法。

（二）婚姻媒合是不能成為營業項目，現今只開放予財團法人及非以營利為目的之社團法人從事跨國境婚姻媒合，其法律依據除移民法外，主要為民法總則（及其總則施行法）。

三、程序

（一）經營移民業務，依法應先向移民署申請設立許可，並依公司法辦理登記後，再向移民署領取註冊登記證，除解散、經移民署撤銷或廢止設立許可外，永久經營。比較特殊的是，律師及外國移民業務機構是可以執行本項業務。另外，公司要具備一定的專任人員（須經移民專業人員訓練及考試及格）、實收資本額及提存一定的保證金。

（二）婚姻媒合則由財團法人、社團法人直接向移民署提出申請，經許可者發給許可證，許可證有效期限為四年，期滿重新提出申請。另外，要將收費項目及金額、法人之收入來源及支出預算、工作人員名冊及薪資等服務計畫送交移民署審查。

四、限制

（一）經營移民業務之負責人，如有犯人口販運罪（法院判決有罪）、犯

詐欺、背信、受破產宣告即喪失債信情事，是無法經營移民業務。

（二）從事婚姻媒合者，有會（財）務不健全、董事或理監事等兼任婚姻媒合工作人員、工作人員有人口販運或使人虛偽結婚罪、詐欺及背信罪、妨害風化罪、妨害性自主罪、妨害家庭及婚姻罪、毒品罪等，經判決有罪，或受罰鍰（期約報酬）處分二次以上，或有其他違法、違反跨國境婚姻媒合情事者，是不得從事跨國境婚姻媒合，因其涉及跨國境人流問題（人口走私、人口販運、安全管理或婚姻事實等），其不得從事之消極條件較經營移民業務為嚴謹。

五、義務

（一）經營移民業務要每年（年度結束後30日內）將前一年之營業狀況，並填具業務統計表，陳報移民署備查；從事跨國境婚姻媒合者，於每年之1月31日前，將前一年業務狀況，報請移民署備查。兩者間，基本上大同小異。

（二）經營移民業務應與委託人簽訂書面契約；從事跨國境婚姻媒合者，要查證及保密雙方當事人資料，並經雙方書面（雙方當事人之官方語言作成）同意後，完整且對等提供對方資料。

六、刊登廣告之可否

（一）經營移民業務可散布、播送或刊登廣告，然要事先經移民團體（移民署指定）審閱確認。

（二）跨國境婚姻媒合是不得散布、播送或刊登相關廣告。

七、處罰部分

（一）相同處：1.兩者皆為行政罰；[15]2.未經許可從事移民業務或跨國境婚姻媒合，兩者處罰皆為新臺幣20萬元以上100萬元以下罰鍰；

---

[15] 若行為有涉及刑事法者，當然要依刑事規定程序處理。

3.其餘違反部分，幾乎爲新臺幣3萬元以上15萬元以下罰鍰，並可按次連續罰。

（二）相異處：1.廣告部分，移民業務爲處新臺幣3萬元以上15萬元以下罰鍰；婚姻媒合，處新臺幣10萬元以上50萬元以下罰鍰；2.移民署對經營移民業務者可勒令歇業。

第三節　各國移民業務與跨國婚姻媒合概況

「他山之石，可以攻錯」，借鏡世界（先進）各國的做法，補給之短，讓國內政策或行政措施可以更加完善。因移民事項繁瑣，爰各國負責的機關大不相同；且不同國家對婚姻看法及移民業務做法亦多有分別，難具一致性。本點擬從移民業務及跨國婚姻媒合之操作模式，透過不同國家的簡略介紹，窺探其梗概。[16]其中移民業務部分，以美國、英國、澳洲及韓國等四國爲準；跨國婚姻媒合部分，則以美國、英國、澳洲、日本及韓國等五國爲主。

壹、移民業務部分

有關先進國家針對移民業務（代辦）的做法如下：

一、美國

眾所周知，美國是移民大國，懷抱美國夢是許多移民心目中的目的國首選。而美國之所以能成爲霸權國家，廣納移民是其原因之一。有關美國代辦移民業務者之資訊爲：

（一）代辦之經營型態：1.登記合格之律師；2.經司法部「移民審查執

---

16 因資料取得不易，在此特別謝謝移民署機構科同仁的協助。資料經筆者個人重新整理。

行辦公室」（Executive Office for Immigration Review, EOIR）轄下之「法律入門計畫辦公室」（Office of Legal Access Programs, OLAP）認可之公司（或機構）代表。

（二）主管機關：司法部（DOJ）。

（三）法令依據：聯邦法典第8篇（Code Title 8）第1292.1條至第1292.20條。

（四）成立要件：1.律師：須成為該州律師協會會員，並於該州最高法院登記。如係以律師事務所，則須以股份有限公司或責任有限公司登記；2.公司部分：包括：(1)非營利宗教、社福或慈善機構，並以提供低收入者之移民法律服務；(2)符合聯邦免稅資格之機構；(3)機構至少有一名員工為OLAP認可之代表；(4)在移民法令上有充分知識及經驗；(5)繳交前一年度移民法律服務預算報告；(6)OLAP認可代表之從業年限為六年；(7)有實際從業事實。

（五）代辦事項：負責居留及歸化業務、移民入出境業務、違反移民法義務之遣送及拘留。

（六）代辦移民業務與委託者間之契約關係：無特別規定，回歸商務委任契約；依美國商法規定，律師為顧客執行契約，負有注意良善管理人義務及保密義務。

（七）廣告刊登及其內容：無特別規定，僅針對律師有其自身道德自律，如不得誇大不實、違反刑法規定或倫理規範。

（八）外國人或本國國民，移民是否需透過移民公司之代辦：無特別規定。

（九）對於移民詐騙案件之罰則：依移民與國籍法（INA）及聯邦法典第8篇，對於移民詐騙之罰則為：1.INA第275條規定，從事婚姻詐騙者，處五年以下有期徒刑，科或併科25萬美元罰金；2.INA第274條規定，文件詐騙最高可處十五年有期徒刑，得併科罰金。

二、英國

（一）代辦之經營型態：無特別規定必須以公司組織為限，其中包括有二
　　　類型：1.移民諮詢：提供個別移民事務之服務；2.移民服務：代表
　　　個人出庭或向政府部門請求。

（二）主管機關：內政部移民服務專員辦公室（Office of Immigration
　　　Services Commissioner, OISC）。

（三）法令依據：依據「移民及庇護法」（Immigration and Asylum Act）
　　　第82條至第93條、移民服務規範典則（The Code of Standards）。

（四）成立要件：當事人要先通過考試，並向OISC提出申請，繳交能力
　　　證明，表明具專業能力以從事本項業務。

（五）代辦事項有三種：1.移民：包括：(1)申請入國或居留；(2)非法入
　　　境英國；(3)申請英國國籍；(4)歐盟會員國公民申請入境、居留或
　　　國籍；2.庇護及保護：申請庇護及保護；3.案件訴訟管理：代表當
　　　事人出庭（具執業律師資格方可從事）。

（六）代辦移民業務與委託者間之契約關係：依據移民服務規範典則規
　　　定，應提供顧客說明書（client care letter），並請其簽署表示已檢
　　　視內容；內容包括有：1.委託人資料；2.委託人移民狀態；3.服務
　　　內容；4.費用；5.應繳交文件；6.投訴管道與流程；7.其他注意事
　　　項；8.受委託人之責任履行。

（七）廣告刊登及其內容：1.廣告內容應真實；2.內容不得攻擊其他同
　　　業；3.內容不得誇大且宣揚執行率；4.營業名稱不得有混淆之虞，
　　　更改名稱應經OISC之同意。

（八）外國人或本國國民，移民是否需透過移民公司之代辦：無特別規
　　　定。

（九）對於移民詐騙案件之罰則：依據移民及庇護法規定，無照執業，處
　　　六個月以上二年以下有期徒刑。廣告有誇大不實者，處2,500英鎊
　　　罰鍰。

三、澳洲

（一）代辦之經營型態：不以公司爲限。

（二）主管機關：內政部所屬「移民仲介登記局」（Office of Migration Agents Registration Authority, OMARA）。

（三）法令依據：1958年之移民法第287條、1994年移民規則（Migration Regulations 1994）。

（四）成立要件：合法的移民仲介登記，須具備：1.具備一定的移民法令專業知識及程序履行；2.誠信；3.品行端正，符合諮詢及協助工作之執行；4.合法註冊登記。後以個人名義向「移民仲介登記局」申請登記，取得核准註冊號，[17]使得對外營業。

（五）代辦事項：包括：1.代辦留學生簽證申請；2.代辦移民簽證及非移民簽證；3.移民業務諮詢服務。

（六）代辦移民業務與委託者間之契約關係：1.移民仲介者先提供一份消費指南供參；2.報價清單，明列收費項目，包括：計費方式、先墊付之費用；3.雙方簽訂服務及費用同意書（Agreement for Services and Fees），包括：服務項目、收費標準及其他費用；4.費用先暫存至一獨立帳戶，完成後再動用及支付服務費用；5.簽約內容必須保密，不得洩漏；6.簽訂之同意書必須保存七年。

（七）廣告刊登及其內容：1.內容不能有錯誤或不實；2.廣告必須註明核准之註冊號；3.以其他語言呈現（如中文），需將該語言（中文）核准註冊號呈現出；4.不得有暗示性文字或用語，表達出與澳洲政府機關良好關係，如：某某政府部門、OMARA等。

（八）外國人或本國國民，移民是否需透過移民公司之代辦：並無特別規定。

（九）對於移民詐騙案件之罰則：未合法註冊從事移民服務工作，最高可面臨十年的刑期。如有涉及不法行爲，其適用罰則包括：犯罪法、刑法及貿易交易法。

---

[17] 後續可以成立移民顧問或留學顧問公司。

四、韓國

（一）代辦之經營型態：依「移出民法」（Emigration Act）第10條之2規定，代辦移民業務，以公司為限。

（二）主管機關：外交部。

（三）法令依據：移出民法第10條規定。

（四）成立要件：1.資本額韓幣1億元以上（約新臺幣285萬元）；2.投保履約保證金韓幣3億元（約新臺幣855萬元）；3.非具有下列情事之一：(1)受徒刑宣告尚未服刑期滿或未獲緩刑判決者；(2)無行為能力或受監護者；(3)撤銷公司登記未滿三年者。後向外交部登記取得許可，使可從事。

（五）代辦事項：依移出民法第10條第1項規定，業務範圍如下：1.代替當事人向外交部申報海外移民；2.協助辦理簽證；3.提供有關移民之諮商與協助；4.提供當事人海外移民之支援。

（六）代辦移民業務與委託者間之契約關係：各項業務所蒐集之資訊，其運用與保管，應依個人資料保護法規定執行。

（七）廣告刊登及其內容：移出民法第10條之4規定，不得刊登誇大不實廣告、提供假資訊或要求不合理之費用（佣金）。

（八）外國人或本國國民，移民是否需透過移民公司之代辦：無特別規定。

（九）對於移民詐騙案件之罰則：1.依法未取得核准證明及從事代辦事項，處五年以下有期徒刑或韓幣5,000萬元以下罰金（約新臺幣140萬元）；2.以欺騙或非法方式招攬業務，依移出民法第10條之5規定，可撤銷公司登記或暫停部分業務六個月以下之處罰；3.「移民控管法」（Immigration Control Act）第89條規定，外國人以非法手段取得之簽證，以及入國後從事與許可簽證不符之活動或工作，法務部得撤銷或變更核發之簽證。

　　有關各國代辦移民業務之情形，如下表：

表10-1　各國代辦移民業務現況

內涵＼國家	臺灣	美國	英國	澳洲	韓國
經營型態	以公司組織為主	合格律師或認可公司	無特別規定必須以公司為主	不以公司為限	以公司為限
主管機關	內政部移民署	司法部	內政部移民服務專員辦公室（OISC）	內政部移民仲介登記局（OMARA）	外交部
法規	入出國及移民法	聯邦法典	移民及庇護法（IAA）	移民法	移出民法
成立要件	應申請設立許可及公司登記另，公司要具備一定的專任人員（須經移民專業人員訓練及考試及格）、實收資本額及提存一定的保證金	律師或公司	通過考試並向OISC提出申請	移民法令專業知識、誠信、品行端正及註冊登記	資本額（約新臺幣285萬元）、保證金（約新臺幣855萬元）、受徒刑宣告尚未服刑期滿等
代辦事項	代辦居留、定居業務；代辦非觀光旅遊之停留簽證；移民基金諮詢、仲介業務；移民諮詢業務	居留、歸化、入出境、拘留案件	移民、庇護及訴訟案件	學生簽證、移民簽證及移民業務諮詢	辦理簽證、移民諮商、海外移民支援、申報移民海外

表10-1　各國代辦移民業務現況（續）

內涵 ＼ 國家	臺灣	美國	英國	澳洲	韓國
與委託者契約關係	應與委託人簽訂書面契約，並依規定收費	商務委任契約	提供委託者說明書及其簽署之同意書	提供消費指南、報價清單、簽訂契約、費用獨立、保密及保存（七年）	依個人資料保護法規定
刊登廣告	經移民署指定之移民團體審閱確認，並賦予審閱確認字號	不得誇大不實或違反刑法規定	廣告內容應真實、不得誇大、攻擊同業、營業名稱正確	內容正確、註明核准字號、禁止有暗示性文字	不得刊登誇大不實、假資訊或費用不合理
移民是否須由移民公司代辦	由申請人自行決定	無特別規定	無特別規定	無特別規定	無特別規定
罰則	依其觸犯之內容或條文不同而受有不同處罰	1.婚姻詐騙：處五年以下有期徒刑或科或併科25萬美元罰金 2.文件詐騙：十五年有期徒刑	1.詐騙案：處六個月以上二年以下有期徒刑 2.誇大不實廣告：處2,500英鎊	未合法註冊：最高十年有期徒刑	1.未取得核准證明：處五年以下有期徒刑或約新臺幣140萬元以下罰金 2.詐騙或非法方式招募：撤銷公司登記或暫停營業六個月以下

資料來源：作者自行彙整。

五、綜論

從以上所獲得之資訊，我們對於各國有關移民業務辦理，可以得出如下之觀點：

（一）是否應以公司型態為主：除韓國特別規定須以公司組成為限外，其餘國家並無強制性要求；甚且，美國規定律師才可以經營是項業務。

（二）業務主管機關部分，四個國家之業管機關皆不相同；亦未如我國由單一移民主管機關負責。

（三）法令依據，因處理事項涉及移民事務，故幾乎在相關移民規定中會有相關的規範。[18]

（四）成立要件，以進行申請登記為主要成立的要件；至於實質上的必備條件，因國家不同而有不同規定，美國以律師為主；英國及澳洲要具備一定專業能力；澳洲及韓國要品行端正。

（五）代辦事項，大都以案件申請（居留或簽證）及諮詢為主；比較特殊的是，美國與英國，對於涉及移民訴訟（出庭或庇護）案件，是可由受委託者進行實質上的審理代表。

（六）訂定契約部分，美國係回歸商務委任，本質上仍屬於契約之一環；除韓國無明顯文字敘明外，其他3個國家，都將之視為屬契約之一種形式。

（七）廣告刊登及其內容，幾乎都要求不得誇大不實、違反規定（如，假訊息、倫理問題）或不合理收費的內涵。

（八）對於國民之移民或外國移民，並無規定一定得透過移民業務公司代辦；亦即，當事人可自行申請。

---

[18] 美國雖在其聯邦法典中明定是類規定，實際上，美國公民及移民服務局（USCIS）之「認可及認證計畫」（Recognition and Accreditation Program）有其規定。而各州亦有不同的規定，例如：佛羅里達州法第454.23條規定，對律師執業有其規定及罰則；其取得（佛州）移民律師之資格及業務範圍，更有不同規定。

（九）懲罰：皆規定有刑事上責任（有刑期或罰金）或行政法上義務（撤銷證照或公司登記等）。

貳、跨國境婚姻媒合

至於，有關先進國家的跨國婚姻媒合管理之做法，說明之國家別，除與移民業務相同外，擬增加日本一國，主要是因日本與臺灣近在咫尺，其大和民族性（排斥外來，意謂外來人士取得日本國國籍非常困難）之緣故，如此之脈絡下，對異國通婚之見解（態度）如何，有探討之可行，爰分類分點敘述如下：

一、美國

美國政府原本未承認婚姻仲介之法律地位，因於90年代中後期及2000年中期前，郵購新娘興起；[19]經婚姻仲介後而以婚姻簽證至美國，遭受家暴及謀殺後，爲防制此種「郵購」婚姻事件及其衍生後續效應，以及保障外國籍配偶，爰制定「國際婚姻仲介規範法」（International Marriage Broker Regulation Act of 2005, IMBRA）加以規範。剛開始受到多數人的反彈，如今反對聲浪消去，有越來越多人讚許本法確實發揮其功效。

（一）主管機關：司法部。

（二）法令規定：國際婚姻仲介規範法。

（三）經營模式：個人或公司皆可，惟須遵守上開規範法之規定。

（四）法令規範內涵：IMBRA所言之婚姻仲介，係指提供介紹平台與交友機會，爲美國人或永久居留者媒介外國人士爲其結婚對象，並收取相關費用之機構。其主要規範包括有：1.禁止媒介18歲以下者；2.業者必須揭示：(1)美國顧客之性犯罪或其他犯罪紀錄；(2)以外國人所使用之語言，提供其美國顧客之性犯罪、犯罪紀錄及婚

---

[19] 尤其來自於亞洲（菲律賓等）、東歐及蘇聯解體後之俄國、前附庸國新娘。一連串事件後來還改拍成電影。

姻經歷；(3)提供外國人士有關遇有家庭暴力及其他犯罪行為時，美國相關的機關其法律權利之供給機會；(4)取得外國人士書面同意後，對等提供資訊與美國顧客；3.違反資訊使用之處罰；4.違反IMBRA規定義務之罰則；5.有關美國婚姻K1簽證之數額。

（五）個人是否可以從事本項業務：無特別規定。

（六）對婚姻廣告之規範：無特別規定。

（七）政府預防跨國婚姻媒合詐騙之具體措施：IMBRA要求國土安全部、國務院、司法部及非政府組織，須為外國未婚夫或妻及配偶在配合K1簽證移民程序申請時，製作宣導手冊，內容包括：提供家庭暴力、移民受害者、婚姻詐欺、撫養子女等權利、義務之資訊與資源。另相關有暴力前科美國公民之警示語，IMBRA有義務通知當事人其犯罪紀錄等情事。

（八）罰則：1.未經授權故意濫用國際婚姻經紀人所保有之資訊，處一年以下有期徒刑或罰金，或以聯邦、州法律處罰之；2.意圖違反IMBRA或有違法之事實者，每次處5,000美元至75,000美元罰款，或五年以下有期徒刑，或以聯邦、州法律處罰之。

二、英國

（一）主管機關：其屬商業行為，回歸市場機制，故未有主責機關。

（二）法令規定：遵循以下二種法規規定：1.消費者契約規範法（The Consumer Contract Regulations 2013）；2.平等法（Equality Act 2010）。

（三）經營模式：屬商業經營型態。

（四）法令規範內涵：英國有「婚姻媒合介紹商業公會」（Association of British Introduction Agencies）訂定執行規範，包括：1.簽約前，應向顧客揭露可提供服務之範圍、內容及程序；2.簽約前，必須告知收費標準（內含增值稅）及其他額外費用，並符合平等法之規定；3.合理的退費規定；4.提供顧客確認的電話及辦公地點；5.顧客的

資訊要妥善保存，不得販售或轉讓，配合顧客要求刪除相關資料；
6.遇有中斷事件發生時，要：(1)一定比例之退費；(2)轉介至其他
同業；7.服務人員要有一定的教育訓練；8.廣告必須真實呈現，不
可出現「保證」等文字；9.禁止強力推銷；10.遇有申訴案件，7
日至21日內提出調查報告，無法解決案件，依「糾紛調解規範」
（Alternative Dispute Regulations 2015），轉嫁至調解處所進行調
解。

（五）個人是否可以從事本項業務：無特別規定。

（六）對婚姻廣告之規範：得於平面、媒體及網路刊登廣告，惟內容不得
誇大不實。

（七）政府預防跨國婚姻媒合詐騙之具體措施：無相關預防措施，然要求
申請簽證之當事人配偶雙方，年收入必須達18,600英鎊，且有相當
基礎之英文能力。

（八）罰則：無特別之罰則規定，回歸商業行為之規範。

三、澳洲

（一）主管機關：澳洲商業執照及資訊服務署（Australian Business
Licence and Information Service, ABLIS）。

（二）法令規定：1.婚姻法（Marriage Act 1961）；2.消費者法
（Australian Consumer Law）；3.移民法（Immigration Act
1958）。

（三）經營模式：包括：小型商業機構（agency）、個人經營、網路平台
皆可。

（四）法令規範內涵：1.必須登記並取得合法執照；2.不得從事涉及詐
欺、傳遞非法或不實等資訊，藉以牟取不當利益或洩漏個人隱私；
3.確認雙方意願後，訂立同意書或契約等不同方式，相關權利義務
部分或收費數額，均可於簽約事前進行協商。

（五）個人是否可以從事本項業務：並無禁止個人從事之規定，但相關

程序仍應遵守，且不得利用個人設立網站從事人口販運及犯罪等事
宜。

（六）對婚姻廣告之規範：可以刊登或利用媒體介紹服務項目，當事人
必須先向經營者提供真實身分等資訊，經營者必須確認當事人之真
意。

（七）政府預防跨國婚姻媒合詐騙之具體措施：涉及虛偽結婚，可依移
民法規定處理；如設及人口販運案件，依「聯邦刑法」及「刑法
修正條文2012」等法律規定處理。當事人有受騙情事，可向「澳
洲競爭及消費者委員會」（Australian Competition and Consumer
Commission, ACCC）進行投訴。

（八）罰則：有期徒刑、罰金或罰鍰不等，依實際案件狀況判定。

四、日本

（一）主管機關：內閣府消費者廳。

（二）法令規定：「特定商業活動關聯法」第41條至第50條。

（三）經營模式：向各縣市政府申請或個人成立合法的「結婚相談所」
（但名稱不一），從事跨國婚姻媒合。惟雙方必須簽訂契約，並確
立服務項目、收費數額、方式及退費等。

（四）法令規範內涵：1.禁止誇大不實的廣告；2.提出合理可顯示依據的
資訊來源；3.明確告知消費者媒合項目、消費者權利、內容及效
果；4.清晰的各項目其收費價格；5.締結契約時，不得隱瞞可影響
顧客判斷之事實或重要事項；6.禁止業者為解除與消費者間之契
約，刻意隱瞞可影響顧客判斷之事實或重要事項；7.違反者，主管
機關可對其處以相當之處分。

（五）個人是否可以從事本項業務：無禁止個人從事跨國婚姻媒合。

（六）對婚姻廣告之規範：禁止誇大不實，於平面、網路媒體或電視媒體
（2014年11月1日同意開放）皆可。

（七）政府預防跨國婚姻媒合詐騙之具體措施：違法時可依「特定商業交

易法」、「出入國管理及難民認定法」及刑法論斷。

（八）罰則：有期徒刑、罰金或罰鍰不等，依實際案件狀況判定。

五、韓國

（一）主管機關：「性別平等及家庭部」（Ministry of Gender Equality and Family）。

（二）法令規定：1.「婚姻仲介業管理法」（Marriage Brokers Business Management Act）；2.「婚姻仲介業管理法施行令」（Enforcement Decree of the Marriage Brokers Business Management Act）。

（三）經營模式：成立跨國婚姻仲介公司，並向市（郡、區）政府登記，並符合以下條件：1.資本額韓幣1億元（約新臺幣280萬元）；2.完成主管機關要求之教育訓練課程；3.投保履約保險；4.固定之營業處所。

（四）法令規範內涵：1.進行登記；2.簽訂書面契約；3.詳實說明契約內容，載明收費項目及金額、服務期間及退費標準；4.提供之資料要遵守個人資料保護法之規定；5.相關的處罰規定。

（五）個人是否可以從事本項業務：除有下列情形之一者不得從事外，其餘人員履行相關程序即可：1.未成年人、無行為能力及宣告破產者；2.服刑期滿或經赦免未滿二年；3.處徒刑但暫緩執行者；4.觸犯婚姻仲介業管理法、性交易防制法、刑法偽造文書等罪刑，遭判處徒刑或科罰金等處分，執行完畢未滿三年者；5.有在國外違反跨國婚姻仲介規定，遭受處分未滿三年者；6.所登記之婚姻仲介公司遭註銷登記處分未滿三年者。

（六）對婚姻廣告之規範：1.廣告上註明登記字號及相關收費標準；2.不得誇大不實，不得有基於國籍、種族、性別、年齡、職業之偏見或歧視之虞，或有導致人口販運或人權侵犯之虞；3.非登記許可立案之仲介業，不得刊登婚姻仲介廣告。

（七）政府預防跨國婚姻媒合詐騙之具體措施：1.市（郡、區）政府每年

　　　　至少應檢查所轄地之婚姻仲介業者一次，包括其營運狀況及個人資料處理狀況；2.跨國婚姻業者應定期向市（郡、區）政府提供營運報告。

（八）罰則：1.提供不實資料給予客戶之業者，處三年以下有期徒刑，或科韓幣3,000萬元以下罰金；2.拒絕檢查或規避督考者，可勒令停業；3.未定期提交營運報告者，可勒令停業。

　　有關各國的跨國婚姻媒合情形，如表10-2：

表10-2　各國的跨國婚姻媒合概況

國家＼內涵	臺灣	美國	英國	澳洲	日本	韓國
主管機關	內政部移民署	司法部	未有主責機關	澳洲商業執照及資訊服務署（ABLIS）	內閣府消費者廳	性別平等及家庭部
法規名稱	入出國及移民法	國際婚姻仲介規範法（IMBRA）	消費者契約規範法及平等法	婚姻法、消費者法、移民法	特定商業活動關聯法	婚姻仲介業管理法及其施行令
經營模式	財團法人及非以營利為目的之社團法人	個人或公司	商業經營模式	小型商業機構、個人經營、網路平台	向各縣市政府申請或個人成立合法	成立跨國婚姻仲介公司，並向市（郡、區）政府登記

表10-2　各國的跨國婚姻媒合概況（續）

國家 內涵	臺灣	美國	英國	澳洲	日本	韓國
法規規範內涵	由上開團體向移民署申請許可一次許可四年，期滿重新申請。另要將收費項目及金額、收入來源及支出預算、人員名冊及薪資計畫等服務送交移民署審查	禁止媒介18歲以下者；揭示相關語言、個人紀錄、法律諮詢、違反罰則	依婚姻媒合介業公會訂定之執行規範，包括個人資訊確認與保存、收費、申訴案件處理及一定的教育訓練等	登記取得執照、不得有詐欺或不實資訊、簽訂書面同意	禁止誇大不實廣告；提出依據資訊來源；明確告知消費者媒合項目、權利、內容及效果；收費價格；締結契約時，不得隱瞞	進行登記；簽訂書面契約；契約內容，載明收費項目及金額、服務期間及退費標準；提供之資料要遵守個人資料保護法之規定等
個人可否從事	不准	無特別規定	無特別規定	無特別規定，但個人之網站禁止有犯罪情事	無特別規定	除未成年人、無行為能力及宣告破產者；服刑期滿或經赦免未滿二年；觸犯婚姻仲介業管理法、性交易防制法、刑法偽造文書

表10-2　各國的跨國婚姻媒合概況（續）

國家＼內涵	臺灣	美國	英國	澳洲	日本	韓國
個人可否從事						者事涉及人口販運或犯等罪刑者不得從事外，其餘個人皆可經營
婚姻廣告之規範	不得散布、播送或刊登相關廣告	無特別規定	可刊登，但內容不得誇大	可刊登，但相關資訊須正確	禁止誇大不實	登記相關標誌及收費不得誇大、不實，不得基於國籍、種族、性別、年齡、職業之偏見或歧視，或有致人口販運或有人權侵犯之虞；註明字號關準誇實
預防詐騙措施	透過宣導短片、製作手冊、教育、檢舉等方式	製作宣導手冊、警示語、犯罪紀錄等	無相關規範，但規定簽證當事人必須一定收入及英文基礎	虛偽結婚或涉及犯罪等，有相關規定處理	可依「特定商業交易法」、「出入國管理及難民認定法」及刑法論斷	市（郡、區）政府每年應檢查轄地之跨國婚姻仲介業者至少一次，跨國婚姻

表10-2　各國的跨國婚姻媒合概況（續）

國家＼內涵	臺灣	美國	英國	澳洲	日本	韓國
預防詐騙措施						業者應定期向市（郡、區）政府提供營運報告
罰則	有刑罰、罰鍰或勒令歇業等處分，依實際案件狀況判定	1.濫用資訊：處一年以下有期徒刑 2.違反IMBRA者，每次處5,000美元或75,000美元罰款，或五年以下有期徒刑	無特別罰則，回歸商業行為規範	有期徒刑、罰金或罰鍰不等，依實際案件狀況判定	有期徒刑、罰金或罰鍰不等，依實際案件狀況判定	1.提供不實資料給予客戶之業者，處三年以下有期徒刑，或科韓幣3,000萬元以下罰金 2.拒絕檢查或規避督考者，可勒令停業

資料來源：作者自行彙整。

六、綜論

有關世界先進國家的跨國婚姻媒合概況，個別性的可如上述說明；至於共通性部分，可再彙整如下：

（一）主管機關部分：因其與消費者或商業行為有關，故多數國家將之予消費相關部門負責，未有由移民機關處理此部分之國家。

（二）法令規定：大多數國家係透過婚姻仲介（美國、澳洲、韓國）或商業法規（英國、澳洲、日本）加以規範。

（三）經營模式：除韓國需要以公司為名義申請登記外，其餘國家以個人或公司名義皆可。

（四）法令規範內涵：主要規範內涵係要求透過契約方式為之、相關禁止事項（義務）、資訊及有關費用問題等。

（五）個人是否可以從事本業務：除韓國有犯罪者之條件限制外，其餘國家對個人並無特別規定。

（六）對婚姻媒合廣告之看法：除美國無特別規定外，其餘國家著重於禁止誇大不實，以及注意資訊揭露（包括費用）等事實。

（七）預防措施：原則上，從事相關業務不能違反有關法令規定，包括有人口販運事件。另外，美國要求製作宣導手冊，強化資訊提供；韓國則由政府每年進行檢查事宜，以及業者定期提供營運狀況予政府。

（八）罰則：違反者，除英國回歸商業有關行為規範處理外，其餘國家皆有大小不一的罰則，包含行政罰及刑事罰。

第四節　問題與討論

　　針對移民業務及跨國（境）婚姻媒合等二項業務，從各國現有的實務做法，以及國內現行做法觀之，吾人深知彼此之間差異性頗大；尚難評斷孰優、孰劣。惟如以綜合性觀點論之，筆者咸認為從實務面或法制面等面向，其可值得探討點如下：

壹、國家主導問題

　　首先，我們就國家這部運行大機器（行政機關）是否應介入此二種業務之定位提出討論。以臺灣目前之立場來說，針對此二種業務應為「國家主動、業者配合、人民遵從」，與先進國家市場導向或回歸市場機制面向上大相逕庭，存在著極大落差。當然，透過國家主導或由市場導向都有其優缺點；如由國家主政，優點為可收基本上之管理——公權力落實執行，某種程度看，具有公信力，其缺點則為公部門過度介入私領域，恐「以公害私」，不利自由市場競爭機制之發展。[20]「移民業務」主要負責協助移民當事人代辦居留、定居及諮詢業務，性質單純、爭議性較少。而「婚姻媒合」更是涉及民事上（私人）婚姻之成立與否，國家較不適宜干涉太多。除非兩者間之方法行使或其結果，有犯罪之情事發生，如詐欺、跨國犯罪（人口走私、人口販運、洗錢等）、偽變造等形式上犯罪追溯需要，影響國家安全及社會安定，此時國家基於公權力執行、人民生命保護及財產維護之重大公益下，國家必須主動涉入、積極偵辦。換言之，對於此二種業務，國家之立場似應為「輔導協助、市場為導向，不主動介入；違法案件積極調查」。

貳、監督機關

　　關於此二項業務，究應由行政（移民）機關之哪一機關負責監督，又或者是否應由移民機關統籌，或可交由民間團體處置，吾人可從此二項業務之屬性談起。就經營移民業務言，其主要營業項目在於代辦事項（包括收費），協助民眾送件或申請，機關僅係執行後端審核、否准。因而就此面向觀之，行政機關之重點工作為審查及許可發證，不直接涉入民眾與移民業務公司間之民事關係，立場為中立、監督。故行政機關本可基於維護市場秩序、交易順暢，可為監督機關並不為過；至於應否由移民機關擔任

---

[20] 市場導向之優缺點，與國家主導正好相反。

監督機關，或由其他行政機關（如經濟部所屬）爲之，雖其他先進國家並非由交由移民機關負責，但以申請項目屬性與移民機關較爲接近，由移民機關加以監督並無不可。

另一方面，涉及跨國（境）婚姻媒合事項，因婚姻事項敏感且主要當事人皆爲一般民衆（或他國人民），屬性偏向（涉外）民事事件，行政機關較不適宜介入；惟若後續有涉及不法情事，如詐騙、人口販運、人口走私或其他違法樣態，因與公權力之執行、司法機關之職權及國家法益秩序等，此時，司法機關就必須強力介入，釐清、偵辦及審判。爰參酌各國對婚姻媒合之做法，相關事項涉及消費及商業行爲，移民機關似不宜（應）擔綱監督機關之大任，而係負責相關輔助功能（如被動協助查核）。

參、市場機制問題

有需要就有市場，這是市場機制不二法門。此二項業務，代辦事項，在此時值全球化下人員之自由移動，已屬常態；且交通工具與資訊進展迅速，各國間之往來密切，不僅嚮往居住他國之人員增加，認識他國異性友人機會大增，結婚機率因而提高，造就相關產業之浮現。有代爲辦理入國（境）申請案件之需要，以及跨國介紹他人結婚機會之產業市場需求，腦筋動得快的人，聞到商業氣息，會立即著手，積極布局。簡單來說，若市場無人有此項需求，相關業者是不會出現的。而服務業者之出現，代表市場上有此市場存在價值必要，相關之營運，宜回歸市場面，透過市場運作，去健全整體發展；政府的角色，應尊重市場營運，設法去維護市場交易秩序、安全，以及懲治不法行爲，不應（宜）指揮市場，或主導業者之營收、營運之方向。

肆、處罰（罰則）

無論從事之業務爲何，基本上有行政罰與刑事罰之分。涉及違反行政法上義務者，依違反之行政法令對之加以處罰；涉及刑事法令者，則移由有追訴權限之司法機關處斷。大體上來看，辦理此二種業務者，有觸犯

刑法罪責者，如偽造文書、詐欺行為、違反個資保護、妨害家庭、人口販運或人口走私罪等，此種犯行本應依刑法予以追訴，殆無疑義；若違反的僅係一般行政行為，如不實廣告、未依法定程序送審核准後經營、收費不實、（商業）登記不實或規避查察等，則其情節不若犯罪，但仍應接受處罰，爰以行政處罰對之加以處分，已足矣。換言之，任何（商業）交易行為，本質即有行政罰與刑事罰之適用，端視其行為違反的是行政法上義務或刑事上之責任，或者是同時違反刑事上及行政上，[21]依其個案去做實質上判斷、論處。目前國內及各國之做法，皆係以此原則處理。

伍、律師執業問題

　　有關此二項業務之申辦，出現了一個弔詭的情事，亦即可否成為律師執業（辦理）範圍之一。眾所周知，律師有其專業性，當然律師的專（執）業類別繁多；以美國為例，[22]美國有所謂「移民律師」，專門處理與移民有關之事項，舉凡當事人之移民申請案、訴訟案及救濟案等，皆屬其可執業範疇。以我國從事移民業務來看，[23]代辦事項由律師承接，若為居留定居或停留簽證業務，以律師本身專業規格，有點大材小用；但若處理的是投資移民或移民基金等事項，由律師親自出馬，或許對當事人是一種權益更具有保障。另外，2020年1月15日修正公布施行之律師法第21條第2項及第3項規定：「律師得辦理商標、專利、工商登記、土地登記、移民、就業服務及其他依法得代理之事務。律師辦理前項事務，應遵守有關法令規定。」爰此，律師依法可執行移民業務，惟代辦移民業務事項依法須有實收資本額、通過移民訓練考試之專任專業人員及保證金等等經營許可條件規定，因律師組成資格、專業度及執業屬性，與上揭經營條件或屬

---

[21] 有此行為者，則應依我國行政罰法第26條及第32條規定，採「先刑事、後行政」原則，進行後續處置。

[22] 上開舉例國家，僅有美國規定律師才可辦理移民業務。

[23] 如同前述，移民法第55條第1項針對律師可經營移民業務已定有明文。

有別，爰形成律師（公會）的意見反彈。

　　而另一面向，跨國婚姻媒合業務，坊間有許多婚姻仲介服務業者（如婚友社等），尤其從事此項業務綽綽有餘，根本無律師置喙餘地，雖我國之跨國婚姻媒合規定僅能由財團法人及非以營利為目的之社團法人經營，律師本質上無法經營本項業務。然就國際上現有國家實際從事本業務之角色來看，亦無由律師執行是項業務之必要，或可回歸由市場基本面去處理。

陸、廣告問題

　　緊接著探討有關刊登（播送）廣告問題，移民業務與婚姻媒合兩者針對廣告刊登或播送許可部分，有其天壤之別。依照我國現行移民法第56條第4項及第5項規定，移民業務經營者，經移民署指定之移民團體審閱確認（字號）或轉報，始得散布、播送或刊登。未經審閱確認或有核定字號廣告，不得散布、播送或刊登。違反者，處新臺幣3萬元以上15萬元以下罰鍰。而婚姻媒合部分，移民法第58條第3項亦有規定，不得散布、播送或刊登跨國境婚姻媒合廣告於電視、電腦網路等媒介，違反者，依同法第78條第1款，處新臺幣10萬元以上50萬元以下罰鍰。

　　查先進國家基於言論自由，對於移民業務及婚姻媒合廣告並無事先審核機制存在；而採事後查核（有無不實或誇大等）、處罰方式進行審視。就現行國內有線廣播電視廣告，其廣告內容不能違反相關法令，如公平交易法、消費者保護法、有線廣播電視法、中華民國刑法等等，實質認定幾透過以事後追查方式為之。對於國內廣告，如刊登婚姻媒合，其涉及的是民事訴訟上，以及私人（家庭）間關係發展，跨國境婚姻可能多了一層跨越國界，以及語言、文化、生活習慣等等之不同，惟其共組家庭生活之共識不變。基此原則，以及可填補現有國內一些人口（力）考量下，對於相關婚媒廣告等是否還如此加以限制，似有討論空間；當然，有觸犯刑法或人口販運等罪責者，仍要依法進行追訴。

柒、基本限制課題

　　經營或從事二項業務在臺灣來說，曾有觸犯人口販運、詐欺、背信罪者，係無法從事此二項業務；但從事跨國境婚姻媒合者，則另外增加犯罪條件限制，禁止從事，如：有妨害風化罪、妨害性自主罪、妨害家庭及毒品罪等。所擔心的是經營者或其員工若有上開犯罪紀錄者，可能會有再犯之可能，爰此，限制其經營權或許情有可原。然檢視各國之狀態，首先移民業務，各國著重於事前登記，事後處罰，對有前科者並無禁制條件之設立。另一方面，個人或公司從事婚姻媒合，除韓國針對有犯罪前科者有其條件限制外，其餘列舉之國家並無類似規範，採事後檢查、查緝處置等方式進行督導。是以，臺灣現行的法令規定，吾人覺得有其可商榷之處。再者，媒人（婆）自古以來是我國的傳統行業或習俗，事成之後給予紅包討吉利或代表感謝之意，已成為一項古老風情。然跨國境婚姻一旦收取紅包，則立馬有違反移民法規定，處20萬元以上100萬元以下罰鍰，只因區區2萬元左右之媒人費，處罰將近有10倍之多，似有不符人之常情；雖大法官第802號解釋認為處罰等不違憲，然，苦了介紹婚姻機會之媒人，其熱心值得肯定，但對處罰不敢恭維。[24]

捌、法律規範

　　我國的移民業務及跨國境婚姻媒合，皆係律定於移民法中，與世界先進國家之規定不同。整體而言，可能的考量出發點不同。值得探討的是，行政機關直接介入（准駁）是項業務問題，縱使是國際婚姻（結婚或離婚），仍然是民事上的考量，屬個人與個人，或個人與家庭、家庭與家庭間之對應連接，而非國家與國家之間的特殊關係，除非涉及到犯罪（國內或跨國境案件）情事，否則，國家應站在監督及犯罪查察立場之高度

---

[24] 除非成功後主動致贈金錢或財產上利益予媒合者，無違法之虞，參閱第802號解釋內文。未來案件如當事人皆以此辯駁，相關處罰將有其困難處。

上，戮力使其健全發展，由一般業者去實際執行。上開先進國家之跨國婚姻幾無由行政機關主責，反觀我國全由移民機關負責，造成以行政力量判斷民事上之眞僞，個人覺得實屬不當；行政力量介入民事上之紛爭，或判斷婚姻之眞僞等，所謂清官難斷家務事，行政機關都屢屢「剪不斷、理還亂」，尚且去分辨是非對錯，搞得裡外皆不是。易言之，行政機關要介入人民私領域事項，眞應該三思。

玖、執法面向

接續前開法律規範爭點，本點著重在行政機關是否應從頭至尾全部負責管理之。眾所周知，政府的活動範圍太廣泛，以致妨礙私部門的正常運作，應將私人的還給私人，此乃造就了公共管理的出現與發展之原因之一。[25]爰就「因事制宜」面向觀之，實際上申辦移民業務及跨國境婚姻等涉及的大都是私領域區域，行政機關是負責申請案之審核與婚姻登記及有無違反法律規定之事實查核、執法範疇等，一切的事項，可由民間團體或個人執行者，基於事件之便利性與特質，應交由私人主責，政府可退至第二線，著重於單純執法上，且干涉手段越少越好。

第五節　小結

由於全球化之影響，移民事務在世界舞臺上地位越趨重要；代辦移民業務及跨國境婚姻或成為新興的需求行業，加速移民流之移動。臺灣在全球人員動態過程中也保有一席之地。對於此二項業務，我國係全然由行政機關處置，算是全球創舉，自有其優缺點。然若從全球先進國家的實際做法上去細思，筆者感就建議事項列舉如下：

---

25 吳瓊恩、李允傑、陳銘薰（2001），公共管理，台北：智勝文化事業有限公司，頁4。

壹、行政機關退居第二線

個人以為，行政機關對於私領域之事務，不宜介入太深；易言之，應由整體市場需要去落實，以市場導向作為發展的基礎，公部門大可鬆手，由私部門去掌控事業經營的決策及績效。行政機關之焦點應該擺在後端的（違法）查察等之作為上。亦即，業務前半段應該可回歸市場機制面去相對應；行政機關應站在後端執法線高度上，去關切、督促、查緝及執行相關涉及違法案件之處罰，發揮政府監督的作用功能，杜絕市場上所有違常、違紀等叢生亂象。

貳、開放經營

臺灣現今的移民申請案件及跨國境婚姻媒合業務，移民申請代辦事項，法令依據、程序及廣告部分，幾由行政機關主導，民間團體依照政府的遊戲規則進行，聽命於政府之指揮。另一方面，跨國境婚姻媒合，私部門沒有任何自主能力，行政機關總總一切做法，已悖離政府與私人間事務的分際線，利用國家資源去控制人民的終身大事，從擔心人民會破壞國家及社會秩序、造成買賣式婚姻、對人民的不信任，以及美其名為建立秩序，實質為干預私領域之角度出發，箝制人民的生活。從另一方面來談，這二件事，應該全然回歸民間團體去處理，開放私人經營；在臺灣的商業經營模式已非常成熟，相關法規範及實務操作運行，經驗格外豐富。政府可放心把有關業務，交由民間團體去管理，行政機關莫再以維護社會秩序及國家安全為立論前提基礎，實則逐行控制民眾日常作息之目的。順帶一提，開放由民間團體或個人經營（含律師），則前開律師法修正公布施行後的困境，將可迎刃而解。另可順利解決因跨國境婚姻所造成的媒人收取費用衍生後續裁罰、糾紛問題。

參、法令配合修正

參酌先進國家做法，在開放民間經營，政府少插手之情境下，相關

的管理過程若要回歸市場面,則移民法或商業經營等相關法令,要配合修正。例如移民法,可能就不得從事經營之行為樣態、查緝或處罰效果加以規範即可,對於公司組成、許可成立條件或程序,以及營業範圍等,應符合其他法律規定,如商業登記法、公司法、消費者保護法或民事法等。若有漏未規定或需補強者,可直接進行修法工作。

肆、簡化程序

有關申請許可從事此二項業務之程序部分,可透過市場機制去作調節,則申請程序可回歸依商業法等規定加以處理,無須再由移民署做守門員兼裁判的工作,作業流程將可大幅減少。在理想的情況下,程序不應造成阻隔民間團體的一道關卡,例如律師業代辦事項須具備一定條件。縱使無法開放一般民間執業,現行的申請程序仍有調整空間;如移民法第55條第1項規定:「經營移民業務者,以公司組織為限,應先向移民署申請設立許可,並依法辦理公司法登記後……。」實際上,「應先向移民署申請設立許可」之程序可予以刪除,直接依公司法辦理登記後,再向移民署申請領取註冊登記證,移民署於接受申請領取時,順道審核其內涵,手續上可簡化。

伍、廣告回歸及放寬

關於刊登或播送廣告部分,先進國家對其實質內容並無干涉太多,僅規範原則性應遵守事項,兼採事後查核方式進行。臺灣現今的處理模式係以「事前審查、事後處罰」邏輯執行,[26]經營移民業務是如此;跨國境婚姻媒合更加嚴厲,不准任何形式的廣告內容出現於公眾可得知之手段、方法等。試問,以現行的跨國境婚姻不准傳遞任何訊息,有誰可知結婚管道機會,難道透過私底下偷偷摸摸模式進行攬客動作?如此,對臺灣開放、

---

[26] 防衛心態稍重;似乎以防堵為出發點,擔心「人」就是會搞怪。

接納多元性的策略發展將有所扞格，私下交易等違法的事恐怕難以停歇。各國既然對此採開放立場，基於保護言論自由，以及臺灣是經濟成熟、高度民主化國家，鬆綁廣告的規範並無不可。

陸、查緝及處罰

此項大概爲行政機關最主要的工作職掌。將所有的權限開放給民間團體去履行，政府單位保留查核及處罰之職責。無論從工作角度、國家利益、民衆權益及社會秩序面觀之，私領域與公領域某種程度仍應有所區隔；由私部門從事較合適者，應由私部門處置爲宜，順便可鍛鍊私部門的自律行爲。公部門擔任的是後續查核角色，爲最後一道關卡。

柒、跨國合作

在全球人員移動如此詭譎多變情境下，相關移民事務恐無法再由單一國家自我進行，而係委實與其他國家之互動結果生成；代辦移民事務與跨國境婚姻媒合情事，影響所及包含他國家政府及其人民。關於是二類業務，必須透過雙邊的合作建立，才能順利完竣；強化與他國之間的資訊交流、情報交換及意見交融，逐爲推動移民業務的關鍵，跨國合作（政府與非政府組織）儼然成爲全球化下移民整體管理並使其完善的最佳利基之一。

移民業務之申請代辦，以及跨國境婚姻媒合之處置，全由政府機關出面進行協調並負全責之做法，或許是臺灣地區所獨創，或許是我政府對人民自治之不放心，亦或是政府強化對事物之掌握度，以及窺見國外制度的缺失等，凡此總總，在現有全球化人流脈絡中，顯得格外突出，有所區隔。然在觀摩他國的實質上做法以及運轉模式後，若有問題顯現，似乎政府部門或民間團體早就提出要求改革之道。如此，以臺灣地區現有的機制似容有檢討或修正之必要。無論從私部門之公共參與角度，或公部門的業務屬性（要不要與民爭利、建立市場機制等），吾人認爲，行政機關之業務處理，屬該適時放手之時，就應放心交由私部門自行處置；政府係立

基於輔導面、法制面（確立遊戲規則）或仲裁之統合場域下，相信民間團體、個人絕對具有非凡能力，會做得比政府「有過之而無不及」之境界。

參考書目

一、中文文獻

內政部移民署（2020），107年新住民生活需求調查報告。

吳瓊恩、李允傑、陳銘薰（2001），公共管理，台北：智勝文化事業有限公司。

Weeks, John R.著，涂肇慶、侯苗苗譯（2010），人口學：觀念與議題，台北：新加坡商聖智學習出版有限公司。

楊翹楚（2019），移民法規，台北：元照出版有限公司。

廖正宏（1995），人口遷移，台北：三民書局。

監察院（2018），監察院106年度「新住民融入臺灣社會所衍生之相關權益探討」通案性案件調查研究報告。

二、外文文獻

Guild, Elspeth, (2009), Security and Migration in the 21st Century, Cambridge. UK: Polite Press.

King, Russell et al., (2010), People on the Move: An Atlas of Migration, California: University of California Press.

Miller-Jones, Edward R., (2010), Immigration in the USA, Publishing: VDM Publishing House.

Samers, Michael, (2010), Migration, New York: Routledge.

van Krieken, Peter J., (2001), The Migration Acquis Handbook: The Foundation for a Common European Migration Policy, Netherlands: T.M.C. Asser Press.

三、網路資料

內政部移民署，http://www.immigration.gov.tw，搜尋日期：2021/01/28。

教育部國語辭典，http://dict.concised.moe.edu.tw，搜尋日期：
　　2021/02/02。

維基百科，https://zh.wikipedia.org，搜尋日期：2021/02/08。

.

第十一章

移民輔導之政策規劃、重要措施、問題與對策

楊基成

第一節　前言

　　由於科技的進步及交通工具的更加便捷，也使得「國」與「國」間的往來更為頻繁與密切，「一日生活圈」不僅適用在我國境內，更適用在我國與其他國家的往返關係中，讓我們有著「天涯若比鄰」的感覺。因此，全球化不僅開啟了世界嶄新的面貌，更促進了世界各國間經濟快速的發展與交流，隨著全球化的浪潮，國際間的移民人口也快速的移動[1]。受到全球化影響，外來人口不斷攀升。而這些人入國（境）後，將涉及與日常生活有關之一切，亦與國家社會各層面產生關聯，其影響所及非單一面向，且具複雜與多變性質。如何讓移民人口能迅速融入當地，貢獻其能力，遂成為一個值得關注的議題[2]。隨著全球化帶來的人口移動，也造成我國近年來因外來移民人口的增加，即使面對日趨嚴重的少子化情況，也不致因勞動力的減少而對經濟影響造成過大的衝擊；因此，對於這些新移民的到來，其迫切相關的調適問題，諸如：語言溝通的障礙、族群歧視、文化及風俗民情的差異、就業困境及生活環境適應等問題，政府更應要有完善規劃的移民輔導政策，才能促其儘快融入在臺的生活。

　　其次，我國自農業進入工業化社會後，雖總生育率逐漸下降，惟戰後嬰兒潮人口長大成年至1990年代中期的高出生數，每年出生嬰兒數仍有近40萬，而隨著後工業化時代來臨，自1994年起，總生育率已低於人口替代水準，之後一直處於低生育率，嬰兒出生數直直落，以2018年為例，僅出生17萬餘嬰兒，總生育率只有1.06人。除提高生育率、減輕育兒負擔等政策解決方案外，亦有認為得以移民解決少子化危機者[3]。移民以定義而言就是那些跨越國家界線，而不是跨越區域或其他界線遷徙的人。理論上，國家制定移民法律，目的是為控制勞工移民的流入，允許（或希望）符合

[1]　楊基成（2020），從全球化觀點探討外來人口對我國警政治安之影響與防制對策，中央警察大學警政論叢，20期，頁91。

[2]　楊翹楚（2019），移民政策論與實務，台北：元照出版有限公司，頁371。

[3]　呂文玲（2019），我國吸引移民政策之修法研析，立法院研究成果：議題研析。

國內勞工需求的移民數量進入，且同時避免過多數量的移民進入[4]。

　　「生（出生數）不如死（死亡數）」警鐘響起！根據美國中央情報局（CIA）近日公布，臺灣育齡婦女生育率全球排名倒數第一，而國發會人口推估報告也警示，國人近年婚育狀況不理想，若再不有效提高生育率，不僅加速進入「超高齡社會」，十六年後，至2037年時新生兒恐「提早」跌破10萬人大關，屆時全臺全年出生人數僅9.8萬人[5]。為了因應少子化的危機，如以我國近十年（即2011年至2020年）來人口數之變化趨勢加以觀察，依據內政部的統計資料[6]顯示，近年來我國人口的自然增加數則呈現逐年遞減趨勢，從每年約自然增加逾4萬餘人，逐年遞減至1萬人以下，甚至在去（2020）年則首次呈現人口的負成長情況，以上情形充分顯示出因經濟結構、薪資過低及失業等因素，迫使我國的年輕男女即使結婚後也不敢「增產報國」的現實窘況，茲如表11-1所示。

表11-1　我國近十年（2011年至2020年）來人口數之變化表

項目 年度	出生數	死亡數	自然增加	社會增加	總增加數
2011	196,627	152,915	43,712	19,077	62,789
2012	229,481	154,251	75,230	15,680	90,910
2013	199,113	155,908	43,205	14,490	57,695
2014	210,383	163,929	46,454	13,782	60,236
2015	213,598	163,858	49,740	8,581	58,321
2016	208,440	172,405	36,035	11,707	47,742
2017	193,844	171,242	22,602	8,809	31,411
2018	181,601	172,784	8,817	8,888	17,705

---

[4] Peter Kivisto & Thomas Faist著，葉宗顯譯（2013），跨越邊界：當代遷徙的因果，新北：韋伯文化國際，頁63-66。

[5] 中國時報，16年後臺新生兒恐跌破10萬人，2021年4月26日。

[6] 內政部全球資訊網，https://www.moi.gov.tw/cl.aspx?n=4412，搜尋日期：2021/03/30。

表11-1　我國近十年（2011年至2020年）來人口數之變化表（續）

項目 年度	出生數	死亡數	自然增加	社會增加	總增加數
2019	177,767	176,296	1,471	12,718	14,189
2020	165,249	173,156	-7,907	-33,978	-41,885
備註	一、自然增加＝出生數－死亡數。 二、社會增加＝遷入人口數－遷出人口數。				

資料來源：內政統計查詢網，作者自行整理。

　　從表11-1吾人得知，我國人口數的增長，除了自然增加（出生數－死亡數）的數量外，社會增加（遷入人口數－遷出人口數）數量（即外國人遷入）也占了部分因素；因此，移民對於一個國家的人口增加，比自然增加（出生人口＋死亡人口）還快，可見移民人口對於我國在人口的成長或維持上占有決定性的因素，誠為政府施政亟需重視的課題。而「移民」並非僅是單純探究人員「遷入」、「移出」的問題而已，我國自從開放兩岸探親與南進政策，與東南亞國家民眾之跨國婚姻締結，在在使得我國新移民人數呈現逐漸攀升之勢。這種「跨越國境的移動」才是移民研究關切的核心課題[7]。此外，移民其代表著係一種雙向的概念，包含移入人口（immigrant）與移出人口（emigrant），移入人口對於社會影響甚鉅，我國目前將移入人口區分為經濟性與非經濟性兩種；經濟性移入人口則指以應聘、受僱、投資等，申請至我國居留或定居者，非經濟性則為除去上述原因之外的來臺居留或定居者，我國以結婚因素移入者為多數[8]。自1990年代起，亞洲開始出現大量婚姻移民的現象，其中以新加坡、臺灣、韓國

---

[7]　Guide, Elspeth, (2009), *Security and Migration in the 21st Century*, Cambridge, UK: Polite Press, pp. 1-10.

[8]　陳品諭（2017），探討移民輔導政策的政策執行網絡—以新北市新住民關懷服務為例，國立政治大學公共行政學研究所碩士論文，頁1。

三個國家在2000年以後的跨國婚姻數量為最高[9]。如以內政部統計資料顯示，從2001年至2020年我國境內大陸、港澳地區及外裔、外籍女性與我國男性結婚之人數即逾40萬人，與我國同時期女性結婚人數比較，則占了16.52%，這些因婚姻關係而來到臺灣的新移民，如果再加上結婚後所生育的子女人數，其對於我國整體人口組成結構，已具相當規模，茲如表11-2所示。

　　因此，我國實宜建立人權與社會安寧兼容並蓄的人口移動政策，以便有效的執法並可結合外來之人力資源[10]；而人權理念的延伸、實踐及保障，更是清楚的顯示是你、我所無法迴避的[11]。為達成上述目的，制定符合新移民需求之各項政策，使得新移民於最短時間內即能順利接軌在臺的生活，實為政府部門刻不容緩的課題。

表11-2　近二十年我國境內本國及外籍女性結婚人數統計一覽表

年度	總計	原屬國籍（地區）						
		本國籍	大陸、港澳地區			外裔、外國籍		
			合計	大陸地區	港澳地區	合計	東南亞	其他
2001	138,819	121,110	12,525	12,245	280	5,184	4,663	521
2002	172,655	128,008	27,308	27,167	141	17,339	17,002	337
2003	171,483	122,850	31,784	31,625	159	16,849	16,307	542
2004	131,453	103,319	10,567	10,386	181	17,567	17,182	385
2005	141,140	115,852	14,167	13,976	191	11,121	10,703	418
2006	142,669	121,953	13,900	13,641	259	6,816	6,371	445

---

[9] 陳芬苓（2014），女性新移民生活狀況的轉變與政策意涵，東吳社會工作學報，27期，頁29-59。

[10] 陳明傳（2014），我國移民管理之政策與未來之發展，文官制度季刊，6卷2期，頁58。

[11] Goodhart, Michael, (2009), Human Rights: Politics and Practice, New York: Oxford University Press, pp. 371-378.

表11-2　近二十年我國境內本國及外籍女性結婚人數統計一覽表（續）

年度	總計	原屬國籍（地區）						
		本國籍	大陸、港澳地區			外裔、外國籍		
			合計	大陸地區	港澳地區	合計	東南亞	其他
2007	135,041	113,482	14,595	14,350	245	6,964	6,500	464
2008	154,866	136,653	12,151	11,903	248	6,062	5,541	521
2009	117,099	98,858	12,603	12,344	259	5,638	5,194	444
2010	138,819	121,110	12,525	12,245	280	5,184	4,663	521
2011	165,327	147,901	12,468	12,114	354	4,958	4,367	591
2012	143,384	127,121	11,597	11,268	329	4,666	4,120	546
2013	147,636	132,334	10,468	10,091	377	4,834	4,207	627
2014	149,287	134,107	9,808	9,317	491	5,372	4,760	612
2015	154,346	139,044	9,141	8,528	613	6,161	5,510	651
2016	147,861	132,419	8,493	7,849	644	6,949	6,288	661
2017	138,034	122,241	7,519	6,811	708	8,274	7,588	686
2018	135,403	120,180	6,825	6,111	714	8,398	7,600	798
2019	135,607	120,339	6,580	5,704	876	8,688	7,839	849
2020	122,741	115,869	2,451	2,036	415	4,421	3,787	634
		2,474,750	247,475			161,445		

備註：本表係統計結婚者之原屬國籍（地區），凡外國籍或大陸、港澳地區人士取得我國國籍者，仍以其原屬國籍（地區）統計；外裔係指外國籍歸化（取得）我國國籍者。

資料來源：內政部統計資料，作者自行整理。

第二節 移民輔導之政策規劃

壹、政策的定義

任何一項政策的形成，其背後都有其成因與需求，方能透過行政及立法程序，制定相關法令及執行程序，蔚為國用。這種行政及立法程序，放諸四海皆其適用，移民輔導的政策亦然。從字面上看「移民輔導」即是有關移居我國的新住民對於其食、衣、住、行、育、樂等各方面切身相關的措施或規定，足以讓這些新移民及早適應移居我國的生活、安身立命，並追求移居他國的願景與目標。因此，在審視我國的移民輔導政策前，首先應先認識什麼是「政策」？依據Blakemore與Warwick-Booth的看法，所謂的政策係指一種目的、目標或未來性的聲明，這表示政策會以下列的形式出現，包括政府官方的政策（或立法）、政黨的競選宣言、公司或任一組織的聲明[12]。從上述二位學者對政策的定義中得知，政策的提出者除了公部門外，尚包括政治體制下的政黨、私部門、利益團體或法人機構等。政府部門所提出的政策攸關其執政的成效，而政黨提出的政策亦關係到民眾對其黨派的支持，私部門、利益團體或法人機構所提出的政策或許與其利益息息相關，顯見政策提出者具有多面向的立場。

在現代民主政治下，我們最關心的是與人民生活息息相關的政府與政黨所提出之政策與競選宣言。就一個成熟的民主社會來說，政黨會於選舉前提出未來當選後的承諾，再由人民依個人的喜好或價值進行判斷與選擇。得到多數選民支持的政黨，便掌握了國家行政或立法的權力，在其任期內帶領國家往下一階段邁進；至於當初所提出的競選宣言，以及上臺後的政策規劃與執行，便成為人民與在野黨檢視與監督的重要參考[13]。

而在了解政策的定義後，如何制定符合公義且妥適的政策則更形重

---

[12] Blakemore, K. & Warwick-Booth, L., (2013), Social Policy: An Introduction, Maidenhead: Open University Press.

[13] 黃源協、蕭文高（2020），社會政策與社會立法，台北：雙葉書廊，頁7。

要。基此，參酌DiNitto（2010）、Gilbert與Terrell（2012）的論述，則可分為幾個階段[14]：

一、定義政策問題：政策的形成常反映社會需求未得到的滿足，成為政府認定政策問題的基礎。一旦明確定義問題，接著便需分析評量，包括強度、嚴重性及受影響人數等。

二、形成政策計畫：政策計畫可透過各種管道取得，包括政策規劃組織、利益團體、政府科層、中央及地方的民意代表等，這些計畫需有明確的政策目標及內容。

三、政策合法化：政策的合法化來自官方及民意代表的公共性聲明或行動（例如：立法、提出政策計畫等），此時亦是各方（包括利益團體、官方及民意代表等）角力的階段，結果將對後續執行方向產生重大影響。

四、執行政策：政策透過政府科層的活動而執行，亦支出公務預算。在政策體系中，負責執行政策者是我們較熟悉的行政及工作人員。

五、評估政策：政策執行完畢後，可由政府機構、外部諮詢人員、利益團體、大眾媒體及民眾作出各種正式及非正式評估，了解政策影響及成本效益。

如前所述，攸關我國的移民（輔導）政策，大多是經由上述嚴謹的程序制定完成的；如此，方能符合大多數移民者的實益。在我國負責擬訂移民（輔導）政策的機關則是內政部移民署，根據入出國及移民法第1條規定：「為統籌入出國管理，確保國家安全、保障人權；規範移民事務，落實移民輔導，特制定本法。」另外，在「內政部移民署全球資訊網」中對於移民署業務職掌，則包括：

一、入出國、移民及人口販運防制政策、法規之擬（訂）定、協調及執行。

二、大陸地區人民、香港或澳門居民及臺灣地區無戶籍國民入國（境）之審理。

---

[14] 同上，頁52-53。

三、入出國（境）證照查驗、鑑識、許可及調查之處理。

四、停留、居留及定居之審理、許可。

五、違反入出國及移民相關規定之查察、收容、強制出國（境）及驅逐出國（境）。

六、促進與各國入出國及移民業務之合作聯繫。

七、移民輔導之協調、執行及移民人權之保障。

八、外籍及大陸配偶家庭服務之規劃、協調及督導。

九、難民認定、庇護及安置管理。

十、入出國（境）安全與移民資料之蒐集及事證之調查。

十一、入出國（境）及移民業務資訊之整合規劃、管理。

十二、其他有關入出國（境）及移民事項。

由上述移民署之業務職掌觀之，與移民輔導政策有關之協調、執行等事宜，亦列為該署重點工作項目之一，對於我國移民輔導工作之實施更具有指標性意義。同時，移民輔導政策的良窳，其是否能有利於移民者權利，間接也影響到這些移民後續能否順利取得我國公民的限制，正如同Benhabib的描述，現代的民族國家制度一直以一種主要類別來規定其成員身分——國家公民身分[15]；足見公平、良善的移民輔導政策的執行對於國家的永續發展是多麼的重要。

移民署目前於各直轄市、縣（市）25個服務站，除受理各類人民之申請案件外，特別強化對移入者之輔導工作，例如：辦理外籍配偶生活適應輔導班、語言學習班；提供外籍配偶或外國人電話諮詢及網路資訊之查詢；設置「外籍配偶照顧輔導基金」，整合政府與民間資源，推動各項照顧輔導措施；結合民間團體或非營利組織辦理各項活動；推動新住民關懷網絡、結合新住民服務中心定期召開網絡會議；對特殊個案進行家庭訪視，藉以明瞭外籍配偶需求，給予適當的輔導與協助等工作。正因為如此，近年來有關移民輔導的議題與需求漸趨複雜化，政府面對需

---

[15] Benhabib, S., (2004), The Rights of Others: Aliens, Residents, and Citizens, Cambridge, UK: Cambridge University Press.

要「跨域」的公共事務，則漸趨採取公私協力的方式來進行政府治理。
O'Leary、Gazley、McGuire與Bingham認為政策執行強調多元行動者互動
關係影響政策結果，故政策執行的本身就是一種分享、協力管理[16]。

貳、政策規劃與策略管理

　　臺灣是民主法治的國家，政府在面對或處理有關民眾權益、措施，
均須遵循「依法行政」原則，避免影響人民福祉，衍生不必要的爭議。因
此，在清楚「政策」的定義及其合法化過程後，如何將政策理念轉化成實
際可行的利民方案，則有賴妥適的政策規劃過程。

　　所謂政策規劃係指決策者或政策分析人員，為滿足某種需求與解決
政策問題，以科學方法發展一套具有目標、變遷、選擇、理性與集體取向
之未來行動替選方案的動態過程。申言之，政策規劃具有下列特性：「目
標取向」，決策者為了達到未來期望之目標，所規劃之任何方案、計畫皆
具有目標向；「變遷取向」，政策規劃的目的即在透過一些行動或干預
手段，達成所期望的目標，必然會導致現狀的改變；「選擇的呈現」，
由於政府部門總是追求多重目的，目的之間互相衝突，加上政府資源又十
分有限，規劃、執行所有的行動方案是不可能的，因此政策規劃人員必須
在許多不同決策方案中，選定其中一項方案，完成預期的目標；「理性途
徑」，政策規劃必須兼顧工具與實質理性，進行理性的規劃，才得以設計
出可行的政策方案；「集體行動」，政策規劃不是光憑單一決策者的智慧
與精力即可完成，需要透過集體的力量，集思廣益，採取一致的行動，才
能規劃出可行之政策方案[17]。

---

[16] O'Leary, R., B. Gazley, M. McGuire & L. B. Bingham, (2009), Public manager in collaboration, In R. O'Leary, & L.B. Bingham (Eds.), The Collaborative Public Manager: New Ideas for the Twenty-first Century, pp. 1-14, Washington, DC: Georagetown University Press.

[17] 章光明（2017），警察政策，桃園：中央警察大學，頁85。

另外，依據吳定教授的看法，其認為政策規劃包含以下相關內容[18]：

一、政策規劃是為了解決已經由政策分析人員明確認定的政策問題而非未經認定的公共問題。

二、從事政策規劃時，必須採取有系統、有條理的科學方法，如問卷法、訪問法、觀察法、次級資料分析法等，廣泛收集資訊，以設計可解決問題的替選方案。

三、替選方案應該以目標為取向，即替選方案必須能夠達成解決問題的目標才得成立。

四、替選方案應該以變革為取向，即替選方案必須能夠達成解決問題，將現狀改變得更好才得以成立。

五、整個政策規劃的過程就是選擇取向的過程，任何一項活動都是在從事選擇，例如問題的選擇、資料的選擇及方案的選擇等。

六、規劃過程原則上是理性的，即各項活動應該盡量經過合理的、客觀的、科學的考慮後才做決定，應將個人主觀的偏見盡量減到最低的限度。

七、政策規劃活動通常是由集體互動的方式完成的。

八、政策規劃是一項動態性的運作過程，即從政策問題界定，以至替代方案的設計、評估比較、選擇推薦等一系列活動，其中任何一個環節，可能會隨時發生變化，所以考慮的重點及做法也應當隨時加以調整。

80年代新右派思潮的崛起，引發了新公共管理研究途徑的浪潮。新公共管理研究途徑強調以消費者為導向的理念，與傳統公共行政強調以生產者為導向的理念不同。而策略管理是新公共行政研究途徑非常重視的新課題，公共組織受企業組織策略規劃的影響，開始重視策略規劃與策略管理，而且強調長遠的策略實踐。策略管理的過程，對於組織的奮鬥方向非常重要，其彼此之意義相互關聯，然層次上有所不同，以下分別就組織的願景、使命、目的及目標等概念論述之[19]：

---

[18] 吳定（2003），政策管理，台北：五南圖書出版公司，頁68-69。

[19] 梁金利（2011），我國政府對新移民輔導措施之研究，玄奘大學國際企業學系碩士論文，頁28-29。

一、願景：組織的願景有四個特徵，首先是廣泛的可追求目標；其次是組織眞正想要達成的期望；第三是組織成員的情感訴求，想像力的發揮；最後則是具有崇高的、理想主義或浪漫主義的精神。願景可以激發員工的能量與心智以達成理想的實踐，並可凝聚成員團結向上。

二、使命：組織的使命通常比較具體，例如所服務的對象？實現願景所必須發展的技能？使命比願景更具體些，它在某一段時期內所要達成的理想或如何達成的方法都有廣泛的指標。因此，把「願景」變成「使命」，即給予組織設定了範圍及方向。

三、目的：使命仍無法提供有利的目的或目標，以說明並控制組織的行動。目的或目標都是組織在某一特定期間內所欲達成的結果，具有一系列的方向，可測量工作的內涵，具有將使命轉化成具體的工作、行動及結果。

四、目標：目標的層次低於目的，它是爲達成目的而建立的次一層工作方向，較目的更爲具體，或更實際。

綜上所述，可知政策規劃是政策制定的過程之一環，學者均認爲政策制定之正確做法應是先有規劃後再辦理執行程序，故建議行政人員在進行政策規劃時應採取科學方法、廣泛蒐集資訊，並根據政策規劃的原則後，再規劃出解決政策問題之良好策略，並訂出行動的時間及預算，以有效達成政策目標。是以，對於移民輔導的政策規劃乃是因應我國移民未來期望的目標，規劃使其儘快適應我國生活可行的政策方案。移民輔導政策之擬訂由於涉及政府各相關部會，因此需公部門的共同參與及會商，如此方能建構友善的移民環境，使我國的新移民能在自由、安全、友善及人權保障的環境中生活，實現移民的初衷及自我目標的實現。

第三節　移民輔導之重要措施

壹、移民輔導之意義

　　至於何謂「移民輔導」？依據內政部的資料顯示[20]，移民輔導係指外來移入人口，不論是外籍或大陸配偶均為臺灣社會的一分子，如何使其順利融入臺灣社會，適應在地生活，是當前政府積極努力之目標。新移民的移入，為臺灣注入新能量與新文化，如何將這股新力量轉化為國際競爭力，也是移民輔導工作的目標。而其移民輔導的對象，則指向未取得國民身分證之外籍配偶、大陸配偶及外籍人士。而政府部門提供的移民輔導服務有哪些？在內政部移民署之各服務站其提供移民輔導服務，則有：

一、移民輔導諮詢平台為移民資訊、諮詢、通報、轉介之統一窗口

（一）諮詢與解答：以外籍配偶、大陸配偶為工作重點，並為外籍人士提供生活諮詢服務，解答各類問題。

（二）轉介社會資源：於受理諮詢或家訪時發現需加強服務之特殊對象，應即時轉介相關單位提供必要之服務，協助其解決困境（如社會福利轉社會局、教育學費補助轉教育局、工作權益維護轉勞工局、醫療衛生服務轉衛生局）。

（三）特殊案件處理：

　　1.通報：訪視時遇有特殊個案需加以註記案情（如遭家暴、性侵害、人口販運被害人等），先與地方政府連繫即時處理，再通報至本署移民事務組，俾能即時掌握狀況及追蹤處理情形，或

---

[20] 內政部移民署全球資訊網（2021），https://www.immigration.gov.tw/5385/12162/12215/服務站設置有移民輔導櫃檯—什麼是移民輔導—那些人是移民輔導的對象—可以得到什麼協助/，搜尋日期：2021/03/03。

提供相關資料由本署發布新聞稿。如認有必要查察面談時，通報本署專勤隊協助進行。

2. 追蹤：對於轉介之特殊個案輔導情形每二個月應予追蹤了解，並記錄其後續處理情形。

二、整合政府與民間社會資源：統合公、私部門資源，掌握多元照顧輔導措施

（一）結合民間團體及非營利組織辦理各項宣導活動。

（二）製作宣導單及海報加強宣導中央及地方政府提供之服務內容，並發送至里鄰辦公室、學校、社區發展協會等據點，廣為周知。

（三）宣導宅急便：進行家庭訪視時（併同專勤隊）告知並發送外籍配偶、大陸配偶及其家屬相關服務資訊。

貳、移民輔導屬性[21]

入出國及移民法第1條之立法目的，其中落實移民輔導為其制定目的之一；內政部移民署組織法第2條第1項第7款為移民輔導之協調、執行及移民人權之保障規定；另人口政策白皮書、監察院亦將此列為重點之一，故移民輔導可說是整體國家安全、外交政策、人口政策、移民政策之一環。

參、移民輔導的項目[22]

移民輔導主要的目標，簡而言之，為以下二大項：

一、構築完善的輔導體系，儘速使新移民能融入臺灣地區之社會生活。

---

[21] 楊翹楚（2019），移民政策論與實務，台北：元照出版有限公司，頁374。

[22] 同上，頁374-375。

　　二、強化解決外來移民所面臨的問題。以下則為外籍人士最常遭遇到的問題：

（一）日常生活適應問題

　　如跨語言、文化、風俗習慣所產生的障礙、迷思，與彼此間因而衍生出的溝通認知及適應問題。

（二）家庭婚姻問題

　　與接納家庭之互動問題、婆媳相處、雙方信任感、家庭暴力、經濟弱勢與人員本身安全等問題。

（三）社會認同問題

　　性別產生的不平等、對外籍配偶的刻板印象、族群融合以及地位歧視問題。

（四）就業問題

　　資訊的短缺、本身知識與技術的欠缺、就業訓練與機會的掌握問題，以及職場上的待遇與申訴管道問題。

（五）身分問題

　　對法令規定的不明瞭、服務訊息的取得及辦理時程的自我掌控等問題。

（六）教育問題

　　子女互動與教養、語文教學及進修學習等。

（七）醫療問題

　　健康、就醫、優生保健等問題。

（八）社會福利問題

　　如何申請救助、救濟體系等問題。

肆、我國之移民輔導政策

　　政府部門為了達成上述移民輔導目標，提出許多兼容並蓄之移民輔導政策，希冀這些新移民儘快安頓並融入移民生活。自開放移民以來所提出的重要政策，茲臚列於下：

一、外籍配偶生活適應輔導實施計畫[23]

（一）依據

1. 依立法院內政及民族委員會88年4月12日審查內政部（以下簡稱本部）預算之附帶決議：內政部應積極規劃辦理外籍新娘生活適應及語文訓練，輔導其融入我國生活環境辦理。
2. 依外籍與大陸配偶照顧輔導措施辦理。

（二）目的

　　為落實外籍配偶照顧輔導措施，提升其在臺生活適應能力，使能順利適應我國生活環境，共創多元文化社會，與國人組成美滿家庭，避免因適應不良所衍生之各種家庭與社會問題，特訂定本計畫。

（三）服務對象

　　包括臺灣地區人民之配偶為未入籍之外國人、無國籍人、大陸地區人民及香港澳門居民，或已入籍為我國國民而仍有照顧輔導需要者，並鼓勵其在臺共同生活親屬參與。

（四）補助對象

　　以直轄市、縣（市）政府為受補助對象，受補助對象得委由下級機關或立案之民間團體辦理。但不得轉補助，並應對補助計畫之執行負監督責任。

---

23 內政部主管法規查詢系統，https://glrs.moi.gov.tw/LawContent.aspx?id=FL026891#lawmenu，搜尋日期：2021/04/10。

（五）補助內容

1. 生活適應輔導班及活動：以提升外籍配偶在臺生活適應能力爲重點，施以生活適應、居留與定居、地方民俗風情、就業、衛生、教育、子女教養、人身安全、基本權益、語言學習、有關生活適應輔導及活動等課程，並鼓勵其在臺共同生活親屬參與。
2. 種子研習班：培訓種子師資及志願服務者。
3. 推廣多元文化活動：以提升國人對外籍配偶主要國家之多元文化認知爲目的之教育、講座。
4. 生活適應宣導：設置外籍配偶服務專區網頁、攝製宣導影片、印製生活相關資訊等資料。
5. 其他經本部專案核備事項。

二、外籍與大陸配偶照顧輔導措施

依據內政部移民署全球資訊網站顯示，我國政府對於「外籍與大陸配偶照顧輔導措施」沿革，經過滾動式運作及多次修正，從內政部93年9月10日台內戶字第0930070555號函修正迄今業已經過十餘次修正，並於105年3月15日台內移字第1050961229號函修正爲「新住民照顧服務措施」，再於109年12月7日內授移字第1090933277號函修正爲目前適用的版本，將其分列八大重點工作：生活適應輔導、醫療生育保健、保障就業權益、提升教育文化、協助子女教養、人身安全保護、健全法令制度及落實觀念宣導等，在在顯示出政府部門對新住民的照顧輔導工作，極其重視且不遺餘力。茲以內政部93年9月10日台內戶字第0930070555號函修正內容及109年12月7日內授移字第1090933277號函修正內容，分別就其重點工作、理念及具體措施分述如下，並可比較前後措施內容之差異：

（一）內政部93年9月10日台內戶字第0930070555號函修正有關「外籍與大陸配偶照顧輔導措施」內容，其重點工作、理念及具體措施[24]

1. 生活適應輔導：協助解決其因文化差異所衍生之生活適應問題，俾使迅速融入我國社會。其具體措施為：

   (1) 全面辦理外籍與大陸配偶生活狀況調查。

   (2) 加強推廣生活適應輔導班，充實課程內容、教材與教學方法，加強種子教師培訓，鼓勵家屬陪同參與。

   (3) 編印外籍與大陸配偶在臺生活相關資訊簡冊，提供外籍與大陸配偶與國人結婚之相關法令規章、在臺生活資訊等，以多國語言印製，送由我國駐外單位、相關國家駐華機構及各地戶政事務所配合發送，並規劃拍攝宣導影片。

   (4) 提供外籍配偶生活適應輔導相關諮詢資料服務窗口；並規劃大陸配偶服務窗口，提供生活適應諮詢服務。

   (5) 結合民間團體之資源，發展地區性外籍與大陸配偶服務措施，提供外籍與大陸配偶社區化之服務據點，強化社區服務功能。

   (6) 研議外籍與大陸配偶及其家庭之輔導與服務措施。

   (7) 提供民事刑事訴訟法律諮詢服務。

   (8) 輔導外籍與大陸配偶取得駕駛執照，並規劃製作多國語言之試題影片。

   (9) 加強聯繫促請相關國家駐華機構對外籍配偶之諮商、協助，並加強對外國提供國內相關資訊，提升我國國際形象。

   (10)建立入國前輔導機制，與各該國政府合作，提供來臺生活、風俗民情、移民法令及相關權利義務資訊，以縮短來臺後適應期。

2. 醫療優生保健：規劃提供外籍與大陸配偶相關醫療保健服務，維護

---

[24] 內政部移民署全球資訊網（2021），https://www.immigration.gov.tw/5385/7445/7451/7457/7472/7475/，搜尋日期：2021/04/15。

健康品質。其具體措施為：

(1) 輔導外籍與大陸配偶加入全民健康保險。

(2) 提供符合「優生保健措施減免或補助費用辦法」之外籍與大陸配偶補助產前遺傳診斷、子宮內避孕器及結紮經費。

(3) 繼續實施外籍配偶入境前健康檢查。

(4) 辦理外籍與大陸配偶逐一建卡及健康照護管理。

(5) 辦理外籍與大陸配偶生育健康相關調查研究。

3. 保障就業權益：保障外籍與大陸配偶工作權，以協助其經濟獨立、生活安定。其具體措施為：

(1) 提供外籍與大陸配偶就業諮詢服務。

(2) 推介、媒合取得工作權之外籍與大陸配偶就業。

(3) 規劃取得工作權之受暴外籍與大陸配偶，經社工員評估其有工作需要者，得以憑政府公文或證明，專案給予免費接受相關職業訓練或推介就業，以安定其生活。

(4) 研議修正相關法規，使無居留證之受暴大陸配偶得於一定期限內工作。

(5) 研修就業服務法，放寬外籍配偶申請工作許可規定。

(6) 提供相關訓練，協助外籍與大陸配偶提升就業及創業能力。

4. 提升教育文化：加強教育規劃，協助提升外籍與大陸配偶教養子女能力。其具體措施為：

(1) 研議強制外籍與大陸配偶接受國民補習教育之可行性。

(2) 辦理外籍與大陸與配偶之成人基本教育研習班，並分等級開設，落實社區化語文訓練。

(3) 加強外籍與大陸配偶及其子女教育規劃，培育多元文化課程師資。

(4) 辦理外籍配偶家庭教育活動，並將跨國婚姻、多元家庭及性別平等觀念納入婚姻家庭教育宣導，增進整體社會對跨國婚姻正確認識，並強化本國籍配偶社會責任。

(5) 宣導並鼓勵外籍與大陸配偶進入國中、小補校就讀，以取得正

式學歷。

(6) 辦理外籍與大陸配偶成人基本教育師資研習及參考教材研發，並將教材上網資源分享，以提升教學品質。

5. 協助子女教養：積極輔導協助外籍與大陸配偶處理其子女之健康、教育及照顧工作，並對發展遲緩兒童提供早期療育服務。其具體措施為：

(1) 將外籍與大陸配偶子女全面納入嬰幼兒健康保障系統。

(2) 加強辦理外籍與大陸配偶子女之兒童發展篩檢工作。

(3) 對外籍與大陸配偶子女有發展遲緩者，提供早期療育服務。

(4) 加強輔導外籍與大陸配偶子女之語言及社會文化學習，提供其課後學習輔導，增加其適應環境與學習能力。

(5) 委請專家學者就「東南亞外籍配偶家庭兒童生活狀況」予以研究。

(6) 辦理外籍與大陸配偶子女生活適應研討會。

(7) 繼續結合法人機構及團體，補助辦理外籍配偶弱勢兒童外展服務及親職教育研習活動。

(8) 編印多國語文之「4至6歲親職教養秘笈手冊」。

(9) 外籍與大陸配偶之子女優先進入公立幼稚園、托兒所。

(10)定期辦理教育方式研討會，與地方政府教育局及第一線教師研討最適合外籍與大陸配偶子女之教育方式，提供更適當之教育服務，並組成「計畫績效訪視小組」了解接受補助之地方政府執行計畫落實情形。

6. 人身安全保護：維護受暴外籍與大陸配偶基本人權，提供相關保護扶助措施，保障人身安全。其具體措施為：

(1) 整合相關服務資源，加強受暴外籍與大陸配偶之保護扶助措施。

(2) 加強受暴外籍與大陸配偶緊急救援措施。

(3) 結合運用民間團體建立通譯人力資料庫，開發民間外語諮詢服務資源。

(4) 落實家庭暴力通報制度，建立單一通報窗口，並試辦外籍配偶保護諮詢專線，提供英、越、印、泰、柬五種語言諮詢服務。

7. 健全法令制度：研擬我國移民政策並建立專責機構，有效管理婚姻仲介業，並蒐集外籍與大陸配偶相關研究統計資料。其具體措施為：
(1) 研議我國移民政策。
(2) 規劃設立入出國及移民專責機構。
(3) 研議如何規範外籍與大陸配偶入籍我國前應具備之基本學歷要求，及應強制接受教育內容。
(4) 研擬相關規範與配套措施，加強婚姻媒合業及廣告之管理。
(5) 研議修法對逾期居留之外籍配偶得於繳納行政罰鍰後免出境。
(6) 持續蒐集並建立相關統計資料，作為未來政府制定相關政策之依據。
(7) 連結建置外籍與大陸配偶資料系統。
(8) 每三個月檢討各機關辦理情形，並規劃辦理整體績效評估。
(9) 研議建立移入人口時點管控及預警數量機制，及訂定非經濟性移入之評核點數標準。

8. 落實觀念宣導：加強宣導國人建立族群平等與相互尊重接納觀念，促進異國通婚家庭和諧關係，並建立必要之實質審查機制。其具體措施為：
(1) 加強外籍配偶申請來臺審查機制，推動面談、追蹤、通報及家戶訪查機制，並提供即時服務資訊。
(2) 加強大陸配偶申請來臺審查機制，除採形式審查外兼採實質審查，推動面談、追蹤、通報及家戶訪查機制，並提供即時服務資訊。
(3) 加強宣導國人包容、接納、平等對待及肯定不同文化族群之正向積極態度，並鼓勵推廣外籍配偶之外語廣播或電視節目，或於公共媒體考量語言溝通，以提供多元文化及生活資訊。
(4) 選定實驗縣市，規劃辦理外籍與大陸配偶照顧輔導措施示範計畫。

(5) 整合規劃多元文化教材，宣導多元社會發展，促使國人從小建立族群平等與相互尊重接納之觀念，並推動民間團體或社區舉辦多元文化相關活動，鼓勵一般民眾參與，促使積極接納外籍與大陸配偶。

(6) 尊重多元文化，於「社區總體營造獎助須知」納入有關外籍與大陸配偶議題，並以外籍與大陸配偶集中地區優先推動。

（二）內政部109年12月7日內授移字第1090933277號函修正有關「新住民照顧輔導措施」內容，其重點工作、理念及具體措施[25]

1. 生活適應輔導：協助解決新住民因文化差異所衍生之生活適應問題，俾使迅速適應我國社會。其具體措施為：

(1) 加強推廣生活適應輔導班及活動，充實輔導內容、教材與教學方法，加強種子教師跨文化培訓，鼓勵家屬陪同參與。

(2) 提供新住民生活適應輔導相關諮詢資料服務窗口。

(3) 強化新住民家庭服務中心及移民署各縣市服務站功能，成為資訊溝通與服務傳遞平台。

(4) 加強移民照顧服務人員之訓練，提升對新住民服務之文化敏感度及品質。

(5) 結合民間團體之資源，強化移民輔導網絡與溝通平台，發展地區性新住民服務措施，提供新住民社區化之服務據點及轉介服務，強化社區服務功能。

(6) 提供民事刑事訴訟法律諮詢及通譯服務。

(7) 加強聯繫促請相關國家駐華機構對外籍配偶之諮商、協助，並加強對外國提供國內相關資訊，提升我國國際形象。

(8) 強化入國前輔導機制，與各該國政府或非政府組織合作，提供來臺生活、風俗民情、移民法令、人身安全及相關權利義務資

25 內政部移民署全球資訊網（2021），https://www.immigration.gov.tw/5385/7445/7451/7457/7472/7475/，搜尋日期：2021/04/04。

訊，妥善運用國內各機關（構）編製之文宣資料作爲輔導教材，以期縮短外籍配偶來臺後之適應期。

(9) 強化通譯人才培訓。

(10)對設籍前新住民提供遭逢特殊境遇相關福利及扶助服務。

2. 醫療生育保健：規劃提供新住民相關醫療保健服務，維護健康品質。其具體措施爲：

(1) 輔導新住民加入全民健康保險。

(2) 提供周延之生育遺傳服務措施減免費用之補助。

(3) 提供新住民孕婦一般性產前檢查服務，及設籍前未納入健保者產前檢查之服務及補助。

(4) 宣導國人及外籍配偶婚前進行健康檢查。

(5) 辦理新住民健康照護管理，促進身心健康環境之建立，製作多國語言版衛生教育宣導教材，規劃辦理醫療人員多元文化教育研習與活動。

3. 保障就業權益：保障新住民工作權，以協助其經濟獨立、生活安定。其具體措施爲：

(1) 提供新住民就業服務，包含求職登記、就業諮詢、辦理就業促進研習及就業推介。

(2) 提供職業訓練，協助新住民提升就業及創業能力。

(3) 營造友善新住民職場環境以消除就業歧視。

4. 提升教育文化：加強教育規劃，協助提升新住民教養子女能力。其具體措施爲：

(1) 加強新住民及其子女教育規劃，培育多元文化課程師資。

(2) 強化新住民家庭教育以提升其教育子女之知能，並將跨國婚姻、多元家庭及性別平等觀念納入家庭教育宣導。

(3) 辦理新住民之成人基本教育研習班，以培養文化適應及生活所需之語文能力，並進一步作爲進入各種學習管道，取得正式學歷之基礎。

(4) 辦理新住民成人基本教育師資研習及補充教材研發，並將教材

　　　上網資源分享，以提升教學品質。

(5) 補助地方政府成立新住民學習中心，辦理家庭教育活動或多元文化學習課程等相關學習課程，提供近便性學習。

(6) 結合地方政府與學校特色，於寒暑假辦理東南亞語言樂學計畫，鼓勵學生學習及體驗東南亞語文。

(7) 編製新住民語文學習內容教科書。

(8) 對新住民及其子女頒發獎助學金，鼓勵積極努力向學。

5. 協助子女教養：積極輔導協助新住民處理其子女之健康、教育及照顧工作，並對發展遲緩兒童提供早期療育服務。其具體措施為：

(1) 將新住民子女全面納入嬰幼兒健康保障系統。

(2) 加強辦理新住民子女之兒童發展篩檢工作。

(3) 對有發展遲緩之新住民子女，提供早期療育服務。

(4) 加強輔導新住民子女之語言及社會文化學習，提供其課後學習輔導，增加其適應環境與學習能力。

(5) 繼續結合法人機構及團體，補助辦理外籍配偶弱勢兒童及少年社區照顧服務及親職教育研習活動。

(6) 辦理教師新住民多元文化研習，提升教師多元文化素養。

(7) 辦理全國性多語多元文化繪本親子共讀心得感想甄選比賽，促進親子共學。

(8) 提供新住民兒少高關懷學生及跨國銜轉學生之協處情形與脆弱家庭訪視服務。

6. 人身安全保護：維護受暴新住民基本人權，提供相關保護扶助措施，保障人身安全。其具體措施為：

(1) 整合相關服務資源，加強受暴新住民之保護扶助措施及通譯服務。

(2) 參與保護性案件服務之相關人員，應加強並落實家庭暴力防治教育訓練。

(3) 加強受暴新住民緊急救措施，並積極協助其處理相關入出境、居停留延期等問題。

(4) 加強新住民人身安全預防宣導。

7. 健全法令制度：加強查處違法跨國（境）婚姻媒合之營利行為及廣告，並蒐集新住民相關研究統計資料。其具體措施為：

(1) 加強查處違法跨國（境）婚姻媒合之營利行為及廣告。

(2) 持續蒐集並建立相關統計資料，作為未來政府制定相關政策之依據。

(3) 每半年檢討各機關辦理情形，並規劃辦理整體績效評估。

8. 落實觀念宣導：加強宣導國人建立族群平等與相互尊重接納觀念，促進異國通婚家庭和諧關係，並建立必要之實質審查機制。其具體措施為：

(1) 加強外籍配偶申請來臺審查機制，推動面談、追蹤、通報及家戶訪查機制，並提供即時服務資訊。

(2) 加強大陸配偶申請來臺審查機制，除採形式審查外兼採實質審查，推動面談、追蹤、通報及家戶訪查機制，並提供即時服務資訊。

(3) 運用各種行銷管道，協助宣導國人相互尊重、理解、欣賞、關懷、平等對待及肯定不同文化族群之正向積極態度，並鼓勵推廣多元文化及生活資訊

(4) 推動社區或民間團體舉辦多元文化相關活動，鼓勵學生與一般民眾參與，促使積極接納新住民，並使國人建立族群平等與相互尊重接納之觀念。

(5) 推廣文化平權理念；補助民間辦理新住民相關計畫或活動。

(6) 推廣新住民多元文化，辦理新住民相關文化活動，並推動與新住民母國之文化交流，增進國人對其文化的認識。

從上述兩個不同時期之「外籍與大陸配偶照顧輔導措施」、「新住民照顧輔導措施」的內容可以看出，我國政府對於這些新住民的照顧輔導政策，隨著時空環境背景的更迭、社會發展、法治觀念及人權保障等進步下，照顧輔導工作不僅有著長足的進步，也更加落實對新住民權益的保障。

三、外籍配偶照顧輔導基金

依行政院93年7月28日第2900次會議指示「籌措專門照顧外籍配偶之基金」，自94年度起設置外籍配偶照顧輔導基金，分十年籌措30億元，以附屬單位基金之方式設立於內政部，來進一步強化新移民體系、推動整體照顧輔導服務。

為有效運用外籍配偶照顧輔導基金及便利各縣市政府撰擬計畫，來落實業務需求及外籍配偶照顧輔導效益，故政府訂定「外籍配偶照顧輔導基金補助經費申請補助項目及基準」，共有19項補助項目，分別為[26]：

（一）設籍前外籍配偶社會救助計畫。

（二）設籍前外籍配偶遭逢特殊境遇相關福利及扶助計畫。

（三）外籍配偶參加學習課程及宣導安全保護計畫。

（四）設籍前外籍配偶健保費補助計畫。

（五）外籍配偶參加學習課程及宣導時子女臨時托育服務計畫。

（六）文化交流活動及社區參與式多元文化活動計畫。

（七）辦理外籍配偶及其家人參加多元文化、技藝各類學習課程計畫。

（八）外籍配偶就、創業之輔導計畫。

（九）外籍配偶提升就業能力相關學習課程計畫。

（十）外籍配偶參與社區發展計畫。

（十一）辦理外籍配偶相關權益之法律諮詢、服務或宣導計畫。

（十二）宣導活動計畫。

（十三）強化辦理外籍配偶家庭服務中心計畫。

（十四）輔導外籍配偶參與及籌設社團組織計畫。

（十五）辦理外籍配偶照顧輔導志工培訓及運用計畫。

（十六）編製外籍配偶照顧輔導刊物計畫。

（十七）輔導外籍配偶翻譯人才培訓及運用計畫。

（十八）外籍配偶入國（境）前之輔導計畫。

---

[26] 陳明傳等（2016），移民理論與移民行政，台北：五南圖書出版公司，頁361-362。

（十九）外籍配偶及其子女照顧輔導服務相關研究計畫。

從該基金補助內容可看出，政府列出新移民在成為我國國民之前，在經濟、醫療、子女教養等生活上會遇到的困境，運用這筆經費來補助他們。從其中一項文化交流活動及社區參與式多元文化活動計畫，可以看到我國政府對待新移民的態度從希望他們以最快的速度適應並融入我國語言及風俗文化，到鼓勵新移民家人甚至國人來參與多元文化活動，讓我們認識新移民的原生國語言與文化，來共創多元文化的社會。

該基金所推動新住民照顧輔導工作，實際照顧對象已含括外籍與大陸配偶，近年來亦擴及其子女，為符實務運作，並加強培力新住民及其子女發展成為國家新資源，爰依行政院新住民事務協調會報104年8月4日第1次會議決議修正基金名稱為「新住民發展基金」，基金規模維持10億元。

為持續落實照顧新住民，該基金將依新住民家庭生命週期及來臺需求規劃辦理相關社會安全網絡服務與更適切之輔導及培力工作，補助辦理「新住民社會安全網絡服務計畫」、「新住民家庭學習成長及子女托育、多元文化推廣及相關宣導計畫」、「家庭服務中心計畫」及「新住民創新服務、人才培力及活化產業社區計畫」[27]。

四、全國新住民火炬計畫

依據101年6月21日內政部台內移字第1010932941號、教育部臺國（一）字第1010112838B號會銜函頒之「全國新住民火炬計畫行動方案」內容：

（一）計畫緣起

隨著全球化人口快速且頻繁的移動，我國人跨國（境）聯姻的現象也日益普遍，依據內政部統計資料顯示，累計至101年5月底，新住民人數共計46萬5,053人。以婚姻移入的配偶，來臺展開新生活，不但與國人共

---

27 內政部移民署全球資訊網（2021），https://www.immigration.gov.tw/5385/7445/7451/7508/7511/30446/，搜尋日期：2021/03/04。

同生活，並兼負家庭照顧及社會服務等重要角色，但由於語言、文化之差異，仍有生活適應等問題，政府有必要肩負起照顧輔導之責任。

依教育部「100學年度新移民子女就讀國中小人數分布概況統計」資料顯示，外籍配偶子女人數計19萬2,224人，較99年成長8.6%；其中就讀國中者33,640人，占國中學生總人數3.9%；就讀國小者有15萬8,584人，占國小學生總人數10.9%。為提供新住民關懷、服務與教育輔導，新北市政府（原台北縣政府）於96年訂定「新住民火炬計畫」，推動新住民及其子女之相關業務績效卓越，值得推廣至全國，爰擬訂本計畫。

（二）目的

本計畫期能藉由內政部、教育部、各級學校及民間團體等之跨部會與跨域合作，共同提供全國新住民及其子女完整之文教生活輔導機制與單一窗口的全方位服務，使其能於臺灣穩定生活與長期發展，更希望培養民眾對國際多元文化之了解、尊重與國際文教交流之參與推動，同時，也為建立社會和諧共榮、追求社會公平正義、增進多元文化理解並促進健康幸福家庭的目標而努力，以營造繁榮公義的社會、建立永續幸福的家園，並與全球國際接軌發展。

（三）具體目標

1. 整合服務資源，落實關懷輔導。
2. 推動親職教育，穩健家庭功能。
3. 提供多元發展，建立支持網絡。
4. 推展多元文化，加強觀念宣導。

（四）辦理單位及合作團體

1. 辦理單位：中央為內政部及教育部；地方為直轄市、縣（市）政府、新住民重點學校。
2. 合作團體：新住民重點學校可結合新移民學習中心、外籍配偶家庭服務中心、移民團體、公私立機關或公益團體等，共同推動辦理。

（五）執行期程

101年3月至103年12月。

（六）經費及來源

由外籍配偶照顧輔導基金補助及教育部編列經費支應。

五、展新計畫——全方位新住民培力展能方案[28]

（一）計畫緣起及目的

依統計資料顯示，新住民人數已超過50萬人，而新住民生育子女人數亦已超過35萬人，如何善用各部會有限資源，發揮新住民發展基金效益，激發新住民及其子女潛能，提供就業機會、促進社會參與及增進國際競爭，爰訂定本計畫，將各部會相涉之展能項目彙整分類，分工明確，俾落實執行。

本計畫之展能領域分為：語文拓能、一代就業、二代增能、多元服務及關懷協助五大區塊，除延續火炬計畫精神，並針對新住民家庭發展需求加以彙整，期能導入正面力量，讓新住民家庭展現文化優勢，增加自信，為國家發展注入新資源。

（二）具體目標

1. 發揮母語優勢，接軌國際發展。
2. 推動就業培力，提升人力資本。
3. 規劃多元服務，營造友善環境。
4. 提供關懷協助，強化網絡機制。

（三）主、協辦及幕僚機關

1. 主、協辦機關：中央為各相關部會；地方為直轄市、縣（市）政府。

---

28 內政部移民署全球資訊網（2021），https://www.immigration.gov.tw/5385/7445/7451/7457/7472/7475/，搜尋日期：2021/04/04。

2. 幕僚機關：內政部。

（四）計畫期程

執行期程為105年1月至106年12月。

（五）經費及來源

1. 由相關部會及地方政府編列公務預算執行，並提報專案小組管考。
2. 內政部新住民發展基金補助支應。

（六）辦理項目及分工

展能領域分為五大區塊：

1. 語言拓能：
   (1) 華語學習。
   (2) 東南亞語言學習。
   (3) 客語學習。
   (4) 繪本親子共讀。
2. 一代就業：
   (1) 導遊領隊。
   (2) 照顧服務員。
   (3) 農忙協助。
   (4) 居家托育人員。
   (5) 新住民語文師資及教學支援人力培訓。
   (6) 資訊素養。
3. 二代增能：
   (1) 外貿實務。
   (2) 職場體驗。
   (3) 國際交流。
   (4) 海外生活體驗。
   (5) 國內研習。
   (6) 客庄青年國際參與。

4. 多元服務：

(1) 導覽志工。

(2) 多元文化展演。

(3) 說故事兒歌表演。

(4) 通譯服務。

(5) 影音媒體。

5. 關懷協助：

(1) 築夢計畫。

(2) 獎助學金。

(3) 家庭訪視。

(4) 課輔照顧。

(5) 醫療給付與補助。

(6) 特境救助。

（七）執行方式

1. 由行政院新住民事務協調會報成立「展新計畫」專案小組負責本計畫之執行及管考。

2. 各分工項目之主、協辦機關依各領域項目之內容規劃相關推動方案或措施提專案小組彙整評估。

（八）預期效益

1. 推廣語文拓能，發揮新住民及其子女母語優勢，拓展東南亞市場資源。

2. 推動就業增能培力，運用新住民人力資本，提升國家經濟發展。

3. 提供多元服務，鼓勵新住民投入公共參與，增進多元文化交流。

4. 藉由關懷協助，彌補設籍前新住民社會福利照顧之不足，穩健新住民家庭生活。

六、內政部移民署有關移民輔導政策推動成果

　　除了上述所介紹的移民輔導政策外，根據「107年新住民生活需求調查報告」第二章第二節新住民相關政策推動與沿革之內容指出：依據2003年公布之照顧輔導措施（現稱照顧服務措施），各項重點工作分別部屬主辦單位以內政部為主，及其他協辦單位包含外交部、教育部、經濟部、衛生福利部（原衛生署）、大陸委員會、國家通訊傳播委員會、勞動部、國軍退除役官兵輔導委員會（以下簡稱輔導會）及各地方政府，依據照顧服務措施明定之具體措施，推行各項政策、活動。其中內政部移民署政策推動包括：

（一）2019年施政方向

　　由移民署2019年度預算書總說明觀察我國新住民照顧服務措施推動，2019年的施政方向主要涵蓋「新住民生活適應輔導中長程實施計畫」、「建構新住民數位公平機會計畫」、「保障新住民寬頻上網計畫」三項重點計畫，前者為照顧服務措施的主要內容，包含補助地方政府辦理生活適應輔導班、種子研習班、推廣多元文化活動、生活適應宣導等生活適應課程；後兩項計畫則強調應縮短族群之數位落差、開設資訊教育訓練、藉由多元教材與搭配親子共學政策建構主動學習的精神，並提供平版借用，讓新住民居家有平板，在家數位學習，生活更便利！

（二）照顧服務措施——新住民生活適應輔導中長程實施計畫

1. 初入境訪談及個案關懷服務

　　本項服務係針對外籍配偶於入境後至服務站申請外僑居留證時，或大陸配偶辦理依親居留證時，由移民輔導人員與新住民及家屬進行關懷訪談。藉由實施移民關懷訪視方案，了解新住民生活狀況及服務需求，適時轉介相關單位提供後續服務，並輔導其家人尊重新住民，以提升婚姻移民家庭生活適應，倡導跨國婚姻、尊重多元文化及性別平等觀念，增進家庭互動關係，落實尊重多元家庭社會。

　　移民署於各直轄市、縣（市）25個服務站設置移民輔導人員，對新

住民提供第一線移民輔導服務，服務內容涵蓋關懷訪視諸如一般性電訪、家庭訪視，透過個案管理服務依新住民及家庭擬定個別處遇計畫，提供訪視與輔導、相關資源服務連結與轉介，並可整合連結社區服務據點，建構資源支持網絡（如個人、家庭、社會、資訊、經濟等）。

2. 便民行動列車服務

新住民跨國移動至臺灣，常常面對到語言、文化的衝擊，特別是偏鄉地區新住民，常因交通不便、資訊取得不易，亟需移民居停留法令、身分證申辦、就業資訊及生活適應等相關協助，為了積極推動新住民生活適應輔導、延伸服務幅員，讓服務社區化、在地化，特規劃便民服務行動列車，跨機關整合各政府部門資源，以宅配方式提供新住民全方位與即時性服務，縮短服務與資源使用城鄉差距，將社會福利資源「無國界、無距離」傳送給每位在臺的新住民。

行動服務除了結合戶政事務所收件外，運用行動服務列車定點定期深入各偏鄉社區，透過專業移民服務人員及專勤隊深入偏鄉，行動服務列車受理無戶籍國民、外籍及大陸人士居、停留案件、延期、變更地址及其他各類申請案，並將法令、福利、就業、衛教等資訊，將服務送達偏鄉地區，使服務據點更為機動靈活，更可有效利用資源並縮短城鄉差距。以定點定期行動車方式服務，2010年於新北市、雲林縣、花蓮縣、南投縣及屏東縣等五個縣市開始辦理，至2017年起全國21個服務站全面執行。

推動本項政策之效益可提供新住民在地即時服務，辦理新住民關懷訪視、法令宣導、諮詢、多元文化宣導活動等，並對有特殊需求個案得以家庭訪視及後續追蹤。本項政策2018年施政成效，實際完成460場次。

3. 家庭教育及法令宣導服務

各國新住民與家人因原生家庭與文化不同常產生互動與溝通困擾，移民署每月定期辦理各縣市家庭教育課程供新住民與其家人參與，課程中由講師帶領學員了解各國原生家庭差異、姻親關係、如何預防衝突與溝通之道，並認識臺灣文化背景及與家人之間的互動關係。透過課程分享新住民及其家屬常遇到的問題與相關經驗，讓新住民學習如何解決並化解因文化的不同導致溝通上所產生的誤會，藉由溝通技巧及互動方式來克服。

本項政策2018 年施政成效，實際完成340場次。

4. 生活適應輔導

內政部於1999年底公布實施「外籍配偶生活適應輔導實施計畫」，為提升新住民在臺生活適應能力，實施本計畫補助直轄市、縣（市）政府辦理各式生活輔導，鼓勵新住民及其家人共同參與。補助項目包含：

(1) 生活適應輔導班及活動：以提升新住民在臺生活適應能力為重點，施以生活適應、居留與定居、地方民俗風情、就業、衛生、教育、子女教養、人身安全、基本權益、語言學習、有關生活適應輔導及活動等課程，並鼓勵其在臺共同生活親屬參與。

(2) 種子研習班：培訓種子師資及志願服務者。

(3) 推廣多元文化活動：以提升國人對新住民主要國家之多元文化認知為目的之教育、講座。

(4) 生活適應宣導：設置新住民服務專區網頁、攝製宣導影片、印製生活相關資訊等資料。

(5) 其他經內政部專案核備事項。

本項政策2018年施政成效，完成各縣市新住民參與生活適應輔導計150班次、共15,281人次。

（三）建構新住民數位公平機會計畫及保障新住民寬頻上網計畫

本計畫係提供新住民學習數位操作的課程，培育新住民數位應用的能力，107年度共開設16門實體課程以及新製12門數位學習課程，包含文書軟體、行動應用、社群媒體及親手製作機器人等實體課程，更可利用「新住民數位資訊e網」進行線上多媒體互動學習，只要線上加入會員即可免費參加課程，不必受時間空間的限制，並期盼透過課程學習鼓勵新住民考取資訊證照、學習視通訊軟體與政府網路服務之使用，能夠讓新住民更快速地融入臺灣生活。

而本計畫亦針對偏鄉地區推出行動學習車的服務，載著上課所需硬體設備，深入偏鄉，解決硬體設備不足問題，以包圍式的課程服務規劃，有效提升新住民資訊素養能力提升；保障新住民寬頻上網計畫同時推出新住

民平版電腦免費借用服務，除了親自至服務站臨櫃租借之外，更可撥打專線預約平版電腦宅配服務，讓新住民在家就能數位學習，藉此增加數位機會、解決數位落差、創造數位公平。

（四）其他重要服務措施

1. 外來人士在臺生活諮詢服務熱線

為了解決新住民因語言隔閡無法使用求助系統之缺憾，並暢通新住民照顧服務諮詢管道方面，於2005年設置「0800-088-885」的「愛護外籍配偶專線」，提供生活適應、教育文化、就業服務、醫療衛生、人身安全、子女教育、居留及定居等有關照顧服務法令諮詢，提供國語、越南、印尼、泰國、英語、柬埔寨等六種語言之免付費諮詢服務。該專線於2008年更名為「外籍配偶諮詢專線」，2012年服務量為7,613件。

移民署為加強外國人及新住民諮詢服務品質與效能，自2014年1月1日起將「外籍配偶諮詢專線0800-088-885」及「外國人在臺生活諮詢服務熱線0800-024-111」兩專線整併為「外來人士在臺生活諮詢服務熱線0800-024-111」，提供新住民及外國人相關諮詢服務。服務對象涵蓋：即將來臺及已經來臺居住之外來人士（含新住民），所提供的服務內容：提供有關外來人士在臺生活需求及生活適應方面之諮詢服務，包括簽證、居留、工作、教育文化、稅務、健保、交通、就業服務、醫療衛生、人身安全、子女教養、交通資訊、福利服務、法律資訊、通譯服務、家庭關係及及其他生活訊息等事項。2018年服務量為45,003通諮詢電話。

2. 設立新住民培力發展資訊網

為整合各部會資源以提供更完善權益保障，移民署建置七國語言版（中文、英文、越南、泰國、印尼、緬甸、柬埔寨）之「新住民培力發展資訊網」（網址為 http://ifi.immigration.gov.tw），並設立Line的官方帳號（ID@ifitw），提供新住民家庭及國人知悉瀏覽及下載政府各部會、各直轄縣（市）政府相關新住民福利及權益資訊，2018年瀏覽量53萬789人次。

3. 設立新住民輔導就業專區網站

移民署與1111人力資源銀行合作，針對新住民建置專業求職網，期為協助臺灣新住民落地生根，尋找適當、即時且保障合法權益之工作，為在臺新住民工作就業提供另一資訊開放的資源平台，平台亦彙整新住民工作的相關須知與資源，包含求職技巧、職業訓練、失業補助、最新職缺等資訊。截至2018年12月止，網站瀏覽已達105萬123人次，共有17,413人加入網站會員，完成15,434份職缺媒合。

4. 製播新住民電視節目

為了加強對新住民的輔導照顧，使其能即時掌握訊息，更加融入臺灣這塊土地，由內政部新住民發展基金補助，2013年與中天電視公司合作製播五種語言（中文、英語、印尼語、越南語、泰語）雙字幕播出之電視節目，製播「緣來一家人」（2分鐘單元節目）以及「愛上這一家」（60分鐘節目），主要內容以分享新住民在臺灣生活的點滴，家庭、生活、就業、親子、感情等，也透過節目讓國人了解新住民在臺生活、融入社會的心路歷程，增加彼此更多的理解與認同。

2014年委託TVBS電視臺共同合作「臺灣是我家」新住民電視節目，以六種語言（中文、英語、印尼語、越南語、泰語及柬埔寨語）播出，介紹在臺灣生活的新住民生活與工作，以及他們背後動人或心酸的背景，讓大家更加了解新住民的文化與生活點滴，希望藉著正面陽光的故事與報導幫助各族群間彼此相互了解。

2017年2月起，與民視電視臺共同合作「築夢新臺灣」的電視節目，介紹新住民來臺後，從最初的陌生到後來的熟悉，克服言語上的隔閡、文化上的衝擊與不適應，努力融入臺灣並在這片土地上找到夢想的故事；節錄的節目內容亦同步於廣播節目以專題的方式播出。2017年共製播313集綜合新聞、52集專題節目，共計365集。

2018年8月起，與三立電視股份有限公司共同製播「我們一家人」電視節目，計畫於一年時間製播313集專題新聞及52集報導性節目，分別於三立新聞臺、iNEWS新聞臺、三立台灣臺、三立國際臺等頻道播出，另搭配菲律賓（英語）、印尼語、泰國語、越南語與柬埔寨語五國語言，配

音並翻譯字幕，上傳社群媒體及各影音平台供新住民選擇母語隨選觀看。

5. 建置新住民全球新聞網與社群網站

　　為服務新住民族群、尊重多元文化、保障新住民資訊取得權益、落實政府照護輔導新住民政策，2014年起，移民署委託義美聯合電子商務股份有限公司共同合作建置「新住民全球新聞網」，內建中文、英語、印尼語、越南語、泰語等多國語言介面，蒐集、編譯、採訪、製作有關新住民之文字、影音新聞及相關生活資訊，提供新住民獲取新聞資訊之整合性平台。2018年共產出文字新聞10,968則，瀏覽量達529萬6,958人次，粉絲團人數37,251人。

　　2015年成立「Taiwan，我來了！」臉書粉絲專頁，藉由每天發布貼近新住民生活的相關文章，主題橫跨社會關懷、政令宣導、有獎徵答、兩性婚姻、親子教育、母語學習、流行時尚、兒童文學、異國風情等多元面向，並定期舉辦虛實網路活動，透過活動將線上、線下資源整合運用，擴大觸及新住民，讓越來越多的新住民加入粉絲專頁，截至2018年12月共累計1,178萬人次點擊。

6. 辦理移民輔導通譯人員培訓

　　依據照顧服務措施對新住民生活適應輔導明定須「強化通譯人才培訓」，自2008年措施修定後成為內政部經常性業務。移民署自2009年起建置「全國通譯人才資料庫」，提供移民輔導、關懷訪視、綜合社會福利、衛生醫療、就業輔導、家庭暴力防治、陪同出庭、陪同偵訊、警政服務及性侵害防治等10種專長服務，以及越南語、英語、印尼語、泰國語、緬甸語、菲律賓語、日語、柬埔寨語等23種通譯語言服務，並於全臺各地辦理通譯人員培訓，截至2018年12月底，資料庫內計有1,715名通譯人才。

7. 新住民培力計畫

　　為全面照顧新住民及其子女，內政部與教育部於2012年6月21日會銜函頒「全國新住民火炬計畫」，藉由內政部、教育部、各級學校及民間團體等之跨部會與跨地區合作，使多元文化素養及族群和諧共處的觀念從小紮根，落實新住民輔導網絡及強化家庭功能，建立更前瞻完善新住民服務。

　　「全國新住民火炬計畫」行動方案執行期程自2012年起至2015年止，該計畫結束後，移民署仍持續推動新住民與其子女的相關培力計畫，包含新住民子女國內培育研習營、新住民及其子女海外培力計畫、新住民及其子女築夢計畫、新住民及其子女培力與獎助（勵）學金計畫等。

(1) 新住民子女國內培育研習營：前稱新住民二代青年人才培育研習營，從2014年開始辦理，就讀高中職及以上的新住民子女透過職涯探索、工作經驗分享與企業參訪等活動，了解未來進入國際就業視場的優勢與概況，藉此紮根培育國際人才，為日後提供工作媒合、實習及就業之服務作準備。

(2) 新住民及其子女海外培力計畫：前稱新住民二代培力計畫，從2015年開始推動試辦計畫，於寒暑假推動新住民子女回（外）祖父母居住地進行家庭生活、語言學習與文化交流，期盼藉由新住民母語及多元文化的優勢開拓國際視野及國家競爭力。

(3) 新住民及其子女築夢計畫：本計畫自2014年正式開辦，協助新住民及其子女完成夢想，並將其築夢過程的成長與感動紀錄與大家分享，展現他們對社會參與的熱情及對家庭用心的付出與貢獻；同時增加大眾對新住民及其子女的了解與認識，提升尊重多元文化素養知能。

(4) 新住民及其子女培力與獎助（勵）計畫：本計畫原為全國新住民火炬計畫之子計畫，提供全國清寒及優秀之新住民及其子女適當關懷扶助及獎勵，鼓勵參加技術士技能檢定取得證照、培養特殊優秀學生才能，增加社會競爭力，激勵其努力向學，協助減輕其家庭生活負擔，為國家人才培育奠基。

七、內政部移民署廣續推動移民輔導政策內容

　　至於目前移民署對於新住民照顧輔導之重大政策[29]內容，則分述如下：

---

[29] 內政部移民署全球資訊網（2021），https://www.immigration.gov.tw/5382/5385/5388/7178/223704/，搜尋日期：2021/03/04。

（一）前言

　　我國新住民人數已逾56萬人，為營造友善的移民環境，全方位推動移民輔導政策，協助新住民適應我國生活，保障新住民之權利與福利，並加強照顧新住民家庭及培育其子女，提升新住民人力素質，以強化國際競爭力，並達成維護移民人權的施政願景。

（二）推動情形

1.訂定「新住民照顧服務措施」

　　內政部於92年訂定「外籍與大陸配偶照顧輔導措施」（105年更名為新住民照顧服務措施）分為八大重點工作，包括生活適應輔導、醫療生育保健、保障就業權益、提升教育文化、協助子女教養、人身安全保護、健全法令制度及落實觀念宣導，由各部會及地方政府等相關機關依職權辦理，並定期召開會議滾動修正推動措施。

2.設置「新住民發展基金」

　　為協助新住民適應臺灣社會，持續落實照顧新住民措施，加強培力新住民及其子女發展成為國家新力量，增進社會多元文化交流，於94年設置「外籍配偶照顧輔導基金」（105年更名為「新住民發展基金」），每年編列約新臺幣3億元預算，以推動新住民及其子女之家庭照顧服務。

3.成立行政院新住民事務協調會報

　　為保障新住民相關權益，行政院於104年6月16日成立新住民事務協調會報，將相關新住民事務提升至行政院層級，由本署擔任幕僚單位，以跨部會協調及統整資源，研擬並落實相關權益保障措施，建構友善多元文化社會。

4.辦理新住民生活適應輔導計畫

　　為提升新住民在臺生活適應能力，使其能及早順利適應我國生活環境，共創多元文化社會，補助全國22個直轄市、縣（市）政府辦理生活適應輔導班、種子研習營、生活適應宣導及推廣多元文化活動等。

5. 設置「外來人士在臺生活諮詢服務熱線」（0800-024-111）

移民署已建置以國語、英語、日語、越南語、印尼語、泰語及柬埔寨語等七種語言，提供外籍人士及新住民在臺有生活需求及生活適應免費諮詢服務，包括簽證、居留、入出境、工作、稅務、健保、交通、社會福利、子女教育、醫療衛生及人身安全等。

6. 建置「新住民培力發展資訊網」（http://ifi.immigration.gov.tw）

為整合各部會資源，以提供更完善權益保障，移民署已建置七國語言版（中文、英文、越南文、泰文、印尼文、緬甸文、柬埔寨文）之「新住民培力發展資訊網」，並設立Line的官方帳號（ID為@ifitw），提供各部會、各直轄市、縣（市）政府相關新住民福利及權益資訊。

（三）結語

為落實新住民照顧服務，移民署將在既有基礎下，以積極態度與宏觀的視野，持續關注並推動對新住民之照顧服務，使其在臺能長期穩健發展。

第四節　移民輔導之問題與對策

我國有關的移民輔導政策由政府部門、朝野政黨、利益團體及非營利組織等達成政策共識，並經由立法、行政之政策法制化程序，經過實施後加以評估其成效，或多或少都出現與實際情況適用上捉襟見肘的窘境，唯有經過反覆檢討、改進，方能達到兼容並蓄、尊重多元文化及重視人權保障的政策與法律，這也是促進日後國家永續發展的關鍵，不得不慎。

至於我國實施多年的移民輔導政策，到底出現哪些政策在執行過程中的問題或偏誤，亟需政府對症下藥、拿出對策解決；經審視政策執行的現況、學者專家意見及政府部門相關研究報告後，其中便以監察院於2018年8月由其內政及少數民族委員會針對「新住民融入臺灣社會所衍生之相關權益探討」通案性案件調查研究報告內容所述最為完整且符合現況。茲將

該報告中所指政策問題及解決對策，摘要說明如下[30]：

壹、整體政策及協調整合面向

一、近二十年來新住民人數顯著增加，迄今已突破52萬人，我國已成為不折不扣的多元文化移民社會，但縱觀我國整體移民政策方向定位不明，因而無法統整並有效引領下位法令及制度的架構，以致相關制度或法令的修正，經常陷入「頭痛醫頭、腳痛醫腳」的殘補思維，相關措施的調整也顯得零星、片斷。隨著全球化浪潮、區域經濟崛起，跨國性的人口移動已成為不可抵擋的趨勢，也是國家無法迴避的挑戰，政府必須正視臺灣作為移民社會的歷程與現狀，調整過去偏重防堵管制及預防犯罪為主的移民政策思維，允宜積極統籌相關法規，研議是否制定專法或參酌韓國重視多元文化家庭權益與需求的具體做法，建立一套以多元文化價值為核心的政策視野與規劃，以利推動婚姻移民相關事務，使新住民順利融入臺灣社會。

二、中央政府雖已於104年間成立行政院層級的「新住民事務協調會報」，但該會報的功能性質並無法訂定我國婚姻移民政策方針的核心主軸，亦乏主導地位；且該會報以部會及地方政府副首長身分兼任的委員，由他人代理出席會議的現象普遍，以致協調整合及督導功能流於形式；而地方政府也出現協調整合不足及首長重視程度不一等問題。亟待政府重新審視檢討並調整確立現行協調整合機制的功能及定位，以強化有效的政策統籌及督導機制。

三、長久以來政府對於新住民的具體輔導策略，主要以「新住民照顧服務措施」的八大重點項目為基礎，但推動成效多強調著重於辦理場次、參與（或受益）人次等量化數據；而所謂的管考機制只是每半年例行性檢視各部會及地方政府辦理及預算執行情形，以致各項措施實際執行的普及

性與落實度，以及機關彼此間的連結銜接，缺乏整體的實效性評估，也未能就新住民的角色反觀檢視執行效果。為確保落實照顧服務的品質，並有效整合資源，政府應訂定適切的成效評估指標，以兼顧執行績效的質與量，並強化管考機制，以保障新住民基本權益與需求，使新住民順利融入我國社會。

貳、經費來源及配置面向

　　一、101年至105年新住民發展基金補助結構以「新住民家庭成長及子女托育、多元文化宣導計畫」為主，比率將近六成，而攸關新住民經濟扶助的社會安全網經費卻不及一成；補助對象又向政府機關及學校嚴重傾斜，比率將近九成，民間團體僅占一成，致新住民發展基金遭質疑淪為政府「小金庫」不盡合理，政府允應務實檢討並釐清該基金的定位及經費補助結構的合理性，並全盤檢視新住民的權益問題，針對優先順序與急迫需求，據以擬定最適資源分配策略，以落實該基金設置的初衷。

　　二、目前地方政府推動新住民照顧服務措施的經費來源，大多幾乎仰賴新住民發展基金及中央補助經費，占比達八成以上。基於臺灣作為多元文化的移民社會並非暫時性的現象，政府允宜全盤檢視前述經費結構的合理性，並就長期性支持及照顧服務措施的經費，研議逐步納入地方政府常規公務預算的可行性，使新住民輔導業務成為經常性業務的一部分。

參、服務輸送體系面向

　　目前政府所建置的新住民服務輸送體系，仍無法有效觸及原設定或處境弱勢的新住民，又受限於新住民入境名冊資料的正確率不足，無法於新住民來臺不久後即逐案進行訪視關懷及提供資訊，再加上政府在地的協助系統，如警政、衛政、社政等單位，也未能即時提供必要的服務，單就語言即不普及，以致仍多有未能接觸的新住民；換言之，目前實務上「看不見、無法站出來」的新住民，是現行服務輸送模式可能疏漏的對象。為使新住民來臺生活後所遭遇的困難，能藉著政府與民間的服務獲得緩和與改

善，政府允宜調整服務輸送的方式，加強地方網絡單位的協同合作，以主動發掘需求個案，並提高名冊資料的正確性，以強化關懷訪視的成效，進而提供適切的服務與協助。

肆、新住民融入臺灣社會所衍生的相關權益面向

一、平等權及身分權方面

（一）外籍配偶與大陸配偶因政策及法律依據有所差異，目前在身分權及服公職權方面，仍尚未盡一致。政府允宜在未違反國家安全考量下，妥善研議相關法令的適切性。

（二）依現行法規，新住民於離婚後若取得未成年親生子女的監護權，雖可繼續在臺居留，但取得過程困難重重，甚至付出高昂的代價。縱使離婚後的新住民取得子女的監護權或有未成年子女，得以繼續留在臺灣，但當子女年滿20歲時，若尚未歸化我國籍或取得永久居留權，即必須離境而被迫與子女分離。突顯現行法規對於前述新住民離婚後的居留權及家庭團聚權保障，仍未盡周延，政府允宜儘速循修法途徑以澈底妥善解決，以符合人倫與正義。

（三）現行面談制度僅以「共同生活經驗」作為判斷婚姻真實性的基準，據以禁止新住民入境，若未有其他判斷基準加以補強，將造成手段與目的之間，欠缺內在正當合理關聯，並有妨礙家庭團聚權之虞，與憲法第7條平等權的保障未盡相符。為保障人倫秩序的家庭團聚及共同生活權，兩者在面談制度上應如何調和，實有賴主管機關審慎研究檢討。

（四）新住民縱使通過面談得以來臺生活，但政府後續仍可藉由不時查察的做法輕易推翻新住民在臺的居留身分；為避免新住民在臺居留身分陷入不確定狀態，影響新住民的家庭及婚姻生活，政府允宜檢討查察做法是否周全精確。

（五）政府雖已建立新住民遭受歧視的申訴機制，每年也持續辦理有關多

元文化活動及促進文化平權措施，但現階段仍以舉辦展覽及活動爲主，甚至編列龐大經費辦理大型、一次性活動，以致效果只是曇花一現；目前臺灣社會對於新住民的態度，仍有偏見，且部分新住民在家庭及社會上受到歧視的現象，也仍然存在，甚至其子女也因母親身分，受到歧視，頗值政府加以重視。政府應積極檢視各項措施對於促進新住民文化平權的實質效益，據以研謀相關解決對策，並加強對新住民家庭成員的教育及落實學校多元文化的接納與尊重，以有效全面消弭新住民及其子女在各種場域中所受到的歧視，促使各族群相互理解、包容與尊重，建構我國多元文化的友善社會。

二、生存權方面

（一）新住民遭遇家庭暴力問題嚴重，目前政府雖已建置相關通報系統及提供保護措施，但因配套做法不夠周延，針對新住民遭受家暴的扶助資源也不足，以致婚姻移民的家暴防治成效受到減損。此外，現行法規讓受暴的新住民離婚後能否繼續居留的條件，決定在「有無未成年親生子女」，致使新住民當遭受家暴時，若無未成年子女，只能隱忍受虐，不敢離婚，否則將失去居留權。政府應正視此問題，積極針對新住民遭家暴問題的特殊性研提因應對策，強化保護扶助工作及加強國人尊重新住民的相關婚姻教育課程，並揚棄人身安全保障與「母職」的扣連，參照國外在相關法規中積極增訂完成防家暴條款，保護新住民免於家暴的恐懼及危害。

（二）新住民取得我國國民身分證後，依法可申請相關社會救助措施，以維持最低基本生活的水準；但部分新住民對於申請時所應檢具的證明資料，取得困難，文件的通譯也造成新住民的經濟負擔，並排擠地方新住民家庭服務中心原本的個案服務工作及通譯資源用途。政府允宜了解實際問題的癥結點並研議協助解決對策，使經濟弱勢的新住民得以跨進社會救助的門檻，保障新住民家庭得以維持合乎尊嚴的基本生活。

三、工作權及勞動權方面

（一）政府放寬婚姻移民工作權的政策，已實施多年，但仍有雇主不知放寬後的規定或有其他顧慮，而拒絕僱用新住民，形成新住民就業的障礙；此外，新住民取得永久居留許可者，也毋須申請許可，即可在臺工作，但因證件並無相關註明，反造成求職的障礙。政府允應對國人雇主進行有效的法令宣導，並儘速研擬改善及配套措施，以保障新住民的工作權。

（二）新住民投入就業市場的動機相當強烈，但仍面臨許多進入職場的障礙，以致新住民於求職及就業過程受到刻版印象的歧視與限制，即使具有高學歷及專業能力者，也難以施展。政府應重視新住民具有的前瞻優勢，積極提升新住民人力資本及就業能力，排除新住民遭遇的就業障礙，強化就業歧視的申訴管道，以協助新住民的社會融入及參與。

（三）新住民遭到雇主剝削薪資福利待遇的情形，層出不窮，尤其是在不具規模的餐飲與服務業，包括：無勞保、健保、未提繳勞工退休金、勞保投保率僅達三成等。政府允應建立有效的查處機制，並對雇主進行有效的法令宣導及取締違法雇主，強化申訴及求助管道的暢通，以保障新住民的勞動權益。

（四）新住民尋職管道過於集中於同鄉親友介紹的現象，甚少尋求正式管道，對於政府部門就業服務及職業訓練的使用率偏低甚至逐年下降；但此種求職模式通常為非典型工作，以致新住民容易進入欠缺保障的就業環境。政府允宜提供更細緻化的輔導措施，加強相關政策措施的輸送體系，提升職業訓練課程的可接近性，以克服新住民與公部門服務間的隔閡與使用門檻，協助新住民投入適合的職場。

四、教育權方面

（一）新住民來臺首先面臨中文溝通及識字問題，並深深影響其求職工作、學力鑑定、生活適應、家庭成員相處、子女教養等層面。政府

允宜規劃結合相關資源及學校，確實提供新住民學習華語的機會，有效消除語言的隔閡，以克服語言對於新住民融入臺灣社會的阻礙。

（二）政府雖已放寬或簡化新住民學歷採認的範圍及作業流程，但實務上學歷認證制度仍對新住民的升學、求職及考取證照的機會，造成極大影響及限制。政府允應分別就新住民於各階段學歷的採認所面臨的障礙與困難，積極謀求對策，研議彈性做法，以保障新住民於升學及就業的競爭力。

（三）新住民對外參與相關學習課程或活動，有助於順利融入適應及參與社會，但常遭臺灣家庭反對，或礙於工作及家庭照顧責任，以致參與率不足。政府允應採取有效的宣導與鼓勵措施，使新住民家庭充分了解新住民具備相關能力的歷程及重要性，讓家庭成員一同參與學習，促進多元文化的雙向交流。

（四）「跨國銜轉學生」返臺後在臺的生活適應、課業學習出現極大阻礙與困難，實務上已發生許多具體案例，但這些案例皆由各地方政府、各學校各行其是，政府未有適切的處理方案，並拖延至106年9月方調查統計人數及建立專案小組。政府應嚴肅面對「跨國銜轉學生」就學的問題，就回流返臺的實際個案及後續教育銜接，從通報追蹤與掌握、就學安置與轉銜、語言學習與生活輔導等面向，建立完善的處理機制及配套措施。

五、健康權方面

（一）依現行法規，在臺領有居留證明文件且有一定雇主的受僱者，即可參加全民健康保險為保險對象，享有健保醫療權益，但懷孕的新住民仍須在臺居留滿六個月，方能申請參加，不盡合理。政府允宜儘速進行通盤性、制度性的檢討及調整，使新住民可享有基本的健康保障。

（二）生育保健通譯員於衛生所訪視或門診時協助提供通譯服務，是減

少新住民語言隔閡及溝通障礙的重要橋梁，政府允應妥善評估目前350名生育保健通譯員的配置及運用策略，並與地方政府及民間團體建立合作平台，經由轉介服務機制，使通譯服務能即時發揮效能，以落實對新住民健康權的保障。

（三）政府為排除新住民難以取得生育健康資訊及資源的障礙，雖已提供「生育保健諮詢與健康檢核建卡管理」，但政府允宜務實檢討服務成效及評估指標，以確保新住民皆能獲得相關醫療資訊及資源。

六、社會保障及社會參與方面

（一）目前政府對於新住民設籍前的社會福利事項，雖已運用新住民發展基金提供相關協助，但目前僅有「設籍前新住民社會救助計畫」、「設籍前新住民遭逢特殊境遇相關福利及扶助計畫」、「設籍前新住民健保費補助計畫」。為確保新住民得以維持最低基本生活的水準，針對新住民未入籍前的社會安全保障，政府允宜全盤檢視相關社會福利法規及相關協助措施，釐定最為迫切需要協助的對象及優先順序，提供基本福利服務及補助措施，避免貧困的新住民家庭落入更為弱勢的困境。

（二）政府雖已提供低收入戶及中低收入戶房屋租金補助措施，但實際上因房東為免遭課稅而不願出租或出具資料，使列冊低收入戶的新住民家庭無法獲得補助，以致良善的措施淪為「看得到、卻吃不到」的現象。政府允宜針對新住民於申請補助時所遭遇的困境，積極研議解決對策外，並應建立相關求助管道，避免低收入戶新住民家庭因無法申請相關補助，而落入更為弱勢的處境。

（三）新住民離婚率雖有逐年下降的趨勢，但相較於我國人離婚率，仍呈現偏高的現象，政府應正視此問題，針對新住民離婚的原因，從預防概念著手，加強跨國婚姻關係的了解並透過資訊對外說明，及早介入提供服務與協助，並針對新住民於離婚後所面臨的需求與困境，如經濟負擔、子女照顧及教養等問題，提供相關資訊管道及建立支持系統，以協助跨國婚姻單親家庭。

（四）新住民家庭因工作、經濟負擔的考量，不得不將子女托由母國親人
協助照顧，即所謂跨國托育的權宜做法。政府應嚴肅面對新住民家
庭面臨的實務困境，針對實際需求研擬或整合適切的托育政策，以
提供新住民家庭在托育需求上的協助；另研議能否權宜或採專案方
案開放新住民母國的父母親來臺協助照顧幼兒，以改善與減少我國
新住民子女境外滯留的問題產生及衍生返臺後接續教育困難與融入
社會不易的困境。

（五）許多新住民對於我國民主運作認識有限，又因語言隔閡及生活適應
等問題，不易表達及反映自我意見與實際需求；政府應積極辦理公
民教育並建立相關鼓勵機制，培力新住民籌組社團及擔任民間團體
的幹部，讓新住民得以發聲、充分參與公共事務。

第五節　小結

　　臺灣自從三十餘年前即開放邁向移民社會，伴隨著全球化的浪潮
下，截至2020年底，我國境內之外來人口已達86萬餘人，這些來到臺灣
的外籍人士或移民，不管係長期居住或短期停留者對於我國經濟、工商業
及社會各個層面的發展都是顯著的助力，而非阻力；是以，我國理應塑造
一個符合移民者需求的友善、支持、尊重與可親的友善環境，誠摯接受數
以萬計的新移民，以因應目前少子化、缺工危機，同時做好人力資源的控
管，提升其人力素質，以強化我國在國際間的競爭力，創新公、私部門之
移民輔導思維，藉以回應移民政策應有之策略方向，誠為政府執政的當務
之急。

　　回顧臺灣歷史，臺灣也是一個由多種文化融合而成的社會，加上近
年來與外籍人士之跨國婚姻網絡連結，致使移民人口與日俱增，多元文化
無可避免是社會大眾勢必要面對的重要課題。另一方面，充分了解多元文
化的內涵，尊重各種文化的獨特性，也可消弭不同文化間因差異而產生的
衝突，達到和平共存的理想境地。換言之，多元文化教育的理想即希望在

文化多元的社會裡，透過教育的力量，避免族群的衝突、消除種族的歧視及社會中的不平等現象。Gollnick認為多元文化教育的目的在促進文化多元的優點與價值、人權觀念與文化差異的尊重、人們對不同生活有選擇的機會、社會正義與均等的機會、不同群體間均等的權力分配[31]。再者，多元文化教育主要的精神正是要突顯社會各階層均能以接納與尊重的態度來看待不同於己的文化，引導社會大眾以更多元視角了解來自各國新住民之母國文化，增加社區民眾對新住民多元文化接觸機會，達到翻轉對新住民文化刻板印象之目的，讓大眾敞開胸懷接納新住民多元文化不同樣貌的能量，因此推展多元文化教育乃係刻不容緩的要務。

　　從移民輔導政策的未來發展來檢討當下所實施的移民輔導政策措施，自始至終就是深具啓發意義的策略管理目的，或許藉由這樣反思的途徑能讓政府部門在當下釐定政策規劃與行動時，可以避免些許的錯誤與遺憾；臺灣的未來顯然不是單由這些外來的新移民所能一手決定，但要開創更好、更幸福的生活，卻絕不可能排除這些新移民的參與及其影響力。如此一來，建構彼此尊重的友善環境、認同新住民多元文化、重視權利（人權）義務的保障及消弭種族間歧視的目光，這樣多元的努力實踐，才能擴展我國移民輔導的管道及規劃更為融入臺灣生活的移民政策，方能成就宜居、和樂的社會。

參考書目

一、中文文獻

王美玉、尹祚芊、仉桂美、蔡培村、劉德勳（2018），「新住民融入臺灣社會所衍生之相關權益探討」通案性案件調查研究報告。

吳定（2003），政策管理，台北：五南圖書出版公司。

---

[31] Gollnick, D. M., (1980), Multicultural education, Viewpoints in Teaching and Learning, 56, pp. 1-17.

呂文玲（2019），我國吸引移民政策之修法研析，立法院研究成果：議題研析。

梁金利（2011），我國政府對新移民輔導措施之研究，玄奘大學國際企業學系碩士論文。

章光明（2017），警察政策，桃園：中央警察大學。

陳明傳（2014），我國移民管理之政策與未來之發展，文官制度季刊，6卷2期。

陳明傳等（2016），移民理論與移民行政，台北：五南圖書出版公司。

陳芬苓（2014），女性新移民生活狀況的轉變與政策意涵，東吳社會工作學報，27期。

陳品諭（2017），探討移民輔導政策的政策執行網絡－以新北市新住民關懷服務為例，國立政治大學公共行政學研究所碩士論文。

黃源協、蕭文高（2020），社會政策與社會立法，台北：雙葉書廊。

楊基成（2020），從全球化觀點探討外來人口對我國警政治安之影響與防制對策，中央警察大學警政論叢，20期。

楊翹楚（2019），移民政策論與實務，台北：元照出版有限公司。

Peter Kivisto & Thomas Faist著，葉宗顯譯（2013），跨越邊界：當代遷徙的因果，新北：韋伯文化國際。

二、外文文獻

Benhabib, S., (2004), The Rights of Others: Aliens, Residents, and Citizens, Cambridge, UK: Cambridge University Press.

Blakemore, K. & Warwick-Booth, L., (2013), Social Policy: An Introduction, Maidenhead: Open University Press.

Gollnick, D. M., (1980), Multicultural education, Viewpoints in Teaching and Learning, 56.

Goodhart, M., (2009), Human Rights: Politics and Practice, New York: Oxford University Press.

Guide, E., (2009), Security and Migration in the 21st Century, Cambridge, UK:

Polite Press.

O'Leary, R., B. Gazley, M. McGuire & L. B. Bingham, (2009), Public manager in collaboration, In R. O'Leary, & L. B. Bingham (Eds.), The Collaborative Public Manager: New Ideas for the Twenty-first Century, pp. 1-14, Washington, DC:Georagetown University Press.

三、網路、報紙資料

內政部主管法規查詢系統，https://glrs.moi.gov.tw/LawContent. aspx?id=FL026891#lawmenu，搜尋日期：2021/04/10。

內政部全球資訊網，https://www.moi.gov.tw/cl.aspx?n=4412，搜尋日期：2021/03/30。

內政部移民署全球資訊網（2021），新住民照顧輔導，https://www. immigration.gov.tw/5382/5385/5388/7178/223704/，搜尋日期：2021/03/04。

內政部移民署全球資訊網（2021），什麼是移民輔導？，https://www. immigration.gov.tw/5385/12162/12215/服務站設置有移民輔導櫃檯—什麼是移民輔導—那些人是移民輔導的對象—可以得到什麼協助/，搜尋日期：2021/03/03。

內政部移民署全球資訊網（2021），新住民照顧服務措施，https://www. immigration.gov.tw/5385/7445/7451/7457/7472/7475/，搜尋日期：2021/04/04。

內政部移民署全球資訊網（2021），新住民發展基金，https://www. immigration.gov.tw/5385/7445/7451/7508/7511/30446/，搜尋日期：2021/03/04。

中國時報，16年後臺新生兒恐跌破10萬人，2021年4月26日。

第十二章

非法移民管理之政策規劃、法制、問題、實務與對策

高佩珊

第一節　前言

　　根據「美國海關與邊境保護局」（U.S. Customs and Border Protection, CBP）官方網頁顯示，該局目前擁有6萬多名員工，爲全球最大的執法機關之一，主要負責將恐怖分子及其武器阻絕於美國境外，同時促進合法的國際旅行和貿易。[1]作爲美國第一個統一的邊境安全管理機構，[2]海關與邊境保護局對邊境管理和控制採取全面途徑，將海關、移民、邊境安全和農業保護結合成一項具協調性和支持性的活動。目前該局在全美328個口岸提供入境安全和便利運作，此次新冠疫情瞬間在全球的大爆發，致使各國紛紛關閉邊境，嚴格管控外國人士入境與轉機，「海關與邊境保護局」重要性更加突顯。疫情之前，該局每日處理近100萬名旅客入境美國；疫情爆發之後，多項檢疫措施與入境安檢程序不輸反恐時期。美國不只在防疫措施上提出多項新做法，對於難、移民之申請亦增設許多條件。針對入境人流管理機制，川普自2017年1月上台後便發布多項總統行動限制特定人士的入境；在防範與避免新冠肺炎疫情更加嚴峻之下，川普亦頒發多項公告強化入境管理機制。在一屆四年的總統任期內，川普一共簽署和發布40項與難、移民入境申請、邊境安全管理有關的「總統行動」，[3]其中

---

[1]　About CBP, US Customs and Border Protection, November 21, 2016, available at: http://https://www.cbp.gov/about, last visited: 2021/01/05.

[2]　美國海關與邊境保護局自2003年起被納入成爲國土安全部（Department of Homeland Security, DHS），成爲美國第一個全面性的邊境安全管理機構，維護美國國家邊境和入境口岸的完整性。該局與「移民和海關執法局」（Immigration and Customs Enforcement）共同合作進行執法。見高佩珊（2019），美國川普政府移民政策分析，高佩珊主編，移民政策與法制，台北：五南圖書出版公司，頁257。

[3]　美國總統行動（presidential actions）包含：總統行政命令、備忘錄、公告、提名與派令（nominations and appointments）。總統行動當中就不同議題分爲：預算與支出（budget and spending）、經濟與就業（economy and jobs）、教育（education）、能源與環境（energy and environment）、外交政策（foreign policy）、醫療（healthcare）、移民（immigration）、基礎設施與科技（infrastructure and technology）、土地與農業

在「移民」項目內的「行政命令」（executive order）有七項、對外「公告」（proclamations）有12項、對內簽發給政府官員的「總統備忘錄」（presidential memoranda）有13項。另有幾項與難移民入境管理、邊境安全相關的總統行動發布在「健康照護」（healthcare）當中，其中公告有五項、行政命令一項；發布在「國家安全與國防」（national security and defense）項目內的公告有一項。因此，本文欲以美國作為個案研究（case study），分析新冠疫情爆發後，川普政府在國境管理上所作之變革與調整，藉由分析美國國境管理機制，期能提供我國於後疫情時代可能的國境管理機制規劃做一參考。

第二節　文獻探討

　　美國一向吸引世界各國人士移入，無論是觀光旅遊、生活留學或移民，每年吸引將近8,000萬名入境旅客；[4]因此，如何嚴守邊境、維護國家安全成為政府施政非常重要之議題。美國學界對於邊境安全和國境守護有許多重要看法與研究。例如，Robert Bach（2005）在其文章〈轉變國境安全：預防第一〉（Transforming border security: Prevention first）當中指出，[5]2001年9月11日發生的恐怖攻擊事件促使美國加速推動預防性的邊境

（land and agriculture）、法律與司法（law and justice）、國家安全與國防（national security and defense）、社會計畫（social programs）與退除軍人（veterans）等13個項目。見高佩珊（2020），移民安全機制之體系、現況、困境與對策，柯雨瑞主編，國境管理與國土安全，台北：五南圖書出版公司，頁1-47。

[4] 以2018年為例，就有7,988萬名國際旅客入境美國；其中以加拿大（27%）和墨西哥（23%）為最主要來源國。參見廣茜（2019），民航資源網邊境管理局，民航資源網，http://www.cadas.com.cn/news/20191030110005000001.html。

[5] Bach, Robert, (2005), Transforming border security: Prevention first, Homeland Security Affairs, 1(1), pp. 1-14, avaliable at: https://www.hsaj.org/articles/181, last visited: 2020/11/04.

管理計畫。所謂「預防」侵犯邊界的行爲包含攔截（interdiction），意指在物理上實際阻止任何入侵行爲的發生；「先發制人」（preemption），指通過例行檢查攔截非法運送武器、人員或其他非法貨物；以及在非法行爲向未發生前就先採取的「威懾」（deterrence）手段。他認爲儘管在某些情況下有效，但以上戰略皆未發展成爲一項全面以預防作爲導向，能夠保障美國國境安全的方法。Bach認爲以預防作爲主導的國境安全戰略的發展至少涉及四個戰略的轉變：必須將邊境安全與美國的全球戰略保持一致、制定新的外交政策、與他國合作以及改變美國的反應方式。他批評美國官員在國境安全戰略領域，並未加速規劃國境管理的長期倡議和政策，其實只要加強運作和投入更多資源，就能避免遭遇911恐怖攻擊事件。他解釋預防是一個優先考慮的想像概念，要求在現有條件和能被廣泛接受的觀點下，尋找和創造替代方案。因此，政府需先思考到底要採取何種措施，才能避免恐怖攻擊的發生？該篇文章提供美國國境安全管理重要的策進作爲建議，惟該項研究發表於川普上台之前，無法涵蓋川普上台後所調整的國境管理措施，本文仍將參考其他著作。

　　Victor M. Manjarrez（2015）在〈如何界定國境安全才是眞正挑戰〉（Border security: Defining it is the real challenge）一文中指出，[6]自發生911恐怖攻擊以來，國境安全不僅成爲美國認眞追求的一個觀念，亦是許多美國人持續關注的焦點。但他也直言，儘管美國在國境執法方面取得重大進展，但究竟該如何判斷美國的國境安全執法工作是否成功，仍然存在廣泛分歧。Manjarrez舉例說明，例如評斷國境安全的績效衡量標準並不是很清楚，但是總有一些數據列表顯示國境執法工作已經很成功。Manjarrez認爲在投入大量資源進行國境執法之前，吾人應先定義何謂成功的「國境安全」。他指出，911事件的發生促使美國對於移民政策進行全面改革，同時亦使國會了解到除非增進對邊境安全的認識，否則便無法

---

[6]　Victor M. Manjarrez, (2015), Border security: Defining it is the real challenge, Homeland Security & Emergency Management, 12(4), pp. 793-800, avaliable at: https://www.utep.edu/clhb/_Files/docs/Manjarrez.pdf, last visited: 2020/11/04.

成功進行移民政策改革。因此，911事件後美國對於西南邊境的國境安全投入大量人力、技術和基礎設施。Manjarrez指出，根據2006年的「安全圍籬法」（Secure Fence Act of 2006），[7]國會將「國境管理」定義爲「防止所有非法入境美國的行爲」（prevention of all unlawful entries into the United States），亦以此作爲衡量與墨西哥接壤近2,000英里沿線邊境安全成功與否的標準。但他批評該標準對於國會和負責國境安全執法工作者而言，卻有很大問題，因爲非法入境「零容忍」（zero tolerance）政策，明顯是個無法實現的目標。Manjarrez認爲，成功的國境安全應該是降低邊界混亂、打敗犯罪分子，從而降低風險。對於Manjarrez而言，如果要改善此種情況，吾人應該先定義何謂成功的國境安全。他將成功的國境安全定義爲「對邊境情勢的認知與掌握、有效挫敗犯罪分子的能力以降低邊界混亂局面、改善居民的生活品質、降低危害國家經濟活力的風險」；而實現此目標的方法在於確保任何人皆是以合法途徑入境美國，違法者一律逮捕。

根據「美國國會研究報告」（Congressional Research Service, 2010），[8]作爲美國防止非法入境第一線的「邊境巡邏隊」（The United States Border Patrol），有著悠久的歷史；其主要任務爲檢測與防止恐怖分子、大規模殺傷性武器、人員非法入境美國，攔截邊境毒品走私者和其他犯罪者。邊境巡邏隊目前隸屬於「國土安全部」。由於國會對於非法移

---

[7]　美國於2006年實施的「安全圍籬法」要求國土安全部長在該法頒布後的18個月內採取適當行動，以實現對美國陸地和海洋邊界的控制，包括：1.使用更有效的邊界監視技術，例如無人機、地面感知器、衛星、雷達和照相機等；2.加強實體基礎設施以防止非法入境，例如增加檢查站和設置全天候通行道路和車輛障礙。此外，亦要求國土安全部長每年向國會報告邊境管制進展情況。關於該法案內容可參見Summary of Secure Fence Act of 2006, American Immigration Lawyers Association, avaliable at: https:// https://www.aila.org/infonet/pl-109-367, last visited: 2020/11/19.

[8]　Chad, C. Haddal, (2010), Border Security: The Role of the U.S. Border Patrol , Congressional Research Service, avaliable at: https://fas.org/sgp/crs/homesec/RL32562.pdf, last visited: 2020/11/06.

民議題的關注，過去十年當中，邊境巡邏隊的預算和人力增加兩倍多，並自1994年開始採用「預防威懾」（prevention through deterrence）作為其主要策略。此策略要求將邊境巡邏隊的資源和人力投注於非法移民最大的區域，以發現、阻止和逮捕企圖越境的外國人。但自2001年911恐怖攻擊後，擁有2萬多名人力的邊境巡邏隊重新將工作重點放在預防恐怖分子和大規模殺傷性武器進入美國。美國邊境巡邏隊主要負責美國與墨西哥、加拿大接壤的邊境安全，以及佛羅里達州和波多黎各周圍沿海水域巡防工作。但由於美國與加拿大的北部邊界和美國與墨西哥的西南邊界在地理、政治和移民組成方面存在重大差異；因此，巡邏隊在兩個邊界上部署不同的人員和資源組合。根據該份研究報告，98.7%遭逮捕的非法入境移民發生在西南邊境，邊境巡邏隊因此在該區域部署超過85%的人力以阻止非法移民。該報告說明儘管北部邊界比西南邊界長兩倍以上，試圖由北部邊境非法進入者數量較少，但北部邊境仍有可能更容易遭受恐怖分子的襲擊。因此，邊境巡邏隊將其北部邊境工作集中在運用創新科技，並與加拿大當局緊密合作組成國際邊境執法部隊。該份報告亦明確指出國會應注意以下事項：邊境巡邏隊擁有的非法外國人生物特徵資料庫與聯邦調查局罪犯和恐怖分子生物特徵數據庫結合過慢、每年非法入境者的死亡率、針對邊境巡邏隊員的攻擊事件越來越多、恐怖分子在人煙稀少的北部邊境以及脆弱的西南邊界上皆對美國構成威脅。

歐洲學者Rey Koslowski（2011）在其文章〈預防非法移民的國境管制機制演變〉（The evolution of border controls as a mechanism to prevent illegal immigration）中，[9]研究如何改善美國和歐盟的邊境安全。Koslowski首先分析美國國境安全面對的挑戰，包含每年合法和非法進入美國的龐大人數；美國對國境管理投入的資源，包含邊境巡邏隊員人數和預算；防範目標的持續變動和促進國際貿易和人口移動的安全。

[9]　Rey Koslowski, (2011), The evolution of border controls as a mechanism to prevent illegal immigration, Migration Policy Institute, 12(4), pp. 793-800, avaliable at: file:///C:/Users/user/Downloads/bordercontrols-koslowski.pdf, last visited: 2020/11/04.

Koslowski認爲在過去的幾十年中，如何實施有效的邊境管制對美國而言已成爲日益嚴峻的挑戰；面對要求制止非法移民和防止潛在恐怖分子入境的巨大政治壓力，促使美國必須投入越來越多的資源進行國境管理。例如，在美墨邊境建造實體圍欄和引起爭議但最終卻宣告失敗的「虛擬圍籬」（virtual fence）計畫，包括設立一系列雷達、地面感知器和無人機，增加五倍人力部署在西南邊境，甚至設計各種系統以期在旅客入境前，蒐集更多相關數據。他認爲某些計畫的執行相對容易，有些卻相當困難，如何有效管理入境口岸、創建和開發能夠提供更深入的入境安全檢查並促進國際貿易和貿易安全的新的管理系統等，皆面臨著挑戰。除此之外，Koslowski直言，一直以來國會總會設定不太可行或不太實際的移民執法目標。儘管邊境管理工作仍然獲得許多強有力的政治支持，但並無法保證這些計畫皆能夠取得成果，政府應該思考是否值得爲國境管理投入如此巨大成本或者應該將資源更加有效的投入、利用在其他地方。顯然，Koslowski並不滿意現今美國的國境管理機制，亦質疑美國對於許多邊境管理計畫的鉅額付出是否值得。

另外，由美國國土安全部出版的「國境安全衡量報告」（Border Security Metrics Report, 2018）則指出，[10]如同川普總統於2017年1月25日簽署和公布的「國境安全與移民執法改進」（Border Security and Immigration Enforcement Improvements）行政命令所言，國境安全對於美國的國家安全至關重要。因此，國土安全部根據該行政命令衡量、分析該部對於國境安全的投入、活動和產出，對於有效管理國境安全至關重要。該報告說明國境安全指標旨在評估國土安全部國境安全政策和實現這些目標的投資，因此該報告中使用四類衡量指標：輸入、活動、產出和結果。「輸入」指的是，爲保護邊界安全而獲取或花費的資源；「活動」意指爲保護邊界而採取的具體行動，包括逮捕非法入境者和查獲毒品；「產出」

---

[10] Department of Homeland Security Border Security Metrics Report, Department of Homeland Security, May 1, 2018, avaliable at: https://www.dhs.gov/sites/default/files/publications/BSMR_OIS_2016.pdf, last visited: 2020/11/09.

指與邊境安全目標有關的執法活動的即時成果；「結果」意謂著對於國境安全政策的最終影響。根據國土安全部「四年期國土安全檢討報告」（Quadrennial Homeland Security Review）的定義，[11]衡量邊界安全最重要的結果是進入美國的非法移民人數和非法物品的數量，以及合法旅行者和貨物入境的便利簡易程度。以上多篇文章對於美國國境管理機制和面臨之困境與挑戰皆有詳細分析與探討，能給予本章許多參考價值；因此，本章將以疫情爆發後，美國對於國境管理機制所進行之調整與安排。

第三節　疫情爆發後國境管理相關總統行動

　　本文以美國國境管理機制作為個案研究對象，分析新冠疫情爆發後，川普政府以總統行動執行與調整之入境管理新措施。根據白宮網站顯示，川普上台後在對外發布的總統公告當中，與國境安全有關的行政命令計有一項，總統對外發布之公告有五項，主要在針對潛在恐怖分子入境美國所設置之入境管理限制。然而；自2020年1月21日，美國宣布出現第一例嚴重特殊傳染性肺炎後，至3月17日全美各州皆發生新型冠狀病毒（COVID-19）確診個案，截至2020年12月9日美國確診病例數為1,513萬7,712人，死亡28萬5,880人，[12]死亡比例為1.88%。全球確診案例則為6,804萬6,467人，死亡155萬3,528人，[13]死亡比例為2.28%。至2021年5月

---

[11] 「四年期國土安全檢討報告」為國土安全部基本戰略文件，每四年更新一次並就國土安全的長期戰略和優先事項提出建議。關於2014年國土安全檢討報告可參閱2014 Quadrennial Homeland Security Review, Department of Homeland Security, avaliable at: https://www.dhs.gov/sites/default/files/publications/2014-qhsr-final-508.pdf, last visited: 2020/11/09.

[12] 華僑網（2020），武漢肺炎全球最新情報12/9，https://www.cna.com.tw/news/firstnews/202012090021.aspx，搜尋日期：2021/01/05。

[13] 同上。

27日止，全球確診數為168,181,146人，死亡349萬4,000人。[14]疫情爆發後，為免疫情更加嚴峻與繼續擴散，川普當時對外發布「公告」，實施之入境限制與管理措施至他下台前共有九項。以下說明疫情爆發後，美國公布的入境管理新措施：

一、具傳染2019新型冠狀病毒風險之移民與非移民人士暫停入境公告（Proclamation on Suspension of Entry as Immigrants and Nonimmigrants of Persons who Pose a Risk of Transmitting 2019 Novel Coronavirus）公布於2020年1月31日。

二、具傳染冠狀病毒風險之移民與非移民特定人士暫停入境公告（Proclamation on the Suspension of Entry as Immigrants and Nonimmigrants of Certain Additional Persons Who Pose a Risk of Transmitting Coronavirus）公布於2020年2月29日。

三、具傳染2019新型冠狀病毒風險之移民與非移民特定人士暫停入境公告（Proclamation on Suspension of Entry as Immigrants and Nonimmigrants of Persons who Pose a Risk of Transmitting 2019 Novel Coronavirus）公布於2020年3月11日。

四、具傳染2019新型冠狀病毒風險之移民與非移民人士暫停入境公告（Proclamation on Suspension of Entry as Immigrants and Nonimmigrants of Persons who Pose a Risk of Transmitting 2019 Novel Coronavirus）公布於2020年3月14日。

五、具傳染新型冠狀病毒風險之移民與非移民特定人士暫停入境公告（Proclamation on Suspension of Entry as Immigrants and Nonimmigrants of Certain Additional Persons Who Pose a Risk of Transmitting Novel Coronavirus）公布於2020年5月24日。

六、新冠肺炎爆發後於經濟復甦時期對美勞動市場構成風險之移民人士暫停入境公告（Proclamation Suspension Entry of Immigrants Who Present

---

[14] 國家高速網路與計算機中心，COVID-19全球疫情地，http://covid-19.nchc.org.tw，搜尋日期：2021/05/27。

Risk to the U.S. Labor Market During the Economic Recovery Following the COVID-19 Outbreak）公布於2020年4月22日。

七、冠狀病毒爆發後對美國勞動市場形成風險之外國人士暫停入境公告（Proclamation Suspending Entry of Aliens Who Present a Risk to the U.S. Labor Market Following the Coronavirus Outbreak）公布於2020年6月22日。

八、暫停繼續對美國勞動市場具有風險之移民與非移民人士入境公告（Proclamation on Suspension of Entry of Immigrants and Nonimmigrants Who Continue to Present a Risk to the United States Labor Market）公布於2020年12月31日。

九、結束對於來自申根地區、英國、愛爾蘭和巴西特定旅遊人士限制入境公告（Proclamation Terminating Restrictions on Entry of Certain Travelers from the Schengen Area, the United Kingdom, the Republic of Ireland, and Brazil）公布於2021年1月18日。

2020年1月21日美國宣布出現第一起嚴重特殊傳染性肺炎案例後，川普總統隨即於1月31日發布第一份「具傳染2019新型冠狀病毒風險之移民與非移民人士暫停入境公告」。該份公告言明美國已經確認由「中國」湖北省武漢市首次發現的新型冠狀病毒引起的嚴重急性呼吸道疾病會導致人患病，[15]有些會在動物中傳播進而感染人類，再經由人與人之間的接觸傳播，嚴重時會引起肺炎、急性呼吸窘迫、敗血性休克和多重器官衰竭。周遭國家多已採取迅速行動，通過封鎖國境和停止與中國之間往來的旅行以保護其公民。2020年1月30日，世界衛生組織（World Health Organization, CDC）宣布新型冠狀病毒爆發為國際關注的突發公共衛生事件；「美國疾病管制暨預防中心」（Centers for Disease Control and Prevention）已確

---

[15] 該份公告詳細內容可參閱Proclamation on Suspension of Entry as Immigrants and Nonimmigrants of Persons who Pose a Risk of Transmitting 2019 Novel Coronavirus, White House, avaliable at: https://www.whitehouse.gov/presidential-actions/proclamation-suspension-entry-immigrants-nonimmigrants-persons-pose-risk-transmitting-2019-novel-coronavirus/, last visited: 2020/12/03.

定該病毒對美國構成嚴重公共衛生威脅。疾病管制中心正密切監控美國情況，對於大多數來自武漢的旅客抵達的五個美國機場加強入境監控，並在疾病管制中心醫療檢查站所在的20個入境口岸提高對疾病的應對能力和支持對在美國境內確診病例進行疫情調查。疾管中心已確認該病毒在美國境內進行人與人之間的首次傳播，但由於疾管中心以及州和地方衛生部門資源有限，如果在美國持續不斷的人對人傳播病毒，公共衛生系統將不堪重負，最後可能引起一系列公共健康、經濟、國家安全和社會後果。2019年平均每天有超過14,000人從中國飛往美國，美國政府無法有效評估和監測從中國抵達的所有旅客；然而，受感染的入境者可能會廣泛傳播病毒，威脅美國運輸系統和基礎設施安全以及國家安全。為保護美國境內民眾免於受到傳染病威脅，政府確定採取行動限制和中止以移民或非移民身分者的入境，以符合美國的利益。有鑑於保護美國境內人員免受這種有害傳染病威脅的重要性，政府已確定採取行動限制（restrict）和中止（suspend）以移民或非移民身分進入或試圖入境美國前的14天內，曾經在「中華人民共和國境內」（香港和澳門特別行政區除外）實際居住的所有外國人士之入境，以符合美國的利益。美國將採取一切必要和適當措施，促進有序的醫學篩檢，並在適當情況下隔離從該國進入美國可能被該病毒感染的旅客。

　　但該公告亦說明上述限制不適用於：1.任何美國的合法永久居民；2.任何美國公民或合法永久居民配偶的外國人士；3.任何未婚且年齡在21歲以下之美國公民或合法永久居民的父母或法定監護人；4.任何美國公民或合法永久居民兄弟姊妹的外國人，雙方皆未婚且年齡不超過21歲；5.美國公民或合法永久居民的子女、寄養者或監護人的外國人，或者是尋求入境的準收養人；6.任何應美國政府邀請的旅行，目的在於抑制或減輕該病毒的外國人士；7.任何根據美國法典「移民與國籍法」（Immigration and Nationality Act）第 101 條款，作為非移民旅行的外國機組人員或任何以其他方式，以空勤或海員身分前往美國的外國人；8.作為外國政府官員或該官員的直系親屬尋求入境或過境美國的外國人；9.根據疾管中心主任或其指定人員之決定，不會構成傳播病毒重大風險的任何外國人士的入境；

10.根據國務卿、國土安全部長或其指定人員依照司法部長或其指定人員的推薦，入境將進一步促進美國重要執法目標的任何外國人士；11.由國務卿、國土安全部長或其指定人員確定符合美國國家利益的任何外國人。然而，該公告特別聲明公告中的任何內容均不得解釋為影響任何人的庇護資格、扣留或美國根據「聯合國禁止酷刑公約」法規所規定的保護。該公告第5款同時說明此公告將持續有效直到總統終止此公告，且衛生部長應在適當情況下並在此命令發布日後不超過15天，和其後的每15天建議總統是否繼續、修改或終止該公告。第6款說明該公告將於美國東部標準時間2020年2月2日下午5點生效。

　　2020年2月29日川普政府發布第二份與疫情有關的「具傳染冠狀病毒風險之移民與非移民特定人士暫停入境公告」，[16]公告內容和上一份公告大致相同，但是以禁止「伊朗」人士的入境為主。該公告說明疾管中心已確定伊朗正在經歷持續的人對人新型冠狀病毒（SARS-CoV-2）的傳播。截至2020年2月28日，伊朗已有388例COVID-19病例；為應對病例增長情勢，疾管中心於2月28日將對伊朗的傳染病預警提高至最高級別3級，並建議旅客避免前往伊朗進行所有的不必要旅行。該公告指出，根據世界衛生組織的數據，截至2月28日，伊朗已向其他11個國家輸出97例COVID-19病例。美國認為伊朗為非值得信賴的國家，因為它過去持續從事邪惡活動，近期又否認擊落一架國際客機；因此，美國政府無法依靠伊朗發布的官方訊息對自該國抵達的旅客進行有效評估和監測。為保護美國境內人員免受傳染病威脅，政府確定採取行動限制和中止在進入美國前的14天內，曾在伊朗境內實際居住，以移民或非移民身分入境美國的所有外國人，以符合美國的國家利益。該公告如同前一公告，列出不包含美國公民等特定人士

---

16 該公告詳細內容可參閱Proclamation on the Suspension of Entry as Immigrants and Nonimmigrants of Certain Additional Persons Who Pose a Risk of Transmitting Coronavirus, White House, avaliable at: https://www.whitehouse.gov/presidential-actions/proclamation-suspension-entry-immigrants-nonimmigrants-certain-additional-persons-pose-risk-transmitting-coronavirus/, last visited: 2020/12/03.

之入境限制，並增加美國武裝部隊成員及其配偶和子女仍可入境美國。該公告於東部標準時間2020年3月2日下午5點生效，但不適用於當日下午5點前出發至美國航班上的人員。

　　3月11日川普政府又針對「歐洲申根地區國家」發布第三份「具傳染2019新型冠狀病毒風險之移民與非移民特定人士暫停入境公告」。[17]該份公告指出，世界衛生組織已經確定申根地區內的多個國家正在經歷持續不斷的人對人新型冠狀病毒的傳播。該公告說明申根地區所包含的26個歐洲國家：奧地利、比利時、捷克、丹麥、愛沙尼亞、芬蘭、法國、德國、希臘、匈牙利、冰島、義大利、拉脫維亞、列支敦士登、立陶宛、盧森堡、馬爾他、荷蘭、挪威、波蘭、葡萄牙、斯洛伐克、斯洛維尼亞、西班牙、瑞典和瑞士等，為目前中國以外的地區，新冠病毒確診病例數量最多的地區。截至2020年3月11日，申根地區26個國家的病例數為17,442人，死亡711人，且感染率持續升高中。截至2020年3月9日，申根地區總共向53個國家輸出201個病例。此外，申根地區國家之間人員的自由流動亦使控制病毒傳播的任務更加困難。為保護美國境內人員免受此種有害傳染病之威脅，政府確定採取行動限制和中止以移民或非移民身分入境美國前的14天內曾至申根地區旅客的入境。惟該公告如同前一公告，列出不包含美國公民等人士之入境限制，特定人士仍可自申根地區入境美國。該公告於3月13日東部夏令時間晚上11點59分生效，但不適用於當晚11點59分前起飛赴美的航班上的人員。

　　3月14日川普又發布第四份，針對「英國和愛爾蘭」「具傳染2019新型冠狀病毒風險之移民與非移民人士暫停入境公告」。[18]該公告說明，疾

17　詳閱Proclamation-Suspension of Entry as Immigrants and Nonimmigrants of Certain Additional Persons Who Pose a Risk of Transmitting 2019 Novel Coronavirus, White House, avaliable at: https://www.whitehouse.gov/presidential-actions/proclamation-suspension-entry-immigrants-nonimmigrants-certain-additional-persons-pose-risk-transmitting-2019-novel-coronavirus/, last visited: 2020/12/09.

18　詳閱Proclamation on the Suspension of Entry as Immigrants and Nonimmigrants of Certain

管中心已確定英國正在經歷SARS-CoV-2廣泛、持續的人對人的傳播， 截至2020年3月13日，世界衛生組織報告稱英國已有594例COVID-19病例，此數字為一週前的五倍。愛爾蘭因為與英國之間有一開放的邊界，民眾得以以陸路、渡輪或飛機自由移動，往返於愛爾蘭與英國之間；此種自由旅行的方式對美國構成與申根地區同樣的威脅，美國已要求暫停和限制任何曾在申根地區內旅行的民眾入境美國。疾管中心亦確定愛爾蘭同樣正在經歷持續不斷的人對人的新冠病毒的傳播，截至3月13日，世界衛生組織報告指出愛爾蘭已有70例COVID-19病例，為7天前的五倍。由於美國無法有效評估和監視繼續從英國與愛爾蘭抵達的所有旅客，若未檢測出從這兩國試圖入境美國的感染者帶有病毒傳播的可能性，將會威脅到美國運輸系統和關鍵基礎設施的安全，以及美國的國家安全。為保護美國境內人員免受此種有害傳染病威脅的重要性，川普確定採取行動限制和中止在進入或試圖進入美國之前的14天內，曾在英國和愛爾蘭境內實際居住的所有外國人士以移民或非移民身分入境美國，以符合美國的利益。但此公告亦說明受限制入境者不包括英國在歐洲以外的海外領土，且重申美國與英國、愛爾蘭之間的自由貿易仍為美國經濟優先考慮事項。至於不受此公告限制，仍可從以上兩國入境美國者與前述公告相同。該公告於2020年3月16日美國東部夏令時間晚上11點59分生效，惟不適用於當日晚上11點59分之前出發赴美航班上的所有人員。

　　繼中國、伊朗、歐洲申根地區、英國與愛爾蘭之後，川普總統於2020年5月24日公布第五份「具傳染新型冠狀病毒風險之移民與非移民特定人士暫停入境公告」，[19]限制自「巴西」入境美國的人士。該公告

Additional Persons Who Pose a Risk of Transmitting Coronavirus, White House, avaliable at: https://www.whitehouse.gov/presidential-actions/proclamation-suspension-entry-immigrants-nonimmigrants-certain-additional-persons-pose-risk-transmitting-coronavirus-2/, last visited: 2020/12/09.

[19] 詳閱Proclamation on Suspension of Entry as Immigrants and Nonimmigrants of Certain Additional Persons Who Pose a Risk of Transmitting Novel Coronavirus, White House,

說明，疾管中心已確定英國正在經歷SARS-CoV-2廣泛、持續的人對人的傳播，截至2020年5月23日，世界衛生組織報告稱巴西已有310,087例COVID-19確診病例，為世界第三大確診案例國家。政府若無法有效評估和檢測從巴西入境的可能感染者，將會威脅美國運輸和關鍵基礎設施安全以及美國的國家安全。為保護美國境內人員免受此種有害傳染病威脅的重要性，美國確定採取行動限制和中止任何在進入或試圖進入美國之前的14天內，曾在巴西實際居住並以移民或非移民身分入境美國的外國人士，以符合美國的利益。但與前述幾份公告相同，此公告亦說明具有美國公民等特定身分人士的入境不受限制，且美國與巴西之間的自由貿易仍為美國經濟優先事項。該公告第5項條款說明此公告於2020年5月28日美國東部夏令時間晚上11點59分生效，惟不適用於當日晚上11點59分之前出發赴美航班上的所有人員。以上五項公告皆為疫情爆發後，美國暫停或中止針對從特定國家和地區以移民或非移民身分外國人士的入境。

　　另外因為新冠肺炎爆發後，各國失業率急遽攀升，全球經濟遭受重創；為免疫情影響美國勞動就業市場，川普政府分別於2020年4月22日與6月22日提出「新冠肺炎爆發後於經濟復甦時期對美勞動市場構成風險之移民人士暫停入境公告」和「冠狀病毒爆發後對美國勞動市場形成威脅之外國人士暫停入境公告」兩份公告。在「新冠肺炎爆發後於經濟復甦時期對美勞動市場構成風險之移民人士暫停入境公告」當中指出，[20]2019年的新型冠狀病毒嚴重破壞美國民眾的生計，因此在2020年3月13日「針對新型冠狀病毒疫情爆發宣布國家緊急狀態」（Declaring a National Emergency

---

avaliable at: https://www.whitehouse.gov/presidential-actions/proclamation-suspension-entry-immigrants-nonimmigrants-certain-additional-persons-pose-risk-transmitting-novel-coronavirus/, last visited: 2020/12/10.

[20] 詳閱Proclamation Suspending Entry of Immigrants Who Present Risk to the U.S. Labor Market During the Economic Recovery Following the COVID-19 Outbreak, White House, avaliable at: https://www.whitehouse.gov/presidential-actions/proclamation-suspending-entry-immigrants-present-risk-u-s-labor-market-economic-recovery-following-covid-19-outbreak/, last visited: 2020/12/16.

Concerning the Novel Coronavirus Disease (COVID-19) Outbreak）的第9994號公告中，[21]川普宣布從2020年3月1日起，疫情造成國家進入緊急狀態，美國民眾團結採取包括社會隔離的緩解策略，使感染曲線趨於平坦並減少病毒的傳播。然而，這種必要的行為轉變對美國經濟造成嚴重損失，全國失業人數達到歷史最高紀錄；在發布國家緊急狀態公告後至4月11日之間，超過2,200萬名美國民眾申請失業。該公告繼而說明，在國家移民制度管理中，必須注意「外國工人」（foreign workers）對美國勞動力市場造成之影響與衝擊，特別是在國內高失業率和勞動力需求低迷之際，政府必須保留重要的國家資源，以便外交領事人員可以繼續向海外的美國公民提供服務。即使因為疫情造成的人員配置中斷而使職級減少，外交領事官員仍會繼續向美國公民提供援助，包括通過不斷撤離滯留在海外的許多美國民眾。川普認為，如果勞動力供應超過需求，且在政府未干預的情況下，美國將面臨長期持久的高失業率和延長經濟復甦時程。過多的勞動力供給亦會影響所有工人，對於處在就業和失業邊緣的勞工尤其傷害最深；近年來，這些工人包括非洲裔美國人和其他少數民族、無大學文憑者和殘疾人士等，皆處於歷史上最不利地位的比例過大，這些勞工處於就業和失業之間的邊緣，很可能承擔過多不成比例地的勞動力供給負擔。

此外，美國合法的永久居民一經獲得批准，將獲得公開市場的就業許可文件，立即具有資格競爭任何經濟部門中的所有工作。政府無法透過將這些新合法永久居民引導至特定的經濟部門以保護已經處於不利地位和失業的美國民眾，使他們免受來自新的合法永久居民在稀少工作上的競爭威脅。現有的移民簽證保護措施不足以使經濟從疫情中恢復，因為絕大多數的移民簽證類別並未要求雇主對美國工人的流離失所負責。儘管某些工作簽證包含要求勞工文件，但由於簽證簽發是在文件認證完成之後發生的，

---

21 詳閱Message to the Congress on Declaring a National Emergency Concerning the Novel Coronavirus Disease (COVID-19) Outbreak, White House, avaliable at: https://www.whitehouse.gov/briefings-statements/message-congress-declaring-national-emergency-concerning-novel-coronavirus-disease-covid-19-outbreak/, last visited: 2020/12/16.

因此勞工文件的處理無法充分掌握當今勞動力市場狀況。此外，政府亦需要優先考慮美國民眾和現有的移民人口；在醫療資源有限的情況下，如果引入額外的永久居民會爲美國醫療系統帶來壓力。基於上述情況，川普認爲在未來60天內，某些以移民身分的外國人入境將不利於美國的國家利益。然而，該公告第2款亦列出公告當中規定的中止（suspension）和入境限制（limitation on entry）不適用於：

一、任何美國合法的永久居民。

二、任何爲阻止COVID-19傳播的醫學研究或其他研究的外國人士、由國務卿與國土安全部長或其各所指定的人員指定以醫師、護士或其他醫療保健專業人員身分申請移民簽證進入美國的外國人士，和伴隨或跟隨他們入境的配偶與未滿21歲的未婚子女等外國人士。

三、根據EB-5移民投資計畫申請簽證進入美國的任何外國人。

四、任何美國公民配偶的外國人士。

五、任何未滿21歲且是美國公民子女的外國人士或是尋求根據IR-4或IH-4簽證類別進入美國的準收養人。

六、根據國務卿、國土安全部長或其所指定人員依照司法部長或其指定人員的推薦所決定，入境將能促進美國重要執法目標的任何外國人。

七、任何美國武裝部隊成員及其配偶和子女。

八、根據國務卿施加的條件以特殊移民簽證類別尋求入境美國的任何外國人士及其配偶和子女。

九、由國務卿、國土安全部長或其所指定人員確定符合美國國家利益的任何外國人士。

該公告第4款說明此入境限制應自其生效之日起60天失效，但若需要可繼續實施。在適當時機（但不得晚於公告生效之日起50天內），國土安全部長應與國務卿和勞工部長協商，建議總統繼續或修改此公告。此公告將於2020年4月23日東部夏令時間晚上11點59分生效。在此公告生效之日起30天內，勞工部長和國土安全部長應與國務卿協商審查非移民計畫，並應向總統建議其他適當措施，以刺激美國經濟成長並確保美國勞工的優先僱用與就業次序。

　　該公告公布兩個月後，川普政府於6月22日公布「冠狀病毒爆發後對美國勞動市場形成威脅之外國人士暫停入境公告」，[22]該公告同樣指出2019年的新冠疫情嚴重破壞美國民眾的生活。自2020年3月以來，美國企業及勞工因為政府採取某些必要的公共衛生措施減少病毒的傳播，而面臨廣泛的混亂。2020年2月至5月，美國的總體失業率幾乎增加兩倍，為美國「勞動統計局」（Bureau of Labor Statistics）有史以來最高的失業率。儘管5月份的失業率為13.3%，與4月份相比明顯下降，但仍有數百萬美國民眾失業。在4月22日的第10014號「新型肺炎爆發後於經濟復甦時期對美勞動市場構成風險之移民人士暫停入境公告」當中，已經說明如果勞動力供給超過需求且在政府不干預的情況下，美國可能面臨更加長久的經濟復甦時期和持續的高失業率。因此，除某些例外情況，川普決定中止為期60天的外國人士入境；畢竟合法的永久居民一旦獲得移民簽證的批准，便能獲得公開市場上的就業許可文件，使他們立即具備資格競爭任何經濟部門中的任何工作。基於60天對於美國勞動力市場而言，為一個不充足的時間區段，市場仍然會因部分社會隔離措施而停滯不前；為再平衡市場，並保護失業的美國民眾不會因為缺乏足夠的替代措施而受到新的合法永久居民在稀少工作上的競爭威脅，政府維持在第10014號公告中的所有考量因素。此外，根據第10014號公告，勞工部長和國土安全部長就非移民計畫（nonimmigrant programs）進行審查時，發現目前在幾種非移民簽證類別中入境的勞工，對於仍處於經濟復甦時期的美國勞工亦會造成流離失所和不利的風險。美國勞工需與外國人士競爭美國經濟部門中的各種工作，包括與數百萬進入美國從事臨時工作的外國人士競爭；這些臨時工通常由配偶和子女陪同入境，其中許多人亦會與美國勞工競爭工作。一般情況下，適當管理臨時勞工計畫可以為經濟帶來好處；但在疫情爆發導致經濟緊縮

---

[22] 詳閱Proclamation Suspending Entry of Aliens Who Present a Risk to the U.S. Labor Market Following the Coronavirus Outbreak, White House, avaliable at: https://www.whitehouse.gov/presidential-actions/proclamation-suspending-entry-aliens-present-risk-u-s-labor-market-following-coronavirus-outbreak/, last visited: 2020/12/16.

的特殊情況下，某些非移民簽證計畫簽發的工作就業便會對美國勞工就業構成不尋常的威脅。例如，2020年2月至4月間，與非移民簽證相關的工作中，美國已經失去超過1,700萬個工作機會；與此同時，超過2,000萬美國勞工在關鍵行業中失去工作，因為這些行業的雇主正在申請以非移民簽證計畫入境的移工來填補職缺。此外，與一些非移民簽證申請人競爭的16歲至19歲的美國年輕人失業率也高達29.9%，20歲至24歲失業率為23.2%。因此，以非移民簽證計畫額外入境的移工對於受疫情影響的美國民眾的就業機會形成重大威脅。過多的勞動力供應對處於就業和失業邊緣的美國勞工尤其有害，包括非裔美國人和其他少數族裔、無大學學歷者以及殘疾人士等，這些族群處於歷史上不利地位的比例過大。

　　川普認為在國家移民制度的管理中，必須牢記外國勞工對美國勞動力市場的影響，特別是在當前國內面臨高失業率和勞動力需求低迷的特殊環境。他確定某些外國人士以移民和非移民身分入境都會損害美國的利益，因此據此頒布公告限制特定人士的入境。該公告說明此限制入境立即生效並於2020年12月31日到期，但可根據需要延長，在此公告生效期間，自2020年6月24日起的30天內和往後的每60天內，國土安全部部長應與國務卿和勞工部長共同協商，對此公告提出必要的修改建議。根據該公告第2項條款暫停並限制以下任何一種以非移民簽證尋求入境美國的任何外國人士：

　　一、H-1B或H-2B簽證，[23]以及陪同或跟隨其的任何外國人士。

---

[23] 美國主要依移民法規規範外籍人士在美工作事宜。H-1B為留學生畢業後繼續留在美國進行專業性工作申請的主要簽證類型，H-2B簽證則為技術及非技術暫時性工作簽證。申請H-2B簽證的外籍勞工需經過美國勞工部審核並取得證明，確認申請人的工作類型缺乏符合資格的美國勞工，且該名外籍勞工之就業不得影響相似工作的美國勞工的勞動條件。每年H-2B外籍勞工簽證數限額約65,000名。L-1簽證為跨國公司內部調派人員短期調派至美國母公司。J簽證則為發放給交換學者入境美國之簽證類型。詳閱勞動部（2020），美國非移民工作簽證概況，https://www.mol.gov.tw/media/5758586/%E7%BE%8E%E5%9C%8B%E9%9D%9E%E7%A7%BB%E6%B0%91%E5%B7%A5%E4%BD%9C%E7%B0%BD%E8%AD%89%E6%A6%82%E6%B3%81.pdf，搜尋日期：2021/01/05。

二、J簽證，參加實習、訓練、教師、營地顧問、交換生或暑期工作旅行計畫範圍內的外國人士，以及隨同或跟隨該外國人士的任何人。

三、L簽證，以及隨同或跟隨該外國人的任何外國人。

該公告第3款說明以上人士的暫停和限制入境範圍適用於以下任何外國人士：

一、在公告生效之日於美國境外。

二、在本公告生效之日時不具備有效的非移民簽證。

三、除簽證外，在本公告生效之日或在之後的任何日期無有效的官方旅行證件允許他或她的入境。

第2項條款同時說明公告規定的中止和入境限制不適用於：

一、任何美國的合法永久居民。

二、任何美國公民的配偶或子女的外國人士。

三、任何尋求進入美國以提供美國食品供應鏈至關重要的臨時工作或服務的外國人士。

四、由國務卿、國土安全部長或其各自指定人士確定符合國家利益的任何外國人士。

五、該公告於2020年6月24日東部夏令時間上午12點01分正式生效。

2020年12月31日川普政府發布「繼續暫停對美國勞動市場具有風險之移民與非移民人士入境公告」。[24]此份公告表明，在2020年4月22日發布的第10014號公告當中，美國暫停為期60天作為移民外國人士的入境，後來也延長此類外國人士暫停入境的期限至12月31日。但考量到疫情爆發後，對美國勞動力市場構成的風險仍然存在，勞工部長和國土安全部長審查非移民項目後，發現其中幾個非移民簽證類別人士的入境仍然會對美國

---

[24] 詳見Proclamation on Suspension of Entry of Immigrants and Nonimmigrants Who Continue to Present a Risk to the United States Labor Market, White House, avaliable at: https://trumpwhitehouse.archives.gov/presidential-actions/proclamation-suspension-entry-immigrants-nonimmigrants-continue-present-risk-united-states-labor-market/, last visited: 2020/06/01.

民眾構成威脅，有可能在疫情嚴峻和經濟復甦期間取代美國勞工的工作並使美國勞工處於不利的地位。儘管美國11月的總體失業率為6.7%，較4月最高峰時期有顯著下降，但11月季節性調整的非農工作機會仍比2020年2月減少983萬4,000個。因此，第10014號和第10052號公告中所考慮的因素皆尚未消失；例如，世界衛生組織報告的全球每日新增病例數仍高於2020年6月份的數字，雖然越來越多的美國民眾可以獲得治療方法和疫苗，但它們對勞動市場和社區衛生的助益尚未完全實現。此外，在各州繼續對企業實施限制之下，企業可僱用的勞工人數數量與2020年2月相比，仍受到很大影響；因此，政府認為延長第10014號和第10052號公告是合適的，因為總統繼續觀察疫情對於經濟的影響，亦會評估是否有必要進一步延續、修改或終止前兩項公告。現在，川普宣布第10014號公告將繼續延長，惟該公告中的第4節有關於公告的終止（termination），將於2021年3月31日到期，並可根據需要延長。在2020年12月31日之後的15天內，以及此公告生效後的每30天，國土安全部長應與國務卿和勞工部長共同協商，提出必要的修改建議。此外，第10052號公告亦將繼續維持，但該公告中的第6節修改如下：該公告將於2021年3月31日到期，並可依據需要繼實施。在此份公告生效之日起，至2020年12月31日的15天內，以及此後每30天內，國土安全部長應與國務卿和勞工部長協商，提出必要的任何修改建議。公告當中第3項說明美國的政策是最大限度地執行此一公告，以促進美國的利益。因此，(a)如果此公告的任何規定對任何人或情況的適用被視為無效，本公告的其餘部分及其規定對任何其他人或情況的適用皆不受影響。(b)如果本公告的任何規定適用於任何人或在這種情況下，由於缺乏某些程序要求而被認定為無效時，相關行政部門官員應執行這些程序要求，以符合現行法律和任何適用的法院命令。公告當中的第4項解釋(a)公告中的任何內容均不得解釋為損害或以其他方式影響法律授予行政部門或機構負責人的權力或者預算和管理辦公室主任在預算、行政或立法提案方面的職能。

　　在疫情爆發，歷經全球最高確診人數而不得不關閉邊界和全美42州實施禁足令後，川普在下台前2天，於2021年1月18日宣布結束對於來自申

根地區、英國、愛爾蘭和巴西特定旅遊人士限制入境。在該份公告中，川普解釋新冠肺炎對美國所構成的威脅會隨著時間的推移而演變，因此他指示「衛生與公共服務部」（Department of Health and Human Services）部長就是否繼續、修改或終止之前對各國和地區施加入境的限制提出建議。2021年1月12日，疾病管制與預防中心發布一項命令，該命令自2021年1月26日起生效，要求所有來自國外入境美國的人士都必須提出核酸檢測陰性報告的證明，這一行動將有助於防止來自申根地區、英國、愛爾蘭和巴西旅客將新冠病毒傳播到美國。此外，衛生部長希望這些國家和地區在實施篩檢方面與美國進行合作，與美國共享準確即時的COVID-19檢測和數據紀錄，就如何確保各國家之間的旅行安全進行積極的合作。然而，中國和伊朗政府多次未能與美國公共衛生當局合作，未能即時、準確地分享資訊；對於病毒的快速傳播，中國和伊朗對疫情的反應、缺乏透明度，以及迄今為止在對抗疫情方面與美國缺乏合作，令人懷疑他們在執行美國疾管中心1月12日發布的命令上，能與美國互相合作。因此，衛生部長建議取消對於歐洲申根地區、英國、愛爾蘭和巴西民眾入境美國的限制，但繼續維持適用於中國和伊朗人士的入境限制，以繼續保護美國人免受新冠病毒的侵害，使旅行能夠以最佳的安全方式恢復。美國因此於2021年1月26日取消疫情爆發後，對於歐洲申根地區、英國、愛爾蘭和巴西民眾入境美國的限制。

第四節　相關國家入境與移民美國趨勢

　　美國國土安全部「2019年移民統計年鑑」（Yearbook of Immigration Statistics 2019）列出2019財政年度獲得美國「合法永久居民」（lawful permanent resident）（綠卡）身分、「臨時非移民」（temporary nonimmigrant）身分、「庇護」（asylum）或「難民」（refugee）身分和

已歸化（naturalized）之外國人士數目。[25]其中，獲得美國永久居民身分的人數，在2017年至2019年分別爲112萬7,167、109萬6,611、103萬1,765人；人數持續遞減。以2019年爲例，按其出生地和國家劃分，人數最多者分別來自墨西哥（15萬6,052）、中國（62,248）、印度（54,495）、多明尼加（49,911）、菲律賓（45,920）、古巴（41,641）、越南（39,712）、薩爾瓦多（27,656）、牙買加（21,689）、哥倫比亞（19,841）、巴西（19,825）、南韓（18,479）、海地（17,253）、宏都拉斯（15,901）、奈及利亞（15,888）、委內瑞拉（15,720）、孟加拉（15,176）、巴基斯坦（13,921）、瓜地馬拉（13,453）烏克蘭（11,762）、加拿大（11,388）、英國（11,377）、厄瓜多（11,083）、尼泊爾（10,201）、秘魯（10,049）。因爲2019年年底爆發新冠肺炎疫情後，遭川普政府公告暫停與限制入境的幾個國家與地區中，在2019年取得美國永久居民身分人數分別爲：中國62,248人、英國11,377人、愛爾蘭1,760人、歐洲地區87,597人、伊朗則爲6,640人、巴西19,825人。

　　2017年全球共有53,691人以「難民」身分入境美國，在川普嚴厲的移民法令之下，2018年難民人數大幅降至22,405人，2019年些微增加至29,916人；[26]其中以來自非洲地區的人數最多，共有16,370人，其次爲亞洲地區7,856人與歐洲地區4,851人。以國家而言，剛果民主共和國（12,958）、緬甸（4,932）、烏克蘭（4,451）、厄利垂亞（1,757）、敘利亞（563）則爲前五大難民來源國。在川普執政下，難民取得庇護身分的數量朝正向發展，2017年有15,639人、2018年24,382人、2019年人數增加至27,643人在美國取得「庇護」身分。2019年取得庇護身分者，最多人數來自亞洲地區，一共有9,441人，其次爲南美洲6,886人與非洲地區5,431人。如果以國家區分，獲得庇護身分者最多來自委內瑞拉（6320）、中

---

25 關於各地區與國家取得美國綠卡人數可參閱Yearbook of Immigration Statistics 2019, Homeland Security Department, avaliable at: https://www.dhs.gov/immigration-statistics/yearbook/2019, last visited: 2020/12/17.

26 同上。

國（4,027）、埃及（2,156）、土耳其（1,739）與俄羅斯（1,109）。至於「歸化」為美國籍之外國人士於2017年至2019年的人數亦為正向發展，分別有70萬7,265、76萬1,901、84萬3,593人成功歸化為美國人；主要來自亞洲（32萬7,273）、北美（27萬6,910）和非洲地區（84,990）與歐洲（81,040）。若以國家區分，墨西哥為最多人數，共有12萬2,286人，之後依序為印度（64,631）、菲律賓（43,668）、中國（39,490）與古巴（36,246）。2017年至2019年以I-94表格「非移民」身分入境美國人數分別為7,764萬3,267、8,127萬9,692、8,156萬3,139人，[27]人數呈現上升發展。2019年以「非移民」身分入境者，主要來自北美地區（3,857萬5,567）、歐洲地區（1,851萬7,513）與亞洲（1,510萬864）。最多人數從墨西哥（2,141萬2,174）入境美國，其次為加拿大（1,392萬6,155）、英國（530萬5,437）、日本（391萬6,108）、中國（325萬6,187）、巴西（241萬7,221）、南韓（235萬2,342）、法國（233萬6,381）、德國（232萬8,365）與印度（231萬6,025）。[28]從以上人數來看，可以解讀為川普政府歡迎外國人士以合法方式、途徑移民美國；因此在數據變化上幾乎都為正向成長。

在川普政府強力執法之下，包括逮捕（apprehended）、禁止入境（determined inadmissible）、驅逐（removed）和遣返（returned）等，[29]相關數據與來源國如下所示：[30]

---

[27] I-94表格為美國海關與邊境保護局發給所有外國人士出入境紀錄之表格，2013年起改為電子版本，搭乘飛機船舶赴美已不需填寫I-94紙本表格。

[28] 參閱Yearbook of Immigration Statistics 2019, Homeland Security Department, avaliable at: https://www.dhs.gov/immigration-statistics/yearbook/2019, last visited: 2020/12/17.

[29] 驅逐是指根據驅逐令（order of removal），強制要求禁止入境或遭驅逐出境的外國人離開美國；被遣返的個人如果再次入境將會產生行政或刑事後果。遣返指確認禁止入境或受驅逐的外國人移出美國並非根據驅逐令，而是通過自願離境或自願返回。見FY 2016 ICE Immigration Removals, U.S. Immigration and Customs Enforcement, avaliable at: https://www.ice.gov/removal-statistics/2016, last visited: 2020/12/22.

[30] 詳閱Yearbook of Immigration Statistics 2019, Homeland Security Departmentavaliable at: https://www.dhs.gov/immigration-statistics/yearbook/2019, last visited: 2020/12/17.

一、2017年至2019年分別有46萬1,540、57萬2,566、101萬3,539人遭到逮捕；人數成長近2.2倍。以國家區分，2019年遭到逮捕者以來自瓜地馬拉（28萬5,057人）、宏都拉斯（26萬8,992人）、墨西哥（25萬4,595人）、薩爾瓦多（99,750人）、巴西（19,168人）等國人數最多。

二、2017年至2019年則分別有21萬6,257、28萬1,928、28萬7,977人遭到禁止入境美國，人數亦是逐年上升。2019年被列爲禁止入境者大多以來自墨西哥（78,888人）、菲律賓（31,002人）、加拿大（24,696人）、古巴（22,367人）與中國（20,295人）等國的人數最多。

三、2017年至2019年分別有35萬9,885、15萬5,788、20萬4,097人遭到強制性遣送出國。2019年遭受驅逐者以來自墨西哥（13萬855人）、瓜地馬拉（30,175人）、宏都拉斯（22,810人）、薩爾瓦多（9,388人）與尼加拉瓜（1,210人）等國人數最多。

四、2017年至2019年分別有10萬695、15萬9,940、17萬1,445人遭到遣返，人數亦是逐年上升。2019年受到遣返者以來自墨西哥（49,633人）、菲律賓（27,618人）、加拿大（18,527人）、中國（17,845人）與印度（5,437人）等國人數最多。

由上可見，違反美國移民法規者多以中南美洲國家爲多，亞洲國家則以菲律賓和中國爲最多數。以上數據顯示，川普政府在加大移民執法行動，遭逮捕或驅逐人數大幅增加之際，對於合法的移民身分或非移民簽證發放並未因此減少，除永久居民身分取得人數些微下降外，無論是歸化、難民與庇護者人數皆呈現成長；不若外界所批評緊縮移民與非移民人數。

第五節 小結

美國白宮網站上列出川普政府任期內，在移民政策與國境管理上所取得之成就計有下列幾項：[31]1.鞏固美國南部邊界。包含建造超過400英里全世界最堅固和最先進的邊界牆，建有隔離牆的地方有效降低87%以上的非法跨境。此外，亦向南部邊界部署近5,000名士兵。此外，墨西哥政府亦部署數以萬計的士兵和國民警衛隊確保美墨邊境的安全。結束歐巴馬政府時期「抓了就放」（catch-and-release）的危險做法，外國人不再就地釋放，進而缺席聽證會；非法移民皆會遭到拘留移送，直到遣送回國。美國政府亦與宏都拉斯、薩爾瓦多和瓜地馬拉簽訂三項庇護合作協議，阻止庇護欺詐（asylum fraud）並在申請庇護之前將非法移民重新安置在第三國。美國同時與墨西哥建立「移民保護議定書」（Migrant Protection Protocols）之夥伴關係，將庇護申請者安全送返墨西哥以等待在美國舉行的聽證會；2.全面執行美國移民法令。川普總統不只簽署行政命令，扣留庇護城市（sanctuary cities）的聯邦撥款，亦加速遣返非法移民；司法部創紀錄的起訴與移民有關的犯罪案件。政府亦致力降低遣返受其本國政府拒絕接受為國民的外國人，結束庇護欺詐和停止人口走私販賣，解決西半球人道主義危機。此外，川普政府以法令停止接受已於其他國家取得庇護，但仍選擇繼續前往美國申請庇護的外國人。政府不只頒布「弗洛雷斯和解協議」（Flores Settlement Agreement），[32]保護移民

---

[31] 詳見Achievement Administration, The White House, avaliable at: https://trumpwhitehouse. archives.gov/issues/immigration/, last visited: 2021/05/25.

[32] 「弗洛雷斯協議」為1997年美國的法庭協議，要求國土安全部需於20天後釋放非法入境的兒童。川普政府於2018年6月29日表示，在移民訴訟未決期間，不會將家庭分開，會將家庭（成員）拘留在一起。見李言（2019），美擬用兩年時間幫助非法入境家庭團聚，大紀元，https://www.epochtimes.com/b5/19/4/7/n11169536.htm，搜尋日期：2021/01/05。

家庭和移民安全，[33]亦提出相關法令規章建議終止向提出無理庇護申請的非法外國人士提供免費工作許可證的做法、發布「內部重新安置指引」（internal relocation guidance）、接受過交叉訓練的「美國邊境巡邏隊」（United States Border Patrol Border Patrol）幹員與「美國公民及移民服務局」（United States Citizenship and Immigration Services）人員共同執行嚴謹的安全檢查，以減少大量積壓的工作。政府藉由快速庇護申請審查（prompt asylum claim review）和人道庇護審查程序（humanitarian asylum review process），簡化並加快庇護申請的聽證程序；發起「家庭欺詐倡議」（Family Fraud Initiative），以查明數百名經常在邊境上冒充家庭成員身分以販賣兒童者，以保護兒童福利。在簽證發放部分，政府亦加強篩檢滯留美國比率過高的國家，以減少這些國家人民在美逾期停留的比例；消除對美國領事官員的官僚限制，以免降低他們審查簽證申請人的能力。美國同時與墨西哥和其他區域合作夥伴等進行合作，以破除人口販運分子走私的網絡。

　　第3項具體成就在於，為確保國家移民系統免受恐怖分子和犯罪者的侵害，川普政府制定國家安全旅行禁令，以阻止恐怖分子，聖戰分子和暴力極端分子的入境；同時建立所有國家都必須遵守的統一的安全和資訊共享基線，以使他們的國民能夠旅行和移民到美國。暫停安置來自世界上最危險和受恐怖主義影響最嚴重地區的難民，重新分配難民援助，將重點放在海外安置和分擔比例；降低85%的難民安置。政府亦全面檢查嚴重受到破壞的難民安全檢查程序，要求國務院在聯邦政府的難民安置過程中與州和地方進行磋商，對於不願接收自己國民的國家實施嚴格制裁；建立全世界最先進、最全面的「國家審核中心」（National Vetting Center）

---

[33] 根據美國法律規定，邊境執法者於邊界遇到三種情況時，可以將兒童及成年人分離：1.無法確定兒童與該成年人之關係；2.兒童可能處於危險之中；3.該成年人被控犯有刑事罪。若在父母接受司法審判過程中，與父母一起偷渡的兒童則會送往專門機構保護看管，難民安置辦公室會聯絡其在美國可能有的親屬交託照管。見同上，搜尋日期：2021/03/08。

簽證篩選系統。第4項成就是保護美國勞工和納稅義務人。政府頒布全面的公共收費（public charge）規定，以確保新移入美國者在財務上能夠自給自足，並且不依賴國家的社會福利；建立擔保人還款的強制執行機制，以確保擔保人對被擔保人的義務負責；頒布法規打擊生育旅遊（birth tourism）的可怕行為。政府亦與「住房和城市發展部」（Department of Housing and Urban Development）頒布一項規則，使非法移民不具資格獲得公共住房。在勞動市場方面，頒布指令要求聯邦機構優先僱用美國勞工，暫停威脅美國勞工就業的低薪工人進入勞動市場。修正法規並確定新版H-1B簽證的發放，以永久終止美國勞工的流離失所；退出聯合國「全球移民契約」（Global Compact on Migration）以維護美國管理移民的國家主權；暫停簽發核准就業文件給以非法方式抵達美國入境口岸，且被政府要求驅逐的外國人；嚴格遵守使用授予「臨時受保護身分」（temporary protected status）所需的法定條件，以恢復其完整性。由上可見，總結川普在美國移民管理機制上著重的重點在於嚴守美墨邊界、全面執行美國移民法令，以阻止大批難民和非法移民的移入，以及確保美國受恐怖分子和犯罪者的侵害；同時以嚴格的移民法令於就業市場上保護美國民眾。在疫情嚴峻之下，更加嚴格執行移民與入境法規，即使是合法移民的申請者或以觀光方式赴美的旅行者同樣受到入境限制。在川普下台之後，拜登政府的移民法規將是後續研究觀察重點。

參考書目

一、中文文獻

高佩珊（2019），美國川普政府移民政策分析，高佩珊主編，移民政策與
　　法制，台北：五南圖書出版公司。

高佩珊（2020），移民安全機制之體系、現況、困境與對策，柯雨瑞主
　　編，國境管理與國土安全，台北：五南圖書出版公司。

二、網路資料

廣茜（2019），民航資源網邊境管理局，民航資源網，http://www.cadas.com.cn/news/2019103011000500001.html，搜尋日期：。

李言（2019），美擬用兩年時間幫助非法入境家庭團聚，大紀元，https://www.epochtimes.com/b5/19/4/7/n11169536.htm，搜尋日期：2021/01/05、2021/03/08。

華僑網（2020），武漢肺炎全球最新情報12/9，https://www.cna.com.tw/news/firstnews/202012090021.aspx，搜尋日期：2021/01/05。

國家高速網路與計算機中心，COVID-19全球疫情地圖，http://covid-19.nchc.org.tw，搜尋日期：2021/05/27。

勞動部（2020），美國非移民工作簽證概況，https://www.mol.gov.tw/media/5758586/%E7%BE%8E%E5%9C%8B%E9%9D%9E%E7%A7%BB%E6%B0%91%E5%B7%A5%E4%BD%9C%E7%B0%BD%E8%AD%89%E6%A6%82%E6%B3%81.pdf，搜尋日期：2021/01/05。

2014 Quadrennial Homeland Security Review, Department of Homeland Security, available at: https://www.dhs.gov/sites/default/files/publications/2014-qhsr-final-508.pdf, last visited: 2020/11/09.

About CBP, US Customs and Border Protection, available at: https://www.cbp.gov/about, last visited: 2016/11/21.

Achievement Administration, The White House, available at: https://trumpwhitehouse.archives.gov/issues/immigration/, last visited: 2021/05/25.

Bach, Robert, (2005), Transforming border security: Prevention first, Homeland Security Affairs, 1(1), pp. 1-14, available at: https://www.hsaj.org/articles/181, last visited: 2020/11/04.

Chad, C. Haddal, (2010), Border Security: The Role of the U.S. Border Patrol, Congressional Research Service, available at: https://fas.org/sgp/crs/homesec/RL32562.pdf, last visited: 2020/11/06.

Department of Homeland Security, (2018), Department of Homeland Security Border Security Metrics Report, available at: https://www.dhs.gov/sites/default/files/publications/BSMR_OIS_2016.pdf, last visited: 2020/11/09.

FY 2016 ICE Immigration Removals, U.S. Immigration and Customs Enforcement, available at: https://www.ice.gov/removal-statistics/2016, last visited: 2020/12/22.

Rey Koslowski, (2011), The evolution of border controls as a mechanism to prevent illegal immigration, Migration Policy Institute, 12(4), pp. 793-800, available at: file:///C:/Users/user/Downloads/bordercontrols-koslowski.pdf, last visited: 2020/11/04.

Victor M. Manjarrez, (2015), Border security: Defining it is the real challenge, Homeland Security & Emergency Management, 12(4), pp. 793-800, available at: https://www.utep.edu/clhb/_Files/docs/Manjarrez.pdf, last visited: 2020/11/04.

Message to the Congress on Declaring a National Emergency Concerning the Novel Coronavirus Disease (COVID-19) Outbreak, White House, available at: https://www.whitehouse.gov/briefings-statements/message-congress-declaring-national-emergency-concerning-novel-coronavirus-disease-covid-19-outbreak/, last visited: 2020/12/16.

Proclamation on Suspension of Entry as Immigrants and Nonimmigrants of Persons who Pose a Risk of Transmitting 2019 Novel Coronavirus, White House, available at: https://www.whitehouse.gov/presidential-actions/proclamation-suspension-entry-immigrants-nonimmigrants-persons-pose-risk-transmitting-2019-novel-coronavirus/, last visited: 2020/12/03.

Proclamation on Suspension of Entry as Immigrants and Nonimmigrants of Certain Additional Persons Who Pose a Risk of Transmitting Novel Coronavirus, White House, available at: https://www.whitehouse.gov/presidential-actions/proclamation-suspension-entry-immigrants-nonimmigrants-certain-additional-persons-pose-risk-transmitting-novel-coronavirus/, last visited: 2020/12/10.

Proclamation on Suspension of Entry of Immigrants and Nonimmigrants Who Continue to Present a Risk to the United States Labor Market, White House, available at: https://trumpwhitehouse.archives.gov/presidential-actions/proclamation-suspension-entry-immigrants-nonimmigrants-continue-present-risk-united-states-labor-market/, last visited: 2021/06/01.

Proclamation on the Suspension of Entry as Immigrants and Nonimmigrants of Certain Additional Persons Who Pose a Risk of Transmitting Coronavirus, White House, available at: https://www.whitehouse.gov/presidential-actions/proclamation-suspension-entry-immigrants-nonimmigrants-certain-additional-persons-pose-risk-transmitting-coronavirus/, last visited: 2020/12/03.

Proclamation on the Suspension of Entry as Immigrants and Nonimmigrants of Certain Additional Persons Who Pose a Risk of Transmitting Coronavirus, White House, available at: https://www.whitehouse.gov/presidential-actions/proclamation-suspension-entry-immigrants-nonimmigrants-certain-additional-persons-pose-risk-transmitting-coronavirus-2/, last visited: 2020/12/09.

Proclamation Suspending Entry of Aliens Who Present a Risk to the U.S. Labor Market Following the Coronavirus Outbreak, White House, available at: https://www.whitehouse.gov/presidential-actions/proclamation-suspending-entry-aliens-present-risk-u-s-labor-market-following-coronavirus-outbreak/, last visited: 2020/12/16.

Proclamation Suspending Entry of Immigrants Who Present Risk to the U.S. Labor Market During the Economic Recovery Following the COVID-19 Outbreak, White House, available at: https://www.whitehouse.gov/presidential-actions/proclamation-suspending-entry-immigrants-present-risk-u-s-labor-market-economic-recovery-following-covid-19-outbreak/, last visited: 2020/12/16.

Proclamation－Suspension of Entry as Immigrants and Nonimmigrants of Certain Additional Persons Who Pose a Risk of Transmitting 2019 Novel Coronavirus, White House, available at: https://www.whitehouse.gov/presidential-actions/proclamation-suspension-entry-immigrants-nonimmigrants-certain-additional-persons-pose-risk-transmitting-2019-novel-coronavirus/, last visited: 2020/12/09.

Summary of Secure Fence Act of 2006, American Immigration Lawyers Association, available at: https:// https://www.aila.org/infonet/pl-109-367, last visited: 2020/11/19.

Yearbook of Immigration Statistics 2019, Homeland Security Department, available at: https://www.dhs.gov/immigration-statistics/yearbook/2019, last visited: 2020/12/17.

第十三章

我國人口販運防制之政策規劃、法制、實務問題與對策

柯雨瑞、曾智欣、蔡政杰

第一節　前言

　　美國國務院於每年6月所發布之人口販運問題報告（Trafficking in Persons Report, TIP），爲美國政府用以結合外國政府共同打擊人口販運之重要外交工具[1]，其已行之有年且在國際上具有一定之公信力，儼已成爲各國政府檢視本國防制人口販運工作績效之指標；我國內政部亦將防制人口販運列爲政府年度施政目標及策略，並自2013年起至2018年止，將「加強防制人口販運」訂爲施政計畫之關鍵績效指標（Key Performance Indicator, KPI），並以達到被TIP報告評比第一列國家爲衡量標準[2]。此係源於2006年時，TIP報告評比我國爲第二列觀察名單，爲該報告最差之等級，當年之報告指稱我國是勞力剝削及性剝削之目的地；隔年我國成立移民署，致力於防制人口販運等相關工作，並於2009年制定「人口販運防制法」，嗣於2010年起至2020年止，連續十一年獲TIP評比爲第一列國家。然而按美國國務院針對第一列國家評比之說明，其雖爲最高等級，並不代表國內已無人口販運之問題存在，僅代表該國政府已認知人口販運問題所在，且願意著手處理相關問題，並達到最低標準[3]。若此，我國對於防制人口販運之KPI設定方向顯然有誤，政府似不宜將獲TIP評第一列國家視爲防制人口販運之成效而作政績宣揚[4]，仍應務實檢討TIP報告對我國所提之各項建議，甚至對於TIP報告可能未發現之問題，亦可自行提出改善作爲，以確實完善人口販運防制之機制。

---

[1] U.S. Department of State, (2021), Trafficking in Persons Report, available at: https://www.state.gov/trafficking-in-persons-report/, last visited: 2021/05/12.

[2] 內政部（2021），內政部施政計畫，內政部施政計畫相關檔案，https://www.moi.gov.tw/cp.aspx?n=30，搜尋日期：2021/05/12。

[3] 美國在台協會（2021），人口販運問題報告，美國在台協會網站，https://www.ait.org.tw/zhtw/our-relationship-zh/official-reports-zh/，搜尋日期：2021/05/12。

[4] 黃欣柏（2020），我連11年獲評人口販運防制一級國家 內政部辦工作坊分享經驗，自由時報電子報，https://news.ltn.com.tw/news/politics/breakingnews/3277795，搜尋日期：2021/05/12。

　　根據每年TIP報告對我國所提出之防制人口販運優先改善建議，可發現我國目前所面臨人口販運之核心問題，已從國內移工勞力剝削或假結婚、真賣淫等性剝削問題，轉移至遠洋漁船之外籍漁工權益問題，2020年TIP報告即指出，我國因調查人力及協議不足，讓遠洋漁船臺灣船東所擁有之權宜船（Flag of Convenience）勞力剝削問題持續存在。惟早在2018年6月14日行政院召開之防制人口販運協調會報第34次會議，會中即有委員向農委會漁業署提出我國權宜船違規情形嚴重之問題，但卻在時隔一年後，於2019年7月3日同一會報第36次會議中，權宜船問題才再被提出討論，直至2010年12月30日同一會報第38次會議，主管機關對於權宜船之問題仍在研議相關改善措施[5]，未有具體之作為，或因前述會報每半年僅召開一次，會中所提列管案件缺乏積極管考之作為，以致相關主管機關對於所屬議題之執行進度未能確實掌握，尚值探討。

　　另美國勞工部於2020年9月30日所公布之第9版「童工或強迫勞動生產之貨品清單」，將「我國遠洋漁船漁獲涉及強迫勞動」列於其中，惟相關行政機關早於2019年12月已知情，卻無積極作為，監察院因此對外交部、勞動部及農委會漁業署提出糾正[6]，據該糾正案調查，截至2020年9月，我國遠洋漁船計有1,000餘艘，境外聘僱漁工達22,000餘人，分屬在三大洋作業，使用全球30多個港口，係屬遠洋漁業大國，然而政府對於遠洋漁業人口販運之問題缺乏有效政策，處置上亦過於消極，致全球34國非營利組織NGO再向我國政府發布終結遠洋漁業強迫勞動之聯合聲明，對我國國際形象影響甚大；政府確實需要正視此一議題，朝向跨部會合作，提出更積極之上位政策作為。

　　從TIP報告對於我國人口販運核心問題之轉移，可知人口販運之犯罪

5　內政部移民署（2021），行政院防制人口販運及消除種族歧視協調會報歷次會議紀錄，內政部移民署人口販運防制業務專區，https://www.immigration.gov.tw/5385/7445/7535/49052/126023/，搜尋日期：2021/05/12。

6　王幼玲、王美玉、蔡崇義（2021），110財正0005號糾正案，監察院官網，https://www.cy.gov.tw/CyBsBoxContent.aspx?n=134&s=17498，搜尋日期：2021/05/12。

型態係隨著時代演進而不停改變，除了TIP報告所列之問題外，政府對於世界各地正在發生之有關人口販運議題都應該主動關注，如2018年至2020年期間，韓國發生之「N號房事件」，其為網路通訊軟體直播或分享之性剝削案件，該案件經韓國警方偵破後，所公布之犯罪手法及內容震驚全球民眾；另我國亦有NGO長期關注兒少網路誘拐案件，並呼籲政府應立法管理，其中亦不乏涉及兒少性虐待、性剝削案件，該類案件中之男性受害者甚至多於女性受害者[7]，諸如此類之網路新型態人口販運犯罪行為，都非屬傳統人口販運之手段，這些問題雖尚未被TIP報告列為建議改善之事項，但相關政府部門應該主動了解，積極防制，在改善TIP報告所列問題之同時，也要預防新的人口販運問題再發生。

為因應人口販運核心問題之轉變，以及新型態之人口販運問題不斷發生，政府對於人口販運政策應儘速規劃對應之變革，惟政策規劃之前仍須作政策問題分析，本文探文件分析法（literature review）作為政策問題之分析方法，從TIP報告對我國所建議之問題為分析之出發點，嘗試重新檢視我國目前防制人口販運之各項政策目標是否符合趨勢方向，並就法制面盤點現行法令規範可能存在之問題，以及從實務面探討我國防制人口販運工作之執行現況及所遭遇之困境，以結合政策、法令與實務之制度研究途徑，了解政府實際之行政狀況及問題癥結，俾利提出政策建議。只有上位政策底定，才能帶動相關法規修正，迫使各政府機關配合政策執行，以具體行動解決政策問題，期使行政機關怠惰之消極作為不再發生。

2020年TIP報告認為我國各機關對於人口販運被害人之鑑別程序不一且成效不佳，然而各機關對於人口販運被害人之鑑別乃遵循法務部2009年2月13日修正之「人口販運被害人鑑別原則」辦理，該原則迄今已逾十二年未再修正，在這十二年期間，鑑別程序不一且成效不佳之問題早已存在，卻遲未能改善，主要問題仍在上位政策不明，導致法規陳舊難修。政府現行人口販運政策雖以預防（prevention）、保護（protection）、追訴

---

7 葉冠妤（2021），兒少私密性影像具違法商機 網路誘拐難防民籲立法，聯合新聞網，https://udn.com/news/story/7266/5276590，搜尋日期：2021/05/12。

（prosecution）及夥伴關係（partnership）等4P為核心，但相關事項所涉部會機關眾多，卻缺乏政策整合規劃之上位機關，容易形成相關機關各行其政之窘境，也才使得監察院對部分行政機關提出糾正案；雖行政院已成立防制人口販運協調會報作為跨部會協調之機制，但也僅限於每半年至一年期間召會一次，該會報實際解決問題之功能性有限，更難主導相關政策之規劃與執行。本文在研究我國人口販運相關問題之同時，亦在探索政府政策之決策過程，人民總是期盼政府對於公共政策能作出明智的決策，但在政府明智決策的背後則須源於行政一體的框架規範[8]，也就是法令與實務之配套作為須與政策同時到位，本文也將據此原則針對所見之各類問題，研提相關對策，期能作為未來政府規劃防制人口販運政策及法制之參考。

第二節　我國人口販運防制之政策規劃與法制

壹、我國人口販運防制之政策規劃

一、政策背景

　　臺灣自1990年代經濟開始蓬勃發展，在全球化的影響下，人口跨境移動更趨便利，因為婚姻、工作關係來到臺灣的大陸地區人民及外籍人士亦逐年增加。然而，與此同時，跨國人蛇集團為牟取不法暴利，藉由偷渡或人口販運等不法手段將來自東南亞勞動或色情人口非法引進臺灣，臺灣因此成為勞力剝削及性剝削犯罪的輸入地或轉運地，不僅形成嚴重的社會治安問題，更打擊我國人權法治形象[9]。基此，為向國際社會展現我國

8　Pal Lesile, (1997), Beyond Policy Analysis: Public Issue Management in Turbulent Times, Ontario: International Thomson, p. 1.

9　王曉丹（2014），法律繼受與法律多重製—人口販運法制的案例，中研院法學期刊，15期，頁77-137。

防制人口販運犯罪之決心，並爲實踐聯合國「預防、壓制及懲治販運人口（特別是婦女及兒童）議定書[10]」的精神，我國政府透過建立跨部會聯繫協調機制、檢討增修相關法令等方式，落實推動各項防制工作，逐年提升全民對於人口販運犯罪之重視與執行成效。因此，自2010年起，臺灣已連續十一年獲得美國國務院人口販運問題報告評等爲第一列國家，顯見我國在推動人口販運防制作爲的努力及國際的肯定。

二、政策核心

臺灣在人口販運防制策略上，依國際公約同步採取4P的核心精神，分別爲預防、保護、查緝起訴及夥伴關係等重點，以犯罪預防工作出發，進而加強對於人口販運被害人的保護照顧，以及對於加害人的積極查緝、起訴，最後則是強化與國際的交流合作，透過連貫且整體性的規劃，逐步落實政策核心，試就相關防制工作[11]重點說明如下：

（一）預防[12]

1. 透過媒體及宣導活動加強民眾對人口販運之認識

人口販運與毒品及槍枝販運被視爲是全球三大重大犯罪，透過多元管道增加民眾對於此議題內涵之了解，除能達到犯罪預防目的，亦有助於發現潛在案源線索。

---

[10] 參照「聯合國打擊跨國有組織犯罪公約關於預防、禁止和懲治販運人口特別是婦女和兒童行爲之補充議定書」第3條規定，人口販運之定義係指：「爲剝削目的而通過暴力威脅或使用暴力手段，或通過其他形式之脅迫，通過誘拐、欺詐、欺騙、濫用權力或濫用脆弱情境，或通過授受酬金或利益，取得對另一人有控制權之某人之同意等手段，而招募、運送、轉移、窩藏或接收人員。剝削應至少包括利用他人賣淫進行剝削，或其他形式之性剝削、強迫勞動或服務、奴役或類似奴役之做法、勞役或切除器官。」

[11] 內政部移民署（2021），防制人口販運行動計畫，https://www.immigration.gov.tw/5385/5388/7178/225325/，搜尋日期：2021/05/21。

[12] 參考行政院頒布「防制人口販運行動計畫」預防政策內容，結合作者實務工作經驗。

2. 提升外來人口對權益保障之認知

考量近年來遭人口販運之被害人以外來人口為主，因此在各類外籍人士入境臺灣時，宣導正確的權益保障內容，並提供其母國駐臺機構協助資源，以及24小時的申訴管道，是犯罪預防工作的重要一環。

3. 強化執法人員發掘潛在案源能力及敏感度

教育訓練一直是犯罪預防工作的核心項目，各執法單位透過持續辦理防制人口販運教育訓練及跨部會之網絡研討會，落實法制觀念以強化第一線執法人員之專業知能及案件敏感度。

4. 檢討現行各類移工政策及制度

我國人口販運案件以性剝削及勞力剝削為大宗，其中又以來臺從事看護、漁撈工作之移工及漁工為高風險之被害人，各目的主管機關持續透過修正移工聘僱政策及仲介制度等，杜絕移工遭受剝削之可能誘因。

（二）保護[13]

1. 依法主動鑑別可能被害人

考量人口販運被害人在救助當下，常處於驚恐或弱勢處境中，對於執法人員詢問尚難在第一時間吐實，因此查察機關在查獲各類違法、違規案件時應主動積極依現行鑑別程序，加強鑑別可能被害人，另接獲非政府組織團體通報或當事人求助者亦同。

2. 落實被害人人身安全保護

執法人員及機關在案件調查中所採取之各項作為，須以被害人生命安全保護為首要考量，避免遭受加害人或其他共犯之報復威脅，甚至形成二次剝削，因此對於被害人及其家人之個資或其他可供辨識之資訊，皆應予以保密，依法不得公開揭露。

3. 被害人因被販運產生之刑罰及行政罰免責

被害人因被販運而造成之逾期停（居）留或非法工作等違規行為，或使用假證件非法入境等刑責，主管機關應予以免除其行政罰，而檢察機關

13　參考行政院頒布「防制人口販運行動計畫」保護政策內容，結合作者實務工作經驗。

亦應考量不可歸責當事人而予以不起訴或緩起訴處分。惟當被害人違反安置保護規定之處置，執法機關仍得依法取消其保護措施，執行暫予收容或強制出境。

4.提供被害人適當之安置處所

為完善被害人保護協助政策，各縣市政府皆有設置人口販運被害人安置處所或庇護所，以不危及被害人安全為前提，執法機關應評估各縣市安置處所現況，協調適當處所進行安置，且是類處所亦負有保密義務。

5.提供相關必要協助

經鑑別確認身分之被害人，安置或庇護處所依法應提供被害人必要之生活照顧、醫療照護及心理諮商輔導，且以被害人能理解之語言，提供包括通譯服務、法律協助、陪同偵訊等法律上權利義務，並完整告知相關訊息。

6.完善被害人偵審程序中之保護措施

考量被害人長期處於無法求助之弱勢或被害處境，對於指認加害人常有擔心遭受威脅、恐嚇之心理，因此被害人進入偵審程序時，應由社政、勞政主管機關指派社工及通譯人員等專業人員在場，協助被害人進行訊問、對質、詰問或陳述意見，且得利用聲音、影像傳送之科技設備或其他適當隔離方式為之。

7.提供被害人臨時停留及工作許可

為擴大被害人保護範圍，被害人經法院、檢察或執法機關認有繼續協助審判、追訴或查緝案件之必要者，依法得視案件偵審情況，核發給予被害人臨時之合法停（居）留資格及工作許可。

8.安全送返被害人之原籍國（地）

被害人非本國籍者，於調查工作等程序皆辦理完竣後，依法由內政部移民署洽商外交部、行政院大陸委員會等相關機關，協助聯繫被害人原籍國（地）之政府機關或非政府組織，在安全之必要前提下，儘速將被害人送返其原籍國（地）。

（三）查緝起訴[14]

1. 加強查察可疑剝削場所

考量人口販運之性剝削或勞力剝削係以牟取暴利為目的，針對可能發生剝削行為之可疑場所，各執法機關除加強查察外，亦可會同各目的事業主管機關人員組成聯合查察小組，持續進行轄區或接獲線報之特定營業場所、工廠、建築工地等查察作為，藉以發現並擴大偵辦幕後犯罪集團，有效中止剝削行為。

2. 由專責單位辦理人口販運案件

由於人口販運通常是有組織之複合性犯罪，為提升執法機關查緝效能，各檢察及司法警察機關應指定專責單位負責統籌規劃查緝工作，透過指派專責檢察官負責指揮偵辦、成立專案小組規劃查緝相關勤、業務，以深入追查並徹底瓦解幕後不法集團。

3. 建立協調機制發揮全民防制能量

檢察及司法警察機關與縣市政府社政、勞政單位皆應建立日常及緊急情況之協調聯繫管道，且考量被害人可能對執法人員存有不信任感，擔心受怕的心理對於案情恐有所隱藏，透過結合非政府組織提供被害人關懷與照顧，將有助於案件偵辦及追查。另應設置檢舉專線，鼓勵民眾主動檢舉可疑犯罪行為，發揮全民防制能量。

4. 深入偵辦跨國洗錢犯罪以降低人口販運誘因

檢察及執法機關除針對加害人向法院從重具體求刑外，針對加害人或犯罪集團剝削被害人之不法暴利，為杜絕藉由地下通匯、海外置產、空殼公司等方式將其移轉至海外，執法機關亦應積極與各國合作調查人口販運集團及查扣洗錢犯罪所得，以降低人口販運之經濟誘因。

（四）夥伴關係

人口販運是跨國性犯罪，各類剝削手段及販運方式隨著科技網路的發

---

[14] 參考行政院頒布「防制人口販運行動計畫」查緝起訴政策內容，結合作者實務工作經驗。

達而層出不窮，臺灣因此需與國際社會接軌，自2008年以來每年舉辦「防制人口販運國際工作坊」建立國際交流平台，並透過簽訂「防制人口販運合作瞭解備忘錄」（MOU）的方式，邀請相關國家之官方單位及國際非政府組織專家學者共同參與，除能汲取他國人口販運防制新知，更能有效結合國際非政府組織力量，強化國際夥伴合作關係。而臺灣自2011年以來共計與21個國家簽署防制人口販運合作瞭解備忘錄，依年度整理如表13-1：

表13-1　臺灣歷年簽署國際防制人口販運合作瞭解備忘錄一覽表

年度	歷年簽署之國際合作備忘錄
2011	與蒙古簽署移民事務與防制人口販運合作瞭解備忘錄。
2012	與印尼簽署移民事務與防制人口販運及人蛇偷渡合作瞭解備忘錄。
	與甘比亞簽署移民事務與防制人口販運合作協定。
2013	與宏都拉斯共和國簽署移民事務與防制人口販運合作瞭解備忘錄。
	與越南簽署移民事務合作協定。
	與巴拉圭簽署移民事務與防制人口販運合作瞭解備忘錄。
2014	與美國防制人口走私販運中心（HSTC）簽署台美防制人口走私販運之資訊傳佈與交換瞭解備忘錄。
	與索羅門群島簽署移民事務及防制人口販運合作協定。
	與貝里斯簽署移民事務及防制人口販運合作瞭解備忘錄。
	與聖克里斯多福及尼維斯簽署移民事務及防制人口販運合作協定。
	與日本簽署入出境管理事務情資交換暨合作瞭解備忘錄。
2015	與瓜地馬拉簽署移民事務與防制人口販運合作協定。
	與史瓦濟蘭（2018年國名更正為史瓦帝尼王國）簽署移民事務及防制人口販運合作瞭解備忘錄。
	與諾魯共和國簽署移民事務與防制人口販運合作協定。
2016	與薩爾瓦多共和國簽署移民事務及防制人口販運合作協定。
	與巴拿馬共和國簽署移民事務及防制人口販運合作協定。

表13-1　臺灣歷年簽署國際防制人口販運合作瞭解備忘錄一覽表（續）

年度	歷年簽署之國際合作備忘錄
2017	與帛琉共和國簽署移民事務及防制人口販運合作協定。
	與聖文森簽署移民事務及防制人口販運合作協定。
	與馬紹爾群島共和國簽署移民事務及防制人口販運合作瞭解備忘錄。
2018	與比利時簽署移民事務及防制人口販運合作瞭解備忘錄。
2020	與菲律賓簽署移民事務及防制人口販運合作瞭解備忘錄。

資料來源：我國與各國簽署合作備忘錄，作者自行整理。內政部移民署官網（2021），夥伴專區，https://www.immigration.gov.tw/5385/7445/7535/251222/7607/106951/，搜尋日期：2021/04/20。

三、政策執行

　　為持續落實各項防制人口販運政策核心內容，臺灣政府透過制定「防制人口販運行動計畫」以及成立「行政院防制人口販運協調會報」（2020年更名為「行政院防制人口販運及消除種族歧視協調會報」），定期盤點及控管各機關防制工作執行現況與相關措施修正、改革方向，彙整我國自2006年以來執行人口販運防制工作之重要記事如下表：

表13-2　臺灣歷年執行人口販運防制工作重要記事一覽表

年度	重要記事
2006	行政院頒布「防制人口販運行動計畫」，確立包含「預防」、「查緝起訴」及「保護」三大面向及25項具體指標，並動員各部會力量全力執行，以尊重人口販運被害人之個人尊嚴，保障其人身與財產安全為目標，除給予人道待遇外，並有效防制人口販運犯罪。
2007	成立「行政院防制人口販運協調會報」（2020年5月8日更名為「行政院防制人口販運及消除種族歧視協調會報」）以具體落實及管考防制人口販運執行工作，運作上由政務委員主持，每二個月召開一次，確實追蹤相關政府部門對於防制人口販運行動計畫之辦理情形。
2007	法務部為利執法人員辨識人口販運被害人，並採取相關安置保護措施，函頒「人口販運被害人鑑別原則」，全文共計九點。

表13-2　臺灣歷年執行人口販運防制工作重要記事一覽表（續）

年度	重要記事
2008	內政部移民署為強化與各國合作關係，精進我國防制人口販運工作，辦理「防制人口販運國際工作坊」，迄今每年持續舉辦。
2009	因應世界共同打擊人口販運犯罪之潮流，臺灣訂定「人口販運防制法」作為防制專法，明確規範人口販運之犯罪行為以及刑度，為打擊人口販運之重要里程碑。
2009	為配合「人口販運防制法」公布，並為提供執法人員較易於運用之鑑別方式，提升發覺人口販運被害人之敏感度，法務部修正「人口販運被害人鑑別原則」。
2009	勞動部整合原有「0800外籍勞工申訴專線」及「各地方諮詢服務中心電話」等眾多保護專線，設置並開通「1955勞工諮詢申訴專線」，提供移工單一申訴諮詢窗口，亦為我國防制人口販運重要機制。
2010	美國國務院公布「人口販運問題報告」中，臺灣自2005年至2009年皆被列為第二列國家，其中2006年更被列為第二列國家觀察名單，主因是以強迫勞動及性剝削為目的而販運的男、女及兒童的目的地。透過持續落實防制工作，於2010年提升為第一列國家，且現今已連續十一年獲得肯定。
2011	為加強保障家事移工之勞動條件權益，勞動部研擬「家事勞工保障法草案」明定家事移工工資、休假及保險等規範，惟相關配套措施及長照計畫尚未規劃完成與施行，故家事勞工保障法草案始終未能達成社會共識，現階段立法不易。
2013	內政部警政署為打擊兒童色情案件，於自由聯盟年會中與美國建立情資交換合作平台，加強追查跨國網路兒童色情案件。
2015	行政院農業委員會漁業署函頒「我國境外僱用外來船員之遠洋漁船涉嫌違反人口販運防制法爭議訊息受理通報及後續處理標準作業程序」。
2015	為符合聯合國「兒童權利公約」規範，防制兒童及少年遭受任何形式的性剝削，立法院修正公布將「兒童及少年性交易防制條例」改為「兒童及少年性剝削防制條例」。
2016	由於美國政府連續在「人口販運問題報告」中指出臺灣遠洋漁船上系統性的勞動剝削問題，除修正公布有關「遠洋漁業條例」及相關子法外，律定未來在研擬漁工僱用、勞動及管理等相關辦法時，應納入「漁業工作公約」相關規定。

表13-2　臺灣歷年執行人口販運防制工作重要記事一覽表（續）

年度	重要記事
2016	由於青年赴海外度假打工常遭仲介或雇主非法剝削，行政院透過成立「青年度假打工跨部會協調會議」，責由外交部擔任幕僚及管考單位，處理臺灣度假打工青年在海外遭利用從事電信詐騙或遭仲介、雇主剝削等非法行為。
	修正「行政院防制人口販運協調會報要點」第6點並設立「境外漁工勞動權益」、「家事勞工保障」兩個專案小組，分別由農委會漁業署、勞動部擔任幕僚單位，研商外籍漁工及家事移工權益保障作為。
2017	配合衛福部推動「長期照顧十年計畫2.0」，與勞動部共同推動「擴大外籍看護工家庭使用喘息服務」，開放聘有外籍家庭看護工照顧之特定長照需要者，如外籍看護工短時間休假，即可予以給付喘息服務補助。
2018	內政部提「我國防制人口販運新守護行動措施」，重點內容包括保障我國家事移工與遠洋漁工權益措施、完整給予被害人重生服務並建構獨力謀生能力、加強散播防制人口販運觀念、詳加審視並修訂相關規範、持續維持美國「人口販運問題報告」評等第一列國家。
2019	為尊重被害人返鄉權，避免因訴訟程序冗長使被害人返鄉遙遙無期，移民署函頒「人口販運被害人申請臨時停留申請臨時停留（展延）許可暨辦理返國作業流程」明確化被害人配合偵審以六個月為原則。
	漁業署針對境外僱用非我國籍船員及權宜船相關問題及管理措施，積極與業者溝通說明政府立場，另由勞動部持續辦理國際勞工組織2007年漁業工作公約（ILO-C188）國內法化作業。
	修正「我國境外僱用非我國籍船員之遠洋漁船涉嫌違反人口販運防制法爭議訊息受理通報及處理標準作業程序」草案及有關配套，有關遠洋漁船船員入港後之安置，由漁業署協調地方政府及有關單位確認安置事宜，另由移民署研議「經許可臨時入國之機組員、船員、空服人員或其他人員之專案審查延期許可作業程序」，同時配合完成法制程序，周全疑似被害人權益保障。
2020	行政院為保障人口販運被害人之人權，有效防制人口販運犯罪，落實推動國際公約之精神及相關政策，將「行政院防制人口販運協調會報」更名為「行政院防制人口販運及消除種族歧視協調會報」。

資料來源：參考行政院防制人口販運及消除種族歧視協調會報歷次會議紀錄，作者自行整理。內政部移民署官網（2021），行政院防制人口販運及消除種族歧視協調會報，https://www.immigration.gov.tw/5385/7445/7535/49052/，搜尋日期：2021/04/20。

貳、我國人口販運防制之法制

　　為落實推動人口販運防制及被害人保護工作，我國政府除透過政策明定具體目標外，更藉由相關法令增修，如訂定「人口販運防制法」以補足過去有關人口販運罪行散見刑法及移民法之情形，並進而從中衍生出相關法規如「人口販運被害人鑑別原則」、「人口販運被害人及疑似人口販運被害人安置保護管理規則」、「人口販運被害人工作許可及管理辦法」、「人口販運被害人停留居留及永久居留專案許可辦法」等相關規範，俾使法制面更為完備，更加落實人權保障之精神。依公布之時間表列法規重要內容如下表：

表13-3　我國公布人口販運防制相關法規重要內容一覽表

法規名稱	公布時間	重要內容
人口販運被害人鑑別原則	2007年3月27日公布，2009年2月13日修正。	羅列人口販運被害鑑別參考指標，並依剝削目的、不法手段、人流處置行為、年齡等標準來判斷被害人是否可能遭人口販運。另明定執法人員應隨時視案件之進展，進行人口販運被害人之動態鑑別。
跨國境人口販運防制及被害人保護辦法	2008年11月6日公布。	規範有關跨國（境）人口販運防制、查緝及被害人保護之具體措施、實施方式及其他應遵行事項。
人口販運防制法	2009年1月23日公布，2016年5月25日修正。	為規範人口販運防制工作之主要法令，內容包括人口販運定義、各主管機關分工權責、人口販運被害人安置保護措施、專案許可人口販運被害人停留、居留及申請永久居留、提供被害人工作許可、沒收加害人財產補償被害人，並訂有對加害人從重求刑之刑事處罰規定，藉以達到遏阻人口販運犯罪之發生。
人口販運防制法施行細則	2009年6月1日公布。	補充人口販運防制法處理人口販運被害人相關事務，且相關規定係以被害人之最佳利益為優先考量。

表13-3　我國公布人口販運防制相關法規重要內容一覽表（續）

法規名稱	公布時間	重要內容
人口販運被害人停留居留及永久居留專案許可辦法	2009年6月1日公布。	依人口販運防制法第28條第3項規定訂定，規範被害人因協助偵查或審判而於送返原籍國後，人身安全有危險之虞者，安置處所得依被害人之申請，出具被害人返國後人身安全有危險之虞說明書，並協助被害人向中央主管機關申請專案許可停留或居留。
人口販運被害人及疑似人口販運被害人安置保護管理規則	2009年6月1日公布。	依人口販運防制法第17條第2項規定訂定，規範人口販運被害人及疑似被害人，依其身分由特定機關安置保護，安置處所應建立被害人檔案，包含基本資料、日常生活狀況簡要紀錄、會見親友紀錄、接受法院及檢察官訊問紀錄、接受法律協助、心理輔導及諮詢服務、經濟補助及其他協助之個案紀錄。
沒收人口販運犯罪所得撥交及被害人補償辦法	2009年6月1日公布。	依人口販運防制法第35條第4項規定訂定，規範中央主管機關應設立人口販運被害人補償金專戶，作為人口販運被害人申請被害人補償金之用，而檢察機關執行沒收之現金及變賣之所得，應即存（匯）入補償金專戶存管。
人口販運被害人工作許可及管理辦法	2009年6月8日公布，2016年8月5日修正。	依人口販運防制法第28條第5項規定訂定，經司法警察機關或檢察官鑑別為人口販運被害人，且獲入出國管理機關核發六個月以下效期之臨時停留許可或已持有合法有效之停、居留許可者，得向主管機關申請工作許可，在臺灣從事工作。
檢察機關辦理人口販運案件應行注意事項	2009年6月26日公布。	各地方法院檢察署應指派專責檢察官辦理人口販運案件，且專責檢察官應經人口販運防制之相關專業訓練，對於所偵辦之案件，應隨時視案情之進展，注意有無疑似人口販運之情事。於發現疑似人口販運被害人時，應即進行被害人之鑑別。
人口販運案件處理流程	2009年7月20日公布。	律定被害人之保護流程與移送檢察機關偵辦作業係分開併行，即司法警察於案件調查時應即鑑別被害人，一經鑑別為被害人或疑似被害人，就應採取相關保護措施，毋須俟檢察官認定方開始作為，即以被害人保護為優先考量。

表13-3　我國公布人口販運防制相關法規重要內容一覽表（續）

法規名稱	公布時間	重要內容
兒童及少年性剝削防制條例	2015年2月4日修正公布。	過去兒童及少年性交易防制條例將利用兒少賣淫定義爲兒少性交易，違反國際公約精神，且因爲有事前談價、事後付款自願等涵義，忽略兒少與成年人在年齡身分、經濟條件及社會地位等各方面權力不平等，致兒少被污名化及被害人輕判化的結果後改爲「兒童及少年性剝削防制條例」，主要爲防制兒少遭受任何形式之性剝削，並保護其身心健全爲目的。
遠洋漁業條例	2016年7月20日公布。	主要爲落實保育海洋資源，強化遠洋漁業管理，遏止非法、未報告及不受規範漁撈作業。針對經營者在境外僱用非我國籍船員者，應經主管機關許可，以自行僱用或透過國內居間或代理業務之機構聘僱之方式爲之，且仲介應經主管機關核准，並繳交一定金額保證金。
境外僱用非我國籍船員許可及管理辦法	2017年1月20日公布，2019年3月20日修正。	依遠洋漁業條例第26條第3項規定訂定，爲持續加強非我國籍船員仲介機構之管理，提高境外僱用外籍船員福利待遇及保障其權益，明定外籍船員應符合之資格、契約簽訂、仲介機構之核准條件、期間、應辦理事項、管理及廢止條件。
投資經營非我國籍漁船許可辦法	2020年12月11日修正發布。	國際間對漁工人權議題極爲關切，利用強迫勞動及人口販運所得廉價勞力從事漁撈行爲，已被視爲不公平競爭，因此明文新增投資人不得犯有人口販運罪之消極條件，並增訂已經許可之投資人犯有人口販運之罪經確定者，廢止其許可。

資料來源：全國法規資料庫，作者自行整理。

第三節　我國人口販運防制面臨之相關問題

壹、不同政府部門對人口販運被害人身分鑑別程序迥異且經常成效不彰

　　被害人鑑別是第一線人員在查獲疑似人口販運案件之執法準據，亦是被害人保護與後續案件偵辦之重要關鍵，我國法務部在2007年制定「人口販運被害人鑑別原則」[15]，並公布「人口販運鑑別參考指標」作為判斷依據。經鑑別為人口販運被害人或疑似被害人者，主管機關應依法提供安置保護及各項協助。此外，由於人口販運被害人鑑別著重時效，現行規定係由司法警察機關及檢察官執行，並採取動態鑑別模式[16]，惟不同機關間之鑑別程序常有做法不一，或有其他非相關人員參與等情形，而遭受外界質疑。另一方面，法務部訂定之鑑別原則及指標實施至今已超過十年，實務上亦曾發生鑑別標準不夠明確等不足之處，舉例而言，司法警察迫於專案績效壓力，導致部分執法人員採取較為寬鬆之標準認定人口販運案件及鑑別人口販運被害人，進而影響鑑別原則準確度且效率不彰。

　　考量人口販運犯罪類型特殊，被害人被查獲時因處於驚嚇而無法在第一時間吐實，或因現場證據蒐集不足，致執法人員不易作出正確鑑別。因此，對於由警察機關或檢察官，抑或是組成鑑別小組之方式執行被害人鑑別工作，實務上頗具爭議。依現行體制，警察機關進行鑑別時主要著重在案發之初，需於短時間判定被害人之身分，始可決定是否啟動被害人保護機制；而檢察官執行鑑別之時點則因所獲得之證據資料較為完整，但若將兩者結合而建立專責之鑑別小組，衍生新鑑別程序適用、時效、專責單

---

[15] 參照「人口販運被害人鑑別原則」第1點明定之立法目的：為發覺潛在之人口販運被害人，並予以明確鑑別，以有效追查人口販運案件，並提供被害人合適之保護措施。

[16] 參照法務部2009年8月17日法檢字第0980803504號函頒修正「人口販運案件偵查流程」，司法警察人員於調查案件過程中，應隨時視案情之進展，進行動態鑑別。

位設立等問題[17]，至今仍無定論。

　　法律賦予司法警察機關及檢察官均有鑑別權力，以達到落實被害人保護並兼顧案件偵辦之目的，故由警察機關或檢察官鑑別均有其必要性，惟鑑別程序不一之問題仍需持續改進；此外，各執法單位皆應依個案情形審視相關證據是否足以構成人口販運要件，並視調查情形強化證據，避免以寬鬆標準進行鑑別，始能降低成效不彰之問題，有關人口販運被害人鑑別程序迴異，除考量檢察官或司法警察機關進行鑑別之利弊，以及應否組成鑑別小組等問題外，亦應以達到正確鑑別被害人並加以保護之立法目的[18]為主要衡量標準。

貳、部分人口販運被害人難以取得司法資源及獲得保護照顧

　　被害人保護照顧是人口販運防制工作重中之重，我國自2009年公布施行人口販運防制法以來，透過法治提供被害人或疑似被害人多面向之服務與保護，包括人身安全保護、必要之醫療協助、法律協助、心理輔導及諮商、安置保護、經濟補助及發給臨時工作證等，正因為法令賦予被害人享有停留權、合法工作權等誘因，使得原為失聯移工之人口販運被害人願意出庭作證，並進一步協助執法單位指認加害人之罪行。然而，上述權益保障皆是建立於經鑑別為人口販運被害人之基礎上，誠如前述政府部門鑑別程序迴異之問題，當疑似人口販運被害人經檢察官鑑別非為人口販運被害人時，檢察官應通知相關機關將其由安置處所或分別收容之處所移出[19]。因此，經鑑別非為人口販運被害人者則無法享有各項被害人保護措

---

[17] 監察院人權保障委員會（2014），監察院102年婦女人權保障實務研討會議實錄，頁218-225。

[18] 高鳳仙、趙昌平（2014），關於人口販運被害人之鑑別及其返鄉權與被告對質詰問權等，影響防治成效，政府的因應涉有違失乙案之調查報告，監察院官網，https://www.cy.gov.tw/CyBsBoxContent2.aspx?n=718&s=2714，搜尋日期：2021/04/18。

[19] 參照「檢察機關辦理人口販運案件應行注意事項」第12點規定：「疑似人口販運被害人經檢察官鑑別非為人口販運被害人者，應分依下列各款之規定處理：（一）居住臺

施；原經鑑別為人口販運被害人，後經鑑別非為人口販運被害人者，將因身分轉換在權益保障措施上產生重大落差[20]，也因此導致此類經鑑別非為人口販運被害人者難以取得司法資源，亦無法獲得保護照顧，且僅能依法收容，在幾乎無權益保障之情況下，配合調查及指認犯罪意願也隨之降低。

　　另外，上述經鑑別非為人口販運被害人者，依法收容後由收容所執行清詢程序，若作為受收容人之疑似被害人提出陳述，收容所則可依此陳述要求查緝或移送機關再對其進行偵訊，若再經鑑別為被害人者則將其移出收容所，轉至庇護所。然此種情形，收容所清詢工作有無落實、疑似被害人能否提出新事證或更加具體之陳述、查緝或移送單位再次發動鑑別程序之能量，皆關乎疑似被害人之司法資源及保護照顧，加以實務上仍難以由疑似被害人發起再度鑑別機制，且對於鑑別結果亦無申訴管道[21]，實屬被害人保護層面之欠缺。

灣地區設有戶籍之國民，且經安置保護者，檢察官應通知案件移送之司法警察機關或直轄市、縣（市）政府社政機關將其由安置處所移出。（二）非居住臺灣地區設有戶籍之國民，但有合法有效之停居留許可者，檢察官應通知案件移送之司法警察機關或內政部移民署所屬各專勤隊將其由安置處所移出，並依刑事訴訟法相關規定為必要之處分。（三）非居住臺灣地區設有戶籍之國民，且無合法有效之停（居）留許可者，檢察官應通知案件移送之司法警察機關或聯繫內政部移民署所屬各專勤隊將其由分別收容之處所移出，並依入出國及移民法第三十八條、臺灣地區與大陸地區人民關係條例第十八條之一及香港澳門關係條例第十四條之一等相關規定收容。」

20 參照「人口販運被害人鑑別原則」第9點第1項規定：「經司法警察機關鑑別為人口販運被害人，並依第七點之規定安置者，檢察官於偵查過程中，認其非屬人口販運被害人時，應即通知原移送機關，將其由安置處所移出，並依法為必要之處分。」

21 人口販運防制監督聯盟（2018），催告！被害人司法正義未得伸張，民團疾呼人口販運修法勿再延宕，苦勞網，https://www.coolloud.org.tw/node/90983，搜尋日期：2021/04/18。

參、遠洋船隊臺灣籍漁船及臺灣船東所擁有之權宜船勞力剝削問題持續未獲改善

美國勞動部於2020年發布「童工及強迫勞動製品清單」[22]中，首次將臺灣遠洋漁船捕撈之漁獲列入，除了將嚴重影響我國遠洋漁獲出口外，更是證實臺灣長久以來存在「血汗海鮮」之問題，且報告中指出臺灣目前有超過九成之漁工皆來自東南亞，而臺灣權宜船對於遠洋漁工常有扣留證件、超時工作、欠薪、合約不明確、語言與肢體不當對待、生活條件惡劣等強迫勞動情事，過去美國政府及國際非政府組織皆曾長期追蹤調查此類案件，並針對臺灣違法行為詳細舉出具體實例[23]。此外，隨著海洋保育、漁工人權議題逐漸受到國際關注，其中權宜船因缺乏透明度且監管不易，常有從事「非法、未受規範、未報告之漁業活動（IUU）」之情事，更可能涉及強迫勞動與人口販運等犯罪。有鑑於此，國際勞工組織於2019年「海上漁工論壇」中即呼籲世界各國皆應禁止權宜船之運作[24]，然而我國因受限於現行法令，至今仍無法全面停止權宜船進出港口，僅能透過管理機制加以補強[25]。

另一方面，我國外籍漁工依聘僱方式區分為「境內」與「境外」，前者主要從事近海漁業，後者主要從事遠洋漁業，而境內聘僱漁工因適用勞基法，勞動條件享有最低保障，但境外漁工則因保障較為缺乏，且工作

---

[22] The Bureau of International Labor Affairs, (2020), List of Goods Produced by Child Labor or Forced Labor, available at: https://www.dol.gov/sites/dolgov/files/ILAB/child_labor_reports/tda2019/2020_TVPRA_List_Online_Final.pdf, last visited: 2021/04/19.

[23] 李武忠（2020），臺灣應正視遠洋漁貨被列入「童工及強迫勞動製品清單」，民報，https://www.peoplenews.tw/news/935f404a-bf50-464c-a3d8-9db75202a200，搜尋日期：2021/04/19。

[24] 江世雄（2010），公海漁業資源之管理問題與其對策：以權宜漁船與IUU漁業為中心，問題與研究，49卷4期，頁33-64。

[25] 施逸翔（2020），權宜船管理與保障外籍漁工勞動人權，臺灣人權促進會，https://www.tahr.org.tw/news/2694，搜尋日期：2021/04/19。

場域為遠洋,實務上經常遭受不當對待等涉及勞力剝削之情形;近期最具代表性之案例即是2016年發生於高雄市外籍漁工遭非法拘禁之案件[26],當時由臺灣高雄地方檢察署指揮逾百餘名警力,搜索高雄港臨近之三處漁工岸置所,當場查獲81名外籍漁工,分別來自越南、菲律賓、印尼、坦尚尼亞等國,經調查發現渠等普遍遭受不當剋扣薪資、無故收取保證金、超時工作、扣押護照或船員證等重要證件、毆打及禁止對外通訊等勞力剝削情事[27]。由此案例可見境外聘僱制度難以落實,外籍漁工被迫成為債務勞役對象,甚至是人口販運受害人,絕非單一個案,顯見外籍漁工勞動保障及管理尚待政府單位重視及持續改善[28]。

肆、家事移工勞動權未受保障,仍身處受勞力剝削之高風險中

為因應高齡化、少子化之當代社會趨勢,臺灣自開放引進家事移工以來,即是依靠23萬家事移工支撐長照體系,但受僱於個人之家事移工主要在家庭從事看護、照料家庭成員起居、處理家務等工作,就其工作型態、工作時間、休息時間與受僱於事業單位之移工明顯不同且不易釐清[29],導致家事移工現今仍不適用勞動基準法。然而,家事移工在現實工作中常有超時工作、未有合理休假、薪資遠低於基本工資等情形,多數皆曝露在勞力剝削之高風險中;為爭取家事移工基本人權及福利措施之保障,我國移

---

26 公視新聞網(2018),81名外籍漁工遭拘禁,監院糾正漁業署、高市府,https://news. pts.org.tw/article/402378,搜尋日期:2021/04/19。

27 監察院(2018),外籍漁工遭監禁、剝削,檢方以涉及人口販運起訴,監察院糾正行政院農業委員會及所屬漁業署、高雄市政府及該府海洋局,https://www.cy.gov.tw/ News_Content.aspx?n=124&sms=8912&s=13006,搜尋日期:2021/04/19。

28 外籍漁工人權保障聯盟(2019),廢除境外聘僱制度,加速《ILO188號公約》施行法,綠色和平組織,https://www.greenpeace.org/taiwan/press/10090/廢除境外聘僱制度-加速ilo-188號公約施行法-2/,搜尋日期:2021/04/19。

29 勞動部(2016),家事勞工納入《勞動基準法》予以保障,必須兼顧勞雇雙方權益與實務之可行性,https://www.mol.gov.tw/announcement/27179/16779/,搜尋日期:2021/04/20。

工團體前於2004年即倡議並提出「家事服務法」草案[30]，要求政府透過立法方式加強對家事移工之權益照顧，然而此法案迄今仍未通過。

而依據勞動部「外籍勞工相關疑義」解釋，勞動基準法規範之勞工，不分本國或外籍勞工，均享有基本工資之適用，惟目前家事移工並非適用對象，其工資依勞雇雙方之約定辦理。然而，由比較法觀察世界各國對於家務勞動者之勞動條件規定，如同我國勞動部採用「家務工作沒有打卡制，無法規範工時」之認定標準者相對少數，許多國家皆以立法保障家事移工之基本權益。另外，同是從事照護工作，受僱於安養或照護中心之移工適用勞動基準法，而受僱於一般家庭則無；前者享有基本工資保障，後者則常遠低於基本工資，如此不平等待遇確實引發各界思考，如何將家事移工納入現行法令，或透過立法加強權益保障之配套做法[31]。另一方面，考量家事移工輸出國經濟日益發展，移工輸出意願已逐漸降低，如印尼等國未來將不再大量輸出家事移工，倘我國持續未提高家事移工之勞動條件，或遠低於其他國家，未來勢必造成家事移工招募不易，更是我國未來長照發展之一大隱憂。

伍、法院常將勞力剝削案件視為勞資糾紛，而非人口販運，難以對人口販運加害人有效定罪

人口販運防制法第2條將勞力剝削定義為：以不當債務約束等不當手段之方式，使人從事勞動與報酬顯不相當之工作；而勞動與報酬顯是否相當之認定方式，則需綜合考量被害人之主觀認知及一般人之客觀通念，以判斷實際報酬與勞動條件相較是否顯不合理。然而，由司法實務觀之，「扣發薪資」常被視為「勞資糾紛」、「抵債勞務」被認為不符合「不當

---

30 苦勞網（2020），「我們不是奴隸」，家服法延宕16年，明年送立院，盼改善移工處境，https://www.coolloud.org.tw/node/95077，搜尋日期：2021/04/20。

31 張裕榮、李雅村（2018），「家護外勞適用勞基法問題」研析，立法院，https://www.ly.gov.tw/Pages/Detail.aspx?nodeid=6590&pid=171362，搜尋日期：2021/04/19。

債務約束」、「超時加班」則被認為僅屬於「工作時間延長及延長之工資加給」問題，而改依勞動基準法以較輕之刑罰處置，偏離人口販運防制法保障意旨[32]；此外，因個案情況不同，導致法院在認定上無明確定義，進而造成執法人員在偵查及移送案件時，判斷標準不一致，最終難以對人口販運加害人有效定罪。

簡言之，由於勞資糾紛與勞力剝削無法明確辨識，導致起訴後因犯罪構成要件不符、積極事證不足或法官見解不同等情況，將勞力剝削案件認定為勞資糾紛，即要求雇主與移工和解，而法院通常以嫌犯無主觀犯意及罪證不足，判決無罪[33]。再者，「勞動與報酬顯不相當」與強迫勞動有概念上之落差，進而衍生不同解讀方式，導致將勞資糾紛視為人口販運犯罪，不僅未顧及被害人之非自願性，更不符合所謂威脅施以懲罰之要件，也因此實務上，法院往往以法定最低基本工資作為參考標準[34]，以判定勞動與報酬間之相當性；但如家事移工、遠洋漁工等工作性質則難以計算工作時數，導致相關案件常被認定勞資糾紛[35]。除認定困境外，勞力剝削案件之加害人多做無罪抗辯，然而因犯罪現場查獲之打卡單或薪資表單等通常亦與被害人實際工作狀況不符，故難以認定加害人透過勞力剝削所獲得之不法所得金額，法官在證據不足之情況下，亦難逕自判決有罪，自無法將被害人有效定罪。

[32] 鄭智仁（2018），臺灣各地方法院人口販運定罪判決影響因素之研究，中央警察大學警察政策研究所博士論文。
[33] 李忠榮（2014），我國處理人口販運犯罪之研究—以臺灣各地方法院判決書為例，中央警察大學警察政策研究所碩士論文。
[34] 高玉泉（2014），人口販運防制法之立法缺失與修法方向—以聯合國相關規範為中心之檢視，臺灣法學雜誌，246期，頁27-37。
[35] 徐瑤（2015），兩岸合作查緝人口販運犯罪之研究—以海峽兩岸共同打擊犯罪及司法互助協議為中心，中央警察大學外事警察研究所碩士論文。

陸、勞權團體指控地方官員之貪腐現象，阻礙漁業勞力剝削之執法行動

　　聯合國毒品暨犯罪辦公室（UNODC）於2018年發布報告[36]警告當代人口販運問題，並嚴正指出全球人口販運仍猖獗，尚有龐大之領域是處罰所無法觸及的，儘管近期在非洲、中東等國家對人口販運加害人定罪之趨勢漸趨明顯；但整體而言，定罪之總數仍相當低，導致許多人口販運加害人成功躲避司法審判、追訴。此外，報告亦指出在部分案件中發現，且有具體證據證實，人口販運加害人與醫療專業人士勾結，涉及貪腐及詐欺，並對被害人有二度迫害之情形。此類貪腐現象往往夾帶大量不法利益、法律漏洞及對人權之漠視，正如同UNODC提出雖然獲報之人口販運被害人總數逐年增加[37]，但增加之數字僅是能被鑑別及確認身分之被害人，實際隱藏之受害者人數恐更多。

　　人口販運屬於組織性犯罪，且通常伴隨著系統性且有計畫性之貪腐現象，然而實務上卻較少將人口販運及貪腐連結提出共同防制策略；隨著國際上逐漸正視人口販運議題，然而其中掩藏龐大之不法利益仍與防制措施相抗衡，例如國際和平維護者、警察、政府及非政府組織之職員及外交人員等人員之行為，涉及人口販運或與貪腐相關連，此類新聞批露內容時有所聞，且已引起高度關注。我國近年來因遠洋漁工遭勞力剝削之新聞登上國際版面，勞權團體除倡議應提高對外籍漁工權益保障外，亦指出有地方官員與勞力剝削加害人掛勾，導致行政機關查核不實、執法機關追緝無效，顯見滲入執法及司法機關之貪腐問題，將大幅削減我國防制人口販運之努力成果。為遏止人口販運之發生，應分析法制及實務等多面向因素加

---

[36] United Nations publication, (2018), World Drug Report, available at: https://www.unodc.org/wdr2018/, last visited: 2021/04/19.

[37] 楊昭彥（2019），聯合國報告：全球多數區域人口販運者未遭處罰，中央廣播電台，https://www.rti.org.tw/news/view/id/2007501，搜尋日期：2021/04/20。

以解決，尤其是加強打擊許多牽連其中之貪腐官員[38]，透過完整、健全之架構加以預防，並針對具高風險之公務員訂定行為準則或標準，就貪腐及人口販運為適當之規範。

柒、兒童及少年性剝削防制條例對於兒童性販運犯罪之刑罰額度不夠嚴厲

　　鑑於南韓於2020年爆發「N號房事件」引發全球震驚，由於事件中的犯罪行為嚴重侵害兒少身體隱私，並導致兒少身心遭受難以平復之創傷，同時也讓兒少性剝削的議題備受世界關注。為能提供兒少更全面之保護措施，我國於2018年修正通過「兒童及少年性剝削防制條例」[39]，亦是距今最近一次修正，主要將招募、媒介兒童或少年從事坐檯陪酒、色情伴遊等行為明文定罪，並將電子遊戲場業從業人員納入義務通報範圍；由於先前法規僅針對「利用」兒少從事坐檯陪酒或涉及色情之伴遊、伴唱、伴舞等侍應工作訂有罰則，但對於招募、引誘、媒介等使兒少坐檯陪酒行為卻沒有處罰。然而，實務上此類犯罪行為卻隨著科技及網路發展漸趨常見，現於兒童及少年性剝削防制條例第45條新增相關罰則[40]；此外，考量兒少出入娛樂場所，恐因其身心發展不似成年人成熟，而在遊樂時較易陷入性剝削之陷阱，娛樂場所工作人員以此為業，因較易發覺問題，從而納入通報

---

[38] 黃齡玉（2010），我國防制人口販運政策之研究，臺灣大學政治學系政府與公共政策研究所碩士論文。

[39] 兒童及少年性剝削防制條例於2017年1月1日修正施行，將兒少性剝削範圍擴大為：1.使兒童或少年為有對價之性交或猥褻行為；2.利用兒童或少年為性交、猥褻之行為，以供人觀覽；3.拍攝、製造兒童或少年為性交或猥褻行為之圖畫、照片、影片、影帶、光碟、電子訊號或其他物品；4.利用兒童或少年從事坐檯陪酒或涉及色情之伴遊、伴唱、伴舞等侍應工作等四款。

[40] 參照兒童及少年性剝削防制條例第45條第1項規定：「利用兒童或少年從事坐檯陪酒或涉及色情之伴遊、伴唱、伴舞等侍應工作者，處新臺幣六萬元以上三十萬元以下罰鍰，並命其限期改善；屆期未改善者，由直轄市、縣（市）主管機關移請目的事業主管機關命其停業一個月以上一年以下。」

義務範圍[41]。

　　縱使我國近年來經歷上述增修法令補足兒童及少年性剝削防制條例不足之處，但兒少性剝削被害人數卻逐年增加，進而引發外界呼籲政府再行檢視現今法令及制度，其中以罰則過低的問題最為明顯，具爭議部分包括現行法令對於製造、散布兒少性剝削影像的行為處罰過輕，對持有兒少性剝削影像者僅處以罰鍰及輔導教育，此裁罰刑度無法符合保護兒少身心健康及安全之宗旨；又基於韓國「N號房事件」之被害者有六成是18歲以下兒少，顯示數位工具被用於兒少性剝削、性暴力等行為造成無遠弗屆的傷害性，亟待修法解決[42]。

捌、遠洋漁業移工常不知曉有求助熱線可資利用

　　縱使我國政府持續藉由法律訂定與政策推動執行人口販運防制工作，然自2015年起，美國歷年來公布「人口販運報告」中，皆不斷提及臺灣遠洋漁船工作條件及外籍漁工遭受剝削之問題，並列為需政府當局重視及儘速改善的項目之一。又遠洋漁船出航後往往在海上停留超過一年的時間，進而導致遠洋漁工在入境臺灣時，若未曾獲得求助或申訴管道等訊息，一旦隨著漁船出航後，更無從知曉任何向外界求助的方式；加以現行遠洋捕撈漁船之配置，每艘漁船僅設置有一至二支衛星電話供緊急狀況時

---

[41] 參照兒童及少年性剝削防制條例第7條第1項規定：「醫事人員、社會工作人員、教育人員、保育人員、移民管理人員、移民業務機構從業人員、戶政人員、村里幹事、警察、司法人員、觀光業從業人員、電子遊戲場業從業人員、資訊休閒業從業人員、就業服務人員及其他執行兒童福利或少年福利業務人員，知有本條例應保護之兒童或少年，或知有犯罪嫌疑人，應即向當地直轄市、縣（市）主管機關或所定機關或人員報告。」

[42] 立法院（2020），兒童及少年性剝削防制條例部分條文修正草案，立法院議案暨綜合查詢系統，https://misq.ly.gov.tw/MISQ/IQuery/misq5000Action.action，搜尋日期：2021/04/20。

救難呼叫使用，且多由船東或本國籍船員持有保管[43]，外籍漁工即使遭遇剝削情事或處於弱勢處境，仍難有機會透過衛星電話對外求助，更遑論多數遠洋漁工從未接收過求助熱線訊息，亦無從利用。

　　對遠洋漁業之外籍漁工而言，在母國受招募時即被要求簽下高額保證金之合約，若因故漏、跳船或遭船東提前解約，皆會面臨保證金被扣除，或甚至欠下鉅額債務，遠洋漁工除缺乏具體求助管道，即使順利提出申訴，現今亦無完善的安置制度，更可能因為提出申訴而被迫提前解約返回母國。在擔憂無法給付保證金或償還債務下，多數遠洋漁工寧願繼續忍受被剝削之處境，而不願提出求助訊息，導致是類案件之案源發掘及線索追查較為困難。再者，上述情形並非個案，而是臺灣遠洋漁工普遍面對的工作困境處遇，顯見遠洋漁船上之人口販運情形長期未能有效改善；因此，除了加強宣導防制及求助觀念外，應設法解決外籍漁工無法對外通訊之問題，除每艘漁船設置衛星電話外，架設網路設備亦是增加聯繫管道的方法之一，若是外籍漁工能透過自身手機與外界通訊，即能更即時發現上述剝削情事，但在法未明文要求的情況下，多數船主皆無意願耗費成本架設網路設備。

玖、部分反人口販運人士宣稱其受到漁會的騷擾，已危及反人口販運人士之人身安全

　　近年來，國際社會對於臺灣遠洋漁獲供應鏈中涉及外籍漁工遭受勞力剝削的問題，關注程度始終未減，且自從2018年國際勞工組織公開認定臺灣漁船「福甡11號」為首艘因違反國際公約而遭扣押之漁船，遠洋漁工即成為人口販運防制工作上難以掩蓋的一大漏洞，也使得漁權團體多年來為漁工人權的倡議，成為不可忽視的聲音。在臺灣漁船「福甡11號」案件的調查過程中，漁業署在漁權團體介入後，才承認「福甡11號」涉及剝削外

---

[43] 環境正義基金會（2019），人口販運防制光說不做－外籍漁工繼續受剝削，https://ejfoundation.org/news-media，搜尋日期：2021/04/20。

籍漁工,再次顯現漁業署作為遠洋漁工業務主管機關,對於人口販運犯罪的認定知能不足,亦缺乏第一時間的應處機制,與勞動部之間存在權責劃分、漁船稽查及問責制度之模糊空間[44],長期以來為勞權團體及反人口販運人士詬病。

然而,遠洋漁船長時間在遙遠的外海,各項工作條件及環境政府難以管理,其中海洋資源又潛藏大量不法利益,因成本考量導致外籍漁工成為受剝削的被害人,而反人口販運人士亦被視為是賺取龐大不法利益的阻礙,在美國國務院的「人口販運報告」中亦不只一次指出漁會刻意騷擾反人口販運人士的問題。此外,更有勞權團體觀察指出,漁會對漁工人權團體的倡議往往視而不見,甚至刻意解讀不利於漁會的訴求,散播反人口販運人士阻礙臺灣漁業發展、破壞漁業經濟等錯誤訊息,更有漁會指責勞權團體為外籍漁工發聲等情形;除勞權團體的監督職責被漁會以控訴加以回應之外,漁會更曾以不發給漁獲獎金作為脅迫條件,要求船員出面抗議漁工人權團體,且禁止船員對外公開外籍漁工處境之相關資料,進而使得許多涉及提升漁工人權的議題,在漁會消極不參與或積極抗議的情況下,始終難以有效協調。

拾、勞動部在進行勞檢前先行通知受檢查之機關、團體、組織的做法並非適切

臺灣自2015年被歐盟執委會列入打擊IUU不合作國家黃牌警告名單後,為彌補對遠洋漁船欠缺的監管機制,主管機關漁業署透過增派海上漁船觀察員的方式加強對於遠洋漁獲、漁工實際工作環境的監督;然而,如此政策美意仍不敵主管機關與地方漁會長期存在的特殊利益關係,導致海上觀察員因無法詳實記錄其所見所聞,離職率高且報告真實性存有疑

---

44 施逸翔(2019),高喊漁工人權!漁民為何跳腳抗議?,台灣人權促進會,https://www.tahr.org.tw/news/2583,搜尋日期:2021/04/20。

慮[45]。而此種現象，不僅發生於備受關注的遠洋漁業，屬於境內聘僱之沿海漁船，主管機關勞動部亦無完整的監督管理機制，勞動部對於國內漁船相對較少派員登船，有關勞動安全、環境衛生、工作條件等檢查資料亦較為缺乏。實務上，更有機關、團體或組織受稽查時，並非無預警，而是已被告知檢查時間且做好萬全準備，導致勞檢的政策功能喪失，更涉及嚴重之風紀問題。

再者，勞動部執行勞檢時，除需不定期、隨機執行以了解受檢機關、團體或組織真實的勞動環境外，對於勞工實際的工作條件亦會透過口詢及問卷的方式加強佐證；其中，針對從事漁業捕撈工作之外籍漁工，勞動部依規定需進行例行性的問卷訪談，但此類訪談通常在受檢查之船隻上進行，不僅檢查及訪談時間有限，且船主、仲介與漁工皆一同在船上受檢，在空間未區隔、船主及仲介皆在場的情況下，外籍漁工往往不願吐實。此外，外籍漁工長期從事海上工作，中文能力相較從事看護或製造業之移工而言，更需要翻譯人員協助，若勞動主管機關於勞檢時未有隨行通譯，在僅能依靠仲介公司之通譯人員協助時，通譯人員因服務於仲介公司，基於特定立場可能無法完全表達外籍漁工真實意思，進而導致執行漁工問卷調查淪為形式，而無法真正了解外籍漁工遭遇問題，加以船主及仲介在場緊迫盯人，外籍漁工亦無法安心填寫問卷。

拾壹、遠洋漁業高級船員強迫漁工捕撈瀕臨絕種和受保育物種，業已觸犯相關法令之規範

臺灣作為鯊魚捕撈大國，前述歐盟於2015年對我國遠洋漁業發出黃牌警告的原因之一，即是針對臺灣漁船長期且嚴重的非法捕鯊行為；然而，早在2012年，在國際環保團體施壓下，臺灣已透過立法限制捕鯊的種

---

[45] 陳映妤（2012），割鰭、持續洗魚、資訊不透明─台灣新聘觀察員黯然離開的心聲，報導者，https://www.twreporter.org/a/unfinished-far-sea-fishing-governance-taiwan-observers，搜尋日期：2021/04/20。

類及數量，並爲防止「割鰭棄身」[46]的殘忍做法，並立法強化違法效果，
包括高額罰鍰及收回漁業執照等處分。此外，漁業署亦於2014年公告黑鯊
禁捕令，並於2017年修正施行遠洋漁業三法[47]，在遠洋漁業條例明文提高
對捕撈禁捕魚種之罰則，以嚇阻臺灣遠洋漁船捕撈瀕臨絕種或受保育之物
種。然而，我國漁船「金昌6號」卻在2018年經漁業署查獲非法捕撈禁捕
魚種重量超過30噸，成爲我國遠洋漁業條例立法施行後，被查獲規模最大
之非法捕撈案例[48]，且「金昌6號」違規事項明確，船主及船長被處以高
達新臺幣1,140萬元罰鍰，並收回漁業執照六個月及船長漁船船員手冊六
個月；此類非法捕撈、持有禁捕魚種案例，不僅嚴重破壞國際間海洋生物
資源的保育，且違法捕撈、持有數量甚鉅，對我國遠洋漁業船隊管理能力
產生負面影響，更損及臺灣整體遠洋漁業船隊之作業權益[49]。

第四節　小結

　　人口販運犯罪作爲跨國性犯罪之重要議題，相關案件除是國際關注

---

[46] 遠洋漁船爲求利潤極大化，在外海捕撈時通常會將最有價值的鯊魚鰭留下來，把占據
魚艙空間的魚身丟回海中。

[47] 包括新增遠洋漁業條例以及修訂投資經營非我國籍漁船管理條例及漁業法。其中遠洋
漁業條例立法目的在於落實保育海洋資源，強化遠洋漁業管理，遏止非法、未報告及
不受規範漁撈作業，健全漁獲物及漁產品之可追溯性，以促進遠洋漁業永續經營；投
資經營非我國籍漁船管理條例修法目的爲保育海洋漁業資源，將中華民國人投資、經
營非我國籍漁船從事漁業納入管理，維護國際漁業秩序；以及漁業法的修正目的係保
育、合理利用水產資源，提高漁業生產力，促進漁業健全發展，輔導娛樂漁業，維持
漁業秩序，改進漁民生活。

[48] 廖靜蕙（2018），漁船爲魚鰭罔顧禁令 盜捕黑鯊3261隻共30噸遭查獲，環境資訊中
心，https://e-info.org.tw/node/214037，搜尋日期：2021/04/20。

[49] 楊智強（2021），千萬罰鍰也難嚇阻，非法魚翅如何被送上你的餐桌，報導者，https://
www.twreporter.org/a/unfinished-far-sea-fishing-governance-illegal-shark-fin，搜尋日期：
2021/04/20。

之焦點外，更是檢視國家安全與人權發展之重要指標，而我國在人口販運
犯罪之防制工作上，近年來不斷透過制定法律、加強執法、保護協助等面
向，積極改善各項缺失。然而，隨著跨境移動便利及科技犯罪猖獗，現今
人口販運犯罪型態亦隨之轉變，如前述現況案例中在強制手段、招募方式
及運送行為等犯罪模式層出不窮，導致我國在被害人身分鑑別、遠洋漁工
勞力剝削及加害人定罪等問題上面臨執法困境，影響我國查緝人口販運犯
罪之力度與成果。有鑑於此，本文將根據我國人口販運犯罪現況與所遭遇
之困境，針對被害人鑑別指標、移工福利政策修法、遠洋漁船及外籍漁工
管理等方向提出對策，除呼應2020年美國國務院人口販運問題報告中對臺
灣之建議[50]，並藉此提供予政府機關及社會各界作為未來精進人口販運犯

---

50 美國在台協會（2020），2020年人口販運問題報告，https://www.ait.org.tw/zhtw/our-
relationship-zh/official-reports-zh/trafficking-persons-report-zh/。美國國務院2020年人口販
運問題報告對臺灣之優先要務的建議，如下所述：
1. 積極依據人口販運防制法對人口販運嫌犯加以起訴與定罪。
2. 對人口販運罪犯處以足夠嚴屬的刑罰，包括處以適當刑期。
3. 積極調查涉嫌在遠洋船隊中勞力剝削的臺灣權宜船或臺灣籍漁船，包括停泊在特殊外
　國停靠區的船隻，若情節屬實，應對高級船員及船主予以起訴。
4. 制定並執行相關政策，以加速執行海上勞力剝削案件調查，並減少可疑航班。
5. 在靠港船隻及海上漁船進行檢驗期間，執行全面且以被害人為中心的訪談，以便加強
　鑑別外籍船員的勞力剝削指標。
6. 提供海事檢查機構充分培訓，使其具備能力鑑別被害人身分、進行適當轉介，並了解
　執法通報程序。
7. 正式將公民社會意見納入仲介評鑑程序。
8. 修訂相關政策並補足法律漏洞，根除仲介收取招聘費、服務費、押金的情形，並與勞
　工輸出國協調直接聘僱事宜。
9. 積極鑑別脆弱族群，調查是否有人口販運情形，包括受私立大學招募的外籍學生；涉
　及海外犯罪活動遣送返臺者；以及因逃離工作環境的虐待及／或自願接受移民當局處
　分參與自願離境計畫，因而導致在臺灣境內失去簽證的外籍勞工，針對上述情況應適
　時將被害人轉介至庇護機構。
10. 要求遠洋船隊採用標準國際船舶無線電呼號，並規定所有臺灣權宜船及臺灣籍漁船
　　均須在單一標準化資料庫系統中，註冊漁船名稱、許可證、授權作業區域以及外籍

罪執法工作之參考之用。本文研提17點對策說明如下：

壹、精進被害人鑑別程序，增列外籍漁工勞力剝削鑑別指標

　　在精進被害人鑑別程序上，為因應各式可能衍生成為人口販運犯罪之案件，透過提高社工人員即時參與鑑別程序，可大幅增加執法機關在查緝疑似人口販運犯罪之時效性與準確性，更能降低疑似或潛在被害人未經鑑別即遭遣返之可能性。此外，擴大被害人鑑別權責至各有關機關，亦是精進鑑別程序之重要一環，例如除社工人員外，亦可增加勞政及勞權性質協會之保護人員、公部門人員等其他專業人士參與[51]，協助辦理被害人鑑別程序。

　　另一方面，如前述困境中所提現行人口販運鑑別參考指標在法律用語與情境定義上存在模糊空間，部分指標在判斷上易產生混淆，未來應朝提升被害人鑑別之準確度修正改進。此外，考量遠洋漁工身分不同於依就業服務法聘僱之一般外籍移工，遠洋漁工涉及勞力剝削案件之背景與實況亦難適用現行判斷標準；因此，本文建議參照人口販運鑑別參考指標，擬定外籍漁工強迫勞動鑑別指引，以強化第一線執法人員之識別重點。具體而言，指標內容建議從疑似人口販運被害人之基本資料、入境臺灣前之情況、在母國招募情形、抵達臺灣後之工作內容、薪資所得、行動自由等項

　　　移工船員名單，藉此分配更多資源並簡化海事檢查流程。

11.清楚界定監管臺灣權宜船及臺灣籍漁船部會之間的角色和權責，並提升各部會的協調合作。

12.推動立法，將家庭看護和家事勞工納入基本勞工權益的保障範圍。

13.推動立法，全面禁止雇主扣留外籍移工的身分證件及旅行證件。

14.將重要相關單位納入人口販運被害人鑑別機構。

15.對警方、檢察官、法官提供並執行防制人口販運之訓練與資源。

16.對臺灣權宜船或臺灣籍漁船上的移工船員，加強宣傳外籍勞工人口販運求助熱線電話。

[51] 內政部移民署已研議修正「人口販運防制法施行細則」第10條等規定，擴大將勞檢人員、法扶專職律師等納入協助鑑別專業人員。

目，在類別化後增列具體問題，透過詢問筆錄蒐集供述證據[52]及非供述證據[53]，且內容應同時涵蓋勞力剝削與性剝削案件之構成要件，讓執法人員能深入了解疑似人口販運被害人之完整資訊度[54]，據以作出判斷，以提升鑑別準確度。

貳、將國際勞工組織「ILO188號公約」決議內容納入修法，提升最低薪資、標準化勞動條件等福利政策[55]

近年來，遠洋漁工遭勞力剝削之問題一再打擊我國防制人口販運犯罪

---

[52] 供述證據包括：被害船員、船長、幹部船員及其他證人證詞，以及被害船員之勞動契約內容、如何受僱、實際工作情形與契約或仲介告知內容是否相符、船上工作管理情形、受僱上船前是否曾負擔債務、有無遭禁止上岸、有無被強迫工作、船員間有無差別待遇、薪資有無遭剋扣或拖延支付、在海上期間有無求救管道等。

[53] 非供述證據包括：調取漁船工作航海日誌、船員值班表、出勤表、任務分配表、外籍船員薪資、保險及健康證明文件、漁船生活錄音錄影資料、現場照片、勞動契約、外國政府勞動條件檢查之相關文件、外國執法單位之搜索票、搜索扣押筆錄及扣押物品目錄表。

[54] 婦女救援基金會（2018），提升人口販運鑑別準確度，婦援會推新版鑑別筆錄與指標，https://www.twrf.org.tw/info/title/271，搜尋日期：2021/04/20。

[55] 外籍漁工人權保障聯盟提出以下建議：
1. 廢除境外聘僱，加速推動ILO 188號公約施行法。
2. 落實國際勞工組織其他保障勞工權益公約，包括ILO C29（強迫勞動公約）、ILO C87（結社自由與團結權保護公約）及ILO C98（團結權與團體協商公約）等。
3. 我國僱用之外籍漁工應皆由勞動部管理，提供相同勞動標準及保障。
4. 提高近海及遠洋漁船勞動檢查頻率以及正確性。
5. 發現人口販運案件應即時處理，嚴屬懲處，同時提高人口販運定罪及起訴率。
6. 提出一套有效的外籍漁工即時申訴管道（特指漁船於海上作業期間的緊急申訴）。
外籍漁工人權保障聯盟之成員如下：TIWA臺灣國際勞工協會、YMFU宜蘭縣漁工職業工會、臺灣基督長老教會平安基金會海員漁民服務中心、臺灣人權促進會、桃園市群眾服務協會庇護中心綠色和平（Greenpeace）、環境正義基金會（EJF）。以上請參閱：外籍漁工人權保障聯盟（2019），廢除境外聘僱制度加速ILO 188號公約施行法，綠色和平組織，https://www.greenpeace.org/taiwan/press/10090/廢除境外聘僱制度-加速ilo-188號公約施行法-2/，搜尋日期：2021/04/19。

之成果，由於遠洋漁業工作場域特殊，加以外海遙遠難以有效監管，在漁業資源逐漸枯竭之現實中，利益所趨，部分漁船為了降低成本而不當對待外籍漁工，非法僱用、苛扣薪資等違法行為浮上檯面，外籍漁工也因此成為全球漁業市場中之犧牲者[56]。為改善人口販運、強迫勞動及海上奴役等現況，國際勞工組織（International Labor Organization, ILO）於2019年舉辦「海上漁工論壇」（The SEA Forum for Fishers）中強調所有船籍國應採用ILO188號公約，並透過分析現行國內法規與ILO188號公約之差異，作為國內修法或將公約國內法化之依據。

　　臺灣作為遠洋漁業大國之一，對於外籍漁工之權益保障卻有待加強，歐盟曾於2015年將我國列入打擊IUU不合作第三國黃牌警告名單，而為有效打擊IUU漁業活動並保障外籍漁工權益，我國於2017年依遠洋漁業條例擴充增訂境外僱用非我國籍船員許可及管理辦法，透過法律明確授權規範遠洋漁工基本權益保障[57]，加以各方面宣導作為，歐盟於2020年6月決議將我國自打擊IUU不合作第三國黃牌警告名單移除。此外，ILO決議聲稱人口販運、強迫勞動、奴役都與IUU之非法漁業極具關聯性，強調加速推動ILO188號公約施行法勢在必行，我國亦在2019年6月第36次行政院人權保障推動小組會中，決議將ILO188號公約國內法化，由勞動部擔任主責機關，並一併檢討現行權宜船制度，在過渡期間亦應持續改善境外漁工勞動權益及生活環境[58]，以符合國際勞動及人權相關規範。如同上述在2017年透過修法採取補強措施後，歐盟將我國自打擊IUU不合作第三國黃牌警告名單移除之案例，我國未來應落實將ILO188號公約納入修法或國

---

[56] 同上。

[57] 相關規定包括：1.明定每月最低工資不得低於450美元；2.外籍漁工休假制度及每日最低休息時間不低於10小時；3.明定工資給予、獎金津貼定義及其給付方式；4.擴大保險類別，應予加保人身意外、醫療及一般身故保險等，並提高最低保險額度；5.透過許可制及保證金制度提升國內仲介管理強度，並加重不法仲介及船主罰則。

[58] 陳建欉（2020），我國境外漁工勞動保障問題之研析，立法院，https://www.ly.gov.tw/Pages/Detail.aspx?nodeid=6590&pid=204376，搜尋日期：2021/04/21。

內法化，具體提升遠洋漁工最低薪資、標準化勞動條件等福利政策，使臺灣漁船上工作之外籍漁工長期缺乏法律保護之問題，得以有效改善。

參、對人口販運犯行應處以具高強度嚇阻力之刑罰

我國自2009年將刑法販賣人口罪責獨立形成特別法，公布施行人口販運防制法以來[59]，明定對性剝削加害者處六月以上五年以下有期徒刑，得併科300萬元以下罰金[60]；勞力剝削加害者則處七年以下有期徒刑，得併科500萬元以下罰金[61]；若非法摘除他人器官意圖營利，將可處五年以上十二年以下有期徒刑，得併科500萬元以下罰金[62]；若被害者未成年，刑期增至七年以上有期徒刑，併科罰金增至700萬元。

然而，人口販運防制監督聯盟等團體及維權人士即曾提出，人口販運防制法補充式立法模式與刑法罪刑構成要件有所差異[63]，且有罰則過低之問題，進而導致犯罪起訴率及定罪率偏低[64]。此外，以比較研究法分析加

---

[59] 陳正芬（2009），《人口販運防制法》於偵查實務之影響—以兩岸性販運案件為中心，展望與探索，7卷4期，頁88-96。

[60] 參照人口販運防制法第31條規定：「意圖營利，利用不當債務約束或他人不能、不知或難以求助之處境，使人從事性交易者，處六月以上五年以下有期徒刑，得併科新臺幣三百萬元以下罰金。」

[61] 參照人口販運防制法第32條規定：「意圖營利，以強暴、脅迫、恐嚇、拘禁、監控、藥劑、詐術、催眠術或其他違反本人意願之方法，使人從事勞動與報酬顯不相當之工作者，處七年以下有期徒刑，得併科新臺幣五百萬元以下罰金。」

[62] 參照人口販運防制法第34條規定：「意圖營利，利用不當債務約束或他人不能、不知或難以求助之處境，摘取他人器官者，處五年以上十二年以下有期徒刑，得併科新臺幣五百萬元以下罰金。」

[63] 我國非營利組織多以提升防制成效為由，認應制定人口販運防制專法，而政府部門則持較保守態度，認為刑法第296條之1對買賣質押人口之犯罪，已設有處罰之規定，僅須修正或擴張該條文之構成要件，加重刑度即足，無須制定專法。

[64] 人口販運防制監督聯盟（2018），催告！被害人司法正義未得伸張，民團疾呼人口販運修法勿再延宕，苦勞網，https://www.coolloud.org.tw/node/90983，搜尋日期：2021/04/18。

拿大與南韓違反人口販運犯罪者之刑責[65]，加拿大對於人口販運罪行最高科處有期徒刑十四年，且行為人於犯罪過程中涉及綁架勒贖、加重暴行、加重性暴力或發生致人於死之情形，最高可科處無期徒刑[66]；另南韓政府亦以法律規範明定[67]，對於以不法手段強迫他人出售性服務者，可科處十年以下有期徒刑，或科處約新臺幣300萬元罰金[68]。由此觀之，我國對人口販運犯罪所科處之刑責確實較低，而為提高對加害人起訴及定罪之強度，現由司法院刑事廳研擬「刑事案件量刑基本法（草案）」，透過設立量刑委員會訂定相關準則，以完善刑事案件量刑法制[69]，並對人口販運犯罪處以足夠嚴厲刑罰，包括修正適當刑期並增訂涉嫌罪犯之最低有期徒刑等方式[70]，以提高違法嚇阻力。

肆、強化海上勞力剝削案件之偵查、起訴能量，積極調查涉嫌剝削遠洋漁工之高級船員及船主犯行，並積極予以起訴、定罪

從前述提及歐盟於2015年將我國列入打擊IUU不合作第三國黃牌警告名單，以及美國勞動部於2020年將我國遠洋漁船之漁獲列入「童工及強迫勞動製品清單」等事件中，不可否認臺灣遠洋漁業系統之強迫勞動、海上剝削案件絕非單一個案，而是人口販運犯罪之溫床，也因此強化海上勞力

---

[65] 柯雨瑞、蔡政杰（2014），人口販運問題之現況與回應對策，中央警察大學國土安全與國境管理學報，22期，頁79-142。

[66] US, Department of State, Office to Monitor and Combat Trafficking in Persons, (2008), Trafficking in Persons Report 2008, pp. 52-292.

[67] 參照韓國懲治媒介性交易暨相關行為條例第18條第1項規定。

[68] 柯雨瑞（2010），論韓國防制人口販運之法制，警學叢刊，41卷3期，頁215-244。

[69] 司法周刊（2010），司法院研議量刑基本法草案量刑通則條文，司法院，https://www.judicial.gov.tw/tw/cp-1454-242751-af103-1.html，搜尋日期：2021/04/19。

[70] 內政部移民署（2021），2021-2022反剝削行動計畫，https://www.immigration.gov.tw/media/61426/1100121反剝削行動計畫-中文版.pdf，搜尋日期：2021/04/21。

剝削案件之偵查、起訴刻不容緩。而增加漁船勞動檢查之次數是發掘案源及可疑線索之關鍵，且檢查時所進行之訪談應全面以被害人爲中心，必要了解遠洋漁工於漁船工作環境是否符合規範、是否有超時工作及工資有無正常發放等情事，以篩濾遠洋漁工受到強迫勞動之情形。

此外，積極調查、起訴涉嫌勞力剝削之漁船幹部與船主亦是重要之一環，現行實務做法包括：漁業署在國內港口，除增加對於我國籍遠洋漁船之外籍船員訪查次數，以查核船主、幹部等人員是否遵守漁業相關法規，以及有無涉嫌人口販運犯罪外；針對國外港口之部分，透過外交部協調港口國同意，增加派駐專員實際了解遠洋漁工在國外港口遭遇之勞動情形。而勞動部亦配合漁業署規劃執行聯合稽查，多方確保外籍漁工之勞動權益；移民署則持續會同各地方政府勞政單位，對於申請外籍漁工之漁船進行不定時檢查，清查是否存有強迫勞動、漁工借用、冒名頂替等犯罪情事，並針對漏（跳）船失聯漁工加強清詢工作以發掘人口販運之線索[71]。

另外，漁業署近期檢討修正非我國籍漁船進入我國港口許可及管理辦法，主要針對人口販運或強迫勞動之外籍漁船限制進入我港口，並修正「我國境外僱用非我國籍船員之遠洋漁船涉嫌違反人口販運防制法爭議訊息受理通報及處理標準作業程序」以加速通報處理相關案件[72]；基此，本文建議未來應持續研議增修相關法令，明文增加遠洋漁工疑似被害人在境內接受安置安排及留臺協助期間，以提高案件破獲機率，且偵辦海上強迫勞動案件應要求執法單位主動報請檢察官指揮，落實案件偵查進度及實施境管措施，避免涉嫌加害者脫逃，藉以加速執行海上勞力剝削案件調查。

伍、對外籍移工、遠洋漁工之招聘單位、仲介評鑑程序建置一套具公正性之評鑑準則

我國自1989年開放引進外籍移工以來，不論菲律賓、印尼、越南等

---

[71] 同上。

[72] 同上。

勞動輸出國之移工或漁工，多數都是透過母國當地「牛頭」介紹到仲介公司，再透過母國仲介公司申請來臺，其中牛頭之「介紹費」與母國仲介公司之「仲介費」共需新臺幣10萬至20萬不等，實務上則因國籍與工作類別之不同而有差異，而上述之高額仲介費用往往是在移工處於資訊不對等之情況下所決定的，導致外籍移工仲介制度長期遭到勞權團體詬病[73]。然而，在臺灣司法實務上，對於移工為求來臺工作而支付之高額仲介費用，是否構成人口販運犯罪「不當債務約束」之要件，亦即債務是否合理之判斷，則需檢視移工支付費用時是否處於無從選擇、被迫繳納之處境，且仲介公司有無利用貸款之方式，強迫移工從事勞動與報酬顯不相當之工作，亦為關鍵；若移工在來臺前已知悉仲介費金額仍願意支付，縱使費用超出市場行情或違反當地政府法律規定，因移工在選擇仲介業者時並未陷入別無其他選擇之狀況，尚不構成不當債務約束[74]。

　　正因為不當債務約束難以有效認定，導致移工招聘單位、仲介品質直接影響移工來臺工作之權益保障；有鑑於此，我國政府已建立國內仲介評鑑機制，並特別針對遠洋漁工制定「境外聘用非我國籍船員仲介機構服務品質評鑑作業要點」，對於我國漁工仲介進行評鑑且訂有罰則，自2019年起已陸續評鑑國內58家仲介業者，並將不合格業者之許可廢止[75]。然而，我國雖已建立國內仲介評鑑機制，但是僅能規範國內仲介機構與國外仲介機構簽約，而無法避免國外非法仲介之責任轉嫁由國內仲介機構承擔之情形，且囿於國內法之規範，尚難拘束國外仲介機構。

　　基此，本文建議未來應持續強化對所有勞力招募及仲介業者之監督管

---

[73] 陳秀蓮（2020），人比利益優先，廢除私人仲介刻不容緩，財團法人法律扶助基金會，https://www.laf.org.tw/index.php?action=LAFBaoBao-detail&tag=239&id=246，搜尋日期：2021/04/21。

[74] 參照臺灣高等法院103年度上易字第636號判決。

[75] 漁業署（2021），核准境外僱用非我國籍船員仲介機構名冊與評鑑成績，https://www.fa.gov.tw/cht/Announce/content.aspx?id=760&chk=B7E5AEF5-A239-42D5-8509-EF4CC8DD0895&param，搜尋日期：2021/04/20。

理，訂定可篩檢出違法侵害移工權益之指標，其中應涵蓋不法收費規定及勞動契約上相互牴觸之處，主管機關勞動部亦應強化查核仲介業者收費情形，建制一套具公正性之評鑑原則，並適時將防制人口販運民間團體代表等公民社會意見納入仲介評鑑程序[76]。此外，由於國外仲介公司非我國法制管轄所能及，尚須透過兩國雙邊會議合作等模式，研議課予國外仲介責任，始能保障移工不被不當債務約束。

陸、強化移工直接聘僱機制之能量

我國勞動部自2007年設置直接聘僱聯合服務中心以來，提供雇主無須透過仲介業者即可僱用外籍移工之替代管道，且能同時減輕移工負擔高額仲介費用之壓力；然而，監察院於2020年調查報告[77]中指出，透過直聘管道引進之外籍移工比率明顯偏低，且直聘中心成立迄今所引進之移工占同期間引進移工總人數比率，不曾超過12%。監察院調查分析主因是程序耗時、手續繁瑣及雇主易因疏忽違反法令而被裁罰等，讓原本立意良好之政策效能大打折扣。另外，實務上係由就業服務站透過舉辦「就業媒合會」之方式媒合勞雇雙方，但因通譯人員之缺乏，以及仲介公司仍掌握多數就業機會等因素，導致媒合成功案例相當少；正因如此，在就業服務站媒合會場日益冷清之同時，每天皆有移工透過仲介業者引進臺灣[78]。

反觀韓國實施外籍移工直聘制度運作則相對成熟，除採取「國對國」之方式提升徵聘透明度外，亦可大幅降低仲介業者對移工收取之費

---

[76] 內政部移民署（2021），2021-2022反剝削行動計畫，https://www.immigration.gov.tw/media/61426/1100121反剝削行動計畫-中文版.pdf，搜尋日期：2021/04/21。

[77] 監察院（2020），勞動部直聘中心職能不彰，引進移工比率低，且提供就業轉換資訊不足，衍生仲介違法向移工收取轉換雇主費用，https://multimedia.cy.gov.tw/Epaper_Content.aspx?es=37&n=531&s=18319，搜尋日期：2021/04/21。

[78] 陳秀蓮（2020），人比利益優先，廢除私人仲介刻不容緩，財團法人法律扶助基金會，https://www.laf.org.tw/index.php?action=LAFBaoBao-detail&tag=239&id=246，搜尋日期：2021/04/21。

用；此外，韓國已與16個國家簽訂MOU，未來我國若要持續優化直聘制度，亦應積極拓展合作國家，並對表現良好之仲介業者輔導其轉型為移工訓練機構，逐漸完善直聘制度之夥伴關係及網絡。另一方面，我國建置「直接聘僱跨國選工管理服務網路系統」以達便民目的，但使用率亦是偏低，本文亦建議未來應朝向全面資訊化之方式進行，例如韓國直聘制度已全面數位化，藉由線上作業方式簡化流程以提升雇主申辦意願[79]。我國可參考韓國政府相關政策，將能減少仲介業者剝削移工之機會，並從源頭提升勞雇雙方使用直聘方式意願。

柒、完善所有臺灣權宜漁船及臺灣籍漁船電子資料庫建置，釐清相關部會間管轄權責，並明文規範遠洋船隊採用標準化國際船舶無線電呼號

　　資訊透明與準確是良好管理之基礎，且建置資料庫更可提升管理之效率，資訊公開也可讓公民團體與公眾一同參與監督；加以國際實務上，漁船基本資料屬於資訊公開範圍，而我國漁業署網站公布之各大洋核准作業漁船訊息，相較於「中西太平洋漁業委員會」（WCPFC）網站公開船泊過去船籍或船名、經核准之作業區域、漁種、期間及在公海上是否具有轉載許可等資料，仍有資訊公開完整度及管理不足之問題。因此，未來建議漁業署應參考WCPFC做法完善建置船隻資料庫，且應涵蓋所有臺灣權宜船及各類臺灣籍漁船[80]。

　　另一方面，我國對於權宜船、遠洋漁船及其他近海漁船之主管權責及法規不一。檢視現行法令與漁工管理相關之機關分散在交通部航港局、行政院農業委員會及勞動部，且依就業服務法僱用之漁工、境外僱用之本國

---

[79] 林國榮、成之約、蕭晴惠（2016），韓國外籍勞工政策及直接聘僱制度之研究，勞動部勞動力發展署委託研究計畫。

[80] 綠色和平組織（2017），漁業新法上路，漁工與船隊資訊管理仍有漏洞，https://www.greenpeace.org/global/，搜尋日期：2021/04/22。

籍遠洋漁船及權宜船漁工，其待遇、聘僱程序、漁工資格、船主義務及罰則等均不同。舉例而言，依就業服務法僱用之近海漁船外籍漁工，薪資比照我國基本工資，月薪約850美元；本國籍遠洋漁船境外僱用外籍漁工，最低月薪爲450美元；而權宜船境外僱用外籍漁工，薪資第一年爲月薪350美元、第二年爲400美元，第三年之後爲450美元[81]，造成漁工同工不同酬之現象，易導致失聯及剝削之情事，且同時經營上述兩種漁船之船主，面對不同法規亦無所適從。因此，未來應明確界定臺灣權宜漁船及臺籍漁船之監督主管機關角色及權責，並加強相互協調；具體而言，勞動部應落實臺灣籍沿（近）海漁船，於境內僱用外籍船員依就業服務法管理，並由地方勞政主管機關及勞檢機構就船員勞動條件及職業安全衛生落實檢查，而漁業署則應針對臺灣籍遠洋漁船於境外僱用之外籍船員，其工作條件、契約權利是否符合遠洋漁業條例及境外僱用非我國籍船員許可及管理辦法規範，於遠洋漁船返回我國內港口時進行查察，並研議建立臺灣權宜漁船聯合查察機制[82]。

　　有鑑於遠洋漁業活動管理複雜，涉及海洋資源管理、保育、外交關係、經濟及移工等面向，本文亦建議未來成立督導協調之跨部會工作小組，提高遠洋漁業處理層級，並涵蓋漁業署、外交部、海洋委員會、勞動部及移民署等機關，始能有效管理遠洋漁業，並迅速處理各項爭端[83]；此外，我國應要求遠洋漁船採用標準國際船舶無線電呼號，並統籌註冊漁船名稱、許可證、授權作業區域及外籍移工船員名單，除能簡化海事檢查流程外，更能即時確認疑似從事非法漁業行爲之漁船是否具有許可證，強化不法案件之追查效能。

81　參照勞動部依就業服務法第46條第1項第8款規定，訂定受僱從事海洋漁撈工作者「雇主給付外籍漁工工資之參考指引」。

82　內政部移民署（2021），2021-2022反剝削行動計畫，https://www.immigration.gov.tw/media/61426/1100121反剝削行動計畫-中文版.pdf，搜尋日期：2021/04/21。

83　綠色和平組織（2017），漁業新法上路，漁工與船隊資訊管理仍有漏洞，https://www.greenpeace.org/global/，搜尋日期：2021/04/22。

捌、將家庭看護、家事移工、遠洋漁工納入「勞動基準法」適用範圍

　　由現行制度及法令觀之，我國對於經許可從事各類型工作之移工訂有不同規範，其中外籍漁工又依境內或境外僱用而有不同，境內主要係依據就業服務法管理且適用勞動基準法，主管機關為勞動部，具有最低薪資、工時及工作條件；而境外僱用外籍漁工則係依遠洋漁業條例及境外僱用非我國籍船員許可及管理辦法規範，主管機關為農委會（漁業署）。即使後者已持續檢討修正，但與就業服務法僱用之漁工相比，在管理措施、勞工保險及入出境審核等層面均較為缺乏，且法定薪資僅約半數[84]，其他保障強度與勞動基準法相較顯然不足[85]。正因如此，使得許多受臺灣籍遠洋漁船漁境外僱用漁工常淪為黑工，加以工資、工時、休假等勞動規範不明，亦無完善保險等保障，導致發生意外或職災時無任何補償，薪資給付亦可能遭變相扣款或未支薪等問題發生。

　　因此，為提升境外僱用漁工之權利保障，將其比照境內僱用之漁工納入勞動基準法適用範圍，應是未來可行之政策方向；加以境外僱用漁工實際工作地點為臺灣漁船，而船舶及航空器被認定為國家領土之延伸，或屬浮動領土之概念，因此境外僱用漁工於法理上確有勞動基準法適用之基礎，建議持續與遠洋漁業團體溝通，以評估將境外僱用外籍漁工納入就業服務法統一管理。另外，誠如前述困境所提我國家事移工因工資低、工時

---

[84] 漁業署（2018），漁業署積極推動提高外籍漁工權益保障，https://www.fa.gov.tw/cht/NewsPaper/content.aspx?id=2479&chk=cfedd95e-d28a-42a7-abef-0c191ab5f728，搜尋日期：2021/04/22。

[85] 其他保障差異尚包括：1.契約範本薪資由雙方議定，而勞動基準法有最低工資保障；2.契約範本要求僱主應為境外聘僱之外籍船員投保意外險，但最低額度僅要求新臺幣50萬元，職災發生時並無醫療及失能給付等補償；3.契約範本規定職災薪資補償最多僅三個月，此與勞動基準法第59條規定最多為四十個月薪資補償不同；4.契約範本規定每日工時由雙方議定，而勞動基準法第30條之1規定，兩週工時不得超過80小時，至少需有2日休假等。

長、無固定休假且非勞動基準法之適用對象等情形，長期遭國際移工團體所詬病[86]；未來亦應強化家事移工相關權益保障，除呼應國內學者及勞權團體要求將家事移工待遇比照一般產業移工外，透過規劃保險、人身安全及長期照顧制度等指引，持續推動家事勞工保障法草案[87]立法以強化家事移工權益保障。

玖、強化對警察、檢察官、法官防制人口販運之訓練與教育

隨著跨國人口販運犯罪型態漸趨複雜，加害人為逃避追查而不斷改變招募及運送手法，執法人員之專業知識亦需隨之更新；早期執法單位及人員普遍有違法構成要件認知不同，或有執法標準不一之問題；近年來，持續辦理教育訓練宣導防制人口販運規範中非法律常見用語之定義並舉例說明，且針對專責查緝人員強化案例研討、經驗傳承等專業訓練[88]，以提升案件偵辦效果。因此，教育訓練仍為防制工作之重點項目，應由各機關就防制人口販運之工作主軸，對所屬同仁進行專業訓練，如查緝機關應著在偵查技巧訓練、勞動機關應加強非法聘僱及媒介移工等法令訓練、司法機關則應進行法律議題之訓練等[89]。

具體而言，本文建議警政署應持續補助各地方警察機關辦理防制人口販運講習，並訂定年度強化訓練目標，以提升查緝人員之技巧與量能；而移民署作為防制人口販運犯罪之秘書單位，實施種子教官訓練計畫為首要任務，並應分類進行家事移工、外籍漁工、境外生等查緝種子教官訓練。

---

[86] 勞動部（2014），勞動部積極推動家事勞工保障法之立法，以保障家事勞工權益，https://www.mol.gov.tw/announcement/27179/16530/，搜尋日期：2021/04/21。

[87] 勞動部（2014），家事勞工納入《勞動基準法》予以保障，必須兼顧勞雇雙方權益與實務之可行性，https://www.mol.gov.tw/announcement/27179/16779/，搜尋日期：2021/04/21。

[88] 謝立功（2008），兩岸人口販運犯罪問題之研究，展望與探索，6卷5期，頁89-104。

[89] 柯雨瑞、蔡政杰（2014），人口販運問題之現況與回應對策，中央警察大學國土安全與國境管理學報，22期，頁79-142。

另外，鑑於海上勞力剝削案件備受重視，未來應將海事查察主管機關納入鑑別被害人、轉介與執法通報程序之培訓對象，因此海巡署現已規劃對執行公海或停靠港口之各式訪查、調查業務人員進行4小時訓練課程[90]，而漁業署則對訪查員及調查業務人員進行時訓練課程[91]，未來應持續透過擴大辦理防制人口販運教育訓練之對象與課程，精進執法人員專業技能。

拾、對遠洋漁工加強宣導防制人口販運之求助熱線電話機制

在防制人口販運之預防工作上，我國勞動部於2008年建置「外籍勞工權益24小時諮詢保護專線」（簡碼1955）並於2009年正式開通，且設計「智能客服APP」延伸1955專線功能，更加即時回應詢問對象所提疑問，後於2010年採電子派案方式請各地方勞工主管機關進行申訴或爭議案件查處[92]，目的皆是在落實相關案件後續處理之追蹤管理機制。然而，目前仍無提供移工24小時免付費求助之專線電話，而為即時協助人口販運被害人，未來應建制人口販運被害人報案專線並廣為宣導，主要是當被害人處於弱勢或被害情境時，透過專線報案並在最短時間脫離加害人[93]，從根本完善被害人人身安全之保障。

除上述專線電話之擴充及建置外，考量遠洋漁船之工作具有環境差、高危險、高辛苦、高辛勞及離家遠之不利特性，因國人從事意願很低，因此遠洋漁業缺乏之勞動力，多仰賴聘僱外籍漁工補充，而由於漁事工作環境、聘僱關係、金錢誘惑及同鄉恩惠等因素，致使漁工登岸後於境

---

[90] 包含1小時人口販運基礎通識及3小時有關人口販運被害人之鑑別認定、轉介與執法通報程序等進階網絡。

[91] 內政部移民署（2021），2021-2022反剝削行動計畫，https://www.immigration.gov.tw/media/61426/1100121反剝削行動計畫-中文版.pdf，搜尋日期：2021/04/21。

[92] 勞動部勞動力發展署（2009），1955勞工諮詢申訴專線，https://www.wda.gov.tw/News_Content.aspx?n=F1B0B632EEA1F749&sms=31AD07381E2A92BF&s=8F3094FEE63201E1，搜尋日期：2021/04/21。

[93] 柯雨瑞（2010），論韓國防制人口販運之法制，警學叢刊，41卷3期，頁215-244。

內失聯或非法入境滯留於我國，進一步衍生非法活動，甚有遭人口販運勞力剝削等情形。為有效避免此類問題，本文建議應加強對受僱在臺灣權宜漁船及臺灣籍漁船之外籍漁工宣導防制人口販運熱線電話，如漁業署應配合勞動部就1955專線及建置APP時提供所需資訊，並利用各類宣傳手法務必讓外籍漁工知悉專線電話；另就我國人經營權宜船部分，亦應要求代理商於權宜船進我港口時，落實向船員宣導，並強化抽查我國遠洋漁船外籍船員是否知悉可透過1955專線進行申訴，讓1955專線發揮更即時之保護及更全面之預防效果。

拾壹、強化對於透過網路進行性剝削犯罪之偵查、起訴之執法能量

當代科技通訊發達，各類訊息及影像利用網路傳播普及率高，進而導致取得兒少色情乃至性剝削影像，或利用網路招募、媒介、引誘兒少從事色情等行為層出不窮；依據「台灣展翅協會」網路檢舉熱線[94]受理有關兒少色情之案件統計資料，2020年接獲6,463件中即有5,680件經判定為違法且內容不當，涉及兒少性虐待或性剝削內容類型占14.94%；成人色情內容類型占76.59%，其他違法內容類型占8.47%，檢舉件數多為「兒童可取得之成人色情」、「媒介性交易」、「兒童少年性虐待或剝削內容」[95]。顯見利用網路傳播兒少私密影像已成為性剝削案件主要項目，相關執法單位應特別針對利用網路工具之犯罪型態，對症下藥加強防制工作。

基此，為達到保護兒少免於性剝削、保障兒少上網安全等政策目

---

[94] Web547設立於1999年，主要受理民眾匿名檢舉網路違法及不當內容，尤其是網路兒少性虐待內容。依據臺灣法律及國際檢舉熱線聯盟的標準，Web547受理的檢舉類型可分為兒少色情類、成人色情類、其他違法內容等三大類計16項內容，熱線之案件分析師會逐一檢視內容情節的違法或不當程度及網域所在國家，移交給國內外檢警單位、國外檢舉熱線進一步調查，或由網路業者做內容分級或移除。

[95] 台灣展翅協會（2020），2020年web547網路檢舉熱線年度報告，https://www.ecpat.org.tw/Link.aspx?ID=58&pg=1&key=兒少上網安全&d=4673，搜尋日期：2021/04/21。

標，網路業者應建立內部管理機制並採取積極措施禁止及移除兒少性私密影像，而執法機關則應透過擴大臨檢、網路巡邏等方式，加強查緝及偵辦違法內容，此外，此類案件線索往往散播於網路或暗網中，同時也需要民眾更多面向及觸角去檢舉網路上違法內容，特別是兒少性剝削影像和誘拐訊息，透過建立民眾的防制意識及鼓勵檢舉，將更有助於檢警偵辦案件、移除影像、甚至救援被害兒少。

拾貳、大幅提升兒童及少年性剝削防制條例對於兒童性販運犯罪之刑罰制裁力道

　　現行有關防制兒童及少年性剝削的規範主要見於刑法與兒童及少年性剝削防制條例中，以兒少性自主權與身心健全成長為保護法益，然而，根據法務部統計資料，兒少性剝削案件年增加率為4.4%，且如前所述兒少性剝削網路化之型態轉變，導致案件數驟增，但現行規定對於製造、散布兒少性剝削影像的行為處罰過輕，對持有、觀覽兒少性剝削影像者僅處以罰鍰及輔導教育，難收嚇阻、保護兒少之效，顯有修正必要[96]。

　　對此，為有效嚇阻犯罪及加強兒少保護，對於拍攝、製造兒童或少年為性交或猥褻行為之數位影音產品或其他物品之罰金應提高，且為符合罪刑相當之比例原則，違法的刑度及刑期亦應增加。另考量性剝削犯罪之嚴重法侵害性，以及相關產品恐影響社會對於兒少遭受性化之觀點，因此本文建議持有是類產品、製品之罰則應由行政罰改成刑罰，且有支付對價觀覽兒童或少年為性交、猥褻之行為者，依現行法僅處以行政罰及輔導教育，此行為不僅加深受害兒少遭受性虐待之情況，亦間接促使或形成性剝削的供需關係及市場，將兒少推至高風險中，實應提高違法刑期及罰金[97]，以符合聯合國「兒童權利公約」、「公民與政治權利國際公約」與

---

[96] 黃惠婷（2013），性刑法防制兒童及少年性侵害之修法研究，中央警察大學法學論集，24期，頁103-138。

[97] 立法院（2020），《兒童及少年性剝削防制條例》部分條文修正草案，立法院議案暨

「經濟社會文化權利國際公約」所呼籲之目標，並藉以建立防制兒少性剝削之綿密保護網。

拾參、對於漁會騷擾部分反人口販運人士的違法行為，執法機關受理報案之後，宜積極地偵處、調查

　　由於外籍漁工處境逐漸受到社會大眾的關注，而長期以來對各界媒體呈現外籍漁工的艱難處境、為外籍漁工發聲的人權團體，自然與漁船船主或漁業公會站在對立的立場，當反人口販運人士積極揭露遠洋漁業中制度性的歧視問題，以及指出不符合人權標準的規範性要求時，除能引起公眾討論外，同時也成為漁會打擊的對象。例如全國漁會即曾召集各地方漁會代表發起抗議活動，強調人權及勞權團體對於外籍漁工受虐個案之報導有污衊及以偏概全現象，並指控臺灣漁業從業人員形象遭受汙名化[98]，此類漁會與人權團體相互指責之場景漸趨頻繁發生。基此，執法單位除應依法調查臺灣漁船有無涉嫌虐待漁工，或有其他人口販運犯罪之情況外，對於漁會或聯合地方政府打壓人權團體及反人口販運人士之行為，若有相關證據且查證屬實，亦應積極偵處、調查，係為維護外籍船員權益之重要一環。

拾肆、勞動部在進行勞檢前，實不宜事先通知受檢查之機關、團體、組織，俾提升勞檢之實際效力

　　勞動檢查以勞動部為主管機關，並依據勞動檢查法、勞動基準法及職業安全衛生法等規定具體執行，以達到勞雇雙方權益維護及發展經濟等目

綜合查詢系統，https://misq.ly.gov.tw/MISQ/IQuery/misq5000Action.action，搜尋日期：2021/04/20。

[98] 柯宗緯（2020），漁船「海葬」移工？全國漁會怒駁不實指控，中時電子報，https://www.chinatimes.com/realtimenews/20200630004113-260402?chdtv，搜尋日期：2021/04/20。

的[99]。此外，政府亦透過訂定相關勞動法令賦予雇主各項應作爲義務，包括保障勞工身心健康、基本勞動權益等，且勞動檢查亦可視爲是政府或雇主有無落實勞動法令之重要標準，勞動檢查員更能透過實地檢查工作環境的安全衛生、勞動條件的情況，進一步發掘有無強迫勞動或勞力剝削之可疑線索。誠如前述，與勞力剝削有關之勞動與報酬顯不相當、超時工作構成要件判別不易，因此勞動檢查所獲得的第一手資料更爲重要，且極具證據力；因此，由嫻熟勞動法令及勞資關係等專業知能之檢查員依規定執行檢查，除能有效發揮實效外，更是防制人口販運犯罪的重要工作之一。

然而，實務上在第一線執行檢查的勞檢員，因與被檢查之資方長期互動，基於人情壓力或特殊利益而發生涉貪之違法情事，包括事先洩漏檢查時間、接受賄賂招待、收送禮品紅包等案例時有所聞[100]，不僅涉及嚴重的風紀問題，更可能是人口販運犯罪的幫兇。有鑑於此，主管機關勞動部應強化整體監督及管理機制，除要求各檢查機關落實推動自律管理，實施內部、外部稽核計畫外，對檢查員也應定期考核，透過加強教育訓練、實施滿意度調查等方式，提醒檢查員執行職務須遵守公務員廉政倫理規範等相關規定。另外，隨著國際社會對於人口販運之問題越來越重視，且人口販運犯罪型態亦爲了避免被查緝而不斷變化，與此同時，對於廉政的要求亦更顯重要，包含勞檢員在內等各級執法人員皆應在隨著國際情勢演進而更新專業知識的同時，避免風紀案件的發生。

拾伍、對於遠洋漁業高級船員強迫漁工捕撈瀕臨絕種和受保育物種的違法行為，執法機關宜積極地蒐證、偵處、調查

在資訊不透明的遠洋漁業場域，充斥割鰭棄身、捕殺海豚作魚餌等

---

[99] 參照勞動檢查法第1條規定：「爲實施勞動檢查，貫徹勞動法令之執行、維護勞雇雙方權益、安定社會、發展經濟，特制定本法。」

[100] 勞動部職業安全衛生署（2021），公務人員倫理規範問答輯，https://www.osha.gov. tw，搜尋日期：2021/04/20。

各種非法漁業行為，除為保育團體所詬病外，往往更涉及強迫勞動等情事[101]，多數外籍漁工都曾被迫捕撈瀕臨絕種或受保育之物種，然而此類行為，除受到公益團體組織及社會大眾關切與批評外，更引發其他遵守法律規範之船主及漁民的不滿，且非法漁業活動屬於違反野生動物保育法[102]之刑事案件，依法由檢調單位進行調查後，若調查結果確認違法事證明確，則另依遠洋漁業條例施以處罰。此外，漁業署亦設有檢舉制度，鼓勵從事合法漁業活動者，發現我國漁船涉有非法漁撈行為或有迫害漁工人權情事，若能提供明確的違法線索加以舉報，不僅能大幅降低執法單位的追緝難度，更能使違法船隻及船主施以應有處罰，亦能有效嚇阻不法。

　　此外，為符合國際對於海洋保育及漁業管理之相關措施，除將國際組織通過之漁業養護及管理規定納入修法範疇外，並透過修法加重違法捕撈行為之處罰，在實務上亦應持續擴充遠洋漁船檢查之預算與人力，唯有透過提高檢查率，並在漁船上設置遠端監視器、電子感應等設備，且成立全時段漁業監控中心，利用科技執法的方式隨時掌握漁船作業動態，才能杜絕非法捕撈漁船的僥倖心態，然而，若要進一步斷絕非法漁獲進入市場，更需要消費者保育意識共同提升，才能讓臺灣「血汗海鮮」的需求量減少並扼止非法捕撈的風氣，始能避免少數業者的違法行為，進而影響我國整體產業形象，全民皆應培養共識，以落實人權保障及維護產業永續經營為目標[103]。

---

[101] 環境正義基金會（2019），人口販運防制光說不做—外籍漁工繼續受剝削，https://ejfoundation.org/news-media，搜尋日期：2021/04/20。

[102] 參照野生動物保育法第40條規定：「有下列情形之一，處六月以上五年以下有期徒刑，得併科新臺幣三十萬元以上一百五十萬元以下罰金：一、違反第二十四條第一項規定，未經中央主管機關同意，輸入或輸出保育類野生動物之活體或其產製品者。二、違反第三十五條第一項規定，未經主管機關同意，買賣或意圖販賣而陳列、展示保育類野生動物或其產製品者。」

[103] 漁業署（2018），福甡11號及金昌6號漁船調查告一段落，漁業署將予嚴懲，https://www.fa.gov.tw/cht/NewsPaper/content.aspx?id=2520&chk=A14C8419-675B-457D-BC09-98B1F517FEFA&param，搜尋日期：2021/04/20。

拾陸、我國宜在保護公海生物多樣性與發展遠洋漁業之間取得平衡點

　　全球漁業資源衰退之趨勢係繼氣候變遷後，備受國際社會關注的議題，而為加強海洋漁業之保育及管理，聯合國透過聯合國海洋法公約草案及生物多樣性公約等公約，向世界各國強調保護生物多樣性是每個國家之職責，其中公海占全球海洋面積的64%，蘊含大量且豐富的漁業資源，但因公有物性質且缺乏統一管理組織等因素，導致現有對於公海資源之保護及保育，相對於其遭受之浩劫，仍是遠遠不足的[104]。

　　有鑑於此，聯合國持續推動公海生物多樣性公約草案之正式通過，以達成世界多數國家共識，並透過設立海洋保護區的方式，加強對公海之保護措施[105]。然而，臺灣至今未曾參與討論公海海洋保育之國際活動或會議，但作為遠洋漁業大國，若只接觸區域性漁業管理組織，且僅將焦點置於公海上捕魚的配額，臺灣將無法根除備受詬病的違法漁業活動，加以聯合國一旦通過保護公海漁業資源之規範，或在公海上設立海洋保護區，不僅會影響臺灣遠洋漁業產量，更可能因忽略相關規範而受到處罰。因此，臺灣未來在發展遠洋漁業的同時，亦應關注公海生物多樣性之議題，除從中取得平衡點之外，更應與國際社會接軌，持續打擊過度捕撈及非法漁業活動，保障遠洋漁工勞動權益的同時，更是對保育海洋資源及生物多樣性有所貢獻。

---

[104] 綠色和平組織（2019），全球海洋公約：需要知道的5件事，https://www.greenpeace. org/taiwan/update/7710/全球海洋公約：需要知道的5件事/，搜尋日期：2021/04/20。

[105] United Nations, (2019), Delegates Hail Positive Progress on New High Seas Treaty, as Second Session of Intergovernmental Negotiations Concludes, available at: https://www. un.org/press/en/2019/sea2102.doc.htm, last visited: 2021/04/19.

拾柒、考量保護各式遠洋漁業之動物權及遠洋漁業生物之各式營養成分具有可替代性之觀點，我國亦可慎重考量逐步廢棄、終止遠洋捕撈漁業之發展

　　有關動物權之保障，似不宜限於陸地動物之動物權，實有必要延伸到保護各式遠洋漁業之動物權。遠洋漁業之本質，係為殺生，殺害各式遠洋漁種、生物之生命權，其本質是邪惡的、不道德的、違反倫理及道德的，與傳統的保護動物權、護生的觀點，完全背道而馳，並不值得鼓勵之。再者，遠洋漁業生物之各式營養成分，均具有可替代性。以遠洋漁業之鮪魚為例，鮪魚之營養成分如下：蛋白質、脂肪、鈣、鐵、大量的EPA及DHA、鉀、維生素Bl2、維生素B6、維生素A、B1、 B2 、C、蛋白質等。鮪魚之蛋白質，在各式之豆類及奶類之中，亦可攝取相當優質之蛋白質；鮪魚中之脂肪，可在新鮮之堅果、種子、大豆之中攝取之。再者，鮪魚中之鉀、維生素B12、維生素B6、維生素A、B1、B2、C、鈣、鐵，均可在保健食品[106]，加以攝取之。是以，不食用遠洋生物漁種，遠洋生物漁種中之各式營養成分，均可找到其他之代替來源，遠洋生物漁種中之各式營養成分，對於人類而言，不具有必然性。

　　基此，本文建議考量保護各式遠洋漁業之動物權，及遠洋漁業生物之各式營養成分，均具有可替代性之觀點，我國亦可逐步廢棄、終止遠洋捕撈漁業之發展。最理想之目標，是徹底地廢棄、終止遠洋捕撈漁業之發展。最為核心之理由之一，乃遠洋捕撈漁業之本質，係為殺生害命，殺害各式遠洋漁種、生物之至高無上之生命權，其本質是徹徹底底具有邪惡性的，並不值得加以發展之。本文認為，我國亦可慎重考量逐步廢棄、終止遠洋捕撈漁業之發展。

---

[106] 元氣網（2019），素食者最易缺6種營養素 吃素的正確方式學起來，https://health.udn.com/health/story/6037/4245340。

參考書目

一、中文文獻

王曉丹（2014），法律繼受與法律多重製—人口販運法制的案例，中研院法學期刊，15期，頁77-137。

江世雄（2010），公海漁業資源之管理問題與其對策：以權宜漁船與IUU漁業為中心，問題與研究，49卷4期，頁33-64。

李忠榮（2014），我國處理人口販運犯罪之研究—以臺灣各地方法院判決書為例，中央警察大學警察政策研究所碩士論文。

林國榮、成之約、蕭晴惠（2016），韓國外籍勞工政策及直接聘僱制度之研究，勞動部勞動力發展署委託研究計畫。

柯雨瑞（2010），論韓國防制人口販運之法制，警學叢刊，41卷3期，頁215-244。

柯雨瑞、蔡政杰（2014），人口販運問題之現況與回應對策，中央警察大學國土安全與國境管理學報，22期，頁79-142。

徐瑤（2015），兩岸合作查緝人口販運犯罪之研究—以海峽兩岸共同打擊犯罪及司法互助協議為中心，中央警察大學外事警察研究所碩士論文。

高玉泉（2014），人口販運防制法之立法缺失與修法方向—以聯合國相關規範為中心之檢視，臺灣法學雜誌，246期，頁27-37。

陳正芬（2009），《人口販運防制法》於偵查實務之影響—以兩岸性販運案件為中心，展望與探索，7卷4期，頁88-96。

黃惠婷（2013），性刑法防制兒童及少年性侵害之修法研究，中央警察大學法學論集，24期，頁103-138。

黃齡玉（2010），我國防制人口販運政策之研究，臺灣大學政治學系政府與公共政策研究所碩士論文。

監察院人權保障委員會（2014），監察院102年婦女人權保障實務研討會會議實錄，監察院，頁218-225。

鄭智仁（2018），臺灣各地方法院人口販運定罪判決影響因素之研究，中央警察大學警察政策研究所博士論文。

謝立功（2008），兩岸人口販運犯罪問題之研究，展望與探索，6卷5期，頁89-104。

二、英文文獻

Pal Lesile, (1997), Beyond Policy Analysis: Public Issue Management in Turbulent Times, Ontario: International Thomson, p. 1.

US, Department of State, Office to Monitor and Combat Trafficking in Persons, (2008), Trafficking in Persons Report 2008, pp. 52-292.

三、網路資料

台灣展翅協會（2020），2020年web547網路檢舉熱線年度報告，https://www.ecpat.org.tw/Link.aspx?ID=58&pg=1&key=兒少上網安全&d=4673，搜尋日期：2021/04/21。

人口販運防制監督聯盟（2018），催告！被害人司法正義未得伸張，民團疾呼人口販運修法勿再延宕，苦勞網，https://www.coolloud.org.tw/node/90983，搜尋日期：2021/04/18。

中央廣播電台（2019），聯合國報告：全球多數區域人口販運者未遭處罰，https://www.rti.org.tw/news/view/id/2007501，搜尋日期：2021/04/20。

內政部（2021），內政部施政計畫，內政部施政計畫相關檔案，https://www.moi.gov.tw/cp.aspx?n=30，搜尋日期：2021/05/12。

內政部移民署（2021），2021-2022反剝削行動計畫，https://www.immigration.gov.tw/media/61426/1100121反剝削行動計畫-中文版.pdf，搜尋日期：2021/04/21。

內政部移民署（2021），行政院防制人口販運及消除種族歧視協調會報歷次會議紀錄，內政部移民署人口販運防制業務專區，https://www.immigration.gov.tw/5385/7445/7535/49052/126023/，搜尋日期：

2021/05/12。

內政部移民署（2021），防制人口販運行動計畫，https://www.
　　immigration.gov.tw/5385/5388/7178/225325/，搜尋日期：2021/05/21。

公視新聞網（2018），81名外籍漁工遭拘禁，監院糾正漁業署、高市府，
　　https://news.pts.org.tw/article/402378，搜尋日期：2021/04/19。

王幼玲、王美玉、蔡崇義（2021），110財正0005號糾正案，監察院，
　　https://www.cy.gov.tw/CyBsBoxContent.aspx?n=134&s=17498，搜尋日
　　期：2021/05/12。

司法周刊（2010），司法院研議量刑基本法草案量刑通則條文，司法院，
　　https://www.judicial.gov.tw/tw/cp-1454-242751-af103-1.html，搜尋日
　　期：2021/04/19。

外籍漁工人權保障聯盟（2019），廢除境外聘僱制度，加速《ILO188號
　　公約》施行法，綠色和平組織，https://www.greenpeace.org/taiwan/
　　press/10090/廢除境外聘僱制度-加速ilo-188號公約施行法-2/，搜尋日
　　期：2021/04/19。

立法院（2020），《兒童及少年性剝削防制條例》部分條文修正草案，
　　立法院議案暨綜合查詢系統，https://misq.ly.gov.tw/MISQ/IQuery/
　　misq5000Action.action，搜尋日期：2021/04/20。

李武忠（2020），臺灣應正視遠洋漁貨被列入「童工及強迫勞動製品清
　　單」，民報，https://www.peoplenews.tw/news/935f404a-bf50-464c-
　　a3d8-9db75202a200，搜尋日期：2021/04/19。

施逸翔（2019），高喊漁工人權！漁民為何跳腳抗議？，台灣人權促進
　　會，https://www.tahr.org.tw/news/2583，搜尋日期：2021/04/20。

施逸翔（2020），權宜船管理與保障外籍漁工勞動人權，台灣人權促進
　　會，https://www.tahr.org.tw/news/2694，搜尋日期：2021/04/19。

柯宗緯（2020），漁船「海葬」移工？全國漁會怒駁不實指控，中時
　　電子報，https://www.chinatimes.com/realtimenews/20200630004113-
　　260402?chdtv，搜尋日期：2021/04/20。

美國在台協會（2021），人口販運問題報告，美國在台協會，https://

www.ait.org.tw/zhtw/our-relationship-zh/official-reports-zh/，搜尋日期：2021/05/12。

苦勞網（2020），「我們不是奴隸」，家服法延宕16年，明年送立院，盼改善移工處境，https://www.coolloud.org.tw/node/95077，搜尋日期：2021/04/20。

高鳳仙、趙昌平（2014），關於人口販運被害人之鑑別及其返鄉權與被告對質詰問權等，影響防治成效，政府的因應涉有違失乙案之調查報告，監察院，https://www.cy.gov.tw/CyBsBoxContent2.aspx?n=718&s=2714，搜尋日期：2021/04/18。

婦女救援基金會（2018），提升人口販運鑑別準確度，婦援會推新版鑑別筆錄與指標，https://www.twrf.org.tw/info/title/271，搜尋日期：2021/04/20。

張裕榮、李雅村（2018），「家護外勞適用勞基法問題」研析，立法院，https://www.ly.gov.tw/Pages/Detail.aspx?nodeid=6590&pid=171362，搜尋日期：2021/04/19。

綠色和平組織（2017），漁業新法上路，漁工與船隊資訊管理仍有漏洞，https://www.greenpeace.org/global/，搜尋日期：2021/04/22。

綠色和平組織（2019），全球海洋公約：需要知道的5件事，https://www.greenpeace.org/taiwan/update/7710/全球海洋公約：需要知道的5件事/，搜尋日期：2021/04/20。

環境正義基金會（2019），人口販運防制光說不做──外籍漁工繼續受剝削，https://ejfoundation.org/news-media，搜尋日期：2021/04/20。

漁業署（2021），核准境外僱用非我國籍船員仲介機構名冊與評鑑成績，https://www.fa.gov.tw/cht/Announce/content.aspx?id=760&chk=B7E5AEF5-A239-42D5-8509-EF4CC8DD0895&param，搜尋日期：2021/04/20。

監察院（2018），外籍漁工遭監禁、剝削，檢方以涉及人口販運起訴，監察院糾正行政院農業委員會及所屬漁業署、高雄市政府及該府海洋局，https://www.cy.gov.tw/News_Content.aspx?n=124&

sms=8912&s=13006，搜尋日期：2021/04/19。

監察院（2020），勞動部直聘中心職能不彰，引進移工比率低，且提供就業轉換資訊不足，衍生仲介違法向移工收取轉換雇主費用，https://multimedia.cy.gov.tw/Epaper_Content.aspx?es=37&n=531&s=18319，搜尋日期：2021/04/21。

楊智強（2021），千萬罰鍰也難嚇阻非法魚翅如何被送上你的餐桌，報導者，https://www.twreporter.org/a/unfinished-far-sea-fishing-governance-illegal-shark-fin，搜尋日期：2021/04/20。

葉冠妤（2021），兒少私密性影像具違法商機 網路誘拐難防民團籲立法，聯合新聞網，https://udn.com/news/story/7266/5276590，搜尋日期：2021/05/12。

廖靜蕙（2018），漁船為魚鰭罔顧禁令盜捕黑鯊3261隻共30噸遭查獲，環境資訊中心，https://e-info.org.tw/node/214037，搜尋日期：2021/04/20。

漁業署（2018），漁業署積極推動提高外籍漁工權益保障，https://www.fa.gov.tw/cht/NewsPaper/content.aspx?id=2479&chk=cfedd95e-d28a-42a7-abef-0c191ab5f728，搜尋日期：2021/04/22。

漁業署（2018），福甡11號及金昌6號漁船調查告一段落 漁業署將予嚴懲，https://www.fa.gov.tw/cht/NewsPaper/content.aspx?id=2520&chk=A14C8419-675B-457D-BC09-98B1F517FEFA&param，搜尋日期：2021/04/20。

陳秀蓮（2020），人比利益優先，廢除私人仲介刻不容緩，財團法人法律扶助基金會，https://www.laf.org.tw/index.php?action=LAFBaoBao-detail&tag=239&id=246，搜尋日期：2021/04/21。

陳建檳（2020），我國境外漁工勞動保障問題之研析，立法院，https://www.ly.gov.tw/Pages/Detail.aspx?nodeid=6590&pid=204376，搜尋日期：2021/04/21。

陳映妤（2012），割鰭、持續洗魚、資訊不透明－台灣新聘觀察員黯然離開的心聲，報導者，https://www.twreporter.org/a/unfinished-far-sea-fishing-governance-taiwan-observers，搜尋日期：2021/04/20。

勞動部勞動力發展署（2009），1955勞工諮詢申訴專線，https://www.wda.gov.tw/News_Content.aspx?n=F1B0B632EEA1F749&sms=31AD07381E2A92BF&s=8F3094FEE63201E1，搜尋日期：2021/04/21。

勞動部（2014），家事勞工納入《勞動基準法》予以保障，必須兼顧勞雇雙方權益與實務之可行性，https://www.mol.gov.tw/announcement/27179/16779/，搜尋日期：2021/04/21。

勞動部（2014），勞動部積極推動家事勞工保障法之立法，以保障家事勞工權益，https://www.mol.gov.tw/announcement/27179/16530/，搜尋日期：2021/04/21。

勞動部（2016），家事勞工納入《勞動基準法》予以保障，必須兼顧勞雇雙方權益與實務之可行性，https://www.mol.gov.tw/announcement/27179/16779/，搜尋日期：2021/04/20。

勞動部（2021），公務人員倫理規範問答輯，勞動部職業安全衛生署網站，https://www.osha.gov.tw，搜尋日期：2021/04/20。

黃欣柏（2020），我連11年獲評人口販運防制一級國家 內政部辦工作坊分享經驗，自由時報電子報，https://news.ltn.com.tw/news/politics/breakingnews/3277795，搜尋日期：2021/05/12。

The Bureau of International Labor Affairs, (2020), List of Goods Produced by Child Labor or Forced Labor, available at: https://www.dol.gov/sites/dolgov/files/ILAB/child_labor_reports/tda2019/2020_TVPRA_List_Online_Final.pdf, last visited: 2021/04/19.

U.S. Department of State, (2021), Trafficking in Persons Report, available at: from: https://www.state.gov/trafficking-in-persons-report/, last visited: 2021/05/12.

United Nations, (2019), Delegates Hail Positive Progress on New High Seas Treaty, as Second Session of Intergovernmental Negotiations Concludes, available at: https://www.un.org/press/en/2019/sea2102.doc.htm, last visited: 2021/04/19.

United Nations publication, (2018), World Drug Report, available at: https://www.unodc.org/wdr2018/, last visited: 2021/04/19.

第十四章

移民情勢與外來人口人性尊嚴及人權保障

柯雨瑞、吳冠杰、黃翠紋

第一節　前言

壹、研究背景

　　人權是指人與生俱來之基本權利及自由，只要身爲人類，便擁有人權[1]。何謂人權？人權（human rights）係描述人類行爲中之道德原則或規範之特定標準（certain standards of human behaviour），人權經常受到國內法與國際法（are regularly in municipal and international law）中之自然及法律權利之保護[2]。復次，「平等」[3]又是人權最重要精神，並以「人性尊嚴」爲核心，1948年「世界人權宣言」（Universal Declaration of Human Rights）[4]第1條開宗明義指出：「人皆生而自由；在尊嚴及權利上

---

[1]　Donnelly, J., (2013), Universal Human Rights in Theory and Practice 3th ed., New York: Cornell University Press, pp. 301-302.

[2]　Nickel, James, Human Rights in Stanford Encyclopedia of Philosophy, retrieved September 25, 2019.

[3]　我國憲法第7條保障之平等權，並不當然禁止任何差別待遇，立法與相關機關基於憲法之價值體系及立法目的，自得斟酌規範事物性質之差異而爲合理差別待遇。法規範是否符合平等原則之要求，應視該法規範所以爲差別待遇之目的是否合憲，及其所採取之分類與規範目的之達成間，是否存有一定程度之關聯性而定，以上，請進一步參照：司法院釋字第682號、第694號、第701號、第719號、第722號、第727號、第745號、第750號、第760號、第768號、第781號、第782號、第783號、第788號、第790號、第791號、第793號、第794號、第802號。

[4]　世界人權宣言是聯合國大會1948年12月10日通過之一份文件，嚴格定義既非條約，故對外無任何法律效力，會員國亦無任何拘束力，法律上是屬軟性法律（soft law）。See Dixon, M., (2007), Textbook on International Law, 7th ed., Oxford University Press, pp. 52-53.另世界人權宣言中所列舉之人權，如生命權、刑事基本權、返鄉權、家庭權、良心自由、社會權等，爲我國憲法所未明示。請進一步參照：李震山（2004），多元、寬容與人權保障—以憲法未列舉權之保障爲中心，台北：元照出版有限公司，頁63-65。1966年「公民與政治權利國際公約」（International Covenant on Civil and Political Rights）及「經濟社會文化權利國際公約」（International Covenant on Economic, Social

均各平等。人人各賦有理性良心，誠應和睦相處，情同手足。」[5]

　　有學者認為人權概念乃西方文明之產物，不過1948年「世界人權宣言」第1條條文中人人各賦有理性良心之「良心」（conscience）用語，當時，即是採中華民國代表張彭春君之良善建議，良心一詞，係張彭春君認為其可代表亞洲儒家之核心價值觀，故建議聯合國大會加入之[6]，以東方觀點解釋：人權是一顆同理之心，將心比心、平等的對待每一個人[7]，使本文想到人在公門好修行，尤其第一線執法人員，更應將心比心為民服務[8]，猶如電影擺渡人角色。

　　在我國之「人性尊嚴」部分，歷年大法官解釋文多次提及「人性尊嚴」之概念，例如：司法院釋字第372號、第400號、第485號、第490號、第550號、第567號、第585號、第603號、第631號、第656號、第664號、第689號、第708號、第712號、第478號、第753號、第756號、第766號、第781號、第791號、第794號、第802號、第803號等解釋文，其中，釋字第372號解釋更指出：「人格尊嚴之維護與人身安全之確保，乃世界人權宣言所揭示，並為我國憲法保障人民自由權利之基本理念。」釋字第372號解釋成為我國論述人性尊嚴之指標性參考，明確指出人性尊嚴係我

---

and Cultural Rights）與1948年聯合國之「世界人權宣言」合稱「國際人權憲章」（International Bill of Human Rights），係國際人權保障體系中最重要之人權基準及規範。許慶雄（2015），人權之基本原理，台北：獨立作家出版社，頁5-8。

[5] Article 1

All human beings are born free and equal in dignity and rights. They are endowed with reason and conscience and should act towards one another in a spirit of brotherhood.

[6] 李明輝（2002），儒家傳統與人權，黃俊傑主編，傳統中華文化與現代價值的激盪與調融（一），台北：喜瑪拉雅研究發展基金會，頁229-256。

[7] 湯梅英（2009），臺灣人權教育發展的文化探究：從特殊性到普世價值的實踐，教育學報，37卷1-2期，頁29-56。

[8] 參見中央警察大學（2018），蔡英文總統於警大105年畢業典禮，談到政府公權力的第一線執法幹部能將心比心，要以同理心協助報案民眾，https://www.cpu.edu.tw/，搜尋日期：2021/04/01。

國憲法維護人權核心概念。另外，釋字第603號解釋更明白指出：「維護人性尊嚴與尊重人格自由發展，乃自由民主憲政秩序之核心價值。」可知我國繼受德國法人性尊嚴之概念，將人性尊嚴作為一上位之憲法原則，拘束著國家一切權力，以保障人民之基本權利應受絕對之保障，殆無疑義。不過，上述諸多之歷年大法官解釋文，並未明文指出外來人口是否享有「人性尊嚴」，此部分，係較可惜之區塊。

　　外來人口之「人性尊嚴」，仍宜於我國憲法本文之中，明定之為佳。本文舉1988年大韓民國（南韓）憲法（The Constitution of the Republic of Korea）第10條為例：「所有國民具有人性之尊嚴與價值（All citizens shall be assured of human dignity and worth），並有追求幸福之權利。國家確認個人所具有之不可侵犯之基本人權（the fundamental and inviolable human rights of individuals），並負有給予保障之義務」在韓國，僅限於大韓民國（南韓）之國民（all citizens），始具有人性尊嚴與價值，而非所有之人民（any person），均具有人性之尊嚴與價值。外來人口（如外國人）之人性尊嚴與價值，大韓民國（南韓）憲法則未規定之，有討論之空間。

　　再者，中華人民共和國憲法第38條，亦是作如此之立憲例，在中國大陸，唯有中華人民共和國之公民，始具有人格尊嚴，外來人口（如外國人）之人格尊嚴，中華人民共和國憲法第38條則未規定之，有討論之空間。是以，涉及外來人口之「人性尊嚴」區塊，仍宜於我國憲法本文之中，明定之為宜。在立憲之文字方面，宜使用所有之人民（any person）均具有人格尊嚴或人性尊嚴之立憲例，避免使用人民、公民（all citizens）均具有人格尊嚴或人性尊嚴之立憲例。

　　現代法治國家負有保障外來人口人權之義務，故應積極避免或防止對個人權利之侵害，並消弭歧視及落實平等。據此，了解人權是保護人權之第一步，2011年「聯合國人權教育和培訓宣言」第1條第2項重申：「根據人權之普世性、不可分割和相互依存之原則，人權教育和培訓是促進人

人享有之所有人權和基本自由得到普遍尊重和遵守之關鍵。」[9]另第3條第1項提及：「人權教育和培訓是終生的，涉及所有年齡層。」[10]所以聯合國大會將1995年至2004年訂為「人權教育十年」（United Nations. General Assembly, 1994），並於2004年12月10日，聯合國又發表三階段世界人權教育計畫來增進各國實行人權教育[11]。

　　於2019年，美國非政府組織自由之家（Freedom House）公布世界自由度調查之評比結果，根據該自由之家之調查結果，臺灣評比93分。於2020年，臺灣評比仍是維持在93分。於2021年臺灣評比則是94分。相較於2020年之調查結果，2021年則是進步1分，表示我國在「政治權利」（political rights）及「公民自由」（civil liberities）二項指標持續進步[12]。

　　然超過60萬外國移工（foreign migrants work）在我國工作，其中，所謂外籍家庭看護工或家庭幫傭（domestic workers）及漁民（fishermen），均未納入勞動基準法，未受勞動基準法之最低工資、加班費與法定休假之保障，正在面臨被剝削的巨大風險，有時，甚至發生亂扣工資、工作條件惡劣、身體與性虐待。所以，立法機關於2018年11月通過了就業服務法修正案，就業服務法要求各私立就業服務機構及其從業人員針對外國移工的虐待事件[13]，負通報之義務，違反就業服務法修正案者，

---

[9]　Article 1

　　Human rights education and training is essential for the promotion of universal respect for and observance of all human rights and fundamental freedoms for all, in accordance with the principles of universality, indivisibility and interdependence of human rights.

[10]　Article 3

　　1. Human rights education and training is a lifelong process that concerns all ages.

[11]　洪如玉、鄭惠觀（2012），國際人權教材之比較分析研究，教育研究與發展期刊，8卷2期，頁1-30。

[12]　House, F., (2021), Freedom in the World 2021-Democracy in Retreat, Freedom House.

[13]　第40條第1項第18、19款

　　第18款：對求職人或受聘僱外國人有性侵害、人口販運、妨害自由、重傷害或殺人行

處新臺幣6萬元以上30萬元以下罰鍰。

　　美國2019年人口販運問題報告提及13項「優先要務的建議」，其中，竟有10項「優先要務的建議」與外籍漁工相關[14]，外籍漁工的相關勞動權益再度成為焦點。復次，依據美國2020年人口販運問題報告（2020 Trafficking in Persons Report），我國仍是名列第一列（Tier 1）名單，但提及八項「優先要務的建議」，其中，竟仍有五項「優先要務的建議」與外籍漁工相關[15]，外籍漁工的相關勞動權益之保障，再度成為美國2020年人口販運問題報告人權議題之焦點。

　　2019年10月南方澳跨港大橋之重大意外，造成6名菲籍與印尼籍漁工身亡，與歐盟2019年6月，剛解除我國「打擊非法捕撈漁業不合作國家」的黃牌警告，兩相比較之結果，形成大大諷刺。農委會稱會提升外籍漁工權益，如修正「境外僱用非我國籍船員許可及管理辦法」[16]，依就業服務法引進的境內聘僱漁工，境內聘僱漁工已全面適用勞基法；境外聘僱的漁工，也以國際勞動組織漁撈公約（ILO188）為基礎，要求雇主每月給付薪資不得低於450美元、每日休息時間不得低於10小時、死亡保險不得低於100萬等。

為。

第19款：知悉受聘僱外國人疑似遭受雇主、被看護者或其他共同生活之家屬、雇主之代表人、負責人或代表雇主處理有關勞工事務之人為性侵害、人口販運、妨害自由、重傷害或殺人行為，而未於24小時內向主管機關、入出國管理機關、警察機關或其他司法機關通報。

[14] 美國在台協會（2019），美國2019年人口販運問題報告——台灣部分（第一列），https://www.ait.org.tw/zhtw/2019-trafficking-in-persons-report-taiwan-zh/，搜尋日期：2019/10/10。

[15] 美國在台協會（2020），美國2020年人口販運問題報告——台灣部分（第一列），https://www.ait.org.tw/zhtw/2019-trafficking-in-persons-report-taiwan-zh/，搜尋日期：2021/04/10。

[16] 108年3月20日行政院農業委員會農漁字第1081333049號令修正發布第2、3、5、6、11、13、14、23、32、36條條文；除第5條第5項條文自108年10月1日施行外，自發布日施行。

　　美國最大的聯邦執法機構——美國海關暨邊境保護局（US Customs and Border Protection, CBP）表示，統計至2019年10月爲止，約有47萬3,682個移民家庭，暨76,020名無人陪伴的移民兒童（unaccompanied alien child），非法入境美國[17]，緣於1997年之「弗洛雷斯法案」（The Flores Settlement Agreement），禁止將兒童收容超過20天，並規定收容機關對兒童要予以最基本尊嚴（dignity）、尊重（respect），及特別的照顧（special concern），亦即，「弗洛雷斯法案」立法目的，係保護移民兒童的最低限度（least restrictive）的基本權利（basic rights）與人性尊嚴[18]。

　　而前美國總統川普於2019年8月23日發布命令（formally published the final regulations in the Federal Register）[19]，廢除上開1997年之「弗洛雷斯法案」有關兒童不得收容逾20天規定，並在60天後（10月22日）生效（scheduled to become effective）[20]，讓美國政府可以無限期拘押非法入境的移民家庭，直到庇護申請獲得批准，或被驅逐回原來的國家。然於2019年9月27日美國洛杉磯地區法院法官Dolly M. Gee裁定一個永久禁制令（a permanent injunction）[21]，依據1997年之「弗洛雷斯法案」，前川普政府不得延長非法移民兒童的拘留期，收容機關必須儘快釋放（relief）非法越境的兒童。本文贊同美國洛杉磯地區法院法官Dolly M. Gee所裁定一個永久禁制令，這是一位很人道之法官，值得肯定之。以上之討論，係爲我

---

[17]　U.S. Customs and Border Protection, (2019), Southwest Border Migration FY 2019, available at: https://www.cbp.gov/newsroom/stats/sw-border-migration, last visited: 2019/12/15.

[18]　Attorney General, et al. v. Jenny Lisette Flores, et al., 507 U.S. 292; 113 S. Ct. 1439; 123 L.Ed. 2d 1; 61 U.S.L.W. 4237; 93 Cal. Daily Op. Service 2028; 93 Daily Journal DAR 3628; 7 Fla. Law W. Fed. S 73, United States Supreme Court, 23 March 1993, available at: https://www.refworld.org/cases,USSCT,3ae6b6954.html, last visited: 2019/11/01.

[19]　See Apprehension, Processing, Care, and Custody of Alien Minors and Unaccompanied Alien Children, 84 Fed. Reg. 44, 392-44, 535 (Aug. 23, 2019) [hereinafter "New Regulations"].

[20]　See 84 Fed. Reg. at 44, 392.

[21]　Flores v.Barr CV 85-4544-DMG (AGRx)

國與美國關於移民事件所衍生人性尊嚴及工作權之相關議題。

　　紐約時報報導移民危機（growing immigration crisis）對於政治及人類，具有深遠的影響，儘管前美國總統川普制定嚴格移民執法之政策，但在2019年，非法移民激增，邊境官員在南部邊境逮捕了97萬7,000人。據估計，其中有80,000是無人陪伴的未成年人[22]。2021年3月，約有19,000無人陪伴的未成年人，非法入境美國，考驗美國新任總統Biden移民政策[23]。

　　根據美國法律，未成年人應在72小時內從美國海關和邊境保護局轉移到美國衛生及公共服務部（Department of Health and Human Services, HHS）[24]。美國衛生及公共服務部將未成年人安置在適合兒童的庇護所中，而負責難民事務之官員則確定其有資格監護的擔保人。在近90%的案例中，擔保人是孩子的父母或直系親屬之一，他們已經在美國居住。另美國新任總統Biden拒絕延續前總統川普對無證移民「零容忍」政策，發布審查前政府之庇護與邊界牆建設的政策。對目前仍在收容所的超過3,000名未成年之兒童，Biden總統2021年3月呼籲聯邦緊急事務管理署（Federal Emergency Management Agency, FEMA）協助兒童，尋找適切之庇護所[25]。

---

[22] Cindy Carcamo, (2021), available at: https://www.latimes.com/world-nation/story/2021-03-16/yes-there-is-an-rise-in-unaccompnied-children-crossing-the-southern-border-but-is-it-a-crisis, last visited: 2021/05/03.

[23] Michael D. Shear, Zolan Kanno-Youngs, Eileen Sullivan, (2021), Southwest, available at: https://www.cbp.gov/newsroom/stats/sw-border-migration, https://www.nytimes.com/2021/04/10/us/politics/biden-immigration.html, last visited: 2021/05/23.

[24] The Trafficking Victims Protection Reauthorization Act of 2008 (TVPRA), Public Law 110-457, also requires that the U.S. government provide certain protections to UAC.

[25] Matthew Brown, (2021), A humanitarian crisis: Pelosi decries "broken system" as Biden asks FEMA to help with migrant children at border, available at: https://www.usatoday.com/story/news/politics/2021/03/14/pelosi-humanitarian-crisis-migrant-children-biden-fema/4692092001/, last visited: 2021/03/05.

　　芬蘭於2013年，通過「2020年未來移民策略」（Future of Migration 2020 Strategy）[26]，該國之開放移民政策，主要在吸引外籍高技能人才[27]。另美國之移民政策，在於吸納高學歷及技術型人才、美國公民及合法永久居留者之家屬[28]。我國移民政策涉及經濟發展等多面向，為建構更全面完善之整體環境[29]，放寬政策制度移民法規，延攬國家經濟發展所需之外國特定專業人才及高級專業人才，創造友善環境，遂積極訂定攬才與留才策略，以促進國家整體競爭力[30]。

　　復次，我國未來長期人口變動趨勢，根據國家發展委員會於2018年就「中華民國人口2018-2065年」之推估，總人口將於2022年起轉為負成長，且臺灣人口紅利將於2027年消失[31]。在經濟全球化環境下，如何吸引外來人口永住在這塊土地，營造友善移民環境，為臺灣之發展作出貢獻，必須在制度及相關法規（如外國專業人才延攬及僱用法）上加以配合，屬於國家層次之重要戰略[32]。所謂「外來人口」係指：外國人、外配、陸配、港、澳人士、難民、無國籍人士、遠洋外籍漁工，但不包括具有中華民國國籍之國民。

---

[26] Habti, D. & Elo, M., (2019), Rethinking self-initiated expatriation in international highly skilled migration, In Global Mobility of Highly Skilled People, Springer, Cham, pp. 1-37.

[27] 吳中書（2017），「國家發展前瞻規劃」委託研究案，創新產業之人才培育及延攬策略研究，台北：國家發展委員會，頁182-187。

[28] 謝立功、張先正、汪毓瑋、謝文忠、柯文麗等合著（2013），美國移民政策的發展，台北：人類智庫出版社，頁70-125。

[29] 陳明傳（2014），我國移民管理之政策與未來之發展，文官制度季刊，6卷2期，頁35-63。

[30] 黃意植、楊翔莉、葛孟堯、邱錦田、詹德譯等合著（2016），國際指標評比對我國創新創業政策之啟示與反思，台北：財團法人國家實驗研究院科技政策研究與資訊中心，頁66-73。

[31] 國家發展委員會（2018），國發會「人口推估報告（2018至2065年）」新聞稿，https://www.ndc.gov.tw/nc_27_30091，搜尋日期：2021/07/17。

[32] 翁明賢、吳建德、江春琦總主編（2006），國際關係，台北：五南圖書出版公司，頁49-57。

　　依內政部網站統計，2020年外來人口在臺居留人數共計有78萬7,894人[33]，另依行政院勞動部網站統計，2021年6月底產業及社福外籍勞工總計70萬5,466人[34]，舉2018年亞運為例，中華男籃打出四十八年來最佳之亞運成績，可發現亞洲各國利用歸化球員增強戰力以爭取佳績，可見連運動員遷移亦成為全球化下常見之行為之一[35]。如何吸引人才，在這塊土地上耕耘，為臺灣之經濟作出貢獻，另吸引他國國民落地生根，應以友善之制度支持，如：健保、完善法規、友善環境等。國際人才競逐激烈及國內產業明顯短缺技術人力等課題，屬於國家層次之重要戰略，美國之移民政策在於吸納高學歷及技術型人才、美國公民及合法永久居留者之家屬[36]。為建構更友善之移民環境，延攬國家經濟發展所需之外國專業人才、外國中階技術人力及海外國人，以促進國家整體競爭力[37]。

　　立法院於2009年3月31日三讀通過「公民與政治權利國際公約」、「經濟社會文化權利國際公約」及「公民與政治權利國際公約及經濟社會文化權利國際公約施行法」，於同年4月22日公布施行法並於12月10日施行，成為我國落實人權保障之重要轉捩點，從此在我國具有國內法之效力並與國際接軌[38]。以兩公約為例，國際人權保障之內容，從生命、自由與

---

[33] 參見內政部（2021），統計月報／外來人口居留人數，https://www.moi.gov.tw/，搜尋日期：2021/04/15。

[34] 110年6月底產業及社福外籍勞工人數70萬5,466人，參見行政院勞動部（2021），勞動統計專網／產業及社福外籍勞工人數，https://www.mol.gov.tw/statistics/，搜尋日期：2021/07/29。

[35] 臺灣自從於2011年招募足球員陳昌源及籃球員戴維斯2013年歸化中華民國國籍，有效提升國際賽戰績。梁孝源（2016），場上愛台洋將、場下新臺灣人？歸化球員的影響和國族論述，國立政治大學傳播研究所碩士論文。

[36] 謝立功、張先正、汪毓瑋、謝文忠、柯文麗等合著（2013），美國移民政策的發展，台北：人類智庫出版社，頁70-125。

[37] 國家發展委員會（2018），新經濟移民法草案總說明，本草案之目標在「攬外才」加上「救人口」，新經濟移民法草案預告專區，https://www.ndc.gov.tw/，搜尋日期：2021/04/10。

[38] 於同年6月8日將兩公約批准書送交聯合國秘書處存放，但於6月15日遭退回，黃昭元

財產三大權利，擴展爲包括公民之自由權、社會權、平等權及各種集體權利之龐大人權體系，探討外來人口那些權利尚待入憲化。

尤其司法院大法官會議釋字第708號與第710號解釋文，更首次加入外國人及大陸地區人民之人身自由保障，任何人不分國籍均應受保障，並賦予即時司法救濟，另大法官釋字第712號更提及跨境家庭團聚權，顯示我國之人權保障範圍不斷進步及擴展。本文從國際法、外國憲法、我國憲法及相關法制之觀點，剖析外來人口人性尊嚴、工作權、遷徙自由權、人身自由權及婚姻家庭權機制之現況、困境，進而提出可行之對策，俾利外來人口人性尊嚴、工作權、遷徙自由權、人身自由權及婚姻家庭權之相關機制，能符合兩公約所揭示保障人權之規定。

我國憲法對於人權之保障，係採所謂之列舉及概括設計方式，除憲法列舉各條權利之外，另有憲法第22條之概括性條款[39]。尤其隨著科技發達及人類生活進步，本文相信人權始終來自「人性」，我國憲法自1991年第一次修憲以來雖然經歷七次憲改，但我國憲法第二章「人民之權利義務」第7條至第21條所謂人權清單（bill of rights）[40]竟未曾變動增修[41]，顯然無法有效涵蓋新興人權基本權利，只能一直援用憲法第22條操作解釋之[42]。但，外來人口之人性尊嚴、工作權、遷徙自由權、人身自由權及婚姻家庭權仍面臨諸多之困境，詳如下文所述。

（2015），公民與政治權利國際公約與憲法解釋，司法院大法官104年度學術研討會—人權公約與我國憲法解釋。

[39] 我國憲法第22條規定：「凡人民之其他自由及權利，不妨害社會秩序公共利益者，均受憲法之保障。」

[40] 張弗泉（1993），自由與人權，台北：臺灣商務，頁13。

[41] 汪子錫（2012），憲政體制與人權保障，台北：秀威資訊出版社，頁218-220。

[42] 李震山（2004），多元、寬容與人權保障—以憲法未列舉權之保障爲中心，台北：元照出版有限公司，頁1-13。

貳、名詞解釋

一、外來人口

　　本文所指外來人口，包括：外國人、外配、陸配、港、澳人士、難民、無國籍人士，但，外來人口不包括具有中華民國國籍之國民。論及本國人及外國人區別，首先觸及的，即是「國籍」[43]一詞，國籍[44]是國際法上之概念，美國國際法學者Fenwick教授認為，是指個人與國家之法律連結關係，使該個人具有該國資格，亦即個人對國家發生權利及義務之根據[45]。另「外國人」一詞，國際法學者Roth在其〈適用於外國人之最低國際法標準〉（The minimum standard of international law）一文中認為，外國人以法律地位而言，係指住在某個國家但不具有該國籍者[46]。舉美國移民與國籍法（Immigration and Nationality Act），該法所謂外國人

---

[43] 臺北市聯合醫院劉姓醫師因擁有「加拿大國籍」遭免職，他不服打官司敗訴後以違反憲法平等原則聲請釋憲；司法院大法官會議於107年10月5日作成第768號解釋，大法官肯認國籍法對於外國國籍之人擔任公務人員作出限制，原則上不會做干涉。另教育和公營事業之職缺，則可由具有雙重國籍人士可以擔任，是因為延攬教育以及公營事業之專業人士不易，藉由允許雙重國籍人士之狀況可以提升我國這兩個行業上之水準。又教育和公營事業人員，不是公務人員任用法所規範之人，與公務人員任用法所規範之醫師有別。故認定醫事人員人事條例、公務人員任用法基於維護國家與公務人員之間之忠誠與信任關係，限制兼具外國國籍者擔任公務員，已任用者應予免職，目的及手段都是正當的，與憲法保障平等權意旨尚無違背，並沒有違背比例原則，亦沒有牴觸憲法保障人民服公職權之意旨。

[44] 世界人權宣言第15條規定：「1.人人有權享有國籍。2.任何人之國籍不得任意剝奪，亦不得否認其改變國籍之權利。」美洲人權公約第20條第3款：「任何人之國籍或其改變國籍之權利不得任意剝奪。」阿拉伯人權憲章第29條第1款：「人人有權享有國籍。任何人之國籍不得任意或非法剝奪。」

[45] Fenwick, Charles G., (1965), International Law, 4th ed., New York: Appleton-Century-Crofts, pp. 301-302.

[46] Roth, A. H., (1949), The minimum standard of international law applied to aliens, Vol. 69, AW Sijthoff, pp. 32-33.

（alien），是指不是美國公民（citizen）或國民（national）之任何人[47]。另我國憲法第3條規定：「具有中華民國國籍者，爲中華民國國民。」依反面解釋，可理解「外國人」之定義，應爲不具本國國籍之人。

二、人性尊嚴

　　所謂人性尊嚴，就是身爲一個人之道德思想與自由意志[48]，任何一個人都具有不可剝奪之屬於人之尊嚴，係憲法核心價值，國家有保護之責任與義務[49]，不因人之種族、膚色、性別、語言、宗教、政見或他種主張、國籍或門第、財產、出生或他種身分而有任何之區別[50]，復次，康德倫理學之中心概念哲學，尊重個人自我決定及自我負責之能力[51]。人性尊嚴指任何人都有其作爲人之尊嚴，屬各種人權之核心理念，應受到國家之尊重與保護，其核心內涵具有以下之重要屬性：1.在於自治與自決；2.自我決定；3.自我負責；4.強調人之主體地位；5.人本身即爲目的，人本身並非工具、手段；6.人性尊嚴具有不可處分性；7.一個具體之個人，不能被貶抑爲客體（objekt）；8.人性尊嚴作爲最高法之價值所在（憲法價值秩序中之根本原則）；9.個人本質上不可放棄性；10.憲法所保障之個人基本權

---

[47] The term alien means any person not a citizen or national of the United States. See the I. N. A. Sec. 101(a)(3)., & 8 U. S. C. § 1101(a)(3).

[48] McDougal, M. S., Lasswell, H. D. & Chen, L. C., (2018), Human rights and world public order: the basic policies of an international law of human dignity, Oxford University Press, pp. 367-381.

[49] Eberle, E. J., (2002), Dignity and liberty: Constitutional visions in Germany and the United States, Westport, Conn: Praeger, pp. 41-58.

[50] 本文引用世界人權宣言第2條：「人人皆得享受本宣言所載之一切權利與自由，不分種族、膚色、性別、語言、宗教、政見或他種主張、國籍或門第、財產、出生或他種身分。且不得因一人所隸國家或地區之政治、行政或國際地位之不同而有所區別。」

[51] 康德提出「人本身即是目的」之人性尊嚴，指出人性尊嚴乃表現在道德之自治上，後世學者進一步架構出憲法上之「人性尊嚴」條款。蔡維音（1992），德國基本法第一條「人性尊嚴」規定之探討，憲政時代，18卷1期，頁36-48。

地位，如其拋棄侵犯「尊嚴核心」，則是不具法效力的。人性尊嚴之不可侵犯，已成爲憲法價值體系之基礎原則之所在[52]。

三、工作權

工作權屬於人權的一部分，工作權包括職業選擇自由、勞動報酬權、職業安全權和社會保障權，這些權利都有一個共同的功能，就是保障勞動者的生存及生活。確保勞動者生存於社會，並保障最低薪資，這是工作權的生存理念，故工作權是達成生存權之必要手段[53]。我國憲法第15條及司法院釋字第404號、第411號、第453號、第510號、第584號、第612號、第634號、第637號、第649號、第659號、第666號、第702號、第716號、第724號、第738號、第749號、第750號、第753號、第768號、第778號、第780號、第781號、第782號及第783號及第802號等解釋，均規定人民之工作權應予保障[54]，大法官均肯認人民從事工作並有選擇職業之自由。中華民國憲法第15條：「人民之工作權應予保障。」另在基本國策章第152條：「人民具有工作能力者，國家應給予適當之工作機會。」因此，我國憲法在保障人民工作權之方面，特別規定「人民具有工作能力者，國家應給予適當之就業機會」。

然針對外來人口而言，依就業服務法第五章外國人之聘僱與管理中之第43條規定[55]，旨在限制外國人未經許可從事工作，以免妨礙本國人之就業機會，以保護本國人之工作權，達成就業服務法第42條[56]之立法目的，故凡外國人所爲之勞務提供，皆應由雇主申請許可，不得擅自爲之（參見

---

[52] 李震山（2011），人性尊嚴與人權保障，台北：元照出版有限公司，頁1-24。高烊輝（1995），基本權之拋棄自由及其界限，輔仁大學法律學研究所碩士論文。

[53] 法治斌、董保城（2014），憲法新論，台北：元照出版有限公司，頁209-299。

[54] 李惠宗（2003），憲法工作權保障系譜之再探—以司法院大法官解釋爲中心，憲政時代，29卷1期，頁121-158。

[55] 除本法另有規定外，外國人未經雇主申請許可，不得在中華民國境內工作。

[56] 爲保障國民工作權，聘僱外國人工作，不得妨礙本國人之就業機會、勞動條件、國民經濟發展及社會安定。

台北高等行政法院102年度訴字第392號行政判決）。此為外國人在我國工作，係採「許可制」，雇主得依法申請工作類別項目之外勞來臺工作。上開所述為憲法第152條[57]所陳，除保障國人之工作權外，更適時限制來臺工作之外國人從事項目及人數，開放外勞政策除有效解決產業人力不足外，更可使產業升級[58]。

第二節　世界移民報告之移民情勢解析

　　根據「世界移民報告2018」之數據資料[59]，於2015年，全球國際移民數量為約243,700,236人（包括約2,250萬難民），全球國際移民數量占世界總人口之3.3%。亦即大約每30人中就有1位國際移民。2015年居住在出生國以外國家之人數大約243,700,236人，此約為1970年數量（8,400萬人）之三倍以上[60]。於2015年，難民數量占全球國際移民數量之9.23%，約10位之全球國際移民之中，即有1位難民[61]。

表14-1　「世界移民報告2018」中之世界六大區域移民現象及特點一覽表

地區	主要特點
亞洲	1.亞洲人已經成為國際移民之最大群體，占世界移民總人數40%，超過一半之移民計5,900萬人居住在亞洲以外之國家。 2.吸引移民有推力及拉力二種，中國及印度是亞洲移民數量最多之二個遷出國。 3.亞洲輸出之勞工移民是該區域移民之一重要特徵。 4.亞洲境內和源自亞洲之國際流離失所問題是該區域之另一主要特徵，敘利亞及阿富汗難民於2016年底在世界難民中比例超過三分之一。

---

[57] 第152條：「人民具有工作能力者，國家應予以適當之工作機會。」

[58] 參見臺灣嘉義地方法院103年度簡字第39號行政判決。

[59] 聯合國國際移民組織、全球化智庫（2018），世界移民報告2018。

[60] 同上，頁1-15。

[61] 計算公式為：2,250萬難民／全球國際移民數量243,700,236人＝0.09232654169。

表14-1 「世界移民報告2018」中之世界六大區域移民現象及特點一覽表（續）

地區	主要特點
歐洲	1.全球超過一半之移民生活在歐洲，其中德國、俄羅斯及英國擁有歐洲最多之遷入移民數量。 2.瑞士、奧地利、瑞典及愛爾蘭等國移民占人口之比例最高。 3.德國在2016年接收之新庇護申請數量在歐洲及全球皆是第一，其中大多數庇護申請來自敘利亞、伊拉克及阿富汗。
拉丁美洲和加勒比海地區	1.拉丁美洲及加勒比海地區移民之重要特徵是大量人口遷徙至北美地區。 2.墨西哥是該地區遷出移民數量最多之國家，僅次於印度，為世界第二大移民來源國，墨西哥移民因地利之便跨越邊境追尋美國夢，成為全世界最大之國與國之間之移民通道。 3.該地區如哥倫比亞等國家長期之戰亂造成了大量流離失所者。
北美地區	1.北美地區移民之重要特徵是有大量人口遷入，其中大部分來自拉丁美洲及加勒比海地區。 2.依2015年統計數據，美國是世界上接收最多移民人口國家；加拿大移民數量排名世界第七。 3.美國及加拿大重新安置之難民人數創下歷史紀錄，也使兩國成為世界上安置難民人數最多之兩個國家。 4.美國移民數量主要來自拉丁美洲及亞洲之移民，可見美國文化種族多元，吸引全世界人才為美國服務。
非洲	1.區域內部及周圍地區衝突暴力引發了北非之流離失所問題。 2.數十年以來，北非移民因距離及歷史因素，移民至歐洲及沿海國家是該區域移民動態之重要特徵。 3.東非和非洲南部氣候變化和災害嚴重影響，對人口遷移和流離失所造成影響。
大洋洲地區	1.大洋洲吸引了大量來自歐洲及亞洲之移民群體。 2.其中澳大利亞及紐西蘭均有相較本國人口比重很高之外國出生之人口，比例分別為28%及23%，這個數據顯示移民比例越高該國文化越多元化。

資料來源：聯合國國際移民組織、全球化智庫（2018），世界移民報告2018，頁1-30，並經由作者自行整理。

　　另外，根據「世界移民報告2020」（World Migration Report 2020）之最新資料，聯合國「關於國際移民統計的建議」將常住國發生改變的人們定義為「國際移民」（international migrant），其中區分「短期移民」（short-term migrants，指停留或居留在常住國三個月到一年之間）與「長期移民」（long-term migrants，指居留在常住國至少一年）。然而，不是所有的國家在實踐中都採用這一定義[62]。過去五十年國際移民數量，有呈現增加之情勢。2019年居住在出生國以外國家的人數約為2.72億，2019年國際移民人數比1990年多了1.19億人（1990年當時為1.53億人）；2019年國際移民人數，係為1970年估計人數（8,400萬人）的三倍以上[63]。另外，於2015年，難民數量則占全球國際移民數量之9.23%[64]。

表14-2　1970年至2019年國際移民數量及其占世界人口之百分比一覽表

年份	移民數量	移民占世界人口之百分比
1970	84,460,125	2.3%
1975	90,368,010	2.2%
1980	101,983,149	2.3%
1985	113,206,691	2.9%
1990	152,563,212	2.8%
1995	160,801,752	2.8%
2000	172,703,309	2.8%
2005	191,269,100	2.9%
2010	221,714,243	3.2%
2015	243,700,236	3.3%
2019	271,642,105	3.5%

資料來源：聯合國國際移民組織（2020），世界移民報告2020，頁21。

---

[62] 聯合國經社部（UN DESA）（1998），世界移民報告2020，頁21。
[63] 聯合國國際移民組織（2020），世界移民報告2020，頁1-15。
[64] 計算公式為：2,250萬難民／全球國際移民數量243,700,236人＝0.09232654169。

　　2019年，亞洲接納8,400萬國際移民，為全球接納國際移民數量之冠。歐洲排名第二，接收8,200萬名之國際移民，共占全球接納國際移民總數的61%。排名第三名，則是北美，北美接收國際移民數量達到5,900萬人，占全球移民總數的22%。雖然亞洲的國際移民1.8%比例相對較低，然值得一提是，亞洲是2000年至2015年間，係為移民人口增長最顯著的區域，移民人數增長比例達到69%（移民增加數量為2,500萬人）。同期歐洲因2010年底爆發阿拉伯之春，國際移民數量經歷第二大增長，統計數量增加2,500萬人，北美洲增加1,800萬國際移民（見圖14-1）。

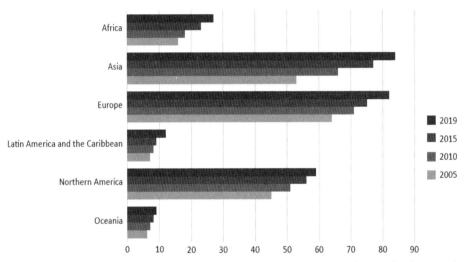

Source: UN DESA, 2019a. Datasets available at www.un.org/en/development/desa/population/migration/data/estimates2/estimates19.asp (accessed 18 September 2019).

Note: Categorization based on UN DESA geographic regions (see chapter 3, appendix A for details), not implying official endorsement or acceptance by IOM.

圖14-1　統計2005年至2019年國際移民（按主要居住區域劃分，單位：百萬人）

資料來源：聯合國國際移民組織（2020），世界移民報告2020，頁24。

　　復次，再根據國際移民組織所出版之2020年世界移民報告之資料指出，關於國際移民與遷移（world migration）的資料、資訊，具有以下之

重要特性[65]：

一、全球國際移民之人數，接近2.72億人，其中近約三分之二之比例，係爲勞工移民。

二、在全球國際移民之性別方面，52%的國際移民人口爲男性，48%的國際移民人口則爲女性，男性略多於女性。

三、在全球國際移民之年齡層方面，20歲至64歲正處於工作年齡之移民人口，約占全部國際移民人口（接近2.72億人）中之74%。

四、印度仍是持續地成爲全球國際移民的最大宗之來源國。若是從「居住於國外的移民總量」之角度切入，則印度居住於國外的移民人數最多，已達到1,750萬。第二名，則是墨西哥，居住於國外的移民人數已達到1,180萬。第三名，則是中國大陸，居住於國外的移民人數已達到1,070萬。

五、關於全球國際移民之目的國部分，最大宗的移民目的地國家，仍是美國，已達到5,070萬之國際移民人口。此結果顯示，多數之國際移民人口，其最終之目的國，仍是美國。美國之民主、自由、富裕、高生活及醫療水準，對於多數之國際移民人口而論，美國仍是最具有吸引力的國家。

六、在2017年，就國際移民工人之比例而論，男性國際移民工人的數量，超過女性國際移民工人，男性約多出2,800萬[66]；其中，男性國際移民工人約爲9,600萬，占約58%。女性國際移民工人約爲6,800萬，占約42%。

七、2018年，針對國際移民從移入國（目的國）匯回其母國之僑匯金額而論，國際移民之僑匯金額增長至6,890億美元；前三名之僑匯金額之匯入國，第一名是印度，僑匯母國金額爲786億美元；第二名是中國，僑匯母國金額爲674億美元；第三名是墨西哥，僑匯母國金額爲357億美元。

---

65 聯合國國際移民組織（2021），世界移民報告2020，https://publications.iom.int/system/files/pdf/wmr-2020-ch_1.pdf。

66 9,600萬（男性國際移民工人）－6,800萬（女性國際移民工人）＝2,800萬。

　　八、就僑匯金額之匯出國而論，由於美國是最大宗的移民目的地之國家，故美國仍然是全球最大的僑匯金額之匯出國，共計匯出680億美元；其次是阿拉伯聯合大公國，匯出440億美元。再其次，則是沙烏地阿拉伯，匯出361億美元。

　　九、在2018年，全球難民人口之總數，業已達到2,590萬。在全球國際移民人口之中，難民之問題，有必要受到全球各國之關注，並謀求解決之道的。其中之2,040萬難民，係受到聯合國難民署（UNHCR）之託管。另外之550萬難民，則係受到聯合國近東巴勒斯坦難民救濟和工程處（UNRWA）之託管。

　　十、在2,590萬（全球難民人口之總數）之中，52%全球難民人口的年齡層，係在18歲以下。亦即，18歲以下之難民，占約全球難民人口總數之一半以上，達到52%，這是一個很嚴重之問題。

　　十一、在造成難民流離失所之眾多因素之中，針對東南亞地區難民而論，由於東南亞地區之暴力化、系統性迫害和邊緣化之因素，東南亞地區流離失所的難民規模人數，有所增加。東南亞之羅興亞難民處境最為嚴重，最值得各國加以關注之，且羅興亞難民仍然是世界上最複雜的難民危機之一。截至2018年底，居住於孟加拉的「考克斯巴紮爾地區」（Cox's Bazar）之羅興亞人民，已超過90萬人。在東南亞之羅興亞人民之中，有超過100萬之羅興亞人，急需國際社會之人道主義援助。

　　十二、2020年世界移民報告之資料並且指出，因暴力和衝突因素，所產生的國內流離失所者之人數，總數已達到4,130萬。「國內流離失所監測中心」自1998年開始，即監測全球各地國內流離失所者之人數，上開之4,130萬，係「國內流離失所監測中心」所監測到最高人數之紀錄。此亦顯示，全球各地國內流離失所之情況，誠屬相當地惡化與嚴重。

　　十三、2020年世界移民報告亦指出，在全球之流離失所者人數的部分，阿拉伯敘利亞共和國的流離失所者之人數最多，共計為610萬人；第二名則為哥倫比亞，流離失所者之人數共計為580萬人；第三名則為剛果民主共和國，流離失所者之人數共計為310萬人。

　　十四、截至2018年底之統計數據，針對因災害而被迫流離失所的人

數之區塊而論，亞洲地區之菲律賓，該國因新增的災害，而導致流離失所的人數，共計為380萬人，是全球因災害而被迫流離失所的人數中，最多的國家。引發人民流離失所的災害種類，共計包括：火山爆發、因季風及山體滑動造成的洪水問題。

十五、針對全球無國籍人士之區塊而論，在2018年，全球無國籍人士之數量總額，合計為390萬。其中，全球無國籍人士最多的國家，係為孟加拉，該國無國籍人士數量約90.6萬。其次是象牙海岸，該國無國籍人士數量約69.2萬，再其次，則為緬甸，該國無國籍人士數量約62萬。

十六、全球各地之移民模式，會因不同之地區而有差異性，百分之五十以上之國際移民人數，計約為1.41億移民，係居住在歐洲、及北美洲。

十七、在某些國家之中，移民已經成為人口組成來源之重大、決定性因素，勞工移民會造成了某些國家人口組成來源的重大變化，針對海灣合作委員會（GCC）成員國而論，除了阿曼、沙烏地阿拉伯等國家之外，外來之移民人口數量，在GCC國家的人口組成來源中，業已占大多數。

十八、國際移民人口之比例，在海灣合作委員會國家人口組成之中，占有很高之比例，例如，阿拉伯聯合酋長國的國際移民人口之比例，占該國人口的88%。

十九、2020年世界移民報告顯示，在2019年之中，阿拉伯聯合大公國人口組成之結構中，高達88%為國際移民，近約九成；卡達人口組成之結構中，約79%的人口為國際移民，近約八成；科威特人口組成之結構中，約72%的人口，係為國際移民，近約七成；巴林的人口組成之結構中，移民亦占總人口的45%，近約五成。許多移民來自非洲、南亞之印度、巴基斯坦、孟加拉和尼泊爾，及東南亞之印尼、菲律賓。

二十、從南亞遷往、移民至其他區域，是南亞地區移民的一個重要特徵。大量在海灣合作委員會國家工作的短期移民工人，即來自南亞這一個區域。亦即，南亞之民眾，喜歡移民至海灣合作委員會國家。

二十一、阿拉伯敘利亞共和國是全球最大的難民來源國，源自阿拉伯敘利亞共和國的難民人數，約為670萬。另外，土耳其是全球最大的難民

接納國，接納難民的人數，約為370萬。加拿大成為全球最大的難民重新安置國，2018年，加拿大重新安置的難民數量超過美國。

　　二十二、在2018年，菲律賓境內新增之災難流離失所人數最多，災難流離失所人口近約380萬。

　　二十三、針對委內瑞拉這個國家而論，截至2019年之中期，約有400萬之委內瑞拉人，離開了他們的母國。2018年，委內瑞拉玻利瓦爾共和國是全球尋求庇護者的最大宗來源國，有超過3.4萬名之庇護者，係源自於委內瑞拉玻利瓦爾共和國。

　　二十四、國際遷徙移民對移民來源地及移民目的地之國家、社區，作出了重要的貢獻，這些重大之貢獻，計包括：社會文化、公民政治、經濟。在許多部門中，國際遷徙移民成為社會文化、公民政治、經濟重要的變革推動者、改革者。是以，國際遷徙移民具有正向的貢獻效益，而非負向的。

　　二十五、與本地人相比，國際遷徙移民的創業、創新之活動，往往更加頻繁。在美國等國家，國際遷徙移民對創新作出了巨大貢獻。與本地人相比，國際遷徙移民的創新貢獻度，其比例是遠遠地高於本地人的創新貢獻度。

　　二十六、針對兒童移民之區塊，全球對兒童移民總數的最新估計，兒童移民之總人數，係約為3,100萬。其中，難民兒童之總人數，約為1,300萬，人數相當地高，這是一個值得全球各國加以關注之兒童人權議題；尋求庇護之兒童總人數，約為93.6萬。另外，在自己的國家內，被迫流離失所之兒童總人數，約有17萬兒童。

　　二十七、在國際遷徙移民之遷移過程中之死亡問題，亦是一個值得全球各國加以關注之人權議題。2018年，地中海仍然是國際遷徙移民在其遷移過程之中，死亡人數最高的地方，地中海周邊國家宜強化對國際遷徙移民之海中救難工作。

　　二十八、在2017年，全球約有1.64億國際移民工人。而在同年全球國際移民人口之總量，約為2.58億。是以，國際移民工人，約占全球國際移民人口之總量的三分之二，約為64%（1.64/2.58 = 63.57%）。亦即，國際

移民工人是國際移民人口之主幹。國際移民之成因之中，國際移民工人為了賺取更高額之薪資，乃是國際移民之最重要、最核心之成因。

二十九、針對國際移民工人之目的國而論，在2017年，約有68%的國際移民工人，居住在高收入國家，約為1.11億人，近約七成。另有4,700萬之國際移民工人，則生活在中等收入之國家。理由應該相當地簡單，在高收入國家，國際移民工人有更高的工作機會，能賺取更高額之薪資。

三十、針對遷出人口數量而論，國際移民遷出數量最多的國家，大多位於非洲北部。有可能之理由，係非洲北部離歐洲地區較近。很多之非洲北部國家之國際移民，死於地中海之中，地中海周邊國家之海岸防衛隊，宜強化對國際遷徙移民之海中救難工作，儘量拯救來自於非洲北部國家之國際移民之生命。

三十一、針對大規模流離失所的來源地之區塊而論，南亞業已成為全球大規模流離失所的來源地與發源地，為何會導致此種現象，主要之原因如下所述：長期的衝突、政治機制之不穩定、暴力、被壓迫感。同時，南亞這個次區域，亦接收了大規模的流離失所人口。在近代歷史之中，南亞這個次區域內的每一個國家（馬爾地夫除外），均是流離失所人口的來源國或接收國。

三十二、最值得注意的是，截至2018年底，南亞這個次區域，總計約有270萬阿富汗難民。亦即，針對全球之難民人數而論，阿拉伯敘利亞共和國是全球最大的難民來源國，來自阿拉伯敘利亞共和國之難民總人數，約為670萬。復次，阿富汗則是全球第二大的難民來源國。另外，阿富汗境內流離失所者，合計約有260萬人。阿富汗政府在處理其難民及境內流離失所之重大問題時，業已失能、失控，阿富汗政府已無力解決這些嚴重之問題，亟須聯合國及國際社會給予必要之援助與協助。

第三節　聯合國議程及國際法相關文件與世界人權之教育

　　了解人權是保護人權之第一步，人權教育擁有巨大變革力量，在其基礎上，奠定自由、民主及可持續人類發展之基石[67]。聯合國大會將1995年至2004年訂為「人權教育十年」，聯合國並於2004年12月10日，發表三階段世界人權教育計畫，來增進各國實行人權教育[68]，2018年9月，聯合國再發表第四階段世界人權教育計畫，名為「聯合國人權教育專案（2020-2024）」。有關聯合國議程及文書與人權教育相關之法律文件，整理如表14-3所示。

表14-3　聯合國議程及文書與人權教育相關之法律文件

1948年 世界人權宣言	第26條 教育之目的在於發展人之個性並加強對人權與基本自由之尊重。教育應促進各國、各種族或各宗教團體間之了解、容忍及友誼，並促進聯合國維護和平之各項宣導活動。
1966年 經濟社會文化權利國際公約	第13條 本公約締約國確認人人有受教育之權。教育應謀人格及人格尊嚴意識之充分最大發展，增進對人權與基本自由之尊重。締約國——公認教育應使人人均能參加自由社會積極貢獻，應促進各民族間及各種族、人種或宗教團體間之了解、容恕及友好關係，並應推進聯合國維持和平之工作。
1969年 消除一切形式種族歧視國際公約	第7條 採取有效措施，尤其在講授、教育、文化及新聞方面，以打擊導致種族歧視偏見，並增進國家、種族及民族間之諒解、容恕與睦誼，宣揚聯合國憲章之宗旨與原則、世界人權宣言、聯合國消除一切形式種族歧視宣言及本公約。

---

[67] Donnelly, J., (2013), Universal human rights in theory and practice, Cornell University Press.

[68] 洪如玉、鄭惠觀（2012），國際人權教材之比較分析研究，教育研究與發展期刊，8卷2期，頁1-30。

表14-3　聯合國議程及文書與人權教育相關之法律文件（續）

1981年 消除對婦女一切形式歧視公約	第10條 締約各國應採取一切適當措施以消除對婦女之歧視，以保證婦女在教育方面享有與男子平等之權利，特別是在男女平等之基礎上保證。
1984年 禁止酷刑及其他殘忍不人道或有辱人格之待遇或處罰公約	第10條 1.締約國應確保將禁止酷刑之教育課程與資料納入所有可能參與拘束、偵訊或處理任何形式之逮捕、拘禁或監禁者之一般或軍事執法人員、醫務人員、公職人員及其他人員之訓練中。 2.締約國在發給前項人員之職務規則或相關指示中，應納入禁止酷刑規定。 第11條 締約國應經常有系統的審查在其管轄領域內對遭受任何形式之逮捕、拘禁或監禁之人進行審訊之規則、指示、方法及慣例以及對他們拘束及待遇之安排，以避免發生任何酷刑事件。
1990年 兒童權利公約	第29條 一、簽約國同意下列兒童教育之目標： (a)使兒童之人格、才能以及精神、身體之潛能獲得最大能量之發展。 (b)發展尊重人權、基本自由以及聯合國憲章所揭櫫各種原則之理念。
1993年 維也納宣言和行動綱領	78、開展人權教育、培訓和宣傳，以便促進和實現社區間之穩定和諧關係，促成相互了解、容忍與和平。 79、各國應努力消除文盲，使教育目標針對充分發展人格，加強對人權和基本自由之尊重。世界人權會議呼籲所有國家及機構將人權、人道主義法、民主和法治作為學科納入所有正式和非正式教學機構之課程。 80、人權教育應包括各國人權文書所載之和平、民主、發展和社會正義，以便達成共識，增強對人權之普遍承諾。
1998年 聯合國人權維護者宣言	第15條 國家有責任在各教育階段推動人權與基本自由課程，落實確認擔任培訓律師、執法人員、軍人及公務員之授課老師，將人權教材納入其培訓課程設計。

表14-3　聯合國議程及文書與人權教育相關之法律文件（續）

聯合國人權教育十年計畫（1995-2004）	「十年行動計畫」聯合國就人權教育概念提出了一個爲國際所公認之定義，人權教育應定義爲：「努力開展培訓、傳播及運用社群媒體，通過傳授知識、技能及態度，建立普遍之人權文化，以利：加強對人權及自由之尊重；充分發展人之人格及尊嚴；促進所有民族、土著人民、以及種族、民族、宗教及語言群體間了解、容忍、男女平等及友誼；使社會中每人均能共同參與；並推動聯合國維護和平之活動。」
聯合國人權教育專案：第一階段（2005-2009）	世界人權教育方案第一階段之重點是將人權教育納入中小學系統（A/59/525/Rev.1、聯合國大會第59/113A號決議）。
聯合國人權教育專案：第二階段（2010-2014）	要求各國高等教育要落實人權教育，落實人權教育到高等教育系統之中，並培育師資、教育人員、公務人員、軍警執法人員（A/HRC/15/28、人權理事會第15/11號決議）。
聯合國人權教育專案：第三階段（2015-2019）	第三階段之重點是實施前兩階段之工作，並推動對相關媒體及記者從業人員之人權培訓（A/HRC/27/28）。
2008年身心障礙者權利公約	第8條 2.爲此目的採取之措施包括： (b)於各級教育體系，包括學齡前教育，培養學生能尊重身心障礙者權利之意識。
2011年聯合國人權教育與培訓宣言	第2條 1.人權教育和培訓旨在促進教育人人均能普遍尊重和遵守人權及基本自由、透過培訓及學習活動，爲人們提供知識與技能，幫助了解並形塑正確之態度行爲，避免侵犯及踐踏人權，促進並貢獻普世人權價值持續努力。 第3條 1.人權教育和培訓是終生的，涉及所有年齡段。 2.人權教育和培訓涉及社會各階層，於各級教育體系：學前、小學、中學和高等教育，應考慮到學術自由，涉及所有之教育、培訓和學習，無論是公立之還是私立的，正規的、非正式場所。其中職業培訓，尤其是對培訓人員、教師和國家官員之培訓，包括進修教育、社會大眾教育及新聞宣傳活動。 3.人權教育與培訓應採用適合學習者之語言及教材（A/RES/66/137、聯合國大會第66/137號決議）。

表14-3　聯合國議程及文書與人權教育相關之法律文件（續）

聯合國2030年 可持續發展議程 （目標4.7）	到2030年，確保所有學習者掌握可持續發展所需之知識技能，具體做法包括推動可持續發展、可持續生活方式、人權及性別平等方面之教育、宣導及和平非暴力文化，以提升全球之公民意識。
2015年 人權和預防和打擊暴力極端主義	重申教育，包括人權教育之重要作用與培訓，有效預防及打擊暴力極端主義，並鼓勵各國合作努力實現該全民教育運動，以實現2011年「聯合國人權教育與培訓宣言」。
聯合國人權教育專案：第四階段 （2020-2024）	2.鼓勵各國在世界人權教育方案第四階段加強努力，推進前三個階段之實施工作： (a)依照「2030年可持續發展議程」中「不讓任何一個人掉隊」（leaving no one behind）之目標，置重點在婦女及兒童，使弱勢群體和個人參與，推動及鞏固已完成之工作； (b)為從事正規和非正規教育和培訓之教育工作者，尤其是為從事青少年工作之教育工作者提供人權教育和培訓； (c)進行相關之研究，並透過質性及量化調查，分享良好做法及經驗，互相觀摩學習交流資訊； (d)運用有效良好教育方法，並通過不斷評價作出評估； (f)進一步將人權教育方案納入學校及培訓課程； (g)加強對世界人權教育方案所有前揭階段實施工作之後續行動（A/HRC/RES/39/3）。

資料來源：聯合國網站（2021）；Levin, L. S., (2012), Human rights: Questions and answers. UN: UNESCO; Fountain, S., (1995), Education for development: a teacher's resource for global learning. Hodder & Stoughton.，並經由作者重新自行整理之。

第四節　我國外來人口人權保障機制之現況與困境

壹、我國外來人口人權保障機制之現況

　　本文嘗試整理我國本國公民、外來人口適用「公民與政治權利國際公約」及適用「經濟社會文化權利國際公約」人權保障機制之實際狀況，分別如表14-4所略述。

表14-4 我國本國公民、外來人口適用「公民與政治權利國際公約」人權保障機制之實際狀況（實況）一覽表

條文	公民與政治權利國際公約	本國公民	外來人口
第3條	男女平等	V，規範於憲法第7條；司法院釋字第341號、第365號、第410號、第457號、第552號、第554號、第728號、第748號	X
第6條	生命權	V，但不完整，我國仍有死刑；司法院釋字第194號、第263號、第371號、第414號、第476號、第694號、第755號、第780號、第792號、第803號	V，但不完整，我國仍有死刑
第7條	禁止酷刑或不人道刑罰	不完整，規範於「禁止酷刑及其他殘忍不人道或有辱人格之待遇或處罰公約及其任擇議定書施行法」草案暨該公約及議定書[70]；司法院釋字第204號、第392號、第755號	不完整
第8條	禁止奴隸與強制勞動	V，規範於刑法、人口販運防制法；司法院釋字第471號、第528號、第578號、第726號	V，規範於刑法、人口販運防制法
第9條	人身自由及逮捕程序	V，規範於憲法第8條；司法院釋字第166號、第251號、第384號、第392號、第436號、第471號、第476號、第523	提審法；釋字第708號、第710號解釋確認刑事及非刑事被告人身自由容

---

[69] 行政院會109年12月10日通過「禁止酷刑及其他殘忍不人道或有辱人格之待遇或處罰公約施行法」草案暨該公約及議定書，行政院（2020），「禁止酷刑及其他殘忍不人道或有辱人格之待遇或處罰公約施行法」草案暨該公約及議定書，https://www.ey.gov.tw/Index，搜尋日期：2021/04/20。另教育基本法、教師法、教育人員任用條例、公立高級中等以下學校教師成績考核辦法等明定，學生不受任何體罰。對於校長及教師違法處罰或不當管教學生，應依教師法規定予以懲處。

表14-4 我國本國公民、外來人口適用「公民與政治權利國際公約」人權保障機制之實際狀況（實況）一覽表（續）

條文	公民與政治權利國際公約	本國公民	外來人口
第9條		號、第535號、第559號、第567號、第588號、第664號、第681號、第690號、第708號、第710號、第720號、第737號、第777號、第789號、第790號、第791號、第792號、第796號、第797號、第799號、第801號	有差異性，肯認暫予收容之階段，無須法官裁定
第10條	被剝奪自由者及被告知之待遇	V，規範於監獄行刑法[71]；司法院釋字第755號、第756號、第801號	憲法未明文規範，但外國人收容管理規則、司法院釋字第755號有相關之規定
第11條	無力履行約定義務之監禁之禁止條款	憲法未明文規範；相關規定，見於：行政執行法	外來人口無力履行約定義務之監禁之禁止條款，憲法未明文規範；相關規定，見於：行政執行法、入出國及移民法第38條、臺灣地區與大陸地區人民關係條例第18條

[70] 許宗力大法官於司法院釋字第755號提出協同意見書，許宗力大法官認為：受刑人人身自由雖被限制在監獄之中，並非憲法基本權保障之「化外之民」；亦可參考以下重要之著作：許福生（2018），受刑人權利限制與秘密通訊自由之界限，臺灣法學雜誌，345期，頁54-57。司法院釋字第653號、第654號、第677號、第681號、第691號、第720號、第755號及第756號，促成法務部107年監獄行刑法及羈押法之修正草案之提出。

表14-4 我國本國公民、外來人口適用「公民與政治權利國際公約」人權保
障機制之實際狀況（實況）一覽表（續）

條文	公民與政治權利國際公約	本國公民	外來人口
第12條	人人（everyone）有遷徙自由及住所選擇自由	憲法第10條；司法院釋字第265號、第345號、第378號、第443號、第452號、第454號、第497號、第517號、第542號、第558號；入出國及移民法第6條第1項、稅捐稽徵法第24條第3項（個人欠稅新臺幣100萬元以上，營利事業在新臺幣200萬元以上時，財政部可對其限制出境）、「刑事訴訟法」部分條文（修正草案）有若干之限制[72]	憲法未明文規範；司法院釋字第454號、第497號；相關規定，見於：入出國及移民法第4條第1項、第22條第1項、稅捐稽徵法第24條第3項（個人欠稅新臺幣100萬元以上，營利事業在新臺幣200萬元以上時，財政部可對其限制出境）有若干之限制
第13條	外國人（an alien）之驅逐	X，憲法未明文規範；司法院釋字第708號	憲法未明文規範；相關規定，見於：刑法第95條；入出國及移民法第36條
第14條	接受公正裁判之權利	V，但不完整，憲法第8條有規範人身自由被剝削時，可接受公正裁判之權利，但限於人身自由之區塊；司法院釋字第436號、第446號、第576號、第725號、第789號、第801號	憲法未明文規範，但104年度訴字第1861號判決持正面看法[73]

---

[71] 刑事訴訟法部分條文修正草案共計二個版本，請參閱：立法院司法及法制委員會（2017），「限制出境法制化」公聽會報告，頁69-98。

[72] 台北高等行政法院104年度訴字第1861號判決書指出：基於公民與政治權利國際公約一般性意見所揭示外國人基於不歧視原則，得享有我國對於訴訟權保障，意即於權利遭受侵害時，必須給予向法院提起訴訟，請求依正當法律程序公平審判，以獲即時有效救濟之機會。外國人如依公約得享有全部訴訟上權利者，基於不歧視之原則，應與本國人有同樣之法律上保障與地位。

表14-4　我國本國公民、外來人口適用「公民與政治權利國際公約」人權保障機制之實際狀況（實況）一覽表（續）

條文	公民與政治權利國際公約	本國公民	外來人口
第15條	禁止溯及既往之刑罰	V，司法院釋字第525號、第574號、第620號、第714號、第717號、第781號、第782號、第783號；另亦規範於刑法	V，規範於刑法
第16條	法律前人格之承認	V，司法院釋字第365號、第399號、第486號、第603號、第617號、第659號、第664號、第689號、第711號、第724號、第740號、第763號	X，憲法未明文規範
第17條	私生活、家庭、住宅、通信或名譽不得非法干涉	V，但不完整，散見於憲法第12條、司法院釋字第293號、第509號、第535號、第585號、第603號、第689號解釋文；個人資料保護法	X，憲法本文未明文規範，其中家庭保護方面，釋字第712號解釋提及跨境家庭團聚權[74]
第18條	思想、良心和宗教自由	V，但不完整，規範於憲法第13條；司法院釋字第199號、第364號、第490號、第509號、第567號、第573號、第577號、第644號、第656號、第756號	X，憲法本文未明文規範
第19條	表現自由	憲法第11條；司法院釋字第364號、第445號、第617號、第756號	X，憲法本文未明文規範，外國專業人才從事藝術工作許可及管理辦法第4條涉及工作資

---

[73] 桃園地方法院103年度行提字第1號裁定。

表14-4　我國本國公民、外來人口適用「公民與政治權利國際公約」人權保障機制之實際狀況（實況）一覽表（續）

條文	公民與政治權利 國際公約	本國公民	外來人口
第19條			格方面，有作部分之要求
第20條	禁止宣傳戰爭及鼓吹歧視	憲法本文未明文規範；散見於相關反歧視法規[76]；司法院釋字第211號、第455號、第617號、第618號、第666號、第719號、第728號、第748號、第750號、第755號、第760號	X，憲法本文未明文規範
第21條	集會之權利	憲法第14條；司法院釋字第445號、第718號	憲法本文未明文規範；104年度北秩聲字第24號[77]持肯定見解；104年度訴字第1861號[78]持否定見解；入出國及移民法第29條、臺灣地區與大陸地區人民關係條例第18條作部分之限制[79]

---

[74] 入出國及移民法第62條、人類免疫缺乏病毒傳染防治及感染者權益保障條例第4條、就業服務法第5條、性別平等教育法第2條、性別工作平等法第二章（第7條至第11條）。

[75] 台北地方法院簡易庭裁定書指出，聲明異議人（亦即韓國籍Hydis等8名工人），靜坐集會行為，無違反社會秩序維護法並裁定撤銷。

[76] 於台北高等行政法院判決書之中，法官雖有提及公民與政治權利國際公約及兩公約施行法，不過法官話鋒一轉強調外國人入國應經我國特許，並非權利（入出國及移民法第4條第1項及第22條第1項），且在我國停留、居留期間，不得從事與許可停留、居留原因或入國登記表所填入國目的不符之活動或工作（入出國及移民法第29條及入出國及移民法施行細則第19條）。

[77] 集會遊行法並無明文規定限制外國人參加本國之集會遊行，另依入出國及移民法第29

表14-4　我國本國公民、外來人口適用「公民與政治權利國際公約」人權保
障機制之實際狀況（實況）一覽表（續）

條文	公民與政治權利國際公約	本國公民	外來人口
第22條	結社之自由	憲法第14條：司法院釋字第445號、第479號、第573號、第644號、第724號、第733號	X，憲法本文未明文規範
第23條	對家庭之保護	憲法第22條；司法院釋字第52號、第502號、第559號、第664號、第710號、第712號、第737號、第748號、第791號；兒童權利公約施行法	憲法本文未明文規範；最高行政法院103年8月份第1次庭長法官聯席會議[80]、最高行政法院104年裁字第678號裁定均採否定之見解；最高行政法院林玫君法官對於最高行政法院103年8月份第

條規定：「外國人在我國停留、居留期間，不得從事與許可停留、居留原因不符之活動或工作。但合法居留者，其請願及合法集會遊行，不在此限。」依反面解釋，我國並未賦予在臺合法停留之外國人參與請願及合法集會遊行之權利。亦即外國人短期停留旅客不得從事與來臺目的不符之活動，如有違反者，主管機關依法可以驅逐出境。另外，臺灣地區與大陸地區人民關係條例第18條規定：「進入臺灣地區之大陸地區人民，有下列情形之一者，內政部移民署得逕行強制出境，或限令其於十日內出境，逾限令出境期限仍未出境，內政部移民署得強制出境：……三、從事與許可目的不符之活動或工作。」再者，讀者亦可參考以下重要之參考著作：吳學燕（2011），移民政策與法規，台北：文笙書局。吳學燕（2009），入出國及移民法逐條釋義，台北：文笙書局。

[78] 司法院公報第56卷第11期，本國人民與外國人民在國外結婚後，該外籍配偶以依親為由，向我國駐外使領館及其他外交部授權機構申請居留簽證遭駁回，本國配偶得否認為其有權利或法律上利益受損害，而提起行政訴訟法第5條第2項課予義務訴訟？最高行政法院竟採否定說。本文認為基於保護夫妻團聚及維持家庭婚姻，應容許本國配偶提起行政訴訟，宜採肯定說，以符合兩公約有關家庭權保障。

表14-4 我國本國公民、外來人口適用「公民與政治權利國際公約」人權保障機制之實際狀況（實況）一覽表（續）

條文	公民與政治權利國際公約	本國公民	外來人口
第23條			1次庭長法官聯席會議之決議文，其研究意見採肯定説
第24條	兒童（every child）之權利	憲法第153條、第156條、第160條[81]；司法院釋字第587號、第623號、第702號、第767號、第798號；兒童權利公約施行法	憲法本文未明文規範，入出國及移民法部分條文（修正草案）[82]有作規範
第25條	公民（every citizen）參政權	憲法第17條；憲法第12章；司法院釋字第290號、第313號、第340號、第401號、第422號、第443號、第468號、第546號、第618號、第715號、第760號、第793號	X[83]

---

[79] 我國憲法第153條第2項：「婦女兒童從事勞動者，應按其年齡及身體狀態，予以特別之保護。」第156條：「國家爲奠定民族生存發展之基礎，應保護母性，並實施婦女、兒童福利政策。」另第160條第1項：「六歲至十二歲之學齡兒童，一律受基本教育，免納學費。其貧苦者，由政府供給書籍。」

[80] 修正條文第31條增列外國人於離婚後，對我國未成年親生子女有撫育事實或會面交往者，以及外國人爲臺灣地區設有户籍國民之配偶，因遭受家庭暴力離婚且未再婚者，爲得繼續居留事由。內政部（2018），內政部於107年12月27日部務會報通過「入出國及移民法」部分條文修正草案，https://www.moi.gov.tw/，搜尋日期：2021/04/01。

[81] 南韓公職選舉法（Public Official Election Act）第15條：根據出入境管理法（Immigration Control Act）第34條，獲得永久居住權滿三年（whom three years have passed after the acquisition date of qualification for permanent residence）19歲以上外國人，擁有限於地方自治團體地方選舉投票權；亦即總統及國會議員層級選舉無投票權。陳鴻瑜、譚道經主編（2014），海外華人之公民地位與人權，台北：獨立作家出版社，頁89-92。

表14-4　我國本國公民、外來人口適用「公民與政治權利國際公約」人權保障機制之實際狀況（實況）一覽表（續）

條文	公民與政治權利國際公約	本國公民	外來人口
第26條	人人在法律之前平等	憲法第7條；司法院釋字第574號、第585號、第629號	憲法本文未明文規範，但104年度訴字第1861號持正面見解
第27條	少數人（minorities）之權利	憲法增修條文第10條第11項、第12項、第13項；司法院釋字第617號、第618號、第709號、第748號	大陸地區人民部分，見於憲法增修條文第11條[84]，但不完整；外國人部分，憲法本文未明文規範

資料來源：作者自製；表中之V表示具有此種之規範或保障機制；X則表示未具有此種之規範或保障機制。

表14-5　我國本國公民、外來人口適用「經濟社會文化權利國際公約」人權保障機制之實際狀況（實況）一覽表

條文	經濟社會文化權利國際公約	本國公民	外來人口
第3條	男女平等	V，規範於憲法第7條；司法院釋字第341號、第365號、第410號、第457號、第552號、第554號、第620號、第728號、第748號	X，憲法本文未明文規範，所謂之平等權，憲法第7條僅限於中華民國人民，如非中華民國人民，無法享有平等權，憲法第7條已成為另類之歧視憲法

---

82 第11條規定：「自由地區與大陸地區間人民權利義務關係及其他事務之處理，得以法律為特別之規定。」

表14-5　我國本國公民、外來人口適用「經濟社會文化權利國際公約」人權保障機制之實際狀況（實況）一覽表（續）

條文	經濟社會文化權利國際公約	本國公民	外來人口
第6條	工作權	憲法第15條；司法院釋字第404號、第411號、釋字第510號、第584號、第612號、第634號、第637號、第649號、第659號、第749號、第768號、第778號、第778號、第780號、第781號、第782號、第783號[85]、第802號	憲法本文未明文規範，大法官雖有論及工作權之保障，但限於本國人民之工作權之保障，不及於外國人，散見於就業服務法第五章、境外僱用非我國籍船員許可及管理辦法等

---

[83] 釋字第783號解釋文：

1. 公立學校教職員退休資遣撫卹條例第8條第2項規定無涉法律不溯及既往原則及工作權之保障，亦未牴觸比例原則，與憲法保障人民財產權之意旨尚無違背。

2. 同條例第4條第6款、第39條第2項規定，與憲法保障生存權及教育工作者生活之意旨尚無違背。

3. 同條例第4條第4款、第5款、第19條第2項、第3項、第36條、第37條、第38條及第39條第1項規定，無涉法律不溯及既往原則，與信賴保護原則、比例原則尚無違背。

4. 相關機關至遲應於按同條例第97條爲第1次定期檢討時，依本解釋意旨，就同條例附表三中提前達成現階段改革效益之範圍內，在不改變該附表所設各年度退休所得替代率架構之前提下，採行適當調整措施，俾使調降手段與現階段改革效益目的之達成間之關聯性更爲緊密。

5. 同條例第67條第1項前段規定：「教職員退休後所領月退休金，或遺族所領之月撫卹金或遺屬年金，得由行政院會同考試院，衡酌國家整體財政狀況、人口與經濟成長率、平均餘命、退撫基金準備率與其財務投資績效及消費者物價指數調整之」，與同條例第36條至第39條設定現階段合理退休所得替代率之改革目的不盡一致，相關機關應依本解釋意旨儘速修正，於消費者物價指數變動累積達一定百分比時，適時調整月退休金、月撫卹金或遺屬年金，俾符憲法上體系正義之要求。

6. 同條例第77條第1項第3款規定：「退休教職員經審定支領或兼領月退休金再任有給

表14-5　我國本國公民、外來人口適用「經濟社會文化權利國際公約」人權
　　　　保障機制之實際狀況（實況）一覽表（續）

條文	經濟社會文化權利國際公約	本國公民	外來人口
第7條	工作條件	不完整，規範於憲法第15條；司法院釋字第373號、第494號、第545號、第575號、第577號、第584號、第649號、第659號、第666號、第726號、第738號、第740號、第749號、第785號	不完整，憲法本文未明文規範
第8條	勞動基本權	不完整，規範於憲法第15條；司法院釋字第373號、第404號、第472號、第578號、第711號、第738號、第759號	外來人口是否具有勞動基本權？恐具有一定程度之爭議性。我國之法制規範不完整，憲法本文未明文規範，散見於就業服務法第五章、境外僱用非我國籍船員許可及管理辦法等

職務且有下列情形時，停止領受月退休金權利，至原因消滅時恢復之：……三、再任
私立學校職務且每月支領薪酬總額超過法定基本工資。」與憲法保障平等權之意旨有
違，應自本解釋公布之日起，失其效力。

7.本件暫時處分之聲請，應予駁回。

本文認為，釋字第783號集中論述法律不溯及既往原則，完全不論述違反行政法上之誠
實信用原則之議題，這是一個重大違憲之解釋文，有意迴避政府具有行政法上之誠實
信用原則，在憲法解釋學上，這是一個徹底失敗、徹底違憲的解釋文，本文作者完全
不表示贊同。釋字第781號、釋字第782號，亦有相同之問題。

表14-5　我國本國公民、外來人口適用「經濟社會文化權利國際公約」人權
　　　　保障機制之實際狀況（實況）一覽表（續）

條文	經濟社會文化權利國際公約	本國公民	外來人口
第9條	社會保障	憲法第155條、憲法增修條文第10條第5項；司法院釋字第472號、第473號、第524號、第533號、第550號、第560號、第609號、第676號、第766號、第781號、第782號、第783號	不完整，憲法本文未明文規範，散見於全民健康保險法[86]等
第10條	對家庭之保護及援助	V憲法第22條；司法院釋字第52號、第362號、第502號、第559號、第664號、第712號、第748號；兒童權利公約施行法	憲法本文未明文規範，釋字第712號解釋有提及跨境家庭團聚權
第11條	相當生活水準	憲法本文未明文規範，釋字第709號肯認之	憲法本文未明文規範
第12條	享受最高之身體及心理健康之權利	不完整，散見於憲法第157條、憲法增修條文第10條第5項	不完整，外來人口須居留滿六個月，始可享有我國健保之醫療
第13條	教育之權利	憲法第21條；司法院釋字第382號、第563號、第626號、第684號、第692號、第702號、第736號、第760號、第784號；國民教育法第2條	不完整，憲法本文未明文規範，非法入國（境）者之子女，恐會被驅逐出國（境），未享有接受教育之權利

---

[84] 在臺灣地區領有居留證明文件者，應自在臺居留滿六個月（在臺灣連續居住達六個月或曾出境一次未逾30日，其實際居住期間扣除出境日數後，併計達六個月）之日起參加健保，但合法之受僱者，自受僱日起參加健保；自106年12月1日起，在臺灣地區出生且領有居留證明文件之外國籍新生嬰兒，應自出生日起參加健保。衛生福利部中央健康保險署（2021），外籍人士投保規定，https://www.nhi.gov.tw/，搜尋日期：2021/04/02。

表14-5　我國本國公民、外來人口適用「經濟社會文化權利國際公約」人權
保障機制之實際狀況（實況）一覽表（續）

條文	經濟社會文化權利國際公約	本國公民	外來人口
第14條	初等教育免費	憲法第160條	X，不完整，憲法本文未明文規範，非法入國（境）者之子女，恐會被驅逐出國（境），未享有接受初等教育免費之權利
第15條	參加文化生活之權利	V，憲法第163條；司法院釋字第692號	不完整，憲法本文未明文規範

資料來源：作者自製；表中之V表示具有此種之規範或保障機制；X則表示未具有此種之規範或保障機制。

貳、我國外來人口人權保障機制運作之困境

有關於我國外來人口人權保障機制之困境的部分，如下所述：

一、我國司法實務最高行政法院之見解與兩公約衝突——最高行政法院104年度裁字第678號裁定

因「公民與政治權利國際公約及經濟社會文化權利國際公約施行法」（以下簡稱兩公約施行法）為我國第一次以國內立法之機制，解決因無法於聯合國存放批准書，所造成之現實與法律之問題，使公民與政治權利國際公約、經濟社會文化權利國際公約開始具有國內法地位[85]，尤其是涉及外來人口人權保障之區塊，可藉由觀察法院審查法律與兩公約衝突之時，針對個案是否應適用公約，可略知實況之一二[86]。

---

[85] 廖福特（2010），法院應否及如何適用公民與政治權利國際公約，臺灣法學雜誌，163期，頁45-65。

[86] 各級政府機關包含法院在內，基於國家自願承諾對公約之信守，應負有遵守公約之國

　　舉最高行政法院104年度裁字第678號裁定為例[87]，共計5名法官直指兩公約固具有國內法律之效力，然其得否直接發生人民對國家機關請求作成一定行為之請求權，仍應視此兩公約之「個別規定」，對請求權內容及要件有無明確之規定而定[88]，上述之見解，本文認為或有進一步討論之空間。

　　本案上訴人為受處分人之配偶，受處分人申請來臺與其團聚，未通過移民署國境事務大隊面談，已嚴重影響上訴人受憲法保障之婚姻關係及夫妻家庭團聚，本案法官除採最高行政法院103年8月份第1次庭長法官聯席會議之決議文[89]，除認為上訴人非屬利害關係人，故不適格之外，最高行政法院又撒下第二道防護網：「應視此兩公約之『個別規定』，對如何之請求權內容及要件有無明確之規定而定云云。」本案法官未重視家庭團聚權，使夫妻分隔兩地夜未眠，嚴重地剝奪當事人之家庭團聚權，作者殷切地期望法官多一點同理心。

　　最高行政法院103年8月份第1次庭長法官聯席會議之決議文特別指出，「……外籍配偶申請居留簽證經主管機關駁回，本國配偶主張此事實，不可能因主管機關否准而有權利或法律上利益受損害之情形，其提起課予義務訴訟，行政法院應駁回其訴。」司法院釋字第712號特別指出，

家義務。廖福特（2011），法院應否及如何適用經濟社會文化權利國際公約，臺灣人權學刊，1卷1期，頁3-25。

[87] 監察院（2018），監察院調查報告（2016.6.21），字號：106外調0005，頁1-69，https://www.cy.gov.tw/，搜尋日期：2019/10/01。

[88] 有明確規定者，如公民與政治權利國際公約第24條第3項兒童之出生登記及取得名字規定，及經濟社會文化權利國際公約第13條第2項第1款義務免費之初等教育規定，始得作為人民之請求權依據。公政公約第23條第1項：「家庭為社會之自然基本團體單位，應受社會及國家之保護。」經社文公約第10條第1款前段：「家庭為社會之自然基本團體單位，應儘力廣予保護與協助，其成立及當其負責養護教育受扶養之兒童時，尤應予以保護與協助。」就如何之請求權內容及要件，並未明確規定，不得據以認為本國配偶有為其外籍配偶申請居留簽證之公法上請求權。

[89] 司法院公報第56卷第11期。

基於人性尊嚴之理念，個人主體性及人格之自由發展，應受憲法保障（司法院釋字第689號解釋參照）。婚姻與家庭爲社會形成與發展之基礎，受憲法制度性保障（司法院釋字第362號、第552號、第554號及第696號解釋參照）。本文認爲，外籍配偶申請居留簽證經主管機關駁回，本國配偶之家庭團聚權已受到嚴重地被剝奪，其家庭團聚權之權利或法律上利益[90]，已遭受巨大之損害。

　　承上所述，最高行政法院第三庭林玫君法官對於最高行政法院103年8月份第1次庭長法官聯席會議之決議文，亦不認同之，主要理由如下：「……我國於98年4月22日制定公民與政治權利國際公約及經濟社會文化權利國際公約（下稱兩公約）施行法，於同年12月10日施行。依上開施行法第2條規定：『兩公約所揭示保障人權之規定，具有國內法律之效力。』兩公約施行法第3條規定：『適用兩公約規定，應參照其立法意旨及兩公約人權事務委員會之解釋。』其中公民與政治權利國際公約第23條第1項規定：『家庭爲社會之自然基本團體單位，應受社會及國家之保護。』經濟社會文化權利國際公約第10條第1項第1款前段亦規定：『本公約締約國確認：一、家庭爲社會之自然基本團體單位，應盡力廣予保護與協助，其成立及當其負責養護教育受扶養之兒童時，尤應予以保護與協助。……』人權事務委員會於西元1990年第39屆會議通過第19號一般性意見就家庭之保護且說明：『1.公民權利和政治權利國際公約第23條確認家庭是天然的和基本之社會單元，並應受社會和國家之保護。……5.成立家庭之權利原則上意味著能夠生兒育女和在一起生活。……爲使夫婦能夠在一起生活，就要在各國，在需要時與其他國家合作，採取適當之措施，確保家庭之團圓或重聚，尤其是家庭成員因政治、經濟或類似原因分離之時候。』」

---

[90] 本文舉司法院釋字第712號爲例：基於人性尊嚴之理念，個人主體性及人格之自由發展，應受憲法保障（司法院釋字第689號解釋參照）。婚姻與家庭爲社會形成與發展之基礎，受憲法制度性保障（司法院釋字第362號、第552號、第554號及第696號解釋參照）。家庭制度植基於人格自由，具有繁衍、教育、經濟、文化等多重功能，乃提供個人於社會生活之必要支持，並爲社會形成與發展之基礎。

　　是於兩公約施行後，不論承認家庭權為基本權與否，家庭應受國家之保護，已經具法律效力之兩公約明文確認。本國人民因其生活重心在我國，有選擇與其配偶在我國同居，展開家庭生活之自由。此夫妻在臺團聚目標之達成，端賴其外籍配偶向我國駐外館處申請之居留簽證獲准，始得實現。鑒於夫妻團聚共同生活係屬家庭制度之核心領域，從而，本國人民其外籍配偶向我國駐外館處申請簽證遭否准，應認該本國人民受國家法律保護之權益直接受有損害，其得以利害關係人身分循序提起行政訴訟。

二、本文見解

　　最高行政法院第三庭林玫君法官在上述之研究意見中，明文指出本國人民其外籍配偶向我國駐外館處申請簽證遭否准，應認該本國人民受國家法律保護之家庭團聚權益，直接受有損害（direct damage），其得以法律上之利害關係人身分，循序提起行政訴訟。此種之見解，完全符合兩公約之立法精神，與本文作者之看法完全相同，本文贊同林玫君法官之意見。

　　針對最高行政法院103年8月份第1次庭長法官聯席會議之決議文而言，涉及兩公約施行法對於外來人口之人權保障，少數法院之見解，仍屬過於保守，未具有同理心，嚴重地缺乏外來人口之人性尊嚴及人權之概念。2019年2月，國立中正大學犯罪研究中心針對「107年全年度臺灣民眾對司法與犯罪防制滿意度之調查研究」公布最新之調查結果，對法官信任度達到歷史上之新低，計為21.9%，亦即，有八成之民眾，不信任法官之判決。復次，2021年3月，國立中正大學犯罪研究中心亦針對「109年全年度臺灣民眾對司法與犯罪防制滿意度之調查研究」公布最新之調查結果，民眾對法官信任度為26.7%，亦即，仍有七成之民眾，依舊不信任法官之判決[91]。

---

[91] 參見國立中正大學犯罪研究中心（2021），109年全年度臺灣民眾對司法與犯罪防制滿意度之調查研究，https://deptcrc.ccu.edu.tw/index.php?option=module&lang=cht&task=pageinfo&id=215&index=1/，搜尋日期：2021/03/31。

　　最高行政法院之上述決議文，背離民眾之法感實過遠。此亦可論證，本文所探討之外來人口之人性尊嚴及人權議題，有其相當程度之重要性與意義性。如何重建民眾對司法判決之信心，這是司法院、各級法院必須非常非常嚴肅、認眞地加以面對之問題。本文認為，各級法院法官之人權觀念，實有待提升，且必須與時俱進。

第五節　國際法、外國憲法及我國憲法與外來人口之人性尊嚴

　　人性尊嚴，就是身為一個人的道德思想與自由意志，任何一個人都具有不可剝奪的，屬於人的尊嚴，人性尊嚴係憲法核心價值，國家有保護人性尊嚴的責任與義務[92]，人性尊嚴不因人的種族、膚色、性別、語言、宗教、政見或他種主張、國籍或門第、財產、出生或他種身分而有任何的區別[93]。

　　各國憲法前言或本文設有相關維護「人格尊嚴」之立憲機制，諸如：1937年「愛爾蘭憲法」（The Constitution of Ireland）前言部分，定有明文：保障人格尊嚴（so that the dignity and freedom of the individual may be assured）。另外，1947年「義大利憲法」（The Constitution of the Republic of Italy）第41條第2項規定：「私人經濟活動之不得違背社會利益或採取有損於安全、自由或人類尊嚴之方式。」[94]

---

[92] Eberle, E. J., (2002), Dignity and Liberty: Constitutional Visions in Germany and the United States, Westport, Conn: Praeger, pp. 41-58.

[93] 本文引用世界人權宣言第2條：「人人皆得享受本宣言所載之一切權利與自由，不分種族、膚色、性別、語言、宗教、政見或他種主張、國籍或門第、財產、出生或他種身分。且不得因一人所隸國家或地區之政治、行政或國際地位之不同而有所區別。」

[94] 永久和平夥伴協會（2021），世界憲法大全，https://www.lawlove.org/tw/，搜尋日期：2021/06/03。

　　對於「人格尊嚴」最完整之憲法保障之規定，係規範於1949年「德意志聯邦共和國基本法」第1條及第19條第2項。「德意志聯邦共和國基本法」將人性尊嚴之尊重與國家保護明文納入其基本法中，「德意志聯邦共和國基本法」第1條第1項開宗明義規定：「人性尊嚴不可侵犯，尊重及保護人性尊嚴為所有國家權力之義務。」[95]「德意志聯邦共和國基本法」第1條第1項之規定，本文深表贊同，我國之憲法本文，從制定至2019年止，均未有如此之規範。

　　德國聯邦憲法法院（德語：Bundesverfassungsgericht，簡稱BVerfG）[96]曾於2010年作出「哈次法IV」（Hartz IV「勞動市場之現代勞務改革第四法案」）之憲法判決，聯邦憲法法院要求立法者確定補助內容，必須考量實際失業者各方面條件，滿足其最低生存需求[97]。所謂生存最低需求，除基本生活所需，尚包括社會、文化、政治生活之最低限度物質條件[98]，國家應配合時代改變，滿足民眾生活之基本社會保障，精算失

---

[95] 許文義（2000），資料保護之法基礎6，法與義—Heinrich Scholler教授七十大壽祝賀論文集，台北：五南圖書出版公司，頁225-22。

[96] Klaus Schlaich & Stefan Korioth著，吳信華譯（2017），聯邦憲法法院：地位、程序、裁判，台北：元照出版有限公司，頁23-43。

[97] 本案係德國聯邦憲法法院審查哈次法IV關於失業金之規定，是否符合法院從人性尊嚴與社會國條款所導出最低生存保障基本權之要求。許宗力（2015），最低生存保障與立法程序審查—簡評德國聯邦憲法法院Hartz IV判決，月旦法學雜誌，238期，頁102-130。

[98] 參見經濟部駐德國台北代表處經濟組（2021），2021年德國重要新法規（三）工作就業及社會福利：德國聯邦政府公告，自2021年1月1日起，德國聯邦政府對失業救濟、社會救助或基本保障的國家社會福利，將進行適切之調增。單身或單親長期失業（Hartz IV）者、同住失業或身障之成年人，其每月領取失業之補助津貼由原先之432歐元，調高至446歐元，已婚或與成年伴侶共同居住者，調高至每月401歐元（增加12歐元）。經濟部國際貿易局（2021），2021年德國重要新法規（三）工作就業及社會福利，https://www.gov.tw/News5_Content.aspx?n=11&s=521126，搜尋日期：2021/04/15。

業者補助之金額內容[99]，並能符合人性尊嚴之最低生存條件[100]，本文應用熱門時事用語：亦即政府施政要「接地氣」，讓人民有感。

　　另我國憲法在本文之中，並未規範「人性尊嚴」一詞，不過，在憲法增修條文第10條第6項則規定：「國家應維護婦女之人格尊嚴，保障婦女之人身安全，消除性別歧視，促進兩性地位之實質平等。」依歷年大法官解釋，「人性尊嚴」、「個人尊嚴」、「固有尊嚴」與「人格尊嚴」用語常出現交互使用論述[101]。「人性尊嚴」除維護個人主體性及人格之自由發展[102]（釋字第603號、第631號、第689號、第712號）之外，「人性尊嚴」尚具有以下之功能：確保人身安全（釋字第263號、第372號、第417號、第476號、第567號及第585號等）、服兵役之義務並無違反人性尊嚴

---

[99] 另參見台北市政府社會局（2021），舉110年度台北市低收入戶家庭生活扶助標準表為例，失業家庭（第0類），其可以領取之生活扶助費部分，每人可領取新臺幣17,688元生活扶助費；第三口（含）以上領新臺幣14,270元。另依社會救助法或其他法令每人每月所領取政府核發之救助金額，最高至新臺幣24,000元為限。台北市政府社會局（2021），110年度台北市低收入戶家庭生活扶助標準表，https://dosw.gov.taipei/News_Content.aspx?n=91F35523B74F69AC&sms=87415A8B9CE81B16&s=BAA030FB7C91B247/，搜尋日期：2021/04/20。

[100] Bundesverfassungsgericht, Urteil vom 9. Februar 2010-1 BvL 1/09, 1 BvL 3/09, 1 BvL 4/09. 另本文舉司法院釋字第767號理由書為例：國家應重視社會救助、福利服務、社會保險及醫療保健等社會福利工作，對於社會救助等救濟性支出應優先編列，憲法增修條文第10條第8項定有明文。對於社會政策立法，因涉及國家資源之分配，我國大法官向來採取較寬鬆之審查基準（司法院釋字第485號及第571號解釋參照）。

[101] 另請參照：司法院釋字第694號羅昌發大法官提出之部分協同部分不同意見書、司法院釋字第588號彭鳳至大法官提出之一部協同意見書。

[102] 所謂人格權維護及保障，按民法第18條第1項前段規定：「人格權受侵害時，得請求法院除去其侵害。」所謂人格權，係以人格為內容之權利，以體現人性尊嚴價值之精神利益為其保護客體，乃個人所享有之私權，即關於生命、身體、名譽、自由、姓名、身分及能力等權利（立法理由參照），參照106年度台上字第2677號判決。另可參閱王澤鑑（2012），人格權法—法釋義學、比較法、案例研究，作者自版，頁75。王澤鑑（2007），人格權保護的課題與展望（三）—人格權的具體化及保護範圍(6)—隱私權（中），臺灣法學雜誌，97期，頁35-36。

（釋字第490號）、行動自由（釋字第689號）、維護法律上平等（釋字第365號、第452號等）、實現人民符合人性之生活條件（釋字第524號、第533號、第549號、第550號、第753號及第766號等）、收養子女（大陸地區人民收養案，釋字第712號）、受刑人秘密通訊與表現自由（釋字第756號）、隱私權（見於釋字第631號，由憲法第22條所稱「其他自由及權利」所導出）、名譽權（釋字第656號）、同性二人婚姻自由（釋字第748號）及國家對於退伍除役人員有給予退除給與及維持其生活之義務（釋字第781號）等解釋文。

其中，司法院大法官會議釋字第372號解釋更指出：「人格尊嚴之維護與人身安全之確保，乃世界人權宣言所揭示，並爲我國憲法保障人民自由權利之基本理念。」成爲我國論述人性尊嚴之指標性參考，明確指出人性尊嚴係我國憲法維護人權之核心概念。另外，釋字第603號解釋更明白指出：「維護人性尊嚴與尊重人格自由發展，乃自由民主憲政秩序之核心價值。」此外，釋字第712號解釋亦再指出：「基於人性尊嚴之理念，個人主體性及人格之自由發展，應受憲法保障（本院釋字第689號解釋參照）。」肯認人性尊嚴之存在。

承上所述，在司法院大法官會議釋字第603號解釋文之中，大法官直指出維護人性尊嚴與尊重人格自由發展，乃自由民主憲政秩序之核心價值。復次，在司法院大法官會議釋字第803號（原住民狩獵案，民國110年5月7日院台大二字第1100013641號公告）解釋文之中，大法官亦再次指出維護人性尊嚴與尊重人格自由發展，爲自由民主憲政秩序之核心價值（司法院釋字第603號解釋參照）。是以，人性尊嚴不僅具有憲法上的法地位，亦受到憲法層次的高強度之保障。不過，上述諸多之歷年大法官解釋文，並未特別地明文指出外來人口是否享有「人性尊嚴」，此部分係較可惜之區塊。

我國繼受德國法人性尊嚴之概念，將人性尊嚴作爲一上位之憲法原則，拘束著國家一切權力，以保障人民之基本權利應受絕對之保障，殆無疑義。

另舉臺灣高等法院刑事庭具高度參考價值之裁判（104年度上訴字第2569號）為例，該案被告所為係將大陸地區女子以「假結婚」方式來臺，令其從事性交易、且勞動與報酬顯不相當之工作，不僅背離憲法所強調「人本身即是目的，並非任何事務之客體」之人性尊嚴保障意旨，也嚴重破壞社會風氣及國家形象，更是違反聯合國「1979年消除對婦女一切形式歧視公約」、「2000年打擊跨國組織犯罪公約關於預防、禁止和懲治販運人口特別是婦女和兒童行為補充議定書」、「臺灣地區與大陸地區人民關係條例」等規定。

表14-6　外國憲法對於人性尊嚴之相關規範一覽表

外國憲法	對於人性尊嚴之相關規範
1937年 愛爾蘭憲法 （The Constitution of Ireland）	前言部分 保障人格尊嚴及個人自由（so that the dignity and freedom of the individual may be assured）
1947年 日本憲法 （The Constitution of Japan）	第24條 2.選擇配偶、財產權、繼承、選定住居、離婚、及婚姻與家族之其他有關事項，應基於個人尊嚴及兩性之本質上平等之原則，而以法律規定之[103]。
1947年 義大利憲法 （The Constitution of the Republic of Italy）	第41條第2項 私人經濟活動之不得違背社會利益或採取有損於安全、自由或人類尊嚴之方式。

---

[103] Article24

With regard to choice of spouse, property rights, inheritance, choice of domicile, divorce and other matters pertaining to marriage and the family, laws shall be enacted from the standpoint of individual dignity and the essential equality of the sexes.

表14-6　外國憲法對於人性尊嚴之相關規範一覽表（續）

外國憲法	對於人性尊嚴之相關規範
1949年 德意志聯邦共和國基本法 （Grundgesetz für die Bundesrepublik Deutschland）	第1條 1.人之尊嚴不可侵犯，尊重及保護此項尊嚴，爲所有國家權力之義務。 2.德意志人民承認不可侵犯與不可讓與之人權，爲一切人類社會以及世界和平與正義之基礎[104]。 第19條 2.基本權利之實質內容絕不能受侵害。 第20條 1.德意志聯邦共和國爲民主、社會之聯邦國家。
1982年 中華人民共和國憲法 （The Constitution of the Republic of China）	第38條 中華人民共和國公民之人格尊嚴不受侵犯。禁止用任何方法對公民進行侮辱、誹謗和誣告陷害。
1988年 大韓民國（南韓）憲法 （The Constitution of the Republic of Korea）	第10條 1.所有國民具有人性之尊嚴與價值，並有追求幸福之權利。國家確認個人所具有之不可侵犯之基本人權，並負有給予保障之義務[105]。

---

[104] Article 1

1.Human dignity shall be inviolable. To respect and protect it shall be the duty of all state authority.

2.The German people therefore acknowledge inviolable and inalienable human rights as the basis of every community, of peace and of justice in the world.

[105] Article10

All citizens shall be assured of human worth and dignity and have the right to pursue happiness. It shall be the duty of the State to confirm and guarantee the fundamental and inviolable human rights of individuals.

表14-6 外國憲法對於人性尊嚴之相關規範一覽表（續）

外國憲法	對於人性尊嚴之相關規範
2006年 塞爾維亞共和國憲法 （The Constitution of the Republic of Serbia）	第23條 個人之尊嚴和自由發展 1.人之尊嚴不可侵犯，並且每一個人均有義務尊重和保護它。 2.每一個人均有權使個性得到自由發展，只要不侵犯憲法保障之其他人之權利[106]。
2009年 南非共和國憲法 （The Constitution of the Republic of South Africa）	第10條 人格尊嚴 1.人人都有與生俱來之人格尊嚴，並有權要求尊重及保護其尊嚴[107]。
2009年 俄羅斯聯邦憲法 （The Constitution of the Russian Federation）	第21條 1.國家維護個人之尊嚴。任何理由皆不得加以貶抑[108]。 2.任何人皆不應遭受拷問、暴力脅迫、其他嚴酷或侮辱人格之對待或懲罰。不得對任何未經其自願同意之人進行醫學、學術或其他實驗。
2009年 歐洲聯盟基本權利憲章 （Charter of Fundamental Rights of the European Union）	第1條 人性尊嚴 1.人性尊嚴不可侵犯，其必須受尊重與保護[109]。

---

[106] Article 23

1.Human dignity is inviolable and everyone shall be obliged to respect and protect it.

2.Everyone shall have the right to free development of his personality if this does not violate the rights of others guaranteed by the Constitution.

[107] Article 10

1.Everyone has inherent dignity and the right to have their dignity respected and protected.

[108] Article 21

1.Human dignity shall be protected by the State. Nothing may serve as a basis for its derogation.

[109] Article 1

1.Human dignity is inviolable. It must be respected and protected.

表14-6　外國憲法對於人性尊嚴之相關規範一覽表（續）

外國憲法	對於人性尊嚴之相關規範
2011年 芬蘭共和國憲法 （The Constitution of the Republic of Finland）	第1條 2.芬蘭國體由本憲法確定。該體制保障人之尊嚴不受侵犯，保障個人自由與權利，促進社會公正[110]。
2012年 瑞士聯邦憲法 （The Constitution of the Swiss Confederation）	第7條 1.人格尊嚴應受到尊重和保護[111]。

資料來源：永久和平夥伴協會網站（2021），世界憲法大全，https://www.lawlove.org/tw/，並經由作者自行整理。

第六節　國際法、外國憲法及我國憲法與外來人口工作權

　　本文以國際法角度切入，經濟社會文化權利國際公約第6條規定人人有工作且選擇職業之自由；再者，經濟社會文化權利國際公約第7條則規定保障人人有權享受公平與良好之工作條件，譬如在工資上要能維持合理生活水平，並且確保男女同工同酬，安全衛生之工作環境，升遷及休假之相關保障。另在「保護所有移徙工人及其家庭成員權利國際公約」第2條第1項並對移徙工人作出定義：「移徙工人（migrant worker）係指將要、正在或已經在非其國籍國從事有報酬活動之人。」另在同法第2條第2項

---

[110] Section 1

The constitution shall guarantee the inviolability of human dignity and the freedom and rights of the individual and promote justice in society.

[111] Article 7

Human dignity must be respected and protected.

中，亦針對八種特殊類型之移徙工人作出定義，這八種移民勞工包含有：
1.邊境工人；2.季節性工人；3.海員；4.近海裝置上之工人；5.行旅工人；
6.專案工人；7.特定聘用工人；8.自營職業工人。

　　我國對外籍勞工之定義，則是規範於就業服務法第46條第1項，在我國從事工作之外國人，計可區分為二種，一是見於就業服務法第46條第1項第1款至第7款之規定，具有專業技術性之外籍工作者，二是見於就業服務法第46條第1項第8款至第10款規定之低技術勞動工作者，即產業及社福外籍勞工。

　　我國憲法第15條及司法院釋字第404號、第411號、第453號、第510號、第584號、第612號、第634號、第637號、第649號、第659號、第666號、第702號、第716號、第724號、第738號、第749號、第750號、第753號、第768號、第782號、第783號、第802號解釋等，均規定人民之工作權應予保障，大法官均肯認人民從事工作並有選擇職業之自由。

　　依行政院勞動部統計，110年6月底產業及社福外籍勞工總計70萬5,466人[112]。但外國人應無法主張有入他國工作權利[113]，為兼顧保障我國國民工作權及國內勞動力不足，臺灣採取限制行業及人數之開放政策[114]。1992年就業服務法公布實施，正式引進大量產業及社福移工[115]。但外國人應無法主張有入他國工作之權利[116]，為同時能夠兼顧保障我國國民工作權及補足國內勞動力之不足，臺灣採取限制行業及移工人數之開放政策[117]。按就業服務法第42條規定：「為保障國民工作權，聘僱外國

---

[112] 勞動部（2021），勞動統計查詢網，https://statfy.mol.gov.tw/statistic_DB.aspx，搜尋日期：2021/03/21。

[113] 許義寶（2014），入出國法制與人權保障，台北：五南圖書出版公司，頁256-269。

[114] 鄭安玲，宋鎮照（2012），勞動移民政策之政經分析：臺星兩國之比較研究，稻江學報，5卷2期，頁81-105。

[115] 劉梅君（2000），廉價外勞論述的政治經濟學批判，臺灣社會研究季刊，38期，頁59-90。

[116] 許義寶（2014），入出國法制與人權保障，台北：五南圖書出版公司，頁256-269。

[117] 鄭安玲，宋鎮照（2012），勞動移民政策之政經分析：臺星兩國之比較研究，稻江學

人工作，不得妨礙本國人之就業機會、勞動條件、國民經濟發展及社會安定。」；復次，同法第43條亦規範：「除本法另有規定外，外國人未經雇主申請許可，不得在中華民國境內工作。」亦即法律規定限制外國勞工從事許可以外之工作，旨在保護本國人之工作權，以免妨礙本國人之就業機會，為貫徹就業服務法第43條之立法目的及憲法第15條、第152條對人民工作權之保障及充分就業規定意旨，凡外國人受聘僱在中華民國境內工作，皆應由雇主依相關規定申請許可，不因契約類型或是否給付外國人報酬而有異，故就業服務法第43條之「工作」應兼指有償性及無償性之工作（最高行政法院96年度判字第1058號判決意旨參照）。

依就業服務法第46條開放外籍勞工來臺從事之工作種類為：家庭看護工、家庭幫傭、機構看護工工作、製造工作、營造工作、海洋漁撈工作及屠宰工作等七種[118]。以海洋漁撈工作為例，最近幾十年我國漁業因少子化[119]及培育相關漁業科系管理人才大學僅二所，另訓練漁業科系基層人才職業學校僅四所，年輕人甚少願意長時間在海上過討海人生活，因此海上勞動力漸由外籍漁工取代本國籍勞工，成為我國漁業勞動力主要來源[120]。

根據勞動部勞動力發展署網站公告，依就業服務法第46條開放外籍勞工來臺從事之工作種類為：1.家庭看護工；2.家庭幫傭；3.機構看護工工作；4.製造工作；5.營造工作；6.海洋漁撈工作；7.屠宰工作等七種。

針對「境外聘僱漁工」，2017年國際人權公約第二次報告之審查稱臺灣人權黑洞，監察院調查報告也指出，農委會及所屬漁業署長期漠視對

報，5卷2期，頁81-105。

[118] 勞動部勞動力發展署（2021），移工，https://www.wda.gov.tw/cp.aspx?n=A86C00562 D6C92C8，搜尋日期：2021/07/17。

[119] 王守華、黃亭雅（2016），臺灣外籍漁工逾期停留問題研究，移民署研究報告，頁1-54。

[120] 柯宜林（2015），漁情漁理的海海人生—外籍漁工對勞保權益的認知、態度與行動，國立中正大學勞工關係學系研究所碩士論文。

境外聘僱外籍漁工查核及管理責任，致其基本勞動權益嚴重受損。國際媒體甚至以「奴工」、「奴隸」等負面字眼形容我國境外聘僱外籍漁工不人道處境[121]，農委會依漁業法授權訂定「漁船船主在國外僱用外籍船員作業應行遵守及注意事項」，並由所屬漁業署執行境外聘僱外籍船員之管理與查核。監察院107年8月調查報告（字號：107財調0033）指出，該案竟有81名外籍漁工有遭不當剋扣薪資、每月只有50元美金低薪、長工時、護照及船員證遭扣押、工作時遭毆打及禁止對外聯絡等嚴重違反人權情事。又鑑於2015年福賜群號之印尼籍死亡船員Supriyanto案[122]爭議，雖然自2006年起，法院及檢察機關開始建置外語之通譯名冊，然經過十四年，顯示東南亞通譯人才，仍是有待訓練及擴充，始能有效幫助我國外籍移工面臨司法案件時，能釐清相關證據，方能有效地保障外籍移工享有我國憲法第16條之訴訟權，及保護所有移徙工人及其家庭成員權利國際公約第18條有關法律援助及通譯協助之權利。

農委會依漁業法授權訂定「漁船船主在國外僱用外籍船員作業應行遵守及注意事項」，並由所屬之漁業署，負責執行境外聘僱外籍船員之管理與查核。以上違法行為，涉嫌觸犯人口販運防治法，嚴重地損害我國之人權形象。有關本國籍漁工與境內、境外聘僱外國籍漁工（含境外僱用、境外作業）權益之比較，詳如表14-7所示。

---

[121] BBC國際新聞報導（2016），Kisah Supriyanto, Nelayan Indonesia yang Tewas akibat Disiksa di Kapal Taiwan, available at: http://news.detik.com/bbc/3278951/kisah-supriyanto-nelayan-indonesia-yang-tewas-akibat-disiksa-di-kapal-taiwan, last visited: 2020/12/01.

[122] 監察院調查報告（2016）。屏東地檢署於辦理死者相驗案件時，其通譯人員翻譯錯漏，卻未續行翻譯，而其未翻譯部分關係犯罪構成要件事實，均涉及相關涉案人是否涉有業務過失致人於死之罪責，逕將本案行政簽結。字號：105財調0042，頁1-72。

表14-7 本國籍漁工與境（內）外聘僱外國籍漁工比較

	本國籍漁工	境內聘僱外國籍漁工	境外聘僱外國籍漁工	本文評論
主管機關	勞動部	勞動部	行政院農委會漁業署	境外僱用非我國籍船員之機制，主管機關係漁業署，在專業主義及避免袒護船業者之考量下，境外僱用非我國籍船員之機制，是否應回歸勞動部，值得討論
適用法令	勞動基準法	就業服務法第46條第1項第8款	1.遠洋漁業條例第26條第3項 2.境外僱用外國籍船員許可及管理辦法	為保障國民工作權，並不妨礙本國人之就業機會之前提下，對外國漁工作出之限制，係符合「保護所有移徙工人及其家庭成員權利國際公約」第52條：就業國得對任何移徙工人(a)根據本國利益的需要和國家立法的規定，限制從事某些種類的工作、職務、服務或活動之要求；係屬國家的自由裁量權

表14-7　本國籍漁工與境（內）外聘僱外國籍漁工比較（續）

	本國籍漁工	境內聘僱外國籍漁工	境外聘僱外國籍漁工	本文評論
就業保障	適用勞動基準法、就業服務法、勞工保險條例	適用勞動基準法、就業服務法、勞工保險條例	1.適用遠洋漁業條例、境外僱用外國籍船員許可及管理辦法[123] 2.船東應為每位外籍船員投保意外、醫療及一般身故保險，一般身故保險金額不得低於新臺幣100萬元或等值外幣	應一體適用勞動基準法、就業服務法及勞工保險條例，境內及境外聘僱外國籍漁工，才能獲得公平保障，以防止黑心船東未替外籍船員投保意外、醫療及一般身故保險
薪資所得	基本工資新臺幣23,100元，適用勞基法之加班費規定	基本工資新臺幣23,100元，適用勞基法之加班費規定	450元美金約等於新臺幣13,645元，無加班費規定	回歸適用勞動基準法及就業服務法，薪資馬上解決，境內及境外聘僱外國籍漁工待遇一律平等
工作時數	工作時間每日不得逾8小時，延長工作時間連同正常工時，每日不得逾12小時	工作時間每日不得逾8小時，延長工作時間連同正常工時，每日不得逾12小時	漁船主與外籍船員雙方協議最高工作時間。每日休息時間不應低於10小時，亦即工作時間不得超過14小時	「國際勞工組織漁業工作第188號公約」第14條：對在海上停留超過3天的漁船，不論其大小，經磋商後且為了限制疲勞，規定提供給漁民的最低休息時間。最少休息時間應為：

---

[123] 2016年完成立法的「遠洋漁業條例」生效，漁業署依據第26條授權，訂定了「境外僱用外國籍船員許可及管理辦法」，規範境外聘僱的外籍漁工保護，由農委會漁業署主責。

表14-7　本國籍漁工與境（內）外聘僱外國籍漁工比較（續）

	本國籍漁工	境內聘僱外國籍漁工	境外聘僱外國籍漁工	本文評論
工作時數				（一）在任何24小時內不得低於10小時 （二）在任何7天期內不得低於77小時 惟實務上船長在海上作業濫用所謂責任制，形成虐待情事
休息天數	一例一休、國定假日、特休	一例一休、國定假日、特休	月休4天	「國際勞工組織漁業工作第188號公約」第13條：各會員國須通過法律、法規或其他措施要求懸掛其國旗的漁船船東保證： 二、給予漁民時間充足的固定休息期以保證安全與健康 惟實務上境外聘僱外國籍漁工在遠洋作業，無法監督

資料來源：李雪莉、林佑恩、蔣宜婷、鄭涵文（2017），血淚漁場：跨國直擊臺灣遠洋漁業眞相。監察院調查報告（2016），字號：105財調0042。林泰誠、蔡豐明、田淑君（2011），臺灣地區僱用外籍漁業勞工有關問題與勞工管理政策之探討。行政院勞工委員會（2010），國際勞工公約，行政院勞工委員會。並經由作者自行整理。

　　以上案件，雖然被害人來自不同國家，犯罪人均是我國之國民，查被告所爲之犯行，均嚴重損及我國人權形象及人性尊嚴普世價值。有關於外來人口移工人權保障機制，詳如表14-8所述。

表14-8　「保護所有移徙工人及其家庭成員權利國際公約」及「國際勞工組織漁業工作第188號公約」保障權利一覽表

	保護所有移徙工人及其家庭成員權利國際公約	國際勞工組織漁業工作第188號公約
制定日期	1990年，計九部分93條	2007年，共九章54條
定義	1.「移徙工人」一詞指在其非國民的國家將要、正在或已經從事有報酬的活動的人。 (c)「海員」（seafarer）一詞包括漁民在內，指受僱在其非國民的國家註冊船舶上工作的移徙工人。	第1條 五、「漁民」係指受僱在任何漁船上，或以任何身分或者為了從事一項職業而參與漁船上工作的所有人員，包括船上根據捕獲物分成獲取報酬的人，但不包括領航員、海軍人員、長期為政府工作的其他人員，以及上漁船執行工作的陸上工作人員和漁場觀測員。
平等（不歧視）原則	第7條 締約國依照關於人權之各項國際文書，尊重並確保所有在其境內或受其管轄之移徙工人及其家庭成員，享有本公約所規定之權利，不分性別、種族、膚色、語言、宗教或信念、政治見解或其他意見、民族、族裔或社會根源、國籍、年齡、經濟地位、財產、婚姻狀況、出身或其他身份地位等任何區別。	第34條 各會員國須保證，通常居住在其領土上的漁民，及其按國家法律規定的受撫養人，有權享受社會保障保護的待遇，條件不得低於那些適用於通常居住在其領土上的其他勞工，包括受僱者和自營作業者。
生命權不受虐待之自由人道待遇	第9條 移徙工人及其家庭成員之生命權應受法律保護。 第10條 移徙工人或其家庭成員不應受到酷刑或殘忍、不人道、有辱人格之待遇或處罰。	第38條 各會員國須採取措施，根據國家法律、法規或實務，為漁民因工患病、受傷或死亡提供保護。 如出現由於職業事故或職業病而受傷，漁民應可獲得： 一、適當的醫療；和 二、符合國家法律和法規的相應補償。

表14-8 「保護所有移徙工人及其家庭成員權利國際公約」及「國際勞工組織漁業工作第188號公約」保障權利一覽表（續）

	保護所有移徙工人及其家庭成員權利國際公約	國際勞工組織漁業工作第188號公約
生命權不受虐待之自由人道待遇		考慮到捕魚業的特點，本條第1項提及的保護可通過以下途徑予以保證： 一、漁船船東責任制；或 二、強制保險、工人補償或其他方案。
人身自由與安全	第16條 移徙工人及其家庭成員： 1.應有權享有人身自由和安全。 2.應有權受到國家之有效保護，以免遭到公務人員或個人、團體或機構施以暴力、身體傷害、威脅和恫嚇。 3.執法人員應按照法律規定程序進行他們身分之查核。 4.不應遭到任意逮捕或拘禁；除根據法律所規定正當程序外，不得被剝奪自由。 5.應在被逮捕之時，以他們本國語言被告知逮捕理由，並應迅速告知提出之指控。	無
刑事訴訟程序保障、強調尊重其固有之人性尊嚴、無罪推定原則、罪行法定主義及從輕原則	第17條 被剝奪自由之移徙工人及其家庭成員應受到人道之對待，並尊重其人性尊嚴及文化特性。 第18條 法庭上享有國民平等之地位公平。公開之審理。辯護人申請，法律援助，通譯及無罪推定。 第19條 罪行法定主義及從輕原則。 第24條 人格保護。	無

表14-8　「保護所有移徙工人及其家庭成員權利國際公約」及「國際勞工組織漁業工作第188號公約」保障權利一覽表（續）

	保護所有移徙工人及其家庭成員權利國際公約	國際勞工組織漁業工作第188號公約
工作報酬不低於就業國國民的待遇	第25條 1.移徙工人在工作報酬和以下其他方面，應享有不低於適用於就業國國民的待遇： (a)其他工作條件，即加班、工時、每週休假、有薪假日、安全、衛生、僱用關係的結束，以及依照國家法律和慣例，本詞所涵蓋的任何其他工作條件； (b)其他僱用條件，即最低就業年齡、在家工作的限制，以及依照國家法律和慣例經認為是僱用條件的任何其他事項。	第23條 經磋商後，各會員國須通過法律、法規或其他措施，規定保證領取工資報酬的漁民每月得到報酬或其他定期報酬支付。
社會保障	第27條 社會保障享有與就業國國民同樣之待遇，符合該國適用之立法以及適用之雙邊或多邊條約之規定。 第28條 享有與國民同等之醫療待遇及緊急醫療。 第43條 享有與就業國國民同等之待遇：教育、就業、職訓、住房及保健。 第45條 享有與該國國民同等之待遇：移工家庭成員之教育、職訓、住房及保健。	第34條 各會員國須保證，通常居住在其領土上的漁民，及其按國家法律規定的受撫養人，有權享受社會保障保護的待遇，條件不得低於那些適用於通常居住在其領土上的其他勞工，包括受僱者和自營作業者。 第35條 各會員國須根據國情，採取措施逐步實現對通常居住在其領土上的所有漁民的全面社會保障保護。

表14-8　「保護所有移徙工人及其家庭成員權利國際公約」及「國際勞工組織漁業工作第188號公約」保障權利一覽表（續）

	保護所有移徙工人及其家庭成員權利國際公約	國際勞工組織漁業工作第188號公約
醫療	第28條 移徙工人及家庭成員應有權按與有關國家國民同等的待遇接受維持其生命或避免對其健康的不可彌補的損害而迫切需要的任何醫療。不得以他們在逗留或就業方面有任何不正常情況為由，而拒絕給予此種緊急醫療。	第29條 各會員國須通過法律、法規或其他措施，要求： 一、漁船在考慮到船上漁民人數、作業地區和航行時間的情況下；為漁船作業攜帶適當的醫療設備和醫藥供給； 二、漁船上至少有一名在急救和其他形式的醫療方面合格的或訓練有素的漁民，並具備必要的知識，能使用針對相關船舶，考慮到船上漁民人數、作業地區和航行時間而配備的醫療設備和醫藥供給； 三、船上攜帶的醫療設備和供給應配有說明和其他資訊，其語言和格式能為本條第2項提及的漁民所理解； 四、考慮到作業地區和航行時間，漁船配備有與岸上能提供醫療指導的人員或機構進行聯絡的無線電或衛星通訊設備；及 五、一旦出現重傷或重病，漁民有權在岸上進行治療並有權被即時送到岸上治療。

資料來源：永久和平夥伴協會（2021），https://www.lawlove.org/tw/。行政院勞工委員會（2010），國際勞工公約，並經由作者自行整理。

　　我國法制上之另外一個缺失，係未完全地落實國際勞工組織漁撈工作公約（ILO Convention No.188）之相關規定，亦未將其內國法化。2019年10月21日，我國外籍漁工人權保障聯盟發出聲明稿主張、要求，其中與本文觀點相關有：

　　一、ILO Convention No.188內國法化：立法院儘速通過、施行國際勞工組織漁撈工作公約施行法；亦即，儘速將該公約之相關規定，加以內國法化[124]。

　　二、精進漁工之聘僱制度：目前，聘僱外籍漁工之機制，計分為境外聘僱與境內聘僱兩套制度，主管機關分別由漁業署和勞動部規管，外籍漁工人權保障聯盟主張：宜廢除境外漁工之聘僱制度，並落實漁工勞動保障；外籍漁工人權保障聯盟並指出，我國未經申請許可，非法僱用非我國籍之船員的違規比例，高達41%，可見境外聘僱制度難以落實[125]。

　　三、強化救濟機制：擬定有效的漁工即時申訴管道等[126]。

　　有關外籍漁工人權保障聯盟之上述主張，本文表示肯定之意。另外，國際勞工組織漁撈工作公約之重要條文之部分內容規範，詳如表14-9所述。

表14-9　國際勞工組織漁撈工作公約之重要條文部分內容一覽表

條文編號	國際勞工組織漁撈工作公約——第188號公約：關於漁業部門工作、2007年之重要條文標題名稱
第1條	定義。
第2條	除非另有規定，本公約適用於從事商業捕魚作業的所有漁民和所有漁船。
第3條	如會帶來嚴重的特殊問題，經磋商後，主管機關可將特定船舶排除在本公約或其某些條款的要求之外。

---

[124] 李紹瑜（2019），拒當人口販運幫兇！漁工籲速立188號公約法廢除境外聘僱制，https://www.upmedia.mg/news_info.php?SerialNo=73745。

[125] 同上。

[126] 同上。

表14-9　國際勞工組織漁撈工作公約之重要條文部分內容一覽表（續）

條文編號	國際勞工組織漁撈工作公約—— 第188號公約：關於漁業部門工作、2007年之重要條文標題名稱
第4條	鑑於基礎設施或制度不夠健全，當一個會員國由於嚴重的特殊問題而無法立刻實施本公約規定的所有措施時，該會員國可按照磋商制定的計畫，逐步實施以下所有或部分條款：
第5條	就本公約而言，根據附件一中提出的同類要求，主管機關經磋商後可決定以全長LOA取代長度L作為測量的基礎。
第6條	各會員國須實施和執行為履行其根據本公約對其管轄內的漁民和漁船的義務而通過的法律、法規或其他措施。其他措施可包括團體協約、法庭。
第7條	指定一個或多個主管機關。
第8條	漁船船東對保證向船長提供為遵守本公約的義務所必要的資源和設備負有總體責任。
第9條	在漁船上工作的最低年齡應為16歲。不過，對不再接受國家立法所要求的義務教育的人，及參與捕魚業職業培訓的人，主管機關可規定最低年齡為15歲。
第10條	未持有證明其適合從事其工作的有效健康證明書的漁民不得在漁船上工作。
第11條	各會員國須通過法律、法規或其他措施，規定體檢的機制。
第12條	除第10條、第11條明列的規定外，在長度為24米及以上的漁船上，或通常在海上停留超過3天的船舶上之漁民之健康水準之要求
第13條	各會員國須通過法律、法規或其他措施要求懸掛其國旗的漁船船東保證：一、其船舶具有安全航行和作業的員額充足且安全的配置，並在合格的船長掌控之下；二、給予漁民時間充足的固定休息期以保證安全與健康。
第14條	對在海上停留超過3天的漁船，不論其大小，經磋商後且為了限制疲勞，規定提供給漁民的最低休息時間。最少休息時間應為：1.在任何24小時內不得低於10小時；2.在任何7天期內不得低於77小時。
第15條	每條漁船應攜帶船員名冊，副本應在船隻離港前提交給岸上獲得授權的人，或在船隻離港後立即通告到岸上。

表14-9　國際勞工組織漁撈工作公約之重要條文部分內容一覽表（續）

條文編號	國際勞工組織漁撈工作公約—— 第188號公約：關於漁業部門工作、2007年之重要條文標題名稱
第16條	各會員國須通過法律、法規或其他措施：要求在懸掛其旗幟的船舶上工作的漁民獲得漁民工作協議的保護，該協議應與本公約規定一致，並為他們所能理解。
第17條	各會員國須在以下方面通過法律、法規或其他措施：保證漁民在簽訂漁民工作協定前有機會就其條款進行審議或尋求諮詢的程式。
第18條	漁民工作協議的一個副本須提供給漁民，該協議須攜帶在船上並供漁民查閱，並根據國家法律和實務，在其他有關當事人索要時提供給他們。
第19條	本公約第16條至第18條及附件二，不適用於還要單獨操作船隻的漁船船東。
第20條	漁船船東的責任是保證每個漁民具有一份書面的、經漁民和漁船船東或漁船船東（或者，如果漁民並非由漁船船主僱用，漁船船主則須持有契約或類似安排的證據）的授權代表簽名的、按照本公約的要求制定船上合理勞動和生活條件的工作協議。
第21條	漁民被遣返回國之要件。
第22條	開展為漁民提供招聘和安置的公共服務的各會員國須保證此服務是為所有工人和雇主提供的公共就業服務的一部分，或與之相協調。
第23條	經磋商後，各會員國須通過法律、法規或其他措施，規定保證領取工資報酬的漁民每月得到報酬或其他定期報酬支付。
第24條	各會員國須要求向在漁船上工作的所有漁民提供將其收到的工資付款全部或部分，包括預支款，免費轉給其家庭的手段。
第25條	各會員國須針對懸掛其國旗的漁船上的住宿、膳食和飲用水問題通過法律、法規或其他措施。
第26條	各會員國應通過法律、法規或其他措施，要求懸掛其國旗的漁船上的住艙應有足夠的空間和品質，並針對船上工作和漁民在船上的生活時段提供適當的裝備。特別是，這些措施須適當處理以下問題：1.批准漁船住艙的建造或改建計畫；2.維護住艙和廚房，對衛生和總體安全、健康和舒適條件予以適當考慮；3.通風、取暖、製冷和照明；4.緩解過度的噪音和振動；5.宿舍、餐廳和其他生活空間的位置、大小、建築材料、裝修和裝備；6.包括抽水馬桶和洗浴設施在內的衛生設施，以及提供足夠的冷熱水；及7.回應有關住宿不符合本公約要求的申訴的程式。

表14-9 國際勞工組織漁撈工作公約之重要條文部分內容一覽表（續）

條文編號	國際勞工組織漁撈工作公約—— 第188號公約：關於漁業部門工作、2007年之重要條文標題名稱
第27條	各會員國須通過法律、法規或其他措施，要求：在船上攜帶和提供的食品必須具有充足的營養價值並保質保量；數量充足和品質過關的飲用水；及應由漁船船東免費向漁民提供食品和飲用水。
第28條	會員國根據本公約第25條至第27條通過的法律、法規或其他措施須全面實施附件三有關漁船住宿的規定。
第29條	各會員國須通過法律、法規或其他措施，要求： 一、漁船在考慮到船上漁民人數、作業地區和航行時間的情況下：為漁船作業攜帶適當的醫療設備和醫藥供給； 二、漁船上至少有一名在急救和其他形式的醫療方面合格的或訓練有素的漁民，並具備必要的知識，能使用針對相關船舶，考慮到船上漁民人數、作業地區和航行時間而配備的醫療設備和醫藥供給； 三、船上攜帶的醫療設備和供給應配有說明和其他資訊，其語言和格式能為本條第二項提及的漁民所理解； 四、考慮到作業地區和航行時間，漁船配備有與岸上能提供醫療指導的人員或機構進行聯絡的無線電或衛星通訊設備；及 五、一旦出現重傷或重病，漁民有權在岸上進行治療並有權被即時送到岸上治療。
第30條	對長度為24米及以上的漁船，考慮到船上漁民人數、作業地區和航行時間，各會員國須通過法律、法規或其他措施，要求：主管機關規定須在船上攜帶的醫療設備和醫藥供給。
第31條	各會員國須就以下方面通過法律、法規或其他措施：預防漁船上的職業事故、職業病和與工作相關的風險，包括漁民的風險評估和管理、培訓和船上指導；
第32條	本條要求須適用於通常在海上停留3天以上的長度為24米及以上的船舶，經磋商後，須適用於其他船舶，並考慮到船上漁民的數目、作業地區和航行持續時間。主管機關須：經磋商後，並根據國家法律、法規、團體協約和實務，要求漁船船東建立預防職業災害、工傷和職業病的船上程序，考慮到所涉及漁船的特定危害和風險。
第33條	凡適宜時，須在漁民或其代表的參與下開展與捕魚有關的危險評估。

表14-9　國際勞工組織漁撈工作公約之重要條文部分內容一覽表（續）

條文編號	國際勞工組織漁撈工作公約—— 第188號公約：關於漁業部門工作、2007年之重要條文標題名稱
第34條	居住在其領土上的漁民，有權享受社會保障保護的待遇，條件不得低於那些適用於通常居住在其領土上的其他勞工，包括受僱者和自營作業者。
第35條	各會員國須根據國情，採取措施逐步實現對通常居住在其領土上的所有漁民的全面社會保障保護。
第36條	會員國須根據國家法律、法規或實務通過雙邊或多邊協定或其他安排進行合作：考慮到不問國籍的待遇平等的原則，逐步實現漁民的全面社會保障保護；
第37條	儘管有第34條、第35條及第36條中的責任歸屬，會員國可通過雙邊和多邊協定，以及在區域經濟一體化組織的架構中採用的條款，確定針對漁民的有關社會保障立法的其他規則。
第38條	漁民如出現由於職業事故或職業病而受傷，漁民應可獲得適當的醫療；和符合國家法律和法規的相應補償。
第39條	在缺乏針對漁民的國家規定的情況下，各會員國須通過法律、法規或其他措施，保證懸掛其國旗漁船的船東，當漁船在海上或停靠外國港口時，有責任向受僱、受聘或在船上工作的漁民提供健康保護和醫療。
第40條	各會員國須通過建立保證遵守本公約規定的一套體系來對懸掛其國旗的船舶實施有效的管轄和檢控，凡適當時，包括根據國家法律或法規實施的檢查、報告、監督、控訴程序、適當的懲罰和糾正措施。
第41條	會員國須要求在海上停留3天以上的漁船攜帶一份由主管機關簽發的有效文件，說明船舶已由主管機關或其代表進行過遵守本公約有關生活和工作條件的規定的檢查。
第42條	主管機關須任命足夠數目的合格檢查員來履行本公約第41條規定的義務。
第43條	收到申訴或掌握證據表明懸掛其國旗的漁船不遵守本公約的要求的成員國，須採取必要的步驟對事件進行調查，並保證採取行動糾正發現的任何不妥之處。
第44條	各會員國實施公約的方式須確保懸掛未批准本公約的任何國家旗幟的漁船不得獲得比懸掛已批准本公約的任何成員國國旗的漁船更有利的待遇。

資料來源：行政院勞工委員會編印（2010），國際勞工公約，並經本文作者重新整編之。

第七節　國際法、外國憲法及我國憲法與遷徙自由權

壹、國際法有關遷徙自由之規範

　　移民是一個複雜之社會過程，遠超出國內邊境控制政策之範圍，這些政策通常被認為與其他社會、經濟和政治決定因素相比具有相對較小之影響[127]。而居住遷徙自由（freizugigkeit），是人身自由之延長[128]，世界人權宣言第13條規定：「人人在一國境內有自由遷徙及擇居之權。人人有權離開任何國家，包括其本國在內，並有權返回其國家。」再者，公民與政治權利國際公約第12條第2款亦規範：「人人有自由離開任何國家，包括其本國在內。」同法同條第4款亦規範：「任何人進入其本國之權利，不得任意剝奪。」

　　上述公約所述之「人人」，依學者見解，應限縮為具有該國國籍之人民，方有「返鄉（國）權」（right to return to one's country）。而一般國際實踐，即便是有永久居留權之外國人，都不必然享有入境權。依憲法第10條、司法院大法官會議釋字第265號、第345號、第378號、第443號、第452號、第454號、第497號、第517號、第542號、第558號之解釋，我國憲法第10條規定人民有居住及遷徙之自由，旨在保障人民有自由設定住居所、遷徙、旅行，包括出境或入境之權利。

　　就本國人而言，遷徙自由受憲法第10條保障，茲有疑義者，此種遷徙自由權利，外國人是否得以享有、主張？先從司法院釋字第558號解釋談起，強調無戶籍國民之入境，受到準外國人般之嚴格限制，舉輕以明

---

[127] Czaika, M. & Haas, H. d., (2013), On the effectiveness of immigration policies, Population and Development Review, 22.

[128] 李明峻（2014），公政盟約與外國人的居住遷徙自由，臺灣國際法季刊，11卷3期，頁73-103。

重，可知外國人入境自由，其入境基本權利應受到相當審查[129]。迄至司法院釋字第708號解釋文，已確認外國人並無自由進入我國國境之權利。對於外國人所得享有之基本權利，大多數學說認為，應區分權利之性質，如屬於人權性質之基本權利，如人身自由權，則具普世價值性，外國人亦得以享有。至於外國人之入境自由，公民與政治權利國際公約第12條第3款規定：「上列權利不得限制，但法律所規定、保護國家安全、公共秩序、公共衛生或風化、或他人權利與自由所必要。」（類似我國憲法第23條比例原則），是以，外國人之入境自由權，似乎在符合一定要件下，亦可限制之，基此，入境自由權是屬於國民始得享有之權利，外國人似不得主張入境之基本權利[130]。

貳、居留權之夢魘（庇護權之背叛）──驅逐出國

依國際法、外國憲法之習慣法制，國家有權將外國人驅逐出國[131]，研究驅逐出國（deportation）之學者，試圖解釋最近各國嚴格移民執法，或可將其歸因於以下之若干因素：與反恐戰爭相關之恐懼、移民拘留中心及私人監獄公司不斷增加擴建、種族化（racialisation），被當成政治代罪羔羊（scapegoating），以及全球化與自由主義浪潮之影響[132]。舉美國為例，2018年6月24日，前總統川普呼籲立即驅逐所有非法移民，不經任何法院審查。主張除違反上述法律之外，尚違反美國憲法中之正當程序條

[129] 吳學燕（2011），移民政策與法規，台北：文笙書局。

[130] 李震山（1999），從憲法觀點論外國人之基本人權，憲政時代，25卷1期，頁105-108。蔡庭榕（2006），論主權與人權，憲政時代，22卷1期，頁18-25。李惠宗（2015），憲法要義，台北：元照出版有限公司，頁1-134。

[131] Walters, W., (2002), Deportation, expulsion, and the international police of aliens, Citizenship Studies, 6(3), pp. 265-292.

[132] De Genova, Nicholas, (2002), Migrant "illegality" and deportability in everyday Life, Annual Review of Anthropology, 31(1), pp. 419-447; De Genova, Nicholas & Nathalie Peutz, (2010), The Deportation Regime, Durham: Duke University Press; Inda, J. X., (2008), Targeting Immigrants: Government, Technology, and Ethics, Oxford: Blackwell Publishing.

款（due process clause），該條款規定：倘沒有適當之法律程序，則政府不得剝奪任何人之生命，自由或財產（life, liberty, or property, without due process of law）[133]，及違反對申請庇護者之「不遣返原則」[134]。

依關於驅逐外國人之條款草案第3條之規範，驅逐外國人應符合本條款草案和其他適用之國際法規則，尤其是與人權有關之規則（國際法委員會第64屆會議報告A/67/10, 2012）。另關於驅逐外國人之條款草案第2條亦規定，所指「驅逐出國」，係指可歸於一國之正式行為或由作為或不作為構成之行為，一位外國人因此被迫離開該國領土；它不包括引渡到另一國家、移交給一個國際刑事法院或法庭、或不允許一個非難民之外國人進入一國。

另1990年保護所有移徙工人及其家庭成員權利國際公約第22條共有9項關於驅逐出國之詳細規定，頗值得我國法制之參考，諸如：集體驅逐（collective expulsion）之禁止、每一驅逐案件均應逐案審查（第1項）；主權國家所作成的驅逐出境行政處分，該處分必須是依法作出之決定（第2項）；通譯及告知義務之相關訴訟權利（第3項）；暫緩執行驅逐之判決（第4項）；已經執行驅逐判決如其後經撤銷，當事人應有權要求賠償（第5項）；被驅逐出境當事人，應有合理機會取得其應得工資（第6項）；被驅逐所涉移徙工人或其一家庭成員，有權利可尋求進入非其原籍國之國家（第7項）；費用負擔分配（第8項）；以及既得法律地位之保障（第9項）[135]。

---

[133] Davis, J., (2018), U.S. zero-tolerance' immigration policy still violating fundamental human rights laws, The Conversation, available at: https://theconversation.com/us-zero-tolerance-immigration-policy-still-violating-fundamental-human-rights-laws-98615, last visited: 2018/12/16.

[134] Goodwin-Gill, G. S., (2011), The right to seek asylum: Interception at sea and the principle of non-refoulement, International Journal of Refugee Law, 23(3), pp. 443-457.

[135] 劉士豪（2014），保護所有移徙工人及其家庭成員權利國際公約國內法化研究。

表14-10　國際法及外國憲法對於國民及外來人口遷徙自由及不遭受違法驅逐出國權利之保障法制一覽表

1976年 公民與政治權利 國際公約	第13條 本公約締約境內合法居留之外國人，非經依法判定，不得驅逐出境，除有關國家安全緊急處分者外，應准其提出不服驅逐出境之理由，及聲請主管當局或特別指定之人員予以複判，並為此目的委託代理人到場申訴。
1985年 非居住國公民個 人人權宣言	第7條 對合法在一國境內之外國人，只能根據依法作出之判決將其驅逐出境，除因國家安全之重大理由——應准其提出不應被驅逐之理由，並將其案件提交主管當局或經主管當局指定之人員復審，並准其委託代表向上述當局或人員陳述理由。禁止基於種族、膚色、宗教、文化、出身或民族，個別或集體驅逐。
1990年 保護所有移徙工 人及其家庭成員 權利國際公約	第22條 1.不得對移徙工人及其家庭成員採取集體驅逐措施。並應逐案審查。 2.只有按照主管當局依法作出之決定，方可將移徙工人及其家庭成員從締約國境內驅逐出境（expelled）。
1990年 保護所有移徙工 人及其家庭成員 權利國際公約	3.應以所了解之語言將判決傳達。如果沒有另外之強制性規定，應以書面方式將判決傳達給他們，除涉及國家安全外，應說明判決之理由。在作出判決之前或至遲在判決之時，應將權利告知當事人。 4.除司法當局作出最終判決外，因國家安全之重大理由外，當事人應有權提出其不應被驅逐之理由，並由有關當局對其案件進行複審在進行複審之前，當事人應有權要求暫緩執行驅逐之判決。 5.已經執行之驅逐判決如其後予以取消。當事人應有權依法要求賠償，而之前判決不得禁止當事人再次進入有關國家。 6.如被驅逐出境，當事人在離境前後應有機會解決任何應得工資和其他應享權利以及任何未決義務。 7.在不影響驅逐判決之執行下，該一判決所涉之某一移徙工人或其一家庭成員可尋求進入非其原籍國之國家。 8.被驅逐出境時，驅逐出境之費用不應由其負擔。但得要求當事人支付自己之旅費。 9.從就業國被驅逐出境之事實不得損害他們按照該國法律所獲之任何權利，包括接受工資及其他應享有權利。

表14-10 國際法及外國憲法對於國民及外來人口遷徙自由及不遭受違法驅逐出國權利之保障法制一覽表（續）

1991年 羅馬尼亞憲法	第18條　外國公民和無國籍之人 1.在羅馬尼亞居住之外國公民及無國籍之人享有憲法和其他法律提供之對於個人及財產之一般性保護。 2.依法並遵照羅馬尼亞參與之國際條約和公約，給予或撤銷避難權。 第19條　引渡和驅逐 1.羅馬尼亞公民不能在羅馬尼亞被引渡或驅逐出境。 2.外國公民及無國籍之人只有根據國際公約或按對等原則才可被引渡。 3.引渡和驅逐由司法部門決定。
2009年 南非共和國憲法	第21條　遷徙及居住之自由 1.每一個公民皆有遷徙之自由。 2.每一個公民皆有離開共和國之權利。 3.每一個公民皆有進入、停留及居住在共和國任何地方之權利。
2009年 歐洲聯盟基本權利憲章	第19條　移居、驅逐與引渡事件之保護 1.集體驅逐應被禁止。 2.任何人均不得被移居、驅逐或引渡至一將使其遭受死刑、酷刑與其他非人道待遇與懲罰之危險國家。 第45條　遷徙與居住自由 1.歐盟公民均享有於會員國領域內自由遷徙與居住權利。 2.合法居住於一會員國領域內之非會員國國民，依據歐洲共同體條約享有遷徙與居住自由。

資料來源：永久和平夥伴協會（2021），國際法規全書及世界憲法大全，https://www.lawlove.org/tw/，並經由作者自行整理。

第八節　國際法、外國憲法及我國憲法與外來人口人身自由權

壹、我國憲法及司法院大法官會議解釋文涉及外來人口人身自由權之相關規範

人權保障之發展，主要是以「自由權」為核心，因人身自由之充分保障，乃人民行使憲法上其他基本權利之前提。基於人身自由之「憲法保障」意義，我國憲法第8條對人身自由保障規定，為憲法本文條文中字數最多，有詳細之規定。

提審法對移民署執行外國人與大陸地區人民之查緝、逮捕、收容、驅逐出國及強制出境程序造成一定之衝擊。因提審法精神係藉即時司法權介入，任何人被法院以外之行政機關逮捕拘禁時，得隨時要求見法官，針對國家行政或司法機關之逮捕拘禁進行審查，奠定外國人與大陸地區人民人權保障之新里程碑。大法官肯認人身自由為人類一切自由、權利之根本，任何人不分國籍均應受保障。

我國大法官解釋中對於人身自由之解釋相當之多[136]，尤其在司法院釋字第708號首次加入外國人之保障，不過美中不足是大法官明顯區別刑事被告及非刑事被告之人身自由，創設移民署15日所謂「合理作業期間」[137]，是否有違我國憲法第8條「24小時」核心精神，容有再討論空

---

[136] 涉及我國憲法第8條人身自由之解釋文如下：司法院釋字第166號、第251號、第384號、第392號、第436號、第471號、第476號、第523號、第535號、第559號、第567號、第588號、第664號、第681號、第690號、第708號、第710號、第720號、第737號、第777號、第796號、第799號、第801號、第803號等，其中釋字第588號延伸到行政執行法之管收，釋字第690號亦擴及傳染病防治法之強制隔離，釋字第708號與第710號更首次加入外國人（釋字第708號）及大陸人民（釋字第710號）之人身自由保障，顯示我國對外來人口之人權保障，不斷在進步中。黃千瑜（2017），人身自由之程序保障與外國人收容之司法救濟——以提審法與行政訴訟法為中心，東吳大學法律學系碩士論文。

[137] 該兩號解釋大法官均採雙軌之見解：在前端暫時收容之階段，得由移民署逕行決定，

間[138]，我國憲法及司法院大法官解釋涉及外國人人身自由權規範分析表
如表14-11所述。

表14-11　我國憲法及司法院大法官會議解釋文涉及外來人口人身自由權規範
　　　　　分析表

憲法本文與大法官釋字號別	審查基準	評釋
憲法本文第8條	按憲法第8條第1項：「人民身體之自由應予保障。除現行犯之逮捕由法律另定外，非經司法或警察機關依法定程序，不得逮捕拘禁。非由法院依法定程序，不得審問處罰。非依法定程序之逮捕、拘禁、審問、處罰，得拒絕之。」	1.「由法院」一詞，即是剝奪人身自由應由公正法官審理之最重要依據，司法院釋字第708號肯認應及於外國人。 2.本文認為「只要人身自由之限制被剝奪，即適用法官保留原則」。 3.「24小時」是憲法第8條核心精神，並提及三次。 4.呼應公民政治權利國際公約第14條：「人人在法院或法庭之前，悉屬平等。任何人受刑事控告或因其權利義務涉訟須予判定時，應有權受獨立無私之法定管轄法庭公正公開審問。」[139]

但應給予受收容者「即時司法救濟」；而一旦收容逾越暫時收容期間，則應適用法官保留，由移民署主動聲請法院決定是否收容。廖元豪（2014），「外人」的人身自由與正當程序自由與正當程序—析論大法官釋字第708與710號解釋，月旦法學雜誌，228期，頁244-262。

[138] 有關外國人之人身自由之保障，讀者亦可進一步參考以下重要之著作：許義寶（2014），入出國法制與人權保障，台北：五南圖書出版公司，頁360-368。許義寶（2017），移民法制與人權保障，桃園：中央警察大學，頁203-275。

[139] Article 14

All persons shall be equal before the courts and tribunals.In the determination of anycriminal charge against him, or of his rights and obligations in a suit at law, everyone shallbe entitled to a fair and public hearing by a competent, independent and impartial tribunalestablished by law.

表14-11　我國憲法及司法院大法官會議解釋文涉及外來人口人身自由權規範
　　　　　分析表（續）

憲法本文與大法官釋字號別	審查基準	評釋
釋字第708號解釋（入出國及移民法收容之審查）	1.憲法第8條人身自由保障為重要之基本人權。 2.人身自由之保障應及於外國人。 3.引用「正當法律程序」之原則審查。 4.法官保留原則與賦予移民署15日「合理作業期間」之折衝。	1.「收容」嚴重干預人民身體自由，自須踐行必要之司法程序或正當法律程序；惟因非對刑事被告之限制，是其程序可不必與刑事被告相同。本文認為大法官明顯區別刑事被告及非刑事被告，容有挑戰空間。 2.所謂15日為上限之「合理作業期間」制度，是否違反法官保留原則，實務上及學理上容有討論改進必要。 3.憲法明定行政機關限制人身自由之時間為「24小時」，本文認為不該任意妥協。
釋字第710號解釋（兩岸人民關係條例強制出境及收容之審查）	1.憲法第8條人身自由保障為重要之基本人權。 2.正當法律程序原則及法官保留原則。 3.憲法第23條之比例原則。 4.家庭婚姻及團聚權。	1.大法官繼釋字第708號，再次強調刑事被告與非刑事被告之人身自由限制，在目的、方式與程序上均有差異，本文表示不認同，因為人身自由保障不應分「刑事被告」與「非刑事被告」，否則形成另類歧視。 2.強制經許可合法入境之大陸配偶出境，嚴重破壞人民之婚姻及家庭關係，造成人倫悲歌，法官應落實保障人權及進一步思考家庭團聚權，並以兒童最佳利益考量，「應審查」是否具備有無得不予收容之情形及收容之必要性並「暫停執行」原強制出境處分。

表14-11　我國憲法及司法院大法官會議解釋文涉及外來人口人身自由權
　　　　 規範分析表（續）

憲法本文與大法官釋字號別	審查基準	評釋
		3.考量「公民與政治權利國際公約」第23條第1項：「家庭爲社會之自然基本團體單位，應受社會及國家之保護。」[140]與「經濟社會文化權利國際公約」第10條第1項：「家庭爲社會之自然基本團體單位，應儘力廣予保護與協助，其成立及當其負責養護教育受扶養之兒童時，尤應予以保護與協助。」[141]對家庭保護之說明，任何國家都有義務保障本國人及跨境外來人口之家庭團聚權。

資料來源：司法院（2021），法學資料檢索系統，http://jirs.judicial.gov.tw/Index.htm，並
經由作者自行整理。

　　民國102年司法院釋字第708號、第710號係大法官第一次審視我國對
於外國人及大陸地區人民入出境管制是否違憲？開啓維護人身自由之「提
審法」修法[142]，另帶動103年「行政訴訟法」及104年「入出國及移民

---

[140] Article 23

　1.The family is the natural and fundamental group unit of society and is entitled to protection
　　by society and the State.

[141] Article 10(1)

　The widest possible protection and assistance should be accorded to the family, which is the
　natural and fundamental group unit of society, particularly for its establishment and while it
　is responsible for the care and education of dependent children.

[142] 提審法在民國35年就已施行，司法院統計，從87年到102年3月，人民向法院聲請提

法」、「臺灣地區與大陸地區人民關係條例」、「香港澳門關係條例」等修法，針對非刑事人身自由干預之程序保障程序，進行新增與修正。

　　提審法精神係藉即時司法權介入，任何人被法院以外之行政機關逮捕拘禁時，得隨時要求見法官，針對國家行政或司法機關之逮捕收容進行審查，奠定人權保障之新里程碑。大法官肯認人身自由爲一切自由、權利之根本，任何人不分國籍均應受保障[143]。對執法機關執行外來人口之查緝、逮捕、收容、驅逐出國及強制出境程序造成一定之衝擊。

　　提審法於民國103年1月8日修正公布，並於同年7月8日正式施行，施行之初，移民署受法院提審5案，只有1案聲請提審成功（臺灣桃園地方法院103年度行提字第1號刑事裁定），桃園地方法院鑑於大法官釋字第708號解釋及提審法剛上路，該案具有特別指標（special landmark）意義，該院特地發新聞稿說明爲何法官會駁回移民署之收容聲請[144]。

　　該案係由受收容人未婚夫李男聲請提審，桃園地院法官審查其與聲請人訂有婚約，並育有一名未滿2歲兒子，由受收容人梅女照料，法官審酌梅女享有之家庭團聚權及考量兒童福祉最佳利益[145]，審理之後裁定釋放[146]。本案案例，法官忠於憲法比例原則並落實大法官釋字第708號解

　　審案件只有166件，其中僅僅5件獲法官裁准。釋字第708號、710號解釋理由均闡明「非因犯罪嫌疑（本文舉屬於非刑事之行政處分，如查獲逃逸外勞）被剝奪人身自由者」，應賦予其得即時聲請法院審查之救濟機會，雖未提及「提審」之用語，然即時司法救濟之功能，爲保障人權，強化現行提審制度之效能，司法院爰擬具提審法修正案，全文計12條，其中修正10條，增訂2條。

[143] 任何「人」不分國籍均應受保障，外國人人身自由是與本國人同受保障，顯係採人性尊嚴說，請參照司法院釋字第708號葉百修大法官提出之協同意見書。

[144] 參見：臺灣桃園地方法院新聞稿（2014）。

[145] 1989年兒童權利公約（Convention on the Rights of the Child）第3條第1項規定：「所有關係兒童之事務，無論是由公私社會福利機構、法院、行政機關或立法機關之作爲，均應以兒童最佳利益爲優先考量。」採用更加嚴格之標準，考量兒童（包括外來人口之子女）最佳利益。」施慧玲、陳竹上主編（2016），兒童權利公約，台北：臺灣新世紀文教基金會，頁1-28。

[146] 參照桃園地方法院103年度行提字第1號刑事裁定。

釋，斟酌個案是否眞有收容之必要或有其他具保、責付情形，眞正落實限制人身自由應爲最後手段性之人權思維，以同理心立場將心比心，在全球化下每個人皆有可能成爲外國人之平等權考量，桃園地院法官審酌公民與政治權利國際公約第23條與經濟社會文化權利國際公約第10條對家庭權保護之普世價值，保障本國人及外國人，並維護人性尊嚴，釋放並責付予聲請人，之後所發生之案例，大多被法官以「此非提審程序所能處理，應由被收容人另循管道救濟」加以駁回，越南國籍梅女案實具有前衛指標性之裁定[147]。司法院釋字第708號、第710號，始會宣告入出國及移民法及臺灣地區與大陸地區人民關係條例關於收容之部分條文違憲，並在二年內要檢討修正。

　　行政訴訟法亦於同年6月18日新增第四章（收容聲請事件程序），並修正爲三級二審新制，該法第237條之10規定：「本法所稱收容聲請事件如下：一、依入出國及移民法、臺灣地區與大陸地區人民關係條例及香港澳門關係條例提起收容異議、聲請續予收容及延長收容事件。二、依本法聲請停止收容事件。」行政法院包含地方法院行政訴訟庭、高等行政法院及最高行政法院，並依事物性質之不同而爲事物管轄權之分配[148]。取代傳統循訴願及行政救濟之程序，係脫離既有之行政訴訟架構及體制，屬一種特殊之救濟制度，由管轄行政法院審查收容決定之適法性，該章節並自104年2月5日起施行[149]。

　　104年2月4日後續修正入出國及移民法，公布第15條、第36條至第38

---

[147] 法官大多宣示「此非提審程序所能處理，應由被收容人另循管道救濟」。南投地院104年度行提字第2號、新北地院104年度行提字第1號與103年度行提字第1號、台中地院103年度行提字第1號、宜蘭地院103年度行提字第2號等裁定均駁回之。

[148] 依行政訴訟法第237條之11規定：「收容聲請事件，以地方法院行政訴訟庭爲第一審管轄法院。」地方法院行政訴訟庭對於收容聲請事件有第一審之管轄權。另同法第237條之16規定：「聲請人、受裁定人或移民署對地方法院行政訴訟庭所爲收容聲請事件之裁定不服者，應於裁定送達後五日內抗告於管轄之高等行政法院。對於抗告法院之裁定，不得再爲抗告。」

[149] 司法院，行政訴訟收容聲請事件新制問答集，頁1-20。

條、第91條條文，並增訂第38條之1至第38條之9條文，將收容期間區分為三階段：

一、第一階段——移民署作成「暫予收容處分」（第1日至第15日）。

二、第二階段——法院裁定「續予收容」（第16日至第60日）。

三、第三階段——法院裁定「延長收容」（第61日至第100日），共計100日。

收容聲請事件類型，區分為「收容異議」、「續予收容」、「延長收容」及「停止收容」四種[150]。

同年6月17日並修正臺灣地區與大陸地區人民關係條例[151]第18條條文，另外，並增訂第18條之1、第18條之2、第87條之1條文，移民收容之相關重點如下：

一、第一階段——移民署作成「暫予收容處分」（第1日至第15日）。

二、第二階段——法院裁定「續予收容」（第16日至第60日）。

三、第三階段——法院裁定「延長收容」（第61日至第100日）。

四、第四階段——法院裁定「再延長收容」（第101日至第150日），共計150日。

相關行政訴訟收容聲請事件類型及救濟程序流程圖如下：

---

[150] 有關於移民收容之相關論述，可進一步參閱：陳明傳、高佩珊、許義寶、謝文忠、王寬弘、柯雨瑞、孟維德、黃文志、林盈君、王智盛、蔡庭榕等合著（2016），移民理論與移民行政，台北：五南圖書出版公司，頁267-302。謝立功、柯雨瑞（2007），試論外國人之收容及救濟法制，中央警察大學警學叢刊，37卷4期，頁133-156。高佩珊主編，陳明傳、許義寶、王寬弘、柯雨瑞、黃翠紋、高佩珊、江世雄、黃文志、蔡政杰、吳冠杰等合著（2019），移民政策與法制，台北：五南圖書出版公司，頁65-152。柯雨瑞、孟維德、蔡政杰、李佳樺（2018），臺灣邁向世界強國與富國之捷徑：從建構優質之移民政策與法制出發，作者自行出版，頁5-47。李建良（2014），外國人收容之法官保留與司法救濟—2014年行政訴訟法修正評介，臺灣法學雜誌，252期，頁1-10。

[151] 臺灣地區與大陸地區人民關係條例第18條之1第10項規定關於適用本法之受收容人之受收容人之收容替代處分、得不暫予收容之事由、異議程序、法定障礙事由、暫予收容處分、收容替代處分與強制出境處分之作成方式、廢（停）止收容之程序、再暫予收容之規定、遠距審理及其他應遵行事項，準用入出國及移民法異議程序之相關規定。

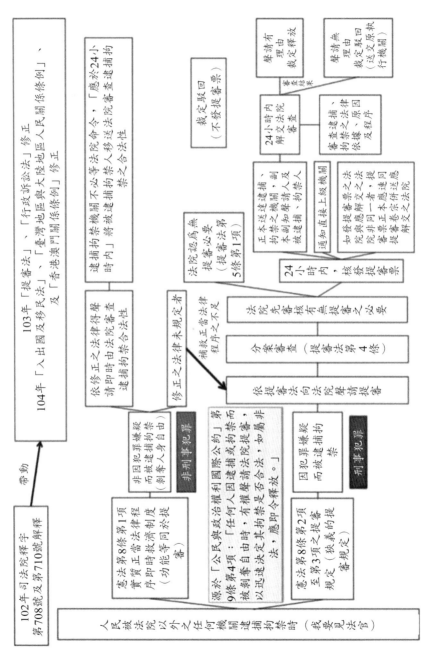

圖14-2 提審法即時救濟暨操作流程圖

資料來源：司法院提審新制，https://www.judicial.gov.tw/work/work15.asp，並經由作者重新自行整理之。

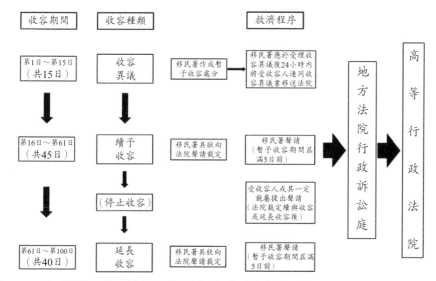

圖14-3 入出國及移民法行政訴訟收容聲請事件類型及救濟程序流程圖

資料來源：司法院行政訴訟收容聲請事件新制，https://www.judicial.gov.tw/work/
work03_31.asp，並經由作者重新自行整理之。

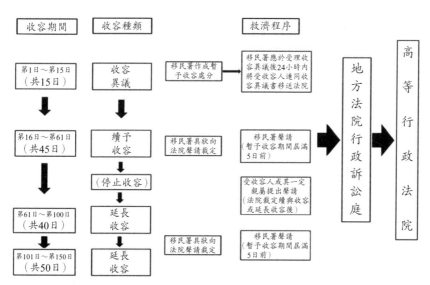

圖14-4 臺灣地區與大陸地區人民關係條例行政訴訟收容聲請事件類型及救濟程序流程圖

資料來源：司法院行政訴訟收容聲請事件新制，https://www.judicial.gov.tw/work/
work03_31.asp，並經由作者重新自行整理之。

貳、國際法與外國憲法對於人身自由之相關規範

　　1953年訂定之「歐洲人權公約」（European Convention on Human Rights），雖為區域性人權文件，該公約有關人身自由保障之機制，卻相當具有前瞻性及進步性，相較於1966年公民與政治權利國際公約，歐洲人權公約有更加詳細之規定：如提審、一般及特別程序保障、刑事辯護權、通譯及賠償等規定[152]。歐洲人權公約第5條第3項規定：「依照本條第一款(c)項的規定而被逮捕或拘留之任何人，應立即送交法官（shall be brought promptly before a judge）或其他經法律授權行使司法權之官員，並應有權在合理之時間內受審，或在審判前釋放。釋放得以擔保出庭候審為條件。」任何被逮捕或拘留之人，應立即送交法官或其他經法律授權行使司法權之官員，此為法官保留原則之體現，此種之規定，類似於我國憲法第8條之立憲例。

　　另依德意志聯邦共和國基本法第104條第2項之規定：「惟法官始得判決可否剝奪自由及剝奪之持續時間。」此種對於剝奪人身自由之嚴格法官原則，相當值得我國加以效仿之。退一步而言，就美國移民法制而言，在執行特定外國人驅逐出國及收容之區塊，國土安全部之「移民暨海關執法局」（Immigration and Custom Enforcement, ICE）僅是提出、發動機關，對外國人之驅逐出國及收容，最後決定之全權，美國司法部設計由所謂相對較為中立之「移民法官」（immigration judges）[153]裁定之[154]，美國司法部之移民法官雖非真正法官，仍可發揮第三者客觀審查及監督功能。

---

[152] 另請參照：司法院釋字第708號羅昌發大法官提出之部分協同部分不同意見書。施育傑（2008），歐洲人權公約第5條——以歐洲人權法院裁判為借鏡，檢討我國羈押與人身拘束制度，臺灣大學法律學研究所碩士論文。

[153] See the: U.S. Department of Justice, Executive Office for Immigration Review, (2018), Executive Office for Immigration Review, Swears in 46 Immigration Judges, available at: https://www.justice.gov/eoir/page/file/1097241/download, last visited: 2021/01/04.

[154] 林超駿（2018），即時司法救濟、正當程序與移民人身自由保障，中研院法學期刊，23期，頁1-79。

亦即，而非由移民暨海關執法局裁定之。在執行特定外國人驅逐出國及收容之區塊，有關於對外國人是否加以驅逐出國及收容之決定權限，係由較為中立、客觀之「移民法官」裁決之，而非由行政機關之國土安全部之移民暨海關執法局之移民官裁決之。

　　美國移民法官原隸屬於司法部之移民暨歸化局（Immigration and Naturalization Service），1983年，移民局從美國司法部移出至國土安全部之後，司法部另外設立一新單位，名稱為司法部「移民審查行政辦公室」（Executive Office for Immigration Review, EOIR），下轄移民法官。依美國司法部新聞稿（2018年9月28日），EOIR迄至2020年10月止，新增70%之移民法官（an increase of nearly 70 percent）[155]，EOIR目前共計擁有539位移民法官[156]，全國計493個移民法院（immigration courts）[157]。

　　我國對於外來人口之「暫予收容處分」（第1日至第15日）之決定權，仍是由移民署（相當於美國國土安全部之「移民暨海關執法局」（Immigration and Custom Enforcement, ICE））主導之，而非由法官裁定之，由此可看，我國之「暫予收容處分」之法制，相較於美國，對於外來人口之人身自由權之保障，仍屬不足。

---

[155] See the: U.S. Department of Justice, Executive Office for Immigration Review, (2021), available at: https://www.justice.gov/opa/pr/executive-office-immigration-review-announces-investiture-20-new-immigration-judges-resulting., last visited: 2021/07/01.

[156] U.S. Department of Justice, Executive Office for Immigration Review, (2021), available at: https://www.justice.gov/eoir/page/file/1242156/download.

[157] LMT ON Line, (2021), 100 new immigration judges hired to address court backlog, available at: https://www.lmtonline.com/news/article/100-new-immigration-judges-hired-to-address-court-16332262.php, last visited: 2021/07/01.

表14-12　國際法與外國憲法對於人身自由之相關規範一覽表

1953年 歐洲人權公約 （European Convention on Human Rights）	第5條 一、人人享有自由和人身安全之權利。任何人不得被剝奪其 自由，但在下列情況並依照法律規定之程序者除外[156]： (a)經有管轄權之法院之判罪對其人加以合法之拘留； (b)由於不遵守法院合法之命令或為了保證法律所規定之任何 義務之履行而對其人加以合法之逮捕或拘留； (c)在有理由地懷疑某人犯罪或在合理地認為有必要防止其人 犯罪或在犯罪後防其脫逃時，為將其送交有管轄權之司法 當局而對其人加以合法之逮捕或拘留； (d)為了實行教育性監督之目的而依合法命令拘留一個未成年人 或為了將其送交有管轄權之法律當局而予以合法之拘留； (e)為防止傳染病蔓延而施加之合法拘禁以及對精神失常者、 酗酒者或吸毒者或遊民施以之合法拘留； (f)為防止其人未經許可進入國境或為驅逐出國或引渡對某人 採取行動而採行合法之逮捕或拘留； 二、被逮捕之任何人應以他所能了解之語文立即告以被捕理 由及被控罪名[157]。 三、依照本條第1款(c)項之規定而被逮捕或拘留之任何人， 應立即送交法官或其它經法律授權行使司法權之官員， 並應有權在合理之時間內受審或在審判前釋放。釋放得 以擔保出庭候審為條件。 四、由於逮捕或拘留而被剝奪自由之任何人應有權運用司法程 序，法院應依照司法程序立即對他之拘留之合法性作出審 查，並且如果拘留不是合法的，則應命令將其釋放[158]。 五、由於違反本條規定而受逮捕或拘留之任何人應具有可執 行之賠償權利[159]。

---

[158] Everyone has the right to liberty and security of person. No one shall be deprived of his liberty save in the following cases and in accordance with a procedure prescribed by law.

[159] Everyone who is arrested shall be informed promptly, in a language which he understands, of the reasons for his arrest and of any charge against him.

[160] Everyone who is deprived of his liberty by arrest or detention shall be entitled to take proceedings by which the lawfulness of his detention shall be decided speedily by a court and his release ordered if the detention is not lawful.

[161] Everyone who has been the victim of arrest or detention in contravention of the provisions of this Article shall have an enforceable right to compensation.

表14-12　國際法與外國憲法對於人身自由之相關規範一覽表（續）

1966年 公民與政治權利 國際公約	第9條 一、人人有權享有身體自由及人身安全。任何人不得無理予以逮捕或拘禁。非依法定理由及程序，不得剝奪任何人之自由。 二、執行逮捕時，應當場向被捕人宣告逮捕原因，並應隨即告知被控案由。 三、因刑事罪名而被逮捕或拘禁之人，應迅即解送法官或依法執行司法權力之其他官員，並應於合理期間內審訊或釋放。候訊人通常不得加以羈押，但釋放得令具報，於審訊時，於司法程序之任何其他階段、並於一旦執行判決時，候傳到場。 四、任何人因逮捕或拘禁而被奪自由時，有權聲請法院提審，以迅速決定其拘禁是否合法，如屬非法，應即令釋放。 五、任何人受非法逮捕或拘禁者，有權要求執行損害賠償[160]。

---

[162] Article 9

1. Everyone has the right to liberty and security of person.No one shall be subjected toarbitrary arrest or detention.No one shall be deprived of his liberty except on such groundsand in accordance with such procedure as are established by law.

2. Anyone who is arrested shall be informed, at the time of arrest, of the reasons for hisarrest and shall be promptly informed of any charges against him.

3. Anyone arrested or detained on a criminal charge shall be brought promptly before ajudge or other officer authorized by law to exercise judicial power and shall be entitled totrial within a reasonable time or to release.It shall not be the general rule that personsawaiting trial shall be detained in custody, but release may be subject to guarantees toappear for trial, at any other stage of the judicial proceedings, and, should occasion arise,for execution of the judgement.

4. Anyone who is deprived of his liberty by arrest or detention shall be entitled to takeproceedings before a court, in order that court may decide without delay on the lawfulnessof his detention and order his release if the detention is not lawful.

5. Anyone who has been the victim of unlawful arrest or detention shall have anenforceable right to compensation.

表14-12　國際法與外國憲法對於人身自由之相關規範一覽表（續）

2009年 歐洲聯盟基本權利憲章 （Charter of Fundamental Rights of the European Union）	第6條　自由與安全之權利 1.人人均有權享有人身自由與安全。 第47條　有效救濟與公平審判之權利 1.於歐盟法律所保障之權利與自由受到侵害時，人人均享有符合本條規定之法庭前獲得有效救濟之權利。 2.人人均享有於適當合理時間在獨立且公正之已依法設立之法庭中獲得公平且公開之審理之權利。人人均應有機會獲得律師建議、辯護與代理之機會。 3.就欠缺充分適足資源者，應於確保司法程序有效進行之必要範圍內，給予司法協助[161]。
1789年 美國憲法第4條修正案 （Fourth Amendment to the United States Constitution）	第4條 人民有保護其身體、住所、文件與財物之權，不受無理拘捕、搜索與扣押，並不得非法侵犯。除有正當理由，經宣誓或代誓宣言，並詳載搜索之地點，拘捕之人或收押之物外，不得頒發搜索票、拘票或扣押狀[162]。

---

[163] Article 47-Right to an effective remedy and to a fair trial

1.Everyone whose rights and freedoms guaranteed by the law of the Union are violated has the right to an effective remedy before a tribunal in compliance with the conditions laid down in this Article.

2.Everyone is entitled to a fair and public hearing within a reasonable time by an independent and impartial tribunal previously established by law. Everyone shall have the possibility of being advised, defended and represented.

3.Legal aid shall be made available to those who lack sufficient resources in so far as such aid is necessary to ensure effective access to justice.

[164] Article 2

The right of the people to be secure in their persons, houses, papers, and effects, against unreasonable searches and seizures, shall not be violated, and no Warrants shall issue, but upon probable cause, supported by Oath or affirmation, and particularly describing the place to be searched, and the persons or things to be seized.

表14-12　國際法與外國憲法對於人身自由之相關規範一覽表（續）

1949年德意志聯邦共和國基本法（Grundgesetz für die Bundesrepublik Deutschland）	第2條 1.人人有自由發展其人格之權利，但以不侵害他人之權利或不違犯憲政秩序或道德規範者為限。 2.人人有生命與身體之不可侵犯權。個人之自由不可侵犯。此等權利唯根據法律始得干預之[163]。 第13條 1.住所不得侵犯。 2.搜索唯法官命令，或遇有緊急危險時，由其他法定機關命令始得為之，其執行並須依法定程序[164]。 第104條 1.個人自由非根據正式法律並依其所定程序，不得限制之。被拘禁之人，不應使之受精神上或身體上之虐待。 2.惟法官始得判決可否剝奪自由及剝奪之持續時間。此項剝奪如非根據法官之命令，須即時請求法官判決。警察依其本身權力拘留任何人，不得超過逮捕次日之終了。其細則由法律定之。 3.任何人因犯有應受處罰行為之嫌疑，暫時被拘禁者，至遲應於被捕之次日提交法官，法官應告以逮捕理由，加以訊問，並予以提出異議之機會。法官應即時填發逮捕狀，敘明逮捕理由，或命令釋放。

---

[165] Article 2

(1)Every person shall have the right to free development of his personality insofar as he does not violate the rights of others or offend against the constitutional order or the moral law.

(2)Every person shall have the right to life and physical integrity. Freedom of the person shall be inviolable. These rights may be interfered with only pursuant to a law.

[166] Article 13

(1)The home is inviolable.

(2)Searches may be authorised only by a judge or, when time is of the essence, by other authorities designated by the laws, and may be carried out only in the manner therein prescribed.

表14-12　國際法與外國憲法對於人身自由之相關規範一覽表（續）

1949年 德意志聯邦共 和國基本法 （Grundgesetz für die Bundesrepublik Deutschland）	4.法官命令剝奪自由或延續剝奪期間時，應即時通知被拘禁人之親屬或其信任之人[165]。

資料來源：永久和平夥伴協會網站（2021），世界憲法大全，https://www.lawlove.org/tw/，並經由作者自行整理。

---

[167] Article 104 Deprivation of liberty

(1)Liberty of the person may be restricted only pursuant to a formal law and only in compliance with the procedures prescribed therein. Persons in custody may not be subjected to mental or physical mistreatment.

(2)Only a judge may rule upon the permissibility or continuation of any deprivation of liberty. If such a deprivation is not based on a judicial order, a judicial decision shall be obtained without delay. The police may hold no one in custody on their own authority beyond the end of the day following the arrest. Details shall be regulated by a law.

(3)Any person provisionally detained on suspicion of having committed a criminal offence shall be brought before a judge no later than the day following his arrest; the judge shall inform him of the reasons for the arrest, examine him, and give him an opportunity to raise objections. The judge shall, without delay, either issue a written arrest warrant setting forth the reasons therefor or order his release.

(4)A relative or a person enjoying the confidence of the person in custody shall be notified without delay of any judicial decision imposing or continuing a deprivation of liberty.

(5)Searches may be authorised only by a judge or, when time is of the essence, by other authorities designated by the laws, and may be carried out only in the manner therein prescribed.

第九節　國際法、外國憲法及我國憲法與外來人口婚姻家庭權

　　前大法官李震山教授提到「家庭權」之保障範圍，包括：1.組成或不組成家庭之權利；2.和諧家庭生活之權利；3.維持家庭存續之權利；4.維持家庭親屬關係之權利[168]。102年我國大法官於司法院釋字第712號解釋文之中，亦論及跨境家庭團聚權，另家庭團聚通常被認為是構成外來移民之主要來源且應受國家保護之權利之一[169]。

　　美國移民學者認識到家庭團聚之重要性，認為其在多元化美國之種族和民族構成，及建構美國移民制度現代化以及團結家庭方面，發揮重大、關鍵之作用[170]。2018年前美國總統川普針對移民實施「零容忍」之策略（zero-tolerance immigration policy）[171]，所有非法入境美國者，依刑事罪嫌逮捕，導致2,300多名兒童與父母分離[172]，國家拆散家庭造成骨肉

[168] 李震山（2007），多元、寬容與人權保障—以憲法未列舉權之保障為中心，台北：元照出版有限公司，頁157-163。另有學者論及婚姻自由之保障範圍包括：婚姻締結自由、共同生活之維持、受扶養權利及離婚自由，此一部分之論述，請參閱：吳庚、陳淳文（2017），憲法理論與政府體制，作者自行出版，頁313-318。

[169] 許義寶（2014），入出國法制與人權保障，台北：五南圖書出版公司，頁360-381。另保護所有移徙工人及其家庭成員權利國際公約第44條規定：「締約國確認家庭是社會之自然基本單元（the family is the natural and fundamental group unit of society）並有權受到社會和國家之保護，應採取適當措施，確使保護移徙工人之家庭完整。」

[170] Lee, C., (2015), Family reunification and the limits of immigration reform: Impact and legacy of the 1965 Immigration Act, In Sociological Forum, 30, pp. 528-548.

[171] Davis, J., (2018), US zero-tolerance immigration policy still violating fundamental human rights laws, available at: https://theconversation.com/us-zero-tolerance-immigration-policy-still-violating-fundamental-human-rights-laws-98615, last visited: 2019/02/03.

[172] 美國國土安全部之移民與海關執法局（ICE）關押非法入境之成年移民，係依美國「無人陪伴之未成年人聯邦法」（Responsibility for Unaccompanied Minors Act）第3條之規定，如擬將移民兒童（1歲至18歲）與其父母進行分離，由美國衛生及公共服務部（Department of Health and Human Services, HHS）下轄之難民安置辦公室

分離，受到國內外輿論批評不人道及人權倒退。於2016年第九巡迴法庭在Flores v. Lynch判決中，第九巡迴法庭肯認1997年之「弗洛雷斯協議」（The Flores Settlement Agreement）[173]，禁止將兒童收容超過20天，「弗洛雷斯協議」適用於陪同和無人陪伴之兒童，法院並要求政府應爲家庭團聚作出迅速而持續之努力措施[174]。後於2018年6月聖地牙哥聯邦法官Dana Sabraw引用醫學等其他之證據，證明兒童與父母分開，是一種高度不穩定之創傷性經歷，對兒童幸福、安全及發展，會產生長期負面影響（that has long term consequences on child well-being, safety, and development.）。聖地牙哥聯邦法官Dana Sabraw裁定相關機關應將5歲以下之兒童在14天內與家人團聚，另所有拆散之移民家庭必須在30天內親子團圓[175]。

（Office of Refugee Resettlement, ORR）執行之，法源之依據，係爲2008年通過之「威廉威伯福斯人口販運保護再授權法」第235條第(b)項第(1)款（section 235(b)(1) of the William Wilberforce Trafficking Victims Protection Reauthorization Act of 2008 (8 USC 1232(b)(1)）之授權，由上述之難民安置辦公室負責安置及提供後續服務。See the Ataiants, J., Cohen, C., Riley, A. H., Lieberman, J. T., Reidy, M. C. & Chilton, M., (2018), Unaccompanied children at the United States border, a human rights crisis that can be addressed with policy change, Journal of Immigrant and Minority Health, 20(4), pp. 1000-1010.

[173] 1997年，美國法院和政府達成相當有名之「弗洛雷斯協議」，基於人道立場及考慮兒童身心狀況，「弗洛雷斯協議」規定美國現行之移民兒童收容管理制度，包含收容之程序、環境及最長20天限制等，以保障美國境內之無證移民兒童之權益。See the LEE, R. R., (2018), United States Court of Appeals for the Ninth Circuit.前美國川普總統擬廢止「弗洛雷斯協議」，不過，遭受很多之反對聲浪。

[174] The court ordered the government to: (1) make prompt and continuous efforts toward family reunification, See theFlores v. Lynch, 212 F. Supp. 3d 907, 909 (C.D. Cal. 2015).

[175] (a)Defendants must reunify all Class Members with their minor children who are under the age of five (5) within fourteen (14) days of the entry of this Order; and

(b)Defendants must reunify all Class Members with their minor children age five (5) and over within thirty (30) days of the entry of this Order. See the L. v. U.S. Immigration & Customs Enforcement, 310 F.Supp.3d 1133 (S.D. Cal. 2018).

　　依世界人權宣言第16條第3項[176]及公民與政治權利國際公約之第23條第1項[177]規定，家庭是自然和基本之社會單元，並應受社會和國家之保護[178]。另1989年兒童權利公約前言亦提及，確信家庭為社會之基本團體，是所有成員特別是兒童成長與福祉之自然環境，故應獲得必要之保護及協助，以充分擔負其於社會上之責任。家[179]是心靈之港灣，亦是家人及家庭成員[180]堅固之最後堡壘，家庭[181]是自然和基本之社會單元，並應受社會及國家之保護[182]，故婚姻家庭基本權是一普世價值之重要人權[183]。婚姻與家庭為社會形成與發展之基礎，受憲法制度性保障（司法院釋字第362號、第552號、第554號、第696號及第712號解釋參照）。家

---

[176] Article 16

　　3.The family is the natural and fundamental group unit of society and is entitled to protection by society and the State.

[177] Article 23

　　1.The family is the natural and fundamental group unit of society and is entitled to protection by society and the State.

[178] 1950年歐洲人權公約第8條、1966年經濟社會文化權利國際公約第10條、1969年美洲人權公約第17條、第24條、1981年非洲人權和民族憲章第18條、2009年歐洲聯盟基本權利憲章第33條。

[179] 我國民法第1122條：「稱家者，謂以永久共同生活為目的而同居之親屬團體。」

[180] 保護所有移徙工人及其家庭成員權利國際公約第4條規定：「為本公約之目的，『家庭成員』（members of the family）一詞指移徙工人之已婚配偶或依照適用法律與其保持具有婚姻同等效力關係之人，以及他們之受撫養子女和經適用法律或有關國家間適用之雙邊或多邊協定所確認為家庭成員之其他受養人。」

[181] 司法院釋字第712號理由書指出：家庭制度植基於人格自由，具有繁衍、教育、經濟、文化等多重功能，乃提供個人於社會生活之必要支持，並為社會形成與發展之基礎。

[182] 許志雄（2016），人權論：現代與近代的交會，台北：元照出版有限公司，頁92-93。
李震山（2011），人性尊嚴與人權保障，台北：元照出版有限公司，頁401-446。

[183] 驅逐出國處分涉及婚姻家庭基本權之議題，讀者可進一步參考以下非常重要之著作：蔡震榮（2009），自外籍配偶家庭基本權之保障論驅逐出國處分—評台北高等行政院95年度訴字第2581號判決，法令月刊，60卷8期，頁21-37。

庭制度植基於人格自由，具有繁衍、教育、財產、經濟等多重功能[184]，乃提供個人於社會生活之必要支持，並爲社會形成與發展之基礎，係一重要之基本權（a fundamental right）[185]。

　　然我國憲法之本文及增修條文之中，並沒有明文規定對家庭權、婚姻權之保障機制，此爲相當可惜之處。歷年來只能依賴大法官作成解釋文，此散見於：司法院大法官釋字第362號（民法第988條第2款關於重婚無效）、釋字第554號（刑法第239條對通姦、相姦者處以罪刑並無違憲）、釋字第696號（所得稅法規定夫妻非薪資所得合併計算申報稅額違憲）、釋字第712號（收養大陸地區人民限制案）、釋字第748號（同性二人婚姻自由案）等。雖然，上述之司法院大法官會議釋字文，均提及憲法保障家庭權、婚姻權，但如何保障？至於何種之程度？則無法更加詳盡之論述。反觀2009年歐洲聯盟基本權利憲章第33條第1項規定：「家庭應享有法律上、經濟上與社會上之保護。（The family shall enjoy legal, economic and social protection.）」本文作者認爲，對家庭權、婚姻權之保障，仍宜仿效歐洲聯盟基本權利憲章之立憲例，由憲法中之本文、增修條文明定之爲佳。有關國際法及各國憲法對於國民及外來人口家庭婚姻權利之保障法制，詳如表14-13所示。

---

[184] 黃翠紋（2015），婦幼安全政策分析，台北：五南圖書出版公司，頁78-79。

[185] 憲法第22條之概括人權，包括：婚姻權。請參見司法院釋字第712號解釋理由書。

表14-13　國際法及外國憲法對於國民及外來人口家庭婚姻權利之保障法制一覽表

1947年 日本憲法 （The Constitution of Japan）	第24條 1.婚姻應基於男女雙方合意而成立，夫婦基本上有相等之權利，以相互協力而維持之。 2.選擇配偶、財產權、繼承、選定住居、離婚、及婚姻與家族之其他有關事項，應基於個人尊嚴及兩性之本質上平等之原則，而以法律規定之[184]。
1949年 德意志聯邦共和國基本法 （Grundgesetz für die Bundesrepublik Deutschland）	第6條 1.婚姻與家庭應受國家之特別保護。 2.撫養與教育子女為父母之自然權利，亦為其至高義務，其行使應受國家監督。 3.於養育權利人不能盡其養育義務，或因其他原因子女有被棄養之虞時，始得基於法律違反養育權利人之意志，使子女與家庭分離。 4.凡母親均有請求受國家保護及照顧之權利。 5.非婚生子女之身體與精神發展及社會地位，應由立法給予與婚生子女同等之條件[185]。

---

[186] Article24

Marriage shall be based only on the mutual consent of both sexes and it shall be maintained through mutual cooperation with the equal rights of husband and wife as a basis.

With regard to choice of spouse, property rights, inheritance, choice of domicile, divorce and other matters pertaining to marriage and the family, laws shall be enacted from the standpoint of individual dignity and the essential equality of the sexes.

[187] Article 6

(1)Marriage and the family shall enjoy the special protection of the state.

(2)The care and upbringing of children is the natural right of parents and a duty primarily incumbent upon them. The state shall watch over them in the performance of this duty.

(3)Children may be separated from their families against the will of their parents or guardians only pursuant to a law, and only if the parents or guardians fail in their duties or the children are otherwise in danger of serious neglect.

(4)Every mother shall be entitled to the protection and care of the community.

(5)Children born outside of marriage shall be provided by legislation with the same opportunities for physical and mental development and for their position in society as are enjoyed by those born within marriage.

表14-13　國際法及外國憲法對於國民及外來人口家庭婚姻權利之保障法制一
覽表（續）

1953年 歐洲人權公約 （European Convention on Human Rights）	第8條 1.人人有權享有使自己之私人和家庭生活、家庭和通信得到尊重之權利。 2.公共機構不得干預上述權利之行使，但是，依照法律規定之干預以及基於在民主社會中為國家安全、公共安全或者國家之經濟福利之利益考慮，為防止混亂或者犯罪，為保護健康或者道德，為保護他人之權利與自由而有必要進行干預的，不受此限。
2006年 塞爾維亞共和國憲法 （The Constitution of the Republic of Serbia）	第66條　家庭、母親、單親父母和兒童之特別保護 1.在塞爾維亞共和國之家庭、母親、單親父母和任何兒童應依法享受塞爾維亞共和國之特別保護。
2009年 歐洲聯盟基本權利憲章（Charter of Fundamental Rights of the European Union）	第33條　家庭與職業生活 1.家庭應享有法律上、經濟上與社會上之保護。 2.為使其家庭與職業生活協調，人人均有受免於因與妊娠有關之理由而受解僱之權利，以及支薪產假與因子女出生或領養而休育嬰假之權利。

資料來源：永久和平夥伴協會網站（2021）。世界憲法大全，https://www.lawlove.org/tw/，並經由作者自行整理。

第十節　小結

　　國際人權法係國際法中之重要研究領域，其根本之核心，特別重視現代法治國家之保障人權義務，國際人權法另亦強調國家應極力避免或防止對個人權利之侵害，並消弭歧視及落實平等[188]。以兩公約為例，國際人

---

[188] 鄧衍森（2016），國際人權法理論與實務，台北：元照出版有限公司，頁1-88。

權保障之內容，從較傳統之生命、自由與財產三大權利，逐步地擴展到家庭婚姻權、社會權、平等權及各種經濟社會文化權利之人權體系[189]。

　　2015年起歐盟面臨難民潮的移民危機，難民在赴歐「首先抵達國」原則（"first country of entry" principle）申請庇護之規定，改由歐盟統籌協調，依難民按比例公平分配到歐盟成員國[190]，但幾乎沒有家庭被國家機器拆散。美國移民學者和政治家們，認識到家庭團聚之重要性，認為其在多元化美國之種族和民族構成，及建構美國移民制度現代化以及團結家庭方面，發揮重大、關鍵之作用[191]。凡孩童如涉及「驅逐出國或強制出境處分」，應考量「孩童之最佳利益化」（the best interests of the child）之法律規範、原則[192]。美國聯邦法院之第九巡迴法院一再發現（has repeatedly found），在父母與兒童分離所造成之傷害之案例中，此種之分離，會造成兒童不可挽回之傷害（constitutes irreparable harm）。以防長期骨肉分離對孩童之身心健康，造成無法彌補、修復之身心傷害（irreparable harm）[193]，甚至形成創傷後壓力症候群（Post-Traumatic Stress Disorder, PTSD）[194]。

　　依司法院大法官會議釋字第768號解釋文中之大法官許志雄部分不同

---

[189] 廖福特主編（2014），聯合國人權兩公約—公民與政治權利國際公約、經濟社會文化權利國際公約，財團法人台灣新世紀文教基金會。廖福特教授係為中研院之研究員，專長在於國際人權法制。

[190] Radjenovic, A. & Ivanov, D., (2019), Reform of the Dublin system.

[191] Lee, C., (2015), Family reunification and the limits of immigration reform: Impact and legacy of the 1965 Immigration Act, In Sociological Forum, 30, pp. 528-548.

[192] Freeman, M. D. & Alen, A., (2007), Article 3: the best interests of the child (Vol. 1), Leiden: Martinus Nijhoff.

[193] See the Leiva-Perez v.Holder, 640 F.3d 962, 969-70 (9th Cir.2011); Washington v. Trump, 847 F.3d 1151, 1169 (9th Cir. 2017) (identifying separated families as an irreparable harm).

[194] Menjívar, C. & Perreira, K. M., (2019), Undocumented and unaccompanied: Children of migration in the European Union and the United States, Journal of Ethnic and Migration Studies, 45(2), pp. 197-217.

意見書之見解，指出居住於主權國家領域內之外國人，其權利問題，憲法不能漠不關心，擴大保障外國人之主張已成爲趨勢及人權指標，探討外來人口那些權利尚待入憲化，朝外國人在一定條件下亦受保障之方向發展，係爲國際上之新趨勢。憲法是國家之根本大法，亦是人民權利保障書，國家有責任保護及落實保障個人自由權利（含外來人口），如此臺灣才能眞正成爲一個民主法治之國家[195]。

尤其我國公布「公民與政治權利國際公約及經濟社會文化權利國際公約施行法」後，各級政府機關應保護及促進兩公約所保障各項人權（含外來人口）之實現。另在歷年來司法院大法官會議解釋努力之下，計有：司法院大法官會議釋字第392號、第582號、第636號、第665號、第670號、第682號、第684號、第689號、第690號、第694號、第696號、第697號、第699號、第701號、第708號、第709號、第710號、第711號、第712號、第715號、第718號、第737號、第739號、第756號、第775號、第789號、第790號、第791號、第799號及第802號等[196]，均肯認、充實各項基本人權，尤其我國公布「兩公約施行法」後，各級政府機關應保護及促進兩公約所保障各項人權之實現[197]，尤其大法官釋字第708號與第710號解釋首次加入外國人及大陸地區人民之人身自由保障，任何人不分國籍均應受保

---

[195] 李惠宗（2015），憲法要義，台北：元照出版有限公司，頁1-134。

[196] 可見早從84年釋字第392號起，大法官直到98年10月16日釋字第665號始頻繁引用兩公約，以落實兩公約保障人權之精神並與國際人權接軌，請參閱：司法院（2021），整理歷年大法官解釋，https://www.judicial.gov.tw/，搜尋日期：2021/04/15。

[197] 依兩公約施行法第2條、第8條規定，如顯見與國內法不符，兩公約非當然可直接適用（最高法院99年度台抗字第533號刑事裁定、台北高等行政法院100年度訴字第836號判決可供參照）。另舉臺灣士林地方法院105年度重訴字第9號刑事判決爲例說明之，本案臺灣高等法院106年度上重訴字第14號刑事判決之二審承案法官，並未採用兩公約禁止對精障者判處死刑規定，而是依醫院精神鑑定，認定王○○罹患思覺失調症，導致王嫌行兇時辨識能力降低，改用我國刑法第19條第2項爲由減輕其刑，不過，臺灣高等法院仍維持一審判決，判決王嫌無期徒刑，褫奪公權終身。

障，並賦予即時司法救濟，另釋字第712號更提及跨境家庭團聚權[198]，顯示我國之人權保障範圍不斷進步及擴展。然而，在外來人口之人權保障部分，仍屬相當不完整之區塊。

　　立法院於2009年3月31日三讀通過公民與政治權利國際公約、經濟社會文化權利國際公約[199]及公民與政治權利國際公約及經濟社會文化權利國際公約施行法，於同年4月22日公布施行法並於12月10日施行，成為我國落實人權保障之重要轉捩點，從此在我國具有國內法之效力並與國際接軌[200]。以兩公約為例，國際人權保障之內容，從生命、自由與財產三大權利，擴展為包括公民之自由權、社會權、平等權及各種集體權利之龐大人權體系，探討外來人口那些權利尚待入憲化。然而，在外來人口之人權保障部分，仍屬相當不完整之區塊，故本文建議如下：

　　一、人權之核心理念與價值在於「人性尊嚴」，人性尊嚴之保障為憲法之最基本精神與基礎，所以應不分本國人及外來人口，世界人權宣言第1條開宗明義規定：「人人皆生而自由；在尊嚴及權利均一律平等。」另舉外國憲法為例：如1947年日本憲法第24條、1949年德意志聯邦共和國基本法第1條、1982年中華人民共和國憲法第38條、1988年南韓憲法第10條、2006年塞爾維亞共和國憲法第23條、2009年南非共和國憲法第10條、2009年俄羅斯聯邦憲法第21條、2009年歐洲聯盟基本權利憲章第1條、2011年芬蘭共和國憲法第1條及2012年瑞士聯邦憲法第7條等[201]，以

---

[198] 李建良（2014），兩岸關係下的人性尊嚴、收養自由與制度保障—釋字第712號解釋，臺灣法學雜誌，250期，頁29-52。

[199] 1966年公民與政治權利國際公約及經濟社會文化權利國際公約與1948年聯合國之世界人權宣言合稱「國際人權憲章」，係國際人權保障體系中最重要之人權基準及規範。許慶雄（2015），人權之基本原理，台北：獨立作家出版社，頁5-8。

[200] 於同年6月8日將兩公約批准書送交聯合國秘書處存放，但於6月15日遭退回，黃昭元（2015），公民與政治權利國際公約與憲法解釋，司法院大法官104年度學術研討會—人權公約與我國憲法解釋。

[201] 韓大元（2013），外國憲法，北京：中國人民大學出版社，頁1-300；Barak, A., (2015), Human Dignity: The Constitutional Value and the Constitutional Right, Cambridge University Press, pp. 183-307.

上外國憲法均有明文對於人性尊嚴加以保障之規範。我國憲法本文中並未直接使用此一概念，但我國憲法增修條文第10條第6項規定：「國家應維護婦女之人格尊嚴，保障婦女之人身安全，消除性別歧視，促進兩性地位之實際平等。」按條文觀之雖有提及「婦女之人格尊嚴」，不過似乎侷限在於促進兩性地位之實際平等，本文擬建議我國憲法應站在更寬廣之角度，並呼應司法院釋字第603號肯認「人性尊嚴」係為自由民主憲政秩序之核心價值，在憲法本文第二章人民之權利義務之條文之中，將「人性尊嚴」予以入憲明文保障為佳。

　　二、查入出國及移民法、臺灣地區與大陸地區人民關係條例及香港澳門關係條例及其相關行政命令條文之中，有關於暫予收容對象如係為未滿12歲之兒童，移民署得不暫予收容之相關規定。本文建議入出國及移民法、臺灣地區與大陸地區人民關係條例及香港澳門關係條例條文宜修改為：應考量「孩童之最佳利益化」之法律規範、原則[202]，上述之法制，有關於暫予收容對象如係為未滿12歲之兒童，本文強烈建議宜改為：移民署「應不予收容」。

　　三、倘若入出國及移民法、臺灣地區與大陸地區人民關係條例及香港澳門關係條例如維持未滿12歲之兒童，移民署得不暫予收容規定。建議參考美國1997年「弗洛雷斯法案」之原則，在條文中增加「收容兒童之日數，至多以15天為限」之保護兒童條款，以防長期骨肉分離對孩童之身心健康，造成無法彌補、修復之身心傷害（irreparable harm），甚至形成創傷後壓力症候群。司法院釋字第708號解釋理由書指出：「應規範收容場所設施及管理方法之合理性，以維護人性尊嚴，兼顧保障外國人之權利。」並依司法院釋字第708號解釋理由書之精神，加以改進之。另查入出國及移民法第38條之1規定外國人如係為未滿12歲之兒童，移民署得不暫予收容，臺灣地區與大陸地區人民關係條例及香港澳門關係條例條文中卻無類似之條文，本文建議臺灣地區與大陸地區人民關係條例及香港澳門

---

[202] Freeman, M. D. & Alen, A., (2007), Article 3: the best interests of the child (Vol. 1), Leiden: Martinus Nijhoff.

關係條例宜比照入出國及移民法之規定，增訂未滿12歲之兒童，得不暫予收容之規定。另本文建議在入出國及移民法、臺灣地區與大陸地區人民關係條例及香港澳門關係條例條文之中，宜參考美國1997年之「弗洛雷斯協議」之原則，在條文中增加「收容兒童之日數，限定以不超過20天為限」之保護兒童條款，以防長期骨肉分離對孩童之身心健康，造成無法彌補、修復之身心傷害[203]，甚至形成創傷後壓力症候群[204]。

　　四、舉德國「哈次法IV」（Hartz IV「勞動市場之現代勞務改革第四法案」）為例，為滿足民眾生活之基本社會保障，精算失業者補助之金額內容，並能符合人性尊嚴之最低生存條件。境外聘僱外國籍漁工應比照境內聘僱外國籍漁工，一律適用我國勞動基準法，規定每月薪資不得低於勞動基準法所訂基本工資23,100元，俾利符合保護所有移徙工人及其家庭成員權利國際公約第25條：移徙工人在工作報酬和以下其他方面，應享有不低於適用於就業國國民的待遇之要求。

　　五、我國宜將國際勞工組織漁撈工作公約、聯合國打擊跨國有組織犯罪公約、聯合國打擊跨國有組織犯罪公約關於預防、禁止和懲治販運人口特別是婦女和兒童行為之補充議定書、保護所有移徙工人及其家庭成員權利國際公約儘速地內國法化，令其具有法律上之效力，以確保外來人口及移工之人權。

　　六、境外僱用外籍漁工在臺無勞、健保險，境外僱用外籍漁工未受到政府機關重視及相關法令保護，明顯違反國際勞工組織漁業工作第188號公約第38條之要求，應為漁民因工患病、受傷或死亡提供保護之國際法規

---

[203] 美國聯邦法院之第九巡迴法院一再發現，在父母與兒童分離所造成之傷害之案例中，此種之分離，會造成兒童不可挽回之傷害。See the Leiva-Perez v. Holder, 640 F.3d 962, 969-70 (9th Cir.2011); Washington v. Trump, 847 F.3d 1151, 1169 (9th Cir. 2017) (identifying separated families as an irreparable harm).

[204] Menjívar, C. & Perreira, K. M., (2019), Undocumented and unaccompanied: Children of migration in the european union and the united states, Journal of Ethnic and Migration Studies, 45(2), pp. 197-217.

定。加上工作環境在遠洋，導致發生境外漁工被虐待、剝削之情事，一再地拉近我國政府、民間與罪惡的距離越來越近，我國境外僱用外籍漁工之人權、人性尊嚴，一再被踐踏、被剝削、被漠視、被侵犯。政府與民間，形成一種共犯結構，集體違犯人口販運防制法，政府之角色，係為共謀共同正犯，形成另一類之新興政府犯罪。故應廢除境外聘僱制度、使境外僱用外籍漁工一律回歸勞動部管理，並一體適用勞基法及就業服務法，享有平等待遇及落實不歧視之基本原則。再者，漁業署、農委會、勞動部宜加強與國外相關政府機關、團體之合作，共同保障境外僱用外籍漁工之基本人權及人性尊嚴。

七、鑑於福賜群號之印尼籍死亡船員Supriyanto案爭議，參考歐洲人權法院2008年Saadi v. Italy.案，其中列出五項受到刑事控告時，在法庭應有的正當程序及最低訴訟保障，在法庭上享有國民平等之地位公平、公開之審理、辯護人申請、法律援助、通譯及無罪推定原則保障，建議我國宜比照適用之，並將憲法訴訟權之保障機制，徹底地適用於境外僱用外籍漁工之上。再者，漁業署應積極行政調查Supriyanto遠洋外籍漁工被毆致死案，充分追究Supriyanto遠洋外籍漁工被毆致死案之相關犯罪人的行政、民事責任，並將Supriyanto遠洋外籍漁工被毆致死案之調查結果移送地檢署偵辦之。

八、移民收容係於一定期間內拘束外來人口身體自由於一定之處所，亦屬憲法第8條第1項所規定之「拘禁」，亦屬於是對人民身體自由之干預，同屬限制人民之身體自由，本文作者認為，其於決定移民收容之前，仍應踐行必要之司法程序，此即由中立、公正第三者之法院審問，即自應由「有審判權者」之法院，依法定程序為之，移民行政機關（移民署）應無權限自行決定收容外來人口。移民署並不是中立、公正第三者之法院。移民署之本質，並非「有審判權者」之法院，移民官並非法官。倘若由移民署裁決，亦與憲法第8條第1項之本旨不符，嚴重地侵犯外來人口之身體自由權與人性尊嚴。移民法制中之暫予收容機制，應學習德國設計所謂「法官保留」制度，本文應用2018年世界盃足球賽時事，賦予法官人權保障「守門員」角色，因為較行政機關更值得信賴才不會產生所謂

「烏龍球」，並有「球員兼裁判」疑慮。依據1949年德意志聯邦共和國基本法（Grundgesetz für die Bundesrepublik Deutschland）第104條第2項之規定，「唯有法官（Only a judge），始得判決可否對於個人加以剝奪其人身自由，及剝奪人身自由之持續時間」[205]可見，我國對於外來人口之移民「暫予收容」法制，容有精進之空間，我國宜採取絕對法官保留為妥，始能有效地保障外來人口之人身自由權利。作者認為，我國如擬對於外來人口加以剝奪其人身自由，及決定剝奪外來人口人身自由之持續時間，唯有法官，始得判決可否，移民官應無此種之權限。在警察職權行使法之區塊，國內之警察官，亦無任何之權限，可對於任何人加以剝奪其人身自由，及決定剝奪任何人之人身自由之持續時間。而警察職權行使法第7條第2項之查證身分之職權，亦須警察官依前項第2款、第3款之方法，顯然無法查證身分時，警察得將該人民帶往勤務處所查證；且其時間自攔停起，不得逾3小時，並應即向該管警察勤務指揮中心報告及通知其指定之親友或律師。警察職權行使法第7條第2項之查證身分之職權，警政署之警察官僅擁有3小時。何獨移民署之移民官，可對於外來人口加以剝奪其人身自由，並長達15日？15日係3小時之120倍之久（15日×24小時／3小時＝120倍），此不符合平等原則。基上所述，我國之移民「暫予收容」法制，宜採取絕對法官保留為佳。有關於涉及對外來人口之移民收容，亦屬於是對人民身體自由之干預，同屬限制外來人口之身體自由，本文作者認為，即屬法院審理之範圍，自應由「有審判權者」之法院，依法定程序為之，移民署應無權限自行決定收容外來人口。主要之理由，在於移民署之本質，並非「有審判權者」之法院，移民官並非法官。倘若由移民署裁決，亦與憲法第8條第1項之本旨不符，嚴重地侵犯外來人口之身體自由權。

九、宥於我國法官人數不足[206]，針對外來人口收容、驅逐出國及強

---

[205] 永久和平夥伴協會（2021），世界憲法大全，https://www.lawlove.org/tw/。

[206] 我國於2015年，法官人數係為2,098人；2016年法官人數2,099人；2017年法官人數2,113人，司法院（2021），司法統計，https://www.judicial.gov.tw/juds/，搜尋日期：2021/03/30。

制出境案件，我國可學習美國設立客觀第三機關「移民審查行政辦公室」（Executive Officer for Immigration Review）之做法，本文建議可考量在司法院之管轄下，另成立類似智慧財產法院[207]之專責移民法院，並設計所謂移民法官，除增加法官名額之外，另外，於司法特考三等類科項下，增加「移民行政事務官」，如此可減輕普通法院之法官人力，並專責以加速審查移民收容之天數。

十、查入出國及移民法規定總收容日數最長不得逾100日；次查香港澳門關係條例規定總收容日數最長亦是不得逾100日，然臺灣地區與大陸地區人民關係條例規定總收容日數最長不得逾150日。本文援引司法院釋字第712號解釋收養大陸地區人民限制案，系爭有關臺灣地區與大陸地區人民關係條例第65條第1款規定，有關已有子女或養子女之臺灣地區人民欲收養其配偶之大陸地區子女，法院應不予認可之規定違憲之精神[208]。同理觀之，為何關於收容天數上限，立法者「獨厚」大陸地區人民，形成明顯差別待遇[209]，此與司法院釋字第708號、第710號、第712號之解釋意旨，大法官為因應兩公約，開始重視並積極保障外國人及大陸地區人民平等之人權立場相左，本文建議修正臺灣地區與大陸地區人民關係

---

[207] 依智慧財產法院組織法第2條規定：「智慧財產法院依法掌理關於智慧財產之民事訴訟、刑事訴訟及行政訴訟之審判事務。」

[208] 大法官釋字第712號解釋文：「臺灣地區與大陸地區人民關係條例第65條第1款規定：「臺灣地區人民收養大陸地區人民為養子女，……有下列情形之一者，法院亦應不予認可：一、已有子女或養子女者。」其中有關臺灣地區人民收養其配偶之大陸地區子女，法院亦應不予認可部分，與憲法第22條保障收養自由之意旨及第23條比例原則不符，應自本解釋公布之日起失其效力。」

[209] 大法官雖理解收養陸配子女之關鍵脈絡，但仍未面對「特別歧視大陸人民身分」此平等權之核心問題。原籍歧視即種族歧視，它使得被貶抑之人民群體有被貶為次等公民之不良感受，臺灣地區與大陸地區人民關係條例第65條第1款蘊含敵意，使得大陸配偶與其家人受到「比全世界其他國家人更差」之待遇。廖元豪（2015），我是人，我值得被收養—釋字第712號解釋忽略的「平等權」分析角度，月旦法學雜誌，239期，頁244-261。

條例有總收容之日數，最長不得逾100日爲宜，以免有直接歧視（direct discrimination）之嫌[210]。

　　十一、鑑於中華人民共和國憲法第32條第3款規定：「中華人民共和國對於因爲政治原因要求避難之外國人，可以給予受庇護之權利。」尤其近年歐盟面臨了空前移民危機難民潮[211]，我國憲法宜賦予外來人口享有「政治庇護權」（right of asylum），以提供尋求政治庇護者人道待遇之救助，以落實尋求庇護者之「不遣返原則」。再者，又復鑑於兩名持中國護照男子於2018年9月過境我國，申請政治庇護，滯留桃園機場管制區四個多月[212]，依聯合國難民署2017年發布之「全球趨勢」（Global Trends）報告，庇護（asylum）申請新增200萬件，美國33萬1,700件個人申請居冠，其次爲德國19萬8,300件、義大利12萬6,500件及土耳其12萬6,100件（UN High Commissioner for Refugees, 2018），參考1951年關於難民地位之公約第33條第1款不遣返條款（Non-refoulement; Prohibition of expulsion or return）、1969年美洲人權公約第22條第8款、1984年禁止酷刑和其他殘忍，不人道或有辱人格之待遇或處罰公約第3條及2000年歐洲基本權利憲章第19條第2款之相關規定，我國憲法實宜賦予外來人口享有「政治庇護權」，以提供尋求政治庇護者人道待遇之救助，並落實尋求庇護者之「不遣返原則」。

---

[210] 湯德宗大法官釋字第760號解釋部分協同意見書：「『直接歧視』指法規（或國家其他公權力之行使）明白以某種人別特徵（personal traits），例如性別、種族、宗教、階級、黨派、年齡、性傾向、殘障、國籍、語言等、意見等，作爲分類基礎，所實施之不合理之差別待遇。」頁4-5。

[211] 根據「世界移民報告2018」之資料，德國是歐洲接收難民和尋求庇護者數量最多的國家，德國所接收之難民，主要來自：敘利亞、伊拉克及阿富汗。以上，請參閱：聯合國國際移民組織、全球化智庫（2018），世界移民報告2018，頁66。對於德國之此種作爲，本文表示非常肯定之意，反觀臺灣，則缺乏像德國此種人道關懷之氣度與作爲。臺灣迄今，尚未通過難民法。

[212] 中央通訊社（2019），滯留桃機4個多月，尋求庇護兩陸男深夜入境台灣，https://www.cna.com.tw/news/firstnews/201901310009.aspx，搜尋日期：2021/07/17。

　　十二、民國88年訂定之行政程序法第3條第3項規定：「下列事項，不適用本法之程序規定：……四、犯罪矯正機關或其他收容處所為達成收容目的所為之行為……。」查最高行政法院100年對暫予收容處分及延長收容處分，亦採未適用行政程序法之見解[213]。然經過102年司法院釋字第708號及第710號解釋帶動提審法等一連串修法，賦予外國人及大陸地區人民有聲請提審救濟之權利，可見行政程序法第3條第3項規定，「移民收容」排除適用行政程序法之聽證程序規定，顯然不合時宜，又司法院釋字第709號首次以憲法正當法律程序要求完整聽證程序之機制[214]，105年司法院釋字第739號再次肯認之[215]，故本文建議移民署裁處15日之暫予收容之程序，宜採用德國聯邦行政程序法第28條[216]、美國聯邦行政程序法（Administrative Procedure Act, APA）第553條至第557條、或我國行政程序法之聽證程序之機制[217]，以保障外來人口當事人之正當行政程序權利（內含聽證程序）。

---

[213] 「按是否准許外國人出入境，事涉國家主權之行使，為國家統治權之表徵，故主管機關是否准許外國人出入境，自較一般之行政行為享有更高之裁量自由，暫予收容處分及延長收容處分，係管制外國人出入境之國家主權行使行為，此與司法院釋字第588號解釋係針對行政執行法關於『管收』之規定所作解釋，二者處分之依據及限制人身自由之情況並不相同，其相關行政程序亦無行政程序法之適用，此觀行政程序法第3條第3項第2款規定自明。」以上，請參照最高行政法院100年度判字第1958號裁定意旨，此種保守之觀點，本文表示，恐有討論之空間。

[214] 我國行政程序法第十節聽證程序規定在第54條至第66條。

[215] 羅傳賢（2017），行政程序法論：兼論聽證與公聽會制度，台北：五南圖書出版公司，頁57-67。

[216] 楊坤樵（2014），我們都是外國人—以德國「收容外國人」法院程序為鏡，司法改革雜誌，100期，頁38-48。

[217] 美國聽證制度之設計，係源自於美國聯邦憲法增修條文第5條及第14條：「非經正當法律程序不得剝奪任何人之生命、自由及財產。」以上，請進一步參閱：法務部法律事務司（2012），考察美國「聽證」及「政府資訊公開」之實施情形報告，頁7-18。林明鏘（2016），都市更新之正當法律程序—兼論司法院大法官釋字第709號解釋，法令月刊，67卷1期，頁1-27。陳姿穎（2017），適時且正當的聽證程序—以重大建設開發流程為中心，臺灣大學法律學研究所碩士論文。

十三、家庭婚姻權宜明文入憲爲佳，透過憲法明文規定，可確切地保護家庭婚姻權之射程、範圍、機制與程度。爲呼應司法院釋字第712號解釋文之理由書：「婚姻與家庭爲社會形成與發展之基礎，受憲法制度性保障。[218]」就婚姻家庭權而論，我國憲法之本文及憲法增修條文，並沒有直接、明文規定，對外來人口婚姻權、家庭權之保障，僅散見於司法院大法官會議之若干解釋文中，此種落後立憲機制，我國外來人口之人權，如何大步走？本文建議我國似可仿照外國先進國家之立憲例，婚姻家庭權宜明文入憲爲佳。

十四、茲爲符合公民與政治權利國際公約第17條、第23條及第24條及經濟社會文化權利國際公約第10條對家庭保護，應不分本國人與外來人口之保障機制，亦即國家有義務保障跨境之家庭團聚權[219]。本文建議在入出國及移民法、臺灣地區與大陸地區人民關係條例及香港澳門關係條例條文中，增訂一條法律條文之規範，凡孩童如涉及「驅逐出國或強制出境處分」，應考量「孩童之最佳利益化」之法律規範、原則[220]，以符合

---

[218] 司法院釋字第712號解釋理由書：「婚姻與家庭爲社會形成與發展之基礎，受憲法制度性保障（司法院釋字第362號、第552號、第554號及第696號解釋參照）。家庭制度植基於人格自由，具有繁衍、教育、經濟、文化等多重功能，乃提供個人於社會生活之必要支持，並爲社會形成與發展之基礎。」進一步之闡釋，請讀者參照許宗力院長之重要著作，許宗力（2014），2013年憲法發展回顧，臺大法學論叢，43卷特刊，頁1031-1074。

[219] 兒童權利公約第10條第1項規定：「一、兒童或其父母爲團聚而請求進入或離開締約國時，締約國應依照第9條第1項之義務以積極、人道與迅速之方式處理之。」締約國在作出關於家庭團聚之決定而對兒童最大利益進行評估時，應考慮到維護家庭單位。整理自關於原籍國、過境國、目的地國和返回國在具國際移民背景兒童之人權方面之國家義務之保護所有移民工人及其家庭成員權利委員會第4號和兒童權利委員會第23號聯合一般性意見（2017年）第32點。

[220] Freeman, M. D. & Alen, A., (2007), Article 3: the best interests of the child (Vol. 1), Leiden: Martinus Nijhoff.

我國於2014年通過兒童權利公約施行法之精神[221]，並可規範法院及移民署，如所欲驅逐出國或強制出境之對象，如係為孩童之父親、母親或雙親之時，審查、裁處驅逐出國或強制出境之行政處分時，應將家庭團聚權列為審查、裁處之重點。

十五、我國人口販運防制法第2條有關人口販運之定義方面，宜新增「奴役」（slavery）、「類似奴役」（practices similar to slavery）、「奴隸狀態」（懲役）（servitude）之類別。復次，我國人口販運防制法第31條、第32條、第33條將人口販運罪從行為犯轉變成為結果犯，有可能扭曲議定書中有關人口販運罪之真實定義，人口販運防制法法第31條、第32條、第33條有關人口販運罪之界定，宜將結果犯轉變與還原為「行為犯」為佳，以符合議定書之要求。復次，我國人口販運防制法有關人口販運罪之定義（第2條）及罰則（第32條、第33條）方面，有關「顯」不相當之「顯」字，宜加以刪除之。

十六、目前與我國簽訂有司法互助協定者除大陸地區外，尚有美國（刑事）、菲律賓（刑事）、南非（刑事）、越南（民事）、厄瓜多（刑事）、波蘭（刑事）、諾魯（刑事）及貝里斯（刑事）等八國[222]，建議擴及與有實質關係國家簽訂雙邊司法互助協定，俾利已經返回原籍國之移工在其曾經工作之國家（如我國），可訴諸司法，請求賠償。

十七、有關境外僱用外籍漁工之人權保障問題，近年來，隨著保障地球海洋之有限動、植物資源及動物權之呼聲日益受到重視，我國漁業署之任務、角色、功能，宜再度確認及重新定位之，本文建議漁業署宜改為「海洋漁業資源保育與永續發展署」。

---

[221] 兒童權利公約與家庭權相關之規定，散見於兒童權利公約第3條、第9條、第10條、第11條、第16條、第18條、第19條及第20條，另我國於2014年5月20日通過兒童權利公約施行法，相關內容，可進一步參閱中研院廖福特教授以下之重要著作：廖福特（2018），國家・憲法・人權，台北：秀威資訊出版社，頁19-64。

[222] 法務部（2021），我國與各國／地區簽署司法互助條約／協定／協議情況，https://www.moj.gov.tw/2204/2205/2263/109335/109336/109341/109716/post，搜尋日期：2021/07/17。

　　十八、漁業署宜全盤掌握、建置臺灣漁業僱用全部外籍漁工之數量、來源國、姓名、於何船上工作、勞動契約等相關資料，以強化管控境外僱用外籍漁工之力道。

　　十九、境外外籍漁工之勞動、服務契約，應陳報漁業署，應審查通過之後，始可正式聘僱。

　　二十、有關境外僱用外籍漁工之人權保障之法制問題，遠洋漁業條例對於若干違法之類型，宜加重處罰額度。遠洋漁業條例對於違法之行為樣態，宜再精緻化、細膩化，對於違法之行為樣態之規範，宜避免抽象模糊不清。

　　二十一、遠洋漁業條例宜增訂農委會官員之相關執法權限，如：勘驗、鑑定、強制檢查、強制進入檢查權、提供船員名冊、勞務契約等相關簿冊權，對於違規事項得重覆處罰等。再者，遠洋漁業條例應新增通知關係人到場陳述意見之相關規定。

　　二十二、漁業署宜與國內外相關機關、團體合作，建立遠洋漁業觀察員夥伴關係，可考慮與英國環境正義基金會（EJF）、國際非營利組織等進行合作，以強化遠洋漁業之管理力道。

　　二十三、漁業署之執法能量，宜大幅提升。犯罪學之日常活動理論主張，當缺乏強有力之監控系統，犯罪、違法便產生。故宜妥適地運用犯罪學之日常活動理論，建置強有力之監控系統，強制遠洋漁業漁船架設電子監控系統，令其即時傳輸海上作業畫面（不含船主、船員生活隱私）至漁業署之監控中心，進行24小時監控，避免境外僱用外籍漁工之人權受到剝削。

　　二十四、建立一船一遠洋漁業觀察員機制，遠洋漁業觀察員之薪資、生活費用，由遠洋漁業業者（船公司、船主）自行負擔。

　　二十五、在漁業署官方網站，公開地公布違反遠洋漁業條例等相關法律之受處罰者之業者姓名、公司等個資，似有違反個人資料保護法及雙重處罰（除非有法律授權）之嫌。行政罰法第2條之公布姓名或名稱，亦屬於裁罰性之不利處分，如須公布，亦宜有法律授權為佳，始符合法律保留之法理。再者，境外僱用非我國籍船員許可及管理辦法第5條（簽訂勞務契約）之規定，宜提升為法律位階，且設計處罰之罰則。

二十六、境外僱用非我國籍船員許可及管理辦法第5條（簽訂勞務契約、服務契約）之規定，除了應提升爲法律位階之外，有關續約部分，亦宜明文規範須有書面勞務契約、服務契約，且設計處罰之罰則。

二十七、爲了了解境外僱用外籍船員是否受到剝削，而對於境外僱用外籍船員進行訪談之問卷中，遭受不當對待之情形，除了遭受不當對待之種類之外，亦宜調查遭受不當對待之次數、頻率，以了解其遭受不當對待之嚴重性。

二十八、漁業署宜針對漁業關係人進行防治人口販運之人權教育，以防止漁業關係人對漁工使用暴力行爲，進一步，利用行政指導手段，規勸漁業關係人對漁獲量逐步減量、減產。復次，我國政府及民間宜提倡少吃魚，多蔬食，以保障地球海洋之有限動、植物資源及動物權，爲地球的永續經營盡一份心力。

二十九、漁業署宜強化防治境外被僱用非我國籍船工被剝削之教育宣導。

參考書目

一、中文文獻

Klaus Schlaich & Stefan Korioth著，吳信華譯（2017），聯邦憲法法院：地位、程序、裁判，台北：元照出版公司，頁23-43。

王守華、黃亭雅（2016），臺灣外籍漁工逾期停留問題研究，移民署研究報告，頁1-54。

王澤鑑（2007），人格權保護的課題與展望（三）——人格權的具體化及保護範圍（6）—隱私權（中），臺灣法學雜誌，97期，頁35-36。

王澤鑑（2012），人格權法—法釋義學、比較法、案例研究，作者自版，頁75。

司法院（2014），司法院公報，第56卷第11期。

司法院（2021），行政訴訟收容聲請事件新制問答集，頁1-20。

立法院司法及法制委員會（2017），「限制出境法制化」公聽會報告，頁69-98。

行政院勞工委員會編印（2010），國際勞工公約。

吳中書（2017），「國家發展前瞻規劃」委託研究案，創新產業之人才培育及延攬策略研究，台北：國家發展委員會出版，頁182-187。

吳庚、陳淳文（2017），憲法理論與政府體制，作者自版，頁313-318。

吳學燕（2009），入出國及移民法逐條釋義，台北：文笙書局。

吳學燕（2011），移民政策與法規，台北：文笙書局。

李明峻（2014），公政盟約與外國人的居住遷徙自由，臺灣國際法季刊，11卷3期，頁73-103。

李明輝（2002），儒家傳統與人權，黃俊傑主編，傳統中華文化與現代價值的激盪與調融（一），台北：喜瑪拉雅研究發展基金會，頁229-256。

李建良（2014），外國人收容之法官保留與司法救濟—2014年行政訴訟法修正評介，臺灣法學雜誌，252期，頁1-10。

李建良（2014），兩岸關係下的人性尊嚴、收養自由與制度保障——釋字第712號解釋，臺灣法學雜誌，250期，頁29-52。

李雪莉、林佑恩、蔣宜婷、鄭涵文（2017），血淚漁場：跨國直擊台灣遠洋漁業真相，台北：行人文化實驗室。

李惠宗（2003），憲法工作權保障系譜之再探—以司法院大法官解釋為中心，憲政時代，29卷1期，頁121-158。

李惠宗（2015），憲法要義，台北：元照出版有限公司，頁1-134。

李震山（1999），從憲法觀點論外國人之基本人權，憲政時代，25卷1期，頁105-108。

李震山（2004），多元、寬容與人權保障—以憲法未列舉權之保障為中心，台北：元照出版有限公司，頁1-13。

李震山（2007），多元、寬容與人權保障—以憲法未列舉權之保障為中心，台北：元照出版有限公司，頁157-163。

李震山（2011），人性尊嚴與人權保障，台北：元照出版有限公司，頁401-446。

汪子錫（2012），憲政體制與人權保障，台北：秀威資訊出版社，頁218-220。

林明鏘（2016），都市更新之正當法律程序─兼論司法院大法官釋字第709號解釋，法令月刊，67卷1期，頁1-27。

林泰誠、蔡豐明、田淑君（2011），臺灣地區僱用外籍漁業勞工有關問題與勞工管理政策之探討，航運季刊，20卷4期，頁63-81。

林超駿（2018），即時司法救濟、正當程序與移民人身自由保障，中研院法學期刊，23期，頁1-79。

法思齊（2016），割喉魔之審判─精神障礙與死刑，月旦法學教室，167期，頁56-64。

法務部法律事務司（2012），考察美國「聽證」及「政府資訊公開」之實施情形報告，頁7-18。

施育傑（2008），歐洲人權公約第五條──以歐洲人權法院裁判為借鏡，檢討我國羈押與人身拘束制度，臺灣大學法律學研究所碩士論文。

施慧玲、陳竹上主編（2016），兒童權利公約，台北：臺灣新世紀文教基金會，頁1-28。

柯宜林（2015），漁情漁理的海海人生─外籍漁工對勞保權益的認知、態度與行動，國立中正大學勞工關係學系研究所碩士論文。

柯雨瑞、孟維德、蔡政杰、李佳樺（2018），臺灣邁向世界強國與富國之捷徑：從建構優質之移民政策與法制出發，作者自版，頁5-47。

洪如玉、鄭惠觀（2012），國際人權教材之比較分析研究，教育研究與發展期刊，8卷2期，頁1-30。

徐家敏（2014），從國際人權法檢視我國外籍勞工人權保障之問題，東吳大學法律學系研究所論文。

翁明賢、吳建德、江春琦總主編（2006），國際關係，台北：五南圖書出版公司，頁49-57。

高佩珊主編，陳明傳、許義寶、王寬弘、柯雨瑞、黃翠紋、高佩珊、江世雄、黃文志、蔡政杰、吳冠杰等合著（2019），移民政策與法制，台北：五南圖書出版公司，頁65-152。

高烊輝（1995），基本權之拋棄自由及其界限，輔仁大學法律學研究所碩士論文。

國際法委員會（2012），關於驅逐外國人的條款草案，A/67/10，國際法委員會第64屆會議報告。

國際移民組織（2018），世界移民報告2018。

張佛泉（1993），自由與人權，台北：臺灣商務，頁13。

梁孝源（2016），場上愛台洋將、場下新臺灣人？歸化球員的影響和國族論述，國立政治大學傳播研究所碩士論文。

許文義（2000），資料保護之法基礎，法與義──Heinrich Scholler教授七十大壽祝賀論文集，台北：五南圖書出版公司，頁225-226。

許志雄（2016），人權論：現代與近代的交會，台北：元照出版有限公司，頁335-352。

許宗力（2014），2013年憲法發展回顧，臺大法學論叢，43卷特刊，頁1031-1074。

許宗力（2015），最低生存保障與立法程序審查─簡評德國聯邦憲法法院Hartz IV判決，月旦法學雜誌，238期，頁102-130。

許春金、吳景芳、李湧清、曾正一、許金標、蔡田木（1994），死刑存廢之探討，台北：行政院研究發展考核委員會編印，頁110-135。

許義寶（2014），入出國法制與人權保障，台北：五南圖書出版公司，頁256-269。

許義寶（2017），移民法制與人權保障，桃園：中央警察大學，頁203-275。

許福生（2018），受刑人權利限制與秘密通訊自由之界限，臺灣法學雜誌，345期，頁54-57。

許慶雄（2015），人權之基本原理，台北：獨立作家出版社，頁5-8。

陳明傳（2014），我國移民管理之政策與未來之發展，文官制度季刊，6卷2期，頁35-63。

陳明傳、高佩珊、許義寶、謝文忠、王寬弘、柯雨瑞、孟維德、黃文志、林盈君、王智盛、蔡庭榕等合著（2016），移民理論與移民行政，台北：五南圖書出版公司，頁267-302。

陳姿穎（2017），適時且正當的聽證程序－以重大建設開發流程為中心，臺灣大學法律學研究所碩士論文。

陳隆志，廖福特（2003），國際人權公約國內法化之方法與策略，行政院研究發展考核委員會，頁19-23。

陳鴻瑜、譚道經主編（2014），海外華人之公民地位與人權，台北：獨立作家出版社，頁89-92。

湯梅英（2009），臺灣人權教育發展的文化探究：從特殊性到普世價值的實踐，教育學報，37卷1-2期，頁29-56。

黃千瑜（2017），人身自由之程序保障與外國人收容之司法救濟——以提審法與行政訴訟法為中心，東吳大學法律學系碩士論文。

黃昭元（2015），公民與政治權利國際公約與憲法解釋，司法院大法官104年度學術研討會——人權公約與我國憲法解釋。

黃意植、楊翔莉、葛孟堯、邱錦田、詹德譯等合著（2016），國際指標評比對我國創新創業政策之啟示與反思，財團法人國家實驗研究院科技政策研究與資訊中心，頁66-73。

黃翠紋（2015），婦幼安全政策分析，台北：五南圖書出版公司，頁78-79。

楊君仁主編（2011），新移民的勞動、權利與法制，台北：巨流圖書有限公司，頁5-9。

楊坤樵（2014），我們都是外國人－以德國「收容外國人」法院程序為鏡，司法改革雜誌，100期，頁38-48。

廖元豪（2014），「外人」的人身自由與正當程序自由與正當程序－析論大法官釋字第七○八與七一○號解釋，月旦法學雜誌，228期，頁244-262。

廖元豪（2015），我是人，我值得被收養——釋字第712號解釋忽略的「平等權」分析角度，月旦法學雜誌，239期，頁244-261。

廖福特（2018），國家・憲法・人權，台北：秀威資訊出版社，頁19-64。

廖福特（2010），法院應否及如何適用公民與政治權利國際公約，臺灣法學雜誌，163期，頁45-65。

廖福特（2011），法院應否及如何適用經濟社會文化權利國際公約，臺灣人權學刊，1卷1期，頁3-25。

廖福特（2014），「公民與政治權利國際公約」國內法化之影響：最高法院死刑相關判決之檢視，臺大法學論叢，43卷特刊，頁911-956。

廖福特主編（2014），聯合國人權兩公約－公民與政治權利國際公約、經濟社會文化權利國際公約，台北：財團法人台灣新世紀文教基金會。

臺灣桃園地方法院新聞稿，2014年7月14日。

劉士豪（2014），保護所有移徙工人及其家庭成員權利國際公約國內法化研究，台北：勞動部。

劉梅君（2000），廉價外勞論述的政治經濟學批判，臺灣社會研究季刊，38期，頁59-90。

蔡庭榕（2006），論主權與人權，憲政時代，22卷1期，頁18-25。

蔡維音（1992），德國基本法第一條「人性尊嚴」規定之探討，憲政時代，18卷1期，頁36-48。

蔡震榮（2009），自外籍配偶家庭基本權之保障論驅逐出國處分——評台北高等行政法院95年度訴字第2581號判決，法令月刊，60卷8期，頁21-37。

鄧衍森（2016），國際人權法理論與實務，台北：元照出版有限公司，頁1-88。

鄭安玲，宋鎮照（2012），勞動移民政策之政經分析：臺星兩國之比較研究，稻江學報，5卷2期，頁81-105。

聯合國國際移民組織（2019），世界移民報告2019，頁1-15。

聯合國國際移民組織（2020），世界移民報告2020，頁1-15。

聯合國國際移民組織、全球化智庫（2018），世界移民報告2018，頁66。

謝立功、柯雨瑞（2007），試論外國人之收容及救濟法制，中央警察大學
　　警學叢刊，37卷4期，頁133-156。

謝立功、張先正、汪毓瑋、謝文忠、柯文麗等合著（2013），美國移民政
　　策的發展，台北：人類智庫出版社，頁70-125。

韓大元（2013），外國憲法，北京：中國人民大學出版社，頁1-300。

羅傳賢（2017），行政程序法論：兼論聽證與公聽會制度，台北：五南圖
　　書出版公司，頁57-67。

二、英文文獻

Barak, A., (2015), Human Dignity: The Constitutional Value and the Constitutional Right, Cambridge University Press, pp.183-307.

Czaika, M. & Haas, H. d., (2013), On the effectiveness of immigration policies, Population and Development Review, 22.

De Genova, Nicholas, (2002), Migrant 'illegality' and deportability in everyday life, Annual Review of Anthropology, 31(1), pp. 419-447.

De Genova, Nicholas & Nathalie Peutz, (2010), The deportation regime, Durham: Duke University Press.

Dixon, M., (2007), Textbook on International Law, 7th ed., Oxford University Press, pp. 52-53.

Donnelly, J., (2013), Universal Human Rights in Theory and Practice, 3rd ed., New York: Cornell University Press, pp. 301-302.

Eberle, E. J., (2002), Dignity and Liberty: Constitutional Visions in Germany and the United States, Westport, Conn: Praeger, pp. 41-58.

Fenwick, Charles G., (1965), International Law, 4th ed., New York: Appleton-Century-Crofts, pp. 301-302.

Fountain, S., (1995), Education for development: A teacher's resource for global learning, Hodder & Stoughton.

Freeman, M. D. & Alen, A., (2007), Article 3: the best interests of the child (Vol. 1), Leiden: Martinus Nijhoff.

Goodwin-Gill, G. S., (2011), The right to seek asylum: Interception at sea and the principle of non-refoulement, International Journal of Refugee Law, 23(3), pp. 443-457.

Habti, D. & Elo, M., (2019), Rethinking self-initiated expatriation in international highly skilled migration, Global Mobility of Highly Skilled People, Springer, Cham, pp. 1-37.

Human Rights Committee, (1984), General Comment No. 14: Nuclear weapons and the right to life (Art. 6), 1984/11/09, paragraph 1.

Inda, J. X., (2008), Targeting Immigrants: Government, Technology, and Ethics, Oxford: Blackwell Publishing.

Lee, C., (2015), Family reunification and the limits of immigration reform: Impact and legacy of the 1965 Immigration Act, Sociological Forum, 30, pp. 528-548.

Leiva-Perez v. Holder, 640 F.3d 962, 969-70 (9th Cir.2011).

Levin, L. S., (2012), Human rights: Questions and answers, UN: UNESCO.

McDougal, M. S., Lasswell, H. D. & Chen, L. C., (2018), Human rights and world public order: the basic policies of an international law of human dignity, Oxford University Press. pp. 367-381.

Menjívar, C. & Perreira, K. M., (2019). Undocumented and Unaccompanied: Children of Migration in the European Union and the United States, Journal of Ethnic and Migration Studies , 45(2), pp. 197-217.

Nickel, James, (2019), Human Rights in Stanford Encyclopedia of Philosophy.

Roth, A. H., (1949), The minimum standard of international law applied to aliens, 69, AW Sijthoff., pp. 32-33.

The Trafficking Victims Protection Reauthorization Act of 2008 (TVPRA), Public Law 110-457, also requires that the U.S. government provide certain protections to UAC.

United Nations General Assembly, (1994), United Nations Decade for Human Rights Education. Resolution adopted by the General Assembly, United Nations (A/RES/49/610/Add. 2) (New York, United Nations).

UN DESA, (1998), World Migration Report 2020. p. 21.

Walters, W., (2002), Deportation, expulsion, and the international police of aliens, Citizenship studies, 6(3), pp. 265-292.

Washington v. Trump, 847 F.3d 1151, 1169 (9th Cir. 2017) (identifying separated families as an irreparable harm).

三、網路資料

「禁止酷刑及其他殘忍不人道或有辱人格之待遇或處罰公約施行法」草案暨該公約及議定書，https://www.ey.gov.tw/Index，搜尋日期：2021/04/20。

中華民國統計資訊網（2018），主計總處統計專區，https://www.stat.gov.tw/mp.asp?mp=4，搜尋日期：2018/10/01。

內政部統計處（2018），統計報告，https://www.moi.gov.tw/stat/node.aspx?sn=4870，搜尋日期：2018/10/01。

內政部（2018），內政部於107年12月27日部務會報通過「入出國及移民法」部分條文修正草案，https://www.moi.gov.tw/，搜尋日期：2021/04/01。

內政部（2021），統計月報／外來人口居留人數，https://www.moi.gov.tw/，搜尋日期：2021/04/15。

內政部警政署刑事警察局（2018），中華民國刑案統計，https://www.cib.gov.tw/Module/Download/Index/75，搜尋日期：2018/10/01。

永久和平夥伴協會（2021），世界憲法大全，https://www.lawlove.org/tw/。

司法院（2018），司法院法學資料檢索系統，http://jirs.judicial.gov.tw/FJUD/，搜尋日期：2018/10/01。

司法院（2021），司法統計，https://www.judicial.gov.tw/juds/，搜尋日

期：2021/03/30。

司法院（2021），整理歷年大法官解釋，https://www.judicial.gov.tw/，搜尋日期：2021/04/15。

台北市政府社會局（2021），110年度台北市低收入戶家庭生活扶助標準表，https://dosw.gov.taipei/News_Content.aspx?n=91F35523B74F69AC&sms=87415A8B9CE81B16&s=BAA030FB7C91B247/，搜尋日期：2021/04/20。

台灣人權促進會（2018），國際公約與人權機制，https://www.tahr.org.tw/，搜尋日期：2018/10/01。

行政院主計總處（2018），主計總處統計專區，https://www.stat.gov.tw/np.asp?ctNode=452，搜尋日期：2018/10/01。

行政院勞動部（2018），勞動統計專網／產業及社福外籍勞工人數，https://www.mol.gov.tw/，搜尋日期：2018/12/25。

行政院勞動部（2021），勞動統計專網／產業及社福外籍勞工人數，https://www.mol.gov.tw/statistics/，搜尋日期：2021/04/10。

李紹瑜（2019），拒當人口販運幫兇！漁工籲速立188號公約法廢除境外聘僱制，https://www.upmedia.mg/news_info.php?SerialNo=73745，搜尋日期：2021/05/08。

吳睿騏（2019），滯留桃機4個多月尋求庇護兩陸男深夜入境台灣，中央通訊社，https://www.cna.com.tw/news/firstnews/201901310009.aspx.，搜尋日期：2019/01/31。

法務部（2018），107年度推動司法互助工作成效，https://www.moj.gov.tw/cp-146-44699-d3a65-001.html，搜尋日期：2019/01/31。

法務部（2018），人權大步走，http://www.humanrights.moj.gov.tw/，搜尋日期：2019/01/10。

法務部（2018），法務統計——死刑執行及尚未執行人數，http://www.rjsd.moj.gov.tw/rjsdweb/，搜尋日期：2018/10/01。

美國在台協會（2021），美國2020年人口販運問題報告——台灣部分（第一列），https://www.ait.org.tw/zhtw/2019-trafficking-in-persons-report-taiwan-zh/，搜尋日期：2021/04/10。

國家發展委員會（2018），新經濟移民法草案預告專區，https://www.ndc. gov.tw/，搜尋日期：2021/04/10。

國家發展委員會（2019），重大政策，https://www.ndc.gov.tw/，搜尋日期：2019/01/03。

勞動部勞動力發展署（2019），業務專區，https://www.wda.gov.tw/，搜尋日期：2019/01/01。

監察院調查報告（2016），字號：106外調0005，頁1-69，https://www. cy.gov.tw/，搜尋日期：2019/10/01。

監察院調查報告（2016），字號：105財調0042，頁1-72，https://www. cy.gov.tw/，搜尋日期：2019/01/01。

監察院調查報告（2018），字號：107財調0033，頁1-48，https://www. cy.gov.tw/，搜尋日期：2019/01/01。

衛生福利部中央健康保險署（2021），外籍人士投保規定，https://www. nhi.gov.tw/，搜尋日期：2021/04/02。

聯合國（2019），保護人權，http://www.un.org/，搜尋日期：2019/01/05。

9th International Conference on Human Rights Education, (2018), Unleashing the Full Potential of Civil Society Summary of Observations and Outcomes, Australia: Sydney, available at: https://www.conferenceonline. com/site_templet/images/group4/site84/9ICHRE_Final%20 Declaration_1Dec18.pdf, last visited: 2019/05/07.

Amnesty International Global, (2019), Amnesty International Global Report-2017 Death Sentences and Executions, available at: https://www. amnesty.org/download/Documents/ACT5079552018ENGLISH.PDF. https://www.amnesty.org/en/what-we-do/death-penalty/, last visited: 2019/01/01.

BBC, (2016), Kisah Supriyanto, Nelayan Indonesia yang Tewas akibat Disiksa di Kapal Taiwan, available at: http://news.detik.com/bbc/3278951/kisah-supriyanto-nelayan-indonesia-yang-tewas-akibat-disiksa-di-kapal-taiwan, last visited: 2018/12/30.

Davis, J., (2018), US zero-tolerance immigration policy still violating fundamental human rights laws, available at: https://theconversation.com/us-zero-tolerance-immigration-policy-still-violating-fundamental-human-rights-laws-98615, last visited: 2019/02/03.

European Court of Human Rights, (2008), judgment of the Grand Chamber, Application No. 37201/06, 28 February 2008, available at: http://cmiskp.echr.coe.int/tkp197/view.asp?action=html&documentId=829510&portal=hbkm&source=externalbydocnumber&table=F69A27FD8FB86142BF01C1166DEA398649, last visited: 2020/01/18.

Finland, (2018), government resolution on the future of migration 2020 strategy, from:https://tbinternet.ohchr.org/Treaties/CERD/Shared%20Documents/FIN/INT_CERD_ADR_FIN_22740_E.pdf., last visited: 2018/12/30.

Michael D. Shear., Zolan Kanno-Youngs., Eileen Sullivan, (2021), Southwest Accessed, available at: https://www.cbp.gov/newsroom/stats/sw-border-migrationhttps://www.nytimes.com/2021/04/10/us/politics/biden-immigration.html, last visited: 2021/06/25.

UN High Commissioner for Refugees, (2018). Global Trends: Forced Displacement in 2017, available at: https://www.refworld.org/docid/5b2d1a867.html., last visited: 2019/01/20.

家圖書館出版品預行編目資料

民政策與移民情勢／張維容，王寬弘，林盈
君，陳明傳，江世雄，許義寶，孟維德，柯
雨瑞，曾麗文，黃翠紋，楊翹楚，楊基成，
高佩珊，曾智欣，蔡政杰，吳冠杰著；柯雨
瑞主編. -- 初版. -- 臺北市：五南圖書出
版股份有限公司，2021.08
　面；　公分
　ISBN 978-626-317-022-3（平裝）

1.移民　2.公共政策

7.61　　　　　　　　　　　　110012360

1RB9

移民政策與移民情勢

主　　編 ― 柯雨瑞（486.4）

作　　者 ― 張維容、王寬弘、林盈君、陳明傳、
　　　　　　江世雄、許義寶、孟維德、柯雨瑞、
　　　　　　曾麗文、黃翠紋、楊翹楚、楊基成、
　　　　　　高佩珊、曾智欣、蔡政杰、吳冠杰

發 行 人 ― 楊榮川

總 經 理 ― 楊士清

總 編 輯 ― 楊秀麗

副總編輯 ― 劉靜芬

責任編輯 ― 林佳瑩

封面設計 ― 王麗娟

出 版 者 ― 五南圖書出版股份有限公司

地　　址：106台北市大安區和平東路二段339號4樓

電　　話：(02)2705-5066　　傳　　真：(02)2706-6100

網　　址：https://www.wunan.com.tw

電子郵件：wunan@wunan.com.tw

劃撥帳號：01068953

戶　　名：五南圖書出版股份有限公司

法律顧問　林勝安律師事務所　林勝安律師

出版日期　2021年 8 月初版一刷

定　　價　新臺幣800元

經典永恆・名著常在

五十週年的獻禮——經典名著文庫

五南，五十年了，半個世紀，人生旅程的一大半，走過來了。
思索著，邁向百年的未來歷程，能為知識界、文化學術界作些什麼？
在速食文化的生態下，有什麼值得讓人雋永品味的？

歷代經典・當今名著，經過時間的洗禮，千錘百鍊，流傳至今，光芒耀人；
不僅使我們能領悟前人的智慧，同時也增深加廣我們思考的深度與視野。
我們決心投入巨資，有計畫的系統梳選，成立「經典名著文庫」，
希望收入古今中外思想性的、充滿睿智與獨見的經典、名著。
這是一項理想性的、永續性的巨大出版工程。
不在意讀者的眾寡，只考慮它的學術價值，力求完整展現先哲思想的軌跡；
為知識界開啟一片智慧之窗，營造一座百花綻放的世界文明公園，
任君遨遊、取菁吸蜜、嘉惠學子！